빅데이터 분석을 위한

개정판

스파크 2 프로그래밍

대용량 데이터 처리부터 머신러닝까지

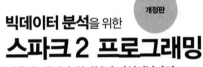

빅데이터 분석을 위한 **개정판**

스파크 2 프로그래밍

대용량 데이터 처리부터 머신러닝까지

지은이 **백성민**

펴낸이 **박찬규**　엮은이 **이대엽**　디자인 **북누리**　표지디자인 **Arowa & Arowana**

펴낸곳 **위키북스**　전화 031-955-3658, 3659　팩스 031-955-3660

주소 **경기도 파주시 문발로 115, 311호 (파주출판도시, 세종출판벤처타운)**

가격 **35,000**　페이지 **644**　책규격 **188 x 240mm**

초판 발행 **2018년 04월 12일**

ISBN **979-11-5839-103-4 (93000)**

등록번호 **제406-2006-000036호**　등록일자 **2006년 05월 19일**

홈페이지 **wikibook.co.kr**　전자우편 **wikibook@wikibook.co.kr**

이 도서의 국립중앙도서관 출판시도서목록 CIP는

서지정보유통지원시스템 홈페이지(http://seoji.nl.go.kr)와

국가자료공동목록시스템(http://www.nl.go.kr/kolisnet)에서 이용하실 수 있습니다.

CIP제어번호 CIP2018009907

빅데이터 분석을 위한

스파크 2
프로그래밍

백성민 지음

대용량
데이터
처리부터
머신러닝까지

개정판

스칼라,
자바, 파이썬
예제 수록

위키북스

처음 하둡을 접한 것은 2011년 여름이었습니다. 당시 스프링 프레임워크를 주로 사용하던 웹 개발자였던 저는 새로운 업무를 맡을 기회가 생겨 야심 찬 포부를 가지고 처음으로 하둡과 마주했습니다. 하지만 하둡에 관해 아무런 사전 지식이 없었기에 저에게 하둡은 너무나 생소하고 어려운 기술로 다가왔습니다.

당시만 해도 초보자를 위한 친절한 하둡 책을 구하기가 쉽지 않았고, 어딘지 모르게 생소한 코드와 결과를 얻기까지의 오랜 기다림, 문제가 발생해도 원인을 찾을 방법이 없는 엄청난 크기의 데이터 파일과 익숙지 않은 디버깅 환경, 이 모든 것들이 스프링과 같은 고급 프레임워크에 길들여져 있던 저에게는 큰 어려움으로 다가오기에 충분했습니다. 그래서인지 처음 빅데이터와 하둡을 접하던 시기에 코끼리 그림이 그려진 책을 손에 들고 망연자실하던 기억이 지금도 생생하기만 합니다.

그렇게 하루하루 맵리듀스를 배우는 재미에 빠져들어가고 있을 무렵 우연히 접하게 된 스파크에 관한 기사는 저에게 매우 깊은 인상을 안겨줬습니다. 맵리듀스로 구현하려면 몇 번의 작업을 연달아 수행해야 겨우 구할 수 있을까 말까 한 데이터를 절반 수준도 안 되는 짧은 코드로 처리할 수 있는 데다 기존 라이브러리보다 빠른 성능까지 겸비했다니 한편으론 그동안 고생한 게 억울하기도 하고 어서 사용해 보고 싶다는 욕구도 강하게 들었습니다.

하지만 막상 스파크를 써보기로 마음먹었을 때 엉뚱한 곳에서 문제가 터졌습니다. 그것은 바로 스파크가 아닌 스칼라(Scala) 언어였습니다. 물론 그때도 스파크 공식 문서에서는 스칼라뿐 아니라 자바와 파이썬 언어에 대한 프로그래밍 가이드도 함께 제공하고 있었지만 초보자인 제가 읽을 수 없는 코드로 작성된 프레임워크를 사용한다는 것은 결코 쉬운 일이 아니었습니다. API를 읽다가 막히면 소스코드를 들여다봐서 이해하곤 했는데 소스코드가 암호문 같아서 도무지 이해할 수가 없었기 때문이었습니다. 특히 자바 언어를 사용할 경우 스칼라로 작성된 예제에서 본 것 같은 간결한 방식으로 작성하기가 쉽지 않다는 사실을 깨닫고 나서는 누군가의 축적된 노하우나 베스트 프랙티스 같은 걸 배워서 적용할 수 있다면 좋겠다고 생각했습니다.

그러던 어느 날 우연히 미국 아마존 홈페이지를 방문했는데, 그곳에서 스파크와 하둡의 맵리듀스 코드를 비교해서 설명해 주는 서적을 발견했습니다. 동일한 문제에 대한 RDD와 맵리듀스의 해결 방법을 비교해 둔 것도 흥미로웠지만 무엇보다도 예제 코드가 스칼라가 아닌 자바 언어로 작성돼 있다는 점이 마음에 들었습니다. 예제 코드에 목말라 있던 저는 곧바로 그 책을 구매했고 한두 장 읽어나가는 과정에서 문득 이 책을 저와 같은 상황에 놓인 개발자들에게도 소개하면 좋겠다는 생각이 들었습니다. 며칠을 고민하다가 부족하나마 원서 번역을 해 봤던 예전의 경험을 떠올려 위키북스에 번역 제안을 하게 됐고, 그때의 인연이 지금까지 이어져 직접 이 책을 쓰는 계기가 됐습니다.

당시 저에게 스파크는 RDD만으로도 충분히 매력적이었습니다. 하지만 지금의 스파크는 RDD보다도 더 뛰어난 API로 무장한 데이터셋을 도입해서 머신러닝, 그래프 알고리즘, 실시간 스트리밍 처리는 물론이고 R, 하이브(Hive), 카프카(Kafka), 아파치 제플린(Zeppelin), NumPy 등 빅데이터 분야의 기존 스타들과의 연동을 통해 데이터 처리와 관련된 거의 대부분의 영역에서 영향력을 높여가고 있습니다. 심지어 이러한 스파크의 인기가 한동안 주목받지 못했던 스칼라 언어에 대한 인기로까지 이어지면서 최근에는 R, 파이썬과 더불어 스칼라가 머신러닝과 데이터 처리 분야에서 자주 활용되는 주력 언어로 자리매김했습니다.

이 책은 저처럼 스파크에 대해서는 들어본 적이 있지만 이런저런 이유로 주저하고 있던 동료 개발자들에게 스파크란 이런 것이다, 라고 소개할 목적으로 집필한 책입니다. 당연한 이야기겠지만 스파크가 빅데이터 분야의 전 범위를 아우르는 라이브러리라고 해서 이 책을 쓰는 제가 그런 능력이나 지식을 갖추고 있는 것은 결단코 아닙니다. 저 역시 하둡을 비롯한 빅데이터 분야의 기술을 배운 지 이제 겨우 6년을 조금 넘었을 뿐이며, 매일 쏟아지는 기사를 읽고 기존에 모르던 새로운 기술을 배우느라 하루가 어떻게 지나가는지 모르게 일하고 공부하고 있습니다.

처음 이 책을 집필할 때는 그동안 제가 도움을 받았던 여러 훌륭한 책처럼 최대한 상세하면서도 쉽고 명확한 설명을 싣고 이해를 돕기 위한 그림도 충분히 넣어야겠다고 생각했지만 막상 집필을 해보니 저에게 부족한 점이 너무나 많다는 점과 자신의 생각을 다른 사람에게 글로 전달한다는 것이 얼마나 어려운 일인지 새삼 깨달았습니다. 비록 이 책이 스파크를 마스터할 수 있는 교재는 아니더라도 최소한 스파크의 개념을 잡고 현업에서 활용하고자 하는 동료 개발자들의 시간을 조금이라도 줄여주는 데 보탬이 됐으면 하는 바람입니다.

마지막으로 짧다면 짧고 길다면 긴 집필 기간 동안 배려와 조언, 응원으로 도와주신 분들께 감사하다는 말씀을 전해드리며 이 글을 마치고자 합니다.

먼저 이런 기회를 주신 하나님께 감사드립니다. 또한 마음으로 기도로 집필 과정을 지켜봐 주시고 응원해 주신 부모님과 장인, 장모님, 때로는 기술로, 때로는 조언과 응원으로 도움을 주신 동료들에게 감사하다는 말을 전하고 싶습니다. 무엇보다 긴 시간 동안 인내하면서 응원과 조언을 아끼지 않으신 위키북스 박찬규 대표님과 정리도 안 된 원고를 교정하느라 지금도 고생하고 계실 이대엽 님, 그리고 반복된 수정 요청에도 꼼꼼히 대응해 주신 김남곤 님께 감사의 말씀을 드립니다.

끝으로 주말마다 가족을 버려두고 방에만 처박혀 있는 남편을 이해해 주고 응원해 준 사랑하는 아내 영미와 아빠랑 운동하고 예당마을에 산책 갈 날만 기다리는 우리 쌍둥이 진우, 선우에게 진심으로 고맙고 미안하다는 말을 전합니다.

03 장

클러스터
환경

04 장

스파크
설정

09 장

SparkR

부록

스칼라란?

01
스파크 소개

이번 장에서는 빅데이터의 의미와 특징을 살펴보고 빅데이터 처리를 위해 등장한 주요 기술로 어떤 것들이 있는지 알아보겠습니다.

1.1 스파크

1.1.1 빅데이터의 등장

'유행은 돌고 돈다'라는 말이 있습니다. 패션도 그렇고 음악도 그렇고 사람에 대한 이상형 또한 그렇습니다. 물론 정말 똑같은 옷, 똑같은 노래가 다시 나와서 과거와 같은 인기를 누리는 것은 아닙니다. 예를 들어, 옷의 경우 옷감은 더 튼튼하면서도 가벼워지고 색상은 훨씬 선명해졌으며, 예전에 비해 잘 바래지지도 않습니다. 게다가 더울 때는 땀을 배출해 주고 추울 때는 체온을 유지해 주는 기능까지 갖추고 있는, 말 그대로 스마트한 옷이 됐습니다. 옷 자체만 보면 분명 매일매일 달라지고 있지만 옷에 대한 취향은 몸에 꼭 맞는 옷에서 조금 넉넉하게 편안한 옷으로 또 다시 몸에 꼭 맞는 옷으로, 시간과 상황에 따라 비슷하게 반복되는 것 또한 사실입니다.

요즘 매일 같이 새로운 기술들이 쏟아져 나오는 IT 분야도 결코 이 법칙에서 예외라고 할 수는 없을 것입니다. 흔히 패러다임의 변화라고 불리는 기술들의 등장 배경을 살펴보면 과거에도 경험했던 문제 상황과 해법들이 시간의 흐름에 따라 변화된 컴퓨팅 환경과 비즈니스 요구사항을 만나서 예전과는 사뭇 달라진 모양새를 갖춰서 나타난 것임을 느낄 때가 종종 있습니다.

"해 아래 새것이 없다"는 성경 구절처럼 새롭게 등장해서 주목받는 기술들이라고 해서 모두 다 과거에 생각해 본 적도 없던 새로운 아이디어와 이론을 기반으로 하는 것만은 아닙니다. 아주 오래전부터 있어왔지만 단지 상상을 뒷받침해 줄 만한 기반 이론과 기술이 성숙하지 못했고 사람들의 무관심에 제대로 주목받지 못하고 구현되지 못했던 아이디어들이 새로운 환경을 만나 결실을 이룬 것들도 많습니다.

그렇다고 새로운 기술들을 접할 때 무조건 과거에 이미 알고 있던 지식에 빗대어 배워야 한다는 의미는 아닙니다. 오히려 그렇게 하는 것은 가급적 피해야 할 잘못된 학습 방법 중 하나라고 할 수 있습니다. 새로운 개념의 언어를 배울 때 기존에 익숙한 문법이나 프로그래밍 방식을 하나하나 대조해 가면서 이해하려 한다거나 HBase 같은 NoSQL 데이터베이스를 기존의 관계형 데이터베이스 지식과 어떻게든 연관 지어 이해해 보려고 하는 시도 등이 그런 예라고 할 수 있습니다.

누구나 잘 알고 있는 당연한 이야기를 굳이 말머리에 끄집어낸 이유는 새로운 기술을 접할 때 열린 마음을 갖는 것도 중요하지만 지나치게 두려워하고 낯설어하거나, 반대로 무슨 마법이라도 보여줄 수 있을 것처럼 맹목적인 신뢰를 보여서도 안 된다는 얘기를 하고 싶었기 때문입니다.

그리고 이제는 바야흐로 데이터와 인공지능의 세상이 됐습니다.

사실 이 책의 초판을 쓰던 재작년까지만 해도 "바야흐로 빅데이터의 세상이 됐습니다"라고 썼었지만 불과 1년여만에 세상은 또 변화를 거듭해서 이제 빅데이터라는 단어는 우리에게 더이상 새로울 것 없는 단어가 되어 버렸습니다. 이제 TV 광고를 통해서도 인공지능과 대화하면서 노래도 듣고 거실에 불도 켜고 냉장고 속의 음식 재료들도 확인하는 모습들을 자연스럽게 접해 볼 수 있습니다.

하지만 빅데이터라는 용어 자체에 대한 언급은 예전만 같지 못하더라도 인공지능을 비롯한 4차 산업의 장미빛 전망뒤에는 기존에는 감히 상상도 할 수 없었던 만큼 거대한 규모의 데이터 처리 기술을 그 기반으로 하고 있는 것 또한 사실입니다.

IT 관련 기사나 서적을 보면 여전히 정치, 금융, 제조, 국방, 정보통신 등등 거의 모든 사회 분야에서 빅데이터가 활용되고 있으며, 이러한 추세에 따라 빅데이터가 세상을 바꿀 것이라는 얘기도 심심치 않게 나오고 있습니다. 이제 더 이상 권위 있는 조사기관의 통계 자료나 기사를 인용하지 않더라도 빅데이터가 우리 사회에 큰 영향을 미치고 있음을 누구나 공감할 수 있는 세상이 됐습니다.

1.1.2 빅데이터의 정의

IT라고 하면 컴퓨터와 핸드폰 등 각종 전자 기기들을 떠올리게 됩니다. 그래서 IT 분야는 그 어떤 다른 산업 분야보다 명확하고 과학적이며 객관적인 사실들로 가득 차 있으리라는 기대감을 줍니다. 하지만 실제로 IT 업계에서 사용하는 용어 중에는 정확한 의미를 설명하기 모호한 것들이 의외로 많습니다. 한때 인터넷 업계를 술렁이게 했던 '웹2.0'과 '웹 서비스'가 그랬고 지금 다루고 있는 빅데이터 역시 한마디로 정의하기에는 모호한 부분들이 없지 않습니다.

이런 용어들은 대개 기술 세미나 또는 특정 회사의 홍보 과정에서 사용했던 신종 용어들이 다양한 경로를 통해 전달되는 과정에서 다양한 의미가 덧붙여져 생겨나는 경우가 많습니다. 또 어떤 기술들은 관련 표준이 여러 버전으로 나뉘면서 복합적인 의미를 내포하게 된 경우도 있습니다. 따라서 이런 용어를 한두 마디의 짧은 문장으로는 명확히 정의내리는 것은 쉬운 일이 아닙니다.

빅데이터라는 용어도 특별한 협의 과정을 거쳐서 정의된 용어가 아니다 보니 이 용어의 정의가 필요할 때는 외국의 대형 IT 기업 또는 연구기관에서 발표한 연구 결과 등을 인용하는 경우가 많습니다. 2001년 가트너의 더그 레이니(Doug Laney)가 작성한 연구 보고서는 그중 많은 기사에서 자주 인용되고 있는 자료 중 하나인데, 여기서는 빅데이터를 크기(Volume)와 다양성(Variety), 속도(Velocity)라는 세 가지 속성을 통해 정의하고 있습니다. 즉, 다양한 형태를 지닌 대량의 데이터가 빠른 속도도 쌓이고 있다면 이를 빅데이터라고 부를 수 있다는 뜻입니다. 그 후 시간이 흐르면서 빅데이터에 대한 정의도 몇 차례 수정됐고 현재는 가변성(Variability)과 정확성(Veracity), 복잡성(Complexity), 시인성(Visibility) 등도 새로운 빅데이터의 속성으로 추가됐습니다.

이렇게 크고 빠르고 복잡한 것이 빅데이터라고 정의한다 해도 아직 모호하기는 마찬가지입니다. 왜냐하면 크고 빠르고 복잡한 것에 대한 기준은 아직도 정해진 것이 없기 때문입니다. 어쩌면 모 연예인의 유명 대사처럼 "(크기가) 얼마면 돼?"라고 물어야 할지도 모르겠습니다. 이 또한 정답은 아니겠지만 아래에 빅데이터의 주요한 속성이라고 언급되는 것들을 몇 가지 골라서 정리해봤습니다.

- **크기**: 첫 번째 속성인 데이터의 크기 측면에서 볼 때 빅데이터는 대량의 데이터를 처리한다는 특성을 지니고 있습니다. 하지만 구체적으로 얼마 정도의 크기라야 '대량'이라고 말할 수 있을까요? 페이스북의 경우 2012년에 이미 하루 평균 500테라

바이트(TB) 이상의 데이터를 처리하고 있다고 발표했습니다. 그렇다면 만약 내가 운영하는 시스템에 하루 평균 쌓이는 로그가 페이스북의 1/5000 수준인 100기가바이트(GB) 정도라면 페이스북에 비해 너무 작은 용량이라서 빅데이터라고 부를 수 없는 걸까요? 앞서 말한 빅데이터의 정의에 따르면 데이터의 크기는 그 데이터가 빅데이터인지를 구분하는 데 중요한 기준이 되는 것은 맞습니다. 하지만 이때 말하는 크기 기준은 꼭 정해진 어떤 값이라기보다 기존에 보유하고 있던 일반적인 규모의 서버와 기술을 가지고 처리할 수 있는 용량의 한계를 의미한다고도 볼 수 있습니다. 즉, 어떤 시스템에서 처리해야 할 데이터가 기존에 보유한 서버와 기술로는 더 이상 다룰 수 없는 수준의 용량에 도달했다면 이를 해결하기 위한 빅데이터 기술들의 도입이 필요해진 것이고, 이 경우 데이터의 크기 측면에서 빅데이터의 요건을 충족했다고 말할 수도 있을 것입니다. 물론 그렇다면 기존 서버의 용량은 어떤 수준이어야 하는가?라는 물음이 또 나올 수 있겠지만 어떤 특정 데이터를 처리할 때 빅데이터 기술의 도입이 내가 고려할 수 있는 여러 해법 가운데 가장 좋은 해법이 된다면 이제 빅데이터의 세계에 들어왔다고 봐도 좋을 것입니다.

- **속도:** 데이터의 종류는 무궁무진하게 많습니다. 하지만 빅데이터라고 하면 보통 구글이나 아마존과 같은 인터넷 기업의 로그 파일이나 통신사의 통화 기록, 페이스북의 좋아요, 사용자들이 업로드한 사진 등을 대표적인 예로 뽑곤 합니다. 이런 데이터의 특징은 단순히 용량이 많기도 하지만 데이터의 증가가 꾸준히, 그러면서도 빠른 속도로 진행된다는 것입니다. 특별히 어느 정도 빨라야 하는가에 대한 기준이 있는 것은 아니지만 데이터의 증가가 지속적이고 빠르기 때문에 이에 부합하는 빠른 데이터 처리 기술 또한 필요하다는 특성을 갖고 있습니다.

- **다양성:** 이 속성은 빅데이터의 다양성을 의미합니다. 앞에서도 언급했듯이 데이터베이스에 저장된 전통적인 데이터는 물론이고 웹 서버나 각종 전자 기기의 작업 수행 로그, SNS 등에서 생성되는 이미지와 동영상 등 세상의 모든 데이터가 빅데이터 후보가 될 수 있다는 것을 의미합니다. 결국 빅데이터를 제대로 다루기 위해서는 이런 다양성에 대비한 대비책 또한 필요하다는 것을 알 수 있습니다.

지금까지 빅데이터의 정의와 빅데이터의 몇 가지 속성을 살펴봤습니다. 다음 절에서는 다양한 빅데이터 솔루션의 종류와 특징을 간략하게 알아보겠습니다.

1.1.3 빅데이터 솔루션

빅데이터를 처리하기 위한 기술은 지금도 꾸준히 발전하고 있습니다. 독자분들 중에는 현업에서 빅데이터 관련 업무를 하고 계시는 분들도 있고 그렇지 않은 분들도 있겠지만 어느 쪽이든 하둡에 대해서는 한 번쯤 들어보셨을 것입니다.

물론 하둡은 이 분야에서 가장 널리 알려진 분산 처리 프레임워크입니다. 하지만 현업에서 빅데이터 처리를 할 때 하둡만으로는 부족한 부분들이 많다고 할 수 있습니다.

빅데이터 분야에 어떤 소프트웨어들이 있는지 살펴보기 전에 먼저 우리가 직접 빅데이터 처리용 플랫폼을 구축한다면 어떤 모습이 될지 간단하게 생각해 보겠습니다. 편의상 각 처리 단계를 담당하는 소프트웨어 컴포넌트를 "모듈"이라는 이름으로 부르겠습니다.

먼저 데이터를 처리하는 플랫폼이니만큼 데이터를 가져오는 데이터 수집 모듈이 필요할 것입니다. 이 모듈의 역할은 여기저기 다양한 형태로 흩어진 데이터를 수집해서 그다음 단계에 있는 모듈에게 전달해 주는 것입니다.

빅데이터 정의에서 살펴본 바와 같이 빅데이터는 파일이나 이미지, 동영상 등 다양한 형태로 존재할 수 있고 일반적인 애플리케이션 서버 한 대 정도의 규모로는 처리하기 곤란한 수준의 대용량이면서 빠르게 증가하는 속성을 띠고 있기 때문에 수집 모듈 역시 이런 데이터의 특성에 맞춰 동작할 수 있는 능력이 필요할 것입니다. 예를 들어, 데이터가 1초에 수십 메가바이트씩 생성되는데 수집 모듈이 하루에 한 번씩만 데이터를 수집할 수 있다면 그 데이터는 결국 하루에 한번 생성되는 것이나 마찬가지이기 때문입니다.

하지만 빠른 처리가 필요하다고 해서 원본 데이터가 담긴 서버에 과도한 부하를 주면 안 될 것입니다. 따라서 최소한의 컴퓨팅 자원을 사용해 빠르고 안정적으로 데이터를 수집하고 여러 클라이언트에서 나눠줄 수 있는 능력을 갖춰야 합니다. 흔히 데이터 수집은 그냥 주기적으로 한 번씩 하면 되는 것으로 쉽게 생각할 수 있는데, 데이터 수집은 빅데이터 시스템을 구축할 때 가장 신경 써야 하는 핵심 모듈 중 하나라고 할 수 있습니다.

다음으로는 이렇게 수집된 데이터를 저장하고 조회하는 저장 및 조회 모듈이 필요합니다. 저장 및 조회 모듈이라고 표현했지만 개발자들에게 좀 더 친숙한 단어로 다시 표현하자면 수집한 데이터에 대한 CRUD[1]를 수행하는 모듈이 필요하다는 의미입니다. 단, 이때도 기존 데이터 저장소와는 다르게 빅데이터의 특성을 잘 살려줄 수 있는 저장 및 처리 기능이 필요합니다. 예를 들어, 수백 기가바이트에서 수 테라바이트에 달하는 데이터를 저장하거나 조회하더라도 안전하고 투명한 방식으로 여러 서버에 분산해서 처리할 수 있는 능력이 필요합니다.

데이터에 대한 기본적인 읽기와 쓰기 기능을 구현하기 위한 모듈이 구축됐다면 이제는 본격적으로 데이터를 분석하고 그 결과를 가공할 수 있는 모듈이 필요합니다. 이렇게 가공된 결과는 사람들에게 전달될 수도 있고 외부 시스템에 전달될 수도 있는데 각 경우에 맞게 데이터를 분석하고 리포팅할 수 있는 모듈을 구축해야 합니다.

모든 것들이 준비됐다면 이제 이 모든 과정을 제어할 수 있는 워크플로우 엔진 기능이 필요할 수도 있습니다. 물론 이 부분은 작업 흐름을 관리하는 셸 스크립트 같은 코드를 작성하거나 기존 시스템에서 사용하던 배치 작업 관리 소프트웨어를 그대로 사용할 수도 있습니다. 하지만 여러 종류의 빅

1　CRUD: Create, Read, Update, Delete(https://ko.wikipedia.org/wiki/CRUD)

데이터 소프트웨어들이 순차적으로 연동되어 동작해야 하는 빅데이터 작업의 특성을 생각해 볼 때 다양한 소프트웨어들을 통일된 방식으로 제어하고 작업 실패 시 재실행과 복구 등을 지원하는 워크 플로우 도입은 유용한 도구가 될 수 있습니다.

마지막으로 빅데이터 처리 작업에 크고 작은 도움을 주는 다양한 관리 및 유틸리티 성격의 모듈들이 필요합니다.

지금까지 간단하게 빅데이터 처리 플랫폼의 모습을 그려봤습니다. 우리가 알고 있는 것처럼 세상에 수많은 빅데이터 처리 소프트웨어가 있기 때문에 그중 원하는 것만 골라서 위 구성에 맞게 사용만 하면 될 것 같지만 실제로 실무에서 사용되는 빅데이터 처리 플랫폼은 그리 간단하지만은 않습니다. 왜냐하면 대부분의 빅데이터 기술이 최근에 발표되어 현재까지 계속 안정화되어 가는 중이어서 실제로 현업에서 활용하기 위해서는 커스터마이징해야 할 부분들이 많기 때문입니다. 또한 같은 기능을 제공하는 솔루션도 여러 개씩 존재하는 경우가 많아 사실상의 표준이라 할 만한 것이 없어서 무엇을 선택해야 하는지 고르기도 쉽지 않은 것이 사실입니다. 그렇다면 각 모듈별로 사용 가능한 솔루션에는 어떤 것이 있는지 살펴보겠습니다.

데이터 수집

- **플룸(Flume):** CDH라는 하둡 배포판 제작사로 유명한 클라우데라사에서 개발했으며, 현재는 아파치에서 Flume-NG라는 이름으로 서비스되고 있습니다. 데이터를 수집하고자 하는 서버에 데이터 변경과 관련된 이벤트를 감지하는 Agent를 띄워두고 있다가 이벤트가 발생할 때마다 데이터를 수집하는 방식으로 동작합니다. Agent 내부는 소스(Source)와 채널(Channel), 싱크(Sink)로 구성되며 소스로부터 데이터를 읽어 채널에 저장했다가 싱크에 최종적으로 반영합니다. 소스로는 파일시스템, HTTP, Avro, Kafka 등 데이터 유형별로 다양한 형태를 지정할 수 있고 채널로는 메모리 또는 파일시스템 등이 사용 가능하며 싱크로는 HBase나 HDFS, Spark 등을 지정해서 사용할 수 있습니다.

- **카프카(Kafka):** 링크드인에서 시작된 아파치 오픈소스로 최근에는 스파크와 연동해서 스트리밍 방식의 데이터 처리 플로우를 구축하는 데 널리 활용되고 있습니다. 기본적인 동작 개념은 퍼블리셔(Publisher)와 컨슈머(Consumer) 형태이며, 여러 대의 서버에 브로커(Broker)라는 카프카 프로세스를 띄워두고 데이터를 가지고 있는 프로듀서(Producer) 프로세스들이 데이터를 브로커에게 전달하면 컨슈머(Consumer) 프로세스들이 브로커를 통해 데이터를 읽어가는 구조로 확장성이 높고 메모리 대신 파일시스템을 이용하면서도 빠르고 안정적인 서비스를 제공하는 것이 특징입니다.

- **스쿱(SQOOP):** 아파치에서 서비스되는 오픈소스 프로젝트로서 주로 관계형 데이터베이스 시스템과 연동하는 목적으로 많이 사용됩니다. 하둡 등에서 데이터를 분산 처리하기 위해 다수의 서버에 여러 개의 프로세스를 구동하게 되는데, 이러한 프로세스를 데이터베이스의 클라이언트로 삼아 전체 데이터를 일정한 분량만큼 나누어 처리하는 방식으로 동작합니다.

  최근에는 스파크나 카프카 등에서도 자체적인 데이터베이스 연동 기능을 제공하고 있어서 이러한 경우 스쿱 라이브러리를 명시적으로 사용하지 않고도 비슷한 기능을 구현할 수 있습니다.

데이터 저장 및 처리

- **하둡(Hadoop):** 빅데이터 분야에서 가장 널리 알려진 아파치 오픈소스 프로젝트이며 분산 파일 저장 시스템인 HDFS 와 HDFS 상에서 동작하는 분산 데이터 처리 프로그래밍 모델이자 프레임워크인 맵리듀스(MapReduce)를 제공합니다. HDFS는 여러 대의 서버에 데이터를 다중 복제해서 저장하는 방식으로 안정성을 보장하며, 최근에는 클러스터 자원 관리 시스템인 Yarn의 도입과 더불어 하나의 클러스터에 한 개 이상의 네임노드를 설정할 수 있는 네임노드 페더레이션 기능도 제공하는 등 더욱 안정적인 서비스가 가능해졌습니다.

- **HBase:** 하둡 에코시스템 중 하나이며, HDFS를 저장소로 사용하는 칼럼 기반 NoSQL DB입니다. 데이터는 논리적 관점에서 로우키(row key)와 칼럼패밀리(column family), 칼럼 퀄리파이어(column Qualifier)의 중첩 맵 구조로 저장되며, 물리적 관점에서는 칼럼 패밀리 단위로 생성되는 HFile이라는 파일에 저장됩니다. 테이블, 로우, 칼럼이라는 용어 때문에 일반적인 관계형 데이터베이스와 유사한 방식으로 다룰 수 있을 것처럼 오해받기도 하지만 데이터를 저장하고 읽을 때 기존 데이터베이스와는 전혀 다른 방식을 사용해야 합니다. 칼럼패밀리 단위로 파일을 분리해서 관리하기 때문에 빠른 조회 성능을 보여줄 수 있지만 제대로 사용하기 위해서는 HBase 내부 동작 방식에 대한 정확한 이해를 바탕으로 최적의 로우키와 칼럼 키를 설계할 수 있는 능력이 필요합니다.

- **카산드라(Cassandra):** 페이스북에서 개발했으나 현재는 아파치 오픈소스 프로젝트로 제공되고 있습니다. HBase 같은 칼럼 기반 NoSQL 데이터베이스로 분류되며, 데이터 리플리케이션과 커밋 로그 등을 활용해 높은 안정성과 성능을 보장합니다.

- **레디스(Redis):** 메모리를 이용한 키, 값 형태의 저장소입니다. 문자열 외의 다양한 바이너리 파일도 저장할 수 있고 집합 연산 기능도 제공합니다. 또한 hash, set, list 등 다양한 자료구조를 지원하기 때문에 다양한 유형의 자료구조를 저장할 수 있습니다.

- **피그(Pig):** 피그라틴(Pig Latin)이라는 추상화된 스크립트 언어를 제공함으로써 맵리듀스 프로그램을 작성하지 않고도 맵리듀스 잡을 이용한 데이터 분석을 수행할 수 있습니다. 작성된 스크립트를 내부적으로 맵리듀스 잡으로 변환하는 형태로 실행되며 데이터 처리와 관련된 다양한 함수를 제공하고 있어 프로그램을 작성할 줄 모르는 사용자도 맵리듀스 잡을 실행할 수 있다는 장점이 있습니다. 피그 스크립트는 데이터 처리와 관련된 다양한 함수를 제공하고 처리 단계를 선언적으로 기술하는 방식이므로 맵리듀스를 작성할 때에 비해 더욱 자연스럽게 처리 흐름을 기술할 수 있다는 장점이 있습니다. 하지만 실무에서 커스터마이징이 많이 필요한 복잡한 연산을 수행할 때는 맵리듀스를 직접 작성하는 것이 더 편한 경우도 있습니다.

- **하이브(Hive):** 피그와 같이 별도의 스크립트 언어를 제공함으로써 프로그램을 작성하지 않고도 맵리듀스 잡을 실행할 수 있습니다. 단 이 스크립트의 문법이 기존 관계형 데이터베이스에서 사용하던 SQL과 비슷해서 SQL에 익숙한 사용자가 좀 더 손쉽게 데이터 분석을 수행할 수 있다는 장점이 있습니다. 테이블 형태의 논리적인 뷰도 제공하며, DW(data warehouse)를 구축하기 위한 용도로도 활용됩니다. 간편하게 사용할 수 있다는 장점이 있는 반면 테이블을 미리 준비해야 하고 피그와 마찬가지로 복잡도가 높은 작업을 처리할 때는 직접 맵리듀스 프로그램을 작성하는 편이 더 편리한 경우도 발생할 수 있습니다.

피그
``` A = LOAD 'data1' AS (a1:int, a2:int, a3:int); B = LOAD 'data2' AS (b1:int, b2:int); X = JOIN A BY a1, B BY b1; ```

하이브
``` SELECT pv.*, u.gender, u.age   FROM user u JOIN page_view pv ON (pv.userid = u.id) WHERE pv.date = '2008-03-03' ```

그림 1-1 피그와 하이브의 스크립트 언어 비교

- **스파크(Spark)**: 하둡과 유사한 클러스터 기반의 분산 처리 기능을 제공하는 오픈소스 프레임워크입니다. 처리 결과를 항상 파일시스템에 유지하는 하둡과 달리 메모리에 저장하고 관리할 수 있는 기능을 제공함으로써 머신러닝 등 반복적인 데이터를 처리하는 데 뛰어난 성능을 보입니다. 하둡과 하이브를 비롯한 기존의 여러 솔루션과의 연동을 지원하고 마이크로배치 방식의 실시간 처리 및 머신러닝 라이브러리를 비롯해 빅데이터 처리와 관련된 다양한 라이브러리를 지원합니다.

데이터 분석 및 기타 소프트웨어

- **R**: 데이터에 대한 수치 처리 및 그래픽 처리 기능을 제공합니다. 강력하고 다양한 통계 기능을 제공함으로써 다양한 데이터 분석에 활용되며, 최근에는 데이터 처리 성능의 증가와 더불어 스파크와도 일부 기능을 연동할 수 있게 되면서 응용 범위가 더 넓어졌습니다.

- **클라우데라(Cloudera), 호튼웍스(Hortonworks)**: 지금까지 살펴본 바와 같이 빅데이터를 다루기 위해서는 데이터 수집부터 저장, 처리에 이르기까지 각 단계마다 적절한 소프트웨어들을 조합해서 사용해야 하는 경우가 많습니다. 하지만 하둡을 비롯한 대부분의 제품은 오픈소스 형태로 운용되기 때문에 이들을 하나하나 직접 설치해서 사용하다 보면 서로 간의 라이브러리 버전 충돌이나 환경 설정 문제가 발생할 수 있습니다. 따라서 전문 벤더에서 각종 배포판을 제작하게 됐고, 그중에서 널리 알려지고 자주 사용되는 제품으로 클라우데라사에서 배포하는 CDH(Cloudera distribution Including Apache Hadoop)와 호튼웍스사에서 배포하는 HDP(Hortonworks data platorm)가 있습니다. 두 제품 모두 하둡을 기본으로 피그, 하이브, HBase 등 자주 활용되는 에코시스템을 포함하고 있다는 점에서는 비슷하지만 개발 및 인프라 운영상의 편의를 위해 제공하는 각종 모니터링 및 관리 기능과 다양한 오픈소스 라이브러리를 통합하는 과정에서 발생하는 제품 커스터마이징 수준에서 각기 다른 특성을 보입니다. 단순히 어느 배포판이 더 좋다고 할 수는 없으며, 각 제품의 특성을 상세히 살펴보고 현재 업무 상황에 적합한 배포판을 선택해서 사용하는 것이 좋습니다.

- **엘라스틱서치(Elasticsearch)**: 루씬(Lucene)을 기반으로 개발된 RESTful 분산 검색 엔진입니다. 주로 JSON 형태로 데이터를 저장하고 인덱스를 구성하며 높은 확장성과 더불어 쉽고 빠른 검색 기능과 중첩 쿼리를 포함한 강력한 집계 기능을 제공함으로써 검색부터 집계 및 통계, 머신러닝에 이르기까지 다양한 영역에서 활용되고 있습니다. 최근에는 엘라스틱서치와 하둡 연동 모듈인 ES-Hadoop을 통해 스파크의 최신 스트리밍 모듈인 스트럭처 스트리밍(Structured Streaming)과의 연동 기능도 제공합니다.

1.1.4 스파크

최근 빅데이터라는 용어가 널리 알려지면서 개발자라면 누구나 한번쯤 빅데이터라는 용어를 들어봤을 법한 상황이 됐지만 빅데이터라는 용어가 이렇게 대중적으로 알려지게 된 데는 하둡의 탄생과 성공이 크게 기여했다고 할 수 있습니다.

잘 알려진 것처럼 하둡은 구글이 대용량 데이터 처리와 관련해서 공개한 두 개의 논문을 더그 커팅(Doug Cutting)이 실제 제품으로 구현하면서 시작된 아파치 프로젝트를 가리키는 이름입니다. 이후 하둡 프로젝트는 아파치 톱 레벨 프로젝트로 승격된 후 이듬해에 하둡 0.20.1 버전을 내놓으면서 본격적인 활동을 시작하게 됩니다. 시기별로 보면 2003년에 구글이 지금의 HDFS(Hadoop file system)의 기초가 된 'The Google File System' 논문을 발표했고, 2004년에 맵리듀스 관련 논문을 추가 공개했습니다. 그 뒤 2006년에 아파치 톱 레벨 프로젝트로 승격됐고 2009년에 0.20.1 버전을 발표하게 됩니다.

하둡은 분산 환경의 병렬처리 프레임워크로서 크게 보면 분산 파일시스템인 HDFS(Hadoop distributed file system)와 데이터 처리를 위한 맵리듀스 프레임워크로 구성돼 있습니다. 또한 2.0 버전 이후부터는 CPU와 메모리 등 컴퓨팅 자원 관리를 전담하는 리소스 관리 시스템인 Yarn을 포함해 기존 맵리듀스 프로그래밍 모델을 Yarn 기반으로 구축할 수 있도록 지원하고 있습니다.

하둡은 여러 대의 서버를 이용해 하나의 클러스터를 구성하며, 이렇게 클러스터로 묶인 서버의 자원을 하나의 서버처럼 사용할 수 있는 클러스터 컴퓨팅 환경을 제공합니다. 기본적인 동작 방법은 분석할 데이터를 하둡 파일시스템인 HDFS에 저장해 두고 HDFS 상에서 맵리듀스 프로그램을 이용해 데이터 처리를 수행하는 방식입니다.

하둡 파일시스템은 하나의 네임노드와 여러 개의 데이터 노드로 구성되며, 하나의 네임노드가 나머지 데이터 노드를 관리하는 형태로 동작합니다.

- 데이터를 저장할 때는 전체 데이터를 블록이라고 하는 일정한 크기로 나눠서 여러 데이터 노드에 분산해서 저장하는데, 이 때 각 블록들이 어느 데이터 노드에 저장돼 있는지에 대한 메타정보를 네임노드에 기록합니다. 그리고 맵리듀스 잡을 실행할 때는 거꾸로 네임노드로부터 메타정보를 읽어서 처리할 데이터의 위치를 확인하고 분산처리를 수행합니다.

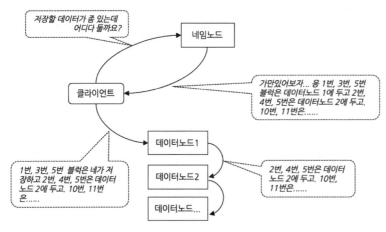

그림 1-2 하둡 파일시스템의 파일 저장 절차

맵리듀스 프레임워크는 하둡의 대표적인 데이터 처리 프레임워크로서 데이터를 여러 개의 맵 프로세스와 리듀서 프로세스로 나눠서 처리하는 방식입니다. 맵 프로세스는 여러 데이터 노드에 분산 저장된 데이터를 각 서버에서 병렬로 나누어 처리하며, 리듀서는 그러한 맵 프로세스들의 결과를 조합해 최종 결과를 만들어 냅니다.

이때 데이터를 나누는 과정에서는 실제로 파일의 복사본이 각 서버로 나누어 전달되는 것은 아니고 네트워크를 통한 데이터 이동을 최소화하기 위해 데이터가 있는 서버에서 프로세스를 구동시킵니다. 덕분에 데이터에 대한 지역성(locality)을 높이는 장점이 있습니다.

이러한 맵리듀스 잡의 제어는 네임노드에서 구동되는 잡 스케줄러와 태스크 스케줄러라는 프로세스가 처리했습니다. 하지만 기본적으로 하나의 클러스터에서 한 개의 맵리듀스 잡만 구동할 수 있었기 때문에 CPU와 메모리 자원을 효율적으로 사용하지 못하는 문제가 있었습니다. 이 때문에 최근 배포된 하둡 2.0부터는 데이터 처리 작업에 대한 스케줄링과 서버 자원 관리를 Yarn이라는 자원 관리 시스템에서 전담하면서 이러한 문제점이 개선됐습니다.

이처럼 하둡은 꾸준한 업데이트를 통해 빅데이터 처리 분야에서 핵심 프레임워크로 자리 잡았지만 앞에서 언급한 것처럼 하둡만으로 모든 데이터 처리를 수행하기에는 부족한 부분이 있었습니다.

먼저 하둡의 맵리듀스 잡은 대부분의 연산 작업을 파일시스템을 기반으로 처리했기 때문에[2] 스파크 같은 메모리 기반 데이터 처리 방식에 비해 상대적으로 높은 성능을 기대하기 어려운 면이 있었습니다.

두 번째는 맵리듀스를 이용해 데이터를 처리하려면 대부분 자바 언어를 사용해 맵리듀스 프로그램을 작성해야만 했습니다. 물론 맵과 리듀스 패턴이 막강해서 여러 복잡한 문제들을 이 방식으로 해결할 수 있었다 하더라도 현업에서 만나는 다양한 데이터 분석 요구사항을 맵과 리듀서라는 하나의 패턴으로만 치환해서 처리하기는 쉬운 일이 아니었습니다.

또한 외부 라이브러리의 도움 없이 단위 테스트를 작성하거나 실제 데이터를 대상으로 간단한 시뮬레이션을 해보기가 상대적으로 쉽지 않고, 무엇보다 자바 언어를 기반으로 프로그램을 작성하므로 파이썬이나 R 등 다른 분석용 도구를 연동해서 사용하려면 파일시스템과 같은 외부 스토리지를 중간에 두고 결과 파일을 주고받아야만 하는 불편함이 있었습니다.

이에 반해 SQL on Hadoop으로 대표되는 하이브의 경우 개발자들에게 친숙한 SQL을 사용해 맵리듀스 잡을 생성할 수 있다는 장점이 있었습니다. 하지만 이를 위해서는 미리 사용할 테이블과 데이터를 설계해 준비해둬야 하고 복잡한 알고리즘을 구현할 때는 원하는 성능을 얻지 못하거나 구현 자체가 맵리듀스 코드를 작성할 때보다 더 복잡해지는 경우가 있었습니다.

2　심지어 작업 수행 결과도 카운터와 파일을 통해서만 확인할 수 있습니다.

스파크는 하둡 기반의 맵리듀스 작업이 가진 이 같은 단점들을 보완하기 위한 것으로 2009년 UC Berkeley 대학의 연구로 시작되어 2012년에 미국 NSDI 학회에서 스파크의 핵심 개념인 RDD(resilient distributed dataset)에 대한 논문이 발표되면서 세상에 알려졌습니다.

스파크는 하둡과는 달리 메모리를 이용한 데이터 저장 방식을 제공함으로써 머신러닝 등 반복적인 데이터 처리가 필요한 분야에서 높은 성능을 보여줬습니다. 또한 작업을 실행하기 전에 최적의 처리 흐름을 찾는 과정을 포함하고 있었기 때문에 성능 향상과 더불어 여러 개의 맵리듀스 잡을 직접 순차적으로 실행해야 하는 수고를 덜 수 있게 됐습니다. 특히 맵리듀스에 비해 훨씬 자연스럽고도 강력한 다수의 데이터 처리 함수를 제공함으로써 프로그램의 복잡도를 크게 낮춰준다는 점은 매우 큰 장점이라 할 수 있습니다. 게다가 스파크 2.0부터는 자바, 스칼라, 파이썬뿐만 아니라 R 스크립트를 이용해서도 스파크 애플리케이션을 작성할 수 있게 되어 언어에 의한 장벽도 상당 부분 해소됐습니다.

이 밖에도 실시간 스트리밍 데이터를 다루기 위한 "스파크 스트리밍"과 "스트럭처(Structured) 스트리밍", SQL 기반의 데이터 분석이 가능한 "스파크 SQL", 그래프 알고리즘 처리를 위한 "GraphX", 통계 분석 프로그램인 R과의 연동을 지원하는 "SparkR", 머신러닝 알고리즘 수행을 위한 "ML" 및 "MLlib" 등 각종 데이터 처리 분야에 특화된 라이브러리도 제공합니다.

지금까지 하둡과 스파크에 대해 간단히 알아봤습니다. 한 가지 알아둬야 할 점은 스파크가 하둡의 많은 단점들을 보완해 준다고 해서 스파크가 하둡의 모든 영역을 대체할 것이라고 생각하면 안 된다는 것입니다. 스파크는 하둡을 비롯한 기존 빅데이터 처리 도구의 부족한 부분들을 보완해 주는 것이지 대체하기 위한 것은 아니라는 점을 염두에 두고 지금부터 좀 더 자세히 살펴보겠습니다.

1.1.5 RDD, 데이터프레임, 데이터셋 소개와 연산

프로그램을 작성할 때 모델링(modeling)은 정말 중요합니다. 모델링의 의미는 적용되는 분야에 따라 의미가 조금씩 달라질 수 있겠지만 프로그램 세계에서 모델링이란 현실 세계에 존재하는 사물이나 개념을 프로그래밍 언어로 설명하는 과정이라 할 수 있습니다.

모델링의 대상은 사람이나 자동차 같이 눈에 보이는 사물부터 계약, 사회, 데이터 같은 무형의 추상적인 개념까지 모두 아우릅니다. 또한 모델링을 할 때는 이런 대상의 모든 부분을 그대로 묘사하지 않고 프로그램에서 대상을 바라보는 특정 시각에 따라 특징적인 부분만 추려내서 표현합니다. 이런 과정을 거쳐서 최종적으로 대상에 대한 일종의 추상화된 모델이 생겨나는데, 이러한 모델이 만들어짐으로써 비로소 우리가 프로그램 안에서 그러한 대상들을 식별하고 다룰 수 있게 됩니다.

스파크 역시 스파크 프로그램 내에서 "데이터"를 표현하고 처리하기 위한 프로그래밍 모델을 제공하는데 용도에 따라 "RDD"와 "데이터셋(Dataset)", "데이터프레임(DataFrame)"이라는 세 가지 모델을 제공합니다. 이 중에서 가장 기본이 되는 것은 "RDD"라는 모델로서 스파크가 처음 세상에 모습을 드러내던 시절부터 있었던 모델입니다. 이에 비해 데이터프레임과 데이터셋은 RDD에 대한 확장 개념으로 기존 RDD 모델의 부족한 점을 보완하는 과정에서 새롭게 도입되기 시작한 모델들입니다(모델이라는 용어가 반복 사용돼서 다소 추상적으로 느껴질 수도 있는데 이번 장에서 언급하는 프로그래밍 모델은 API 또는 클래스와 같은 수준으로 이해해도 됩니다).

이처럼 사용 가능한 모델이 세 가지나 되다 보니 이 중에서 마음에 드는 한 가지만 골라서 잘 사용하면 되겠다고 생각할지도 모르겠지만 스파크를 잘 사용하려면 이 세 가지 모델이 지닌 각각의 특성과 차이점을 명확히 이해하는 것이 중요합니다. 하지만 지금은 모델에 관련된 내용보다 스파크 자체에 좀 더 익숙해지는 것이 더 중요하니 위 세 가지 중에서 가장 기본이라고 할 수 있는 RDD를 이용해 스파크의 기본적인 사용법을 먼저 살펴본 후에 각 모델에 대해 좀 더 알아보겠습니다.

먼저 스파크가 제공하는 RDD는 스파크 내부에 존재하는 "분산 데이터"에 대한 모델로서 단순히 "값"으로 표현되는 데이터만 가리키는 것이 아니고 데이터를 다루는 방법까지 포함하는 일종의 클래스와 같은 개념입니다.

스파크 홈페이지(https://spark.apache.org)를 방문해 보면 아래와 같은 깔끔한 정의를 볼 수 있습니다. 다소 어색하지만 우리말로 옮겨보자면 "RDD란 스파크가 사용하는 핵심 데이터 모델로서 다수의 서버에 걸쳐 분산 방식으로 저장된 데이터 요소들의 집합을 의미하며, 병렬처리가 가능하고 장애가 발생할 경우에도 스스로 복구될 수 있는 내성(tolerance)를 가지고 있다"라고 할 수 있습니다.

> "Spark revolves around the concept of a *resilient distributed dataset* (RDD), which is a fault-tolerant collection of elements that can be operated on in parallel."

이를 조금 다르게 표현해 보면 RDD란 스파크에서 정의한 분산 데이터 모델로서 병렬 처리가 가능한 요소로 구성되며 데이터를 처리하는 과정에서 (프로그램 오류가 아닌 메모리 공간 부족 등의 이유로) 일시적인 문제가 발생하더라도 스스로 에러를 복구할 수 있는 능력을 가진 데이터 모델이라고 정리할 수 있습니다. 또한 스스로 에러를 복구한다는 부분을 통해 RDD가 "값"에 해당하는 데이터뿐만 아니라 데이터 처리 방법 및 실제적인 데이터 처리 능력도 함께 가지고 있는 모델이라는 점도 미루어 알 수 있습니다.

그럼 RDD가 분산 데이터 요소의 집합이라는 것을 소개했으니 이 부분에서부터 얘기를 시작하겠습니다. 먼저 하나의 RDD에 속한 요소들은 파티션이라고 하는 단위로 나눠질 수 있는데, 스파크는 작업을 수행할 때 바로 이 파티션 단위로 나눠서 병렬로 처리를 수행합니다. 이렇게 만들어진 파티션은 작업이 진행되는 과정에서 재구성되면서 파티션에 속한 데이터들이 네트워크를 통해 다른 서버에 위치한 파티션으로 이동하는, 이른바 셔플링이 발생할 수 있습니다. 이런 셔플링은 전체 작업 성능에 큰 영향을 주기 때문에 주의해서 다뤄야 하며, 이 때문에 스파크에서는 셔플링이 발생할 수 있는 몇몇 주요 연산에 파티션의 개수를 직접 지정할 수 있는 옵션을 제공합니다.[3]

하나의 RDD가 이렇게 여러 파티션으로 나눠져 다수의 서버에서 처리되다 보니 작업 도중 일부 파티션 처리에 장애가 발생해서 파티션 처리 결과가 유실될 수 있는데, 스파크는 이렇게 손상된 RDD를 원래 상태로 다시 복원하기 위해 RDD의 생성 과정을 기록해 뒀다가 다시 복구해 주는 기능을 가지고 있습니다. RDD의 첫 글자인 resilient[4]라는 단어가 바로 이런 복구 능력을 의미하는데, 좀 더 정확하게 말하면 RDD에 포함된 데이터를 저장해 두는 것이 아니고 RDD를 생성하는 데 사용했던 작업 내용을 기억하고 있는 것입니다. 그래서 문제가 발생하면 전체 작업을 처음부터 다시 실행하는 대신 문제가 발생한 RDD를 생성했던 작업만 다시 수행해서 복구를 수행합니다.

단 이렇게 복구를 수행하기 위해서는 한번 생성된 RDD가 바뀌지 않아야 한다는 조건이 필요합니다. 만약 RDD가 생성된 이후에 변경이 가능하다면 단순히 RDD가 생성되는 데 관여한 작업뿐만 아니라 RDD를 변경시킨 모든 작업에 대한 기록을 다 저장하고 있어야 하기 때문입니다.

아직 RDD에 대해 본격적으로 살펴보지 않았기 때문에 방금 설명한 내용이 잘 이해되지 않을 수도 있습니다. 따라서 아직 RDD를 다루기 전이지만 RDD의 복원 시나리오를 이해하기 위해 RDD의 특성 몇 가지를 먼저 설명드리겠습니다.

1) RDD는 스파크의 (추상적인) 데이터 모델이면서 동시에 프로그래밍 API입니다.

2) RDD는 map, flatMap과 같은 메서드를 이용해 내부에 포함된 모든 데이터에 특정 연산을 적용할 수 있습니다. 예를 들어, 숫자 데이터만 가지고 있는 RDD가 있다면 map이라는 메서드를 이용해 모든 데이터 요소에 10을 곱하거나 1을 더하는 등의 변경을 할 수 있습니다.

---

3   파티션의 수는 곧 데이터 처리에 참여하는 병렬 프로세스의 수입니다. 즉, 하나의 데이터를 잘게 쪼개어 여러 개의 파티션을 만들면 여러 프로세스에서 동시에 작업을 처리해서 처리 속도가 증가할 수 있지만 이 정도가 지나치면 오히려 전체 성능을 떨어뜨리는 요인이 됩니다.

4   (충격, 부상 등에 대해) 회복력 있는

3) 이렇게 변경하게 되면 RDD의 요소로 지정돼 있던 데이터의 값이 바뀌는데, 이때 원래 있던 기존 RDD의 데이터가 바뀌는 것이 아니고 변경된 숫자로 구성된 새로운 RDD를 생성하게 됩니다.

4) 즉, 덧셈이나 곱셈 같은 특정 연산을 수행하면 기존 RDD와 새로운 RDD, 이렇게 2개의 RDD가 만들어집니다.

5) RDD는 이와 같은 방식으로 어떤 종류의 연산이든 내부 데이터를 변경하게 되면 기존 RDD 정보는 그대로 두고 계속해서 새로운 RDD를 만들어 냅니다.

6) 스파크는 이렇게 만들어진 모든 RDD에 대해 기존의 어떤 RDD에 어떤 종류의 연산을 적용해서 만들어진 것인지에 대한 정보를 기억하고 있습니다.

7) 이제 RDD 중 일부가 장애로 인해 유실되는 문제가 발생하면 스파크는 해당 RDD가 어떤 단계를 거쳐서 만들어진 것인지 기록해둔 정보를 끄집어내 필요한 절차를 반복 수행함으로써 유실됐던 RDD를 다시 만들어 냅니다.

8) 이처럼 RDD는 한번 생성되면 새로운 RDD를 만들어 낼 수는 있어도 자신은 절대 변하지 않기 때문에 언제 어느 시점에 장애가 발생하더라도 동일한 방법으로 만든 RDD는 항상 동일한 데이터를 가지고 있음을 보장받을 수 있습니다.

정리하면, 스파크는 RDD가 생성되어 변경되는 모든 과정을 일일이 기억하는 대신 RDD를 한번 생성되면 변경되지 않는 읽기 전용 모델로 만든 후 RDD 생성과 관련된 내용만 기억하고 있다가 장애가 발생하면 이전에 RDD를 만들 때 수행했던 작업을 똑같이 실행해(똑같은 데이터를 가진 새로운 RDD를 만들어) 데이터를 복구하는 방식을 사용하는 것입니다.

이처럼 스파크에서 RDD 생성 작업을 기록해 두는 것을 리니지(lineage)라고 합니다. 결국 지금까지 얘기한 내용을 종합해 보면 유명한 온라인 게임 이름이기도 한 '리니지'와 '읽기 전용'이라는 두 단어가 키워드라고도 할 수 있을 것입니다. 사실 게임에 대해서는 잘 모르는데 문득 궁금한 생각이 드네요.

RDD의 이런 읽기 전용 특성은 흔히 프로그래밍 모델이라고도 하는 프로그래밍 방식에도 영향을 주어 일단 데이터를 RDD로 만든 후 데이터 변형이 필요하면 그 RDD로부터 변형된 새로운 RDD를 만들고 그것으로부터 또 다른 RDD를 생성해서 최종적인 모습의 RDD를 만들어 가는 형태로 데이터를 처리합니다. 이때 기존 RDD는 변형되지 않고 매번 새로운 RDD가 재생성되기 때문에 장애가 발생하면 문제가 발생했던 구간의 작업만 수행해서 RDD를 재빨리 복원할 수 있는 것입니다.

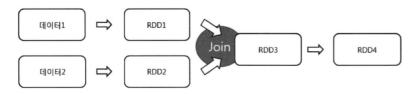

그림 1-3 RDD 기반 데이터 처리

RDD는 크게 세 가지 방법으로 생성할 수 있습니다. 첫 번째 방법은 List나 Set 같은 기존 프로그램의 메모리에 생성된 데이터를 이용하는 것으로 특별한 데이터 소스를 준비할 필요 없이 RDD의 기능을 즉시 테스트해 볼 수 있어 테스트 코드 작성 등에 유용하게 사용할 수 있습니다.

두 번째 방법은 로컬 파일시스템이나 하둡의 HDFS 같은 외부 저장소에 저장된 데이터를 읽어서 생성하는 방법인데, 스파크는 다양한 유형의 데이터 소스로부터 데이터를 읽고 RDD를 생성할 수 있는 유용한 함수를 제공합니다.

마지막 세 번째는 기존에 생성돼 있는 RDD로부터 또 다른 RDD를 생성하는 방법인데, 실제로 RDD로부터 새로운 RDD를 만들어주는 "createRDD"와 같은 함수가 제공되는 것은 아니고 기존 RDD의 모든 요소에 1을 더하는 등의 연산을 적용하면 "한번 만들어지면 수정되지 않는다"는 RDD의 특성으로 인해 새로운 RDD가 만들어지는 것을 의미합니다.

다음은 방금 말한 세 가지 RDD 생성 방법에 따라 RDD를 생성하는 코드의 일부입니다.

1. Collection 이용

[자바]
```
JavaRDD<String> rdd = sc.parallelize(Arrays.asList("a", "b", "c", "d", "e"));
```

[스칼라]
```
val rdd = sc.parallelize(List("a", "b", "c", "d", "e"))
```

[파이썬]
```
rdd = sc.parallelize(["a", "b", "c", "d", "e"])
```

2. 파일로부터 생성

[자바]
```
JavaRDD<String> rdd = sc.textFile("<path_to_file>");
```

[스칼라]
```
val rdd = sc.textFile("<path_to_file>")
```

[파이썬]
```
rdd = sc.textFile("<path_to_file>")
```

 이 책의 모든 예제에서 〈path〉또는 〈path_to_file〉은 파일이 위치한 경로를 의미합니다. 스파크는 하둡에서 사용 가능한 모든 파일시스템을 지원하기 때문에 로컬 파일시스템부터 HDFS[6], S3, FTP 등 다양한 파일시스템 경로를 사용할 수 있습니다.

예를 들어, 로컬 파일시스템의 경우 "file:///~"와 같이 입력하고 hdfs의 경우 "hdfs://~"로 시작하는 경로를 입력하면 됩니다. 단, HADOOP_HOME 시스템 환경변수가 등록돼 있을 경우 파일시스템에 대한 스킴(scheme) 정보 없이 "/path1/path2"와 같이 시작하는 경로만 지정할 경우 hdfs 시스템 경로로 인식되므로 유의해야 합니다.

3. 기존 RDD로부터 새로운 RDD 생성

[자바 7]
```java
JavaRDD<String> rdd1 = rdd.map(new Function<String, String>() {
    @Override
    public String call(String v1) throws Exception {
        return v1.toUpperCase();
    }
});
```

[자바 8]
```java
JavaRDD<String> rdd1 = rdd.map(v -> v.toUpperCase());
```

[스칼라]
```
val rdd1 = rdd.map(_.toUpperCase())
```

[파이썬]
```
rdd1 = rdd.map(lambda s: s.upper())
```

아직 스파크 프로그래밍 모델을 살펴보기 전이기 때문에 다소 생소한 내용이 있을 수 있지만 RDD를 생성하는 데 위와 같은 다양한 방법이 있다는 것을 기억하면 됩니다.

---

5 HDFS는 하둡의 파일시스템을 의미합니다. 하둡을 모른다고 해서 스파크를 사용할 수 없는 것은 아니지만 스파크가 제공하는 API는 하둡의 API를 기반으로 작성된 것들이 많으므로 하둡에 대해 기본적인 사항을 이해해둘 필요가 있습니다.

이 책의 예제에는 자바 7 스타일과 자바 8 람다 스타일의 코드를 함께 제공하고 있지만 스파크 2.2.0 버전부터는 자바 8 버전 이상의 실행 환경만 지원하므로 개발 및 애플리케이션 구동 시 이에 맞는 자바 버전을 미리 설치해야 합니다. 자바의 경우 하위 호환성을 보장하므로 어떤 방식으로 코드를 작성하느냐가 동작에 영향을 주지는 않겠지만 가급적 사용하는 자바 버전에 맞는 코드 스타일을 적용하도록 신경 쓰는 것도 좋은 방법이 될 수 있습니다.

RDD를 생성하고 나면 RDD가 제공하는 다양한 연산을 이용해 데이터를 처리하면 되는데, 이때 RDD에서 제공하는 연산은 크게 "트랜스포메이션(Transformation)"과 액션(Action)"이라는 두 종류로 나눌 수 있습니다.[6]

 엄밀한 의미에서 메서드(method), 함수(function), 연산(operation)은 뉘앙스가 서로 다르므로 구분해서 사용하는 것이 맞습니다. 하지만 이 책에서는 연산과 메서드, 함수 등을 엄격하게 구분해서 사용하지 않고 상황에 따라 섞어서 사용합니다. 예를 들어, RDD의 map() 메서드는 문맥에 따라 map 연산 또는 map 메서드라고 표현될 수 있습니다. 주로 동작 자체의 의미에 중점을 두고 설명하고자 할 때는 "연산"이라는 용어를, 프로그래밍 API로서 설명할 때는 "메서드"라는 용어를 사용합니다.

이 가운데 트랜스포메이션 연산이란 어떤 RDD에 변형을 가해 새로운 RDD를 생성하는 연산으로, 기존 RDD는 바뀌지 않은 채 변형된 값을 가진 새로운 RDD가 생성되는 연산을 의미합니다. 예를 들어, 위 예제에서 rdd로부터 rdd1을 생성할 때 사용한 map 연산은 rdd에 있는 요소 각각에 소문자를 대문자로 바꾸는 함수를 적용해 그 결괏값으로 구성된 새로운 RDD를 만들어냅니다.

한편 스파크는 이러한 rdd와 rdd1의 생성 과정을 따로 기록해뒀다가 메모리를 이용한 데이터 처리 과정에서 일부 데이터 유실이 발생하면 앞서 기록해둔 생성 과정을 다시 수행해서 데이터를 복구합니다.

이러한 변환 연산이 가진 또 다른 중요한 특징은 연산이 호출되는 시점에 바로 실행되는 것이 아니고 데이터 변환을 어떻게 수행할지에 관한 정보만 누적해서 가지고 있다가 "액션"에 해당하는 연산이 호출될 때에 비로소 한꺼번에 실행된다는 것입니다. 변환 연산이 가진 이러한 지연(Lazy) 실행 방식의 장점은 본격적인 작업 실행에 들어가기 전에 데이터가 어떤 방법과 절차에 따라 변형돼야 하는지 알 수 있다는 점입니다. 따라서 최종 실행이 필요한 시점에 누적된 변환 연산을 분석하고 그중

---

6   어떤 연산이 액션과 변환 연산 중 어떤 종류에 속하는지 알아두는 것은 필요하지만 실제 데이터를 처리하는 과정에서는 그때그때 필요한 연산을 자연스럽게 선택해서 사용하면 되므로 처음부터 억지로 구분해서 암기하려고 할 필요는 없습니다.

에서 가장 최적의 방법을 찾아 변환 연산을 실행할 수 있습니다. 예를 들어, 어떤 온라인 쇼핑몰에서 발생한 1TB 규모의 구매 정보 로그가 총 10대의 서버에 무작위로 흩어져 저장돼 있고 이 로그 파일을 분석해서 특정 상품의 총 판매건수를 구한다고 할 때 다음과 같은 두 가지 방법을 생각해 볼 수 있을 것입니다.

(방법 1)

    1. 10대 서버에 저장된 모든 로그를 상품에 따라 재분류한다.

    2. 상품별 총 판매건수를 계산한 후 원하는 상품의 정보만 출력한다.

(방법 2)

    1. 전체 로그를 분류하기 전에 각 서버별로 원하는 상품 정보만 걸러낸 후 상품별 총 판매건수를 계산한다.

    2. 각 서버별로 따로 계산된 상품별 판매건수를 한 곳으로 모아서 더한 후 출력한다.

"방법 1"의 경우 10대의 서버에 저장된 모든 로그 파일을 상품번호별로 재분류하는 것으로 작업을 시작합니다. 그런데 이때 동일한 상품번호를 가진 로그 파일들이 10대의 서버에 무작위로 흩어져 있기 때문에 같은 상품번호에 해당하는 로그가 분류 로직에 따라 한 서버에서 다른 서버로 네크워크를 통해 이동하는 현상, 즉 "셔플(shuffle)"이 대량으로 일어납니다.

이에 반해 "방법 2"의 경우 셔플을 수행하기 전에 각 서버에서 먼저 상품별 부분 집계를 수행한 후 집계된 결과 파일만을 대상으로 네트워크를 통한 2차 합계 연산을 수행하기 때문에 "방법 1"에 비해 훨씬 적은 양의 데이터를 대상으로 셔플을 수행할 수 있습니다. 그뿐만 아니라 "방법 2"의 경우 상품별 합계를 구하기 전에 필요한 상품 정보만 미리 골라냈기 때문에 합계를 구하는 데 사용해야 할 데이터의 양 또한 "방법 1"에 비해 현저히 작아집니다. 따라서 전체 처리 성능 면에서 볼 때 고비용 연산(네트워크를 통한 데이터 이동)을 더 효율적으로 수행한 "방법 2"가 더 우세합니다. 스파크는 위 예제의 방법 2처럼 최종 결과를 계산하는 데 필요한 변환 연산을 전체적으로 분석하고 효율적인 실행 방법을 찾기 위해 "액션" 연산이 필요할 때까지 변환을 수행하지 않습니다. 이 같은 최적화는 성능과 관련된 개발자의 실수를 줄여주고 애플리케이션 코드를 통해서는 얻기 어려운 성능 개선까지도 제공할 수 있기 때문에 데이터 처리에서 매우 중요한 부분이라고 할 수 있습니다. 앞서 스파크 데이터 모델을 소개하면서 RDD 외에 데이터프레임과 데이터셋이라는 새로운 데이터 모델이 있다고 소개했는데 이런 새로운 모델이 등장하게 된 배경에는 이러한 최적화 기능을 더 강화하기 위한 목적도 매우 큰 부분을 차지하고 있습니다. 일단 지금은 이러한 스파크에서 이 같은 유형의 최적화를 제공한다는 점을 기억해 두고 데이터프레임과 관련된 내용은 이후의 내용을 통해 조금씩 더 알아보겠습니다.

이때 액션 연산이란 그 연산의 결과로 RDD가 아닌 다른 값을 반환하거나 아예 반환하지 않는 연산을 의미합니다. 예를 들면, RDD의 크기를 계산해서 Long 값을 반환한다거나 RDD를 화면에 출력 또는 외부 저장소에 저장하는 등의 동작이 이에 해당한다고 할 수 있습니다.

RDD는 스파크에서 사용하는 데이터 모델이면서 동시에 스파크가 제공하는 실제 클래스의 이름이기도 합니다. 앞에서 RDD의 연산 종류를 "변환" 연산과 "액션" 연산으로 나눈다고 했지만 실제로 스파크 RDD API 문서에 그런 구분이 따로 표시돼 있는 것은 아닙니다.

이 때문에 RDD 클래스가 제공하는 메서드 가운데 어떤 것이 변환에 속하는 메서드고 어떤 것인 액션에 속하는 메서드인지 알아보려면 API 문서에서 메서드의 반환 타입을 확인해 보면 됩니다. 이때 연산의 수행 결과가 RDD이면 변환 메서드고 RDD가 아닌 다른 타입의 값을 반환하면 액션에 해당하는 연산이라고 할 수 있습니다.

지금까지 RDD가 제공하는 메서드를 크게 액션과 트랜스포메이션 유형으로 구분할 수 있다는 것을 알아봤습니다. 그런데 RDD가 제공하는 이런 메서드 중에는 RDD를 구성하는 요소가 특정 타입일 때만 사용 가능한 것들이 있습니다.

예를 들어, RDD에 포함된 모든 요소의 합계를 구하는 sum() 메서드나 표준편차를 구하는 stddev() 같은 메서드는 RDD를 구성하는 요소들이 모두 숫자 타입일 경우에만 사용할 수 있습니다. 또한 RDD의 요소 중에서 같은 키(key)를 가진 것들끼리 모아주는 groupByKey()라는 메서드는 키(Key)와 값(value) 쌍으로 구성된 RDD에만 사용할 수 있습니다.

이처럼 요소의 타입에 따라 서로 다른 다양한 메서드를 제공하는 것이 처음 시작하는 입장에서는 통일성이 없고 복잡하게 느껴질 수도 있습니다. 하지만 데이터 유형에 상관없이 정해진 몇 가지 방법만을 조합해서 모든 문제를 해결하는 것은 초기 학습은 빠를지 몰라도 현실에서 마주치는 다양하고 복잡한 문제를 해결하는 데는 오히려 더 많은 고민과 노하우가 필요해지는 경우가 많습니다. 따라서 RDD가 제공하는 메서드들을 한번에 다 습득하기는 만만치 않지만 수시로 API를 참고해서 스파크가 제공하는 리치(Rich) API의 장점을 십분 활용하기 바랍니다.

1.1.6 DAG

독자분들 중에는 우지(oozie, http://oozie.apache.org)라는 이름을 들어봤거나 사용해본 분들이 있을 것입니다. 우지는 워크플로우 시스템의 하나로 여러 개의 하둡 맵리듀스 잡과 피그, 하이브 잡을 스케줄링하고 연동할 수 있게 지원하는 도구입니다. 작업 스케줄 관리와 관련된 라이브러리라면 이미 널리 알려진 많은 제품들이 있지만 군이 또 다른 도구를 사용하는 이유는 빅데이터 처리 과정의 특성 때문이라고 할 수 있습니다.

데이터 처리를 하다 보면 한 번의 맵리듀스 작업으로 처리하면 데이터 처리 방법이 너무 복잡해지거나 처리 대상 데이터의 크기가 너무 커져서 서버의 가용량을 넘어서는 경우가 생길 수 있습니다. 특히 데이터를 처리하는 데 소요되는 시간도 데이터를 처리하는 방법에 따라 크게 차이가 나기 때문에 한 번의 작업으로 모든 것을 끝내기보다는 하나의 작업을 여러 개의 작은 작업으로 나눠 놓고 각 작업을 최적화해서 일련의 순서대로 나누어 실행해야 하는 경우가 종종 있을 수 있습니다.

그런데 이때 각 단계마다 최적화된 작업을 수행하기 위해 사용해야 하는 데이터 처리용 라이브러리가 다를 수 있기 때문에 서로 다른 라이브러리를 잘 조합해서 사용할 수 있는 라이브러리가 필요해졌습니다. 우지는 이 같은 목적으로 사용하는 오픈소스 워크플로우 시스템 중 하나로 일련의 작업 흐름을 XML을 사용해 명시적으로 선언해 쓸 수 있습니다. 이때 일련의 작업 흐름을 나타내는 워크플로우는 일종의 DAG(directed acyclic graph)를 구성하며, 이를 이용해 일련의 작업을 수행하면서 HCatalog와 같은 라이브러리를 활용해 맵리듀스와 피그, 하이브 등 다양한 라이브러리를 상호 연동해서 사용하면서 데이터 처리를 수행합니다.

DAG란 그래프 이론에서 사용되는 용어로, 여러 개의 꼭짓점(vertex) 또는 노드(node)와 그 사이를 이어주는 방향성을 지닌 선(directed edges)으로 구성되고, 그래프를 구성하는 어느 꼭짓점이나 노드에서 출발하더라도 다시 원래의 꼭짓점으로 돌아오지 않도록 구성된 그래프 모델을 말합니다. 빅데이터에서 DAG는 복잡한 일련의 작업 흐름을 나타내는 용도로 많이 사용되는데, 방금 설명한 우지도 그중 한 예라고 할 수 있습니다.

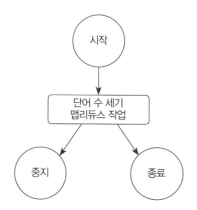

그림 1-4 우지(Oozie) 워크플로우

위 그림은 유명한 단어 수 세기 예제에 대한 처리 흐름을 DAG로 표현해 본 것으로서 같은 내용을
우지가 지원하는 XML 형식으로 표현하면 다음과 같습니다.[7]

```xml
<workflow-app name='wordcount-wf' xmlns="uri:oozie:workflow:0.1">
    <start to='wordcount'/>
    <action name='wordcount'>
        <map-reduce>
            <job-tracker>${jobTracker}</job-tracker>
            <name-node>${nameNode}</name-node>
            <configuration>
                <property>
                    <name>mapred.mapper.class</name>
                    <value>org.myorg.WordCount.Map</value>
                </property>
                <property>
                    <name>mapred.reducer.class</name>
                    <value>org.myorg.WordCount.Reduce</value>
                </property>
                <property>
                    <name>mapred.input.dir</name>
                    <value>${inputDir}</value>
                </property>
                <property>
                    <name>mapred.output.dir</name>
                    <value>${outputDir}</value>
                </property>
            </configuration>
        </map-reduce>
        <ok to='end'/>
        <error to='end'/>
    </action>
    <kill name='kill'>
        <message>Something went wrong: ${wf:errorCode('wordcount')}</message>
    </kill>
    <end name='end'/>
</workflow-app>
```

XML 내용을 보면 매퍼와 리듀서를 지정하는 부분과 HDFS의 입력과 출력 경로를 지정하는 부분이
있고, 작업이 성공 또는 실패했을 경우 어떻게 처리할지 나타내는 처리 흐름 등이 XML을 통해 선언
돼 있음을 알 수 있습니다.

---

7 출처: http://oozie.apache.org/docs/4.3.0/DG_Overview.html

만약 지금 막 우지에 대한 설명을 처음 들으신 분들이라면 "음 그래. 뭔지 대충 알겠어. 그럼 XML을 생성해 주는 툴을 사용해서 작성하면 되겠네"라고 생각하실지 모르겠지만 데이터 처리 시나리오를 작성하는 일은 생각보다 쉬운 일은 아닙니다. 같은 결과를 만들어내는 작업이라고 해도 처리 방법에 따라 성능상 큰 차이를 보이기 때문에 각 단계별 처리 과정을 명확하게 이해하고 적절하게 작업 단계를 나누고 입력 데이터와 출력 데이터의 형식도 신중하게 고려해야 하기 때문입니다.

스파크는 트랜스포메이션과 액션의 조합으로 데이터 흐름을 손쉽게 표현할 수 있기 때문에 이로 인한 고민을 효과적으로 줄일 수 있습니다. 또한 데이터 변환 연산을 이용해 필요한 코드를 작성해 두면 스파크가 실행하는 시점에 최적의 실행 경로를 판단해서 처리해 주기 때문에 편의성과 효율성 면에서 훨씬 유리하다고 할 수 있습니다.

스파크에서 DAG 처리를 담당하는 부분을 DAG스케줄러라고 하는데, 이것의 전반적인 동작 방식을 이해하기 위해 스파크의 작업 실행이 어떻게 수행되는지를 전체적으로 살펴보겠습니다.

먼저 스파크는 전체 작업을 스테이지(stage)라는 단위로 나누고 각 스테이지를 다시 여러 개의 태스크(task)로 나누어 실행합니다. 이때 최초로 메인 함수를 실행해 RDD 등을 생성하고 각종 연산을 호출하는 프로그램을 드라이버(Driver) 프로그램이라고 하는데, 특별히 어떤 인터페이스를 구현해야 하는 것은 아니고 메인 함수를 가진 일반적인 프로그램을 작성하면 됩니다(자바 언어를 사용한다면 POJO라고 부르는 형태가 됩니다).

드라이버의 메인 함수에서는 스파크 애플리케이션과 스파크 클러스터의 연동을 담당하는 스파크컨텍스트(SparkContext) 또는 스파크세션(SparkSession)이라는 객체를 만들고 이를 이용해 잡을 실행하고 종료하는 역할을 수행합니다. 드라이버가 스파크컨텍스트를 통해 RDD의 연산 정보를 DAG스케줄러에게 전달하면 스케줄러는 이 정보를 가지고 실행 계획을 수립한 후 이를 클러스터매니저에게 전달합니다. 이때 스케줄러가 생성하는 정보는 주로 데이터에 대한 지역성을 높이는 전략과 관련된 것입니다. 특히 전체 데이터 처리 흐름을 분석해서 네트워크를 통한 데이터 이동이 최소화되도록 스테이지를 구성하는 것을 주로 수행합니다.

 스파크컨텍스트(SparkContext)와 스파크세션(SparkSession)

스파크 애플리케이션이 동작하기 위해서는 스파크 애플리케이션도 필요하지만 이 애플리케이션이 동작하기 위한 서버 프로세스도 필요합니다. 이때 서버의 역할은 크게 두 가지로 나눌 수 있는데 하나는 클러스터를 구성하는 개별 서버 간에 각종 메시지와 필요한 데이터를 주고받을 수 있는 백엔드 서버 프로세스를 구동하는 것이고 또 하나는 개별 작업 수행에 필요한 메타 정보를 저장하고 관리하는 것입니다.

따라서 스파크 애플리케이션을 작성하려면 이러한 스파크 서버 프로세스와 연동할 수 있는 방법이 필요한데 스파크 2.0.0 이전에는 스파크컨텍스트와 SQLContext라는 두 종류의 클래스를 이용해 이를 처리했습니다(백엔드 서버 프로세스에 대한 참조는 주로 스파크컨텍스트에 두고 메타 정보에 크게 의존하지 않는 RDD 모델을 생성하는 용도로 사용하고, 애플리케이션 실행에 필요한 각종 메타 정보는 주로 SQLContext에 저장한 뒤 이를 이용해 데이터프레임을 생성하는 용도로 사용했습니다).

그러던 중 스파크 2.0.0 버전이 출시되면서 SQLContext가 제공하던 기능은 스파크세션으로 대체되고 스파크컨텍스트는 스파크세션의 속성 중 하나로 정의됐습니다. 즉, 스파크 2.0.0 버전부터는 SparkContext를 만들 때 기존과 같은 방법으로도 만들 수 있지만 스파크세션 인스턴스를 먼저 만든 후 "SparkSession.sparkContext"와 같은 형태로도 사용할 수 있게 된 것입니다.

하지만 스파크 API를 찾아보면 여전히 SQLContext라는 클래스가 존재하는 것을 볼 수 있는데 이는 이전 버전의 스파크 애플리케이션들을 위한 하위 호환성을 보장하기 위한 것으로 실제 처리 과정에서는 모든 처리를 스파크세션으로 위임해서 처리하게 돼 있습니다.

예를 들어, 스파크가 제공하는 연산 중에는 앞에서 언급한 셔플이 반드시 필요한 것들도 있고 그렇지 않은 연산도 있습니다. 따라서 각각을 서로 다른 스테이지로 나누고 셔플이 필요 없는 작업을 최대한 모아서 먼저 수행한 뒤 셔플을 수행하는 방법을 사용할 수 있습니다. 이 경우 대상 데이터의 크기를 줄여 셔플로 인한 부하를 최소화하는 것이 바로 스케줄링의 역할이라고 할 수 있습니다.

RDD 논문에서는 이를 좁은 의존성(narrow dependency)과 넓은 의존성(wide dependency)이라는 용어로 설명하고 있습니다. 우선 하나의 RDD가 새로운 RDD로 변환될 때 기존 RDD를 부모 RDD, 새로운 RDD를 자식RDD라고 하겠습니다. 이때 부모RDD를 구성하는 파티션이 여러 개의 자식RDD 파티션과 관계를 맺고 있으면 넓은 의존성을 갖고 있다고 말하고, 그 반대의 경우는 좁은 의존성을 갖고 있다고 표현할 수 있습니다.

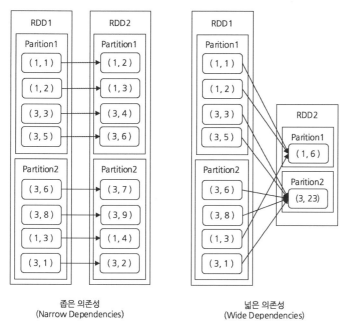

그림 1-5 좁은 의존성과 넓은 의존성

그림 1-5는 좁은 의존성과 넓은 의존성을 그림으로 간단히 표현한 것입니다. 그림에서 RDD1은 부모RDD, RDD2는 RDD1을 변환해서 생성한 RDD이므로 자식RDD라고 할 수 있습니다. 이때 같은 이름을 가진 네모 박스가 위아래로 두 개 있는 것은 RDD와 관련된 파티션을 나타냅니다.

먼저 왼쪽의 좁은 의존성을 보겠습니다. RDD1은 두 개의 숫자로 구성된 순서쌍들로 구성된 RDD입니다. 여기에 순서쌍을 구성하는 각 숫자마다 1을 더하는 연산을 적용해 RDD2를 생성합니다. 중요한 것은 1을 더하는 연산을 처리하는 과정에서 다른 파티션에 있는 데이터는 전혀 알 필요가 없다는 점입니다. 따라서 새로 생성되는 RDD는 부모 RDD와 동일한 파티션 구성을 가지게 됩니다.

다음으로 오른쪽의 넓은 의존성을 보겠습니다. 이번에는 각 순서쌍의 첫 번째 숫자를 기준으로 두 번째 숫자의 총합을 구하고 있습니다. 그런데 같은 첫 번째 숫자를 가진 데이터들이 서로 다른 파티션에 섞여 있기 때문에 결과를 구하기 위해 다른 파티션에 있는 데이터를 참고해야만 합니다. 만약 이 데이터가 예제처럼 단 두 개의 파티션이 아니라 여러 서버에 다수의 파티션으로 분산되어 저장된 데이터라고 한다면 이 지점에서 네트워크를 통한 데이터 이동, 즉 셔플이 발생할 것입니다.

실제로 스파크를 이용해 데이터를 처리하다 보면 성능과 관련된 문제가 자주 발생할 수 있습니다. 따라서 방금 설명한 셔플링과 파티션, 그리고 앞으로 다루게 될 클러스터매니저의 특성을 잘 알고 적절한 튜닝을 수행할 수 있는 능력을 키우는 것이 중요합니다.

1.1.7 람다 아키텍처

람다 아키텍처란 빅데이터 처리를 위한 시스템을 구성하는 방법 중 하나로 네이선 마츠(Nathan Marz)가 제안한 아키텍처 모델입니다. 빅데이터의 활용 분야가 넓어지면서 기존과 같은 대량의 데이터 처리는 물론이고 실시간 로그 분석과 같은 실시간 처리도 매우 중요해지는 상황이기 때문에 이 두 가지 요구사항을 모두 잘 충족시키기 위해 어떤 아키텍처가 좋을지 정리한 것으로 생각하면 됩니다.

그럼 먼저 람다 아키텍처의 전반적인 모습을 살펴보겠습니다.

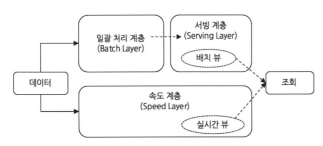

그림 1-6 람다 아키텍처(http://goo.gl/Tkq6RJ)

람다라는 이름 때문에 좀 생소하게 느껴지기도 하지만 아마도 빅데이터 관련 업무를 하는 분들이라면 이미 익숙한 그림일 수도 있습니다. 람다 아키텍처를 간략하게 요약하자면 데이터를 처리하는 시스템을 일괄 처리를 담당하는 영역(일괄 처리 계층)과 실시간 처리를 담당하는 영역(속도 계층)으로 나눈 후 다음과 같이 운영하는 것을 말합니다.

1. 새로운 데이터는 일괄 처리 계층과 속도 계층 모두에 전달됩니다.

2. 일괄 처리 계층은 원본 데이터를 저장하고 일정 주기마다 한 번씩 일괄적으로 가공해서 배치 뷰(Batch View)를 생성합니다. 이때 뷰라고 한 부분은 외부에 보여지는 데이터, 즉 결과 데이터라고 이해해도 됩니다.

3. 속도 계층은 들어오는 데이터를 즉시 또는 매우 짧은 주기로 처리해 실시간 뷰를 생성합니다.

4. 서빙 계층은 실시간 뷰와 배치 뷰의 결과를 적절히 조합해 사용자에게 데이터를 전달합니다. 물론 서빙 계층을 거치지 않고 배치 뷰 또는 실시간 뷰를 직접 조회할 수도 있습니다.

정리하면, 일괄 처리 작업을 통해 데이터를 처리하되 아직 배치 처리가 수행되지 않은 부분은 실시간 처리를 통해 보완한다는 개념입니다. 단 이 경우 속도 계층의 처리 결과는 다소 정확하지 않을 수 있는데, 이 부분은 추후에 일괄 처리 작업을 통해 다시 보정하는 형태로 운영할 수 있습니다. 결국 실시간과 배치 뷰를 적절히 조합하는 방법과 장애 복구 등의 상황에 대처할 수 있는 방법이 람다 아키텍처의 중요한 포인트라고 할 수 있습니다.

람다 아키텍처는 실제 구현에 대해 각 레이어에 어떤 제품을 사용해야 하는지 정의하지 않고 그 대신 적용 가능한 몇 가지 솔루션들을 소개해 주기만 합니다. 이 내용을 참고하면 스파크는 머신러닝과 같은 반복 처리가 필요한 업무에서 일괄 처리 계층에 적용하거나 서브 모듈인 스파크 스트리밍을 통해 스피드 계층에서도 사용이 가능합니다.

지금까지 스파크에 대한 내용들을 살펴봤습니다. 빅데이터를 처리하기 위한 라이브러리는 모두 나열하기 어려울 정도로 많은 제품이 사용 중이고 현재도 새로운 제품들이 지속적으로 발표되고 있습니다. 하지만 스파크가 제공하는 뛰어난 성능과 개발 편의성 덕분에 스파크의 인기는 시들지 않고 있습니다. 향후에도 계속 확장하고 성장해서 하둡을 비롯한 기존 솔루션과 더불어 더욱더 견고한 람다 아키텍처를 구현해 내는 데 큰 역할을 할 것으로 기대됩니다.

1.2 스파크 설치

1.2.1 스파크 실행 모드의 이해

앞에서 빅데이터와 스파크에 대한 전반적인 내용을 살펴봤습니다. 이번 절에서는 스파크를 설치하고 예제를 실행해 보면서 좀 더 구체적인 내용들을 알아보겠습니다.

스파크를 설치하는 과정은 그 자체로는 크게 복잡하지 않습니다. 사전 준비라고 할 만한 것도 자바를 설치해 두는 것 외에 특별히 복잡한 뭔가를 준비해 둬야 하는 것은 아닙니다. 하지만 그렇다고 해서 스파크 설치와 사용이 꼭 쉽다고만 말하기도 어려운 것이 어디까지나 기본적인 설치와 실행이 간단하다는 것일 뿐 실무에서 제대로 활용하기 위해서는 여러 가지 준비할 것도 많고 설정해야 할 것들도 많기 때문입니다.

이런 특성은 스파크뿐 아니라 하둡을 비롯한 빅데이터 관련 소프트웨어에서 많이 볼 수 있는 현상이기도 합니다. 이처럼 실무 환경에서 설치하기가 쉽지 않은 가장 큰 이유는 대부분의 빅데이터 소프트웨어들이 클러스터 환경에서 동작하기 때문입니다.

클러스터란 간단히 표현하면 여러 대의 컴퓨터가 하나의 그룹을 형성해서 마치 하나의 컴퓨터인 것처럼 동작하는 것을 의미합니다. 예를 들어, 16기가바이트의 메모리가 장착된 서버 10대로 클러스터를 구성해서 마치 160기가바이트의 메모리가 장착된 서버처럼 간주하고 프로그램을 작성하는 것입니다.

이처럼 여러 대의 서버가 마치 한 대의 서버처럼 동작해야 하기 때문에 당연히 CPU나 메모리, 디스크 등의 자원 관리가 쉽지 않습니다. 예를 들어, 어떤 오류가 발생했을 때 그것이 프로그램 자체의 버그로 인한 것일 수도 있고 클러스터 환경을 잘못 구성한 문제일 수도 있습니다. 또한 문제와 관련된 에러 로그를 찾아 디버그하려 해도 클러스터에 포함된 여러 서버 중에서 어떤 서버에 해당 로그가 기록돼 있는지 찾아내기도 쉬운 일이 아닙니다.

따라서 스파크나 하둡과 같이 클러스터 환경에서 동작하는 대부분의 프레임워크는 실행 모드라는 개념을 가지고 있습니다. 즉, 개발 및 테스트를 위해서는 1대의 단독 서버 혹은 개인 PC에서 애플리케이션을 실행하고 실 서비스에서는 여러 서버로 구성된 클러스터 환경에서 동일한 애플리케이션을 실행할 수 있는 것입니다. 스파크의 경우도 개발 및 디버깅 모드를 이용하면 간단한 설정만으로 쉽게 프로그램을 실행하고 테스트할 수 있습니다.

이번 장에서는 개발 및 디버깅 모드로 스파크를 설치하고 개발 환경을 설정한 뒤 스파크가 제공하는 기본 예제를 실행해 보겠습니다.

1.2.2 사전 준비

스파크는 맥(Mac)과 리눅스 같은 유닉스 계열의 시스템에서 동작할 수 있으며, 마이크로소프트 윈도우 환경에서도 실행 가능합니다. 최근 빅데이터 관련 업무에서도 윈도우 계열의 운영체제를 사용하는 경우가 늘고 있지만 이 책에서는 리눅스 환경을 기준으로 설명을 진행하겠습니다.

우선 가장 먼저 준비할 것은 스파크를 설치할 서버입니다. 지금은 개발 및 디버깅용으로 사용할 것이므로 한 대의 서버만 준비하는 것으로도 충분합니다.[8]

서버의 하드웨어 사양과 관련해서는 CPU의 코어 수와 메모리 용량, 하드디스크의 용량 및 디스크의 개수가 주요 고려 요소가 됩니다. 단, 구체적으로 어떤 사양의 하드웨어가 필요한지는 상황에 따라 다르기 때문에 일괄적으로 기준을 정하는 것은 어렵고 기본적으로 다음과 같은 사항을 고려하는 것이 좋습니다.[9]

- 디스크

  용량은 저장하고자 하는 데이터의 크기에 따라 결정하되 하나의 디스크를 사용하는 것보다는 여러 개의 디스크로 나누어 사용하는 것이 디스크 쓰기와 읽기 성능 면에서 유리합니다. 일반적으로 4~8개의 디스크로 나누어 사용하되 RAID[10]를 적용하지 않는 JBOD[11] 방식으로 사용할 것을 권장합니다.

---

8   만약 학습과 테스트 용도로만 사용할 계획이라면 개인 PC 1대로도 가능합니다. 단 최소한 리눅스 환경은 구성해 주시기 바랍니다.

9   이 책에서 제시하는 기준은 스파크의 가이드 문서 내용을 정리한 것으로 저자의 경험을 바탕으로 제안하는 것은 아닙니다. 다만 좋은 사양의 서버를 준비하는 것 못지 않게 중요한 것이 자원을 영리하게 사용하는 것입니다. 무조건 자원을 많이 투입한다고 해서 높은 성능을 기대할 수 있는 것은 아닙니다.

10 https://en.wikipedia.org/wiki/RAID

11 http://www.terms.co.kr/JBOD.htm

- 메모리

  서버당 작게는 8기가바이트에서 수백 기가바이트까지도 사용할 수 있습니다. 물론 절대적인 수치는 아니며 처리하는 데이터의 양과 작업의 형태에 따라 달라질 수 있습니다. 스파크에서는 전체 메모리의 75% 정도만 스파크에 할당하고 나머지는 운영체제와 버퍼 캐시 용도로 사용할 것을 권장하는데, 특히 메모리의 경우 하나의 프로세스에 지나치게 높은 메모리를 할당할 경우 가비지 컬렉션(gabage collection)의 영향력을 높여 오히려 성능 저하를 가져올 수 있으므로 전체 프로세스 개수와 더불어 적절히 분배할 필요가 있습니다. 이 부분에 관해서는 3장의 클러스터 환경을 다룰 때 좀 더 자세히 살펴보겠습니다.

- CPU

  CPU 코어는 서버당 8~16코어 정도가 적당합니다. 스파크 애플리케이션은 하나의 작업을 익스큐터(executor)라고 하는 여러 개의 프로세스를 생성해서 병렬로 처리하는데 이때 익스큐터별로 서로 다른 CPU 코어를 사용하므로 CPU 코어의 개수가 많을수록 병렬처리에 더 유리하다고 할 수 있습니다.

물론 위에서 설명한 하드웨어 사양은 실제 운영 환경에서 사용할 때를 가정한 것이고 이번 장에서 설명할 내용을 실습하기 위해 당장 고사양의 서버를 준비할 필요는 없습니다. 참고로 저자가 실습 과정에서 사용한 하드웨어 사양은 다음과 같습니다.

1. 로컬 개발 환경

- 디스크: 1TB HDD

- 메모리: 24GB

- CPU: 3.2GHz Intel Core i5

- OS: Mac OS X El Capitan 10.11.6

2. 실습용 클러스터 환경

- 디스크: 50GB, STA

- 메모리: 8GB

- CPU: 2.26GHz, 4Core

- OS: CentOS 7.1, 64Bit

하드웨어가 준비되면 다음 단계로 자바를 설치합니다. 이 글을 쓰는 시점의 스파크의 최신 버전은 2.3.0으로서 스칼라 2.11과 자바 8 이상, 파이썬 2.7 또는 3.4 이상, R 3.1 이상 버전을 지원합니다.[12] 단, 자바 7과 파이썬 2.6, 스칼라 2.10 및 하둡 2.6.5 이하 버전의 경우 스파크 2.2.0 버전 이

---

12 스파크 애플리케이션 코드는 자바가 아닌 파이썬 등으로 작성할 수 있더라도 실제로 스파크 자체는 자바와 같은 JVM을 기반으로 하는 스칼라 언어로 작성됐기 때문에 반드시 자바를 설치해야 합니다.

후부터는 더 이상 지원되지 않으므로(스칼라 2.10의 경우는 2.3.0 이후) 이 책에서는 Java 8 버전을 사용하겠습니다.

프로그램 설치는 오라클 홈페이지에서 설치 파일을 내려받아 설치하면 되며, 설치 후에는 시스템 환경변수에 JAVA_HOME 변수를 설정하고 PATH에 자바 실행파일의 경로를 등록해야 합니다. 그럼 아래 순서에 따라 스파크를 설치해 보겠습니다. 설치 과정에 대한 설명은 리눅스 서버를 기준으로 하겠지만 다른 환경의 경우도 크게 다르지 않으므로 각자 환경에 맞게 진행하면 됩니다.

단계 1) 먼저 설치 파일을 내려받을 디렉터리와 애플리케이션을 설치할 디렉터리를 생성합니다.

프로그램 설치를 위해 특별히 정해진 설치 경로는 없습니다. 다만 책에서는 편의상 홈 디렉터리 아래에 각종 설치 파일을 저장하기 위한 download라는 디렉터리와 애플리케이션을 설치하기 위한 apps라는 디렉터리를 생성해서 사용하겠습니다.

 이후의 모든 내용에서 $는 콘솔의 프롬프트를 가리킵니다. 또한 개발 환경의 차이로 인한 혼동을 피하기 위해 콘솔에 표시되는 불필요한 로그와 디렉터리 경로 등은 모두 제외하고 $로만 표시합니다.

```
$ cd ~
$ mkdir download
$ mkdir apps
```

단계 2) 자바 8 다운로드 페이지[13]에 접속하면 아래 그림처럼 설치할 파일을 선택하는 화면이 나타납니다. 먼저 "Accept License Agreement"를 선택하고 "Download" 항목에서 사용 중인 운영체제에 맞는 버전을 선택하면 다운로드가 시작됩니다.

이 책에서는 리눅스용 설치 파일인 "jdk-8u161-linux-x64.tar.gz" 파일을 단계 1에서 생성한 download 디렉터리에 저장하겠습니다.[14] (책을 읽고 있는 시점에는 이 파일이 최신 파일이 아닐 수 있습니다. 같은 8 버전이라면 최신 버전을 설치해도 됩니다. 또한 리눅스가 아닌 맥이나 윈도우의 경우 각자 환경에 맞게 설치 과정을 진행하면 됩니다.)

---

13 https://goo.gl/uaQFKX

14 만약 GUI 환경을 사용할 수 없다면 다운로드 가능한 PC 또는 서버에서 내려받은 후 해당 설치 파일을 복사해서 사용해야 합니다. 또는 스택오버플로우(stackoverflow) 같은 인터넷 게시물 검색을 통해서 문제 해결에 도움이 되는 팁을 얻을 수도 있습니다.

Java SE Development Kit 8u161

You must accept the Oracle Binary Code License Agreement for Java SE to download this software.

○ Accept License Agreement   ○ Decline License Agreement

Product / File Description	File Size	Download
Linux ARM 32 Hard Float ABI	77.92 MB	⬇jdk-8u161-linux-arm32-vfp-hflt.tar.gz
Linux ARM 64 Hard Float ABI	74.88 MB	⬇jdk-8u161-linux-arm64-vfp-hflt.tar.gz
Linux x86	168.96 MB	⬇jdk-8u161-linux-i586.rpm
Linux x86	183.76 MB	⬇jdk-8u161-linux-i586.tar.gz
Linux x64	166.09 MB	⬇jdk-8u161-linux-x64.rpm
Linux x64	180.97 MB	⬇jdk-8u161-linux-x64.tar.gz
macOS	247.12 MB	⬇jdk-8u161-macosx-x64.dmg
Solaris SPARC 64-bit (SVR4 package)	139.99 MB	⬇jdk-8u161-solaris-sparcv9.tar.Z
Solaris SPARC 64-bit	99.29 MB	⬇jdk-8u161-solaris-sparcv9.tar.gz
Solaris x64	140.57 MB	⬇jdk-8u161-solaris-x64.tar.Z
Solaris x64	97.02 MB	⬇jdk-8u161-solaris-x64.tar.gz
Windows x86	198.54 MB	⬇jdk-8u161-windows-i586.exe
Windows x64	206.51 MB	⬇jdk-8u161-windows-x64.exe

그림 1-7 자바 설치 파일 선택

단계 3) 설치 파일을 내려받았다면 파일을 내려받은 디렉터리로 이동한 뒤 압축을 풉니다.

```
$ cd download
$ tar -xzvf jdk-8u161-linux-x64.tar.gz
```

단계 4) 이 책에서는 모든 설치 파일을 홈 디렉터리 아래의 apps 디렉터리에 설치할 예정이므로 압축 해제된 jdk 설치 파일을 ~/apps로 옮긴 뒤 사용하기 편리하게 심볼릭 링크를 생성합니다.

```
$ mv ./jdk1.8.0_161 ~/apps/
$ cd ~/apps
$ ln -s jdk1.8.0_161 jdk
```

단계 5) 마지막으로 자바가 설치된 경로를 JAVA_HOME 환경변수에 등록하고 자바 실행파일의 경로를 PATH에 등록합니다. 환경변수는 사용 중인 운영체제에 따라 다르며, 리눅스 환경에서 배시(bash) 셸을 사용할 경우 /etc/profile 또는 홈 디렉터리 아래의 .bash_profiile, .profile 등이 기본으로 적용됩니다. 이 책에서는 홈 디렉터리 아래의 .bash_profile 파일을 이용해 등록하겠습니다.

```
$ vi ~/.bash_profile
export JAVA_HOME=~/apps/jdk
export PATH=${JAVA_HOME}/bin:$PATH
```

단계 6) 변경된 프로파일 정보를 반영하고 정상적으로 설치됐는지 확인합니다.

```
$ java -version
java version "1.8.0_161"
Java(TM) SE Runtime Environment (build 1.8.0_161-b12)
Java HotSpot(TM) 64-Bit Server VM (build 25.161-b12, mixed mode)
```

자바 설치가 완료되면 다음으로 스파크 프로그램을 내려받고 설치를 진행해 보겠습니다.

1.2.3 스파크 설치

앞 절에서도 잠깐 언급했듯이 로컬 모드로 스파크를 설치하는 과정은 간단합니다. 먼저 스파크 홈페이지에서 설치 파일을 내려받은 후 압축을 풀고, 필요하다면 심볼릭 링크를 생성하면 됩니다.

단계 1) 스파크 다운로드 페이지[15]에 접속합니다.

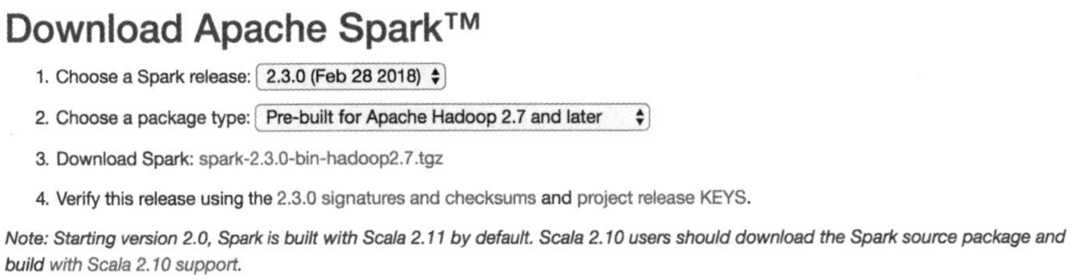

Download Apache Spark™

1. Choose a Spark release: 2.3.0 (Feb 28 2018) ‡
2. Choose a package type: Pre-built for Apache Hadoop 2.7 and later ‡
3. Download Spark: spark-2.3.0-bin-hadoop2.7.tgz
4. Verify this release using the 2.3.0 signatures and checksums and project release KEYS.

Note: Starting version 2.0, Spark is built with Scala 2.11 by default. Scala 2.10 users should download the Spark source package and build with Scala 2.10 support.

그림 1-8 스파크 다운로드

단계 2) 다운로드 페이지에 접속했다면 먼저 1. Choose a Spark release 항목에서 스파크 버전을 선택합니다. 여기서는 이 책을 작성하는 시점의 최신 버전인 2.3.0 버전을 선택하겠습니다.

단계 3) 두 번째 항목인 2. Choose a package type에서 스파크와 연동해서 사용할 하둡 버전을 선택합니다.[16] 이때 선택 가능한 패키지 타입으로는 특정 하둡 버전에 맞게 미리 빌드되어 압축만 풀어서 바로 사용할 수 있는 "Pre-built for..."로 시작하는 패키지와 직접 빌드를 수행할 수 있는 Source Code 패키지가 있습니다. 이 책에서는 하둡 2.7 버전이 설치돼 있다고 가정하고 Pre-built for Apache Hadoop 2.7 and later 버전을 선택하겠습니다.

만약 현재 하둡을 사용 중이라면 방금 설명한 것처럼 해당 버전에 맞는 바이너리 파일을 선택해도 되지만 빌드 시점에 특정 하둡 버전을 포함하지 않고 설치 및 실행 시점에 (현재 사용 중인) 하둡 정보를 지정해서 사용할 수 있는 'Pre-build with user-provided Apache Hadoop'을 선택하는 것도 좋습니다. 이 경우 관련 안내 페이지[17]를 참고해서 실제 하둡 서버가 설치된 경로 정보를 설정해야 합니다.

단계 4) 단계 3까지 진행했다면 그림 1-8의 3번 Download Spark 항목에서 설치할 파일을 클릭해 다운로드합니다. 이때 다운로드 경로는 자바를 설치할 때 사용한 것과 같은 홈 디렉터리 아래의 download 디렉터리입니다.

단계 5) 다운로드가 완료되면 앞에서 자바를 설치한 것과 같은 방법으로 압축을 풉니다. 가끔 Mirror site를 통해 내려받을 때 다운로드에 실패해서 'gzip: stdin: not in gzip format'과 같은 오류가 발생하는 경우가 있는데, 이때는 다운로드를 재시도해 보거나 direct 방식으로 변경해서 다운로드해 보면 됩니다.

---

15 http://goo.gl/DLvWLR
16 스파크는 하둡 분산 파일시스템인 HDFS를 이용하는 경우가 많기 때문에 처음 설치할 때부터 하둡 버전에 맞는 스파크 버전을 선택해서 설치하는 것이 좋습니다.
17 http://goo.gl/Fytf7L

```
$ cd ~/download
$ tar -xzvf spark-2.3.0-bin-hadoop2.7.tgz
```

단계 6) 압축이 해제되면 자바를 설치할 때와 마찬가지로 설치 파일을 홈 디렉터리 아래의 apps 폴더로 옮기고
그곳에 심볼릭 링크를 생성합니다.

```
$ mv ./spark-2.3.0-bin-hadoop2.7 ../apps/
$ cd ~/apps/
$ ln -s spark-2.3.0-bin-hadoop2.7 spark
```

단계 7) 마지막으로 작업의 편의를 위해 스파크가 설치된 디렉터리를 SPARK_HOME 환경변수로 등록하고 스파
크 실행파일의 경로를 PATH에 등록합니다.

```
export SPARK_HOME=~/apps/spark
export PATH=${SPARK_HOME}/bin:$PATH
```

 방금 SPARK_HOME 환경변수에 등록한 스파크 설치 디렉터리 경로를 기억해 주세요. 이후의 내용에서는
이 디렉터리의 위치를 가리키는 용어로 "스파크 홈"이라는 단어를 사용할 것입니다. 이후의 모든 실습 예제
에서 ${SPARK_HOME} 또는 〈spark_home_dir〉은 방금 스파크를 설치한 디렉터리의 경로를 의미합니다.

1.2.4 예제 실행

이로써 스파크 설치가 완료됐습니다. 설치가 정상적으로 완료됐는지 확인하기 위해 스파크 배포판
에 포함된 예제를 실행해 보겠습니다. 먼저 스파크 홈으로 이동한 뒤 다음과 같이 입력합니다.

[실습]
```
$ cd ${SPARK_HOME}
$ ./bin/run-example JavaWordCount README.md
```

프로그램이 정상적으로 실행되면 "Using Spark's default log4j profile..."로 시작하는 로그와 함
께 다음과 같이 "단어: 숫자" 형태의 값이 화면에 출력되는 것을 확인할 수 있습니다.[18]

[실행 결과]
```
package: 1
For: 3
Programs: 1
```

---

[18] PC를 사용할 경우 간혹 IP 할당 문제로 can't assign requested address 오류가 발생할 수 있습니다. 이 경우 IP를 지정해서 해결할 수도 있지만 지금은 여러 번 반복 실행
해 봐도 됩니다.

```
processing.: 1
Because: 1
The: 1
<이후 생략>
```

스파크 예제 파일은 스파크 설치 파일과 함께 배포되며, 소스코드는 스파크 설치 디렉터리 아래의
examples라는 디렉터리에서 찾아볼 수 있습니다. 이 중에서 방금 실행해 본 것은 특정 파일에 포함
된 단어의 개수를 세어보는 예제입니다.[19] 결과를 보면 README.md 파일에 package라는 단어가
1개 있고, For라는 단어가 3개 있는 것으로 나오는데 정상적인 결과인지 직접 확인해 보겠습니다.

[실습]
```
$ cd ${SPARK_HOME}
$ grep -w -n --color=always "For" README.md
```

[실행 결과]
```
32:For general development tips, including info on developing Spark using an IDE, see ["Useful
Developer Tools"](http://spark.apache.org/developer-tools.html).
57:To run one of them, use `./bin/run-example <class> [params]`. For example:
68:package. For instance:
```

grep은 파일에서 특정 단어를 포함한 라인을 찾아서 출력하는 유틸리티입니다. 이를 이용해
README.md 파일에서 "For"라는 단어가 포함된 모든 라인을 출력해 본 결과, 스파크의 실행 결과
와 일치하는 것을 확인할 수 있습니다.

1.2.5 스파크 셸

예제 실행까지 성공했다면 이제 본격적으로 스파크를 알아볼 준비가 끝났습니다. 우선 방금 실행한
예제를 다시 한번 찬찬히 살펴보면서 한 단계씩 들어가 보겠습니다. 먼저 방금 예제를 실행할 때 사
용한 명령어를 다시 한번 살펴보겠습니다.

```
$ <spark_home_dir>/bin/run-example JavaWordCount README.md
```

run-example은 bin 디렉터리에 있는 run-example 셸 프로그램을 가리키며, 뒤에 나오
는 JavaWordCount는 실행할 프로그램의 이름으로 메인(main) 함수를 가진 클래스명입니다.

---

19 단어 수 세기 예제는 하둡이나 스파크 같은 빅데이터 처리 프로그램을 다룰 때 자주 언급되는 기본 예제입니다. 새로운 프로그래밍 언어를 배울 때 "Hello world"라는 문장
을 화면에 출력해 보는 것과 유사하다고 할 수 있습니다.

README.md는 스파크 홈 디렉터리 아래에 위치한 파일을 가리키는 것으로 JavaWordCount가 단어 수를 측정할 대상 파일의 이름을 가리킵니다. 그렇다면 run-example의 역할은 무엇이며 어떤 내용을 포함하고 있는지 살펴보겠습니다.

 앞에서 설명한 것처럼 이 책의 모든 실습은 리눅스 환경을 기준으로 진행됩니다. 윈도우 계열의 운영체제를 사용할 경우 일부 내용이 책의 설명과 다를 수 있음에 유의합니다.

[실습]

```
$ cat ${SPARK_HOME}/bin/run-example
```

[결과]

```
#!/usr/bin/env bash
 ... 중간 생략
exec "${SPARK_HOME}"/bin/spark-submit run-example "$@"
```

맨 첫줄의 #!...로 시작하는 부분은 셔뱅 혹은 샤뱅(shebang)이라고 불리는 것으로, 셸에서 사용할 인터프리터를 지정하는 부분입니다. 파일의 내용을 보면 필요한 환경변수를 정의한 뒤 'spark-submit'이라는 셸을 호출하고 있음을 알 수 있습니다. 그럼 이번에는 'spark-submit'을 살펴보겠습니다.

[실습]

```
$ cat ${SPARK_HOME}/bin/spark-submit
```

[결과]

```
#!/usr/bin/env bash
 ... 중간 생략
exec "$SPARK_HOME"/bin/spark-class org.apache.spark.deploy.SparkSubmit "$@"
```

spark-submit은 필요한 환경변수를 정의하고 다시 spark-class 셸을 실행합니다. 이때 첫 번째 인자는 "org.apache.spark.deploy.SparkSubmit"이라는 문자열이고 그 뒤에 run-example을 실행할 때 사용한 인자가 전달됩니다. 그럼 spark-class 셸도 같은 방법으로 살펴보겠습니다.

[실습]

```
$ cat ${SPARK_HOME}/bin/spark-class
```

[결과]

```
#!/usr/bin/env bash
 ... 중간 생략
```

```
build_command() {
  "$RUNNER" -Xmx128m -cp "$LAUNCH_CLASSPATH" org.apache.spark.launcher.Main "$@"
  printf "%d\0" $?
}
... 중간 생략
exec "${CMD[@]}"
```

spark-class 셸은 우리가 전달한 실행 매개변수를 이용해 org.apache.spark.launcher.Main 클래스를 실행합니다. 이 클래스는 실제로 애플리케이션을 실행하는 데 필요한 명령문을 만들어 내는 역할을 담당하며, spark-class 셸은 이렇게 생성된 명령문을 실행합니다. 그럼 실제로 어떤 명령문이 생성되는지 알아보기 위해 다음과 같은 환경변수를 정의한 뒤 WordCount 예제를 다시 실행해 보겠습니다.

[실습]
```
$ export SPARK_PRINT_LAUNCH_COMMAND=1[20]
$ ./bin/run-example JavaWordCount README.md
```

[결과]
```
Spark Command: ...java -cp ... org.apache.spark.deploy.SparkSubmit --jars ... --class org.
apache.spark.examples.JavaWordCount spark-internal README.md (일부 내용 생략)
```

이번에는 위의 [결과] 내용과 같이 실행 로그의 시작 부분에 "Spark Command..."로 시작하는 내용이 추가된 것을 볼 수 있습니다. 책에서는 주요 부분만 남기고 나머지는 ...으로 생략했지만 여러분이 보고 있는 화면에서는 조금 더 긴 명령어가 출력됐을 것입니다. 어쨌든 위 내용을 통해 실제로 가장 먼저 실행되는 프로그램은 JavaWordCount가 아니라 "org.apache.spark.deploy.SparkSubmit"이었다는 사실을 알 수 있습니다.

사실 방금 살펴본 spark-submit 셸과 SparkSubmit 프로그램은 어떤 특별한 로직을 수행하거나 컨트롤한다기보다는 자바의 리플렉션 API[21]를 이용해 사용자가 지정한 클래스의 메인 함수를 실행하는 스파크의 런처(Launcher) 모듈 중 하나입니다. 따라서 방금 실행한 예제는 JavaWordCount라는 클래스를 (run-example 스크립트 내부에서) spark-submit 스크립트를 이용해 실행한 것입니다. 이를 좀 더 이해하기 쉽게 정리하면 "스파크 애플리케이션을 실행하기 위해서는 메인 함수를 가진 애플리케이션을 작성하고, 스파크에서 제공하는 spark-submit 스크립트를 이용해 실행한다"라고 할 수 있습니다.

---

20 org.apache.spark.launcher.Main 클래스는 SPARK_PRINT_LAUNCH_COMMAND 환경변수의 유무만 확인합니다. 따라서 이 실습에서는 1이 아닌 어떤 값을 사용해도 상관없습니다.
21 https://en.wikipedia.org/wiki/Reflection_(computer_programming)

이처럼 코드를 작성해서 빌드한 뒤 스크립트를 이용해 실행하는 것은 어느 프로그램 환경에서나 자주 사용되는 일반적인 방법입니다. 하지만 스파크에는 이렇게 프로그램을 작성해서 실행하는 방법 외에도 리눅스 셸이나 파이썬, PHP처럼 인터랙티브[22] 방식으로 프로그램을 작성할 수 있는 "스파크 셸"도 제공합니다. 스파크 셸을 이용하면 코드를 작성하고 빌드해서 배포하는 등의 작업을 하지 않아도 셸 상에서 즉시 원하는 작업을 수행할 수 있습니다. 단 스파크 셸에서는 자바 언어는 사용할 수 없고 스칼라, 파이썬, R 언어 중 하나를 사용해야 합니다. 그렇다면 스파크 셸은 어떻게 사용하는지 직접 예제를 실행해 보면서 알아보겠습니다.

먼저 스파크 셸을 실행하기 위해 스파크를 설치한 디렉터리로 이동한 뒤 다음과 같은 명령어를 실행합니다.

[실습]

```
$ cd ${SPARK_HOME}
$ ./bin/spark-shell
```

스파크 셸이 성공적으로 구동되면 아래와 같은 내용이 화면에 출력되면서 셸이 실행됩니다.

[결과]

```
Using Spark's default log4j profile: org/apache/spark/log4j-defaults.properties
Setting default log level to "WARN".
To adjust logging level use sc.setLogLevel(newLevel).

... 중간 생략 ...

Setting default log level to "WARN".
To adjust logging level use sc.setLogLevel(newLevel). For SparkR, use setLogLevel(newLevel).

... 중간 생략 ...

Spark context available as 'sc' (master = local[*], app id = local-1520567251802).
Spark session available as 'spark'.
Welcome to
      ____              __
     / __/__  ___ _____/ /__
    _\ \/ _ \/ _ `/ __/  '_/
   /___/ .__/\_,_/_/ /_/\_\   version 2.3.0
      /_/
```

---

22 사용자가 컴퓨터와 대화하듯이 명령을 입력하면 즉시 명령을 수행하고 결과를 보여주는 형태로 동작하는 방식

```
Using Scala version 2.11.8 (Java HotSpot(TM) 64-Bit Server VM, Java 1.8.0_161)
Type in expressions to have them evaluated.
Type :help for more information.

scala>
```

스파크 셸은 사용하는 언어에 따라 스칼라, 파이썬, R 버전으로 나눌 수 있습니다. 하지만 언어가 다르더라도 스파크를 다루는 방법은 거의 차이가 없습니다. 이 책에서는 스칼라 언어를 기준으로 설명하며, 일부 필요한 경우에만 차이점을 설명합니다.

파이썬 언어를 사용할 경우 스파크 셸은 아래와 같이 pyspark를 사용합니다. R의 경우는 이 책의 다른 장에서 다룰 예정입니다. (단, 윈도우와 같이 파이썬이 기본 설치되지 않은 OS를 사용하는 경우는 지금 바로 pyspark를 사용할 수 없고 이후의 절에서 소개되는 파이썬 설치 과정을 마친 후에 실행이 가능합니다.)

[실습]
```
$ cd ${SPARK_HOME}
$ ./bin/pyspark
```

[결과 - 실행 화면]
```
Using Spark's default log4j profile: org/apache/spark/log4j-defaults.properties
Setting default log level to "WARN".
To adjust logging level use sc.setLogLevel(newLevel).
... 중간생략...
Welcome to
      ____              __
     / __/__  ___ _____/ /__
    _\ \/ _ \/ _ `/ __/  '_/
   /__ / .__/\_,_/_/ /_/\_\   version 2.3.0
      /_/

Using Python version 3.6.4 (default, Jan 16 2018 12:04:33)
SparkSession available as 'spark'.
```

파이썬 버전의 pyspark 역시 프롬프트가 파이썬의 >>>라는 것 외에는 동일한 모습을 보여줍니다.

첫 줄의 "Using Spark's default log4j profile: org/apache/spark/log4j-defaults.properties:" 부분은 스파크가 사용하는 log4j 설정에 대한 내용입니다. 내용을 보면 기본 설정 파일인 "log4j-defaults.properties"를 사용하고 있음을 알 수 있습니다.

우선 이후 진행될 실습상의 편의를 위해 로그 설정을 변경해 보겠습니다. 일단 :q라고 입력해서 스파크 셸을 종료합니다.[23]

스파크의 각종 설정 파일은 스파크 홈 디렉터리 아래에 있는 conf 디렉터리에 위치합니다. 실제로 어떤 파일들이 있는지 잠시 확인해 보겠습니다.

[실습]

```
$ cd ${SPARK_HOME}/conf
$ ls
```

[결과]

```
docker.properties.template, fairscheduler.xml.template, log4j.properties.template
metrics.properties.template, slaves.template, spark-defaults.conf.template
spark-env.sh.template
```

".template"으로 끝나는 파일은 각종 설정 파일을 쉽게 생성할 수 있게 제공하는 기본 파일입니다. 여기서는 로그 레벨과 관련된 설정 파일을 생성할 것이므로 아래와 같이 log4j.properties. template 파일을 복사해 log4j.property 파일을 생성합니다.

[실습]

```
$ cd ${SPARK_HOME}/conf
$ cp ./log4j.properties.template log4j.properties
```

파일을 생성했다면 log4j.properties 파일을 열고 "log4j.logger.org.apache.spark.repl.Main" 부분을 " log4j.logger.org.apache.spark.repl.Main=INFO"와 같이 바꿉니다. 그리고 다시 한번 spark-shell을 실행해 보겠습니다.

[실습]

```
$ cd ${SPARK_HOME}
$ ./bin/spark-shell
```

이번에는 이전보다 자세한 내용이 출력됐을 것입니다. 이제 로그 레벨은 두고 나머지 항목을 좀 더 살펴보겠습니다.

아래를 보면 언더바(_)와 슬래시(/), 마침표(.) 등의 문자를 조합해서 만든 스파크 로고가 보입니다. 그리고 그 위에 "Spark context Web UI available at …", "Spark context available as 'sc'.…", "Spark session available as 'spark'"라는 내용도 있습니다. 이것은 스파크 컨텍스

---

23 Ctrl + D 키를 눌러도 됩니다

트(spark context)와 스파크 세션(spark session)이라는 인스턴스[24]를 각각 "sc"라는 이름과 "spark"라는 이름으로 사용할 수 있다는 의미입니다. 그럼 실제로 sc라는 값을 입력해서 어떤 결과가 나오는지 확인해 보겠습니다.

[실습]

```
scala> sc
res0: org.apache.spark.SparkContext = org.apache.spark.SparkContext@3eee08f5
```

예제에서는 스칼라 언어용 스파크 셸을 사용했기 때문에 스칼라 셸에서 보여주는 것과 같은 형태로 결과가 출력됐습니다. 이를 통해 sc가 org.apache.spark.SparkContext 타입의 인스턴스를 가리키고 있음을 알 수 있습니다.

> 스파크 셸은 사용하는 언어에 맞는 셸 환경을 제공합니다. 예제에서는 스칼라 기반의 셸을 사용했기 때문에 스칼라 셸 방식으로 결과를 출력했습니다. 이런 형태의 출력 결과는 앞으로도 계속해서 나올 것이므로 스칼라 언어에 익숙하지 않은 분들이라면 다음 두 가지를 기억해 두셔야 합니다.
>
> 1. 스칼라에서 모든 구문은 값을 리턴한다.
> 2. 스칼라에서 변수는 "변수명:변수타입 = 변수내용" 형태로 표시된다.
>
> 예제를 보면 sc라고만 입력했기 때문에 1번 특성에 따라 sc의 값이 리턴되지만 반환되는 값을 저장할 변수는 따로 지정하지 않았습니다. 이 경우 셸에서 자동으로 임의의 변수를 할당하는데 예제의 경우 그 값이 res0이 된 것입니다. 아마도 독자 여러분의 개발 환경에 따라 res0이 아니라 res1, res2 등 다른 값이 표시된 경우도 있을 것입니다.
>
> 최종 결과는 2번 규칙에 따라 변수명인 res0 다음에 구분자 ":"이 오고 그 뒤에 sc 값이 출력됐습니다.
>
> 파이썬의 경우도 동일한 방법으로 확인할 수 있습니다. 물론 spark-shell이 아닌 pyspark를 사용해야 하고, 이 경우 파이썬 규칙에 따라 출력됩니다.
>
> ```
> >>> sc
> <pyspark.context.SparkContext object at 0x10aa89b50>
> ```

스파크 컨텍스트에 대해서는 앞으로 나올 내용을 통해 좀 더 살펴보기로 하고 일단 지금은 sc라는 변수가 스파크 컨텍스트를 의미한다는 것만 기억해 두고 예제를 하나 실행해 보겠습니다. 이번에 실습해 볼 내용은 앞에서 스파크를 설치하고 처음 실행해본 단어 수 세기 예제를 스파크 셸을 이용해 똑같은 결과가 나오게 해 보는 것입니다.

---

24 여기서 사용한 "인스턴스"라는 단어는 객체지향 프로그래밍에서 흔히 말하는 바로 그 "인스턴스"가 맞습니다. 즉, 스파크 컨텍스트라는 클래스의 객체를 자동으로 생성해서 "sc"라는 이름으로 사용할 수 있다는 의미입니다.

다음은 작업을 진행할 순서입니다.

1. 대상 파일을 읽어들인다.

2. 파일을 한 줄씩 읽은 후 공백 문자를 기준으로 개별 단어로 분리한다.

3. 분리된 단어를 같은 단어끼리 모은다

4. 각 단어별로 몇 개씩 있는지 센다.

그럼 순서대로 작업을 진행해 보겠습니다.

[실습]

1. 먼저 스파크 설치 디렉터리로 이동해서 스파크 셸을 실행합니다.

```
$ cd ${SPARK_HOME}
$ ./bin/spark-shell
```

2. 단어 수를 세어볼 파일을 읽어들입니다. 이번에도 스파크 설치 디렉터리 아래에 있는 README.md 파일을 사용하겠습니다. 앞 절에서 설명한 것처럼 〈spark_home_dir〉은 스파크가 설치된 경로를 의미합니다.

```
scala> val file = sc.textFile("file://<spark_home_dir>/README.md")
```

3. 파일을 한 줄씩 읽은 후 공백 문자를 기준으로 각 단어로 분리합니다.

```
scala> val words = file.flatMap(_.split(" "))
```

4. 같은 단어끼리 모아서 몇 개가 있는지 계산합니다.

```
val result = words.countByValue
```

5. 단어 "For"의 개수를 확인합니다("For"를 입력할 때 대소문자에 주의하세요).

```
scala> result.get("For").get
res1: Long = 3
```

아직 스파크 API를 살펴보지는 않았기 때문에 textFile()이나 flatMap()과 같은 메서드의 의미를 지금 다 이해할 필요는 없습니다. 다만 스파크 셸에서 몇 번의 간단한 명령어 입력을 통해 이전에 했던 것과 동일한 결과를 얻을 수 있음을 알 수 있습니다.

단어 수 세기는 하둡의 맵리듀스 프로그램 예제로 많이 언급됩니다. 같은 내용을 하둡의 맵리듀스 예제와 같이 (단어, 단어수) 쌍을 이용하는 방식으로 구현하면 다음과 같습니다.[25]

```
// 단어 수를 세어볼 파일을 읽어 들입니다.
scala> val rdd = sc.textFile("file:///<spark_home_dir>/README.md")

// Map 단계: 각 라인을 공백 문자를 기준으로 단어로 분리하고 각 단어를 (단어, 단어수)
순서쌍으로 변환합니다.
scala> val mappedRdd = rdd.flatMap(_.split(" ")).map(word => (word, 1))
```

```scala
// 동일한 단어를 가진 데이터 요소를 하나의 그룹으로 만듭니다.
scala> val groupedRdd = mappedRdd.groupByKey

// Reduce 단계: 같은 그룹에 속한 단어들을 모아서 각 단어가 몇 개씩 있는지 계산합니다.
scala> val reducedRdd = groupedRdd.map {
     |   case (key, values) => {
     |     var count = 0
     |     for (value <- values) {
     |       count += value
     |     }
     |     (key, count)
     |   }
     | }

// 단어 "For"의 개수를 확인합니다.
scala> println(reducedRdd.collectAsMap().get("For").get)
```

[실행 결과]

3

방법은 조금 달라도 같은 결과를 얻을 수 있습니다. 이처럼 스파크는 데이터 처리를 위한 풍부한 API를 제공하기 때문에 문제 상황에 따라 적절한 방법을 선택해서 사용할 수 있습니다. 단, 이 예제는 설명을 위해 다소 과장해서 만든 코드이며 실제 구현 시에는 이보다 더 좋은 방법들이 많다는 점을 참고해 주시기 바랍니다.

다음 주제로 넘어가기 전에 파이썬 버전의 스파크 셸도 잠시 살펴보겠습니다. 앞 절에서 살펴본 것처럼 파이썬 버전의 스파크 셸 역시 스파크 설치 디렉터리 아래의 bin 디렉터리에 있으며, 이름은 pyspark입니다.

우선 현재 사용 중인 스파크 셸은 Ctrl + D를 입력해서 중지시킵니다. 그리고 스파크 설치 디렉터리에서 다음과 같이 입력해 파이썬 스파크 셸을 시작합니다.

```
$ cd ${SPARK_HOME}
$ ./bin/pyspark
```

셸이 정상적으로 구동되면 스칼라 스파크 셸에서 본 것과 유사한 화면이 나타납니다. 화면에 출력되는 내용도 스칼라 버전과 크게 다르지 않습니다. 그럼 앞에서 했던 것과 같은 방법으로 단어 수를 세

---

25 이런 방식을 흔히 맵(map)과 리듀스(reduce)라는 두 단계로 처리한다는 의미로 맵리듀스 방식이라고도 합니다.

는 예제를 실행해 보겠습니다. (이후의 모든 파이썬 실습에서 ">>>"는 프롬프트를 의미하는 것으로 입력하지 않겠습니다.)

```
>>> file = sc.textFile("file://<spark_home_dir>/README.md")
>>> words = file.flatMap(lambda line : line.split(" "))
>>> result = words.countByValue()
>>> result["For"]
```

[결과]
3

예제를 실행해 보면 파이썬의 경우도 동일한 결과를 볼 수 있습니다.

이처럼 스파크 셸을 이용하면 컴파일 및 패키징, 배포 과정을 거치지 않고 빠르게 원하는 기능을 수행해 볼 수 있다는 장점이 있습니다. 또한 처음 스파크를 배울 때 개발을 위한 IDE 설정 등의 특별한 준비 과정 없이도 바로 코드를 작성하고 실행해 볼 수 있어 스파크의 기본 기능을 익히는 데 많은 도움이 됩니다.

물론 스파크 셸만으로 실제 현업에서 사용하는 애플리케이션을 다 구축할 수 있는 것은 아닙니다. 다만 개발 단계 및 작업 내용에 따라 빠른 테스트나 프로토타이핑 또는 일회성 데이터를 처리하는 등에 유용하게 활용할 수 있습니다.

마지막으로 한 가지 기억해 둘 점은 람다식(lambda) 등을 제외하면 파이썬 언어를 사용하는 경우에도 스칼라 언어를 사용할 때와 프로그래밍 방법이 크게 다르지 않다는 것입니다. 그 이유는 스파크가 개발 언어에 의존적이지 않은 공통적인 프로그래밍 모델을 제공하기 때문입니다. 따라서 스칼라나 파이썬 뿐만 아니라 앞으로 다룰 자바 언어까지도 일부 언어적인 문법 차이만 제외하면 유사한 프로그램 구조를 갖게 됩니다. 이처럼 데이터 처리 시 자주 사용하는 언어 중 하나만 다룰 줄 알아도 쉽게 스파크를 사용할 수 있게 하는 것이 스파크가 제공하는 또 다른 장점이자 목표라고 할 수 있습니다.

1.2.6 실행 옵션

스파크 셸은 그 자체로도 편리한 기능을 제공하지만 상황에 따른 최적화가 가능하도록 실행과 관련된 다양한 옵션을 제공합니다. 다음은 설정 항목에 관한 설명으로 스파크 셸을 실행할 때 --help 라는 옵션을 지정해 확인할 수 있습니다.

[실습]

```
$ ./bin/spark-shell --help
```

[결과]

```
Usage: ./bin/spark-shell [options]
Options:
```

아래 결과는 가독성을 위해 실제 출력 결과와는 다르게 표로 정리했습니다.

옵션	설명
--master MASTER_URL	클러스터 마스터 정보. 'spark://host:port', 'mesos://host:port', 'yarn', 또는 'local' 또는 'local[N]' 중 한 형태로 설정
--deploy-mode DEPLOY_MODE	드라이버 프로그램을 로컬 컴퓨터(메인 클래스를 실행한 컴퓨터를 의미하며, 일반적으로 클러스터에 포함되지 않음)에서 실행(클라이언트 방식)할 것인지 클러스터 내 서버 중 한 대에서 실행(클러스터 방식)할 것인지에 대한 설정(기본값은 클라이언트 방식)
--class CLASS_NAME	애플리케이션 메인 클래스(예:자바 및 스칼라)
--name NAME	애플리케이션 이름
--jars JARS	드라이버와 익스큐터(executor)의 클래스패스에 등록될 jar 파일 목록. 여러 개일 경우 콤마(,)로 분리함
--packages	드라이버와 익스큐터의 클래스패스에 등록될 메이븐(maven) 코디네이트(coordinates) 정보. 로컬 리파지토리와 메이븐 센트럴 그리고 --repositories 옵션으로 등록한 리파지토리에서 검색을 수행함. 코디네이트는 groupId:artifactId:version 형식으로 지정하고 여러 개일 경우 콤마(,)로 분리. 단, 이 옵션으로 인해 의존성을 가지게 된 패키지 중에서 의존성 충돌 문제로 인해 의존성 목록에서 제외하고자 하는 패키지가 있을 경우 --exclude-packages 옵션으로 지정할 수 있다.
--repositories	--packages 옵션으로 지정된 메이븐 코디네이트를 찾기 위한 추가 리파지토리. 여러 개일 경우 콤마(,)로 분리
--py-files PY_FILES	파이썬 애플리케이션의 경우 파이썬패스(PYTHONPATH)에 등록될 .zip, .egg, 또는 .py 파일. 여러 개일 경우 콤마(,)로 분리.
--files FILES	각 익스큐터의 작업 디렉터리(working directory)에 위치할 파일들. 여러 개일 경우 콤마(,)로 분리. 해당 파일의 경로(절대경로)가 필요할 경우 SparkFiles.get("파일명") 형태로 사용.
--conf PROP=VALUE	스파크 설정값 정의(스파크 잡을 실행하는 데 필요한 각종 설정값을 정의)
--properties-file FILE	추가 설정 정보를 읽어들일 파일 경로. 없을 경우 conf 디렉터리 아래의 spark-defaults.conf 파일을 사용
--driver-memory MEM	드라이버 프로그램을 위한 메모리(예:1000M, 2G). 기본값은 1024M

옵션	설명
--driver-java-options	드라이버 프로그램에서 사용할 추가 자바 실행 옵션
--driver-library-path	드라이버에 전달될 라이브러리 경로 정보
--driver-class-path	드라이버 클래스패스에 추가될 클래스 경로 정보. --jars 옵션으로 지정한 jar 파일은 자동으로 클래스패스에 등록됨
--executor-memory MEM	익스큐터를 위한 메모리(e.g. 1000M, 2G)(기본값: 1G)
--proxy-user NAME	애플리케이션을 실행할 때 실제 사용자 대신 사용할 사용자
--help, -h	도움말 출력 후 종료
--verbose, -v	추가 디버깅 메시지 출력
--version,	사용 중인 스파크 버전 출력
스파크 자체 클러스터의 클러스터 디플로이 모드에만 적용되는 옵션	
--driver-cores NUM	드라이버의 CPU 코어 수(기본값: 1)
스파크 자체 클러스터 또는 메소스(Mesos) 클러스터의 클러스터 디플로이 모드에만 적용되는 옵션	
--supervise	드라이버가 실패 시 재시작되게 함
--kill SUBMISSION_ID	드라이버 프로세스를 중지함
--status SUBMISSION_ID	드라이버의 상태 정보 조회
[스파크 자체 클러스터와 메소스의 경우에만 적용되는 옵션]	
--total-executor-cores NUM	전체 익스큐터에 할당될 총 코어 개수
[스파크 자체 클러스터와 YARN의 경우에만 적용되는 옵션]	
--executor-cores NUM	익스큐터 하나당 코어 개수(기본값: YARN 모드일 경우 1이며, 자체 클러스터의 경우 워커노드에서 가능한 모든 코어 수)
[YARN의 경우에만 적용되는 옵션]	
--driver-cores NUM	클러스터 모드인 경우만 해당되며 드라이버에서 사용할 코어의 개수
--queue QUEUE_NAME	잡을 제출한 YARN 큐(queue)(기본값: "default")
--num-executors NUM	실행할 전체 익스큐터의 개수(기본값: 2). 동적자원할당(Dynamic resouce allocation) 모드를 사용할 경우 최초에 할당 가능한 최소 익스큐터 수
--archives ARCHIVES	각 익스큐터의 작업 디렉터리에 압축 해제될 압축 파일의 목록. 여러 개인 경우 콤마(,)로 분리
--principal PRINCIPAL	시큐어 HDFS(Secure HDFS)에서 동작할 경우 커버로스 인증(KDC)을 위한 보안 주체(Principal)
--keytab KEYTAB	principal 옵션에서 지정한 대상에 대한 키탭(keytab)을 보관하고 있는 파일의 전체 경로. 키탭은 주기적인 로그인 티켓과 토큰 위임을 위해 보안이 적용된 분산 캐시(Secure Distributed Cache)를 통해 애플리케이션 마스터가 동작 중인 노드에 전달됨

제공되는 옵션을 크게 나누어 보면

1. 스파크 셸이 동작할 때 필요한 클래스와 라이브러리에 관한 옵션

2. 애플리케이션 실행과 관련된 옵션

3. 클러스터 동작과 관련된 옵션

으로 분류할 수 있습니다.

나머지 속성은 관련 내용을 다루는 곳에서 다시 살펴보기로 하고 지금은 스파크 "--master" 옵션에 대해서만 살펴보겠습니다.

스파크는 기본적으로 여러 서버로 구성된 클러스터에서 동작합니다. 클러스터는 여러 서버로 구성되기 때문에 클러스터를 구성하는 각 서버의 CPU나 메모리, 디스크 같은 자원을 다루기 위한 클러스터 매니저 혹은 마스터가 존재합니다. --master 옵션은 스파크가 사용할 클러스터의 마스터 정보를 지정하는 옵션으로, 사용하는 클러스터 마스터(혹은 매니저) 유형에 따라 적절한 정보를 입력해야 합니다.

만약 클러스터가 아닌 단일 서버에서 동작시킬 경우에는 "local"이라고 입력합니다. 단, 이 경우 스파크 잡은 하나의 서버에서 하나의 스레드(Thread)만 이용해 동작합니다. 따라서 여러 개의 스레드를 사용하려면 "local[스레드수]"와 같이 지정해야 합니다. 즉, "local[2]"는 스레드 두 개, "local[3]"은 스레드 세 개를 사용하며, "local[*]"은 사용 가능한 모든 스레드를 사용합니다.

"--master" 옵션을 따로 지정하지 않은 경우에는 기본값을 정하는 규칙에 따라 초깃값이 결정됩니다. 이 같은 결정 규칙은 master 속성에만 적용되는 것은 아니기 때문에 어떤 절차를 거쳐 설정값이 적용되는지 master 속성의 경우를 예로 들어 잠시 살펴보겠습니다.

1. 스파크 셸 또는 스파크 애플리케이션 실행 시 --master 옵션으로 지정된 값이 있으면 그 값을 사용합니다.

2. 지정된 옵션이 없다면 --properties-file로 지정된 설정 파일에 있는 값을 사용합니다.

3. 추가로 지정된 설정 파일도 없다면 conf 디렉터리 아래의 spark-defaults.conf 파일에 있는 값을 사용합니다. 단, 이 파일은 기본으로 생성돼 있지 않기 때문에 spark-defaults.conf.template이라는 파일을 참조해 새로 생성해야 합니다.

4. spark-defaults.conf 파일도 없다면 스파크에서 미리 지정해 둔 값을 사용합니다. 여기서 고정값이란 스파크 소스코드 내에 이른바 하드코딩 방식으로 설정돼 있는 값[26]으로 master의 경우는 'local[*]'입니다.

---

26 org.apache.apark.deploy.SparkSubmitArguments.scala에 Global defaults 값으로 지정된 값

그렇다면 우리가 실행한 스파크 셸 또는 스파크 애플리케이션이 어떤 설정 정보를 가지고 있는지 궁금하다면 어떻게 할까요? 이를 알아보는 방법으로 두 가지가 있는데, 우선 첫 번째로 스파크 셸을 실행하면서 --verbose라는 옵션을 추가하는 방법이 있습니다.

[실습]

```
${SPARK_HOME}/bin/spark-shell --verbose
```

[결과]

```
Using properties file: null
Parsed arguments:
  master                 local
  deployMode             null
  executorMemory         null
  executorCores          null
  totalExecutorCores     null

(중간 생략...)

Main class:
org.apache.spark.repl.Main
Arguments:

System properties:
SPARK_SUBMIT -> true
spark.app.name -> Spark shell
spark.jars ->
spark.submit.deployMode -> client
spark.master -> local
Classpath elements:
```

실제로 스파크 셸을 실행해 보면 master 정보가 local로 설정된 것을 확인할 수 있습니다. 또 다른 방법은 스파크 셸을 실행한 상태에서 아래와 같이 스파크 org.apache.spark.SparkConf 클래스가 제공하는 toDebugString 메서드를 사용하는 것으로 설정된 속성값을 "키"="값" 형태로 확인해 볼 수 있습니다.

[실습 (스파크 셸에서 실행)]

```
scala> sc.getConf.toDebugString
```

[결과 (일부 내용 생략)]

```
res3: String =
spark.app.id=local-1518940227378
spark.app.name=Spark shell
spark.driver.host=172.30...
spark.driver.port=64220
spark.executor.id=driver
spark.home=/Users/...
spark.jars=
spark.master=local[*]
spark.repl.class.outputDir=/private/var/...
spark.repl.class.uri=spark://172.30...
spark.sql.catalogImplementation=hive
spark.submit.deployMode=client
```

마지막으로 스파크의 설정 정보를 찾아보는 또 한 가지 방법은 스파크에서 제공하는 웹 UI를 사용하는 것입니다. 웹을 사용하는 것은 모든 형태의 스파크 애플리케이션에서[27] 공통으로 사용할 수 있어서 더 일반적이고 편리한 방법입니다.

화면을 확인해 보기 위해 우선 스파크 셸을 실행하고(verbose 옵션은 더 이상 필요 없습니다) 브라우저를 열어 'http://서버IP:4040'으로 접속합니다. 물론 "서버IP"는 방금 스파크 셸을 구동시킨 서버의 IP를 입력합니다. 화면에 접속하면 상단에 'Jobs', 'Stages' 등과 같은 몇 개의 탭을 볼 수 있는데 그중에서 'Environment"라고 돼 있는 탭을 누르면 현재 스파크 애플리케이션(여기서는 스파크 셸)에서 사용 중인 설정 정보를 확인할 수 있습니다. 탭을 눌러 확인해 보면 정말로 스파크 셸의 'spark.master' 속성의 값이 local[*]로 돼 있는 것이 보입니다.

지금까지 스파크 셸의 사용법을 살펴봤습니다. 스파크 셸은 인터랙티브 방식으로 즉시 처리를 수행하고 결과를 확인할 수 있어 스파크의 기능을 학습하거나 코드를 작성하고 테스트하는 과정에서 편리하게 사용할 수 있습니다. 반면 소스코드의 규모가 커짐에 따라 코드 관리와 유지보수 관련 이슈가 생길 수 있고 자바 언어에 대한 미지원, 복잡한 로직 구현 시의 어려움 등은 여전히 부족한 점이라 할 수 있습니다. 따라서 초기 프로토타이핑 등 상황에 따라 적절히 사용해 개발 효율성과 품질을 높일 수 있도록 운용하는 것이 중요합니다.

---

27 스파크 셸 또한 스파크 애플리케이션의 일종임

스파크 셸을 사용하다 보면 한 라인 이상의 코드를 붙여 넣을 때 이를 정상적으로 인식하지 못해 오류가 발생하는 경우가 있습니다.

이 경우 스파크 셸에 ":paste"를 입력하면 "Entering paste mode"로 시작되는 메시지가 출력되는데, 이때 원하는 코드를 붙여 넣고 Ctrl + D를 입력하면 아무리 긴 코드라도 정상적으로 실행할 수 있습니다. 다음은 앞에서 살펴본 예제 중 한 라인 이상의 비교적 긴 코드를 방금 설명한 방식대로 스파크 셸에 붙여넣는 예제입니다.

```scala
scala> :paste
// Entering paste mode (ctrl-D to finish)

val reducedRdd = groupedRdd.map {
  case (key, values) => {
    var count = 0
    for (value <- values) {
      count += value
    }
    (key, count)
  }
}

// Exiting paste mode, now interpreting.
```

1.2.7 더 살펴보기

앞 절에서는 스파크 클러스터 매니저를 로컬(local)로 설정했고, 그 밖의 다른 예제도 모두 클러스터가 아닌 하나의 서버에서 동작하는 로컬 모드로 실행해 봤습니다. 만약 서버 한 대가 아니라 여러 대에서 동작을 수행한다면 무엇이 달라질까요?

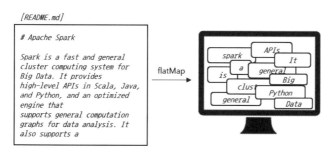

그림 1-9 단어 수 세기 - 로컬 모드

먼저 지금까지 실행했던 방식(로컬 모드라고 부릅니다)을 생각해 보겠습니다. 예제에서는 README.md라는 파일에 있는 단어를 세어봤습니다. 파일의 내용을 한 줄씩 읽어서 개별 단어로 분리했는데, 이 경우 그림 1-9처럼 한 대의 컴퓨터 메모리 안에 분리된 단어가 모두 들어있는 형태가 될 것입니다. 그림에 표시된 "파티션"은 하나의 데이터를 여러 부분 집합으로 나눈 것을 의미하는 것으로 "파티션1"은 첫 번째 파티션을 의미합니다. (위 그림에서는 서버가 1대이고 파티션도 하나만 존재한다고 가정했습니다.)

그럼 클러스터 모드에서는 어떨까요?

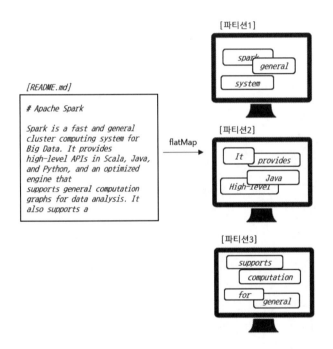

그림 1-10 단어 수 세기 – 클러스터 모드

클러스터 모드에서는 여러 대의 컴퓨터를 사용하기 때문에 위 그림처럼 파일의 내용이 여러 컴퓨터에 분산되어 저장됩니다. 각 서버에는 README.md의 내용이 분리되어 저장돼 있고 이렇게 저장된 데이터는 서버마다 하나의 파티션을 구성하고 있다고 가정하겠습니다.

얼핏보면 "아 그렇구나. 서버가 여러 대 있으니 당연한 거 아닌가?"라고 쉽게 생각할 수 있지만 이처럼 데이터가 여러 대의 컴퓨터에 분산되는 경우 상황은 조금 더 복잡해집니다. 우선 어떤 기준으로 데이터를 분류해서 각 서버에 분배할지 결정해야 합니다. 또한 일부 서버에 장애가 발생하거나 네트워크에 문제가 발생하는 경우도 생각하고 있어야 합니다.

물론 방금 언급한 내용은 지금 다루기에는 다소 이른 감이 있습니다.[28] 그럼에도 지금 이 얘기를 하는 것은 실행 모드에 따른 차이를 잘 이해하지 못하고 프로그램을 작성하다 보면 잘못된 결과를 얻게 될 수도 있기 때문입니다. 예를 들어, 하나의 파일에 들어있는 단어의 개수를 셀 때 중복을 포함하는 경우와 포함하지 않는 경우가 있다고 가정해 보겠습니다. 중복이 허용되는 경우에는 각 서버마다 자신에게 할당된 단어의 수를 세고 그 결과를 최종적으로 합치면 됩니다. 하지만 중복이 허용되지 않는 경우에는 일단 같은 종류의 단어를 모두 같은 서버로 모아둔 상태에서 단어의 중복을 제거하고 세는 작업이 필요합니다.

위의 그림을 예로 들면 "로컬 모드"의 경우는 서버가 한 대이기 때문에 모든 단어가 하나의 파티션 안에 모두 존재하게 됩니다. 즉, 그림에 나온 것처럼 'general'이라는 단어 두 개가 하나의 파티션 안에 놓이게 됩니다. 스파크는 데이터 처리를 파티션 단위로 수행하기 때문에 이 상태에서는 "general"이라는 단어가 두 번 나타났다는 것을 쉽게 감지해서 중복을 제거할 수 있습니다. 하지만 "클러스터 모드"의 경우처럼 서버가 여러 대(예제에서는 3대) 사용된다면 각 단어가 여러 서버에 분산되어 저장됩니다. 이때 데이터를 분류하는 기준을 어떻게 설정하는가에 따라 "로컬 모드" 그림에서 하나의 파티션에 모여있던 두 개의 'general'이라는 단어가 각각 다른 서버의 1번과 3번 파티션으로 흩어질 수 있습니다.

만약 이 상황에서 중복을 제외한 단어 수를 세어본다면 각 파티션마다 집계 작업이 따로따로 수행됩니다. 즉, "general"이라는 단어는 파티션 1번과 파티션 3번에서 각각 한 번씩 집계됩니다. 그 결과, 파티션 1번에는 3개의 중복되지 않은 단어가 존재하며, 파티션 3번에는 4개의 중복되지 않은 단어가 있는 것으로 집계됩니다. 결국 최종 단계에서 각 파티션의 수행 결과를 합쳐보면 "general"이라는 단어가 두 번 세어지는 결과가 나오게 됩니다.

물론 방금 설명드린 예제는 설명을 위해 다소 과장되게 작성한 것으로, 실제 업무에서는 간단한 API 사용만으로도 쉽게 처리할 수 있는 것들입니다. 중요한 것은 어떤 형태의 데이터 처리든 내가 다루고 있는 도메인에 적용되는 수 체계, 즉 연산에 관한 결합법칙과 분배법칙 등의 특성을 잘 파악하고 분산/병렬 처리에 문제가 없도록 처리하는 능력을 키우는 것이라고 할 수 있습니다. 따라서 스파크의 로컬 모드로 개발 및 테스트를 진행한다고 하더라도 단일 스레드보다는 최소 두 개 이상의 스레드를 사용하고 이후에 살펴보게 될 파티션 설정도 가급적 1개 이상을 사용하도록 설정해서 병렬처리 과정에서 실수가 발생하지 않도록 꼼꼼히 확인하는 것이 좋습니다.

---

28 코드를 작성하는 단계에서부터 "네트워크 선이 절단되면 어떡하지"라는 고민을 할 필요는 없다는 의미이며, 성능이나 에러 처리를 완전히 고려할 필요가 없다는 의미는 아닙니다.

1.3 개발 환경 구축

1.3.1 로컬 개발 환경 구축

스파크 설치까지 마쳤다면 이제 본격적으로 스파크 애플리케이션을 만들기 위한 개발 환경을 구축해 볼 차례입니다. 가장 먼저 결정할 것은 개발에 사용할 언어입니다. 앞에서 설명했듯이 스파크는 자바와 스칼라, 파이썬, R 스크립트 언어를 지원하므로 이 중 하나의 언어를 주 개발 언어로 결정해야 합니다. 또한 실행 환경의 경우 윈도우와 맥(Mac), 리눅스 환경 모두에서 설치 및 구동이 가능하므로 어떤 운영체제와 IDE 및 빌드 도구를 사용할지도 추가로 결정해야 합니다.

다행인 것은 어떤 언어와 빌드 도구를 사용하든 거의 유사한 방식으로 스파크 애플리케이션을 작성할 수 있기 때문에 굳이 이 책의 내용을 따르지 않고 각자 익숙한 언어와 방법을 선택해서 개발 환경을 준비해도 무방하다는 것입니다. 다음은 이 책의 예제 작성 및 테스트에 사용한 개발 환경입니다.[29]

1. **운영체제:** 맥 OS X El Capitan(10.11.6)
2. **개발 IDE:** ScalaIDE(http://scala-ide.org)
3. **빌드:** 메이븐(Maven)
4. **개발 언어:** 자바 8(1.8.0_161), 스칼라 2.11(2.11.8), 파이썬 3.6

위 내용은 이 책의 실습 진행을 위한 것일 뿐 실제로 여러분의 상황에 따라 자유롭게 변경해도 됩니다. 예를 들어, 스칼라 환경에 익숙하다면 메이븐 대신 스칼라 전용 빌드 도구인 sbt[30]를 사용할 수도 있고 ScalaIDE 대신 인텔리제이(https://www.jetbrains.com/idea)를 사용할 수도 있습니다.

만약 마이크로소프트 윈도우 환경을 사용한다면 이 책에서 설명하는 내용과 다소 다른 부분이 있을 수 있습니다. 하지만 이 책에서 다룰 대부분의 소프트웨어는 윈도우에서 설치 및 사용이 가능하므로 달라지는 부분만 윈도우 운영체제에 맞는 방식으로 변형한다면 어렵지 않게 책의 예제를 실행해 볼 수 있을 것입니다. 그럼 다음 단계에 따라 실습 환경을 구성해 보겠습니다.

1. 디렉터리 구성

이전에 리눅스 서버에 스파크를 설치할 때와 비슷한 방법으로 홈 디렉터리 아래에 설치 파일을 내려받기 위한 Downloads 디렉터리와 애플리케이션 설치를 위한 Apps 디렉터리를 생성합니다. 이후

---

29 클러스터 서버 사양이 아니고 개발 및 테스트를 위한 PC 환경입니다.
30 http://www.scala-sbt.org/

의 진행 과정에서 모든 설치 파일은 Downloads 디렉터리로 내려받고, 프로그램은 자바와 파이썬을 제외하고 모두 Apps 디렉터리에 설치할 것입니다.[31]

2. JDK 설치

우선 JDK가 설치돼 있는지 확인하고 설치돼 있지 않다면 설치합니다. 애플리케이션 개발 언어로 자바나 스칼라가 아닌 파이썬을 사용한다고 하더라도 스파크 애플리케이션을 개발하기 위해서는 반드시 JDK가 설치돼 있어야 합니다.

앞에서 리눅스 서버에 자바를 설치해 봤기 때문에 설치 방법을 알고 있을 것입니다. 만약 JDK가 설치돼 있지 않다면 1.2.2절에서 설명한 내용을 참고해서 각자 환경에 맞는 설치 파일을 내려받아 설치합니다. 단, 이 책의 자바 예제는 Java8의 람다식을 사용하므로 Java8 이상 버전을 선택해서 설치하시기 바랍니다.

3. 메이븐 설치

다음은 빌드 환경을 위한 메이븐을 설치할 차례입니다. 메이븐은 자바 프로젝트 통합 관리 도구로서 자바 개발자에게는 익숙한 도구일 것입니다. 메이븐이 설치돼 있지 않다면 다음과 같이 설치합니다. (메이븐을 처음 접하는 분들은 아래 내용을 진행하기 전에 메이븐 홈페이지에서 제공하는 메이븐 안내 문서[32]를 참고하기 바랍니다.)

- 먼저 시스템 환경변수에 JAVA_HOME 환경변수가 등록돼 있는지 확인하고 없다면 JDK가 설치된 폴더의 경로를 JAVA_HOME 변수로 등록합니다.

- 메이븐 설치 파일을 내려받기 위해 메이븐 다운로드 페이지[33]에 접속합니다.

- 화면 중앙의 다운로드 링크 중 원하는 버전을 선택해서 내려받습니다. (필자는 apache-maven-3.5.2-bin.tar.gz 버전을 선택했습니다. 반드시 동일한 버전이 아니어도 되며, apache-maven-3.x 버전 중 하나를 선택하면 됩니다.)

- 내려받은 파일의 압축을 풀면 'apache-maven-3.5.2' 폴더가 만들어지는데, 압축이 해제된 바이너리 파일을 홈 디렉터리 아래에 있는 Apps 디렉터리에 옮긴 후 시스템 환경변수를 등록합니다.

```
$ cd ~/Downloads
$ tar -xzvf apache-maven-3.5.2-bin.tar.gz
$ mv ./apache-maven-3.5.2 ~/Apps/
```

---

31 자바의 경우 운영체제에 따라 설치 방법이 다를 수 있습니다. 자바 설치와 관련된 내용은 개별 운영체제의 가이드를 따르는 것으로 하고 이 책에서는 더 이상 상세히 다루지 않습니다.

32 https://goo.gl/i21We0

33 https://goo.gl/H58OgV

```
$ cd ~/Apps/
$ ln -s apache-maven-3.3.9 maven
```

여기까지 진행한 후 아래와 같이 시스템 환경변수를 등록합니다.

```
export M2_HOME=<메이븐설치 경로>³⁴
export PATH=${PATH}:${M2_HOME}/bin
```

- 메이븐이 정상적으로 설치됐는지 확인하기 위해 터미널을 열고 mvn -v라고 입력합니다. 제대로 설치됐다면 다음과 같은 메시지를 볼 수 있습니다.

  [실습]
  ```
  $ mvn -v
  ```

  [결과]
  ```
  Apache Maven 3.5.2 (138edd61fd100ec... 이하 생략)
  ```

4. 스파크 설치

앞에서 리눅스 서버에 스파크를 설치했지만 로컬 개발 환경을 구성하기 위해 개발용 PC에도 동일한 버전의 스파크를 설치해 보겠습니다. 물론 설치라고 했지만 실제로는 파일을 내려받아 압축을 해제 하는 것을 의미합니다.

필자의 경우 메이븐과 같은 방법으로 홈 디렉터리 아래에 "Apps"라는 디렉터리를 만들고 그 아래에 압축을 해제해 뒀습니다.³⁵ 앞으로 이 위치를 "SPARK_HOME"이라는 이름으로 부르기로 하고 시스 템 환경변수에도 SPARK_HOME이라는 이름으로 등록해 두겠습니다. 이 환경변수는 이후에 자주 사용하게 될 예정이므로 반드시 설정해 두기 바랍니다. 만약 스파크 설치에 관한 자세한 내용이 궁 금하다면 이전의 "스파크 설치" 항목을 참고하기 바랍니다.

5. 파이썬 설치

메이븐까지 설치를 마쳤다면 이번에는 파이썬을 설치합니다. 만약 파이썬이 이미 설치돼 있거나 파 이썬을 사용하지 않을 예정이라면 다음 단계로 넘어가도 상관없습니다. 스파크는 파이썬 2.7 이상 버전과 3.4 이상 버전을 지원하며, 구현 방식에 따라 CPython과 PyPy를 지원합니다.

---

34 실제 메이븐 설치 경로입니다. 예제에서는 ~/Apps/maven을 의미합니다.
35 최종 경로는 ~/Apps/spark입니다.

파이썬을 설치하려면 파이썬 홈페이지[36]에서 설치파일을 내려받아 설치하면 됩니다. 하지만 이 책에서는 다양한 라이브러리를 함께 설치할 수 있는 아나콘다(anaconda) 배포판을 이용해 설치를 진행하겠습니다. 우선 아나콘다 다운로드 페이지[37]에 접속해 각자 환경에 맞는 설치 파일을 내려받습니다.

설치파일은 2.x와 3.x 버전이 있는데 어느 버전을 사용하더라도 설치 후 간단한 추가 작업을 통해 두 버전 모두 사용할 수 있으므로 둘 중 아무 버전이나 설치해도 됩니다[38]. 이 책에서는 Python 3.6 버전을 설치하겠습니다. 설치 파일을 내려받고 나면 해당 파일을 실행해 파이썬을 설치합니다. 설치 도중에는 특별히 변경해야 할 옵션이 없기 때문에 특별한 이유가 없다면 기본 설정 그대로 설치를 진행하면 됩니다.

아나콘다 배포본을 사용하면 파이썬 2.x 버전과 3.x 버전을 동시에 설치해 두고 필요할 때 이 중 하나를 선택해서 사용할 수 있습니다. 예를 들어, 파이썬 3.5와 파이썬 2.7을 동시에 설치할 경우 다음과 같이 처리합니다.

1. 아나콘다 설치 후 아나콘다 bin 디렉터리에서 다음과 같이 입력합니다.

[실습]

```
# 파이썬 3.6을 py36이라는 이름으로 설치
$ ./conda create -n py36 python=3.6 anaconda
# 파이썬 2.7을 py27이라는 이름으로 설치
$ ./conda create -n py27 python=2.7 anaconda
```

파이썬 3.6 환경을 py36이라는 이름으로, 파이썬 2.7 환경을 py27이라는 이름으로 구성했습니다.

2. 현재 사용 중인 파이썬 버전을 확인합니다.

[실습]

```
$ python --version
```

[결과]

```
Python 3.6.4 :: Anaconda, Inc.
```

현재 사용 중인 파이썬 버전이 3.6.4라는 것을 알 수 있습니다. 이제 이 값을 파이썬 2.7로 변경해 보겠습니다.

3. 파이썬 버전 변경

[실습]

```
$ source activate py27
```

---

36 https://goo.gl/1Sk1sL
37 https://goo.gl/cRxpU2
38 http://conda.pydata.org/docs/py2or3.html

"source activate 〈파이썬 환경이름〉" 명령을 이용해 파이썬 환경을 2.7로 변경했습니다. 그렇다면 제대로 변경됐는지 확인해 보겠습니다. (윈도우의 경우 "activate py27"과 같이 입력합니다)

4. 파이썬 버전 확인

[실습]

```
$ python --version
```

[결과]

```
Python 2.7.14 :: Anaconda, Inc.
```

파이썬 버전이 기존 3.6.4에서 2.7.14 버전으로 변경된 것을 확인할 수 있습니다.

이상으로 여러 버전의 파이썬을 사용하는 방법을 간단하게 알아봤습니다. 더 자세한 내용이 궁금하신 분들은 아나콘다 홈페이지의 안내 문서[39]를 참고하기 바랍니다.

파이썬을 설치하고 나면 스파크에서 사용할 파이썬 바이너리의 위치를 지정해 주는 것이 좋습니다. 이를 지정하는 방법은 스파크 홈(스파크를 설치한 디렉터리) 아래의 conf 디렉터리의 spark-env. sh 파일에 다음과 같이 등록하면 됩니다.

```
export PYSPARK_PYTHON=〈python실행_파일_경로〉/〈실행 바이너리 이름〉
```

예를 들어, /home/beginspark/anaconda3/envs/py36/bin 디렉터리 아래에 있는 python이라는 실행 파일을 사용한다면 다음과 같이 입력하면 됩니다.

```
export PYSPARK_PYTHON=/home/beginspark/anaconda3/envs/py36/bin/python
```

처음 설치했을 경우 spark-env.sh 파일이 없을 수 있는데 이때는 spark-env.sh.template 파일을 복사해서 만들 수 있습니다.

6. 스칼라 설치

다음은 스칼라를 설치할 차례입니다. 스칼라 역시 스칼라 홈페이지에서 설치 파일을 내려받아 메이븐을 설치할 때와 같은 방식으로 설치하면 됩니다.

사실 스칼라 셸을 사용하지 않고 이클립스나 인텔리제이 같은 통합개발도구(IDE)를 통해서만 개발할 생각이라면 별도로 스칼라를 설치하지 않더라도 IDE만 설치해서 개발할 수 있습니다. 하지만 여기서는 스칼라와 ScalaIDE를 모두 다 설치해 보겠습니다.

---

39 http://goo.gl/6DDK7i

- 스칼라를 설치하기 위해 스칼라 다운로드 페이지[40]에 접속합니다.

- 페이지를 스크롤해서 가장 아래쪽 부분을 보면 아래와 같이 다운로드 가능한 링크가 나타납니다. 여기서는 스파크 버전에 맞는 Scala 2.11.12 버전을 선택하겠습니다.

Other resources

You can find the installer download links for other operating systems, as well as documentation and source code archives for Scala 2.11.12 below.

Archive	System	Size
scala-2.11.12.tgz	Mac OS X, Unix, Cygwin	27.77M
scala-2.11.12.msi	Windows (msi installer)	109.82M
scala-2.11.12.zip	Windows	27.82M
scala-2.11.12.deb	Debian	76.44M
scala-2.11.12.rpm	RPM package	108.60M
scala-docs-2.11.12.txz	API docs	46.17M
scala-docs-2.11.12.zip	API docs	84.26M
scala-sources-2.11.12.tar.gz	Sources	

그림 1-11 스칼라 설치

- "scala-2.11.12.tgz" 버튼을 누르면 다운로드가 시작됩니다. 예제에서는 내려받은 파일의 압축을 해제해서 ~/Apps/ 디렉터리 아래에 옮겨뒀습니다.[41]

- 설치가 완료된 후에는 편의를 위해 scala/bin 디렉터리를 PATH 환경변수에 추가합니다.

- 설치가 제대로 됐는지 확인하기 위해 다음과 같이 입력해 스칼라 버전을 확인합니다.

[실습]
```
$ scala -version
```

[결과]
```
Scala code runner version 2.11.12 -- Copyright 2002-2017, LAMP/EPFL
```

이로써 스칼라 설치가 완료됐습니다. 이제 개발 도구인 Scala IDE를 설치할 차례입니다.

- 먼저 설치 파일을 내려받기 위해 다운로드 페이지[42]에 접속합니다. 중간쯤에 보면 "Download IDE"라는 배너 아래 각 운영 체제별로 설치 파일을 내려받을 수 있는 링크를 찾을 수 있습니다.

---

40 https://goo.gl/uHvbg7
41 좀 전에 메이븐을 설치할 때와 동일한 방법입니다.
42 http://scala-ide.org/download/sdk.html

- 설치 버전은 "Scala2.11.x"을 지원하는 것이면 어떤 버전이든 상관 없는데 이 책에서는 현재 최신 버전인 4.7.0 버전을 사용했습니다[43]. 스칼라 IDE는 자바 IDE로 유명한 이클립스[44] 기반으로 동작하므로 별도의 설치 과정 없이 압축만 해제하면 사용할 수 있습니다.

- 다운로드가 완료되면 파일을 압축 해제합니다. 압축을 풀면 eclipse.app 또는 eclipse 디렉터리가 나오는데 이를 원하는 위치에 옮기는 것으로 설치가 완료됩니다. 필자는 홈 디렉터리 아래의 Apps 디렉터리 아래에 설치했습니다.

- 모든 작업이 끝난 후 eclipse 디렉터리 아래에 있는 "eclipse.app"(윈도우에서는 eclipse.exe) 파일을 실행하면 Scala IDE가 실행됩니다.[45]

- 처음 실행할 때 워크스페이스를 설정하라는 창이 나타나면 원하는 디렉터리 경로를 입력하고 진행합니다. 워크스페이스는 "작업 디렉터리"와 같은 개념으로, 이클립스를 통해 생성되는 각종 프로젝트와 설정 파일 소스코드들이 위치할 상위 경로를 지정하는 것으로 이해하면 됩니다. 필자는 기본값인 홈 디렉터리 아래에 workspace라는 경로를 사용했습니다.

- 워크스페이스를 지정하는 창 아래에는 "Use this as the default..."로 시작하는 체크박스가 나타납니다. 이 항목은 워크스페이스 경로를 매번 물어보지 않고 고정된 위치를 사용할 것인지 물어보는 것으로 한번 체크해 두면 다음 번에 실행할 때 다시 묻지 않고 자동으로 이전 경로를 사용합니다. 워크스페이스 경로는 필요할 때 얼마든지 변경할 수 있으므로 지금은 이 항목을 체크하고 "OK" 버튼을 선택합니다.

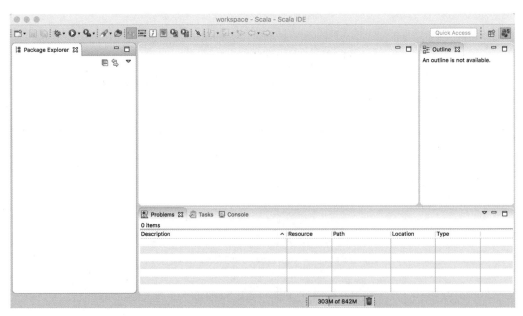

그림 1-12 Scala IDE 실행 화면

---

43 개발 환경이 맥(Mac)이므로 "Mac OS X Cocoa 64 bit" 링크를 선택해서 다운로드했습니다.
44 자바 프로그래밍을 위한 오픈소스 통합개발환경(https://www.eclipse.org)
45 운영체제에 따라 실행 권한 설정이 필요할 수 있습니다.

7. 파이썬 플러그인 설치

다음은 파이썬 개발을 도와줄 파이썬 플러그인을 설치할 차례입니다. 이클립스 상단 메뉴에서 [Help] → [Install New Software]를 선택하고 [Add] 버튼을 누른 뒤 [Name]에 pydev라고 입력하고 [Location]에 http://www.pydev.org/updates/와 같이 입력합니다.

[OK] 버튼을 누르면 설치할 플러그인 목록이 나타나는데, 이때 "PyDev"라는 항목을 체크하고 [Next] 버튼을 눌러 설치를 진행합니다.[46]

설치가 완료되면 Scala IDE를 재시작한 뒤 파이썬 인터프리터 설정을 위해 [ScalaIDE] → [Preference] (혹은 환경설정)를 선택합니다. (윈도우의 경우 [Window] → [Preferences]를 선택합니다.)

[Preference] 창이 나타나면 [PyDev] → [Interpreters] → [Python Interpreter]를 선택하고 [New] 버튼을 눌러 새로운 인터프리터를 생성합니다. 이때 [Interpreter Name]은 "py36"과 같이 원하는 이름으로 설정하면 되고 [Interpreter Executable] 항목은 파이썬 실행파일이 있는 경로를 지정합니다.[47]

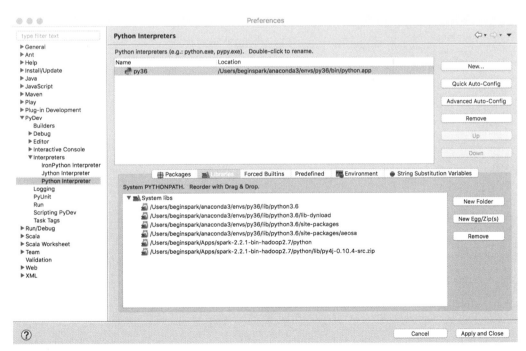

그림 1-13 파이썬 인터프리터 설정

---

46 설치와 관련된 설정값은 기본값을 사용하고 라이선스 관련 항목이 나오면 동의해야 합니다.

47 리눅스 또는 맥 환경에서 아나콘다 배포판을 설치했다면 홈 디렉터리 아래의 anaconda 디렉터리에 설치됩니다. 필자의 경우 "conda create -n py35 python=3.5 ana-conda" 명령으로 파이썬 3 환경을 구축해뒀기 때문에 anaconda 디렉터리 아래의 envs/py35/bin/python3을 지정했습니다. 윈도우 환경을 포함한 자세한 설정 방법은 아나콘다 가이드 문서(https://goo.gl/elYZtR)에서 찾을 수 있습니다.

인터프리터 설정이 끝나면 이번엔 스파크 라이브러리를 추가해야 합니다. [Libraries] 탭을 선택하고 [New Folder] 버튼을 눌러 스파크 설치 디렉터리 아래에 있는 "python" 디렉터리를 추가합니다. 그리고 다시 [New Egg/Zip(s)] 버튼을 눌러 스파크 설치 디렉터리 아래의 python/lib/py4j-0.10.4-src.zip 파일을 추가합니다. 그림 1-13은 인터프리터와 시스템 라이브러리를 설정한 최종 결과입니다.

위 설정이 끝난 다음에는 [Environment] 탭을 눌러 아래 그림과 같이 두 개의 환경변수를 추가합니다. 이 중 SPARK_HOME 변수는 스파크의 설치 디렉터리를 지정하고 PYSPARK_PYTHON은 파이썬3의 실행파일을 지정해 줍니다.[48]

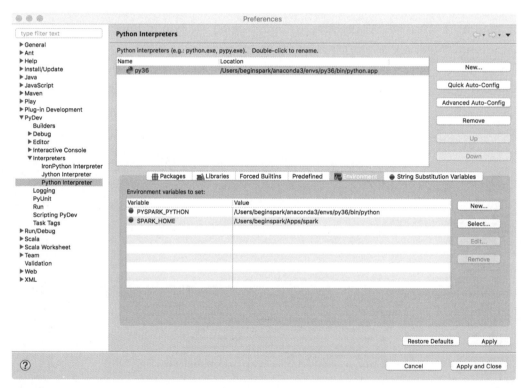

그림 1-14 파이썬 및 스파크 홈 설정

마지막으로 위 그림 1-14에 보이는 창에서 [Packages] 탭을 누르고 "install/Uninstall with pip" 버튼을 눌러서 Manage pip 창이 나타나면 "Command to execute" 칸에 'install pyarrow'라고

입력하고 [Run] 버튼을 누릅니다(버튼을 누른 후에는 잠시 시간이 걸렸다가 마지막에 FINISHED 메시지가 보이면 정상적으로 설치된 것입니다).

1.4 예제 프로젝트 설정

이로써 스파크 개발 및 테스트를 위한 로컬 개발 환경이 모두 구성됐습니다. 이제부터는 이 책에서 다룰 예제 프로젝트를 내려받아 새로운 프로젝트를 생성한 후 본격적으로 스파크가 제공하는 기능에 대해 알아보겠습니다.

1. 예제 파일은 Git 저장소를 통해 제공되며 https://github.com/wikibook/spark2nd.git에서 내려받을 수 있습니다.

2. 예제 프로젝트를 임포트하기 위해 Scala IDE를 열고 [File] → [Import] → [Maven] → [Existing Maven Projects] 메뉴를 선택합니다.

3. 임포트할 파일을 선택하는 창이 나오면 내려받은 예제 프로젝트를 선택하고 [OK] 버튼을 누릅니다.

4. 예제 프로젝트를 처음 임포트할 경우 자바 혹은 스칼라 라이브러리의 버전 문제로 인해 컴파일 오류가 발생할 수 있습니다.

5. 만약 문제가 발생했다면 Scala IDE의 스칼라 버전이 올바르게 설정돼 있는지 확인하고 수정해야 합니다. 이를 위해 [Project] → [Properties] → [Java Build Path] → [Libraries]를 선택합니다.

6. 다음으로 설정돼 있는 라이브러리 항목 가운데 [Scala Library container]를 확인해 2.10 또는 2.12 버전으로 잘못 설정돼 있다면 [Remove] 버튼을 눌러 해당 항목을 지우고 [Add Library] → [Scala Library] → [Fixed Scala Library container:2.11.x]를 선택해 아래와 같이 변경합니다.

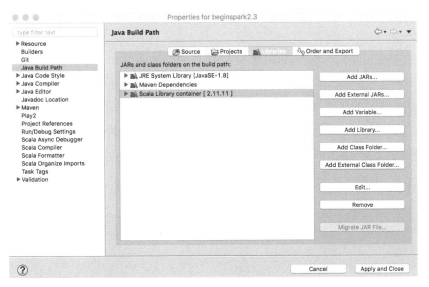

그림 1-15 스칼라 라이브러리 지정

[Build Path]를 변경한 후에는 다시 [Project] → [Properties] → [Scala Compiler]를 선택한 뒤 아래와 같이 스칼라 버전과 target 값이 Java8로 잘 맞춰져 있는지 확인하고, 아니라면 변경해 줍니다.

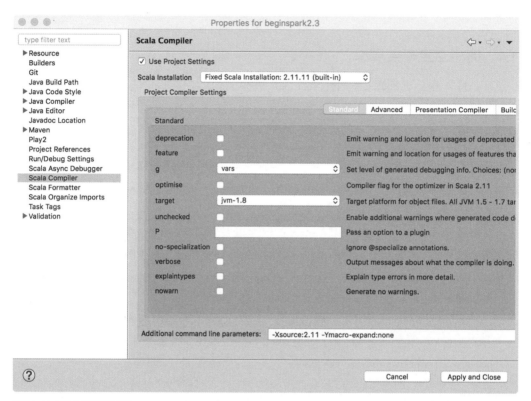

그림 1-16 스칼라 컴파일러 설정

모든 변경이 끝나면 에러가 사라지고 정상적으로 빌드되는 것을 확인할 수 있습니다. 마지막으로 파이썬 개발을 위해 다시 한번 [Project] → [Properties] → [PyDev – PYTHONPATH]를 선택한 뒤 [External Libraries]에 스파크 홈 아래에 있는 python 폴더와 python/lib/py4j-xx.zip 파일을 등록합니다. 만약 [Properties] 화면에서 PyDev 항목이 보이지 않는다면 해당 프로젝트가 파이썬 프로젝트로 등록되지 않기 때문입니다. 이 경우 아래 그림과 같이 pydev 속성을 프로젝트에 추가해야 합니다.

그림 1-17 pydev 속성 설정

1.4.1 WordCount 예제 실행

여기까지 진행하시느라 수고하셨습니다. 아마도 생각했던 것보다 설정해야 할 항목이 많아 불편하게 여겨졌을지도 모르겠습니다. 사실 실무에서의 개발 환경은 프로젝트 혹은 회사에 따라 별도의 표준을 따르는 것이 일반적이기 때문에 모든 상황에 적합한 개발 환경을 정의하기는 쉽지 않습니다. 그래도 스파크를 처음 접하시는 분들에게는 빌드 가능한 개발 환경을 구축해 보는 것이 빨리 적응하는 데 도움이 되기 때문에 가장 기본적인 형태로 정리해 봤습니다.

어쨌든 개발 환경 설정이 완료됐으니 이제 간단한 예제 프로그램을 통해 코드를 작성하고 실행하는 방법을 알아보겠습니다. 사실 이번에 다룰 예제는 새로운 것은 아니고 이미 앞에서 몇 차례 실행해 본 WordCount 예제입니다. 기존에 유사한 프로그램을 작성해 본 분들은 잘 알겠지만 이 예제는 어떤 문장 내에서 각 단어가 몇 번씩 나타나는지를 알아보는 프로그램입니다.

지금부터 이 예제를 서로 다른 언어로 작성해 보고 각 언어별 차이점을 살펴보겠습니다. 물론 실전에서는 이 가운데 한 종류의 언어만 사용하는 경우가 더 많겠지만 각 언어의 특징을 알아두는 것도 나쁘지 않을 것입니다. 그럼 가장 먼저 자바로 작성한 예제 코드를 살펴보겠습니다.

스파크 애플리케이션을 자바로 작성할 경우 일반적인 자바 애플리케이션과 마찬가지로 "코드 작성 → 단위 테스트 → 빌드 및 배포" 단계를 거칩니다. 이때 코드 작성과 단위 테스트는 주로 이클립스 같은 IDE 상에서 이뤄지며 빌드 및 배포는 소스코드를 Jar 파일 형태로 압축한 뒤 서버에 배포해서 사용하게 됩니다.

[예제 1-1] 단어 수 세기(WordCount.java)

```java
package com.wikibooks.spark.ch1;

import java.util.Arrays;
import java.util.Iterator;

import org.apache.commons.lang3.ArrayUtils;
import org.apache.spark.SparkConf;
import org.apache.spark.api.java.JavaPairRDD;
import org.apache.spark.api.java.JavaRDD;
import org.apache.spark.api.java.JavaSparkContext;
import org.apache.spark.api.java.function.FlatMapFunction;
import org.apache.spark.api.java.function.Function2;
import org.apache.spark.api.java.function.PairFunction;

import scala.Tuple2;

public class WordCount {

  public static void main(String[] args) {

    if (ArrayUtils.getLength(args) != 3) {
      System.out.println("Usage: WordCount <Master> <Input> <Output>");
      return;
    }

    // Step1: SparkContext 생성
    JavaSparkContext sc = getSparkContext("WordCount", args[0]);

    try {
      // Step2: 입력 소스로부터 RDD 생성
```

```java
    JavaRDD<String> inputRDD = getInputRDD(sc, args[1]);

    // Step3: 필요한 처리를 수행
    JavaPairRDD<String, Integer> resultRDD = process(inputRDD);

    // Step4: 수행 결과 처리
    handleResult(resultRDD, args[2]);

  } catch (Exception e) {
    e.printStackTrace();
  } finally {
    // Step5: Spark와의 연결 종료
    sc.stop();
  }
}

public static JavaSparkContext getSparkContext(String appName, String master) {
  SparkConf conf = new SparkConf().setAppName(appName).setMaster(master);
  return new JavaSparkContext(conf);
}

public static JavaRDD<String> getInputRDD(JavaSparkContext sc, String input) {
  return sc.textFile(input);
}

// Java7
public static JavaPairRDD<String, Integer> process(JavaRDD<String> inputRDD) {

  JavaRDD<String> words = inputRDD
          .flatMap(new FlatMapFunction<String, String>() {
            @Override
            public Iterator<String> call(String s) throws Exception {
              return Arrays.asList(s.split(" ")).iterator();
            }
          });

  JavaPairRDD<String, Integer> wcPair = words
          .mapToPair(new PairFunction<String, String, Integer>() {
            @Override
            public Tuple2<String, Integer> call(String s) throws Exception {
              return new Tuple2(s, 1);
            }
          });
```

```java
    JavaPairRDD<String, Integer> result = wcPair
          .reduceByKey(new Function2<Integer, Integer, Integer>() {
            @Override
            public Integer call(Integer v1, Integer v2) throws Exception {
              return v1 + v2;
            }
          });

    return result;
  }

  // Java8 (Lambda)
  public static JavaPairRDD<String, Integer> processWithLambda(JavaRDD<String> inputRDD) {

    JavaRDD<String> words = inputRDD.flatMap((String s) -> Arrays.asList(s.split(" ")).
iterator());

    JavaPairRDD<String, Integer> wcPair = words.mapToPair((String w) -> new Tuple2(w, 1));

    JavaPairRDD<String, Integer> result = wcPair.reduceByKey((Integer c1, Integer c2) -> c1 +
c2);

    return result;
  }

  public static void handleResult(JavaPairRDD<String, Integer> resultRDD, String output) {
    resultRDD.saveAsTextFile(output);
  }
}
```

아직 스파크 API를 살펴보지 않았기 때문에 예제 코드의 내용을 하나하나 이해하지 못해도 상관없습니다. 중요한 것은 코드의 전반적인 구조와 패턴을 파악하는 것입니다. 코드를 살펴본 후에는 테스트를 수행하는 방법과 작성한 코드를 실행하는 방법도 함께 알아보겠습니다. 그럼 이제 코드를 살펴보겠습니다.

우선 가장 먼저 눈에 띄는 부분은 친숙한 메인(main) 함수가 있다는 것입니다. 또한 WordCount 클래스는 어떤 클래스나 인터페이스도 상속받고 있지 않습니다. 이로써 스파크 애플리케이션을 작성하기 위해 어떤 특별한 인터페이스를 상속받거나 라이프 사이클의 관리를 위한 콜백 함수를 구현할 필요가 없다는 사실을 알 수 있습니다.[49]

그럼 메인 함수의 내용을 잠깐 살펴볼까요? 주석에 Step…이라고 힌트를 적어두기는 했지만 그냥 코드 내용만 보더라도 아래와 같이 몇 단계로 나눠져 있음을 알 수 있습니다.

1. SparkContext 생성

2. (입력 소스로부터) RDD 생성

3. RDD 처리

4. 결과 파일 처리

5. SparkContext 종료

위 내용을 보면 단계별로 데이터를 처리하는 흐름이 그리 어렵지 않다는 느낌을 받을 수 있습니다. 다소 과장되게 표현한 것일지 몰라도 실제로 스파크 애플리케이션을 프로그래밍하는 방법은 방금 설명한 내용에서 크게 벗어나지 않습니다. 먼저 스파크 컨텍스트(SparkContex)를 만들고 이를 이용해 RDD를 만들고, 이렇게 생성된 RDD를 원하는 방식대로 가공하고 그 결과를 목적에 맞게 이용하면 됩니다.

그럼 각 단계별로 어떤 내용이 포함되는지 조금 더 자세히 살펴보겠습니다.

1. SparkContext 생성

스파크 애플리케이션을 작성하려면 가장 먼저 SparkContext를 생성해야 합니다. SparkContext는 이름 그대로 스파크의 실행환경을 나타내는 객체로 스파크 클러스터의 백엔드 프로세스들에 대한 참조를 포함하고 있으며 모든 스파크 애플리케이션은 SparkContext를 이용해 RDD나 (이 책의 후반부에서 다룰) accumulator 또는 broadcast 변수 등을 생성하고 필요한 연산을 수행할 수 있습니다.

SparkConf는 스파크 애플리케이션을 수행하는 데 필요한 각종 설정 정보를 담는 역할을 하며, 스파크 애플리케이션은 SparkContext 객체를 생성할 때 SparkConf 객체를 생성자의 인자로 전달해야 합니다.

2. RDD 생성

SparkContext가 생성되면 이를 이용해 RDD를 생성합니다. RDD란 이미 앞에서 설명한 대로 스파크에서 사용하는 기본 분산 데이터 모델을 의미합니다. 스파크 API 문서를 보면 좀 더 명확하게 "the basic abstraction in Spark"라는 문장으로 설명하고 있습니다. 다시 말해, 스파크에서 데이터를 분산처리하는 데 필요한 기능들을 잔뜩 넣어서 정의해 둔 일종의 모델이자 그 모델에 대한 실제 구현체, 즉 클래스라고 할 수 있습니다. 마치 어떤 데이터를 처리하기 위한 클래스를 만들고 그 안에 데이터와 데이터 처리에 필요한 함수를 함께 정의해 둔 것과 비슷하다고 할 수 있습니다.

---

[49] 예를 들어, 서블릿과 같은 경우에는 서블릿 컨테이너가 호출하기로 약속된 콜백 메서드만 구현할 수 있을 뿐 객체의 생성이나 소멸 등 직접 자신의 라이프 사이클을 관리할 수 없습니다.

새로운 RDD를 생성하는 방법은 크게 두 가지로 나눠 볼 수 있는데, 하나는 파일과 같은 외부 데이터 소스로부터 생성하는 방법이고, 또 하나는 기존 RDD로부터 또 다른 RDD를 생성하는 방법입니다. 하지만 두 번째 방법은 기존 RDD가 있을 때만 가능한 것으로 최초의 RDD 생성은 SparkContext를 이용해야만 합니다. 예제 코드에서 볼 수 있는 sc.textFile 부분이 바로 RDD를 생성하는 코드로서 textFile() 메서드에 전달한 경로의 파일을 읽어 새로운 RDD를 생성합니다.

3. RDD 처리

RDD가 생성되면 이를 이용해 다양한 처리를 수행할 수 있습니다. 예를 들어, RDD 안에 있는 데이터의 수를 세어볼 수도 있고 내부 데이터에 특정 연산을 적용해 새로운 RDD를 만들 수도 있습니다.

예제에서는 process() 메서드가 이에 해당하는 부분입니다. 코드를 보면 RDD의 flatMap() 메서드로 단어를 분리하고 mapToPair()와 reduceByKey() 메서드를 조합해 단어 수를 계산하고 있음을 알 수 있습니다. 각 메서드의 상세한 내용은 다음 장에서 알아보기로 하고 지금은 RDD가 제공하는 다양한 데이터 처리 함수가 있고, 이를 이용해 원하는 처리를 수행할 수 있음을 확인해 두기 바랍니다.

마지막으로 소스코드를 보면 process() 외에 processWithLambda()라는 메서드가 있습니다. 사실 이 두 메서드는 정확히 같은 동작을 수행하는 메서드인데, process()는 자바 7의 문법에 따라 작성한 것이고 processWithLambda()는 자바 8의 람다식을 사용해 작성한 것입니다. 한눈에 봐도 자바 8의 문법을 적용한 메서드가 훨씬 짧고 가독성도 좋다는 것을 알 수 있습니다. 하지만 어느 버전을 사용하는지는 프로젝트 상황에 따라 다를 수 있으므로 각자 상황에 맞춰 알맞은 버전을 선택해서 사용하면 됩니다.

4. 처리 결과 저장

RDD 처리와 처리 결과 저장을 각각 다른 단계로 분리해 놓긴 했지만 사실 결과 RDD를 저장하는 것도 일종의 'RDD 처리'에 해당한다고 볼 수 있습니다. 다만 결과 처리는 상황에 따라 조금씩 바뀔 수 있기 때문에 편의상 중간 단계의 RDD 처리와 따로 구분해 둔 것입니다. 예를 들어, 테스트일 때는 결과를 "단순히 화면에 출력"하는 반면 실제 서비스에서는 "하둡 파일시스템에 저장"하는 작업을 수행할 수 있습니다.

예제의 handleResult() 메서드에서 사용한 saveAsText() 메서드는 결과 RDD를 파일시스템에 텍스트 파일 형태로 저장합니다.

예제 코드에서는 하나의 처리 과정을 getInputRDD(), process() 등 여러 메서드로 나눠서 작성했습니다. 이는 단순히 코드 내용을 설명할 때의 편의를 위한 것이며, 실무에서 표준이라고 할 만한 코드 패턴은 아니므로 오해하지 않기를 바랍니다. 오히려 이렇게 장황한 코드보다는 데이터 변환 과정을 손쉽게 이해할 수 있게 가독성을 유지하며 간결하게 작성하는 편이 더 낫습니다.

지금까지 코드의 내용을 살펴봤습니다. 이제 다음 단계로 이 코드에 대한 단위 테스트를 살펴보겠습니다. 우선 src/test/java 폴더 아래의 com.wikibooks.spark.ch1.WordCountTest 파일을 열고 [Run] → [Run As] → [Junit Test]를 선택합니다.

단위 테스트가 수행되면 그림과 같이 테스트의 성공을 알리는 초록색 막대가 보이고 하단의
"Console" 탭을 열면 "{large-scale=1, is=1, both=1, general=1, fast=1, data=1,⋯ "과 같이 각
단어의 노출 빈도가 표시되는 것을 볼 수 있습니다.

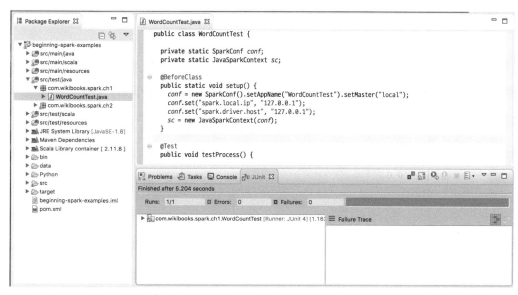

그림 1-18 테스트 코드 실행

[예제 1-2] 단어 수 세기(WordCountTest.java)

```java
package com.wikibooks.spark.ch1;

import com.wikibooks.spark.ch1.WordCount;
import org.apache.spark.SparkConf;
import org.apache.spark.api.java.JavaPairRDD;
import org.apache.spark.api.java.JavaRDD;
import org.apache.spark.api.java.JavaSparkContext;
import org.junit.AfterClass;
import org.junit.BeforeClass;
import org.junit.Test;

import java.util.ArrayList;
import java.util.List;
import java.util.Map;

import static org.hamcrest.CoreMatchers.is;
import static org.junit.Assert.assertThat;
```

```java
public class WordCountTest {

  private static SparkConf conf;
  private static JavaSparkContext sc;

  @BeforeClass
  public static void setup() {
    conf = new SparkConf().setAppName("WordCountTest").setMaster("local[*]");
    sc = new JavaSparkContext(conf);
  }

  @Test
  public void testProcess() {

    List<String> input = new ArrayList<String>();
    input.add("Apache Spark is a fast and general engine for large-scale data processing.");
    input.add("Spark runs on both Windows and UNIX-like systems");

    JavaRDD<String> inputRDD = sc.parallelize(input);

    JavaPairRDD<String, Integer> resultRDD = WordCount.process(inputRDD);

    Map<String, Integer> resultMap = resultRDD.collectAsMap();

    assertThat(2, is(resultMap.get("Spark")));
    assertThat(2, is(resultMap.get("and")));
    assertThat(1, is(resultMap.get("runs")));

    System.out.println(resultMap);
  }

  @AfterClass
  public static void cleanup() {
    if (sc != null) {
      sc.stop();
    }
  }
}
```

테스트 코드의 경우 일반 자바 프로그램과 마찬가지로 JUnit을 사용해 작성할 수 있습니다. 먼저 setup() 메서드에서는 SparkContext를 생성합니다. 그리고 testProcess()에서 RDD를 만들고 필요한 처리를 수행합니다. 처리가 끝나면 assert 문을 사용해 결과를 검증하고 cleanup() 메서드에서 SparkContext를 종료합니다.

기존 WordCount 코드와의 차이점을 보면 입력 RDD를 생성하는 부분과 결과를 처리하는 부분에서 차이가 있음을 알 수 있습니다. 즉, WordCount 코드에서는 다음과 같이 외부 데이터 소스의 정보를 입력받아 RDD를 생성하는 방법을 사용했지만

```
public static JavaRDD<String> getInputRDD(JavaSparkContext sc, String input) {
    return sc.textFile(input);
}
```

WordCountTest에서는 다음과 같이 List에 직접 문자열을 지정해서 inputRDD를 생성합니다.

```
List<String> input = new ArrayList<String>();
input.add("Apache Spark is a fast and general engine for large-scale data processing.");
input.add("Spark runs on both Windows and UNIX-like systems");
JavaRDD<String> inputRDD = sc.parallelize(input);
```

이처럼 테스트 코드를 작성할 때는 실제 파일 대신 자바의 컬렉션 객체를 이용해 테스트용 RDD를 생성할 수 있습니다. 다음으로 처리 결과를 다루는 부분에서도 차이가 있습니다. WordCount에서는 다음과 같이 처리 결과를 saveAsTextFile()이라는 메서드를 이용해 외부의 지정된 경로에 저장하고 있지만

```
public static void handleResult(JavaPairRDD<String, Integer> resultRDD,
        String output) {
    resultRDD.saveAsTextFile(output);
}
```

WordCountTest에서는 다음과 같이 collectAsMap() 메서드를 호출해 Map 형태의 결과를 얻은 후 이를 이용해 필요한 검증 작업을 수행합니다.

```
Map<String, Integer> resultMap = resultRDD.collectAsMap();

assertThat(2, is(resultMap.get("Spark")));
assertThat(2, is(resultMap.get("and")));
assertThat(1, is(resultMap.get("runs")));

System.out.println(resultMap);
```

단, collectAsMap()은 데이터가 클 경우 메모리 용량 초과로 인한 오류를 발생시킬 수 있으므로 주의해서 사용해야 합니다.

지금까지 JUnit 기반의 테스트 코드를 작성하고 실행하는 방법을 알아봤습니다. 굳이 언급하지는 않았지만 단위 테스트뿐만 아니라 실제 코드인 WordCount도 이클립스나 인텔리제이와 같은 IDE 상에서 직접 실행할 수 있습니다.

방금 제시한 테스트 코드는 단위 테스트로 간주하기에는 다소 범위가 넓고 미흡하게 작성된 부분이 있습니다. 예제의 목적은 테스트 코드의 작성 가능성을 보여주기 위해 작성한 것으로 실무에서는 좀 더 세련된 테스트 작성 기법이 필요할 수 있습니다. https://spark-packages.org 는 스파크와 관련된 서드파티 라이브러리를 모아 둔 곳으로 테스트와 관련된 라이브러리들도 찾아볼 수 있습니다. 실제 업무에서는 이러한 라이브러리를 적극 도입해서 테스트 코드를 작성하는 것도 좋은 방법입니다.

실제로 하둡이나 스파크와 같이 분산 처리 플랫폼 상에서 동작하는 애플리케이션의 경우 실제 데이터 처리는 수십 ~ 수백여 대의 서버에 분산되어 병렬로 실행됩니다. 따라서 애플리케이션의 버그가 발생했을 때 이를 감지해 내거나 디버깅하는 것은 결코 쉽지 않습니다. 더군다나 이런 유형의 애플리케이션을 실제 환경에서 대량의 데이터와 함께 동작시키면서 디버깅한다는 것은 더더욱 어려울 수밖에 없습니다. 따라서 이런 유형의 애플리케이션일수록 테스트 케이스 작성을 통한 프로그램 로직 검증이 매우 중요한 과정이라고 할 수 있습니다.

하지만 실제 업무를 수행하다 보면 테스트 가능한 데이터가 없거나 테스트 작성이 쉽지 않다는 이유로 테스트 작성을 생략하는 경우를 가끔 목격하게 됩니다. 조금 진부한 얘기일지 모르겠지만 어떤 형태로든 테스트가 불가능한 경우는 흔치 않으며, 외부 라이브러리를 도입해서 사용하더라도 꼼꼼히 테스트를 수행하는 습관을 들이는 것이 중요할 것입니다.

단위 테스트까지 수행했으니 이제 작성한 애플리케이션을 빌드하고 서버에 배포해서 애플리케이션을 실행해 보겠습니다.

먼저 배포를 위한 Jar 파일을 생성하기 위해 ScalaIDE의 Package Explorer에서 pom.xml 파일을 선택한 후 다시 상단 메뉴의 [Run] → [Run As] → [5.Maven build...] 메뉴를 차례로 선택해 [Edit Configuration] 창을 띄웁니다. 그리고 아래 그림과 같이 [Goals] 항목에 clean package라고 입력하고 [Skip Tests] 체크박스를 선택한 후 [Apply] 버튼과 [Run] 버튼을 누릅니다.

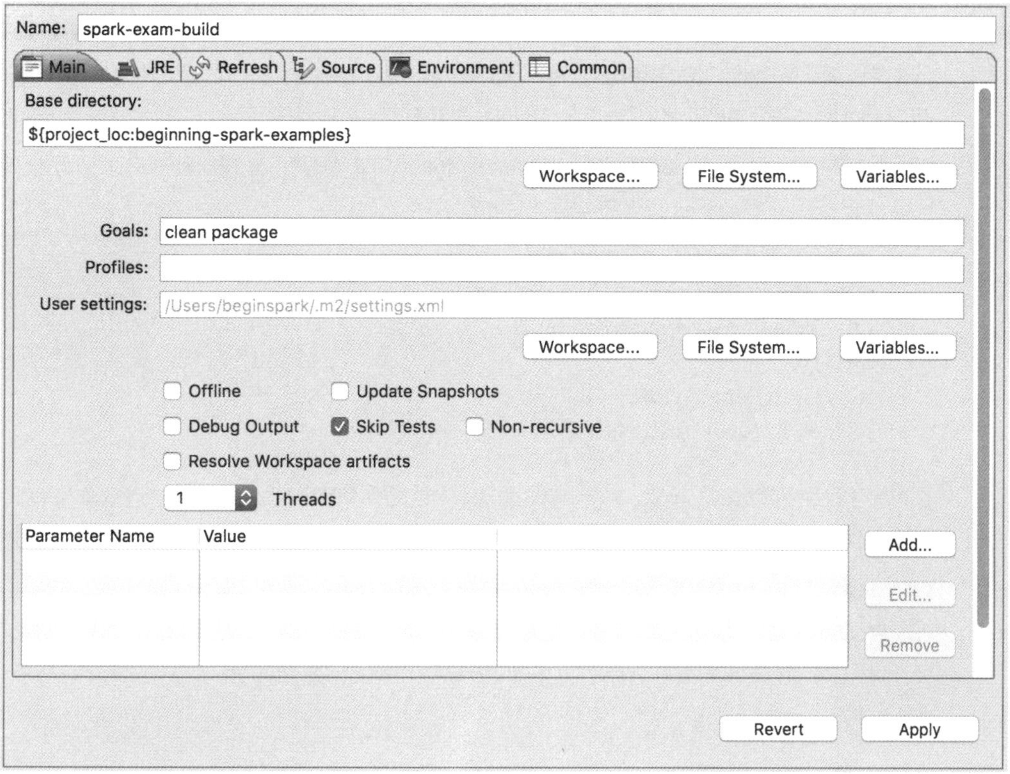

Name: spark-exam-build

Main | JRE | Refresh | Source | Environment | Common

Base directory:

${project_loc:beginning-spark-examples}

[Workspace...] [File System...] [Variables...]

Goals: clean package

Profiles:

User settings: /Users/beginspark/.m2/settings.xml

[Workspace...] [File System...] [Variables...]

☐ Offline   ☐ Update Snapshots
☐ Debug Output   ☑ Skip Tests   ☐ Non-recursive
☐ Resolve Workspace artifacts
[1 ⌄] Threads

Parameter Name	Value		Add...
			Edit...
			Remove

[Revert] [Apply]

그림 1-19 메이븐 빌드 환경 설정

빌드가 성공하면 프로젝트의 deploy 폴더에 jar 파일이 생성됩니다.[50] 이제 생성된 jar 파일을 이용해 아래와 같이 실행합니다. 프로그램을 실행할 때는 준비한 리눅스 서버 혹은 개발용 PC를 사용해도 되는데 어느 쪽이든 스파크 실행 환경은 갖춰져 있어야 합니다. 만약 실행 환경을 구성하지 않았다면 이전의 내용을 참고해서 자바 및 스칼라, 파이썬, 스파크 설치를 먼저 진행하시기 바랍니다.

[실습]

```
<spark_home_dir>/bin/spark-submit \
  --class com.wikibooks.spark.ch1.WordCount \
  <jar파일경로>/beginning-spark-examples.jar \
  local[*] \
  <spark_home_dir>/README.md \
  <spark_home_dir>/testresult
```

---

50 deploy 폴더는 예제 프로젝트의 소스코드가 있는 디렉터리에 생성됩니다. 만약 jar 파일이 생성된 경로를 못찾겠다면 이클립스의 콘솔에 출력된 로그에서 "Replacing .../beginning-spark-examples.jar with .../beginning-spark-examples-1.0-SNAPSHOT-shaded.jar라고 표시된 부분을 참고하면 됩니다. 여기서 "beginning-spark-examples.jar"가 우리가 찾는 jar 파일입니다.

스파크 실행을 위한 명령어가 다소 길어 혼동될 수 있습니다. 실제로 스파크 애플리케이션을 실행할 때는 별도의 설정 값이 추가되어 이번 예제에서 사용한 것보다 더 긴 명령어를 입력해야 할 수도 있습니다. 경우에 따라서는 실행을 위한 별도의 셸 스크립트를 작성하는 것이 편리할 수도 있습니다.

이번 예제의 경우 스파크가 설치된 경로가 "/mydir/spark"이고 생성된 jar 파일의 경로가 "/mydir/beginning-spark-examples.jar"라면 다음과 같이 입력합니다.

```
/mydir/spark/bin/spark-submit \
  --class com.wikibooks.spark.ch1.WordCount \
  /mydir/beginning-spark-examples.jar \
  local[*] \
  file:///mydir/spark/README.md \
  file:///mydir/spark/testresult
```

참고로 각 문장 끝에 있는 \ 표시는 역슬래시(\) 문자로서 한 줄로 적어야 하는 명령어를 여러 줄로 나누어 입력하기 위한 것입니다.

마지막으로 입력 파일의 경로를 입력할 때 "file:///a/b/c..."와 같이 명확한 값을 입력하는 것이 좋습니다. 시스템 환경변수 구성에 따라서는 "/"로 시작하는 경로가 경로가 하둡의 파일시스템인 HDFS의 최상위 경로를 의미하도록 설정될 수도 있기 때문에 "/"가 어떤 파일시스템의 경로를 의미하는 것인지 모호할 수 있기 때문입니다.

그럼 방금 수행한 명령을 살펴보겠습니다. 먼저 ⟨spark_home_dir⟩/bin/spark-submit은 우리가 작성한 애플리케이션을 실제 스파크 클러스터에서 쉽게 실행할 수 있게 스파크에서 기본적으로 제공하는 스크립트입니다. 이때 "쉽게"라는 말의 뜻은 "범용적으로" 또는 "항상 같은 방법으로"라는 의미입니다. 스파크가 다양한 프로그래밍 언어와 다양한 종류의 클러스터 구성 방식을 지원하다 보니 각 경우마다 실행 스크립트를 작성하는 작업이 쉽지 않기 때문입니다.

spark-submit 스크립트는 애플리케이션 실행에 필요한 다양한 설정 정보를 매개변수로 전달할 수 있게 돼 있습니다. 따라서 지정된 규칙에 따라 원하는 매개변수만 잘 설정하면 스파크 애플리케이션을 실행할 수 있습니다. 사용 가능한 전체 매개변수는 이후에 클러스터 모드 부분에서 알아보기로 하고 지금은 예제에 사용한 매개변수에 대해서만 알아보겠습니다.

먼저 --class는 실행할 클래스, 즉 메인 함수를 가지고 있는 클래스를 지정하는 매개변수입니다. 그리고 연이어 입력한 Jar 파일 경로는 이 클래스가 포함된 jar 파일 경로를 의미합니다.

다음으로 local[*]라고 입력한 부분부터는 애플리케이션에 전달되는 인자를 의미합니다. 앞에서 작성한 WordCount 클래스는 모두 3개의 인자를 입력받게 돼 있기 때문에 순서대로 각각 클러스터 마스터 정보와 입력 및 출력 경로를 의미합니다. 사실 클러스터 마스터 정보는 --master라는 매개변수를 이용해 따로 지정하는 것이 일반적이지만 예제에서는 메인 함수의 인자로 전달받게 했다는 데 유의하기 바랍니다.

이후의 인자를 보면 입력 경로로 스파크가 설치된 디렉터리 아래에 있는 README.md 파일을 지정했습니다. 또한 출력 파일의 위치도 유사하게 스파크 설치 디렉터리 아래의 testresult라는 경로를 지정했습니다. 따라서 애플리케이션이 실행되면 README.md 파일을 읽어 각 단어별 노출 횟수를 세고 그 결과를 스파크 설치 디렉터리 아래의 testresult 디렉터리에 저장합니다.

실제로 작업이 정상적으로 실행됐는지 확인해 보기 위해 스파크 설치 디렉터리 아래로 이동해 보겠습니다. 정상적인 경우라면 스파크 홈 디렉터리 아래에 testresult라는 디렉터리가 생성돼 있고 그 안에 '_SUCCESS'라는 파일과 'part-'로 시작되는 파일이 생성돼 있을 것입니다. 기존에 하둡 맵리듀스 프로그램을 만들어 보신 분들은 아시겠지만 이 가운데 'part-'로 시작하는 부분이 바로 결과 파일입니다. 이제 이 파일의 내용을 살펴보면 아래와 같이 단어별 회차가 기록된 것을 확인할 수 있습니다.

[실습]

```
$ cd <spark_home_dir>/testresult
$ head part-00000
```

[결과]

```
(package,1)
(this,1)
(Version"](http://spark.apache.org/docs/latest/building-spark.html#specifying-the-hadoop-
version),1)
(Because,1)
(Python,2)
(cluster.,1)
(its,1)
([run,1)
(general,2)
(have,1)
```

지금까지 자바로 스파크 애플리케이션을 작성하는 방법과 테스트 및 빌드, 배포하는 방법을 살펴봤습니다.

이번에는 동일한 프로그램을 스칼라 언어로 작성해 보겠습니다. 스칼라는 자바와 같은 JVM 기반 언어이지만 객체지향과 더불어 함수형 언어로서의 성격도 지니고 있어 최근 빅데이터의 성장과 함께 크게 주목받고 있는 언어입니다.

사실 스파크는 2.0 버전에 접어들면서 프로그래밍 언어의 종류와 무관한 API와 성능을 제공하도록 상당 부분 개선됐습니다. 하지만 스칼라가 제공하는 간결한 문법과 함수형 언어로서의 특성, 편리하면서도 강력한 API는 여전히 스칼라를 스파크 애플리케이션을 개발하기 위한 1순위 개발 언어로 추천할 수밖에 없도록 만듭니다.

이후에 살펴볼 예제도 대부분 스칼라 언어 위주로 작성돼 있으므로 스칼라 언어를 처음 접하는 독자분들께서는 이 책의 스칼라 언어 관련 내용을 부분을 미리 살펴보고 이후의 내용을 진행하면 많이 도움될 것입니다. 그럼 이전 자바 예제와 동일하게 WordCount 클래스를 먼저 살펴보겠습니다.

[예제 1-3] 단어 수 세기(WordCount.scala)

```scala
package com.wikibooks.spark.ch1.scala

import org.apache.spark.rdd.RDD
import org.apache.spark.{ SparkContext, SparkConf }

object WordCount {

  def main(args: Array[String]): Unit = {

    require(args.length == 3, "Usage: WordCount <Master> <Input> <Output>")

    val sc = getSparkContext("WordCount", args(0))

    val inputRDD = getInputRDD(sc, args(1))

    val resultRDD = process(inputRDD)

    handleResult(resultRDD, args(2))
  }

  def getSparkContext(appName: String, master: String) = {
    val conf = new SparkConf().setAppName(appName).setMaster(master)
    new SparkContext(conf)
  }

  def getInputRDD(sc: SparkContext, input: String) = {
    sc.textFile(input)
  }
```

```
  def process(inputRDD: RDD[String]) = {
    val words = inputRDD.flatMap(str => str.split(" "))
    val wcPair = words.map((_, 1))
    wcPair.reduceByKey(_ + _)
  }

  def handleResult(resultRDD: RDD[(String, Int)], output: String) {
    resultRDD.saveAsTextFile(output);
  }
}
```

스칼라로 작성한 애플리케이션도 이전에 살펴본 자바 예제와 같이 메인 함수가 있고 스파크 컨텍스트 생성 → RDD 생성 → RDD 처리 → 결과 처리와 같은 순서로 구성돼 있습니다. 하지만 전체 코드는 이전 예제에서 자바를 사용했을 때에 비해 훨씬 짧아지고 간결해졌습니다.

또한 스파크가 제공하는 textFile(), flatMap(), reduceByKey() 등의 메서드 정의를 보면 자바 언어에서 사용한 것과 같다는 것도 알 수 있습니다. 이처럼 사용하는 언어의 종류와 무관하게 일관된 API를 제공함으로써 일관된 프로그래밍 스타일을 갖도록 유도하는 것도 스파크가 지닌 또 하나의 장점이라고 할 수 있겠습니다. 앞서와 마찬가지로 지금은 코드의 내용을 분석할 것이 아니기 때문에 이쯤에서 이 클래스에 대한 설명을 마치고 단위 테스트 코드를 살펴보겠습니다.

[예제 1-4] 단어 수 세기(WordCountTest.scala)

```
package com.wikibooks.spark.ch1.scala

import java.util.Arrays
import org.apache.spark.{SparkContext, SparkConf}
import org.scalatest.FlatSpec
import scala.collection.mutable.ListBuffer
import org.junit.Test

class WordCountSpec {

  @Test
  def test() {

    val conf = new SparkConf()
    conf.setMaster("local[*]").setAppName("WordCountTest")
```

```
    val sc = new SparkContext(conf)
    val input = new ListBuffer[String]
    input += "Apache Spark is a fast and general engine for large-scale data processing."
    input += "Spark runs on both Windows and UNIX-like systems"
    input.toList

    val inputRDD = sc.parallelize(input)
    val resultRDD = WordCount.process(inputRDD)
    val resultMap = resultRDD.collectAsMap

    assert(resultMap("Spark") == 2)
    assert(resultMap("and") == 2)
    assert(resultMap("runs") == 1)

    println(resultMap)

    sc.stop
  }
}
```

스칼라의 경우도 위 코드와 같이 JUnit 계열의 테스트 코드를 작성할 수 있습니다.[51] 하지만 스칼라에서는 좀 더 특화된 테스트 방법도 제공합니다. FlatSpec은 JUnit과 비슷한 방법으로 각종 테스트 코드를 작성하는 데 사용될 수 있습니다. JUnit이 소위 "테스트"에 초점을 맞추는 데 반해 FlatSpec은 이름 그대로 대상 프로그램의 "스펙", 즉 이 프로그램은 어떤 시나리오에 따라 동작해야 한다는 "명세"에 초점을 두고 있다는 데 차이점이 있습니다.

흔히 JUnit을 TDD와 연관지어 얘기하는 것처럼 FlatSpec은 BDD[52](Behavior Driven Development)를 위한 것이라고 할 수 있습니다. 어쨌든 지금은 TDD와 BDD를 설명하는 것이 목적이 아니기 때문에 바로 테스트를 실행하고 결과를 확인해 보겠습니다.[53]

스칼라 코드를 실행하려면 IDE에서 WordCountTest.scala 파일을 열고 자바에서 했던 것과 비슷하게 [Run] → [Run As] → [Scala JUnit Test]를 차례로 선택하면 됩니다.

다음은 이클립스 콘솔에 표시된 실행 결과의 일부입니다. 이전에 자바로 수행했던 것과 같음을 알 수 있습니다.

---

51 http://www.scalatest.org/getting_started_with_junit_4_in_scala

52 https://en.wikipedia.org/wiki/Behavior-driven_development

53 scalaTest의 API 문서인 http://doc.scalatest.org/2.2.4/index.html#org.scalatest.FlatSpec에서 FlatSpec에 대한 자세한 사용법을 확인할 수 있습니다. (2.2.4 부분은 버전에 따라 달라집니다.)

[결과]

```
Map(large-scale -> 1, is -> 1, both -> 1, general -> 1, fast -> 1, data -> 1 ... <이하 생략>
```

테스트 코드 실행까지 마쳤다면 이제 애플리케이션을 빌드한 후 실행해 볼 차례입니다. 스칼라의 경우 sbt(http://www.scala-sbt.org)라는 훌륭한 빌드 도구를 사용할 수 있지만 이 책에서는 메이븐을 이용한 빌드 방법을 소개하겠습니다. 물론 sbt에 익숙한 독자분들은 sbt를 이용해 jar 파일을 생성할 수 있습니다.

메이븐을 사용할 경우 자바와 스칼라 코드를 빌드하는 방법은 동일합니다. 즉, 이전과 같은 방법으로 ScalaIDE의 [Run] → [Run As] → [5.Maven build...] 메뉴를 차례로 선택해 [Edit Configuration] 창을 띄웁니다. 그리고 [Goals] 항목에 clean package라고 입력하고 [Skip Tests] 체크박스를 선택한 후 [Apply] 버튼과 [Run] 버튼을 누릅니다.

마지막 단계로 생성된 jar 파일을 원하는 위치로 옮긴 후 자바 버전의 WordCount 클래스를 실행했던 것과 유사한 방법으로 아래와 같이 실행합니다.

[실습]

```
<spark_home_dir>/bin/spark-submit \
  --class com.wikibooks.spark.ch1.scala.WordCount \
<jar파일경로>/beginning-spark-examples.jar \
  local[*] \
<spark_home_dir>/README.md \
<spark_home_dir>/testresult
```

 스파크의 saveAsTextFile() 메서드는 새로운 파일을 생성할 때 기존에 다른 파일이 있으면 오류를 일으킵니다. 따라서 애플리케이션을 실행하기 전에 스파크 설치 디렉터리 아래에 testresult 디렉터리가 이미 생성돼 있는지 확인해 보고, 만약 있다면 완전히 삭제한 후에 애플리케이션을 실행해야 합니다.

자바 버전의 WordCount를 실행할 때와 비교해 보면 실행하려는 대상 클래스가 달라진 것을 제외하면 모두 같은 내용임을 알 수 있습니다. 프로그램이 정상적으로 실행되면 자바 버전의 WordCount를 실행했을 때와 같이 testresult라는 폴더가 생기고 그 아래에 'part-'로 시작되는 파일이 생성된 것을 볼 수 있을 것입니다.

[실습]

```
$ cd <spark_home_dir>/testresult
$ head part-00000
```

[결과]

```
(package,1)
(this,1)
(Version"](http://spark.apache.org/docs/latest/building-spark.html#specifying-the-hadoop-
version),1)
(Because,1)
(Python,2)
(cluster.,1)
(its,1)
([run,1)
(general,2)
(have,1)
```

지금까지 스칼라 언어로 스파크 애플리케이션을 작성하고 실행하는 방법을 살펴봤습니다. 하지만 아직 끝난 것은 아닙니다. 스칼라의 경우 방금 소개한 방법 외에 spark-shell을 이용한 인터랙티브 방식의 코드를 실행하는 것도 가능합니다. 말로 설명하는 것보다는 직접 실행해 보는 것이 빠르기 때문에 바로 예제를 실행해 보겠습니다.

우선 스파크 설치 디렉터리로 이동한 후 bin/spark-shell 스크립트를 실행합니다. 스파크 셸은 윈도우나 리눅스에서 모두 동작할 수 있지만 이 책에서는 리눅스 환경을 기준으로 설명합니다. 다음은 스파크 셸을 구동했을 때의 모습입니다.

[실습]

```
$ cd <spark_home_dir>
$ ./bin/spark-shell
```

[실행 결과]

```
Using Spark's default log4j profile: org/apache/spark/log4j-defaults.properties
... <이하 생략>
Spark context available as 'sc' (master = local[*], app id = local-1470299430518).
Spark session available as 'spark'.
Welcome to
      ____              __
     / __/__  ___ _____/ /__
    _\ \/ _ \/ _ `/ __/  '_/
   /___/ .__/\_,_/_/ /_/\_\   version 2.3.0
      /_/

Using Scala version 2.11.8 (Java HotSpot(TM) 64-Bit Server VM, Java 1.8.0_161)
Type in expressions to have them evaluated.
```

```
Type :help for more information.

scala>
```

이 모습을 어디선가 본 적이 있지요? 맞습니다. 바로 앞 절에서 스파크 예제를 실행할 때 본 것과 같은 화면입니다.

스칼라는 파이썬이나 PHP 언어에서 제공하는 인터프리터와 유사한 REPL(Read Eval Print Loop) 방식의 개발 환경을 제공하는데, 스파크 셸은 바로 이 같은 스칼라 언어의 특성을 활용합니다. 즉, 코드를 컴파일하고 배포하는 과정 없이 셸에서 코드를 한 줄 한 줄 입력해 가면서 즉시 그 결과를 확인할 수 있는 인터랙티브한 개발 환경을 제공합니다. 또한 스파크셸은 실행될 때 스파크 컨텍스트를 자동으로 생성하고 이를 "sc"라는 이름으로 사용할 수 있도록 제공해주기 때문에 스파크 컨텍스트를 생성하기 위한 별도의 코드를 작성하지 않아도 됩니다.[54]

그럼 실제로 스파크 셸에 아래와 같이 코드를 입력해 보겠습니다. 단, 이 부분은 별도로 예제 코드를 제공하지 않으므로 직접 입력해 보기 바랍니다.

[실습]
```
scala> val inputRDD = sc.textFile("file:///<spark_home_dir>/README.md")
scala> val words = inputRDD.flatMap(str => str.split(" "))
scala> val wcPair = words.map((_, 1))
scala> val resultRDD = wcPair.reduceByKey(_ + _)
scala> resultRDD.saveAsTextFile("file:/// <spark_home_dir>/testresult")
```

입력이 끝났으면 정상적으로 처리됐는지 알아보기 위해 output 경로였던 〈spark_home_dir〉/testresult 디렉터리를 확인해 보겠습니다.

[실습]
```
$ cd <spark_home_dir>/testresult
$ head part-00000
(package,1)
(this,1)
 ... 이하 생략
```

확인 결과, 정상적으로 처리가 완료된 것을 알 수 있습니다. 이처럼 스파크 셸은 코드 작성과 실행이 편하고 빠르기 때문에 실제 업무에서 간단한 데이터 분석을 위한 용도로 유용하게 사용될 수 있습니

---

54 정확히 표현하면 반드시 스칼라 셸이 제공하는 스파크컨텍스트 객체만 사용해야 하며, 사용자가 임으로 생성하는 것은 허용되지 않습니다.

다. 하지만 대규모 소스코드 관리와 팀 단위 공동 작업 등을 위해서는 앞에서 했던 것처럼 IDE를 이용해 코드를 작성하고 빌드 및 배포 단계를 거쳐서 프로그램을 실행하는 것이 필요할 것입니다.

지금까지 자바와 스칼라로 코드를 작성하고 실행하는 방법을 살펴봤습니다. 이제 마지막으로 파이썬을 이용해 애플리케이션을 작성하는 방법을 알아보겠습니다. 다음은 파이썬으로 작성한 WordCount 예제입니다.

[예제 1-5] 단어 수 세기(wordcount.py)

```python
from pyspark import SparkContext, SparkConf
import sys

class WordCount:

    def getSparkContext(self, appName, master):
        conf = SparkConf().setAppName(appName).setMaster(master)
        return SparkContext(conf=conf)

    def getInputRDD(self, sc, input):
        return sc.textFile(input)

    def process(self, inputRDD):
        words = inputRDD.flatMap(lambda s : s.split(" "))
        wcPair = words.map(lambda s: (s,1))
        return wcPair.reduceByKey(lambda x, y: x + y)

if __name__ == "__main__":
    wc = WordCount()
    sc = wc.getSparkContext("WordCount", sys.argv[1])
    inputRDD = wc.getInputRDD(sc, sys.argv[2])
    resultRDD = wc.process(inputRDD)
    resultRDD.saveAsTextFile(sys.argv[3])
    sc.stop()
```

파이썬으로 작성한 WordCount의 코드도 이전에 살펴본 자바 및 스칼라 코드와 크게 다르지 않습니다. 메인 함수가 있고 스파크 컨텍스트를 만든 다음 RDD를 생성하고 필요한 연산을 적용한 뒤 결과를 저장합니다. 코드 작성 스타일 측면에서도 람다식을 이용해 간결한 코드 작성이 가능합니다. 이제 파이썬 코드를 위한 테스트 코드를 살펴보겠습니다.

[예제 1-6] 단어 수 세기 테스트(wordcount_test.py)

```python
import unittest
from pyspark import SparkContext, SparkConf
from wordcount import WordCount

class WordCountTest(unittest.TestCase):

    def testWordCount(self):
        wc = WordCount()
        sc = wc.getSparkContext("WordCountTest", "local[*]")
        input = ["Apache Spark is a fast and general engine for large-scale data processing.",
"Spark runs on both Windows and UNIX-like systems"]
        inputRDD = sc.parallelize(input)
        resultRDD = wc.process(inputRDD)
        resultMap = resultRDD.collectAsMap()

        self.assertEqual(resultMap['Spark'], 2)
        self.assertEqual(resultMap['UNIX-like'], 1)
        self.assertEqual(resultMap['runs'], 1)

        print(resultMap)

        sc.stop()
```

테스트 코드 역시 앞서 살펴본 두 경우와 같은 형태입니다. 이제 파이썬 테스트 코드를 실행하기 위해 [Run] → [run As] → [Python unit-test]를 선택합니다[55]. 자바 및 스칼라의 경우와 마찬가지로 테스트가 성공했다는 초록색 막대를 볼 수 있을 것입니다.

다음은 방금 작성한 파이썬 코드를 배포해서 실행해 볼 차례입니다. 파이썬의 경우 실행 코드가 담긴 소스 파일 자체를 배포하면 되며, 이를 실행하려면 기존과 마찬가지로 spark-submit 스크립트를 사용하면 됩니다. 지금은 간단하게 아래와 같은 명령어로 애플리케이션을 실행해 보겠습니다.

---

[55] 만약 실행하는 단계에서 SPARK_HOME 환경변수를 요구한다면 [Run] → [Run As] → [Run Configuraions]의 [Environment] 탭에서 스파크가 설치된 디렉터리 위치를 SPARK_HOME 변수로 등록합니다.

이클립스 환경에서 파이썬 애플리케이션을 실행할 때 pydev 설정 화면에서 "PYSPARK_PYTHON" 환경 변수를 설정했습니다. 같은 이유로 이클립스 외부에서도 사용할 수 있도록 해당 환경변수를 등록해야 합니다.

스파크가 사용하는 환경변수는 시스템 환경변수로 등록해도 되지만 그보다는 스파크 홈의 conf 디렉터리에 아래에 있는 spark-env.sh라는 파일에 등록하는 것이 좋습니다. 단, 스파크를 처음 설치했을 때는 이 파일이 없기 때문에 conf 디렉터리 아래에 있는 spark-env.sh.template 파일을 복사해서 생성하면 됩니다.

ex) export PYSPARK_PYTHON=〈파이썬 실행파일이 있는 디렉터리 경로〉/python3

[실습]

```
<spark_home_dir>/spark/bin/spark-submit \
<프로젝트_디렉터리>/Python/ch1/wordcount.py \
local[*] \
file://<spark_home_dir>/README.md \
file://<spark_home_dir>/testresult
```

실행이 끝나면 〈spark_home_dir〉 아래의 testresult 디렉터리로 이동해 프로그램이 정상적으로 실행됐는지 확인해 보겠습니다.

```
$ head part-00000
('', 72)
('guide,', 1)
('APIs', 1)
('name', 1)
이하 생략...
```

지금까지 파이썬을 이용해 코드를 작성하고 테스트하는 방법을 알아봤습니다. 마지막으로 파이썬 환경에서 인터랙티브한 개발을 수행할 수 있는 pyspark 셸을 이용해 실습을 진행해 보겠습니다.

먼저 스파크 설치 디렉터리로 이동한 뒤 bin/pyspark 스크립트를 실행하고 다음과 같이 코드를 입력합니다. 아래 내용은 스칼라 셸에서 했던 것과 같이 직접 코드를 입력해서 실행해야 합니다.

[실습]

파이썬 스파크 셸 실행을 위해 스파크 홈으로 이동합니다.

```
$ cd <spark_home_dir>
```

스파크 홈 위치에서 pyspark를 실행합니다. 파이썬의 버전이 3.x로 지정돼 있음을 확인할 수 있습니다.

```
$ ./bin/pyspark
```

셸이 실행되면 아래 명령어를 한 줄씩 입력합니다.

```
>>> inputRDD = sc.textFile("file://<spark_home_dir>/spark/README.md")
>>> words = inputRDD.flatMap(lambda str : str.split(" "))
>>> wcPair = words.map(lambda s: (s,1))
>>> resultRDD = wcPair.reduceByKey(lambda x, y: x + y)
>>> resultRDD.saveAsTextFile("file://<spark_home_dir>/testresult")
```

정상적으로 동작이 수행됐는지 결과를 확인합니다.

```
$ cat ./testresult/part-00000
('', 72)
('guide,', 1)
('APIs', 1)
이하 생략...
```

위와 같이 testresult 디렉터리에 파일이 정상적으로 생성된 것을 확인할 수 있습니다.

1.5 데이터프레임과 데이터셋

지금까지 스파크 애플리케이션 개발을 위한 개발 환경을 구축하고 RDD API를 이용한 단어 수 세기 예제를 작성하고 실행해봤습니다. 앞절에서 다룬 내용 중에는 스파크를 처음 접하는 분들에게 다소 난해하게 느껴지는 부분도 있었겠지만 아마도 대부분 어렵지 않게 예제를 작성하고 실행했을 것입니다.

사실 RDD는 "복구 가능한 분산 데이터 모델"이라는 개념에 초점을 두고 생각하면 복잡해 보일 수도 있지만 막상 코드로 작성해 보면 생각보다 크게 어렵지 않다는 것을 알 수 있습니다. 물론 map이나 flatMap, reduce 같은 메서드를 다루는 데 익숙하지 않다면 다소 어렵게 느껴졌을 수도 있지만 엄밀히 말하면 이 부분은 비단 RDD 때문만은 아니고 함수형 프로그래밍이라는 방식에 덜 적응돼 있는 것도 어느 정도 영향을 줬다고 볼 수 있습니다.

어쨌든 하둡의 맵리듀스 API를 이용해 조인이나 정렬, 부분합 등을 구해 본 경험이 있는 분들이라면 스파크의 RDD가 제공하는 다양한 연산이 프로그램 개발을 얼마나 쉽게 할 수 있도록 도와주는지 공감할 수 있을 것입니다.

그런 의미에서 스파크가 많은 주목을 받게 된 데는 메모리 기반의 빠른 속도도 주요한 원인이 됐겠지만 애플리케이션 개발을 손쉽게 할 수 있는 RDD 같은 잘 정의된 데이터 모델 역시 한몫을 했다고 할 수 있습니다.

하지만 이번 장의 앞부분에서도 설명했듯이 스파크에는 이렇게 잘 만들어진 RDD가 있음에도 데이터프레임, 데이터셋이라는 새로운 데이터 모델, 즉 또 다른 프로그래밍 API를 제공합니다. 이렇게 다른 API를 추가로 정의한 데는 나름의 중요한 이유가 있었겠지만 개발자 입장에서는 거의 비슷해 보이는 세 가지 모델 중에서 어떤 것을 골라서 사용해야 할지 혼동을 가져올 수도 있습니다(실제로 API 문서만 잠시 훑어보더라도 이들이 매우 유사한 기능을 제공하며 심지어 map, flatMap, count 처럼 이름 및 역할이 완전히 동일한 메서드도 중복으로 가지고 있다는 사실을 알 수 있습니다).

결국 이렇게 다양한 모델이 사용되게 된 이유를 아는 것이 필요한데 결론부터 이야기하면 각 모델은 내부적인 처리 방법이 조금씩 다르기 때문입니다.

이 말이 어떤 의미인지 좀 더 알아보기 위해 앞서 단어 수 세기 예제에서 봤던 코드 중 일부를 조금 정리해서 다시 한번 살펴보겠습니다. 단, 지금부터 설명하는 내용은 다소 추상적인 항목을 포함하고 있어 잘 이해되지 않는 부분이 있을 수 있는데 지금 당장 이해되지 않더라도 해당 부분을 본격적으로 다루는 장에서 다양한 예제를 다루다 보면 쉽게 이해할 수 있는 내용이므로 가벼운 마음으로 읽고 넘어가셔도 됩니다. 그럼 먼저 이전에 봤던 RDD 코드를 보겠습니다.

```
val words = rdd.flatMap(str => str.split(" "))
val wcPair = words.map(v => (v, 1))
wcPair.reduceByKey((v1, v2) => (v1 + v2))
```

위 코드는 문자열로 구성된 RDD를 생성한 후 RDD의 각 요소, 즉 문자열 하나하나를 단어로 분리한 뒤 각 단어를 flatMap과 map 함수를 이용해 (단어, 단어수) 쌍으로 변환하고 이를 다시 같은 단어를 가진 것끼리 모아서 최종적으로 단어 수별 개수를 구하는 코드입니다. RDD로 작성된 이 코드는 실제 내부 처리 과정도 방금 설명한 것과 유사하게 동작해서 RDD의 각 요소에 우리가 정의한 함수를 순차적으로 적용해 가며 결괏값을 구하게 됩니다.

이 반해 데이터프레임의 경우 같은 목적의 코드를 아래와 같이 구현합니다. 물론 아직 데이터프레임을 다루기 전이므로 세세한 내용을 알아야 할 필요는 없고 단지 코드의 흐름과 주요 함수의 의미에 대해서만 초점을 맞추어 살펴보겠습니다.

```
val wordDF = df.select(explode(split(col("value"), " ")).as("word"))
val result = wordDF.groupBy("word").count
```

위 코드에서 df라고 된 부분은 데이터프레임을 의미하는 것이며 explode와 split는 스파크에서 제 공하는 내장 함수입니다. 또 groupBy("word") 구문은 "word"라는 칼럼을 기준으로 groupBy 연산을 수행하라는 의미인데 마치 SQL 문을 실행하는 것과 유사하다는 것을 알 수 있습니다. 위 두 코드를 통해 rdd는 메서드 인자에 데이터 처리를 위한 함수를 직접 작성해서 전달하는 방식을 사용하고 데이터프레임은 내장함수와 표현식 등을 통한 다소 간접적인 처리 방식을 사용한다는 것을 알 수 있습니다.

데이터프레임의 이러한 특성은 내부적인 처리 방법을 보면 더 확연히 구분되는데, 예를 들어 데이터프레임 예제 코드에서 문자열을 단어로 분리하기 위해 사용한 split 함수는 RDD 예제에서 사용한 str.split(" ") 함수와 겉모습은 비슷해 보이지만 실제로는 문자열을 직접 분리하지 않고 org. apache.spark.sql.catalyst.expressions.Substring이라는 클래스의 인스턴스를 생성해서 리턴하는 역할을 수행합니다. 이때 사용된 Substring 클래스는 스파크 내부에서 표현식을 나타내는 Expression 클래스의 하위 클래스로 스파크 작업을 최적화하는 과정에서 사용하는 클래스입니다.

이처럼 데이터프레임의 연산은 실행할 함수를 직접 전달받아 사용하는 대신 사전에 정의된 표현식과 내부 함수를 이용해 코드를 작성하고 이를 논리적 작업 트리로 변환한 후 전반적인 최적화 과정을 거쳐서 최종 동작을 수행합니다. 물론 RDD의 경우도 lazy 처리 방식의 특성을 이용한 일부 최적화를 꾀할 수 있겠지만 데이터프레임의 경우 RDD에 비해 훨씬 효율적이고 광범위한 최적화를 수행할 수 있는 구조로 설계돼 있습니다. 예를 들어 RDD를 사용할 경우 map이나 flatMap 등에 함수를 전달하고 이를 전체 데이터 요소 하나하나에 일일이 적용해야 하는데 데이터프레임에서는 이를 스칼라 언어가 제공하는 런타임 바이트코드 생성 기능을 이용해 CPU 부하를 최소화하는 최적의 바이트코드로 변환해서 적용하는 등의 최적화를 수행할 수 있습니다. 그뿐만 아니라 데이터 직렬화 과정이나 메모리 사용, 외부 데이터 소스로부터 데이터를 읽고 쓰는 과정 등 다양한 영역에서 데이터프레임만의 최적화를 수행할 수 있으므로 RDD를 가지고 이와 동일한 수준의 최적화를 구현하기는 사실상 쉽지 않습니다.

또한 이렇게 애플리케이션 코드와 실제 실행 코드 사이에 논리적 최적화 단계를 둠으로써 애플리케이션을 작성하는 코드와 무관하게 최적화를 수행할 수 있다는 장점도 얻을 수 있습니다. 즉, 스파크가 JVM 기반의 언어로 작성된 프레임워크이다 보니 파이썬이나 R 언어로 작성한 함수를 직접 구동시킬 때 이종 프로세스 간에 데이터를 주고받는 과정에서 피할 수 없는 성능 이슈가 발생했지만 데이터프레임의 경우 스파크 내장 함수만을 사용한다면 애플리케이션 코드는 논리적 실행 계획을 만드는 데까지만 사용되고 최종 실행 코드는 애플리케이션을 작성한 언어와는 무관한 일관된 바이트 코드를 사용할 수 있기 때문입니다. 그뿐만 아니라 애플리케이션을 작성할 때 스파크나 파이썬 같은 프로그램 API가 아닌 문자열 기반의 SQL이나 표현식을 이용해 데이터 분석을 위한 코드를 작성하고 이를 이용해 동일한 실행 계획을 만들어 냄으로써 Hive처럼 우리에게 친숙한 SQL 문을 이용해 데이터를 처리하는 것도 가능해집니다. 실제로 스파크는 내부적으로 앤틀러파서(https://goo.gl/9G6Jrq)를 이용해 SQL 구문을 분석하고 여기서 만들어진 구문 트리를 스파크가 이해할 수 있는 실행계획으로 변환해서 데이터 처리를 수행하고 있습니다. 이 때문에 실제로 데이터프레임을 사용할 경우 데이터프레임이 제공하는 프로그래밍 API와 더불어 표현식, SQL 문을 혼용해서 데이터 처리를 위한 프로그램을 더욱 손쉽게 작성할 수 있습니다.

마지막으로 데이터프레임과 데이터셋의 관계는 코드를 작성하는 방식만 다를 뿐 최적화와 관련해서는 거의 유사한 특성을 가지고 있습니다. 사실 데이터프레임은 스파크에서 정의한 Row라는 타입의 객체로만 구성된 데이터셋의 특별한 형태를 가리키는 것이라서 최적화 기능이나 사용하는 함수에 큰 차이가 없습니다. 하지만 데이터셋은 코드 내부에서 각 언어 자체의 데이터 타입을 사용할 수 있기 때문에 이클립스나 인텔리제이 같은 IDE의 도움을 받아 코드를 작성하기 편리한 반면 언어 고유의 데이터 타입과 스파크 데이터 타입을 매핑하는 인코더를 매번 준비해야 하는 번거로움이 있습니다. 데이터셋의 경우 지금 자세히 언급하기에는 오히려 혼동을 줄 수 있기 때문에 이후 해당 장에서 좀 더 자세히 설명하겠습니다.

자바와 스칼라 언어에는 각각 제네릭 타입(Generic type)과 매개변수화한 타입(Parameterized type)이라고 부르는 특별한 타입이 있습니다. 이 둘은 이름만 다를 뿐 개념상 같은 것을 의미하는데 바로 타입(Type) 자체를 파라미터로 전달받는 타입을 의미합니다. 예를 들어 자바의 대표적인 제네릭 타입 중 하나인 리스트의 경우 new ArrayList()와 같이 생성할 수 없고 반드시 new ArrayList〈String〉()과 같이 〈〉 기호 안에 ArrayList가 사용할 타입을 지정해야 하는데 이때 〈〉 안에 전달되는 String 타입이 바로 앞에서 설명한 파라미터로 전달되는 타입에 해당됩니다. 스칼라의 경우도 이와 같아서 List를 정의할 때 List[String]과 같이 [] 기호 안에 List가 사용할 타입을 파라미터로 전달해야 문법 오류가 발생하지 않습니다. 이처럼 두 언어 모두 동일한 개념을 나타내는데 단지 자바는 제네릭 타입에 〈〉 기호를 사용하고 스칼라는 매개변수화된 타입에 [] 기호를 사용한다는 것만 다릅니다.

갑자기 타입 이야기를 꺼낸 것은 RDD와 Dataset이 이와 같은 매개변수화된 타입이기 때문입니다. 즉 RDD 클래스를 정의할 때는 각 언어의 문법에 따라 RDD〈String〉이나 RDD[String]처럼 RDD가 사용할 타입을 파라미터로 지정해야 하며 Dataset 역시 Dataset〈Double〉 또는 Dataset[Double]과 같이 Dataset에서 사용할 타입을 파라미터로 지정해야 합니다. 그런데 이렇게 비슷한 자바와 스칼라 언어의 문법이 크게 달라지는 부분이 있는데 바로 기존 타입에 새로운 별명을 부여하는 스칼라의 type alias라는 구문입니다.

예를 들어 스칼라 언어에서 type myStringType = String과 같이 선언하면 스칼라의 고유 타입인 String 타입에 myStringType이라는 별명을 부여하겠다는 의미로 이와 같은 별명을 정의한 후에는 RDD[String] 이라고 써야 할 곳에 RDD[myStringType]과 같이 사용하는 것이 가능해집니다. 스파크에서는 이 문법을 이용해 Dataset[Row]라는 타입에 DataFrame이라는 별명을 부여하고 있는데 이것이 바로 위에서 언급한 DataFrame이라는 클래스의 실체입니다. 따라서 앞에서 데이터프레임 모델에 대응하는 DataFrame 이라는 클래스 타입이 있다고 했던 것은 정확하게 말하면 Row라는 클래스 타입을 파라미터로 사용하는 Dataset⟨Row⟩ 혹은 Dataset[Row] 클래스를 의미한 것이며 실제로 스파크 API 문서를 열어서 DataFrame 이라는 클래스를 찾아보면 존재하지 않는 클래스라는 것을 쉽게 알 수 있습니다.

결론적으로 스파크에서 데이터프레임과 데이터셋을 추가로 만든 이유는 바로 이런 최적화 때문이라고 할 수 있습니다. 실제로 최근 스파크 진영에서는 그동안 스파크의 간판급 데이터 모델이자 API 였던 RDD를 저수준 API(Low Level API)로 지칭하고 새로운 애플리케이션 코드는 RDD가 아닌 데이터프레임을 사용해서 작성할 것을 권유하고 있습니다. 하지만 데이터프레임이나 데이터셋 역시 최적화 과정을 거치고 나면 최종적으로 RDD API를 호출해서 동작하게 되므로 RDD를 잘 이해하는 것은 여전히 스파크를 이해하고 더 좋은 애플리케이션을 작성하는 데 도움이 될 수 있습니다. 어 쨌든 이 책에서도 RDD를 기본으로 시작해서 데이터프레임과 데이터셋을 다룰 예정이지만 변화하는 트렌드에 따라 RDD는 스파크 이해를 위한 기본기로 익혀두고 실제 업무용 코드를 작성할 때는 데이터프레임을 사용하실 것을 권장합니다.

1.6 정리

1장에서는 빅데이터의 개요를 알아보고 자주 사용되는 소프트웨어와 프로그래밍 관련 주제를 살펴 봤습니다. 또한 스파크란 무엇이며, 어떻게 사용하는지 간단한 예제를 작성 및 실행해 보고 개발 및 실행에 필요한 환경을 구축했습니다. 다음 장에서는 스파크의 기본이라 할 수 있는 RDD API에 대해 좀 더 자세히 알아보겠습니다.

02
RDD

2.1 RDD

1장에서는 RDD를 소개하고 간단한 예제를 살펴봤습니다. RDD는 스파크가 사용하는 기본 데이터 모델로서 RDD를 잘 이해하고 다루는 것은 스파크 애플리케이션을 작성하고 이해하는 데 기본이라고 할 수 있습니다. 이번 장에서는 데이터 모델로서의 추상적인 RDD가 아닌 프로그램 작성을 위한 API 관점에서 RDD를 살펴보겠습니다. 또한 RDD를 이용해 어떻게 프로그램을 작성하고 데이터를 처리하는지에 대해서도 함께 알아보겠습니다.

2장부터는 본격적으로 예제 코드를 다룹니다. 이 책의 예제는 자바와 스칼라, 파이썬 언어로 작성돼 있는데 (R의 경우 SparkR을 다룰 때 함께 살펴보겠습니다) 일부 API의 경우 언어에 따른 문법 차이가 거의 없는 경우가 있습니다. 이처럼 언어별 문법 차이가 거의 없거나 단순한 설명을 위한 짧은 코드의 경우 본문에서는 스칼라 언어로 작성된 예제만 살펴보는 것으로 대체할 것입니다. 물론 예제 프로젝트에서는 각 언어별 코드를 제공합니다.

이 책의 부록에서는 스칼라 스파크 애플리케이션을 읽는 데 필요한 최소한의 스칼라 문법을 정리해 뒀으므로 스칼라 언어를 처음 접하는 분들이라면 2장을 진행하기 전에 이 부분을 먼저 읽고 진행하는 것도 좋은 방법입니다.

2.1.1 들어가기에 앞서

본격적으로 RDD를 다루기에 앞서 몇 가지 알아둬야 할 사항이 있습니다. 간단하지만 중요한 내용들이니 꼭 기억해 두기 바랍니다.

1. 스파크 클러스터

클러스터라고 하면 일반적으로 여러 대의 서버가 마치 한 대의 서버처럼 동작하는 것을 의미합니다. 스파크 역시 클러스터 환경에서 동작하며, 대량의 데이터를 여러 서버로 나누어 병렬로 처리합니다. 이러한 분산 처리 프로그램은 네트워크, 장애, 자원 스케줄링 등 프로그램 로직 외에도 신경 써야 하는 부분이 매우 많습니다. 다행히 스파크는 이런 숙제들의 상당수를 담당하고 있습니다.

하지만 클러스터 환경에서 동작하는 프로그램을 작성할 때는 데이터가 여러 서버에 나눠져 병렬로 처리되고 있다는 사실을 늘 기억해 둬야 합니다.

2. 분산 데이터로서의 RDD

RDD는 Resilient Distributed Datasets의 약어로 문자 그대로 해석하면 "회복력을 가진 분산 데이터 집합" 정도가 될 것입니다. 여기서 회복력이 있다는 말은 데이터를 처리하는 과정에서 일부 문제가 발생하더라도 스스로 복구할 수 있다는 의미입니다. 단, 이때 "복구"의 의미는 스파크 애플리케이션이 정상적으로 동작하고 있는 상황을 가정한 것으로 작업 수행 도중 서버나 네트워크, 자원 할당 등에 일시적/부분적 문제가 발생했을 때 RDD의 작업 히스토리를 이용한 재시도를 수행함으로써 복구를 수행할 수 있다는 뜻입니다. 따라서 당연한 이야기이긴 하지만 애플리케이션 코드 자체에 버그가 있거나 드라이버 프로그램이 오류로 종료되어 스파크 애플리케이션과 서버 프로세스 간 연결이 끊어지는 등의 영구적 장애 상황은 RDD에서 말하는 복구 대상이 아니라는 점을 알아두시기 바랍니다.

이처럼 "Resilient"라는 단어가 다소 어색하게 번역되긴 했지만 어쨌든 위 정의로부터 RDD가 "분산 데이터 집합"이라는 사실만큼은 확실히 알 수 있습니다. 즉, RDD는 다수의 "데이터 요소(element)"를 포함하고 있다는 것입니다. 그리고 이 요소들은 다시 일정한 단위의 작은 집합으로 나눠져 앞에서 설명한 스파크 클러스터에 흩어져서 저장됩니다.

3. RDD의 불변성

이전 항목에서 RDD는 "일부 데이터에 문제가 생겨도 원래 상태로 복구"가 가능한 데이터 집합이라고 했습니다. 사실 이것은 스파크가 RDD를 만들어 내는 방법을 기억하고 있기에 가능한 것입니다. 스파크는 데이터의 일부가 유실되면 어딘가에 백업해둔 데이터를 다시 불러오는 것이 아니고 데이터를 다시 만들어내는 방식으로 복구를 수행합니다.

이것이 가능한 이유는 RDD가 불변성을 띠기 때문입니다. 한번 만들어진 RDD는 어떤 경우에도 그 내용이 변경되지 않기 때문에 같은 방법으로 만든 RDD는 항상 같은 데이터를 갖게 됩니다. 따라서 RDD를 만드는 방법만 기억하고 있으면 언제든 똑같은 데이터를 다시 만들어 낼 수 있는 것입니다.

4. 파티션

RDD 데이터는 클러스터를 구성하는 여러 서버에 나누어 저장됩니다. 스파크는 이렇게 분할된 데이터를 파티션이라는 단위로 관리합니다. 하둡 파일시스템인 HDFS를 사용한다면 하나의 HDFS 블록에 하나의 파티션이 구성됩니다. 하지만 스파크가 제공하는 API를 사용하면 파티션의 수를 쉽게 조정할 수 있습니다.

파티션의 크기를 조정하는 것은 애플리케이션 성능에 큰 영향을 주므로 스파크의 동작 특성을 잘 이해하고 적절한 크기로 파티션 수를 설정하는 것은 매우 중요합니다. 파티션 설정과 관련된 내용은 이후 관련 내용을 다루면서 다시 한번 살펴보겠습니다.

5. HDFS

HDFS는 하둡의 파일시스템입니다. RDD 얘기하다가 갑자기 왠 하둡 얘기를 하느냐고 하실지도 모르겠지만 스파크는 하둡과 밀접한 관계를 맺고 있습니다. 특히 스파크는 하둡의 파일 입출력 API에 의존성을 가지고 있기 때문에 스파크를 제대로 다루기 위해서는 하둡 파일시스템과 관련 API에 대한 기본적인 이해가 필요합니다. 독자 여러분도 스파크 설치 파일이 하둡 버전별로 나눠져 있었다는 것을 기억하실 것입니다.

물론 이 책에서 하둡에 대한 내용은 다루지 않을 것입니다. 다만 하둡 파일시스템을 사용함으로써 나타나는 몇 가지 특징에 대해서만 간단히 살펴보겠습니다.

- 스파크의 데이터의 입력과 출력은 하둡의 InputFormat[1]과 OutputFormat[2]과 같은 하둡 입출력 및 맵리듀스 API를 곳곳에서 이용합니다.

- 하둡은 일반 텍스트파일부터 SequenceFile[3], Parquet[4](파케이) 등 다양한 입출력 포맷을 지원하며, 따라서 스파크 역시 하둡이 제공하는 다양한 입출력 유형을 포함해서 자체적으로 지원하는 추가적인 데이터 유형까지 다룰 수 있습니다.

- 하둡은 데이터를 읽어들일 때 설정된 InputSplit[5] 분할 정책에 따라 전체 데이터를 블록(block) 단위로 분할합니다. 특별한 설정을 하지 않는다면 이 블록은 스파크의 파티션 단위가 됩니다. 하지만 스파크에서 제공하는 별도의 매개변수를 이용하면 이를 원하는 값으로 조정할 수 있습니다.[6]

6. Job과 Executor

스파크 프로그램을 실행하는 것을 스파크 잡(Job)을 실행한다고 합니다. 하나의 잡은 클러스터에서 병렬로 처리되는데, 이때 각 서버마다 익스큐터(executor)라는 프로세스가 생성됩니다. 이를 통해 각자 할당된 파티션을 처리하게 됩니다.

7. 드라이버 프로그램

스파크에서는 잡을 실행하는 프로그램, 즉 메인 함수를 가지고 있는 프로그램을 가리켜 드라이버라고 합니다. 하지만 더 정확하게 표현하자면 드라이버란 스파크컨텍스트를 생성하고 그 인스턴스를 포함하고 있는 프로그램을 의미합니다. 이 때문에 경우에 따라서는 스파크컨텍스트와 드라이버 프로그램을 같은 의미로 혼용하는 경우도 있습니다.

드라이버 프로그램은 자신을 실행한 서버에서 동작하면서 스파크컨텍스트를 생성해 클러스터의 각 워커 노드들에게 작업을 지시하고 결과를 취합하는 역할을 수행합니다. 일반적으로 드라이버 프로그램을 실행하는 서버는 스파크 클러스터를 구성하지 않는 서버, 즉 별도의 작업용 서버를 사용하는 경우가 많습니다.

---

1 https://goo.gl/IrCypb
2 https://goo.gl/upCwcx
3 https://goo.gl/Fl6y47
4 https://goo.gl/He9WPP
5 https://goo.gl/Z7v2Cm
6 하둡의 맵리듀스와 스파크 애플리케이션은 동작하는 방식이 다르기 때문에 하둡 맵리듀스 작업에 최적화된 파일시스템 설정은 스파크에 적절하지 않을 수 있습니다. 따라서 블록의 크기를 비롯해 스파크 동작에 영향을 줄 수 있는 하둡의 설정 정보의 의미를 잘 알아둘 필요가 있습니다.

8. 트랜스포메이션과 액션

RDD가 제공하는 연산(operation)은 트랜스포메이션(transformation)과 액션(action)이라는 두 종류로 나눌 수 있습니다. 우선 연산이라는 표현이 어색할 수 있는데 프로그램을 작성하는 API 관점에서는 메서드를 의미하는 것으로 이해해도 됩니다. 이후로도 연산과 메서드는 엄격히 구분하지 않고 혼용해서 사용할 것입니다.

어쨌든 트랜스포메이션은 용어의 뜻 그대로 RDD의 형태를 변형하는 연산을 의미하며, 액션이란 어떤 동작을 수행해 그 결과로서 RDD가 아닌 다른 타입의 결과를 반환하는 연산을 의미합니다. 예를 들어, 숫자 [1, 2, 3]으로 구성된 RDD의 각 요소에 1을 더하는 트랜스포메이션을 수행해 [2, 3, 4]로 구성된 RDD를 생성할 수 있습니다. 단, 이때 기존의 RDD 내용이 바뀌는 것은 아니고 새로운 RDD가 하나 더 생성된다는 점을 기억해야 합니다. 즉 '더하기'라는 트랜스포메이션의 결과로 기존의 [1, 2, 3]으로 구성된 RDD와 [2, 3, 4]로 구성된 새로운 RDD 두 개가 각각 존재하게 되는 것입니다.

액션이란 이렇게 생성된 RDD의 각 요소를 이용해 어떤 결괏값을 얻어내는 연산으로, 예를 들면 각 RDD 안에 들어있는 요소의 개수를 세는 작업을 수행해 3이라는 결과를 얻어내는 것과 같은 연산을 의미합니다. 이때 3은 Int나 Long과 같은 숫자형으로 표현되며, RDD 타입이 아니기 때문에 앞에서 설명한 대로 액션 연산에 속한다고 할 수 있습니다.

RDD는 여러 종류의 액션과 트랜스포메이션을 제공하는데, 연산의 수행 결과 유형에 따라 리턴 타입이 RDD인 경우는 트랜스포메이션, 그 외에는 액션이라고 할 수 있습니다.

9. 지연(lazy) 동작과 최적화

방금 전에 살펴본 트랜스포메이션은 액션과 비교할 때 반환하는 값의 타입뿐만 아니라 동작 방식에서도 차이를 보입니다. 이는 흔히 지연(Lazy) 동작 방식이라고 불리는 것으로, 트랜스포메이션에 해당하는 연산인 경우 해당 RDD를 사용하는 다른 액션 연산이 호출될 때까지는 실제 트랜스포메이션을 수행하지 않는 방식으로 동작합니다.

예를 들어, 이전 예제에서 사용했던 textFile() 메서드를 생각해 보겠습니다. 이 메서드는 트랜스포메이션에 해당하기 때문에 sc.textFile("<spark_home_dir>/README.md")라는 구문을 실행해도 실제로 파일을 읽어들이지 않습니다. 실제로 파일을 읽어들이며 동작하는 것은 액션에 해당하는 saveAsTextFile() 메서드를 호출하는 시점부터입니다. 실제로 그러한지 궁금하신 독자분은 코드를 입력해가면서 테스트해 보시면 동작의 차이를 직접 확인할 수 있을 것입니다.

이러한 동작 방식의 차이로 인한 가장 큰 장점은 실행 계획의 최적화가 가능하다는 것입니다. 사용자가 입력한 변환 연산들을 즉시 수행하지 않고 모아뒀다가 한번에 실행함으로써 불필요한 네트워크 통신 비용을 줄일 수 있기 때문입니다.[7]

스파크가 제공하는 이런 장점들은 애플리케이션 구현 언어와는 무관합니다. 따라서 개발자 입장에서는 최적화에 대한 부담도 덜고 자바, 스칼라, 파이썬, R 중 하나라도 다룰 수 있다면 무조건 새로운 언어를 익혀야만 하는 부담도 덜 수 있다는 장점이 있습니다.

10. 함수의 전달

스파크는 함수형 언어인 스칼라로 작성됐습니다. 이 때문에 대부분의 함수형 프로그래밍 언어와 같이 "객체"가 아닌 "함수"를 이용한 프로그램을 작성할 수 있습니다. 이것이 정확히 어떤 의미인지 예제를 하나 살펴보겠습니다.

---

7   여기서 말하는 최적화란 대부분 지역성(locality)에 관한 것입니다. 물건을 사오는 심부름을 시킬 때 A상점에서 파는 물건과 B상점에서 파는 물건을 따로따로 여러 번 사오게 하는 것보다 필요한 물건을 한꺼번에 주문해서 한 번 방문했을 때 필요한 물건을 한 번에 사는 것이 효율적이기 때문입니다. 따라서 이를 1장 끝부분에서 설명한 데이터프레임의 실행 계획 최적화와 혼동하지 않아야 합니다.

```
val rdd1 = sc.parallelize(1 to 10) // RDD를 생성한다
val rdd2 = rdd1.map(_ + 1) // rdd1의 각 원소에 1을 더한다
```

위 예제에서는 잠시 뒤에 살펴볼 RDD의 map()이라는 메서드를 사용합니다. 두 번째 줄을 보면 map() 메서드의 인자로 "_ +
1"이라는 내용을 전달하고 있습니다. 이 부분이 바로 rdd1의 각 원소에 1을 더하라는 일종의 익명 함수입니다. 스칼라와 파이
썬, 그리고 자바 8의 경우 이렇게 익명 함수를 다른 함수의 매개변수로 전달할 수 있는 방법을 제공합니다.

만약 같은 코드를 파이썬으로 작성한다면 rdd1.map(lambda v : v + 1)과 같이 람다식을 사용해 표현할 수 있습니다. 또 자바
8의 경우에는 rdd1.map((x) -> (x + 1))과 같이 작성할 수 있습니다. 하지만 자바 7을 사용하는 경우에는 함수를 사용할 수 없
습니다. 이때는 함수를 메서드의 인수로 전달할 방법이 없기 때문에 명시적으로 동작을 수행할 객체를 생성해서 전달해야 합
니다. 따라서 위 예제에 나온 함수를 자바 7 이전 방식으로 구현하면 다음과 같습니다.

```
rdd1.map(new Function<Integer, Integer>() {
  @Override
  public Integer call(Integer v) throws Exception {
    return v + 1;
  }
});
```

위 코드에서 map() 메서드에 사용된 Function 클래스는 스파크에서 익명 객체를 생성하기 위해 정의한 인터페이스입니
다. 스파크는 익명 클래스를 쉽게 작성할 수 있게 org.apache.spark.api.java.function 패키지 안에 Function, Function2,
PairFunction 등 용도별 인터페이스를 여러 개 정의해 두고 있습니다.

이 가운데 예제에서 사용한 것은 한 개의 입력을 받아 한 개의 출력을 내는 함수를 흉내 내기 위한 인터페이스입니다. 자바 8
을 사용하는 독자라면 아마도 함수 인터페이스 중 하나인 Function을 떠올리고 있을 것입니다. 실제로 스파크의 Function과
자바 8의 java.util.function.Function은 같은 용도로 정의된 인터페이스가 맞습니다. 하지만 하나는 스파크에서 정의한 것이
고 다른 하나는 자바의 표준 API이므로 둘을 혼동하지 않도록 주의해야 합니다.

지금까지 RDD의 연산 시 함수를 전달하는 방법을 간단히 살펴봤습니다. 사실 언어별 문법의 차이
점은 API를 참고하면 되고 진짜 기억해 둬야 할 부분은 지금부터 설명하는 내용입니다. 먼저 예제를
하나 보겠습니다.

[예제 2-1] 함수의 전달(PassingFunctionSample.scala)

```
class PassingFunctionSample {
  val count = 1

  def add(i: Int): Int = {
    count + i
  }
```

```
def runMapSample(sc: SparkContext) {
  val rdd1 = sc.parallelize(1 to 10)
  // java.io.NotSerializableException !!!!
  val rdd2 = rdd1.map(add)
  println(count)
}
}
```

이 코드는 조금 전에 봤던 RDD의 map() 메서드를 사용하는 예제의 변형입니다. 달라진 부분을 찾아보면 rdd1.map 안에서 함수를 전달할 때 익명 함수 대신 add라는 함수를 따로 정의해서 전달하고 있습니다. 이 방법은 얼핏보면 함수를 재사용할 수 있다는 관점에서 괜찮은 방법처럼 보입니다. 하지만 막상 실행해 보면 java.io.NotSerializableException 에러가 발생합니다. 그 이유는 RDD의 map() 메서드에 전달된 함수가 클러스터를 구성하는 각 서버에서 동작할 수 있도록 클러스터에 속한 모든 워커 서버에 전달돼야 하기 때문입니다.

원래 의도는 단순히 add라는 함수만 전달하려는 것이었지만 add 함수가 PassingFunctionSample 객체의 함수, 즉 this.add와 같은 의미를 갖게 되면서 자바의 직렬화 규칙에 따라 add 함수뿐만 아니라 PassingFunctionSample 클래스 전체가 클러스터로 전달해야 하는 대상이 된 것입니다. 따라서 해당 클래스가 Serializable 인터페이스를 구현하지 않고 있다는 이유로 에러가 발생한 것입니다.

이 문제를 해결하는 간단한 방법은 PassingFunctionSample 클래스가 자바의 Serializable 인터페이스를 구현하는 것입니다. 하지만 이는 불필요한 정보까지 모두 전달해야 하므로 올바른 방법이라고 할 수 없습니다. 따라서 일부러 의도한 것이 아니라면 위와 같은 방법을 사용해서는 안 됩니다. 그렇다면 이런 경우의 해결 방법을 각 언어별로 구분해서 살펴보겠습니다.

먼저 스칼라의 경우 싱글턴 객체(singletone object)를 이용할 수 있습니다. 스칼라의 object는 자바의 static과 같이 인스턴스를 생성하지 않고 사용할 수 있기 때문에 아래와 같이 object에 원하는 함수만 정의하면 new 키워드를 이용해 인스턴스를 생성하는 단계를 거치지 않고 바로 사용할 수 있습니다.

[예제 2-2] 함수의 전달 – 스칼라(PassingFunctionSample.scala)

```
object Operations {
  def add(i: Int): Int = {
    i + 1;
  }
}
```

```
val rdd1 = sc.parallelize(1 to 10)
val rdd2 = rdd1.map(Operations.add)
```

자바의 경우 자바 8의 람다식을 사용하는 경우를 제외하고는 함수를 직접 전달할 수 있는 방법이 없습니다. 따라서 스파크가 제공하는 Function 인터페이스를 구현한 클래스를 정의하고, 이 클래스의 인스턴스를 만들어서 전달해야 합니다. 단, 이때 Function 인터페이스를 구현한 클래스를 드라이버 프로그램 클래스의 내부 클래스로 정의하면 직렬화 문제가 발생하므로 주의해야 합니다.

[예제 2-3] Function 인터페이스 구현(PassingFunctionSample.java)

```
class Add implements Function<Integer, Integer> {
  @Override
  public Integer call(Integer v1) throws Exception {
    return v1 + 1;
  }
}
// Add 클래스의 인스턴스를 사용
public class PassingFunctionSample {
  public void runMapSample(JavaSparkContext sc) {
    JavaRDD<Integer> rdd1
                  = sc.parallelize(Arrays.asList(1, 2, 3, 4, 5, 6, 7, 8, 9, 10));
          // Add 클래스의 인스턴스를 전달!
    JavaRDD<Integer> rdd2 = rdd1.map(new Add());
              ...
```

파이썬의 경우 스칼라나 자바와 같은 예외가 발생하지는 않지만 역시나 전체 클래스를 전달하는 것은 좋지 않은 방법입니다. 이 경우 클래스 내부가 아닌 모듈의 최상위 위치 또는 지역 함수를 선언해서 사용할 수 있습니다.

[예제 2-4] 함수의 전달 – 파이썬(PassingFunctionSample.py)

```
class PassingFunctionSample():

    def add1(self, i):
        return i + 1

    def runMapSample1(self, sc):
        rdd1 = sc.parallelize([1, 2, 3, 4, 5, 6, 7, 8, 9, 10])
        # rdd2 = rdd1.map(self.add1) => 잘못된 방법. 'self'를 전달하고 있습니다.
        rdd2 = rdd1.map(add2) # 이렇게 처리합니다!
        print(", ".join(str(i) for i in rdd2.collect()))
```

```
if __name__ == "__main__" :

    def add2(i):
        return i+1

    conf = SparkConf()
    sc = SparkContext(master="local", appName="PassingFunctionSample", conf=conf)
    obj = PassingFunctionSample()
    obj.runMapSample1(sc)
    sc.stop()
```

지금까지 함수를 전달할 때 전체 클래스를 전달하지 않는 방법에 대해 알아봤습니다. 하지만 함수가 아닌 클래스 멤버 변수의 경우에도 같은 문제가 발생할 수 있습니다.

[예제 2-5] 변수의 전달(PassingFunctionSample.scala)

```
class PassingFunctionSample {

  var increment = 1

  def runMapSample3(sc: SparkContext) {
    val rdd1 = sc.parallelize(1 to 10)
    // 인스턴스 변수 전달
    val rdd2 = rdd1.map(_ + increment)
  }

  def runMapSample4(sc: SparkContext) {
    val rdd1 = sc.parallelize(1 to 10)
    // 인스턴스 변수와 같은 값을 가진 지역 변수를 선언
    val localIncrement = increment
    val rdd2 = rdd1.map(_ + localIncrement)
  }
}
```

runMapSample3() 메서드와 같이 인스턴스 변수를 매개변수로 전달하는 경우도 전체 클래스 인스턴스를 직렬화하는 문제가 있습니다. 따라서 runMapSample4() 메서드처럼 메서드 내부에서 선언한 지역변수로 변환해서 전달해야 합니다. 물론 이 예제는 스칼라로 작성한 것이지만 자바와 파이썬 역시 동일한 방법을 사용해 변수를 전달하면 됩니다.

9. 데이터 타입에 따른 RDD 연산

RDD는 데이터 처리에 유용한 다양한 연산을 수행할 수 있는 메서드를 제공합니다. 우리는 이미 map()이라든가 reduceByKey()와 같은 메서드를 사용해 단어 수 세기와 같은 예제를 작성해봤습니다. 그런데 사실 reduceByKey() 메서드는 언제나 사용할 수 있는 것은 아닙니다. reduceByKey라는 이름을 통해 알 수 있는 것처럼 각 요소가 가진 "키(Key)"를 이용해 리듀스(reduce) 연산[8]을 수행하는 연산이기 때문입니다. 따라서 RDD에 속한 요소들이 "키"와 "값"의 형태로 구성돼 있는 경우에만 이 연산을 사용할 수 있습니다.

그렇다면 키와 값을 가진 데이터라는 것을 어떻게 표현할까요? 스파크에서는 원소가 2개짜리인 튜플 타입을 이용해 이를 표현하는데 스칼라나 파이썬처럼 언어 자체에 튜플 타입이 있는 경우 이를 사용하면 됩니다. 예를 들어, ("aaa", 111)이라는 튜플 타입의 데이터가 있다면 첫 번째 "aaa"가 "키"로 간주되고 두 번째 111이 값으로 간주됩니다. 물론 튜플 타입이 따로 없는 자바의 경우는 스칼라의 튜플(scala.Tuple2)을 사용해야 합니다. 예를 들어, new Tuple2("aaa", 111)과 같은 형태입니다.

이처럼 RDD가 제공하는 메서드는 데이터의 타입과 밀접한 관계를 맺고 있습니다. 따라서 스파크에서는 자주 사용되는 특별한 데이터 유형에 대해 좀 더 특화된 메서드를 제공할 수 있도록 별도의 메서드를 정의한 클래스를 제공하고 있습니다. 아래에 자주 사용되는 몇 가지 클래스를 정리했습니다.

단, 아래는 스칼라에서 사용하는 클래스이며, 자바의 경우는 기본 RDD 클래스의 하위 클래스를 정의해서 사용합니다. 예를 들어, 자바에서는 아래의 PairRDDFunctions 대신 JavaPairRDD라는 클래스를 사용하며, 파이썬의 경우는 구분 없이 모든 경우에 RDD를 사용합니다.

- PairRDDFunctions: 키와 값의 형태로 구성된 데이터에 대한 연산을 제공하는 클래스입니다. groupByKey나 reduceByKey, mapValues와 같이 키를 사용하는 유용한 연산을 제공합니다.

- OrderedRDDFunctions: PairRDDFunctions와 같이 키와 값으로 구성된 데이터를 대상으로 하며, 키에 해당하는 변수 타입이 정렬 가능한 경우를 위한 것입니다. sortByKey()와 같은 연산을 제공합니다.

- DoubleRDDFunctions: double 유형의 데이터를 위한 것으로 합을 구하는 sum()이나 평균을 구하는 mean()과 같은 연산을 제공합니다.

- SequenceFileRDDFunctions: 하둡의 시퀀스 파일을 다루기 위한 연산을 제공합니다.

---

8 RDD의 모든 요소를 병합해 하나의 결괏값을 생성하는 연산입니다.

스칼라는 기본 RDD 클래스에 정의되지 않은 메서드를 암묵적 변환(implicit-conversions) 방식에 의해 처리합니다. 스칼라 언어를 처음 접하는 분들이라면 이 부분을 스칼라 컴파일러가 알아서 연산을 수행할 클래스를 찾아낸다라고 이해하셔도 됩니다. 따라서 스칼라 언어로 코드를 작성할 때는 클래스 타입을 명시적으로 지정할 필요가 없습니다. 다만 데이터 형식에 맞지 않는 메서드를 사용하면 컴파일 시 오류가 발생하므로 데이터 유형에 맞는 메서드를 사용해야 합니다.

2.1.2 스파크컨텍스트 생성

스파크컨텍스트는 스파크 애플리케이션과 클러스터의 연결을 관리하는 객체로서 모든 스파크 애플리케이션은 반드시 스파크 컨텍스트를 생성해야 합니다. RDD를 비롯해 스파크에서 사용하는 주요 객체는 스파크컨텍스트를 이용해 생성할 수 있습니다.

다음은 언어별로 스파크컨텍스트를 생성하는 방법입니다.

```
// 스칼라
val conf = new SparkConf().setMaster("local[*]").setAppName("RDDCreateSample")
val sc = new SparkContext(conf)

// 자바
SparkConf conf = new SparkConf().setMaster("local[*]").setAppName("RDDCreateSample");
JavaSparkContext sc = new JavaSparkContext(conf);

// 파이썬
sc = SparkContext(master="local[*]", appName="RDDCreateTest", conf=conf)
```

스파크컨텍스트를 생성할 때는 스파크 동작에 필요한 여러 설정 정보를 지정할 수 있습니다. 이 가운데 클러스터 마스터 정보[9]와 애플리케이션 이름[10]은 반드시 지정해야 하는 필수 정보입니다. SparkConf는 이처럼 다양한 환경 정보를 설정하기 위한 목적으로 사용되며, 마스터 서버와 애플리케이션 이름 정보를 포함해 애플리케이션 실행에 필요한 다양한 정보를 설정할 수 있습니다.

---

9   스파크가 동작할 클러스터의 마스터 서버를 의미하는 것으로 로컬 모드에서는 local 또는 local[3], local[*]과 같이 사용합니다. 이때 [ ] 안의 내용은 사용할 스레드의 개수로, local은 단일 스레드를, local[3]은 3개의 스레드를 의미하고 '*'는 가용한 cpu 코어 수 만큼의 스레드를 의미합니다.

10   애플리케이션을 구분하기 위한 이름으로, 이후에 살펴볼 스파크 UI 화면에서 사용합니다.

2.1.3 RDD 생성

스파크컨텍스트를 만들었다면 이제 RDD를 생성할 수 있습니다. 스파크는 크게 두 종류의 RDD 생성 방법을 제공합니다.

첫 번째 방법은 드라이버 프로그램의 컬렉션 객체를 이용하는 것입니다. 컬렉션 객체는 자바나 파이썬의 경우에는 리스트 타입을, 스칼라의 경우에는 시퀀스 타입의 객체를 사용합니다. 또 다른 한 가지 방법은 파일과 같은 외부 데이터를 이용하는 방법입니다.

먼저 컬렉션 객체를 이용하는 방법을 살펴보겠습니다. 예제에서 sc는 SparkContext를 의미합니다.

[예제 2-6] RDD 생성

```
// 스칼라
val rdd1 = sc.parallelize(List("a", "b", "c", "d", "e"))

// 자바
JavaRDD<String> rdd1 = sc.parallelize(Arrays.asList("a", "b", "c", "d", "e"));

// 파이썬
rdd1 = sc.parallelize(["a", "b", "c", "d", "e"])
```

문자열을 포함한 컬렉션 객체를 생성하고 스파크컨텍스트의 parallelize() 메서드를 이용해 RDD를 생성했습니다.

예제에는 포함되지 않았지만 parallelize() 메서드는 생성될 RDD의 파티션 수를 지정하는 옵션을 가지고 있습니다. 만약 RDD의 파티션 개수를 지정하고 싶을 때는 아래와 같이 parallelize() 메서드의 두 번째 매개변수로 파티션 개수를 지정할 수 있습니다. 아래는 스칼라 예제지만 다른 언어의 경우도 동일한 방법으로 지정합니다.

[예제 2-7] 파티션 개수 지정

```
val rdd1 = sc.parallelize(1 to 1000, 10)
```

예제에서 1 to 1000은 1부터 1000까지의 숫자를 담은 컬렉션 객체를 생성합니다. 여기서는 파티션 크기로 10을 지정했기 때문에 총 파티션의 크기는 10이 됩니다[11]. 만약 RDD에 포함된 전체 요소의 크기보다 파티션의 수가 더 크다면 생성된 파티션 중 일부는 요소를 하나도 포함하지 않는 빈 파티션이 됩니다.

---

11 RDD의 크기는 partitions() 메서드로 확인할 수 있습니다. 이 메서드는 파티션 정보를 배열로 돌려주므로 결과 배열의 길이가 곧 파티션의 수를 의미합니다.

RDD를 생성하는 또 다른 방법은 파일이나 데이터베이스 같은 외부 데이터를 읽어서 새로운 RDD를 생성하는 방법입니다. 스파크는 내부적으로 하둡의 입력 및 출력 기능을 사용하므로 하둡이 다룰 수 있는 모든 입출력 유형을 다룰 수 있습니다.

다음은 스파크 설치 디렉터리에 있는 README.md 파일을 읽어 RDD를 생성하는 예제입니다.

[예제 2-8] 외부 파일을 이용한 RDD 생성

```
// 스칼라
val rdd1 = sc.textFile("<spark_home_dir>/README.md")

// 자바
JavaRDD<String> rdd1 = sc.textFile("<spark_home_dir>/README.md");

// 파이썬
rdd1 = sc.textFile("<spark_home_dir>/README.md")
```

SparkContext의 textFile() 메서드는 인자로 지정한 파일을 읽어서 RDD를 생성합니다. 이때 파일의 각 줄은 한 개의 RDD 구성요소가[12] 됩니다.

파일을 읽어들이는 과정은 하둡의 TextInputFormat[13]을 이용합니다. 일단 파일로부터 각 줄의 내용과 각 줄의 시작 위치를 읽어들이면 시작 위치 정보는 무시하고 줄의 내용만을 사용해 RDD를 생성합니다. (이 과정에서 RDD의 map() 연산이 사용됩니다.)

스파크는 텍스트 외에도 하둡의 시퀀스 파일 등 다양한 포맷의 파일을 다룰 수 있습니다. 구체적으로 어떤 타입이 있는지는 관련 주제를 다룰 때 추가로 다루겠습니다.

지금까지 RDD를 생성하는 방법을 살펴봤습니다. 지금부터는 RDD가 제공하는 트랜스포메이션과 액션 연산에 대해 알아보겠습니다.

2.1.4 RDD 기본 액션

RDD가 제공하는 연산은 트랜스포메이션과 액션 연산으로 나눌 수 있다고 했습니다. 또한 두 연산을 구분하는 기준이 바로 연산의 수행 결과가 RDD인지 아닌지에 달려있다는 것도 언급했습니다. 이렇게 연산의 성격은 그 의미만 알고 있으면 언제든지 명확하게 구분할 수 있으므로 RDD가 제공하는 모든 연산을 종류별로 도표처럼 분류해 놓고서 암기하는 것은 그다지 의미가 없습니다. 오히려

---

[12] RDD에 포함된 데이터를 요소(element)라는 용어로도 표현합니다.
[13] https://goo.gl/9voHES

그러한 노력과 시간을 들일 바에는 연산의 의미를 잘 이해하고 활용법을 숙지해 두는 편이 훨씬 유익하다고 할 수 있습니다.

지금부터 RDD가 제공하는 연산을 살펴보겠습니다. 프로그래밍 언어를 처음 배울 때 화면에 "Hello World"를 출력하는 방법을 먼저 배우듯이 RDD의 내용을 확인해 보기 위한 기본 액션 두 가지를 먼저 다뤄볼 것입니다. 이후에는 트랜스포메이션과 액션을 알아볼 텐데 소개되는 순서에는 아무 의미가 없다는 것을 기억하기 바랍니다.

RDD 연산과 관련된 예제의 전체 코드는 예제 프로젝트의 다음 위치에서 찾을 수 있습니다. 단, 아래에서 /beginning-spark-examples는 예제 프로젝트의 최상위 디렉터리를 의미합니다.

- 스칼라: /beginning-spark-examples/src/scala/com/wikibooks/spark/ch2/scala/RDDOpSample.scala
- 자바: /beginning-spark-examples/src/main/java/com/wikibooks/spark/ch2/RDDOpSample.java
- 파이썬: /beginning-spark-examples/Python/ch2/RDDOpSample.py

이 책의 본문에 나온 예제 코드는 모두 설명에 필요한 부분만 일부 표시했는데, 혼동을 피하기 위해 몇 가지 알아둘 사항이 있습니다. 먼저 자바 예제 중에는 자바 8 람다식의 사용이 가능한 경우가 있습니다. 이때는 아래와 같이 "Java7"이라는 주석 이후에 람다식을 사용하지 않는 기존 자바 코드를 먼저 보여주고 "Java8 Lamdba"라는 주석 이후에 자바 8 버전의 코드를 보여주고 있습니다.

```
// Java7(람다식을 사용하지 않는 경우)
JavaRDD<Integer> rdd2 = rdd1.map(new Function<Integer, Integer>() {
  @Override
  public Integer call(Integer v1) throws Exception {
    return v1 + 1;
  }
});
```

파이썬의 경우 기본적으로 람다식을 사용하지만 람다식 사용이 가능하지 않은 경우 별도의 함수를 정의해서 사용하는데 이때 아래와 같이 "# 함수이름" 형태로 함수의 정의를 따로 표시합니다.

```
rdd2 = rdd1.mapPartitionsWithIndex(increaseWithIndex)

# increaseWithIndex --> increaseWithIndex라는 함수의 정의를 표시함
def increaseWithIndex(idx, numbers):
    for i in numbers:
        if(idx == 1):
            yield i
```

마지막으로 같은 리스트 형 자료라고 하더라도 언어에 따라 콘솔에 출력하는 모양이 다른 경우가 있는데 본문에서는 스칼라 언어의 출력 결과만 대표로 보여주고 있습니다.

2.1.4.1 collect

collect는 RDD의 모든 원소를 모아서 배열로 돌려줍니다. 반환 타입이 RDD가 아닌 배열이므로 이 연산은 액션에 속하는 연산입니다. RDD의 다른 모든 연산도 같은 기준으로 판단하면 되기 때문에 이후로는 이와 관련된 설명은 하지 않겠습니다.

collect 연산을 수행하면 RDD에 있는 모든 요소들이 collect 연산을 호출한 서버의 메모리에 수집됩니다. 따라서 전체 데이터를 모두 담을 수 있을 정도의 충분한 메모리 공간이 확보돼 있는 상태에서만 사용해야 합니다.

일반적으로 기능을 디버깅하거나 작은 크기의 데이터를 처리할 때 제한적으로 사용하며, 대용량 데이터를 다룰 때는 성능상의 문제점을 신중히 고려한 뒤에 사용해야 합니다.

[예제 2-9] collect - 스칼라

```
val rdd = sc.parallelize(1 to 10)
val result = rdd.collect
println(result.mkString(", "))
```

[예제 2-10] collect - 자바

```
JavaRDD<Integer> rdd = sc.parallelize(Arrays.asList(1, 2, 3, 4, 5, 6, 7, 8, 9, 10));
List<Integer> result = rdd.collect();
for (Integer i : result) System.out.println(i);
```

[예제 2-11] collect - 파이썬

```
rdd = sc.parallelize(range(1, 11))
result = rdd1.collect()
print(result)
```

[결과]
```
1, 2, 3, 4, 5, 6, 7, 8, 9, 10
```

예제에서 mkString은 리스트에 담긴 요소를 하나의 문자열로 표현하는 메서드입니다. 자바와 파이썬의 경우는 각자에 맞는 방법을 사용합니다.

 스파크에서는 자바와 스칼라, 파이썬의 경우 대부분 동일한 API를 사용합니다. 예를 들어, collect() 메서드의 경우 리스트를 만드는 문법이나 for 문을 작성하는 문법만 다를 뿐 RDD가 제공하는 API 모두 동일한 "collect"입니다.

2.1.4.2 count

count는 RDD를 구성하는 전체 요소의 개수를 반환합니다.

[예제 2-12] count - 스칼라

```
val rdd = sc.parallelize(1 to 10)
val result = rdd.count
println(result)
```

[예제 2-13] count - 자바

```
JavaRDD<Integer> rdd = sc.parallelize(Arrays.asList(1, 2, 3, 4, 5, 6, 7, 8, 9, 10));
long result = rdd.count();
System.out.println(result);
```

[예제 2-14] count - 파이썬

```
rdd = sc.parallelize(range(1, 11))
result = rdd.count()
print(result)
```

[결과]

```
10
```

2.1.5 RDD 트랜스포메이션

트랜스포메이션은 기존 RDD를 이용해 새로운 RDD를 생성하는 연산입니다. 이러한 연산에는 각 요소의 타입을 문자열에서 숫자로 바꾸거나 불필요한 요소를 제외하거나 기존 요소의 값에 특정 값을 더하는 등의 작업이 모두 포함됩니다. RDD 연산에 대한 분류가 따로 있는 것은 아니지만 자주 사용하는 연산은 아래와 같이 간추려 볼 수 있습니다. 이 분류는 단순히 이해를 돕기 위해 임의로 정한 것일 뿐이므로 각자가 바라보는 관점에 따라서는 다른 형태로도 분류해 볼 수 있을 것입니다.

- 맵(Map) 연산: 요소 간의 사상(寫像, mapping)을 정의한 함수를 RDD에 속하는 모든 요소에 적용해 새로운 RDD를 생성합니다.
- 그룹화 연산: 특정 조건에 따라 요소를 그룹화하거나 특정 함수를 적용합니다.
- 집합 연산: RDD에 포함된 요소를 하나의 집합으로 간주할 때 서로 다른 RDD 간에 합집합, 교집합 등을 계산합니다.
- 파티션 연산: RDD의 파티션 개수를 조정합니다.
- 필터와 정렬 연산: 특정 조건을 만족하는 요소만 선택하거나 각 요소를 정해진 기준에 따라 정렬합니다.

그럼 지금부터 RDD가 제공하는 주요 연산에 대해 살펴보겠습니다. 단, 한 가지 기억해 둘 점은 RDD가 제공하는 연산이 RDD를 구성하고 있는 데이터 유형과 밀접한 관계를 맺는다는 점입니다. 따라서 이 책에서는 특정 데이터 타입에서만 사용 가능한 연산자의 경우에는 사용 가능한 타입을 별도로 설명해 주고 있습니다. 만약 특별한 설명이나 표시가 없다면 사용 가능한 데이터 타입에 특별한 제약이 없다는 의미입니다.

[map과 관련된 연산]

2.1.5.1 map

map은 스파크를 이용한 데이터 처리 작업에서 흔히 사용되는 대표적인 연산 중 하나입니다. map() 메서드는 하나의 입력을 받아 하나의 값을 돌려주는 함수를 인자(argument)로 받습니다. map() 메서드는 이 함수를 RDD에 속하는 모든 요소에 적용한 뒤 그 결과로 구성된 새로운 RDD를 생성해 돌려줍니다.[14]

아래 예제는 1부터 5까지의 수로 구성된 RDD의 각 요소에 1을 더하는 함수를 적용해 2부터 6까지의 숫자로 구성된 새로운 RDD를 생성하는 예제입니다.

[예제 2-15] map – 스칼라

```
val rdd = sc.parallelize(1 to 5)
val result = rdd.map(_ + 1)
println(result.collect.mkString(", "))
```

[예제 2-16] map – 자바

```
JavaRDD<Integer> rdd1 = sc.parallelize(Arrays.asList(1, 2, 3, 4, 5));

// Java7
JavaRDD<Integer> rdd2 = rdd1.map(new Function<Integer, Integer>() {
  @Override
  public Integer call(Integer v1) throws Exception {
    return v1 + 1;
  }
});
```

---

14 함수를 인자로 받거나 돌려주는 함수를 고계함수(higher-order function)라고 합니다. map() 메서드 역시 함수를 인자로 취한다는 점에서 일종의 고계함수로 간주할 수 있습니다.

```
// Java8 Lambda
JavaRDD<Integer> rdd3 = rdd1.map((Integer v1) -> v1 + 1);

System.out.println(StringUtils.join(rdd2.collect(), ", "));
```

[예제 2-17] map – 파이썬

```
rdd1 = sc.parallelize(range(1, 6))
rdd2 = rdd1.map(lambda v : v + 1)
print(rdd2.collect())
```

[결과]

2, 3, 4, 5, 6

예제에서 map() 메서드의 인자로 전달된 함수는 입력 타입과 출력 타입이 모두 동일하게 정수형인 익명 함수였습니다. 하지만 map()에 전달되는 함수의 입력 데이터 타입과 출력 데이터 타입이 반드시 일치할 필요는 없습니다. 예를 들어, 문자열을 입력받아 정수로 반환하는 함수를 사용할 수도 있습니다. 이 경우 결괏값의 데이터 타입은 RDD[Int] (자바의 경우는 JavaRDD⟨Integer⟩)가 됩니다.

마지막으로 자바 예제의 경우 사용하는 자바 버전에 따라 map()의 인자로 전달할 함수를 작성할 때 차이가 있습니다. 자바 7 버전을 사용할 경우 rdd2와 같이 org.apache.spark.api.java.function.Function2 인터페이스를 구현해야 하고 자바 8 이후부터는 람다식을 활용해 rdd3과 같이 간결하게 작성할 수 있습니다.

RDD는 그 자체로는 타입이 될 수 없고 반드시 타입 매개변수(type parameter)를 지정해서 정의해야 하는 매개변수화한 타입(parameterized type)입니다. (자바에는 유사한 개념의 제네릭 타입이 있습니다.) 이를 기억해 두고 스파크 스칼라 API 문서에서 RDD의 map() 메서드의 선언문을 살펴보면 다음과 같습니다(설명을 위해 일부 내용을 수정해서 표기했습니다).

```
(스칼라) map[U](f: (T) ⇒ U)(implicit arg0: ClassTag[U]): RDD[U]
(자바) public static <U> JavaRDD<U> map(Function<T,U> f)
```

언어별 문법에 따라 표현 방식에 차이가 있지만 핵심만 살펴보면 다음과 같습니다.

우선 T와 U는 모두 RDD의 타입 매개변수를 의미합니다. 이때 map()의 인자로 전달되는 함수 f는 입력이 T 타입이고 출력은 U 타입입니다. 마지막으로 map() 메서드의 결괏값은 RDD[U](자바의 경우 JavaRDD⟨U⟩) 타입이 됩니다.

이를 풀어서 표현하면 "T 타입을 U 타입으로 변환하는 함수 f를 이용해 RDD〈T〉 타입의 RDD를 RDD〈U〉 타입으로 변환하는 메서드"라는 의미입니다. (변환이라고 표현했지만 내부적으로는 새로운 RDD를 생성하는 것입니다.) 아마도 함수형 프로그래밍에 관심이 많은 분이라면 스파크 API를 보면서 펑터(functor)와 모노이드(Monoid), 모나드(Monad) 같은 함수형 프로그래밍 관련 주제를 떠올렸을 것입니다.

물론 이런 내용은 스파크 애플리케이션을 작성하는 데 꼭 필요한 내용은 아닙니다. 하지만 함수형 프로그래밍 기법을 익히고 그것이 분산환경에서 동작할 때 어떻게 달라지는지 이해하는 것은 스파크 애플리케이션을 이해하고, 나아가 더 좋은 애플리케이션을 작성하는 데 도움될 것입니다.

2.1.5.2 flatMap

앞에서 map() 메서드가 인자값으로 함수 하나를 전달받아 RDD 내부의 모든 요소에 적용한 뒤 그 결괏값으로 구성된 새로운 RDD를 생성하는 메서드라는 것을 알아봤습니다.[15] 이번에 살펴볼 flatMap() 메서드는 이름에서도 알 수 있듯이 map() 메서드와 유사한 동작을 하는 메서드입니다. 하지만 두 메서드 간에는 큰 차이점이 있는데 그것은 인자로 전달되는 함수가 반환하는 값의 타입이 다르다는 점입니다. 정확히 어떤 부분이 다른지 잠시 두 메서드의 API를 살펴보겠습니다. (아래는 스칼라 API이며, 설명에 필요하지 않은 부분은 생략하고 표기했습니다.)

```
map 메서드: map[U](f:(T) ⇒ U): RDD[U]
flatMap 메서드: flatMap[U](f:(T) ⇒ TraversableOnce[U]): RDD[U]
```

여기서 눈여겨봐야 할 부분은 map()과 flatMap() 메서드의 인자로 전달되고 있는 f라는 함수가 반환하는 값의 타입입니다. f 함수를 보면 map()에서는 U 타입의 출력값을 돌려주는 반면 flatMap()에서는 TraversableOnce[U]라는 타입의 출력값을 돌려주고 있습니다.[16] 이때 U라는 문자는 실제로 어떤 타입이든 가능하다는 뜻이므로 map() 메서드의 경우 인자로 사용하는 함수의 반환 타입에 제약이 없지만 flatMap()의 경우는 일정한 규칙을 따라야 한다는 것을 알 수 있습니다.

TraversableOnce는 스칼라에서 사용하는 이터레이터(Iterator)[17] 타입 중 하나입니다. 따라서 이 선언의 의미는 flatMap()에 사용하는 함수 f는 반환값으로 리스트나 시퀀스 같은 여러 개의 값을 담은 (이터레이션이 가능한) 일종의 컬렉션과 유사한 타입의 값을 반환해야 한다는 뜻입니다.[18]

---

15 T라는 타입의 입력값을 U라는 출력값으로 변환하는 함수를 이용해 RDD〈T〉 타입의 RDD를 RDD〈U〉 타입으로 바꿔주는 연산이라고도 할 수 있습니다.

16 이 책의 목적에 따라 스파크 RDD의 API 관점에서만 서술하고 있지만 함수형 프로그래밍 관점에서 flatMap()은 이보다 더 일반화된 관점에서 고찰해 볼 수 있습니다.

17 https://goo.gl/pylfle

18 간혹 flatMap()이 N개의 값을 돌려주는 것으로 오해하는 경우가 있는데, 출력 변수의 개수가 N개인 것이 아니고 N개의 값을 담은 객체 하나를 돌려주는 것입니다.

그럼 방금까지 설명한 내용이 실제 코드에서 어떤 의미를 가지는지 예제를 하나 살펴보겠습니다.

[예제 2-18]

```
// 단어 3개를 가진 List 생성
val fruits = List("apple,orange", "grape,apple,mango", "blueberry,tomato,orange")

// RDD 생성
val rdd1 = sc.parallelize(fruits)
```

fruits 리스트에는 모두 3개의 단어가 포함돼 있습니다. 그런데 각 단어를 보면 "apple,orange"와 같이 여러 개의 과일 이름이 콤마(",")를 사이에 두고 연결돼 있습니다. 지금부터 이러한 단어 속에 포함된 과일 이름을 따로 추출해서 {"apple", "orange", "grape"...}와 같이 각 과일 이름으로 구성된 새로운 RDD를 만들어 보겠습니다.

이를 위해 방금 전에 살펴본 map() 메서드를 이용해 단어 수 세기 예제에서 했던 것과 유사한 방법으로 단어를 추출할 것입니다. 그리고 결과가 나오면 내용을 알아보기 쉽게 {요소, 요소...}와 같은 형태로 출력하겠습니다.

```
// RDD의 map() 메서드로 각 단어를 ","를 기준으로 분리
val rdd2 = rdd1.map(_.split(","))

// 결과를 출력
println(rdd2.collect().map(_.mkString("{", ", ", "}")).mkString("{", ", ", "}"))[19]
```

[결과]

```
{{apple, orange}, {grape, apple, mango}, {blueberry, tomato, orange}}
```

결과를 보니 {{apple, orange}, {grape, apple, mango}, {blueberry, tomato, orange}}와 같이 3개의 배열로 구성된 RDD가 생성됐습니다.[20] 이는 분명히 원하던 결과가 아닙니다. 왜냐하면 "문자열"로 구성된 RDD를 기대했던 것이지 "문자열의 배열"로 구성된 RDD를 원했던 것이 아니기 때문입니다.

---

19 rdd2.collect 다음에 나오는 map()은 RDD의 map() 메서드가 아니라 스칼라 언어에서 사용하는 배열의 메서드입니다.

20 mkString() 메서드는 배열에 포함된 전체 요소를 시작 문자열, 구분자, 종료 문자열을 이용해 하나의 문자열로 만드는 역할을 합니다. 예제에서는 배열 안에 배열이 포함된 이중 배열이 생성됐기 때문에 두 번에 걸쳐 mkString() 메서드를 사용했습니다.

이렇게 된 이유는 "Apple,Orange"라는 문자열이 "Apple"과 "Orange"라는 단어를 포함한 배열로 변환되고 "Grape,Apple,Mango"라는 문자열이 "Grape"와 "Apple", "Mango"라는 3개의 단어를 포함한 배열로 변환됐기 때문입니다. 앞에서 살펴본 map()의 정의에 따르면

```
map[U](f:(T) ⇒ U): RDD[U]
```

에서 T가 문자열이고 U가 배열이므로 결괏값의 타입이 RDD[배열]이 된 것입니다. 따라서 우리가 원했던 결과를 얻으려면 각 배열 속에 포함된 요소를 모두 배열 밖으로 끄집어내는 작업을 해야 할 것입니다. flatMap() 연산은 바로 이 같은 경우를 위한 것으로, 하나의 입력값에 대응하는 반환값이 여러 개 일 때 유용하게 사용할 수 있습니다.

그럼 앞의 예제를 flatMap() 연산을 이용해 다시 구현해 보겠습니다. 이번에는 스칼라뿐만 아니라 자바와 파이썬 예제도 함께 살펴보겠습니다.

[예제 2-19] flatMap – 스칼라

```scala
val fruits = List("apple,orange", "grape,apple,mango", "blueberry,tomato,orange")
val rdd1 = sc.parallelize(fruits)
val rdd2 = rdd1.flatMap(_.split(","))
print(rdd2.collect.mkString(", "))
```

[예제 2-20] flatMap – 자바

```java
List<String> data = new ArrayList();
data.add("apple,orange");
data.add("grape,apple,mango");
data.add("blueberry,tomato,orange");

JavaRDD<String> rdd1 = sc.parallelize(data);

// 자바 7의 경우 org.apache.spark.api.java.function.FlatMapFunction
// 인터페이스를 구현한 객체를 전달해야 함
JavaRDD<String> rdd2 = rdd1.flatMap(new FlatMapFunction<String, String>() {
  @Override
  public Iterator<String> call(String t) throws Exception {
    return Arrays.asList(t.split(",")).iterator();
  }
});

// Java8 Lambda
JavaRDD<String> rdd3 = rdd1.flatMap((String t) -> Arrays.asList(t.split(",")).iterator());
System.out.println(rdd2.collect());
```

[예제 2-21] flatMap – 파이썬

```
rdd1 = sc.parallelize(["apple,orange", "grape,apple,mango", "blueberry,tomato,orange"])
rdd2 = rdd1.flatMap(lambda s : s.split(","))
print(rdd2.collect())
```

[결과]

```
apple, orange, grape, apple, mango, blueberry, tomato, orange
```

이제 처음 원했던 대로 문자열로만 구성된 RDD가 생성됐음을 알 수 있습니다. 이처럼 flatMap()을 사용하면 하나의 입력값에 대응되는 출력값이 여러 개인 상황에서 번거로운 추가 작업 없이 손쉽게 변환 작업을 수행할 수 있습니다.

map()과 flatMap()은 매우 자주 사용되는 메서드이면서 사용법 또한 어렵지 않습니다. 하지만 내부의 설계 철학을 생각해 보면 결코 쉬운 내용만은 아닙니다. 하지만 이 책의 목적은 함수형 언어 관점이 아닌 스파크 API로서의 map()과 flatMap() 메서드를 알아보는 것입니다. 따라서 지금은 API의 정의와 활용에 초점을 맞춰 살펴보기로 하고 관심 있는 독자분은 이 책의 참고 자료 등을 이용해 좀 더 보편적인 수준에서의 map()과 flatMap() 메서드를 다뤄보길 권합니다.

방금 RDD가 제공하는 대표적인 트랜스포메이션 메서드인 map()과 flatMap()에 대해 살펴봤습니다. 지금까지 설명한 내용만 보면 마치 flatMap()이 map()의 특별한 경우인 것처럼 보였을 수도 있습니다. 하나의 입력에 출력이 여러 개인 경우가 얼마나 있을까 싶기도 하고 범용적인 map()이 있는데 굳이 타입 제약이 있는 flatMap()을 사용할 일이 있을까? 라고 생각하는 분도 있을지 모르겠습니다.

하지만 실제 데이터 처리 과정에서 flatMap()은 없어서는 안 될 아주 중요한 역할을 수행합니다. 바로 "값없음" 상황의 처리와 관련된 것입니다.

예를 들어, 다수의 웹 서버에 저장된 대량의 사용자 접속 로그 파일을 읽고 리포트를 가공하는 작업을 하는 경우를 생각해 보겠습니다. 로그 파일이 있으니 그냥 한 줄씩 읽고 파싱하면서 원하는 작업을 수행하면 될 것 같은데, 막상 시작해 보면 항상 마주치게 되는 골치 아픈 문제가 하나 있습니다. 바로 전혀 예상하지 못했던 이상한 데이터 오류입니다. 아무리 잘 관리한다고 해도 대량의 로그 파일 속에는 파서(Parser)가 동작하는 데 오류를 일으키는 특수문자가 포함돼 있거나 비즈니스적으로 문제가 있는 값을 포함한 로그가 다수 존재할 수 있기 때문입니다.

따라서 이 경우에는 map()의 수행 결과로 항상 정상적인 값을 돌려줄 수 없는 상황이 발생합니다. 물론 에러를 발생시키거나 일단 map()을 수행한 뒤 별도의 필터 단계를 추가하는 방법이 있을 수 있겠지만 아래와 같이 flatMap()을 사용하면 이를 한 번에 깔끔하게 해결할 수 있습니다.

[예제 2-22]

```scala
val fruits = List("apple,orange", "grape,apple,mango", "blueberry,tomato,orange")
val rdd1 = sc.parallelize(fruits)
val rdd2 = rdd1.flatMap(log => {
    // apple이라는 단어가 포함된 경우만 처리하고 싶다.
    if (log.contains("apple")) {
      Some(log.indexOf("apple"))
    } else {
      None
    }
})
```

예제에 사용된 Some과 None은 값이 있거나 없을 수 있는 옵션 상황을 표시하는 스칼라 타입입니다. 값이 있다면 Some을, 없으면 None을 사용합니다. 사실 Some과 None은 flatMap()에서 요구하는 TraversableOnce 타입은 아니지만 내부적인 변환에 의해 Some은 값이 있는 집합, None은 비어있는 집합처럼 취급됩니다. 따라서 최종 결과로 모든 집합의 값을 하나로 만들면 Some에 포함된 값들만 남게 됩니다.

결국 위 예제는 apple이라는 단어가 포함됐는지 여부에 따라 필터링과 맵 연산을 동시에 수행한 결과를 만들어냅니다. 만약 자바나 파이썬의 경우라면 Some 대신 List 같은 컬렉션을 사용하고, None 대신 빈 리스트를 사용하는 것과 같습니다.

사실 무엇이 더 일반적이라고 콕 집어 말하기는 어렵지만 굳이 따지자면 flatMap()이 map()의 특수한 경우라기보다는 그 반대라고 보는 것이 맞을 것입니다. 다른 말로 표현하면 map()보다는 flatMap() 쪽이 우리가 찾는 적절한 해법인 경우가 더 많다고도 할 수 있습니다.

2.1.5.3 mapPartitions

map()과 flatMap() 메서드가 RDD의 각 요소를 하나씩 처리한다면 mapPartitions()는 파티션 단위로 처리합니다.[21] 조금 다르게 표현하자면 인자로 전달받은 함수를 파티션 단위로 적용하고, 그 결과로 구성된 새로운 RDD를 생성하는 메서드라고 할 수 있습니다.

이처럼 파티션 단위로 파티션에 속한 모든 요소를 한 번의 함수 호출로 처리할 수 있기 때문에 파티션 단위의 중간 산출물을 만들거나 데이터베이스 연결과 같은 고비용의 자원을 파티션 단위로 공유해 사용할 수 있다는 장점이 있습니다. 다음은 mapPartitions()를 사용한 예제입니다.

---

21 map() 또는 flatMap()의 인자로 사용되는 함수는 입력값이 하나만 허용되지만 mapPartitions()는 파티션에 속한 모든 요소의 컬렉션에 대한 이터레이터를 입력으로 사용합니다.

[예제 2-23] mapPartitions – 스칼라

```scala
val rdd1 = sc.parallelize(1 to 10, 3)
val rdd2 = rdd1.mapPartitions(numbers => {
  print("DB연결 !!!")
  numbers.map {
    number => number + 1
  }
})
println(rdd2.collect.mkString(", "))
```

[예제 2-24] mapPartitions – 자바

```java
JavaRDD<Integer> rdd1 = sc.parallelize(Arrays.asList(1, 2, 3, 4, 5, 6, 7, 8, 9, 10), 3);

// 자바 7에서는 FlatMapFunction 인터페이스를 구현한 객체를 전달해야 함!
JavaRDD<Integer> rdd2 = rdd1.mapPartitions(
        new FlatMapFunction<Iterator<Integer>, Integer>() {
            public Iterator<Integer> call(Iterator<Integer> numbers)
                throws Exception {
              System.out.println("DB연결 !!!");
              List<Integer> result = new ArrayList<>();
              while (numbers.hasNext()) {
                result.add(numbers.next() + 1);
              }
              return result.iterator();
            };
          });

// Java8 Lambda
JavaRDD<Integer> rdd3 = rdd1.mapPartitions((Iterator<Integer> numbers) -> {
  System.out.println("DB연결 !!!");
  List<Integer> result = new ArrayList<>();
  numbers.forEachRemaining(i -> result.add(i+1));
  return result.iterator();
});

System.out.println(rdd2.collect());
```

[예제 2-25] mapPartitions – 파이썬

```python
rdd1 = sc.parallelize(range(1, 11))
rdd2 = rdd1.mapPartitions(increase)
```

```
print(rdd2.collect())

# increase
def increase(numbers):
    print("DB 연결 !!!")
    return (i + 1 for i in numbers)
```

[결과]
```
DB연결 !!!
DB연결 !!!
DB연결 !!!
2, 3, 4, 5, 6, 7, 8, 9, 10, 11
```

먼저 기존 예제와는 다르게 맨 처음 RDD를 생성할 때 두 번째 매개변수로 '3'을 지정했습니다. 이것은 총 10개의 숫자를 가진 RDD를 생성하되 3개의 파티션을 생성하라는 의미입니다. mapPartitions()는 각 파티션 단위로 함수를 한 번씩 호출하므로 예제의 경우 "Enter Partition!!!"이 출력된 횟수로 봐서 모두 3개의 파티션이 생성된 것을 알 수 있습니다.

이때 numbers는 각 파티션에 담긴 요소를 가리키는 것으로 실제로는 각 파티션 내의 요소에 대한 이터레이터(Iterator)입니다. 따라서 mapPartitions()에 사용되는 매핑용 함수는 각 파티션 요소에 대한 이터레이터를 전달받아 함수 내부에서 파티션의 개별 요소에 대한 작업을 처리하고 그 결과를 다시 이터레이터 타입으로 되돌려줘야 합니다. 예를 들어, 1, 2, 3이라는 3개의 요소를 전달받은 뒤 이 값을 모두 더해서 중간 결과로 6이라는 숫자를 만들었다고 하더라도 결과는 정수 타입의 6이라는 값을 결과로 돌려주는 것이 아니라 6이라는 숫자 하나를 포함하고 있는 이터레이터 타입으로 되돌려줘야 하는 것입니다.

예제에서는 각 파티션에 대한 처리를 시작할 때 "Enter Partition!!!"이라는 단어를 출력했지만 실전에서는 이 위치에 데이터베이스 연결을 생성하거나 각 파티션별로 공유하고 싶은 자원을 초기화하는 용도로 응용할 수 있습니다.

2.1.5.4 mapPartitionsWithIndex

mapPartitionsWithIndex()는 인자로 전달받은 함수를 파티션 단위로 적용하고 그 결괏값으로 구성된 새로운 RDD를 생성하는 메서드입니다. 유사한 이름의 mapPartitions()와 다른 점은 인자로 전달되는 함수를 호출할 때 파티션에 속한 요소의 정보뿐만 아니라 해당 파티션의 인덱스 정보도 함께 전달해 준다는 것입니다. 다음은 파티션 번호를 이용해 첫 번째 파티션에서만 결과를 추출하는 예제입니다.

[예제 2-26] mapPartitionsWithIndex – 스칼라

```scala
val rdd1 = sc.parallelize(1 to 10, 3)
val rdd2 = rdd1.mapPartitionsWithIndex((idx, numbers) => {
  numbers.flatMap {
    case number if idx == 1 => Option(number + 1)
    case _                  => None
  }
})
println(rdd2.collect.mkString(", "))
```

[예제 2-27] mapPartitionsWithIndex – 자바

```java
JavaRDD<Integer> rdd1 = sc.parallelize(Arrays.asList(1, 2, 3, 4, 5, 6, 7, 8, 9, 10), 3);

// Java7
JavaRDD<Integer> rdd2 = rdd1.mapPartitionsWithIndex(
      new Function2<Integer, Iterator<Integer>, Iterator<Integer>>() {
      @Override
      public Iterator<Integer> call(Integer idx, Iterator<Integer> numbers)
        throws Exception {
        List<Integer> result = new ArrayList<>();
        if (idx == 1) {
          while (numbers.hasNext()) {
            result.add(numbers.next() + 1);
          }
        }
        return result.iterator();
      }
  }, true);

// Java8 Lambda
JavaRDD<Integer> rdd3 = rdd1.mapPartitionsWithIndex((Integer idx,
    Iterator<Integer> numbers) -> {
  List<Integer> result = new ArrayList<>();
  if (idx == 1)
    numbers.forEachRemaining(i -> result.add(i + 1));
  return result.iterator();
}, true);

System.out.println(rdd2.collect());
```

[예제 2-28] mapPartitionsWithIndex – 파이썬

```python
rdd1 = sc.parallelize(range(1, 11), 3)
rdd2 = rdd1.mapPartitionsWithIndex(increaseWithIndex)
print(rdd2.collect())

# increaseWithIndex
def increaseWithIndex(idx, numbers):
    for i in numbers:
        if(idx == 1):
            yield i + 1
```

[결과] - 실제 결과는 실행할 때마다 다를 수 있음

```
5, 6, 7
```

2.1.5.5 mapValues

RDD의 요소가 키와 값의 쌍을 이루고 있는 경우 페어RDD(PairRDD)라는 용어를 사용합니다[22]. 페어RDD에 속하는 데이터는 키를 기준으로 해서 작은 그룹들을 만들고 해당 그룹들에 속한 값을 대상으로 합계나 평균을 구하는 등의 연산을 수행하는 경우가 많은데 스파크에서는 이런 경우를 위한 특별한 연산을 제공하고 있습니다. 이런 연산들을 이용하면 키와 값을 다루기 위한 반복적이고 지루한 코드를 작성하지 않아도 되기 때문에 키와 값을 이용한 데이터를 처리할 때 매우 유용하게 활용할 수 있습니다.

mapValues()는 RDD의 모든 요소들이 키와 값의 쌍을 이루고 있는 경우에만 사용 가능한 메서드이며, 인자로 전달받은 함수를 "값"에 해당하는 요소에만 적용하고 그 결과로 구성된 새로운 RDD를 생성합니다. 즉, "키"에 해당하는 부분은 그대로 두고 "값"에만 map() 연산을 적용한 것과 같습니다.

[예제 2-29] mapValues – 스칼라

```scala
// (키, 값) 쌍으로 구성된 RDD를 생성
val rdd = sc.parallelize(List("a", "b", "c")).map((_, 1))
val result = rdd.mapValues(i => i + 1)
println(result.collect.mkString("\t"))
```

---

22 페어RDD는 흔히 사용하는 "용어"일 뿐 이것을 공식 타입이나 API명으로 오해하면 안 됩니다. 실제로 자바의 경우 일반 JavaRDD와 구별하기 위한 JavaPairRDD라는 타입을 따로 정의했지만 스칼라의 경우 단순 암묵적 변환을 위해 PairRDDFunctions 클래스를 만들었을 뿐이고 파이썬의 경우는 구분 없이 같은 RDD 클래스를 사용하고 있습니다.

[예제 2-30] mapValues – 자바

```java
JavaRDD<String> rdd1 = sc.parallelize(Arrays.asList("a", "b", "c"));

// (키, 값) 쌍으로 구성된 RDD를 생성, Java7
JavaPairRDD<String, Integer> rdd2 = rdd1
    .mapToPair(new PairFunction<String, String, Integer>() {
      @Override
      public Tuple2<String, Integer> call(String t) throws Exception {
        return new Tuple2(t, 1);
      }
    });

JavaPairRDD<String, Integer> rdd3 = rdd2
    .mapValues(new Function<Integer, Integer>() {
      @Override
      public Integer call(Integer v1) throws Exception {
        return v1 + 1;
      }
    });

// Java8 Lambda
JavaPairRDD<String, Integer> rdd4 = rdd1
    .mapToPair((String t) -> new Tuple2<String, Integer>(t, 1))
    .mapValues((Integer v1) -> v1 + 1);

System.out.println(rdd3.collect());
```

[예제 2-31] mapValues – 파이썬

```python
rdd1 = sc.parallelize(["a", "b", "c"])
// (키, 값) 쌍으로 구성된 RDD를 생성
rdd2 = rdd1.map(lambda v : (v, 1))
rdd3 = rdd2.mapValues(lambda i: i + 1)
print(rdd3.collect())
```

[결과] - 사용 언어에 따라 결과 문자열 표시 방식이 다를 수 있음

(a,2)　(b,2)　(c,2)

예제에서는 a, b, c라는 세 개의 문자열을 (a, 1), (b, 2), (c, 1)과 같은 키와 값의 쌍으로 변환한 뒤 mapValues() 메서드를 적용했습니다. 그 결과, 각 값에 1이 더해진 (a, 2), (b, 2), (c, 2)와 같은 새로운 RDD가 생성됐습니다.

2.1.5.6 flatMapValues

flatMapValues는 RDD의 구성요소가 키와 값의 쌍으로 구성된 경우에만 사용할 수 있는 메서드입니다. flatMapValues 역시 mapValues() 메서드와 마찬가지로 키는 그대로 두고 값에 해당하는 요소만을 대상으로 flatMap() 연산을 적용할 수 있습니다. 만약 flatMap() 연산을 처음 접했다면 이전에 설명한 FlatMap() 메서드의 설명을 먼저 참고하기 바랍니다.

[예제 2-32] flatMapValues – 스칼라

```scala
val rdd = sc.parallelize(Seq((1, "a,b"), (2, "a,c"), (1, "d,e")))
val result = rdd.flatMapValues(_.split(","))
println(result.collect.mkString("\t"))
```

[예제 2-33] flatMapValues – 자바

```java
List<Tuple2<Integer, String>> data = Arrays.asList(new Tuple2(1, "a,b"),
        new Tuple2(2, "a,c"), new Tuple2(1, "d,e"));

JavaPairRDD<Integer, String> rdd1 = sc.parallelizePairs(data);

// Java7
JavaPairRDD<Integer, String> rdd2 = rdd1.flatMapValues(new Function<String,
Iterable<String>>() {
        @Override
        public Iterable<String> call(String v1) throws Exception {
            return Arrays.asList(v1.split(","));
        }
    });

System.out.println(rdd2.collect());

// Java8 Lambda
JavaPairRDD<Integer, String> rdd3 =
    rdd1.flatMapValues((String v1)-> Arrays.asList(v1.split(",")));
```

[예제 2-34] flatMapValues - 파이썬

```python
rdd1 = sc.parallelize([(1, "a,b"), (2, "a,c"), (1, "d,e")])
rdd2 = rdd1.flatMapValues(lambda s : s.split(","))
print(rdd2.collect())
```

[결과]

```
(1,a)    (1,b)    (2,a)    (2,c)    (1,d)    (1,e)
```

예제의 경우 원래 RDD는 (1, "a,b"), (2, "a,c"), (1, "d,e")라는 3개의 요소로 구성돼 있었습니다. 이때 각 값을 콤마(",")를 기준으로 분리하는 연산을 적용했고, 그 결과로 총 6개의 요소가 생성된 것을 알 수 있습니다. 또한 flatMap()에서 살펴본 바와 같이 flatMapValues()의 결과 RDD 타입 도 RDD[Int, TraverableOnce(String)][23]가 아닌 RDD[Int, String]라는 것도 함께 확인할 수 있습니다.

[그룹과 관련된 연산들]

2.1.5.7 zip

zip() 연산은 두 개의 서로 다른 RDD를 각 요소의 인덱스에 따라 하나의 (키, 값) 쌍으로 묶어줍니다. 즉, 첫 번째 RDD의 n번째 요소를 키로 하고 두 번째 RDD의 n번째 요소를 값으로 하는 순서쌍을 생성합니다. 이때 두 RDD는 같은 개수의 파티션을 가지고 있고, 각 파티션에 속하는 요소의 수는 동일하다고 가정합니다. 따라서 서로 크기가 다른 RDD 간에는 zip() 메서드를 사용할 수 없습니다.

자바를 사용한다면 zip() 연산의 결과 타입이 기본 JavaRDD가 아니라 키와 값을 다루는 JavaPairRDD 타입이라는 점에 유의해야 합니다.

[예제 2-35] zip – 스칼라

```scala
val rdd1 = sc.parallelize(List("a", "b", "c"))
val rdd2 = sc.parallelize(List(1, 2, 3))
val result = rdd1.zip(rdd2)
println(result.collect.mkString(", "))
```

[예제 2-36] zip – 자바

```java
JavaRDD<String> rdd1 = sc.parallelize(Arrays.asList("a", "b", "c"));
JavaRDD<Integer> rdd2 = sc.parallelize(Arrays.asList(1, 2, 3));
JavaPairRDD<String, Integer> result = rdd1.zip(rdd2);
System.out.println(result.collect());
```

[예제 2-37] zip – 파이썬

```python
rdd1 = sc.parallelize(["a", "b", "c"])
rdd2 = sc.parallelize([1, 2, 3])
```

---

23 스칼라 언어를 예로 든 것이며 자바 및 파이썬의 경우도 표기 문법만 다를 뿐 같은 개념입니다.

```
result = rdd1.zip(rdd2)
print(result.collect())
```

[결과]

(a,1), (b,2), (c,3)

예제의 실행 결과를 보면 rdd1의 첫 번째 요소인 "a"와 rdd2의 첫 번째 요소인 1이 한 쌍이 되고 rdd1의 두 번째 요소인 "b"와 rdd2의 두 번째 요소인 2가 한 쌍이 된 것을 알 수 있습니다. 이처럼 두 RDD에서 같은 위치에 있는 요소들이 하나의 쌍이 됩니다.

2.1.5.8 zipPartitions

zip() 메서드가 두 개의 서로 다른 RDD 요소를 쌍으로 묶어주는 역할만 수행했다면 zipPartitions()는 파티션 단위로 zip() 연산을 수행하고 특정 함수를 적용해 그 결과로 구성된 새로운 RDD를 생성하는 메서드입니다. 이름에 zip()이라는 단어를 포함하고 있어서 zip() 메서드와 유사할 것으로 생각할 수 있지만 몇 가지 중요한 차이점이 있습니다.

먼저 zip() 메서드는 RDD의 요소를 하나씩 대응시켜 쌍을 만들기 때문에 두 RDD의 파티션 개수는 물론 요소의 개수도 같아야 하지만 zipPartitions() 연산은 요소들의 집합 단위로 병합을 실행하므로 파티션의 개수만 동일해도 됩니다. 두 번째로 zip() 메서드의 인자로는 최대 1개의 RDD만 지정할 수 있지만 zipPartitions()는 최대 4개까지 지정할 수 있습니다. 마지막으로 zip() 메서드는 단지 두 RDD 요소의 쌍을 만들기만 하지만 zipPartitions() 메서드는 병합에 사용할 함수를 인자로 전달받아서 사용할 수 있습니다. 무척 장황하게 설명했지만 실제 코드를 살펴보면 그리 어려운 내용이 아니므로 코드를 살펴보겠습니다.

[예제 2-38] zipPartitions – 스칼라

```
def doZipPartitions(sc: SparkContext) {
  val rdd1 = sc.parallelize(List("a", "b", "c"), 3)
  val rdd2 = sc.parallelize(List(1, 2), 3)
  val result = rdd1.zipPartitions(rdd2) {
    (it1, it2) =>
      val result = new ListBuffer[String]
      while (it1.hasNext) {
        if (it2.hasNext) result += (it1.next() + it2.next) else result += it1.next()
      }
      result.iterator
  }
```

```
    println(result.collect.mkString(", "))
  }
```

```
public static void doZipPartitions(JavaSparkContext sc) {
  JavaRDD<String> rdd1 = sc.parallelize(Arrays.asList("a", "b", "c"), 3);
  JavaRDD<Integer> rdd2 = sc.parallelize(Arrays.asList(1, 2), 3);

  // Java7
  JavaRDD<String> rdd3 = rdd1.zipPartitions(rdd2,
    new FlatMapFunction2<Iterator<String>, Iterator<Integer>, String>() {
    @Override
    public Iterator<String> call(Iterator<String> t1, Iterator<Integer> t2) throws Exception {
      List<String> list = new ArrayList<>();
      while (t1.hasNext()) {
       if (t2.hasNext()) {
        list.add(t1.next() + t2.next());
       } else {
        list.add(t1.next());
       }
      }
      return list.iterator();
     }
    });

  // Java8 Lambda
  JavaRDD<String> rdd4 = rdd1.zipPartitions(rdd2, (Iterator<String> t1, Iterator<Integer> t2) -> {
   List<String> list = new ArrayList<>();
   t1.forEachRemaining((String s) -> {
    if (t2.hasNext()) {
     list.add(s + t2.next());
    } else {
     list.add(s);
    }
   });
   return list.iterator();
  });

  System.out.println(rdd4.collect());
}
```

[결과]

a, b1, c2

참고로 zipPartitions() 메서드의 경우 파이썬에서는 사용할 수 없습니다.

예제에서 rdd1과 rdd2가 둘 다 3개의 파티션으로 구성돼 있습니다. 하지만 rdd2의 경우 전체 요소의 갯수가 2개뿐이라서 세개의 파티션 중 하나는 데이터가 없는 빈 파티션이 됩니다. 이때 zipPartitions()에 전달되는 함수의 인자값은 rdd1의 파티션 요소들에 접근하기 위한 it1 이터레이터와 rdd2 파티션에 속한 요소에 접근하기 위한 it2 이터레이터가 되는데 이때 3개의 파티션 중의 하나는 it2 이터레이터의 hasNext 메서드의 수행 결과가 항상 false를 리턴하게 될 것입니다. 따라서 결과에서 볼 수 있듯이 두 개의 파티션은 rdd1의 문자와 rdd2의 숫자를 연결해서 b1, c2와 같은 값을 만들어 냈지만 나머지 한 개의 파티션은 숫자가 없는 a라는 문자만 포함하고 있는 것을 볼 수 있습니다.

2.1.5.9 groupBy

groupBy()는 RDD의 요소를 일정한 기준에 따라 여러 개의 그룹으로 나누고 이 그룹으로 구성된 새로운 RDD를 생성합니다. 각 그룹은 키와 그 키에 속한 요소의 시퀀스로 구성되며, 메서드의 인자로 전달하는 함수가 각 그룹의 키를 결정하는 역할을 담당합니다.

다음은 1부터 10까지의 요소로 구성된 RDD의 요소를 짝수와 홀수에 따라 even과 odd라는 두 개의 그룹으로 분류하는 예제입니다.

[예제 2-40] groupBy - 스칼라

```
val rdd = sc.parallelize(1 to 10)
val result = rdd.groupBy {
    case i: Int if (i % 2 == 0) => "even"
    case _                      => "odd"
}
result.collect.foreach {
    v => println(s"${v._1}, [${v._2.mkString(",")}]")
}
```

[예제 2-41] groupBy - 자바

```
JavaRDD<Integer> rdd1 = sc.parallelize(Arrays.asList(1, 2, 3, 4, 5, 6, 7,
    8, 9, 10));
```

```java
// Java7
JavaPairRDD<String, Iterable<Integer>> rdd2 =
    rdd1.groupBy(new Function<Integer, String>() {
        @Override
        public String call(Integer v1) throws Exception {
            return (v1 % 2 == 0) ? "even" : "odd";
        }
    });

// Java8 Lambda
JavaPairRDD<String, Iterable<Integer>> rdd3
    = rdd1.groupBy((Integer v1) -> (v1 % 2 == 0) ? "even" : "odd");

System.out.println(rdd2.collect());
```

[예제 2–42] groupBy – 파이썬

```python
rdd1 = sc.parallelize(range(1, 11))
rdd2 = rdd1.groupBy(lambda v: "even" if v % 2 == 0 else "odd")
for x in rdd2.collect():
  print(x[0], list(x[1]))
```

[결과]

```
even, [2,4,6,8,10]
odd, [1,3,5,7,9]
```

2.1.5.10 groupByKey

groupBy() 메서드가 요소의 키를 생성하는 작업과 그룹으로 분류하는 작업을 동시에 수행한다면 groupByKey()는 이미 RDD의 구성요소가 키와 값으로 쌍으로 이뤄진 경우에 사용 가능한 메서드 입니다. groupByKey()가 수행하는 작업은 키를 기준으로 같은 키를 가진 요소들로 그룹을 만들고 이 그룹들로 구성된 새로운 RDD를 생성하는 것입니다. 이때 각 그룹은 groupBy() 메서드와 같이 키와 그 키에 속한 요소의 시퀀스로 구성됩니다.

[예제 2–43] groupByKey – 스칼라

```scala
val rdd = sc.parallelize(List("a", "b", "c", "b", "c")).map((_, 1))
val result = rdd.groupByKey
result.collect.foreach {
    v => println(s"${v._1}, [${v._2.mkString(",")}]")
}
```

[예제 2-44] groupByKey – 자바

```java
List<Tuple2<String, Integer>> data = Arrays.asList(new Tuple2("a", 1),
        new Tuple2("b", 1), new Tuple2("c", 1), new Tuple2("b", 1),
        new Tuple2("c", 1));
JavaPairRDD<String, Integer> rdd1 = sc.parallelizePairs(data);
JavaPairRDD<String, Iterable<Integer>> rdd2 = rdd1.groupByKey();
System.out.println(rdd2.collect());
```

[예제 2-45] groupByKey – 파이썬

```python
rdd1 = sc.parallelize(["a", "b", "c", "b", "c"]).map(lambda v: (v, 1))
rdd2 = rdd1.groupByKey()
    for x in rdd2.collect():
        print(x[0], list(x[1]))
```

[결과]

```
a, [1]
b, [1,1]
c, [1,1]
```

2.1.5.11 cogroup

cogroup()은 RDD의 구성요소가 키와 값의 쌍으로 구성된 경우에만 사용할 수 있는 메서드입니다. 여러 RDD에서 같은 키를 갖는 값 요소를 찾아서 키와 그 키에 속하는 요소의 시퀀스로 구성된 튜플을 만들고, 그 튜플들로 구성된 새로운 RDD를 생성합니다. (시퀀스의 정확한 타입은 List, Vector 등의 상위 클래스인 Iterable입니다.) 어렵지 않은 내용이지만 글로 설명하면 오히려 혼란스러워질 수 있으니 예제를 바로 살펴보겠습니다.

[예제 2-46] cogroup – 스칼라

```scala
val rdd1 = sc.parallelize(List(("k1", "v1"), ("k2", "v2"), ("k1", "v3")))
val rdd2 = sc.parallelize(List(("k1", "v4")))
val result = rdd1.cogroup(rdd2)
result.collect.foreach {
    case (k, (v_1, v_2)) => {
        println(s"($k, [${v_1.mkString(",")}], [${v_2.mkString(",")}])")
    }
}
```

[예제 2-47] cogroup – 자바

```java
List<Tuple2<String, String>> data1 = Arrays.asList(new Tuple2("k1", "v1"),
        new Tuple2("k2", "v2"), new Tuple2("k1", "v3"));
List<Tuple2<String, String>> data2 = Arrays.asList(new Tuple2("k1", "v4"));

JavaPairRDD<String, String> rdd1 = sc.parallelizePairs(data1);
JavaPairRDD<String, String> rdd2 = sc.parallelizePairs(data2);

JavaPairRDD<String, Tuple2<Iterable<String>, Iterable<String>>> result
  = rdd1.cogroup(rdd2);

System.out.println(result.collect());
```

[예제 2-48] cogroup – 파이썬

```python
rdd1 = sc.parallelize([("k1", "v1"), ("k2", "v2"), ("k1", "v3")])
rdd2 = sc.parallelize([("k1", "v4")])
result = rdd1.cogroup(rdd2)
for x in result.collect():
    print(x[0], list(x[1][0]), list(x[1][1]))
```

[결과]

```
(k2, [v2], [])
(k1, [v1,v3], [v4])
```

rdd1과 rdd2는 모두 키와 값의 쌍으로 구성돼 있습니다. 이 가운데 rdd1은 ("k1", "v1"), ("k1", "v3"), ("k2", "v2")라는 요소를 포함하고 있고, rdd2는 ("k1", "v4")라는 요소를 포함하고 있습니다. 이를 정리하면 두 RDD는 모두 합해서 총 2개("k1"과 "k2")의 키를 가지고 있고, 이 가운데 "k1"은 rdd1, rdd2를 모두 가지고 있는 키라고 할 수 있습니다.

이제 rdd1에서 cogroup() 메서드를 호출해 rdd2를 인자로 지정합니다. 그리고 실행 결과를 보면 새롭게 생성된 result라는 RDD가 rdd1과 rdd2의 전체 키의 개수와 동일한 두 개의 요소를 가지고 있음을 알 수 있습니다. 이때 result의 각 요소는 튜플로 구성되는데, 튜플의 첫 번째 요소는 키를 의미하고 두 번째 요소는 그 키에 속하는 값들의 시퀀스를 요소로 하는 또 다른 튜플로 구성돼 있습니다. 두 번째 요소인 튜플에는 모두 두 개의 시퀀스가 포함되는데, 첫 번째는 rdd1의 요소 중에서 해당 키에 속하는 값들의 시퀀스이고 두 번째는 rdd2의 요소 중에서 해당 키에 속하는 값들의 시퀀스입니다.

이를 API와 비슷한 형태로 표현하면 Tuple(키, Tuple(rdd1 요소들의 집합, rdd2 요소들의 집합))과 같은 방식으로 나타낼 수 있습니다.

만약 예제와 같이 rdd1.cogroup(rdd2)가 아니고 rdd2.cogroup(rdd1)과 같이 변경한다면 두 번째 튜플에 포함되는 시퀀스의 순서가 Tuple(키, Tuple(rdd2 요소들의 집합, rdd1 요소들의 집합))과 같이 변경됩니다.

현재 스파크 2.0 RDD API에서는 최대 3개의 RDD를 cogroup() 메서드의 인자로 지정할 수 있습니다. 예를 들어, rdd1.cogroup(rdd2, rdd3, rdd4)와 같이 호출한다면 인자로 지정한 순서에 따라 Tuple(키, Tuple(rdd1 요소들, rdd2 요소들, rdd3 요소들...))의 순서로 구성된 RDD가 생성됩니다.

[집합과 관련된 연산들]

2.1.5.12 distinct

distinct()는 RDD의 원소에서 중복을 제외한 요소로만 구성된 새로운 RDD를 생성하는 메서드입니다.

[예제 2-49] distinct – 스칼라

```scala
val rdd = sc.parallelize(List(1, 2, 3, 1, 2, 3, 1, 2, 3))
val result = rdd.distinct()
println(result.collect.mkString(", "))
```

[예제 2-50] distinct – 자바

```java
JavaRDD<Integer> rdd = sc.parallelize(Arrays.asList(1, 2, 3, 1, 2, 3, 1, 2, 3));
JavaRDD<Integer> result = rdd.distinct();
System.out.println(result.collect());
```

[예제 2-51] distinct – 파이썬

```python
rdd = sc.parallelize([1, 2, 3, 1, 2, 3, 1, 2, 3])
result = rdd.distinct()
print(result.collect())
```

[결과]

1, 3, 2

2.1.5.13 cartesian

cartesian()은 두 RDD 요소의 카테시안곱을 구하고 그 결과를 요소로 하는 새로운 RDD를 생성하는 메서드입니다.

[예제 2-52] cartesian – 스칼라

```scala
val rdd1 = sc.parallelize(List(1, 2, 3))
val rdd2 = sc.parallelize(List("a", "b", "c"))
val result = rdd1.cartesian(rdd2)
println(result.collect.mkString(", "))
```

[예제 2-53] cartesian – 자바

```java
JavaRDD<Integer> rdd1 = sc.parallelize(Arrays.asList(1, 2, 3));
JavaRDD<String> rdd2 = sc.parallelize(Arrays.asList("a", "b", "c"));
JavaPairRDD<Integer, String> result = rdd1.cartesian(rdd2);
System.out.println(result.collect());
```

[예제 2-54] cartesian – 파이썬

```python
rdd1 = sc.parallelize([1, 2, 3])
rdd2 = sc.parallelize(["a", "b", "c"])
result = rdd1.cartesian(rdd2)
print(result.collect())
```

[결과]
(1,a), (1,b), (1,c), (2,a), (2,b), (2,c), (3,a), (3,b), (3,c)

2.1.5.14 subtract

rdd1과 rdd2라는 두 개의 RDD가 있을 때 rdd1.subtract(rdd2)는 rdd1에는 속하고, rdd2에는 속하지 않는 요소로 구성된 새로운 RDD를 생성하는 메서드입니다.

[예제 2-55] subtract – 스칼라

```scala
val rdd1 = sc.parallelize(List("a", "b", "c", "d", "e"))
val rdd2 = sc.parallelize(List("d", "e"))
val result = rdd1.subtract(rdd2)
println(result.collect.mkString(", "))
```

[예제 2-56] subtract – 자바

```
JavaRDD<String> rdd1 = sc.parallelize(Arrays.asList("a", "b", "c", "d", "e"));
JavaRDD<String> rdd2 = sc.parallelize(Arrays.asList("d", "e"));
JavaRDD<String> result = rdd1.subtract(rdd2);
System.out.println(result.collect());
```

[예제 2-57] subtract – 파이썬

```
rdd1 = sc.parallelize(["a", "b", "c", "d", "e"])
rdd2 = sc.parallelize(["d", "e"])
result = rdd1.subtract(rdd2)
print(result.collect())
```

[결과]

b, c, a

2.1.5.15 union

rdd1과 rdd2라는 두 개의 RDD가 있을 때 rdd1 또는 rdd2에 속하는 요소로 구성된 새로운 RDD를 생성하는 메서드입니다.

[예제 2-58] union – 스칼라

```
val rdd1 = sc.parallelize(List("a", "b", "c"))
val rdd2 = sc.parallelize(List("d", "e", "f"))
val result = rdd1.union(rdd2)
println(result.collect.mkString(", "))
```

[예제 2-59] union – 자바

```
val rdd1 = sc.parallelize(List("a", "b", "c"))
val rdd2 = sc.parallelize(List("d", "e", "f"))
val result = rdd1.union(rdd2)
println(result.collect.mkString(", "))
```

[예제 2-60] union – 파이썬

```
rdd1 = sc.parallelize(["a", "b", "c"])
rdd2 = sc.parallelize(["d", "e", "f"])
result = rdd1.union(rdd2)
print(result.collect())
```

[결과]

a, b, c, d, e, f

2.1.5.16 intersection

rdd1과 rdd2라는 두 개의 RDD가 있을 때 rdd1과 rdd2에 동시에 속하는 요소로 구성된 새로운 RDD를 생성하는 메서드입니다. 주의할 점은 intersection()의 결과로 생성되는 RDD에는 중복된 원소가 존재하지 않는다는 점입니다. 이것이 어떤 의미인지 예제를 보면서 알아보겠습니다.

[예제 2-61] intersection – 스칼라

```scala
val rdd1 = sc.parallelize(List("a", "a", "b", "c"))
val rdd2 = sc.parallelize(List("a", "a", "c", "c"))
val result = rdd1.intersection(rdd2)
println(result.collect.mkString(", "))
```

[예제 2-62] intersection – 자바

```java
JavaRDD<String> rdd1 = sc.parallelize(Arrays.asList("a", "a", "b", "c"));
JavaRDD<String> rdd2 = sc.parallelize(Arrays.asList("a", "a", "c", "c"));
JavaRDD<String> result = rdd1.intersection(rdd2);
System.out.println(result.collect());
```

[예제 2-63] intersection – 파이썬

```python
rdd1 = sc.parallelize(["a", "a", "b", "c"])
rdd2 = sc.parallelize(["a", "a", "c", "c"])
result = rdd1.intersection(rdd2)
print(result.collect())
```

[결과]

a, c

예제에서 rdd1과 rdd2는 "a"라는 문자 두 개와 "c"라는 문자 한 개를 공통으로 포함하고 있습니다. 이때 rdd1.intersection(rdd2) 메서드를 호출한 결과, 두 RDD에 공통으로 포함된 "a"와 "c" 문자로 구성된 새로운 RDD가 생성된 것을 알 수 있습니다. 단, "a" 문자의 경우 rdd1과 rdd2 양쪽 모두에 2번씩 포함돼 있지만 최종 결과에서는 중복 없이 한 번만 나타나고 있음을 확인할 수 있습니다.

2.1.5.17 join

join()은 RDD의 구성요소가 키와 값의 쌍으로 구성된 경우에 사용할 수 있는 메서드입니다. 두 RDD에서 서로 같은 키를 가지고 있는 요소를 모아서 그룹을 형성하고, 이 결과로 구성된 새로운 RDD를 생성하는 메서드입니다. 우리가 흔히 다루는 데이터베이스의 조인과 같은 유사한 동작을 수행합니다.

join() 메서드의 수행 결과로 생성된 RDD는 튜플 타입의 요소를 가지며, Tuple(키, Tuple(첫 번째 RDD의 요소, 두 번째 RDD의 요소)) 형태로 구성됩니다. 다음은 간단한 join() 메서드의 예제입니다.

[예제 2-64] join – 스칼라
```
val rdd1 = sc.parallelize(List("a", "b", "c", "d", "e")).map((_, 1))
val rdd2 = sc.parallelize(List("b", "c")).map((_, 2))
val result = rdd1.join(rdd2)
println(result.collect.mkString("\n"))
```

[예제 2-65] join – 자바
```
List<Tuple2<String, Integer>> data1 = Arrays.asList(new Tuple2("a", 1), new Tuple2("b", 1), new
Tuple2("c", 1), new Tuple2("d", 1), new Tuple2("e", 1));
List<Tuple2<String, Integer>> data2 = Arrays.asList(new Tuple2("b", 2), new Tuple2("c", 2));
JavaPairRDD<String, Integer> rdd1 = sc.parallelizePairs(data1);
JavaPairRDD<String, Integer> rdd2 = sc.parallelizePairs(data2);
JavaPairRDD<String, Tuple2<Integer, Integer>> result = rdd1.join(rdd2);
System.out.println(result.collect());
```

[예제 2-66] join – 파이썬
```
rdd1 = sc.parallelize(["a", "b", "c", "d", "e"]).map(lambda v: (v, 1))
rdd2 = sc.parallelize(["b", "c"]).map(lambda v: (v, 2))
result = rdd1.join(rdd2)
print(result.collect())
```

[결과]
```
(b,(1,2))
(c,(1,2))
```

2.1.5.18 leftOuterJoin, rightOuterJoin

leftOuterJoin()과 rightOuterJoin()은 RDD의 구성요소가 키와 값의 쌍으로 구성된 경우에 사용할 수 있는 메서드입니다. rdd1과 rdd2라는 두 개의 RDD가 있을 때 두 메서드는 이름 그대로 왼쪽 외부 조인과 오른쪽 외부 조인을 수행하고, 그 결과로 구성된 새로운 RDD를 돌려줍니다.[24]

left와 right는 어느 쪽 RDD의 키를 기준으로 외부 조인을 수행할 것인지를 의미하는 것이며, 최종 결과는 "외부"라는 용어가 의미하듯 catesian() 메서드의 실행 결과에는 나타나지 않았던 요소들이 포함됩니다. 한편 조인 결과를 표시할 때는 값이 존재하지 않는 경우를 고려해 Option 타입을 이용합니다.

[예제 2-67] leftOuterJoin/rightOuterJoin – 스칼라

```
val rdd1 = sc.parallelize(List("a", "b", "c")).map((_, 1))
val rdd2 = sc.parallelize(List("b", "c")).map((_, 2))
val result1 = rdd1.leftOuterJoin(rdd2)
val result2 = rdd1.rightOuterJoin(rdd2)
println("Left: " + result1.collect.mkString("\t"))
println("Right: " + result2.collect.mkString("\t"))
```

[예제 2-68] leftOuterJoin/rightOuterJoin – 자바

```
List<Tuple2<String, Integer>> data1 = Arrays.asList(new Tuple2("a", 1), new Tuple2("b", "1"),
new Tuple2("c", "1"));
List<Tuple2<String, Integer>> data2 = Arrays.asList(new Tuple2("b", 2), new Tuple2("c", "2"));
JavaPairRDD<String, Integer> rdd1 = sc.parallelizePairs(data1);
JavaPairRDD<String, Integer> rdd2 = sc.parallelizePairs(data2);
JavaPairRDD<String, Tuple2<Integer, Optional<Integer>>> result1
  = rdd1.leftOuterJoin(rdd2);
JavaPairRDD<String, Tuple2<Optional<Integer>, Integer>> result2
  = rdd1.rightOuterJoin(rdd2);
System.out.println("Left: " + result1.collect());
System.out.println("Right: " + result2.collect());
```

[예제 2-69] leftOuterJoin/rightOuterJoin – 파이썬

```
rdd1 = sc.parallelize(["a", "b", "c"]).map(lambda v: (v, 1))
rdd2 = sc.parallelize(["b", "c"]).map(lambda v: (v, 2))
result1 = rdd1.leftOuterJoin(rdd2)
```

---

24 https://goo.gl/Na4P5A

```
result2 = rdd1.rightOuterJoin(rdd2)
print("Left: %s" % result1.collect())
print("Right: %s" % result2.collect())
```

[결과]

```
Left: (a,(1,None)) (b,(1,Some(2))) (c,(1,Some(2)))
Right: (b,(Some(1),2)) (c,(Some(1),2))
```

2.1.5.19 subtractByKey

subtractByKey()는 RDD의 구성요소가 키와 값의 쌍으로 구성된 경우에 사용할 수 있는 메서드입니다. rdd1과 rdd2라는 두 RDD가 있을 때 rdd1.subtractByKey(rdd2)는 rdd1의 요소 중에서 rdd2에 같은 키가 존재하는 요소를 제외한 나머지로 구성된 새로운 RDD를 돌려줍니다.

[예제 2-70] subtractByKey – 스칼라

```
val rdd1 = sc.parallelize(List("a", "b")).map((_, 1))
val rdd2 = sc.parallelize(List("b")).map((_, 2))
val result = rdd1.subtractByKey(rdd2)
println(result.collect.mkString("\n"))
```

[예제 2-71] subtractByKey – 자바

```
List<Tuple2<String, Integer>> data1 = Arrays.asList(new Tuple2("a", 1), new Tuple2("b", 1));
List<Tuple2<String, Integer>> data2 = Arrays.asList(new Tuple2("b", 2));

JavaPairRDD<String, Integer> rdd1 = sc.parallelizePairs(data1);
JavaPairRDD<String, Integer> rdd2 = sc.parallelizePairs(data2);

JavaPairRDD<String, Integer> result = rdd1.subtractByKey(rdd2);
System.out.println(result.collect());
```

[예제 2-72] subtractByKey – 파이썬

```
rdd1 = sc.parallelize(["a", "b"]).map(lambda v: (v, 1))
rdd2 = sc.parallelize(["b"]).map(lambda v: (v, 1))
result = rdd1.subtractByKey(rdd2)
print(result.collect())
```

[결과]

```
(a,1)
```

[집계와 관련된 연산들]

2.1.5.20 reduceByKey

reduceByKey()는 RDD의 구성요소가 키와 값의 쌍으로 구성된 경우에 사용할 수 있는 메서드로서 같은 키를 가진 값들을 하나로 병합해 키-값 쌍으로 구성된 새로운 RDD를 생성합니다. 이 메서드는 병합을 수행하기 위해 두 개의 값을 하나로 합치는 함수를 인자로 전달받는데, 이때 함수가 수행하는 연산은 결합법칙과 교환법칙이 성립됨을 보장해야 합니다. 왜냐하면 데이터가 여러 파티션에 분산돼 있어서 항상 같은 순서로 연산이 수행됨을 보장할 수 없기 때문입니다.

다음은 두 개의 값을 더하는 함수를 이용해 병합을 수행하는 reduceByKey() 예제입니다.

[예제 2-73] reduceByKey – 스칼라

```scala
val rdd = sc.parallelize(List("a", "b", "b")).map((_, 1))
val result = rdd.reduceByKey(_ + _)
println(result.collect.mkString(","))
```

[예제 2-74] reduceByKey – 자바

```java
List<Tuple2<String, Integer>> data = Arrays.asList(new Tuple2("a", 1),new Tuple2("b", 1), new
Tuple2("b", 1));
JavaPairRDD<String, Integer> rdd = sc.parallelizePairs(data);
// Java7
JavaPairRDD<String, Integer> result = rdd.reduceByKey(
  new Function2<Integer, Integer, Integer>() {
    @Override
    public Integer call(Integer v1, Integer v2) throws Exception {
      return v1 + v2;
    }
  });
// Java8 Lambda
JavaPairRDD<String, Integer> result2 = rdd.reduceByKey((Integer v1, Integer v2)-> v1 + v2);
System.out.println(result.collect());
```

[예제 2-75] reduceByKey – 파이썬

```python
rdd = sc.parallelize(["a", "b", "b"]).map(lambda v: (v, 1))
result = rdd.reduceByKey(lambda v1, v2: v1 + v2)
print(result.collect())
```

[결과]

```
(a,1),(b,2)
```

예제에서는 두 개의 정수를 더하는 함수를 병합 함수로 사용했습니다. 따라서 "b" 키에 속하는 두 개의 1 값이 하나로 합쳐진 ("b", 2)가 생성됐습니다.

 지금까지 특별히 언급하지는 않았지만 키와 값의 쌍으로 구성된 RDD의 트랜스포메이션 메서드에는 데이터 처리 과정에서 사용할 파티셔너와 파티션 개수를 지정할 수 있는 옵션이 있습니다. 따라서 자체적으로 작성한 파티셔너(org.apache.spark.Partitioner)를 사용하고 싶거나 파티션 개수를 조정해 병렬처리 수준을 변경하려면 각 메서드의 API를 참고해 해당 매개변수를 지정해서 사용할 수 있습니다.

2.1.5.21 foldByKey

foldByKey()는 RDD의 구성요소가 키와 값의 쌍으로 구성된 경우에 사용할 수 있는 메서드입니다. 전반적인 동작은 reduceByKey() 메서드와 유사해서 같은 키를 가진 값을 하나로 병합해 키-값 쌍으로 구성된 새로운 RDD를 생성합니다. 하지만 reduceByKey()와는 달리 병합 연산의 초기값을 메서드의 인자로 전달해서 병합 시 사용할 수 있다는 점에서 차이가 있습니다. 예를 들어, 병합에 사용하는 함수가 두 개의 정숫값을 더하는 함수였다면 0을 사용하고, 두 문자열을 연결해서 새로운 문자열을 만드는 함수였다면 공백 문자 ""를 초깃값으로 사용할 수 있습니다. 이처럼 각 단위 병합 단계에서 결과에 영향이 없는 값을 초깃값으로 사용하므로 foldByKey()에 사용되는 함수는 교환법칙을 만족하지 않더라도 해당 연산에 대한 결합법칙만 만족한다면 사용할 수 있습니다. 단, 이때 초기값은 여러 번 반복 사용해도 연산 결과에는 영향을 주지 않는 값이어야 합니다.

다소 길게 설명했지만 정리하면 메서드의 인자로 병합을 수행하는 함수와 그 병합 연산에 영향을 주지 않는 초기값을 인자로 사용하는 연산이라고 기억하면 됩니다. 이 내용 역시 예제를 통해 살펴보면 쉽게 이해할 수 있으므로 간단한 예제를 살펴보겠습니다.

[예제 2-76] foldByKey – 스칼라

```scala
val rdd = sc.parallelize(List("a", "b", "b")).map((_, 1))
val result = rdd.foldByKey(0)(_ + _)
println(result.collect.mkString(","))
```

[예제 2-77] foldByKey – 스칼라

```java
// data: Arrays.asList(new Tuple2("a", 1), new Tuple2("b", 1), new Tuple2("b", 1))
JavaPairRDD<String, Integer> rdd = sc.parallelizePairs(data);

// Java7
```

```java
JavaPairRDD<String, Integer> result = rdd.foldByKey(0,
  new Function2<Integer, Integer, Integer>() {
    @Override
    public Integer call(Integer v1, Integer v2) throws Exception {
      return v1 + v2;
    }
  });
// Java8 Lambda
JavaPairRDD<String, Integer> result2
  = rdd.foldByKey(0, (Integer v1, Integer v2) -> v1 + v2);
System.out.println(result.collect());
```

[예제 2-78] foldByKey – 파이썬

```python
rdd = sc.parallelize(["a", "b", "b"]).map(lambda v: (v, 1))
result = rdd.foldByKey(0, lambda v1, v2: v1 + v2)
print(result.collect())
```

[결과]

(a,1),(b,2)

예제에 사용된 병합 함수는 두 개의 정수 값을 더하는 연산을 수행하므로 덧셈 연산에 대한 항등원인 0을 메서드의 인자로 사용하고 있습니다.

2.1.5.22 combineByKey

combineByKey()는 RDD의 구성요소가 키와 값의 쌍으로 구성된 경우에 사용할 수 있는 메서드입니다. 이 메서드 역시 앞에서 살펴본 reduceByKey()나 foldByKey()와 유사하게 같은 키를 가진 값들을 하나로 병합하는 기능을 수행하지만 병합을 수행하는 과정에서 값의 타입이 바뀔 수 있다는 점에서 앞의 두 메서드와 차이가 있습니다. 이것이 어떤 의미인지 이해를 돕기 위해 위에서 언급한 각 메서드의 스칼라 API를 비교해 보겠습니다.

```scala
def reduceByKey(func: (V, V) ⇒ V): RDD[(K, V)]
def foldByKey(zeroValue: V)(func: (V, V) ⇒ V): RDD[(K, V)]
```

먼저 reduceByKey()와 foldByKey()입니다. 이 메서드는 RDD[K, V], 즉 키의 타입이 K이고 값의 타입이 V인 FairRDDFunctions에 정의된 메서드인데 위에서 볼 수 있는 것처럼 병합에 사용되는 함수[25]와 최종 결과로 만들어진 RDD가 모두 원래의 RDD와 같이 키의 타입은 K이고 값 타입은 V를 유지하고 있습니다. 이에 반해 combineByKey()의 경우를 보면 아래와 같이 최종 결과 RDD가 C 타입의 값을 가진 RDD[K, C]로 바뀌어 있음을 알 수 있습니다.

```
combineByKey[C](createCombiner: (V) ⇒ C, mergeValue: (C, V) ⇒ C, mergeCombiners: (C, C) ⇒ C):
RDD[(K, C)]
```

이 말은 곧 ("a", 1), ("a", 1), ("a", 1)이라는 값들을 combineByKey()로 병합한 결과가 ("a", MySummary)와 같이 될 수도 있다는 의미입니다.[26] 물론 이때 MySummary는 우리가 임의로 정의한 클래스를 의미합니다.

그럼 예제를 통해 결과를 확인해 보기 전에 메서드의 인자로 지정된 3개의 함수에 대한 의미를 먼저 알아보겠습니다. (스칼라 API를 기준으로 설명하겠지만 다른 언어의 경우도 동일합니다.)

- createCombiner(): 값을 병합하기 위한 콤바이너를 생성합니다. 콤바이너는 이름에서 연상할 수 있듯이 두 개의 값을 하나로 병합하는 객체입니다. 위의 메서드 정의에서 C라고 언급된 부분이 바로 콤바이너의 타입을 의미하는 것으로, 콤바이너는 병합을 수행하고 그 결과를 내부에 저장하고 있습니다. 콤바이너는 각 키별로 생성되는데, 만약 특정 키에 대해 정의된 콤바이너가 없다면 이 함수를 이용해 콤바이너를 생성합니다.

- mergeValue(): 키에 대한 콤바이너가 이미 존재한다면 새로운 콤바이너를 만들지 않고 이 함수를 이용해 값을 기존 콤바이너에 병합시킵니다. 따라서 각 키별 콤바이너 내부에는 병합된 값들이 누적되어 쌓이게 됩니다.

- mergeCombiners(): createCombiner()와 mergeValue()는 파티션 단위로 수행됩니다. mergeCombiner()는 병합이 끝난 콤바이너들끼리 다시 병합을 수행해 최종 콤바이너를 생성합니다. 정리하면 파티션 단위로 키별 콤바이너를 생성해서 병합을 수행하고 이렇게 생성된 콤바이너들을 모두 병합해 최종 결과를 생성한다고 설명할 수 있습니다.[27]

다음은 combineByKey()의 대표적인 응용 사례로 자주 등장하는 평균 구하기 예제입니다.

[예제 2-79] combineByKey – 스칼라

```scala
// 콤바이너 역할을 할 Record 클래스 정의
case class Record(var amount: Long, var number: Long = 1) {
  def map(v: Long) = Record(v)
  def add(amount: Long): Record = {
    add(map(amount))
  }
  def add(other: Record): Record = {
```

---

25 func: (V, V) ⇒ V를 의미합니다.
26 이런 특성으로 인해 combineByKey()를 reduceByKey()의 범용적인 연산으로 설명할 수 있습니다.
27 하둡의 맵리듀스 프로그램에 익숙하신 독자분은 이 방식이 매우 익숙할 것입니다.

```scala
    this.number += other.number
    this.amount += other.amount
    this
  }
  override def toString: String = s"avg:${amount / number}"
}
// combineByKey()를 이용한 평균값 계산
val data = Seq(("Math", 100L), ("Eng", 80L), ("Math", 50L), ("Eng", 60L), ("Eng", 90L))
val rdd = sc.parallelize(data)
val createCombiner = (v:Long) => Record(v)
val mergeValue = (c:Record, v:Long) => c.add(v)
val mergeCombiners = (c1:Record, c2:Record) => c1.add(c2)
val result = rdd.combineByKey(createCombiner, mergeValue, mergeCombiners)
println(result.collect.mkString("\n"))
```

[예제 2–80] combineByKey – 자바

```java
// data:("Math", 100L),("Eng", 80L),("Math", 50L),("Eng", 60L),("Eng", 90L)의 튜플 리스트
JavaPairRDD<String, Long> rdd = sc.parallelizePairs(data);

// Java7
// Record는 위 스칼라 코드와 동일한 기능을 합니다.
// 예제 프로젝트에서 전체 코드를 확인할 수 있습니다
Function<Long, Record> createCombiner = new Function<Long, Record>() {
  @Override
  public Record call(Long v) throws Exception {
    return new Record(v);
  }
};

Function2<Record, Long, Record> mergeValue = new Function2<Record, Long, Record>() {
  @Override
  public Record call(Record record, Long v) throws Exception {
    return record.add(v);
  }
};

Function2<Record, Record, Record> mergeCombiners = new Function2<Record, Record, Record>() {
    @Override
    public Record call(Record r1, Record r2) throws Exception {
        return r1.add(r2);
    }
};
```

```
JavaPairRDD<String, Record> result
    = rdd.combineByKey(createCombiner,mergeValue, mergeCombiners);

// Java8 Lambda
JavaPairRDD<String, Record> result2
    = rdd.combineByKey((Long v) -> new Record(v),
                       (Record record, Long v) -> record.add(v),
                       (Record r1, Record r2) -> r1.add(r2));
System.out.println(result.collect());
```

[예제 2-81] combineByKey – 파이썬

```
// combineByKey()를 위한 Record 클래스와 함수를 정의
// 전체 코드는 source/Python/ch2 디렉터리의 record.py와 RDDOpSample.py 참조
class Record:
    def addAmt(self, amount): ...
    def __add__(self, other): ...

def createCombiner(v):
    return Record(v)

def mergeValue(c, v):
    return c.addAmt(v)

def mergeCombiners(c1, c2):
    return c1 + c2
// combinerByKey()를 이용한 평균값 계산
rdd = sc.parallelize([("Math", 100), ("Eng", 80), ("Math", 50), ("Eng", 70), ("Eng", 90)])
result = rdd.combineByKey(lambda v: createCombiner(v), lambda c, v: mergeValue(c, v), lambda c1,
c2: mergeCombiners(c1, c2))
print(str(result.collectAsMap()))
```

[결과]

(Math,avg:75),　(Eng,avg:80)

예제에서는 Record라는 별도의 클래스를 정의해서 사용했지만 람다식만을 사용해 좀 더 간결하게 구현하는 것도 가능합니다. 설명은 다소 장황했지만 reduceByKey()나 foldByKey()를 구현하는 데는 물론 다양한 머신러닝 알고리즘을 구현하는 데도 응용되는 내용이므로 잘 이해해두기 바랍니다.

2.1.5.23 aggregateByKey

aggregateByKey()는 RDD의 구성요소가 키와 값의 쌍으로 구성된 경우에 사용할 수 있는 메서드입니다. 이 메서드는 바로 앞에서 설명한 combineByKey()의 특수한 경우로서 병합을 시작할 초깃값을 생성하는 부분을 제외하면 combineByKey()와 동일한 동작을 수행합니다. 그럼 실제로 어떤 부분에서 차이가 있는지 스칼라 API를 확인해 보겠습니다.

```
def combineByKey[C](createCombiner: (V) ⇒ C, mergeValue: (C, V) ⇒ C, mergeCombiners: (C, C) ⇒
C): RDD[(K, C)]
```

```
def aggregateByKey[U](zeroValue: U)(seqOp: (U, V) ⇒ U, combOp: (U, U) ⇒ U): RDD[(K, U)]
```

위쪽이 combineByKey()이고 아래쪽이 aggregateByKey()입니다. 각 메서드에서 사용하는 매개변수의 이름이 다르긴 하지만 자세히 들여다 보면 mergeValue()와 seqOp, mergeCombiners()와 combOp는 서로 같은 역할을 하는 함수라는 것을 알 수 있습니다. 차이점이 있다면 combineByKey() 메서드에서는 병합을 위한 초깃값을 알기 위해 createCombiner()라는 "함수"를 사용하고 aggregateByKey()는 zeroValue라는 "값"을 사용한다는 것입니다. 따라서 aggregateByKey()는 combineByKey()의 createCombiner() 함수로 특정 값 zero를 돌려주는 함수를 사용한 경우로 간주할 수 있습니다.[28]

다음은 이전의 combineByKey() 메서드에서 사용한 예제를 aggregate() 메서드로 구현해 본 것입니다. 이전과 거의 동일한 예제이므로 본문에서는 스칼라 코드만 대표로 살펴보겠습니다. 다른 언어로 구현한 예제는 예제 코드를 참고하기 바랍니다.

[예제 2-82] aggregateByKey

```
val data = Seq(("Math", 100L), ("Eng", 80L), ("Math", 50L), ("Eng", 70L), ("Eng", 90L))
val rdd = sc.parallelize(data)

// 초깃값!!!
val zero = Record(0, 0)
val mergeValue = (c: Record, v: Long) => c.add(v)
val mergeCombiners = (c1: Record, c2: Record) => c1.add(c2)

// 병합을 위한 초깃값을 전달함!!
val result = rdd.aggregateByKey(zero)(mergeValue, mergeCombiners)
println(result.collect.mkString(",\t"))
```

---

28 지금까지 살펴본 reduceByKey(), foldByKey() 등도 combineByKey() 개념을 기반으로 자주 쓰게 되는 연산을 좀 더 쉽게 사용할 수 있도록 간략하게 정의된 메서드입니다.

[결과]

```
(Math,avg:75),  (Eng,avg:80)
```

[pipe 및 파티션과 관련된 연산]

2.1.5.24 pipe

pipe를 이용하면 데이터를 처리하는 과정에서 외부 프로세스를 활용할 수 있습니다. 하둡을 사용하는 분들 중에는 하둡 스트리밍을 통해 유사한 처리를 해본 경험이 있을 것입니다.

다음은 세 개의 숫자로 구성된 문자열을 리눅스의 cut 유틸리티를 이용해 분리한 뒤 첫 번째와 세 번째 숫자를 뽑아내는 예제입니다.

[예제 2-83] pipe – 스칼라

```scala
val rdd = sc.parallelize(List("1,2,3", "4,5,6", "7,8,9"))
val result = rdd.pipe("cut -f 1,3 -d ,")
println(result.collect.mkString(", "))
```

[예제 2-84] pipe – 자바

```java
JavaRDD<String> rdd = sc.parallelize(Arrays.asList("1,2,3", "4,5,6", "7,8,9"));
JavaRDD<String> result = rdd.pipe("cut -f 1,3 -d ,");
System.out.println(result.collect());
```

[예제 2-85] pipe – 파이썬

```python
rdd = sc.parallelize(["1,2,3", "4,5,6", "7,8,9"])
result = rdd.pipe("cut -f 1,3 -d ,")
print(result.collect())
```

[결과]

```
1,3, 4,6, 7,9
```

2.1.5.25 coalesce와 repartition

RDD를 생성한 뒤 filter() 연산을 비롯한 다양한 트랜스포메이션 연산을 수행하다 보면 최초에 설정된 파티션 개수가 적합하지 않은 경우가 발생할 수 있습니다. 이 경우 coalesce()나 repartition() 연산을 사용해 현재의 RDD의 파티션 개수를 조정할 수 있습니다.

두 메서드는 모두 파티션의 크기를 나타내는 정수를 인자로 받아서 파티션의 수를 조정한다는 점에서 공통점이 있지만 repartition()이 파티션 수를 늘리거나 줄이는 것을 모두 할 수 있는 반면 coalesce()는 줄이는 것만 가능합니다.

이렇게 모든 것이 가능한 repartition() 메서드가 있음에도 coalesce() 메서드를 따로 두는 이유는 바로 처리 방식에 따른 성능 차이 때문입니다. 즉, repartition()은 셔플을 기반으로 동작을 수행하는 데 반해 coalesce()는 강제로 셔플을 수행하라는 옵션을 지정하지 않는 한 셔플을 사용하지 않기 때문입니다. 따라서 데이터 필터링 등의 작업으로 데이터 수가 줄어들어 파티션의 수를 줄이고자 할 때는 상대적으로 성능이 좋은 coalesce()를 사용하고, 파티션 수를 늘여야 하는 경우에만 repartition() 메서드를 사용하는 것이 좋습니다.

다음은 coalesce()와 repartition()을 이용해 파티션 개수를 조정하는 예제입니다. 예제에서 사용하는 getNumPartitions()라는 메서드는 RDD 파티션의 크기를 정숫값으로 돌려주는 메서드로서 파티션의 수가 변화하는 것을 확인하기 위해 사용했습니다.

[예제 2-86] coalesce, repartition – 스칼라

```scala
val rdd1 = sc.parallelize(1 to 1000000, 10)
val rdd2 = rdd1.coalesce(5)
val rdd3 = rdd2.repartition(10);
println(s"partition size: ${rdd1.getNumPartitions}")
println(s"partition size: ${rdd2.getNumPartitions}")
println(s"partition size: ${rdd3.getNumPartitions}")
```

[예제 2-87] coalesce, repartition – 자바

```java
JavaRDD<Integer> rdd1 = sc.parallelize(
Arrays.asList(1, 2, 3, 4, 5, 6, 7, 8, 9, 0), 10);
JavaRDD<Integer> rdd2 = rdd1.coalesce(5);
JavaRDD<Integer> rdd3 = rdd2.coalesce(10);
System.out.println("partition size:" + rdd1.getNumPartitions());
System.out.println("partition size:" + rdd2.getNumPartitions());
System.out.println("partition size:" + rdd3.getNumPartitions());
```

[예제 2-88] coalesce, repartition – 파이썬

```python
rdd1 = sc.parallelize(list(range(1, 11)), 10)
rdd2 = rdd1.coalesce(5)
rdd3 = rdd2.repartition(10)
```

```
print("partition size: %d" % rdd1.getNumPartitions())
print("partition size: %d" % rdd2.getNumPartitions())
print("partition size: %d" % rdd3.getNumPartitions())
```

[결과]

```
partition size: 10
partition size: 5
partition size: 10
```

2.1.5.26 repartitionAndSortWithinPartitions

앞에서 repartition() 메서드를 설명하면서 이 메서드를 사용하는 목적으로 파티션의 크기를 조정하는 경우를 예로 들었습니다. 하지만 파티션을 조정해야 하는 경우는 파티션 크기 외에도 다양하게 발생할 수 있는데, 대표적인 경우가 같은 성격을 지닌 데이터를 같은 파티션으로 분리하고 싶을 때입니다. 예를 들어, 하둡 맵리듀스 프로그램의 경우 동일한 성격을 가진 데이터를 하나의 리듀서에서 처리하기 위해 매퍼 출력 데이터의 키와 파티션을 담당하는 파티셔너(Partitioner), 그리고 소팅을 담당하는 컴퍼레이터(Comparator) 모듈을 조합해서 프로그램을 작성하는 패턴을 오래전부터 사용해오고 있습니다.

repartitionAndSortWithinPartitions()는 이와 유사한 동작을 수행하는 메서드로서 RDD를 구성하는 모든 데이터를 특정 기준에 따라 여러 개의 파티션으로 분리하고 각 파티션 단위로 정렬을 수행한 뒤 이 결과로 새로운 RDD를 생성해 주는 메서드입니다. 이 메서드를 사용하려면 우선 데이터가 키와 값 쌍으로 구성돼 있어야 하고 메서드를 실행할 때 각 데이터가 어떤 파티션에 속할지 결정하기 위한 파티셔너(org.apache.spark.Partitioner)를 설정해야 합니다.

파티셔너는 각 데이터의 키 값을 이용해 데이터가 속할 파티션을 결정하게 되는데, 이때 키 값을 이용한 정렬도 함께 수행됩니다. 즉, 파티션 재할당을 위해 셔플을 수행하는 단계에서 정렬도 함께 다루게 되어 파티션과 정렬을 각각 따로따로 하는 것에 비해 더 높은 성능을 발휘할 수 있습니다.

다음은 10개의 무작위 숫자를 repartitionAndSortWithinPartitions()를 이용해 3개의 파티션으로 분리해 보는 예제입니다. 예제에서는 단순히 숫자값을 키로 사용했지만 숫자가 아닌 커스텀 타입을 정의해서 파티션과 정렬 방식을 설정하면 맵리듀스 프로그램에서 하는 것과 같은 이차정렬[29]도 구현할 수 있습니다.

---

29 secondary sorting

[예제 2-89] repartitionAndSortWithinPartitions – 스칼라

```scala
val r = scala.util.Random
val data = for (i <- 1 to 10) yield (r.nextInt(100), "-")
val rdd1 = sc.parallelize(data)
val rdd2 = rdd1.repartitionAndSortWithinPartitions(new HashPartitioner(3))
rdd2.count
// 결과 검증
rdd2.foreachPartition(it => {
  println("=========");
  it.foreach(v => println(v))
})
```

[예제 2-90] repartitionAndSortWithinPartitions – 자바

```java
// data는 무작위로 선출한 10개의 정숫값을 가진 리스트
JavaPairRDD<Integer, String> rdd1 = sc.parallelize(data).mapToPair((Integer v) -> new Tuple2(v,
"-"));
JavaPairRDD<Integer, String> rdd2 = rdd1.repartitionAndSortWithinPartitions(new
HashPartitioner(3));
rdd2.count();
rdd2.foreachPartition(new VoidFunction<Iterator<Tuple2<Integer, String>>>() {
 @Override
 public void call(Iterator<Tuple2<Integer, String>> it) throws Exception {
  System.out.println("=========");
  while (it.hasNext()) {
   System.out.println(it.next());
  }
 }
});
```

[예제 2-91] repartitionAndSortWithinPartitions – 파이썬

```python
data = [random.randrange(1,100) for i in range(0, 10)]
rdd1 = sc.parallelize(data).map(lambda v: (v, "-"))
rdd2 = rdd1.repartitionAndSortWithinPartitions(3, lambda x: x)
// 결과 검증
rdd2.foreachPartition(lambda values: print(list(values)))
```

[결과]

```
=========
(3,-)
(9,-)
```

```
(12,-)
(48,-)
========
(22,-)
(73,-)
========
(20,-)
(23,-)
(47,-)
(56,-)
```

예제의 data는 임의로 선택된 10개의 정수입니다. repartitionAndSortWithinPartitions() 메서드
는 키와 값의 쌍으로 구성된 RDD에서만 사용 가능하기 때문에 우선 data를 이용해 (1, "-"), (2,
"-")와 같은 형태의 RDD를 생성했습니다. 단, 이때 "값"에 해당하는 부분은 이번 예제에서는 큰 의
미를 갖지 않기 때문에 "-"로 설정했습니다.

RDD가 준비되면 파티셔너로 HashPartitioner를 설정하고 크기를 3으로 지정합니다. 따라서 모든
데이터는 3으로 나눈 나머지 값에 따라 총 3개의 파티션으로 분리됩니다.

가장 아래쪽의 foreachPartition() 메서드는 RDD의 파티션 단위로 특정 함수를 실행해 주는 메서
드인데, 이를 이용해 각 파티션의 내용이 어떻게 구성됐는지 출력해봤습니다. 그 결과, 위 내용과
같이 각 키 값에 따라 파티션이 분리되고[30] 동시에 키 값에 따라 정렬돼 있음을 확인할 수 있습니다
(스칼라와 자바 코드의 경우 중간에 rdd2.count 메서드 호출을 하는 부분을 넣은 이유는 스파크의
lazy 처리로 인해 출력 결과가 정상적으로 보이지 않는 문제를 해결하기 위한 것으로 repartitionA
ndSortWithinPartitions 함수와 관련있는 부분은 아닙니다).

2.1.5.27 partitionBy

partitionBy()는 RDD의 구성요소가 키와 값의 쌍으로 구성된 경우에 사용할 수 있는 메서드이
며, 사용할 때는 org.apache.spark.Partitioner 클래스의 인스턴스를 인자로 전달해야 합니다.
Partitioner는 각 요소의 키를 특정 파티션에 할당하는 역할을 수행하는데, 스파크에서 기본적
으로 제공하는 것으로 HashPartitioner와 RangePartitioner의 두 종류가 있습니다. 만약 RDD
의 파티션 생성 기준을 변경하고 싶다면 직접 Partitioner 클래스를 상속하고 커스터마이징한 뒤
partitionBy() 메서드의 인자로 전달해서 사용하면 됩니다.

---

30 HashPartitioner에 의해 키를 3으로 나눈 나머지가 0인 데이터, 1인 데이터, 2인 데이터로 나뉩니다.

다음은 간단한 파티션 변경 예제입니다.

[예제 2-92] partitionBy - 스칼라

```scala
val rdd1 = sc.parallelize(List("apple", "mouse", "monitor"), 5).map { a => (a, a.length) }
val rdd2 = rdd1.partitionBy(new HashPartitioner(3))
println(s"rdd1:${rdd1.getNumPartitions}, rdd2:${rdd2.getNumPartitions}")
```

[예제 2-93] partitionBy - 자바

```java
List<Tuple2<String, Integer>> data = Arrays.asList(new Tuple2("apple", 1),
new Tuple2("mouse",1), new Tuple2("monitor", 1));
JavaPairRDD<String, Integer> rdd1 = sc.parallelizePairs(data, 5);
JavaPairRDD<String, Integer> rdd2 = rdd1.partitionBy(new HashPartitioner(3));
System.out.println("rdd1:" + rdd1.getNumPartitions() + ", rdd2:" + rdd2.getNumPartitions());
```

[예제 2-94] partitionBy - 파이썬

```python
rdd1 = sc.parallelize([("apple", 1), ("mouse",1), ("monitor", 1)], 5)
rdd2 = rdd1.partitionBy(3)
print("rdd1: %d, rdd2: %d" % (rdd1.getNumPartitions() ,rdd2.getNumPartitions()))
```

[결과]

```
rdd1: 5, rdd2: 3
```

예제를 통해 맨 처음 파티션 크기를 5로 지정해 RDD를 생성한 후 partitionBy() 연산에 new HashPartitioner(3) 옵션을 지정해 총 3개의 파티션이 생성된 것을 알 수 있습니다.

 RangePartitioner는 순서가 있는 요소들(Sortable)로 구성된 RDD에 사용할 수 있으며, 각 요소를 목표 파티션 크기에 맞게 일정 크기의 구간으로 나누는 방식을 사용하며, HashPartitioner는 각 요소의 키 값으로부터 해시값을 취해 이 값을 기준으로 파티션을 결정하는 방법을 사용합니다.

[필터와 정렬 연산]

2.1.5.28 filter

filter()는 단어의 뜻 그대로 RDD의 요소 중에서 원하는 요소만 남기고 원하지 않는 요소는 걸러내는 동작을 하는 메서드입니다. 동작 방식은 RDD의 어떤 요소가 원하는 조건에 부합하는지 여부를 참(true)과 거짓(false)으로 가려내는 함수를 RDD의 각 요소에 적용해 그 결과가 참인 것은 남기고 거짓인 것은 버리게 됩니다. 그럼 간단한 예제를 살펴보겠습니다.

[예제 2-95] filter – 스칼라

```scala
val rdd = sc.parallelize(1 to 5)
val result = rdd.filter(_ > 2)
println(result.collect.mkString(", "))
```

[예제 2-96] filter – 자바

```java
JavaRDD<Integer> rdd = sc.parallelize(Arrays.asList(1, 2, 3, 4, 5));
JavaRDD<Integer> result = rdd.filter(new Function<Integer, Boolean>() {
    @Override
    public Boolean call(Integer v1) throws Exception {
      return v1 > 2;
    }
});
System.out.println(result.collect());
```

[예제 2-97] filter – 파이썬

```python
rdd1 = sc.parallelize(range(1, 6))
rdd2 = rdd1.filter(lambda i : i > 2)
print(rdd2.collect())
```

위 예제의 실행 결과는 '3, 4, 5' 입니다. 1부터 10까지의 숫자로 구성된 RDD에서 5보다 큰 숫자만 남기도록 filter() 연산을 수행해 5보다 큰 숫자로만 구성된 새로운 RDD가 생성됐습니다.

보통 filter() 연산은 처음 RDD를 만들고 나서 다른 처리를 수행하기 전에 불필요한 요소를 사전에 제거하는 목적으로 많이 사용됩니다. 필터링 연산 후에 파티션 크기를 변경하고자 한다면 이전에 살펴본 coalesce() 메서드 등을 사용해 RDD의 파티션 수를 줄어든 크기에 맞춰 조정할 수 있습니다.

2.1.5.29 sortByKey

sortByKey()는 키 값을 기준으로 요소를 정렬하는 연산입니다. 키 값을 기준으로 정렬하기 때문에 당연히 모든 요소가 키와 값 형태로 구성돼 있어야 합니다. 소팅이 완료된 후에는 파티션 내부의 요소는 소팅 순서상 인접한 요소로 재구성됩니다.

[예제 2-98] sortByKey – 스칼라

```scala
val rdd = sc.parallelize(List("q", "z", "a"))
val result = rdd.map((_, 1)).sortByKey()
println(result.collect.mkString(", "))
```

[예제 2-99] sortByKey – 자바

```java
List<Tuple2<String, Integer>> data = Arrays.asList(new Tuple2("q", 1),
        new Tuple2("z", 1), new Tuple2("a", 1));
JavaPairRDD<String, Integer> rdd = sc.parallelizePairs(data);
JavaPairRDD<String, Integer> result = rdd.sortByKey();
System.out.println(result.collect());
```

[예제 2-100] sortByKey – 파이썬

```python
rdd = sc.parallelize([("q", 1),("z", 1),("a", 1)])
result = rdd.sortByKey()
print(result.collect())
```

[결과]

```
(a,1), (q,1), (z,1)
```

2.1.5.30 keys, values

keys()와 values()는 RDD의 구성요소가 키와 값의 쌍으로 구성된 경우에 사용할 수 있는 메서드입니다. 두 메서드의 역할은 이름만 보고도 짐작할 수 있는데, keys()는 키에 해당하는 요소로 구성된 RDD를 생성하고, values()는 값에 해당하는 요소로 구성된 RDD를 돌려줍니다. 코드를 작성하는 방법은 사용하는 언어에 큰 차이가 없기 때문에 스칼라 예제 코드만 살펴보겠습니다.

[예제 2-101] keys, values – 스칼라

```scala
val rdd = sc.parallelize(List(("k1","v1"), ("k2","v2"), ("k3","v3")))
println(rdd.keys.collect.mkString(","))
println(rdd.values.collect.mkString(","))
```

[결과]

```
k1,k2,k3
v1,v2,v3
```

2.1.5.31 sample

sample() 메서드를 이용하면 샘플을 추출해 새로운 RDD를 생성할 수 있습니다. 이 메서드는 샘플 추출과 관련된 몇 가지 옵션을 가지고 있는데, 스칼라용 API 문서에서 제공하는 메서드 정의를 보면서 어떤 옵션들이 있는지 살펴보겠습니다.

```
sample(withReplacement: Boolean, fraction: Double, seed: Long = Utils.random.nextLong): RDD[T]
```

첫 번째 인자인 withReplacement는 복원 추출을 수행할지 여부를 정하는 것으로 true로 설정하면 복원 추출, false로 설정하면 비복원 추출을 수행합니다.

두 번째 인자인 fraction은 복원 추출일 때와 비복원 추출일 때의 의미가 조금 달라집니다. 먼저 복원 추출일 경우 fraction은 샘플 내에서 각 요소가 나타나는 횟수에 대한 기대값, 즉 각 요소의 평균 발생 횟수를 의미하며, 반드시 0 이상의 값을 지정해야 합니다. 반면 비복원 추출일 경우에는 각 요소가 샘플에 포함될 확률을 의미하며, 0과 1 사이의 값으로 지정할 수 있습니다.

한 가지 유의해야 할 점은 위 fraction 변수의 의미를 통해서도 짐작할 수 있듯이 sample() 메서드가 샘플의 크기를 정해놓고 추출을 실행하는 것이 아니라는 점입니다. 예를 들어, fraction에 0.5를 지정한다고 해서 전체 크기의 절반에 해당하는 샘플이 추출될 것으로 기대해서는 안 된다는 것입니다.[31] 만약 정확한 크기를 정해놓고 샘플을 추출하고자 한다면 이후에 살펴볼 takeSample() 메서드를 사용해야 합니다.

마지막으로 세 번째 인자인 seed는 일반적인 무작위 값 추출 시 사용하는 것과 유사한 개념으로 반복 시행 시 결과가 바뀌지 않고 일정한 값이 나오도록 제어하는 목적으로 사용할 수 있습니다.

다음은 sample과 관련된 간단한 예제입니다. 이 예제 역시 언어별 차이가 없으므로 스칼라 예제만 살펴보겠습니다. 예제에 사용된 take()는 잠시 후 액션에서 살펴볼 메서드로 RDD의 첫 n개의 요소를 반환하는 메서드입니다.

[예제 2-102] sample – 스칼라

```
val rdd = sc.parallelize(1 to 100)
val result1 = rdd.sample(false, 0.5)
val result2 = rdd.sample(true, 1.5)
println(result1.take(5).mkString(","))
println(result2.take(5).mkString(","))
```

---

31 sample() 메서드에서 확률분포에 따른 샘플을 추출하는 방법은 http://goo.gl/qgOeAU에서 찾아볼 수 있습니다.

[결과]

5,6,7,9,11

1,1,1,2,2

2.1.6 RDD 액션

액션은 RDD 메서드 중에서 그 결괏값이 정수나 리스트, 맵 등 RDD가 아닌 다른 타입인 것들을 통칭해서 부르는 용어입니다. 이와는 반대로 결괏값이 RDD인 메서드는 트랜스포메이션이라는 유형으로 분류되는데, 이것들은 소위 느긋한 평가(lazy evaluation)[32]라는 방식을 채택하고 있다는 점에서 공통점을 가지고 있습니다.

어떤 메서드가 느긋한 평가 방식을 따른다는 것은 메서드를 호출하는 시점에 바로 실행되는 것이 아니고 계산에 필요한 정보를 누적해서 내포하고 있다가 실제로 계산이 필요한 시점이 돼서야 실행된다는 것을 의미합니다. 이런 방식은 소위 함수형 프로그래밍 과정에서 특히 자주 활용되며, 언어에 따라 조금씩 다른 설계 및 구현 방법이 알려져 있습니다.

느긋한 평가 방식을 사용하는 경우 한 가지 알아둬야 하는 것은 이 방식이 계산이 필요할 때마다 매번 동일한 수행을 반복하는 형태로 구현된 경우가 많다는 점입니다. 즉, 호출되는 시점에 최초 한 번 실행되고 그 이후로는 이전 결과를 재사용하는 구조가 아니라 매번 호출할 때마다 똑같은 동작을 반복적으로 수행하는 경우가 더 일반적인 패턴입니다. 따라서 느긋한 평가 방식을 따르는 메서드를 사용할 때는 어이없는 실수가 없도록 해당 메서드가 반복적으로 호출되는 상황에서 어떻게 동작하는지 확실히 파악하고 있어야 합니다.

RDD의 경우 트랜스포메이션에 속하는 메서드는 느긋한 평가 방식을 사용합니다. 따라서 호출한다고 즉시 실행되는 것이 아니라 액션으로 분류되는 메서드가 호출돼야만 비로소 실행됩니다. 즉, 어떤 RDD의 map(), flatMap(), reduceByKey() 등 트랜스포메이션 메서드를 100번 호출한다 하더라도 count() 같은 액션 메서드를 호출하는 시점이 돼서야 비로소 그동안 쌓여있던 100개의 트랜스포메이션 연산이 순차적으로 시작되는 것입니다.

이때 주의해야 할 점이 있는데 바로 앞에 언급한 것처럼 액션 메서드를 여러 번 호출하면 트랜스포메이션 메서드도 여러 번 실행된다는 점입니다. 예를 들어, rdd1이라는 RDD에 map() 연산을 적용해 rdd2라는 RDD를 만들었다고 할 때 rdd2의 액션 메서드를 두 번 호출하면 map() 연산도 두 번

---

32 http://goo.gl/wLdFCH, "게으른 평가" 또는 "지연 계산" 등으로 번역되기도 합니다.

실행되는 것입니다. 따라서 이 경우 반복 수행 성능을 개선하기 위해 캐시를 적절히 사용해야 하고, 코드 작성 시 반복 수행 가능성을 염두에 두고 이에 따른 오류가 발생하지 않도록 코드를 작성해야 합니다.

지금까지 앞에서 설명한 액션과 트랜스포케이션 연산을 복습했습니다. 지금부터는 본격적으로 RDD가 제공하는 대표적인 액션 연산에 대해 알아보겠습니다.

[출력과 관련된 연산]

2.1.6.1 first

first 연산은 RDD 요소 가운데 첫 번째 요소 하나를 돌려줍니다. 스파크 셸에서 작업할 때 트랜스포메이션의 수행 결과 등을 빠르게 확인하는 용도로 활용할 수 있습니다. 다음은 스칼라 언어의 예제로, 다른 언어의 경우도 동일한 방법을 사용합니다.

[예제 2-103] first – 스칼라

```scala
val rdd = sc.parallelize(List(5, 4, 1))
val result = rdd.first
println(result)
```

[결과]
```
5
```

2.1.6.2 take

take()는 RDD의 첫 번째 요소로부터 순서대로 n개를 추출해서 되돌려주는 메서드입니다. 원하는 데이터를 찾기 위해 RDD의 전체 파티션을 다 뒤지지는 않지만 최종 결과 데이터는 배열 혹은 리스트와 같은 컬렉션 타입[33]으로 반환하기 때문에 지나치게 큰 n값을 지정하면 메모리 부족 오류가 발생할 위험이 있습니다. 다음은 스칼라 언어로 작성한 예제로, 다른 언어에서도 동일한 방법을 사용합니다.

[예제 2-104] take – 스칼라

```scala
val rdd = sc.parallelize(1 to 20, 5)
val result = rdd.take(5)
println(result.mkString(", "))
```

---

[33] 구체적인 반환 타입은 사용 언어별로 다릅니다.

[결과]

```
1, 2, 3, 4, 5
```

2.1.6.3 takeSample

takeSample()은 RDD 요소 가운데 지정된 크기의 샘플을 추출하는 메서드입니다. sample() 메서드와 유사하지만 샘플의 크기를 지정할 수 있다는 점과 결과 타입이 RDD가 아닌 배열이나 리스트 같은 컬렉션 타입이라는 차이점이 있습니다. 따라서 샘플의 크기를 너무 크게 지정하면 메모리 오류가 발생할 수 있으므로 주의해서 사용해야 합니다. 다음은 스칼라 언어로 작성한 예제로, 다른 언어에서도 동일한 방법을 사용합니다.

[예제 2-105] takeSample – 스칼라

```
val rdd = sc.parallelize(1 to 100)
val result = rdd.takeSample(false, 20)
println(result.length)
```

[결과]

```
20
```

2.1.6.4 collect, count

collect()와 count()는 기본 액션이란 이름으로 이미 이전 부분에서 살펴본 것들입니다. 다시 한번 정리하면 collect()는 RDD의 모든 요소를 배열 혹은 리스트 같은 하나의 컬렉션에 담아서 돌려주는 메서드이며, count()는 RDD에 있는 모든 요소의 개수를 돌려주는 메서드입니다.

collect() 메서드는 RDD의 모든 원소를 드라이버의 메모리에 불러오게 되므로 적당한 크기의 RDD를 대상으로만 사용해야 합니다.

2.1.6.5 countByValue

countByValue()는 RDD에 속하는 각 값들이 나타나는 횟수를 구해서 맵 형태로 돌려주는 메서드입니다. 예를 들어 "1, 1, 2, 2, 3"이라는 다섯 개의 숫자로 이뤄진 RDD가 있다면 이 RDD에는 1과 2가 각각 두 개, 그리고 3이 한 개 포함돼 있다고 할 수 있습니다.

이처럼 RDD에 포함된 요소별로 그 개수를 구할 때는 reduce()나 fold()를 떠올리기 전에 countByValue()를 적용할 수 있는지 검토해 보는 것이 좋습니다. 예를 들어, 이전에 다뤘던

WordCount 예제의 경우 map() 메서드로 부분적인 단어-노출 횟수 쌍을 만든 후 이 값을 대상으로 다시 reduceByKey() 메서드를 적용해 최종 단어별 노출 횟수를 계산했지만 countByValue() 메서드를 이용하면 한 번의 메서드 호출만으로도 동일한 결과를 얻을 수 있습니다.

[예제 2-106] countByValue - 스칼라

```scala
val rdd = sc.parallelize(List(1, 1, 2, 3, 3))
val result = rdd.countByValue
println(result)
```

[예제 2-107] countByValue - 자바

```java
JavaRDD<Integer> rdd = sc.parallelize(Arrays.asList(1, 1, 2, 3, 3));
Map<Integer, Long> result = rdd.countByValue();
System.out.println(result);
```

[예제 2-108] countByValue - 파이썬

```python
rdd = sc.parallelize([1, 1, 2, 3, 3])
result = rdd.countByValue()
for k, v in result.items():
  print(k, v)
```

[결과]

```
Map(1 -> 2, 3 -> 2, 2 -> 1)
```

2.1.6.6 reduce

reduce() 메서드는 RDD에 포함된 임의의 값 두개를 하나로 합치는 함수를 이용해 RDD에 포함된 모든 요소를 하나의 값으로 병합하고 그 결괏값을 반환하는 메서드입니다. 정확한 설명은 아니지만 쉽게 예를 들어 설명하자면 숫자 1, 3, 5, 7, 9로 구성된 RDD가 있을 때 두 개의 숫자를 더하는 함수를 전달받아서 앞에서부터 순서대로 1과 3을 더하고, 그 결과로 나온 4에 다시 5를 더하고... 이런 식으로 두 개씩 순서대로 병합해서 최종 결과를 구하는 방식이라고 할 수 있습니다.[34]

다음은 스칼라 API 문서에서 찾아본 reduce() 메서드의 정의입니다.

```scala
def reduce(f: (T, T) => T): T
```

---

34 reduceByKey()의 경우 이 합산이 키(key)별로 진행된다는 점에서 차이가 있습니다.

f라고 표시된 것이 리듀스 메서드의 인자로 전달되는 함수를 의미하는데, T 타입의 변수 두 개를 입력받아 역시 동일한 T 타입의 값을 돌려주는 함수를 사용하고 있습니다. 물론 이때 T 타입은 RDD에 포함된 요소의 타입을 의미합니다.

따라서 정숫값으로 구성된 RDD[Int] 타입의 RDD에서는 정숫값 두 개를 입력으로 받아 정숫값을 반환하는 함수를 사용하고, RDD[List] 타입의 RDD에서는 리스트 두 개를 입력으로 받아 리스트를 반환하는 함수를 사용해야 한다는 것을 알 수 있습니다.

이때 한 가지 주의할 점은 스파크 애플리케이션이 클러스터 환경에서 동작하는 분산 프로그램이기 때문에 실제 병합이 첫 번째 요소부터 마지막 요소까지 순서대로 처리되는 것이 아니고 각 서버에 흩어져 있는 파티션 단위로 나눠져서 처리된다는 것입니다. 따라서 리듀스 메서드에 적용하는 병합 연산은 RDD에 포함된 모든 요소에 대해[35] 교환법칙과 결합법칙이 성립되는 경우에만 사용 가능합니다.

다음은 1부터 6까지의 숫자로 구성된 RDD의 모든 원소의 합을 reduce() 연산을 이용해 구하는 예제입니다.

[예제 2-109] reduce – 스칼라

```
val rdd = sc.parallelize(1 to 10, 3)
val result = rdd.reduce(_ + _)
println(result)
```

[예제 2-110] reduce – 자바

```
List<Integer> data = Arrays.asList(1, 2, 3, 4, 5, 6, 7, 8, 9, 10);
JavaRDD<Integer> rdd = sc.parallelize(data, 3);
// Java7
int result = rdd.reduce(new Function2<Integer, Integer, Integer>() {
    @Override
    public Integer call(Integer v1, Integer v2) throws Exception {
        return v1 + v2;
    }
});
// Java8
int result2 = rdd.reduce((Integer v1, Integer v2) -> v1 + v2);
System.out.println(result);
```

---

35 즉, 요소들의 타입에 대해 결합법칙과 교환법칙이 성립되는 연산이어야 한다는 뜻입니다.

[예제 2-111] reduce – 파이썬

```
rdd = sc.parallelize(range(1, 11), 3)
result = rdd.reduce(lambda v1, v2: v1 + v2)
print(result)
```

[결과]

55

2.1.6.7 fold

fold()는 reduce()와 같이 RDD 내의 모든 요소를 대상으로 교환법칙과 결합법칙이 성립되는 바이너리 함수를 순차 적용해 최종 결과를 구하는 메서드입니다. 지금부터 설명할 내용은 방금 전에 살펴본 reduce() 메서드의 내용과 연결되기 때문에 reduce() 메서드에 대한 내용을 읽어보기 전이라면 먼저 reduce() 메서드에 관한 설명을 읽어보시기 바랍니다.

fold()와 reduce() 메서드의 차이점은 reduce() 연산이 RDD에 포함된 요소만 이용해 병합을 수행하는 데 반해 fold() 연산은 병합 연산의 초깃값을 지정해 줄 수 있다는 점입니다.

다음은 스칼라 API 문서에서 찾아본 fold() 메서드의 정의입니다.

```
def fold(zeroValue: T)(op: (T, T) => T)
```

op는 병합에 사용하는 함수를 의미하는 것으로, reduce()에서도 동일한 형태로 정의된 함수를 사용하고 있었습니다. 달라진 점은 zeroValue에 해당하는 값으로 이 값은 병합이 시작될 때 op 함수의 첫 번째 인자값으로 전달된다는 것입니다. 예를 들어, 1부터 10까지의 숫자로 구성된 RDD에서 fold(0)((v1, v2) => v1 + v2)와 같이 사용했다면 병합 연산은 가장 먼저 초깃값인 0과 RDD의 첫 번째 요소인 1을 더하고 그 결과로 얻어진 1이라는 값에 RDD의 두 번째 요소인 2를 더하는 식으로 진행됩니다.

한 가지 주의해야 할 것은 fold() 메서드 역시 reduce() 메서드와 마찬가지로 여러 서버에 흩어진 파티션에 대해 병렬로 처리된다는 점입니다. 따라서 fold() 메서드에 지정한 초깃값은 각 파티션별 부분 병합을 수행할 때마다 사용되기 때문에 이 같은 방법으로 여러 번 반복 적용돼도 문제가 없는 값을 사용해야 합니다. 예를 들어, 정수로 구성된 RDD에서 reduce()에 적용할 병합 연산이 덧셈이라면 0을 사용할 수 있고 곱셈이라면 1을 사용할 수 있습니다.

다음은 이전 reduce() 예제와 같은 RDD를 대상으로 fold() 연산을 수행해본 예제입니다.

[예제 2-112] fold – 스칼라

```scala
val rdd = sc.parallelize(1 to 10, 3)
val result = rdd.fold(0)(_ + _)
println(result)
```

[예제 2-113] fold – 자바

```java
List<Integer> data = Arrays.asList(1, 2, 3, 4, 5, 6, 7, 8, 9, 10);
JavaRDD<Integer> rdd = sc.parallelize(data, 3);
// Java7
int result = rdd.fold(0, new Function2<Integer, Integer, Integer>() {
    @Override
    public Integer call(Integer v1, Integer v2) throws Exception {
      return v1 + v2;
    }
});
// Java8
int result2 = rdd.fold(0, (Integer v1, Integer v2) -> v1 + v2);
System.out.println(result);
```

[예제 2-114] fold – 파이썬

```python
rdd = sc.parallelize(range(1, 11), 3)
result = rdd.fold(0, lambda v1, v2: v1 + v2)
print(result)
```

[결과]

55

지금까지 reduce()와 fold()의 차이점을 살펴봤습니다. 간단하게 살펴본 예제를 통해 두 메서드가 모두 동일한 결과를 만들어 낼 수 있다는 것을 알아봤는데, 두 메서드의 값이 달라지는 경우에 대해서는 살펴보지 않았습니다.

지금부터 살펴볼 예제는 다소 과장된 상황을 배경으로 하고 있지만 두 메서드의 처리 방법에 따라 차이가 발생할 수 있음을 보여줄 것입니다. 예제 코드는 스칼라로 작성했는데 다른 언어를 사용하는 독자분을 위해 간단한 스칼라 문법 설명과 함께 살펴보겠습니다.

[예제 2-115] scala/com/wikibooks/spark/ch2/scala/RDDOpSample.scala

```scala
def reduceVsFold(sc: SparkContext) {
    // Prod 클래스 선언
    case class Prod(var price: Int) {
      var cnt = 1
    }
    val rdd = sc.parallelize(List(Prod(300), Prod(200), Prod(100)), 10)
    // reduce
    val r1 = rdd.reduce((p1, p2) => {
      p1.price += p2.price
      p1.cnt += 1
      p1
    })
    println(s"Reduce: (${r1.price}, ${r1.cnt})")
    // fold
    val r2 = rdd.fold(Prod(0))((p1, p2) => {
      p1.price += p2.price
      p1.cnt += 1
      p1
    })
    println(s"Fold: (${r2.price}, ${r2.cnt})")
  }
```

[결과]

```
Reduce: (600, 3)
Fold: (600, 11)
```

위 예제는 3개의 상품정보를 담고 있는 RDD로부터 상품 한 개의 평균 가격을 구하기 위해 RDD에 있는 상품의 총 가격과 총 개수를 각각 reduce()와 fold() 연산을 이용해 구하는 예제입니다.

예제의 내용을 간단히 살펴보면

1. 먼저 상품을 나타내는 Prod라는 클래스를 정의했고, 그 클래스에 가격을 나타내는 price와 개수를 나타내는 cnt라는 변수를 정의했습니다.

   (case class는 스칼라의 키워드로서 예제에서는 price와 cnt라는 속성을 가진 Prod라는 클래스를 정의한 것입니다. 스칼라에서는 메서드 본문 안에서 클래스를 정의할 수 있기 때문에 메서드 본문 내에서 클래스를 선언했습니다.)

2. 가격이 각각 300원, 200원, 100원인 Prod 인스턴스 3개를 생성하고 이 3개의 Prod 인스턴스로 새로운 RDD를 생성합니다. 여기서 눈여겨봐야 할 것은 3개의 요소를 가진 RDD를 만들면서 파티션의 크기를 10으로 지정했기 때문에 일부 파티션은 아무런 요소를 갖지 못한, 크기가 0인 빈 파티션이 된다는 것입니다.

3. 2번에서 생성된 RDD에 대해 각각 reduce()와 fold() 메서드를 이용해 병합을 수행합니다. 이때 fold()의 경우 초깃값으로 Prod(0)을 사용합니다.

이제 코드를 실행하고 결과를 살펴보면 reduce()의 경우는 총 상품 개수가 정상적으로 3개로 집계된 반면 fold()의 경우는 11개라는 잘못된 결과가 나온 것을 알 수 있습니다. 이런 결과가 나온 이유는 reduce() 연산의 경우 RDD에 포함된 요소만으로 병합을 수행하기 때문에 파티션에 속하는 원소가 하나도 없다면 해당 파티션에서는 처리가 수행되지 않지만 fold() 연산의 경우 파티션에 속하는 요소가 하나도 없더라도 초깃값으로 지정한 값으로 인해 최소 한 번의 연산이 수행되기 때문입니다.

물론 위 코드는 파티션을 설정하는 부분을 제외하고도 전체 합계를 구하는 방법 역시 잘못된 코드입니다. 따라서 실전에서 이런 코드를 마주칠 가능성이 높지는 않을 것입니다. 하지만 분산환경에서는 이 정도로 엉성한 코드가 아니더라도 예상치 못한 문제가 발생할 가능성이 항상 있으므로 사용하는 연산의 의미와 특징을 정확히 이해하고 사용하는 것이 중요합니다.

2.1.6.8 aggregate

지금까지 살펴본 reduce()나 fold() 메서드의 경우 두 메서드 모두 입력과 출력 타입이 동일해야 한다는 제약이 있었습니다. 이번에 살펴볼 aggregate() 메서드는 위와 같은 타입 제약 사항이 없기 때문에 입력과 출력의 타입이 다른 경우에도 사용할 수 있습니다.

메서드의 인자로 총 3개를 사용하는데, 첫 번째는 fold() 메서드와 유사한 초깃값을 지정하는 것이고 두 번째는 각 파티션 단위 부분합을 구하기 위한 병합함수, 그리고 이렇게 파티션 단위로 생성된 부분합을 최종적으로 하나로 합치기 위한 또 다른 병합함수로 구성됩니다.

다음은 스칼라 API 문서에서 찾아본 aggregate() 메서드의 정의입니다.

```
def aggregate[U](zeroValue: U)(seqOp: (U, T) ⇒ U, combOp: (U, U) ⇒ U)(implicit arg0:
ClassTag[U]): U
```

첫 번째 인자인 zeroValue는 앞에서 설명한 대로 병합의 초깃값으로 사용할 값입니다. 두 번째 인자인 seqOp는 U와 T 타입의 값을 입력값으로 전달받아 U 타입의 값을 돌려주고 있는데, 이때 T는 RDD의 요소들이 갖는 타입을 의미하며, U는 zeroValue로 전달했던 초깃값과 같은 타입을 의미합니다. 예를 들어, RDD[String] 타입의 RDD에서 zeroValue로 비어있는 Set을 사용했다면 seqOP는 (Set, String) => Set과 같은 형태가 돼야 한다는 의미입니다.

aggregate() 메서드는 두 단계에 걸쳐 병합을 처리하는데 첫 번째 단계에서는 파티션 단위로 병합을 수행하고 두 번째 단계에서는 파티션 단위 병합 결과끼리 다시 병합을 수행해서 최종 결과를 생성합니다. 이때 파티션 단위 병합에는 첫 번째 인자인 seqOp 함수가 사용되며 두 번째 최종 병합에는 두 번째 인자인 combOp 함수가 사용됩니다. 한 가지 알아둘 점은 seqOp와 combOp 함수 모두 첫 번째 인자로 이전 단계의 병합 결과로 생성된 객체를 재사용하기 때문에 매번 새로운 객체가 생성되는 부담을 덜 수 있다는 사실입니다.

다음은 aggregate() 메서드를 이용해 RDD에 포함된 숫자의 평균을 구하는 예제입니다.

[예제 2-116] aggregate – 스칼라

```scala
val rdd = sc.parallelize(List(100, 80, 75, 90, 95), 3)
val zeroValue = Record(0, 0)
val seqOp = (r: Record, v: Int) => r.add(v)
val combOp = (r1: Record, r2: Record) => r1 add r2
val result1 = rdd.aggregate(zeroValue)(seqOp, combOp)
println(result1.amount/result1.number)

// 좀 더 간결한 코드
val result2 = rdd.aggregate(Record(0, 0))(_ add _, _ add _)
```

[예제 2-117] aggregate – 자바

```java
JavaRDD<Integer> rdd = sc.parallelize(Arrays.asList(100, 80, 75, 90, 95), 3);
Record zeroValue = new Record(0, 0);

// Java7
Function2<Record, Integer, Record> seqOp = new Function2<Record, Integer, Record>() {
  @Override
  public Record call(Record r, Integer v) throws Exception {
    return r.add(v);
  }
};

Function2<Record, Record, Record> combOp = new Function2<Record, Record, Record>() {
  @Override
  public Record call(Record r1, Record r2) throws Exception {
    return r1.add(r2);
  }
};

Record result = rdd.aggregate(zeroValue, seqOp, combOp);

// Java8
Function2<Record, Integer, Record> seqOp2 = (Record r, Integer v) -> r.add(v);
```

```
Function2<Record, Record, Record> combOp2 = (Record r1, Record r2) -> r1.add(r2);
Record result2 = rdd.aggregate(zeroValue, seqOp2, combOp2);

System.out.println(result);
```

[예제 2-118] aggregate - 파이썬

```
rdd = sc.parallelize([100, 80, 75, 90, 95])
result = rdd.aggregate(Record(0, 0), seqOp, combOp)
print(result)
```

[결과] 88

예제에서 입력 타입은 정수이고 결과 타입은 Record라는 커스텀 타입입니다. 이때 파티션 단위의 부분합을 구하기 위한 목적으로 seqOp라는 함수를 정의했고, 모든 파티션의 결과를 취합할 목적으로 combOp라는 함수를 정의했습니다.

Record는 이전의 combineByKey()에서 사용했던 것과 같은 클래스인데, 두 개의 add() 메서드를 가지고 있으며 새로운 객체를 생성하지 않고 기존 객체의 상태(값)를 변경한 뒤 다시 되돌려주는 방식을 사용하고 있습니다.

```
case class Record(var amount: Long, var number: Long = 1) {
  def add(amount: Long): Record = {
    this.number += 1
    this.amount += amount
    this
  }
  def add(other: Record): Record = {
    this.number += other.number
    this.amount += other.amount
    this
  }
  override def toString: String = s"avg:${amount / number}"
}
```

이런 방법이 가능한 이유는 각 파티션에 속한 요소의 값을 더할 때나 모든 파티션의 결괏값을 하나로 합칠 때 과도하게 많은 객체가 생성되는 것을 방지하기 위해 피연산자로 지정된 첫 번째 요소 내부의 값에 대해서는 예외적으로 변경을 허락하기 때문입니다.

2.1.6.9 sum

스파크에서는 RDD를 구성하는 요소의 타입에 따라 좀 더 특화된 편리한 연산을 제공하기 위해 특정 타입의 요소로 구성된 RDD에서만 사용 가능한 메서드를 정의하고 있습니다. 대표적인 경우로 키와 값 형태의 쌍을 이루는 요소를 위한 reduceByKey()나 combineByKey() 등을 들 수 있습니다. sum() 메서드도 그중 하나로서, RDD를 구성하는 모든 요소가 double, Long등 숫자 타입일 경우에만 사용 가능하며 전체 요소의 합을 구해줍니다.

[예제 2-119] sum - 스칼라

```scala
val rdd = sc.parallelize(1 to 10)
val result = rdd.sum
println(result)
```

[예제 2-120] sum - 자바

```java
List<Double> data = Arrays.asList(1d, 2d, 3d, 4d, 5d, 6d, 7d, 8d, 9d, 10d);
JavaDoubleRDD rdd = sc.parallelizeDoubles(data);
double result = rdd.sum();
System.out.println(result);
```

[예제 2-121] sum - 파이썬

```python
rdd = sc.parallelize(range(1, 11))
result = rdd.sum()
print(result)
```

```
[결과] 55.0
```

2.1.6.10 foreach, foreachPartition

foreach()는 RDD의 모든 요소에 특정 함수를 적용하는 메서드입니다.[36] 이 메서드는 인자로 한 개의 입력값을 가지는 함수를 전달받는데, 이렇게 전달받은 함수에 각 RDD 요소를 하나씩 입력값으로 사용해 해당 함수를 실행합니다.

foreachPartitions()도 foreach()와 같이 실행할 함수를 인자로 전달받아 사용하는데, foreach()와 다른 점은 해당 함수를 개별 요소가 아닌 파티션 단위로 적용한다는 점입니다. 이와 유사한 메서

---

36 v라는 값에 f라는 함수를 적용한다는 것은 값 v를 함수 f의 입력으로 사용해 f 함수를 실행한다는 것과 같은 의미입니다.

드로 mapPartitions()와 mapPartitionsWithIndex()가 있는데 mapPartitions()가 함수의 실행 결과로 새로운 RDD를 되돌려 주는 데 반해 foreachPartitions()는 함수를 실행만 할 뿐 결괏값을 돌려주지 않는다는 점에서 차이가 있습니다.[37]

이 메서드를 사용할 때 한 가지 유의할 점은 인자로 전달받은 함수가 드라이버 프로그램[38]이 동작하고 있는 서버가 아닌 클러스터의 각 개별 노드(서버)에서 실행된다는 점입니다. 예를 들어, 분산 클러스터 환경에서 RDD의 foreach() 연산에 콘솔 출력 함수를 전달한다는 것은 실제로는 각 노드의 콘솔에 출력하라는 의미가 됩니다. 하지만 이것은 대부분의 경우 의도한 동작이 아닐 것입니다.

이 책의 일부 예제에서도 foreach() 메서드에서 print() 함수를 사용하지만 이것은 어디까지나 예제의 실행 결과를 확인하기 쉽게 하기 위한 것일 뿐이며 실전에서는 각 노드에서 실행돼도 의미 있는 작업을 수행해야 합니다. 예를 들어, DB나 파일시스템 혹은 다른 외부 프로세스와 통신하거나 아직 다루지는 않았지만 스파크의 공유 변수인 어큐뮬레이터의 값을 변경하는 등의 작업을 생각해 볼 수 있습니다.

다음은 foreach()와 foreachPartition() 메서드를 사용하는 예제입니다. 예제에서는 단순히 "Side Effect"를 출력하게 했지만 실전 코드에서는 이 부분에 원하는 기능을 수행하는 코드를 입력하는 것으로 이해하면 됩니다.

[예제 2-122] foreach, foreachPartitions – 스칼라

```scala
val rdd = sc.parallelize(1 to 10, 3)
rdd.foreach { v =>
  println(s"Value Side Effect: ${v}")
}
rdd.foreachPartition(values => {
  println("Partition Side Effect!!")
  for (v <- values) println(s"Value Side Effect: ${v}")
})
```

[예제 2-123] foreach, foreachPartitions – 자바

```java
List<Integer> data = Arrays.asList(1, 2, 3, 4, 5, 6, 7, 8, 9, 10);
JavaRDD<Integer> rdd = sc.parallelize(data, 3);
// Java7
```

---

37 함수형 프로그래밍 용어로 오직 부수효과(side effect)만을 위한 함수라고 할 수 있습니다.
38 메인 함수를 포함하고 있는 프로그램

```java
rdd.foreach(new VoidFunction<Integer>() {
    @Override
    public void call(Integer t) throws Exception {
        System.out.println("Value Side Effect: " + t);
    }
});
// Java8
rdd.foreach((Integer t) -> System.out.println("Value Side Effect: " + t));

// Java7
rdd.foreachPartition(new VoidFunction<Iterator<Integer>>() {
    @Override
    public void call(Iterator<Integer> it) throws Exception {
        System.out.println("Partition Side Effect!!");
        while (it.hasNext()) System.out.println("Value Side Effect: " + it.next());
    }
});
// Java8
rdd.foreachPartition((Iterator<Integer> it) -> {
    System.out.println("Partition Side Effect!!");
    it.forEachRemaining(v -> System.out.println("Value Side Effect:" + v));
});
```

[예제 2-124] foreach, foreachPartitions - 파이썬

```python
def sideEffect(values):
    print("Partition Side Effect!!")
    for v in values:
        print("Value Side Effect: %s" % v)

rdd = sc.parallelize(range(1, 11), 3)
result = rdd.foreach(lambda v: print("Value Side Effect: %s" % v))
result = rdd.foreachPartition(sideEffect)
```

[결과]

```
Value Side Effect: 1
Value Side Effect: 2
(생략...)
Partition Side Effect!!
(생략...)
Partition Side Effect!!
```

```
(생략...)
Partition Side Effect!!
(생략...)
```

실행 결과를 통해 foreach()의 경우 각 요소마다 출력됐고 foreachPartitions()의 경우 각 파티션마다 한 번씩 실행됐음을 알 수 있습니다.

2.1.6.11 toDebugString

toDebugString 메서드는 이름 그대로 디버깅을 위한 메서드입니다. RDD의 파티션 개수나 의존성 정보 등 세부 정보를 알고 싶을 때 사용할 수 있습니다. 이 메서드는 언어별로 사용법에 차이가 없기 때문에 스칼라 예제만 살펴보겠습니다.

[예제 2-125] toDebugString - 파이썬

```
val rdd = sc.parallelize(1 to 100, 10).map(_ * 2).persist.map(_ + 1).coalesce(2)
println(rdd.toDebugString)
```

[결과]

```
(2) CoalescedRDD[4] at coalesce at RDDOpSample.scala:391 []
 |  MapPartitionsRDD[3] at map at RDDOpSample.scala:391 []
 |  MapPartitionsRDD[2] at map at RDDOpSample.scala:390 []
 |  ParallelCollectionRDD[1] at parallelize at RDDOpSample.scala:389 []
```

먼저 1부터 100까지의 숫자와 10개의 파티션으로 구성된 RDD를 생성합니다. 그리고 여기에 두 번의 map() 연산을 적용한 후 파티션의 개수를 두 개로 조정합니다. 이제 toDebugString 메서드를 호출해 결과를 확인해 보면 위의 [결과]와 같습니다. 이때 맨 앞에 보이는 (2)라는 숫자는 최종 파티션의 개수를 의미하며, 이후의 내용이 최초 RDD 생성 후 두 번의 map 연산이 있었음을 나타냅니다. 이 같은 결과를 통해 RDD 간의 의존성 정보(부모 RDD의 정보)를 알아볼 수 있습니다.

2.1.6.12 cache, persist, unpersist

RDD는 액션 연산이 수행될 때마다 관련 트랜스포메이션 연산을 반복합니다. 이때 기존에 사용했던 데이터가 메모리에 남아 있다면 그 데이터를 사용하지만 다른 이유로 인해 데이터가 남아 있지 않다면 RDD 생성 히스토리(리니지)를 이용해 복구(재생성)하는 단계를 수행합니다. 따라서 다수의 액션 연산을 통해 반복적으로 사용되는 RDD인 경우 해당 데이터를 메모리 등에 저장해 두는 것이 매번 새로운 RDD를 만들어 내는 것보다 유리합니다.

cache()와 persist()는 첫 액션을 실행한 후 RDD 정보를 메모리 또는 디스크 등에 저장해서 다음 액션을 수행할 때 불필요한 재생성 단계를 거치지 않고 원하는 작업을 즉시 실행할 수 있게 해 주는 메서드입니다. 이 중에서 cache()는 RDD의 데이터를 메모리에 저장하라는 의미로, 만약 저장해야 할 메모리 공간이 충분치 않다면 부족한 용량만큼 저장을 수행하지 않게 됩니다. 이에 반해 persist()는 StorageLevel이라는 옵션을 이용해 저장 위치(메모리, 디스크)와 저장 방식(직렬화 여부) 등을 상세히 지정할 수 있는 기능을 제공합니다. 예를 들어, StorageLevel의 MEMORY_ONLY는 메모리에만 저장하라는 의미이며, MEMORY_AND_DISK_SER는 메모리에 저장하다가 공간이 부족할 경우 DISK를 사용하되 직렬화된 포맷을 이용하라는 의미입니다. 스파크의 캐시 관련 설정은 이 밖에도 여러 가지 옵션을 더 가지고 있지만 자세한 내용은 5장 스파크SQL과 데이터프레임을 다루는 부분에서 상세히 설명하겠습니다.

마지막으로 살펴볼 메서드는 unpersist()로 이미 저장 중인 데이터가 더 이상 필요없을 때 캐시 설정을 취소하는 데 사용합니다.

다음은 cache()와 persistence()를 사용하는 방법을 보여주는 예제입니다. 스칼라 언어로 작성된 코드지만 자바 혹은 파이썬의 경우에도 같은 방법을 사용합니다.

[예제 2-126] cache, persist – 스칼라

```
val rdd = sc.parallelize(1 to 100, 10)
rdd.cache
rdd.persist(StorageLevel.MEMORY_ONLY)
```

 스파크의 메모리 기반 캐시는 같은 작업을 반복해서 수행할 때 처리 속도를 높일 수 있는 좋은 방법입니다. 하지만 캐시를 수행하기 위해서는 데이터 저장을 위한 충분한 메모리 공간이 필요하고 오브젝트를 읽고 쓰기 위한 추가 연산도 필요합니다. 따라서 무조건 캐시만 하면 성능이 좋아진다는 보장은 없으며 데이터의 특성에 따라 캐시를 하지 않는 것이 더 나은 경우도 발생할 수 있습니다.

스파크는 동일한 메모리를 일정한 비율로 나누어 일부는 데이터 처리를 위한 작업 공간으로 사용하고 나머지는 캐시를 위한 공간으로 사용하는데(이 값은 설정에 의해 조정할 수 있습니다) 한번 정해진 크기가 작업이 끝날 때까지 고정돼 있는 것이 아니라 데이터를 처리하는 과정에서 용량이 부족하면 여유 있는 상대방 공간을 더 사용할 수 있습니다. 하지만 데이터 처리 중 작업 공간과 저장 공간이 모두 부족한 경우가 되면 작업 공간을 우선 할당하게 되어 메모리 기반의 캐시는 공간이 부족한 상황에 놓이게 됩니다. 이때 파일 캐시를 허용해 부족한 캐시 공간을 보완한다고 하더라도 전체적인 처리 성능은 기대했던 것에 한참 미치지 못할 가능성이 있습니다. 물론 그렇다고 해서 무조건 메모리를 크게 할당하면 GC 수행으로 인한 또 다른 문제가 발생할 위험이 커지게 됩니다. 따라서 무조건 캐시하고 보자는 생각보다는 처리하고자 하는 데이터의 특성과 용량, 사용 가능한 클러스터 자원을 신중히 고려해서 캐시 정책을 세우는 것이 중요합니다.

2.1.6.13 partitions

partitions()는 RDD의 파티션 정보가 담긴 배열을 돌려줍니다. 이때 배열에 담긴 요소는 Partition 타입 객체이며, 파티션의 인덱스 정보를 알려주는 index() 메서드를 포함하고 있습니다. partitions()는 파티션의 크기를 알아보기 위한 용도로 많이 활용하기도 하는데, 단순히 크기 정보만 알아볼 목적이라면 getNumPartitions() 메서드를 사용하는 것이 좀 더 편리한 방법입니다.

다음은 파티션 크기를 확인해 보는 스칼라 예제이며, 다른 언어를 사용하는 경우도 동일한 방법을 사용할 수 있습니다. (단, 파이썬의 경우 partitions() 메서드는 사용할 수 없으며, getNumPartitions() 메서드를 사용해야 합니다.)

[예제 2-127] partitions - 스칼라

```
val rdd = sc.parallelize(1 to 1000, 10)
println(rdd.partitions.size)
println(rdd.getNumPartitions)
```

[결과]

```
10
10
```

2.1.7 RDD 데이터 불러오기와 저장하기

스파크는 하둡 API를 기반으로 다양한 데이터 포맷과 파일시스템을 지원합니다. 예를 들어, 파일 포맷의 경우 가장 단순한 형태인 텍스트 파일부터 시작해 JSON[39]이나 하둡의 시퀀스파일[40], csv 등을 다룰 수 있고, 파일시스템으로 로컬 파일시스템을 비롯해 하둡 파일시스템(HDFS), AWS의 S3, 오픈스택의 Swift[41] 등을 사용할 수 있습니다[42]. 또한 MySQL과 같은 데이터베이스를 비롯해 HBase, 카산드라, Hive 같은 NoSQL 시스템과도 연동이 가능합니다.[43]

이번 절에서는 자주 사용되는 몇 가지 유형의 데이터를 이용해 RDD를 생성하는 방법을 비롯해 반대로 RDD 데이터를 특정 데이터 유형으로 저장하는 방법을 알아보겠습니다.

---

39 http://www.json.org/
40 https://wiki.apache.org/hadoop/SequenceFile
41 http://spark.apache.org/docs/latest/storage-openstack-swift.html
42 하둡은 파일 시스템에 대한 일종의 추상화된 규칙을 정의하고 있으며, HDFS는 이에 대한 대표적인 구현 사례라고 할 수 있습니다.
43 스파크 패키지(http://goo.gl/q4vuFL) 사이트에서 다양한 데이터소스에 접근하기 위한 서드파티 라이브러리를 찾을 수 있습니다.

2.1.7.1 텍스트 파일

텍스트 파일은 대부분의 프로그램에서 사용 가능한 범용적인 데이터 포맷입니다. 다음은 로컬 파일
시스템에 저장된 텍스트 파일로부터 RDD를 생성하는 방법입니다.

```
val rdd = sc.textFile("file:///data/sample.txt")
```

sc는 스파크컨텍스트를 가리키는 변수이며, textFile()은 입력받은 텍스트 파일을 읽고 파일의 각
라인에 해당하는 문자열을 하나의 RDD 요소로 하는 새로운 RDD를 생성하는 메서드입니다. 이때
textFile() 메서드 안에 있는 문자열이 파일이 위치한 경로를 가리킵니다.

스파크는 다양한 종류의 파일시스템을 다룰 수 있기 때문에 파일의 경로를 지정하는 방법도 파일시
스템의 종류에 따라 달라집니다. 예를 들어, 예제처럼 로컬 파일시스템을 사용한다면 "file://path"
와 같이 지정하고, HDFS나 S3를 사용한다면 "hdfs://master:port/path/..." 또는 "s3n://bucket/
path"와 같은 방식으로 지정합니다.

이때 한 가지 주의할 점은 스파크가 클러스터를 이루는 다수의 서버 상에서 동작하기 때문에 위에
서 지정한 경로는 클러스터를 구성하고 있는 모든 서버에서 동일하게 접근 가능해야 한다는 것입
니다. 따라서 예제와 같이 로컬 파일시스템 경로를 데이터 위치로 지정했을 경우 클러스터를 구성
하는 모든 서버에서 "file:///data/sample.txt"라는 경로를 통해 지정한 파일에 접근할 수 있어야만
합니다.

textFile() 메서드는 텍스트 파일의 경로를 가리키는 문자열 외에 파티션 크기를 지정하는 또 다른
인자값을 지정할 수 있습니다. 예를 들어, textFile("⟨path to file⟩", 10)과 같이 지정하면 총 10개
의 파티션으로 구성된 RDD를 생성할 수 있습니다.

RDD의 내용을 텍스트 파일 형태로 저장하는 것은 비교적 간단합니다.

다음은 로컬 파일시스템에 RDD의 내용을 텍스트 파일로 저장하고 불러오는 예제입니다. 편의상
⟨path_to_save⟩를 파일을 저장할 로컬 파일시스템의 디렉터리 경로라고 하겠습니다.

[예제 2-128] 텍스트 파일로 저장 - 스칼라

```
val rdd = sc.parallelize(1 to 1000, 3)
val codec = classOf[org.apache.hadoop.io.compress.GzipCodec]
// save
rdd.saveAsTextFile("<path_to_save>/sub1")
// save(gzip)
```

```
rdd.saveAsTextFile("<path_to_save>/sub2", codec)
// load
val rdd2 = sc.textFile("<path_to_save>sub1")
```

[예제 2-129] 텍스트 파일로 저장 – 자바

```
// fillToN(1000) : 0부터 1000까지의 숫자로 구성된 ArrayList
JavaRDD<Integer> rdd = sc.parallelize(fillToN(1000), 3);
Class codec = org.apache.hadoop.io.compress.GzipCodec.class;
// save
rdd.saveAsTextFile("<path_to_save>/sub1");
// save(gzip)
rdd.saveAsTextFile("<path_to_save>/sub2", codec);
// load
JavaRDD<String> rdd2 = sc.textFile("<path_to_save>/sub1");
```

[예제 2-130] 텍스트 파일로 저장 – 파이썬

```
rdd = sc.parallelize(range(1, 1000), 3)
codec = "org.apache.hadoop.io.compress.GzipCodec"
# save
rdd.saveAsTextFile("<path_to_save>/sub1")
# save(gzip)
rdd.saveAsTextFile("<path_to_save>/sub2", codec)
# load
rdd2 = sc.textFile("<path_to_save>/sub1")
```

예제에 사용된 RDD는 1000개의 숫자로 구성된 3개의 파티션을 가지고 있습니다. saveAsText File() 메서드는 파일을 저장할 때 사용하는 메서드로서 파일을 저장할 경로를 가리키는 문자열을 인자로 전달하면 됩니다.

만약 압축을 사용하려면 두 번째로 사용한 방법처럼 압축 코덱의 클래스 정보를 추가할 수 있습니다. 사용 가능한 압축 코덱 클래스는 org.apache.hadoop.io.compress 패키지 아래의 CompressionCodec 인터페이스를 구현한 클래스이며, gzip(GzipCodec), Snappy(Snappy Codec), bzip2(BZip2Cocde), LZO(Lz4Codec) 등을 사용할 수 있습니다.[44] 다음은 위 예제를 실행한 결과입니다.

---

44 하둡 API(https://goo.gl/hFdqbK)를 통해 사용 가능한 코덱 정보를 확인해 볼 수 있습니다.

```
$ ls -al
total 56
drwxr-xr-x  10 minis21  staff   340  9 11 22:50 .
drwxr-xr-x   4 minis21  staff   136  9 11 22:50 ..
-rw-r--r--   1 minis21  staff     8  9 11 22:50 ._SUCCESS.crc
-rw-r--r--   1 minis21  staff    20  9 11 22:50 .part-00000.crc
-rw-r--r--   1 minis21  staff    20  9 11 22:50 .part-00001.crc
-rw-r--r--   1 minis21  staff    20  9 11 22:50 .part-00002.crc
-rw-r--r--   1 minis21  staff     0  9 11 22:50 _SUCCESS
-rw-r--r--   1 minis21  staff  1222  9 11 22:50 part-00000
-rw-r--r--   1 minis21  staff  1332  9 11 22:50 part-00001
-rw-r--r--   1 minis21  staff  1336  9 11 22:50 part-00002
```

여러 개의 파일 중에 실제 결과에 해당하는 부분은 가장 아래쪽에 있는 part-00000, part-00001, part-00002라는 3개의 파일입니다. 이것은 하둡에서 파일을 저장하는 것과 같은 방법인데, 이렇게 결과를 여러 개의 파일에 나누어 저장함으로써 병렬처리를 이용한 성능 향상의 이점도 얻을 수 있고 파일을 저장하는 과정에서 부분적인 오류가 발생하더라도 전체 작업에 미치는 영향을 최소화하면서 복구를 수행할 수 있다는 장점도 있습니다.

스파크는 기존에 생성된 파일에 새로운 내용을 추가(append)하거나 덮어쓰는(overwrite) 기능을 제공합니다. 하지만 이 기능은 이후에 다룰 데이터 셋(Data Set) 혹은 데이터 프레임(Data Frame) API를 사용했을 때 가능하며, RDD가 제공하는 데이터 저장 관련 메서드는 기존에 생성된 파일이 있을 경우 기존 파일을 변경하지 않고 에러를 발생시킵니다. 따라서 RDD API를 이용해 데이터를 저장할 때는 기존에 생성된 디렉터리와 파일은 모두 삭제하고 진행해야 합니다.

2.1.7.2 오브젝트 파일(Object File)

자바를 비롯한 여러 언어에서는 오브젝트를 파일에 읽고 쓰는 기능을 제공합니다. 스파크컨텍스트의 objectFile()과 RDD의 saveAsObjectFile() 메서드는 이러한 오브젝트 직렬화 방법을 이용해 RDD를 구성하는 요소를 파일에 읽고 쓰는 기능을 수행합니다.

이 방법은 언어 수준에서 기본적으로 지원하는 기능을 이용하기 때문에 별다른 추가 작업 없이 간단하게 사용할 수 있다는 장점이 있지만 속도가 느리고 변경에 취약하다는 단점 탓에 자주 사용되지 않는 방법입니다.

다음은 오브젝트를 이용해 RDD를 생성 및 저장하는 예제입니다.

[예제 2-131] 오브젝트 파일로 저장 – 스칼라

```scala
val rdd = sc.parallelize(1 to 1000)
// save
rdd.saveAsObjectFile("<path_to_save>/sub_path")
// load!
val rdd2 = sc.objectFile[Int]("<path_to_save>/sub_path")
println(rdd2.take(10).mkString(", "))
```

[예제 2-132] 오브젝트 파일로 저장 – 자바

```java
// fillToN(1000)은 0부터 1000까지의 정수를 포함한 리스트(List) 객체를 반환
JavaRDD<Integer> rdd = sc.parallelize(fillToN(1000), 3);
// save
rdd.saveAsObjectFile("<path_to_save>/sub_path");
// load
JavaRDD<Integer> rdd2 = sc.objectFile("<path_to_save>/sub_path");
System.out.println(rdd2.take(10));
```

[예제 2-133] 오브젝트 파일로 저장 – 파이썬

```python
rdd = sc.parallelize(range(1, 1000), 3)
# save
rdd.saveAsPickleFile("data/sample/saveAsObjectFile/python")
# load
rdd2 = sc.pickleFile("data/sample/saveAsObjectFile/python")
print(rdd2.take(10))
```

[결과]

```
1, 2, 3, 4, 5, 6, 7, 8, 9, 10
```

오브젝트 파일을 사용하는 것은 텍스트 파일을 사용할 때와 코드 작성 측면에서 크게 다르지 않습니다. 다만 RDD에 포함된 데이터를 오브젝트 파일로 다루기 위해서는 각 요소(오브젝트)가 자바의 Serializable 인터페이스를 구현하고 있어야 하며, 파이썬의 경우 objectFile 대신 파이썬의 pickle[45] 라이브러리를 사용하는 saveAsPickleFile()과 pickleFile() 메서드를 사용해야 한다는 점에 유의해야 합니다. 또한 예제에서 볼 수 있는 것과 같이 저장된 RDD의 타입이 RDD[Int]였다면

---

45 https://goo.gl/V7CB3k

이 파일을 읽어서 생성한 RDD도 RDD[String]이 아닌 동일한 Rdd[Int] 타입이라는 점도 기억해 둬야 합니다.

2.1.7.3 시퀀스 파일

시퀀스 파일(Sequence File)은 키와 값으로 구성된 데이터를 저장하는 이진(Binary) 파일 포맷입니다. 하둡에서 자주 사용되는 대표적 파일 포맷으로도 널리 알려졌으며, 대량의 데이터 처리에 적합한 분할 압축 기능을 비롯해 효율적인 파일 관리에 적합한 구조를 띠고 있다는 장점이 있습니다.

이전 절에서 살펴본 오브젝트 파일과 비교해 보면 두 파일 모두 바이너리 형태로 데이터를 저장하긴 하지만 오브젝트 파일이 자바의 표준 직렬화 방법을 사용하는 데 반해 시퀀스 파일은 하둡에서 자체적으로 정의한 직렬화 프레임워크를 사용한다는 점에서 차이가 있습니다. 즉, RDD의 데이터를 오브젝트 파일로 읽고 쓰기 위해서는 RDD에 포함된 각 데이터가 자바의 Serializable 인터페이스를 구현하고 있어야 하는 것처럼 시퀀스 파일로 다루고자 하는 RDD의 데이터는 하둡의 Writable 인터페이스를 구현하고 있어야 합니다.

다음은 시퀀스 파일을 이용해 RDD를 저장하고 생성하는 예제입니다.

[예제 2-134] 시퀀스 파일로 저장 – 스칼라

```scala
val rdd = sc.parallelize(List("a", "b", "c", "b", "c")).map((_, 1))
// save
rdd.saveAsSequenceFile("data/sample/saveAsSeqFile/scala")
// load!
val rdd2 = sc.sequenceFile[String, Int]("data/sample/saveAsSeqFile/scala")
println(rdd2.collect.mkString(", "))
```

스칼라 언어를 사용하는 경우 예제에서 보는 것처럼 간단하게 시퀀스 파일을 사용할 수 있습니다. 우선 시퀀스 파일을 생성하기 위한 키와 값으로 구성된 rdd를 생성하고 saveAsSequenceFile() 메서드를 이용해 RDD를 시퀀스 파일로 저장합니다. 저장된 시퀀스 파일을 다시 읽어서 새로운 rdd를 만들 때는 스파크컨텍스트가 제공하는 sequenceFile() 메서드를 사용하면 됩니다.

다음으로 살펴볼 것은 자바와 파이썬 예제인데, 이때는 코드를 작성하는 방법이 다소 달라집니다. 먼저 자바를 사용하는 경우입니다.

[예제 2-135] 시퀀스 파일로 저장 – 자바

```java
String path = "data/sample/saveAsSeqFile/java";
JavaRDD<String> rdd1 = sc.parallelize(Arrays.asList("a", "b", "c", "b", "c"));

// Writable로 변환 - Java7
JavaPairRDD<Text, LongWritable> rdd2 = rdd1.mapToPair(new PairFunction<String, Text,
LongWritable>() {
    @Override
    public Tuple2<Text, LongWritable> call(String v) throws Exception {
        return new Tuple2<Text, LongWritable>(new Text(v), new LongWritable(1));
    }
});

// Writable로 변환 - Java8
JavaPairRDD<Text, LongWritable> rdd2_1 = rdd1.mapToPair((String v) -> new Tuple2<Text,
LongWritable>(new Text(v), new LongWritable(1)));

// SequenceFile로 저장
rdd2.saveAsNewAPIHadoopFile(path, Text.class, LongWritable.class, SequenceFileOutputFormat.
class);

// SequenceFile로부터 RDD 생성
JavaPairRDD<Text, LongWritable> rdd3 = sc.newAPIHadoopFile(path, SequenceFileInputFormat.class,
Text.class, LongWritable.class, new Configuration());

// Writable을 String으로 변환 - Java7
JavaRDD<String> rdd4 = rdd3.map(new Function<Tuple2<Text, LongWritable>, String>() {
    @Override
    public String call(Tuple2<Text, LongWritable> v1) throws Exception {
      return v1._1().toString() + v1._2;
    }
});

// Writable을 String으로 변환 - Java8
JavaRDD<String> rdd4_1 = rdd3.map((Tuple2<Text, LongWritable> v1) -> v1._1().toString());

// 결과 출력
System.out.println(rdd4.collect());
```

자바의 경우 시퀀스 파일만 다루는 메서드가 따로 제공되지 않습니다. 따라서 파일을 저장할 때는 RDD의 saveAsHadoopFile()이나 saveAsNewAPIHadoopFile()[46] 메서드를 사용해야 하고, 저장된 시퀀스 파일로부터 새로운 RDD를 생성할 때는 스파크컨텍스트의 hadoopFile()이나 newAPIHadoopFile() 메서드를 사용해야 합니다. 이 메서드를 사용할 때는 자바의 String이나 Integer 타입이 아닌 하둡의 Writable 인터페이스를 구현한 객체가 필요하므로 rdd의 mapToPair() 메서드를 이용해 String과 Integer를 각각 Text와 LongWritable로 변환한 뒤 저장했습니다.

마지막으로 시퀀스 파일로부터 맨 처음 생성한 RDD 내부의 데이터는 Writable 타입으로 돼 있는데, 이 경우 하둡 Writable 객체의 특성에 따라 하나의 객체를 계속해서 재사용하게 되므로 이 RDD를 직접 캐시해서 사용할 경우 의도했던 것과 다른 결과를 얻을 위험이 높습니다. 또한 Writable 객체는 자바의 Serializable 인터페이스를 구현하지 않기 때문에 Writable로 구성된 RDD에서 직접 collect() 등을 호출해서 사용할 경우 사용 중인 직렬화 프레임워크의 설정에 따라 직렬화 관련 오류가 발생할 수도 있습니다.

따라서 시퀀스 파일로부터 생성한 RDD의 경우 예제와 같이 map() 계열의 메서드를 통해 다른 오브젝트로 변환한 뒤에 사용하는 것이 대부분의 경우 안전하다고 할 수 있습니다.

마지막으로 파이썬을 사용하는 경우입니다.

[예제 2-136] 시퀀스 파일로 저장 – 파이썬

```python
path = "data/sample/saveAsSeqFile/python"
outputFormatClass = "org.apache.hadoop.mapreduce.lib.output.SequenceFileOutputFormat"
inputFormatClass = "org.apache.hadoop.mapreduce.lib.input.SequenceFileInputFormat"
keyClass = "org.apache.hadoop.io.Text"
valueClass = "org.apache.hadoop.io.IntWritable"
rdd1 = sc.parallelize(["a", "b", "c", "b", "c"])
rdd2 = rdd1.map(lambda x: (x, 1))
# save
rdd2.saveAsNewAPIHadoopFile(path, outputFormatClass, keyClass, valueClass)
# load
rdd3 = sc.newAPIHadoopFile(path, inputFormatClass, keyClass, valueClass)
for k, v in rdd3.collect():
    print(k, v)
```

---

[46] 하둡의 라이브러리에는 유사한 역할을 수행하는 동일한 이름의 클래스들이 org.apache.hadoop.mapred 패키지 아래에도 있고 org.apache.hadoop.mapreduce 패키지에도 있습니다. 이 가운데 mapreduce 패키지 아래에 있는 클래스들이 더 최근에 개발됐다는 의미로 이 패키지 아래의 클래스들을 가리켜 흔히 새로운 API(new API)라고 부릅니다.

파이썬의 경우 예제와 같이 시퀀스 파일을 다루는 데 필요한 정보를 문자열 형태의 인자로 전달해야 한다는 점을 제외하면 비교적 손쉽게 시퀀스 파일을 사용할 수 있습니다.

2.1.8 클러스터 환경에서의 공유 변수

하둡의 맵리듀스 프로그램을 작성해 본 경험이 있는 독자분이라면 분산캐시(DistributedCache)와 카운터(Counter)라는 개념을 알고 있을 것입니다. 하둡이나 스파크와 같이 클러스터 환경에서 동작하는 애플리케이션은 하나의 잡(Job)을 수행하기 위해 클러스터에 속한 다수의 서버에서 여러 개의 프로세스를 실행하게 되므로 모든 프로세스가 공유할 수 있는 자원을 관리하기란 쉽지 않은 일입니다.

따라서 이러한 프레임워크들은 다수의 프로세스가 공유할 수 있는 읽기 자원과 쓰기 자원을 설정할 수 있도록 지원하는데, 하둡은 분산캐시와 카운터를, 스파크는 브로드캐스트 변수(Broadcast Variables)와 어큐뮬레이터(Accumulators)를 제공하고 있습니다. 이 가운데 스파크가 제공하는 서비스가 좀 더 개선된 것이라고 할 수 있는데, 그 이유는 하둡의 분산 캐시는 단순히 대용량 파일을 전체 노드에서 쉽게 접근할 수 있게 하거나 단순히 숫자(카운트)를 증가시키는 것이 목적인 데 반해 스파크의 공유 변수는 단어 그대로 '읽거나 쓸 수 있는 공유 변수'의 의미로서 사용 목적에 따라 좀 더 범용적인 목적으로 활용될 수 있기 때문입니다.

그럼 브로드캐스트 변수부터 시작해서 각각의 역할과 사용법을 알아보겠습니다.

1) 브로드캐스트 변수

브로드캐스트 변수는 스파크 잡이 실행되는 동안 클러스터 내의 모든 서버에서 공유할 수 있는 읽기전용 자원을 설정할 수 있는 변수입니다. 예를 들어, 온라인 쇼핑몰에서 사용자 ID와 구매 정보가 담긴 10TB짜리 로그를 분석할 때 우리가 찾고자 하는 사용자 ID 목록이 담긴 세트 컬렉션(Set) 타입의 데이터를 공유 변수로 설정해 각 서버에서 로그를 처리하면서 현재 처리하려는 로그가 우리가 찾고 있는 사용자의 로그가 맞는지를 확인하는 등의 용도로 사용할 수 있습니다.

브로드캐스트 변수를 설정하려면

1. 먼저 공유하고자 하는 데이터를 포함한 오브젝트를 생성하고
2. 이 오브젝트를 스파크컨텍스트의 broadcast() 메서드의 인자로 지정해 해당 메서드를 실행합니다.
3. 이렇게 생성된 브로드캐스트 변수를 사용할 때는 2번에서 생성한 브로드캐스트 변수의 value() 메서드를 통해 접근하면 됩니다.

다음은 브로드캐스트 변수를 rdd의 필터 메서드에 적용한 예제입니다. 브로드캐스트 변수를 생성할 때는 스파크컨텍스트의 broadcast() 메서드를 사용하고, 브로드캐스트 변수에 담긴 데이터에 접근할 때는 value 속성을 사용하고 있음을 알 수 있습니다.

[예제 2-137] 브로드캐스트 변수 – 스칼라

```scala
val broadcastUsers = sc.broadcast(Set("u1", "u2"))
val rdd = sc.parallelize(List("u1", "u3", "u3", "u4", "u5", "u6"), 3)
val result = rdd.filter(broadcastUsers.value.contains(_))
```

[예제 2-138] 브로드캐스트 변수 – 자바

```java
Broadcast<Set<String>> bu = sc.broadcast(new HashSet<String>(Arrays.asList("u1", "u2")));
JavaRDD<String> rdd = sc.parallelize(Arrays.asList("u1", "u3", "u3", "u4", "u5", "u6"),3);

// Java7
JavaRDD<String> result = rdd.filter(new Function<String, Boolean>() {
    @Override
    public Boolean call(String v1) throws Exception {
      return bu.value().contains(v1);
    }
});

// Java8
JavaRDD<String> result2 = rdd.filter((String v1) -> bu.value().contains(v1));
```

[예제 2-139] 브로드캐스트 변수 – 파이썬

```python
bu = sc.broadcast(set(["u1", "u2"]))
rdd = sc.parallelize(["u1", "u3", "u3", "u4", "u5", "u6"], 3)
result = rdd.filter(lambda v: v in bu.value)
print(result.collect())
```

[결과]

u1

클러스터 간에 공유할 변수가 있다고 해서 무조건 브로드캐스트 변수를 사용해야 하는 것은 아닙니다. 스파크는 액션 연산을 수행할 때 동일한 스테이지(stage)[47] 내에서 실행되는 태스크 간에는 동작에 필요한 변수를 자동으로 브로드캐스트 변수를 이용해 전달하기 때문에 명시적으로 브로드캐스트 변수를 지정하지 않아도 됩니다. 즉, 여러 스테이지에서 반복적으로 활용되는 경우가 아니라면 굳이 명시적으로 브로드캐스트 변수를 지정할 필요는 없습니다.

---

47 액션 연산이 수행될 때 reduceByKey()와 같이 셔플이 발생돼야 하는 경우마다 새로운 스테이지가 시작합니다. 즉, 어떤 연산을 수행하는 과정에서 셔플을 발생시키지 않고 로컬 서버 내에서 처리될 수 있는 태스크는 하나의 스테이지에 속하게 됩니다.

2) 어큐뮬레이터

브로드캐스트 변수가 읽기 동작을 위한 것이라면 어큐뮬레이터는 쓰기 동작을 위한 것이라고 할 수 있습니다. 예를 들어, 온라인 쇼핑몰에서 수 TB에 달하는 사용자 접속 로그 파일을 취합해서 분석하는 경우를 생각해 보겠습니다. 이 경우 일반적으로 사용하는 방법은 기록할 로그의 형식을 미리 정해두고 정해진 형식에 맞춰 로그를 기록하고 분석하는 것입니다.

하지만 실제 온라인 쇼핑몰에 접속하는 클라이언트는 매우 다양한 방법과 경로를 통해 접속을 시도합니다. 이 때문에 생성된 로그 파일 중에는 정해진 포맷에 맞지 않거나 반드시 있어야 할 필수 정보 등이 누락되어 데이터 처리 과정에서 예상치 못한 문제를 일으키는 것들이 다수 포함될 수 있습니다.

만약 이 작업을 한 대의 서버에서 수행한 것이라면 데이터 처리 과정에서 발생하는 에러 정보를 콘솔이나 로컬 파일 등에 남겨서 문제가 무엇인지 추적해 볼 수 있을 것입니다. 하지만 스파크나 하둡과 같이 다수의 서버로 구성된 클러스터 환경에서 동작하는 프로그램인 경우 오류가 발생했을 때 이 문제가 어느 서버의 어떤 프로세스에서 발생한 것인지 확인하는 것이 쉽지 않습니다. 따라서 이럴 때 클러스터의 각 서버에서 보내는 에러 정보를 한 곳에 모아서 볼 수 있는 방법이 있다면 수십 혹은 수백 대의 서버로 구성된 클러스터라 할지라도 손쉽게 에러 상황을 디버깅할 수 있을 것입니다.

어큐뮬레이터는 이처럼 클러스터 내의 모든 서버가 공유하는 쓰기 공간을 제공함으로써 각 서버에서 발생하는 특정 이벤트의 수를 세거나 관찰하고 싶은 정보를 모아두는 등의 용도로 편리하게 활용할 수 있습니다. 그럼 지금부터 어큐뮬레이터를 생성하고 사용하는 방법을 알아보겠습니다.

 어큐뮬레이터를 생성하는 방법은 스파크의 버전에 따라, 또는 사용하는 프로그래밍 언어에 따라 조금씩 다릅니다. 이 책에서는 언어별 구현 방법에 대해서는 다룰 테지만 스파크 버전의 경우 2.3.0 버전을 기준으로 설명할 것입니다. 하지만 이전 버전에 비해 달라진 부분이 주로 코드 구현과 관련된 문법적인 부분이므로 책의 내용을 잘 이해하면 이전 버전의 API를 다루는 데도 큰 어려움은 없을 것입니다. 이전 버전의 API를 사용하는 방법은 스파크에서 제공하는 기존 버전 공식 가이드(예: https://goo.gl/frU3OK)에서 찾을 수 있습니다.

먼저 어큐뮬레이터를 생성하려면 org.apache.spark.util.AccumulatorV2 클래스를 상속받은 클래스를 정의하고, 이 클래스의 인스턴스(객체)를 생성해야 합니다. 하지만 실제로 사용하기 위해서는 한 단계를 더 거쳐야 하는데, 바로 생성한 어큐뮬레이터 인스턴스를 스파크컨텍스트가 제공하는 register() 메서드를 이용해 등록하는 것입니다. 다만 이 방법은 자바와 스칼라 언어를 사용하는 경우에만 해당하는데, 파이썬 언어를 사용하는 경우는 이후에 따로 설명하겠습니다.

어큐뮬레이터를 등록할 때는 이름을 지정할 수도 있고, 하지 않을 수도 있는데 만약 이름을 지정할 경우 스파크가 제공하는 웹 화면을 통해 어큐뮬레이터에 관한 정보를 확인할 수 있습니다.[48] (이 부분 역시 파이썬 언어를 사용하는 경우에는 해당하지 않습니다.[49])

다음은 위에서 설명한 방법에 따라 초깃값이 0이고 이름이 "invalidFormat"인 어큐뮬레이터를 생성하고 등록하는 스칼라 코드입니다.

```
val acc = sc.longAccumulator("invalidFormat")
```

위 코드는 방금 전에 설명한 것과는 전혀 다른 방법을 사용하는 것처럼 보이지만 실제로는 위에서 설명한 것과 동일한 작업을 수행한 것입니다. 코드 형태를 보고 눈치채신 분들도 있겠지만 스파크에서는 자주 사용되는 몇 가지 데이터 타입에 대한 어큐뮬레이터를 미리 정의해 뒀으며, 이를 편리하게 사용할 수 있게 생성과 등록 작업을 한번에 처리하는 간편한 메서드를 스파크컨텍스트를 통해 제공합니다.

위 코드에서 사용한 longAccumulator() 메서드 역시 이와 같은 목적으로 정의된 메서드 중 하나이며, 이 메서드를 사용해 어큐뮬레이터를 생성할 경우 long 타입의 값을 저장하기 위한 LongAccumulator를 생성하고 작업 환경에 등록하는 작업까지 처리해 줍니다.

이 밖에도 스파크에는 컬렉션 타입의 데이터를 저장하기 위한 CollectionAccumulator, 더블 (Double) 타입의 데이터를 저장하기 위한 DoubleAccumulator 등이 정의돼 있으며, 스파크컨텍스트에서 collectionAccumulator(), DoubleAccumulator() 등의 메서드를 이용해 간편하게 사용할 수 있습니다.

이처럼 어큐뮬레이터가 생성된 후에는 add() 또는 += 메서드(또는 연산자)를 이용해 값을 추가할 수 있습니다. 다음은 어큐뮬레이터를 이용해 정해진 형식에 맞지 않는 데이터에 대한 정보를 찾아보는 예제입니다.

[예제 2-140] 어큐뮬레이터 – 스칼라

```
val acc1 = sc.longAccumulator("invalidFormat")
val acc2 = sc.collectionAccumulator[String]("invalidFormat2")
val data = List("U1:Addr1", "U2:Addr2", "U3", "U4:Addr4", "U5;Addr5", "U6:Addr6", "U7::Addr7")
sc.parallelize(data, 3).foreach { v =>
    if (v.split(":").length != 2) {
        acc1.add(1L)
```

---

48 이름을 지정하지 않으면 기본 이름을 사용하는 것이 아니라 웹 UI에 어큐뮬레이터 정보가 표시되지 않습니다.
49 파이썬의 경우 이름을 등록할 수 있는 방법이 없습니다.

```
            acc2.add(v)
        }
    }
}
println("잘못된 데이터 수:" + acc1.value)
println("잘못된 데이터:" + acc2.value)
```

[예제 2-141] 어큐뮬레이터 – 자바

```
import org.apache.spark.util.CollectionAccumulator;
import org.apache.spark.util.LongAccumulator;
LongAccumulator acc1 = jsc.sc().longAccumulator("invalidFormat");
CollectionAccumulator acc2 = jsc.sc().collectionAccumulator("invalidFormat2");
List<String> data = Arrays.asList("U1:Addr1", "U2:Addr2", "U3", "U4:Addr4", "U5;Addr5",
"U6:Addr6", "U7::Addr7");
jsc.parallelize(data, 3).foreach(new VoidFunction<String>() {
    @Override
    public void call(String v) throws Exception {
        if(v.split(":").length != 2){
            acc1.add(1L);
            acc2.add(v);
        }
    }
});
System.out.println("잘못된 데이터 수:" + acc1.value());
System.out.println("잘못된 데이터:" + acc2.value());
```

[결과]

```
잘못된 데이터 수:3
잘못된 데이터:[U3, U5;Addr5, U7::Addr7]
```

예제를 보면 먼저 U로 시작하는 사용자 정보와 Addr로 시작하는 주소 정보를 콜론(:)으로 연결한 단어들을 가지고 rdd1이라는 RDD를 생성합니다. 그리고 이렇게 생성된 rdd1에 대해 foreach() 메서드를 호출해 규칙에 맞지 않는 문자의 개수와 그 내용을 집계합니다. 예를 들어, 주소 정보가 없는 U3이라거나 : 대신 ; 문자가 사용된 U5;Addr5와 같은 것들이 잘못된 문자에 속합니다.

이처럼 어큐뮬레이터를 사용하면 소위 "카운터(Counter)"를 구성해 간단하게 오류 건수를 확인해 볼 수도 있고, 각 서버에서 발생하는 상세한 오류 메시지의 일부를 취합해 한눈에 파악해 볼 수도 있습니다. 이번에는 동일한 기능을 수행하는 파이썬 예제를 살펴보겠습니다.

[예제 2-142] 어큐뮬레이터 - 파이썬

```python
def accumulate(v, acc):
    if(len(v.split(":")) != 2):
        acc.add(1)

acc1 = sc.accumulator(0)
data = ["U1:Addr1", "U2:Addr2", "U3", "U4:Addr4", "U5;Addr5", "U6:Addr6", "U7::Addr7"]
rdd = sc.parallelize(data)
rdd.foreach(lambda v: accumulate(v, acc1))
print(acc1.value)
```

[결과]

3

파이썬을 사용하는 경우도 자바 또는 스칼라 언어를 사용하는 것과 유사하지만 문법적인 면에서 다소 차이가 있습니다. 먼저 파이썬의 경우 어큐뮬레이터에 이름을 지정하는 것이 불가능합니다. 또한 longAccumulator() 같은 메서드가 별도로 제공되지 않기 때문에 스파크컨텍스트의 accumulator() 메서드를 이용해 원하는 어큐뮬레이터를 생성해야 합니다.

이때 accumulator() 메서드의 초깃값으로 사용할 수 있는 값은 정수(Integer)나 실수(Floating-point), 복소수(Complex number) 중의 한 타입이어야 합니다. 따라서 정수나 실수, 복소수가 아닌 다른 타입의 데이터를 다루는 경우라면 스파크가 제공하는 기본 어큐뮬레이터는 사용할 수 없습니다. 사실 이런 문제는 파이썬의 경우만 해당하는 것이 아니고 자바 및 스칼라의 경우도 마찬가지입니다. 다행히 스파크에서는 정수나 실수, 리스트 같은 기본 데이터 타입이 아닌 사용자가 직접 정의한 데이터 타입에 대해서도 어큐뮬레이터를 정의해서 사용할 수 있는 방법을 제공합니다.

다음은 스칼라 언어로 사용자 정의 데이터 타입에 대한 어큐뮬레이터를 정의하는 방법을 보여주는 예제입니다.

[예제 2-143] com.wikibooks.spark.ch2.scala.RecordAccumulator(AccumulatorSample)

```scala
import org.apache.spark.SparkConf
import org.apache.spark.SparkContext
import org.apache.spark.util.AccumulatorV2

class RecordAccumulator extends AccumulatorV2[Record, Long] {

  private var _record = Record(0)
```

```scala
    // 초깃값 여부
    def isZero: Boolean = _record.amount == 0 && _record.number == 1

    // 동일한 값을 가진 새로운 어큐뮬레이터 생성
    def copy(): AccumulatorV2[Record, Long] = {
      val newAcc = new RecordAccumulator
      newAcc._record = Record(_record.amount, _record.number)
      newAcc
    }

    // 어큐뮬레이터에 포함된 데이터의 값을 초기화
    def reset(): Unit = {
      _record.amount = 0L
      _record.number = 1L
    }

    // 다른 데이터 병합
    def add(other: Record): Unit = {
      _record.add(other)
    }

    // 다른 어큐뮬레이터 병합
    def merge(other: AccumulatorV2[Record, Long]): Unit = other match {
      case o: RecordAccumulator => _record.add(o._record);
      case _                    => throw new RuntimeException
    }

    // 최종 결과 (AccumulatorV2의 출력 타입과 같아야 함)
    def value: Long = {
      _record.amount
    }
  }
```

예제에 사용된 Record(com.wikibooks.spark.ch2.scala.Record.scala)는 이전에 combineBy
Key() 메서드 등을 설명할 때 사용했던 클래스로서 우리가 사용할 사용자 정의 데이터 타입에 해당
합니다.

자체 어큐뮬레이터를 정의하려면 org.apache.spark.util.AccumulatorV2 추상 클래스를 상속
받고 isZero(), copy() 등의 필요한 메서드를 정의해야 합니다. 이때 AccumulatorV2[Record,
Long]에서 괄호 안의 타입은 각각 입력 데이터 타입과 출력 데이터 타입을 의미하며, 예제에서는
Record가 입력 데이터 타입을, Long이 출력 데이터 타입을 의미합니다.

각 메서드의 역할은 이름에서 알 수 있는데, 예를 들어 isZero()의 경우 RecordAccumulator에 포함된 Record의 값이 초깃값(Zero value)에 해당하는지 여부를 확인하기 위한 것으로, 초깃값이 맞으면 True를, 아니면 False를 돌려줍니다. 이 같은 방법으로 자체적으로 정의한 데이터 유형에 맞춰 모든 메서드를 구현합니다.

어큐뮬레이터 클래스를 정의하고 나면 어큐뮬레이터 객체를 생성하고 스파크컨텍스트가 제공하는 register() 메서드를 통해 등록합니다. 아래 예제에서 두 번째 인수인 "invalidFormat"은 스파크 UI 에서 사용할 어큐뮬레이터의 이름을 지정하는 부분으로, 필요 없다면 생략할 수 있습니다.

```
val acc = new RecordAccumulator
sc.register(acc, "invalidFormat")
```

이것으로 어큐뮬레이터를 사용할 준비가 끝났습니다. 이제 이 어큐뮬레이터를 이용해 이전에 했던 것과 동일한 오류 찾기 예제를 구현해 보겠습니다.

```
val data = List("U1:Addr1", "U2:Addr2", "U3", "U4:Addr4", "U5;Addr5", "U6:Addr6", "U7::Addr7")
sc.parallelize(data, 2).foreach { v =>
    if (v.split(":").length != 2) {
        acc.add(Record(1))
    }
}
println("잘못된 데이터 수:" + acc.value)
```

[결과] 3

이전 예제에 비해 달라진 것은 오류가 발생했을 때 어큐뮬레이터에 Long 타입 데이터가 아닌 자체 정의한 Record 타입의 데이터를 사용했다는 것입니다. 이처럼 자체 정의한 데이터 타입을 사용하는 경우도 어큐뮬레이터만 적절히 정의하면 기본 타입과 마찬가지로 쉽게 사용할 수 있습니다.

다음은 자바를 사용하는 경우의 예제입니다. 일부 문법적인 부분의 차이를 제외하면 역시 동일한 내용임을 알 수 있습니다.

[예제 2-144] com.wikibooks.spark.ch2.RecordAccumulator(AccumulatorSample)

```
public class RecordAccumulator extends AccumulatorV2<Record, Long> {

    private Record _record = new Record(0L);

    @Override
    public boolean isZero() {
```

```
    return _record.amount == 0L && _record.number == 1L;
  }

  @Override
  public AccumulatorV2<Record, Long> copy() {
    RecordAccumulator newAcc = new RecordAccumulator();
    newAcc._record = new Record(_record.amount, _record.number);
    return newAcc;
  }

  ... 이하 생략
}
```

위 코드는 어큐뮬레이터를 정의하는 코드입니다. 아래는 위 어큐뮬레이터를 이용해 문자열 오류를
찾아내는 코드입니다.

```
RecordAccumulator acc = new RecordAccumulator();
// jsc : JavaSparkContext
jsc.sc().register(acc, "invalidFormat");
List<String> data = Arrays.asList("U1:Addr1", "U2:Addr2", "U3", "U4:Addr4", "U5;Addr5",
"U6:Addr6", "U7::Addr7");
jsc.parallelize(data, 3).foreach(new VoidFunction<String>() {
    @Override
    public void call(String v) throws Exception {
        if (v.split(":").length != 2) {
          acc.add(new Record(1L));
        }
    }
});
System.out.println("잘못된 데이터 수:" + acc.value());
```

[결과] 3

자바를 사용하는 경우도 스칼라와 크게 다르지 않습니다. 다만 JavaSparkContext의 sc() 메서드를
이용해 register() 메서드를 사용해야 한다는 점에 유의하면 됩니다.

마지막으로 파이썬을 사용하는 경우입니다.

[예제 2-145] Python/ch2/AccumulatorSample.py (RecordAccumulatorParam.py)

```
from pyspark import AccumulatorParam
from record import Record
```

```
from builtins import isinstance

class RecordAccumulatorParam(AccumulatorParam):

    def zero(self, initialValue):
        return Record(0)

    def addInPlace(self, v1, v2):
        if(isinstance(v2, Record)):
            return v1 + v2
        else:
            return v1.addAmt(v2)
```

파이썬의 경우 AccumulatorV2가 아닌 AccumulatorParam을 사용합니다. 일단 어큐뮬레이터를 정의한 뒤에는 기존과 동일한 방법으로 사용 가능합니다.

```
acc = sc.accumulator(Record(0), RecordAccumulatorParam())
data = ["U1:Addr1", "U2:Addr2", "U3", "U4:Addr4", "U5;Addr5", "U6:Addr6", "U7::Addr7"]
rdd = sc.parallelize(data)
rdd.foreach(lambda v: accumulate(v, acc))
print(acc.value.amount)
```

[결과] 3

파이썬의 경우 스파크컨텍스트의 register() 메서드를 사용하는 단계를 거치지 않고 스파크컨텍스트의 accumulator() 메서드만을 사용해 사용자 정의 데이터 타입을 위한 어큐뮬레이터를 생성했습니다. 이것은 기본 어큐뮬레이터를 사용할 때와 거의 유사한 방법으로, 달라진 점이 있다면 두 번째 인수로 방금 정의한 RecordAccumulatorParam을 사용했다는 것뿐입니다.

지금까지 스파크에서 기본적으로 지원하는 어큐뮬레이터를 사용하는 법을 살펴봤습니다. 어큐뮬레이터는 사용법이 간단하고 작성해야 할 코드의 양도 적기 때문에 정수의 덧셈과 같이 교환법칙과 결합법칙이 성립하는 간단한 연산에 활용하기에는 무척 편리한 기능입니다. 하지만 어큐뮬레이터를 사용할 때는 두 가지를 기억해 둬야 합니다.

먼저 어큐뮬레이터를 증가시키는 동작은 클러스터의 모든 데이터 처리 프로세스에서 가능하지만 데이터를 읽는 동작은 드라이버 프로그램 내에서만 가능하다는 점입니다. 즉, RDD의 트랜스포메이션이나 액션 연산 내부에서는 어큐뮬레이터의 값을 증가시킬 수만 있을 뿐 그 값을 참조해서 사용하는 것은 불가능하다는 뜻입니다.

두 번째가 더욱 중요한데 일부러 의도한 특별한 목적이 없는 한 어큐뮬레이터는 액션 연산을 수행하는 메서드에서만 사용해야 한다는 점입니다. 그 이유는 스파크의 트랜스포메이션 연산은 액션 연산과 달리 하나의 잡 내에서 필요에 따라 수차례 반복 실행될 수 있기 때문입니다. 따라서 map()이나 flatMap()과 같은 트랜스포메이션 연산 내용에 어큐뮬레이터의 값을 증가시키는 코드가 포함될 경우 정확하지 않은 데이터가 집계될 수 있으므로 주의해야 합니다.

2.2   정리

이번 장에서는 스파크 프로그래밍의 핵심이라고 할 수 있는 RDD와 공유 변수를 다루는 방법을 살펴봤습니다.

RDD는 스파크에서 다루는 데이터에 대한 추상 모델로서 메모리를 기반으로 동작하면서도 데이터를 처리하는 과정에서 데이터가 누락되거나 유실되지 않게 하는 에러 복구 메커니즘을 갖추고 있습니다. 그뿐만 아니라 데이터 처리 시 자주 사용되는 연산을 손쉽게 수행할 수 있게 다양한 API를 제공함으로써 맵리듀스를 비롯해 여타 다른 데이터 분석용 애플리케이션을 작성할 때에 비해 더욱 편리하고 간결하게 코드를 작성할 수 있다는 장점이 있습니다.

사실 스파크가 제공하는 데이터 모델에는 RDD 외에도 데이터 셋(DataSet)이나 데이터 프레임(DataFrame)과 같은 더욱 편리하고 강력한 것들도 있습니다. 하지만 그럼에도 RDD는 여전히 스파크의 핵심 API이자 데이터 모델이라고 할 수 있으며, 이를 잘 이해하고 사용하는 것은 스파크를 배우는 데 가장 중요한 첫걸음이 될 것입니다.

03
클러스터 환경

3.1 클러스터 환경

지금까지는 여러 대의 서버가 아닌 한 대의 서버(PC)에서 스파크를 구동시키고 동작을 테스트했습니다. 이번 장에서는 여러 대의 서버로 구성된 클러스터 환경에 스파크를 설치해서 동작시키고 작성한 애플리케이션을 실행하는 방법을 살펴보겠습니다. 또한 이후부터는 한 대의 서버에서 동작하는 방식을 로컬 모드, 여러 대의 서버에서 동작하는 방식을 클러스터 모드라고 부르겠습니다.

본격적인 내용에 들어가기 전에 한 가지 알아둘 것은 클러스터 모드라고 해서 지금까지 살펴본 RDD API의 내용 중 일부가 달라지는 것은 아니라는 점입니다. 다만 클러스터 환경에서는 여러 서버를 마치 하나의 서버인 것처럼 다뤄야 하기 때문에 하나의 작업을 여러 서버에 분산해서 실행하고 그 결과를 취합할 수 있는 분산 작업 관리 기능이 추가되는 것이라고 이해하면 됩니다.

결국 분산 처리를 위한 시스템 아키텍처와 그와 관련된 다양한 설정 및 매개변수를 이해하는 것이 이번 장의 목표라고 할 수 있습니다. 스파크에서는 이처럼 클러스터 자원을 관리해주는 역할을 하는 컴포넌트를 클러스터 매니저라고 하며, 이 글을 쓰는 시점의 최신 버전인 2.3.0 버전에서는 모두 네 종류의 클러스터 매니저가 사용되고 있습니다. 이제 각 클러스터의 종류와 설정 및 사용법을 알아보겠습니다.

3.1.1 클러스터 모드와 컴포넌트

스파크가 한 대의 서버에서 동작할 때 로컬 모드라는 용어를 사용합니다. 이와 비슷한 규칙을 따라 클러스터 환경에서 동작할 때는 클러스터 모드라는 용어를 사용합니다.

클러스터 환경에서 스파크의 동작을 이해하려면 먼저 클러스터 환경에서 스파크의 실행과 관련된 주요 컴포넌트와 용어를 이해할 필요가 있습니다. 사실 이 내용들은 책의 앞 부분에서 스파크를 소개할 때 한번 언급했던 내용이지만 앞으로의 진행을 위해 중요한 부분인 만큼 다시 한번 내용을 살펴보면서 기억을 정리해 보겠습니다.

알고 있다시피 클러스터란 여러 대의 서버가 네트워크를 통해 연결되어 마치 하나의 서버인 것처럼 동작하는 방식을 의미합니다. 하지만 여러 서버들을 이 같은 방식으로 동작시키는 것은 말처럼 쉬운 일이 아닙니다. 따라서 전체 서버의 자원과 동작을 세밀하고 효율적으로 제어할 수 있는 별도 모듈이 필요한데, 흔히 이를 가리켜 '클러스터 매니저'라고 부릅니다.

여러 대의 서버를 활용한 분산 프로그래밍 환경을 구축하려면 이 같은 클러스터 매니저를 자체적으로 구현하거나 클러스터 매니저 기능을 제공하는 외부 라이러리의 도움을 받아야 합니다. 스파크 역시 같은 이유로 클러스터 매니저가 필요한데 스파크의 경우 자체 구현한 클러스터 매니저도 제공하면서 한편으로는 외부 클러스터 매니저도 사용할 수 있게 허용합니다. 따라서 상황에 따라 가장 적합한 클러스터 매니저를 선택해서 사용할 수 있습니다.

하지만 이렇게 여러 종류의 클러스터 매니저를 허용하는 것은 선택의 폭이 넓어진다는 장점도 있는 반면 각 클러스터 매니저마다 다른 동작 방식이나 용어로 인해 혼동을 줄 가능성도 있습니다. 따라서 스파크에서는 이 같은 혼란이 없도록 추상화된 클러스터 모델을 제공함으로써 사용하는 클러스터의 종류에 상관없이 일관된 방법으로 프로그램을 작성하고 클러스터를 관리할 수 있게 지원하고 있습니다.

먼저 설명을 위해 스파크를 이용해 어떤 쇼핑몰 방문자의 접속 로그 파일을 분석해 방문 회차별 사용자 수를 구하는 경우를 생각해 보겠습니다. 이 경우 흔히 "작업을 수행했다" 또는 "잡(Job)"을 처리했다고 말하곤 합니다. 하지만 스파크에서 '잡(Job)'이라는 용어는 전체 작업을 의미하는 것이 아니라 전체 작업 중에 포함된 세부 작업을 가리키는 용도로 사용됩니다. 따라서 지금부터는 '잡' 대신 '작업' 또는 '애플리케이션'이라는 용어를 사용하겠습니다. 즉, 우리는 사용자 로그 파일을 분석하는 스파크 '애플리케이션'을 실행할 것이고, 이 애플리케이션은 로그 분석과 관련된 여러 개의 '잡(Job)'을 실행하게 될 것입니다.

스파크 프로그래밍 모델 관점에서 보면 하나의 애플리케이션은 마스터 역할을 담당하는 드라이버 프로그램과 실제 데이터 처리를 담당하는 여러 개의 익스큐터(executor)로 구성된다고 할 수 있습니다. 이때 드라이버란 스파크컨텍스트를 생성하고 관리하는 프로그램[1]을 말하며, 드라이버 프로그램이 구동되어 애플리케이션이 실행될 때 각 워커 노드에는 익스큐터라고 불리는 스파크 프로세스가 구동되면서 작업을 수행하게 됩니다.

즉, "스파크 애플리케이션을 실행했다"라고 하는 말은 곧 드라이버 프로그램에 있는 메인 함수를 실행해 스파크컨텍스트를 생성하고, 이를 이용해 각 워커 노드에 익스큐터 프로세스를 구동시켜 작업을 수행했다라는 뜻이라고 할 수 있습니다. 이때 한 가지 유의할 점은 익스큐터가 스레드가 아닌 프로세스라는 것입니다.

 호스트 vs. 서버 vs. 노드 vs. 마스터 vs. 슬레이브 vs. 워커

프로그램 세계에서는 같은 사물을 놓고 어떤 관점에서 바라보느냐에 따라 여러 가지 이름으로 부르는 경우가 많습니다.

스파크 클러스터 모델과 관련된 문서에서 자주 접하는 호스트와 서버, 노드, 마스터, 슬레이브 역시 모두 동일한 '서버'를 가리키는 용어지만 호스트와 서버는 주로 물리적인 장비로서의 의미를 나타내는 용도로 사용되며, 노드는 프로그래밍 모델 관점에서 작업이 수행되는 끝점으로서의 의미를 나타내는 용도로 사용됩니다.

대부분의 클러스터 모델은 클러스터를 구성하는 전체 서버를 클러스터를 관리하고 운영하는 서버와 실제 작업을 처리하는 서버로 나누어 운용하는데, 세부적인 구성 방법은 클러스터 매니저마다 조금씩 달라집니다. 즉, 어떤 클러스터 모델은 마스터 서버 하나와 여러 대의 슬레이브 서버 형태로 클러스터를 구성하기도 하고 어떤 클러스터 모델은 마스터의 역할을 세분화해서 여러 대의 서버로 구성된 마스터 서버군을 형성하기도 합니다.

일반적으로 모델링 관점에서는 클러스터 운영 및 제어에 사용되는 서버를 '마스터 서버' 또는 'OO매니저'라고 하며, 실제 작업에 사용되는 서버를 '슬레이브', '워커', '작업노드' 등으로 부르는 경우가 많습니다. 이때 주의해야 할 것은 모델링 관점에서 마스터 서버와 슬레이브 서버로 구분된다고 해서 이것이 곧 물리적인 관점에서의 분리를 의미하는 것은 아니라는 점입니다. 즉, 마스터 서버와 슬레이브 서버는 물리적으로 하나의 서버에서 구동될 수도 있고 여러 대의 서버에서 구동될 수도 있는 것입니다.

스파크에서도 클러스터를 관리하는 논리적인 관점에서의 '마스터 서버'를 '클러스터 매니저'라고 부르며, 작업이 수행되는 서버를 '워커 노드'라고 부릅니다. 이처럼 스파크 클러스터 모델에서 사용하는 용어가 실제 클러스터 마스터에서 어떤 용어로 사용되는지 알아두는 것도 관련 문서를 이해하는 데 많은 도움이 될 수 있습니다.

---

[1] 보통 메인 함수에서 스파크컨텍스트를 생성하는 경우가 많다 보니 메인 함수를 시작하는 프로그램을 가리켜 드라이버 프로그램이라고 부르는 경우가 많습니다.

즉, 익스큐터는 CPU와 메모리 등의 자원을 할당받는 프로세스에 해당하는데, 스파크 클러스터 모델에서는 이 익스큐터가 자원 할당 단위가 됩니다. 이를 다른 말로 표현하면 익스큐터 하나가 사용할 자원(CPU, 메모리)을 정한 뒤 작업 실행 요청이 발생할 때마다 필요한 수만큼의 익스큐터를 할당하는 방식으로 자원을 할당한다는 의미입니다.

일단 여기까지만 읽어봐도 스파크컨텍스트가 작업의 시작점으로서 뭔가 중요한 역할을 하고 있다는 것을 눈치 챌 수 있을 것입니다. 그럼 스파크컨텍스트는 정확히 어떤 일을 하는 걸까요?

스파크 공식 문서를 살펴보면 스파크컨텍스트는 스파크의 시작점 또는 (마치 데이터베이스 프로그램에서의 커넥션(Connection) 객체처럼) 스파크 클러스터와의 연결을 나타낸다, 라고 소개하고 있습니다. 즉, 사용 가능한 스파크컨텍스트가 준비돼 있다는 것은 것은 클러스터 매니저와의 연동을 포함해서 스파크 애플리케이션이 동작하는 데 필요한 다수의 서비스[2]가 준비돼 있다는 의미이며, 이렇게 생성된 스파크컨텍스트를 이용해 RDD나 브로드캐스트 또는 어큐뮬레이터 변수를 생성하고 사용할 수 있음을 의미하는 것입니다. 실제로 스파크컨텍스트 API를 보면 dagScheduler나 taskScheduler 같은 백엔드 서비스에 접근할 수 있는 속성값과 runJob, requestExecutors 같은 메서드를 볼 수 있는데 이를 통해 스파크컨텍스트가 스파크의 동작 환경, 즉 스파크 애플리케이션이 동작하기 위한 백그라운드 서비스 환경을 의미하는 것임을 알 수 있습니다. 따라서 모든 스파크 애플리케이션은 가장 먼저 스파크컨텍스트를 생성하는 것으로부터 시작해야 하는데, 이때 주의할 점은 하나의 애플리케이션에서 한 개 이상의 스파크컨텍스트를 생성하거나 다른 애플리케이션이 생성한 스파크컨텍스트를 공유하는 것은 불가능하다는 것입니다.

스파크컨텍스트가 애플리케이션마다 고유하게 생성돼야 하는 인스턴스라고 해서 멀티 스레드를 이용한 동시 작업 처리가 불가능하다는 것을 의미하는 것은 아닙니다. 스파크컨텍스트는 소위 말하는 스레드-세이프(Thread-safe)한 인스턴스로서 동일한 스파크컨텍스트를 공유하는 여러 스레드를 이용해 동시에 여러 개의 잡(액션)을 실행할 수 있으며, 이 경우 각 작업에 대한 우선순위를 어떻게 할지도 옵션을 통해 지정할 수 있습니다.

스파크컨텍스트는 클러스터 매니저와의 연동을 통해 작업을 처리하기 때문에 클러스터 환경에서의 동작을 완벽히 이해하기 위해서는 클러스터 매니저의 특성도 함께 알아둘 필요가 있습니다.

한 가지 다행인 것은 스파크가 클러스터 매니저의 종류에 상관없이 일관된 방법으로 코드를 작성하고 실행할 수 있는 방법을 제공하므로 클러스터 매니저로 어떤 것을 선택하느냐에 상관없이 동일한

---

2   작업 제어와 자원을 관리하는 스케줄러나 데이터 처리 및 전송과 저장을 위한 서비스 등을 모두 포함합니다.

방법으로 코드를 작성하고 실행하는 것이 가능하다는 점입니다. 하지만 성능 향상을 위한 튜닝 작업이나 기타 세세한 설정 정보를 이해하기 위해서는 역시 사용하는 클러스터 매니저의 특성을 이해해 둘 필요가 있습니다.

이렇게 해서 스파크컨텍스트와 클러스터 매니저를 소개했으니 이제 실제로 애플리케이션이 구동되는 과정을 따라가면서 좀 더 자세한 내용을 알아보겠습니다. 설명을 위해 앞에서 말한 쇼핑몰 방문자의 방문 로그를 분석하는 작업을 한다고 가정하고 작업을 수행하는 절차를 기술해 보겠습니다.

1. 가장 먼저 애플리케이션 코드를 작성합니다. 이때 애플리케이션에는 앞에서 설명한 드라이버 프로그램이 포함돼 있어야 합니다.

2. 작성한 애플리케이션 코드를 빌드하고 관련 라이브러리와 함께 jar나 zip 파일 등으로 패키징합니다. 이후 설명에서는 이 파일을 "애플리케이션 패키지 파일"이라고 부르겠습니다.

3. 생성한 애플리케이션 패키지 파일을 스파크에서 제공하는 spark-submit 셸을 이용해 클러스터에 배포하고 실행합니다. (spark-submit 셸은 클러스터 매니저의 종류와 무관하게 일관된 방법으로 클러스터에 스파크 애플리케이션을 배포하고 실행할 수 있도록 스파크에서 제공하는 기본 셸입니다. 이를 이용하면 간단한 설정만으로 작성한 애플리케이션을 쉽게 스파크 클러스터에 배포하고 실행할 수 있습니다.)

4. 스파크 애플리케이션의 드라이버 프로그램이 실행되면 스파크컨텍스트가 생성되면서 클러스터 매니저와 연동되어 각 클러스터 서버에 작업을 처리하기 위한 프로세스를 생성합니다. 이때 작업에 투입되는 서버를 가리켜 워커노드(Worker Node)라고 하며, 이때 각 워커노드에 생성된 프로세스를 익스큐터(Executor)라고 합니다.

   이렇게 생성된 익스큐터는 자신을 생성한 애플리케이션에 속하는 것으로 여러 개의 애플리케이션이 실행된다고 해도 각자 자신만의 익스큐터를 사용할 수 있을 뿐 다른 애플리케이션의 익스큐터와는 독립적으로 실행됩니다. 따라서 각 애플리케이션 간의 간섭을 전혀 신경 쓰지 않고 프로그램을 작성할 수 있다는 면에서 장점이 되는 반면 여러 애플리케이션 간에 공통된 데이터를 공유할 방법이 없다는 면에서는 하나의 제약사항이 되기도 합니다.

5. 익스큐터가 생성되면 드라이버 프로그램은 작성된 프로그램에 의해 트랜스포메이션과 액션 연산을 수행합니다. 이때 2장에서 배운 것과 같이 트랜스포메이션 연산이 호출될 때는 실제 작업을 수행하지 않고 액션 연산이 호출될 때만 실제 작업을 수행하는데, 이 작업 단위를 잡(Job)이라고 합니다. 즉, 잡은 액션 연산의 수만큼 생성되며, 이에 대한 정보는 스파크가 제공하는 웹 기반의 화면을 통해 조회할 수 있습니다.[3]

6. 이렇게 생성된 잡은 실제로 실행될 때 스테이지라는 단계로 나누어 실행됩니다. 이때 스테이지를 나누는 기준이 되는 것은 데이터에 대한 셔플 필요 여부, 즉 각 서버에 있는 데이터를 네트워크를 통해 다른 서버로 재배치해야 하는지 여부입니다. 그 이유는 셔플이 발생하면 네트워크를 통해 대량의 데이터를 정렬하고 전송하는 등의 부하가 발생해 전체 작업 성능에 좋지 않은 영향을 끼치기 때문입니다. 따라서 데이터를 이동하지 않은 상태에서 처리할 수 있는 연산을 최대한 같은 스테이지로 묶어 처리하면 셔플 발생을 최소화할 수 있습니다.[4]

---

3 잡은 익스큐터 프로세스의 스레드로 수행되며 이를 태스크(task)라고도 부릅니다.

4 좀 더 일반적인 용어로 지역성(locality)을 최대화하기 위한 것이라고도 할 수 있습니다.

7. 마지막으로 각 스테이지는 다시 여러 개의 태스크로 나눠진 후 분산 처리를 위해 여러 익스큐터에 할당되며, 바로 이 태스크가 실제 익스큐터에 전달되는 작업의 단위가 됩니다.

이때 익스큐터는 크게 두 가지 역할을 수행하는데, 하나는 할당받은 태스크를 처리하는 것이고, 또 하나는 이미 처리된 데이터를 나중에 빠르게 재사용할 수 있게 메모리에 저장해 두는 역할입니다. 이처럼 동일한 익스큐터에서 작업을 처리함과 동시에 저장도 함께 하기 때문에 반복적인 작업을 수행할 때 데이터에 대한 접근 속도가 빨라서 전체적으로 높은 작업 효율을 기대할 수 있습니다.

다소 장황하지만 이로써 스파크의 클러스터 모드에서의 각 컴포넌트 소개를 마쳤습니다. 아래는 지금까지 설명한 내용을 그림으로 나타낸 것입니다.[5]

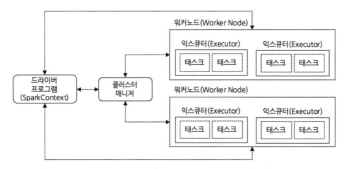

그림 3-1 클러스터 모드

그림 3-1에서 볼 수 있듯이 스파크 클러스터는 드라이버, 클러스터 매니저, 익스큐터, 워커(노드)의 조합으로 구성됩니다. 이번 절에서 설명한 각 컴포넌트의 역할과 전체적인 작업 흐름은 이후의 내용을 진행할 때도 필요한 내용이므로 명확하게 이해해 두기 바랍니다.

3.1.2 클러스터 모드를 위한 시스템 구성

지금까지 클러스터 환경을 설명하고 클러스터 환경에서의 스파크 컴포넌트에 대해 알아봤습니다. 이제 실제로 클러스터 환경을 구성하고 간단한 예제를 실행해 볼 차례인데, 그 전에 흔히 접하게 되는 스파크 시스템 구성에 대해 잠시 살펴보겠습니다.

일반적으로 우리가 어떤 애플리케이션을 서버에 배포하고 실행하는 경우를 생각해 보면

1. PC 혹은 개발용 서버에서 애플리케이션 코드를 작성하고 테스트를 수행한 뒤

2. 작성한 코드와 연관된 각종 라이브러리를 하나로 묶어 배포에 필요한 압축 파일(jar/war, zip, egg)을 만들고

---

5 더 자세한 그림을 스파크에서 홈페이지에서 제공하는 프로그래밍 가이드를 통해 볼 수 있습니다.

3. 생성된 애플리케이션을 실행할 서버에 배포하고 작업을 실행하는

단계를 거치게 됩니다. 스파크 애플리케이션 역시 이와 동일한 단계를 거치는데, 다른 애플리케이션에 비해 조금 특별한 것이 있다면 3번 단계에서 spark-submit 스크립트 또는 스파크 셸 스크립트를 이용해 애플리케이션을 실행한다는 점일 것입니다. 그런데 이 작업은 실제 클러스터가 위치한 서버에서 할 수도 있지만 일반적으로 스파크 클러스터에 속하지 않은 별도의 서버를 이용하는 경우가 많습니다. 따라서 스파크의 실행 환경을 구성할 때는 스파크 클러스터뿐만 아니라 스파크 애플리케이션을 배포하고 실행하는 서버를 어떻게 구성할지도 함께 고려해야 합니다.

다음은 스파크 클러스터와 드라이버 구동 서버를 따로 설정해서 사용하는 일반적인 시스템 구성 방법입니다. 그림에서 볼 수 있듯이 별도의 서버에 애플리케이션을 배포한 뒤 해당 서버에서 드라이버 프로그램을 구동하고 실제 데이터 처리는 스파크 클러스터에서 수행되게 하는 방법을 사용합니다.

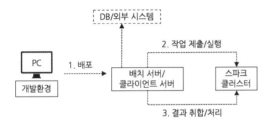

그림 3-2 클러스터 구성

이렇게 클러스터에 작업을 요청하는 서버는 흔히 배치 서버 또는 클라이언트 서버라고 불리기도 하는데, 이런 서버들은 보통 우지(oozie)[6]나 젠킨스[7] 같은 스케줄링 서비스를 이용해 배포된 애플리케이션을 수행하고 그 결과를 다시 스프링 배치[8] 같은 자바나 파이썬, 스칼라 등으로 작성한 별도의 애플리케이션을 통해 데이터베이스나 다른 시스템에 전달하는 역할을 수행하는 경우가 많습니다.

물론 이러한 시스템 구성은 각 상황에 따라 매우 다양한 형태를 띨 수 있으므로 어떤 것이 정답이라고 얘기할 수는 없습니다. 다만 하둡과 스파크, 하이브, HBase 등등 여러 프로그램을 함께 사용하는 대규모 시스템인 경우 작업 스케줄을 포함해 각 서비스 간의 데이터를 관리하는 별도의 서버가 구축돼 있을 가능성이 높으므로 앞에서 언급한 것처럼 스파크 클러스터를 구성할 때도 이런 부분을 잘 고려해서 작업 실행 서버를 결정할 필요가 있습니다.

---

6 http://oozie.apache.org/
7 https://jenkins-ci.org/
8 http://projects.spring.io/spring-batch/

이 책에서는 1장에서 스파크 환경을 구성하는 데 사용했던 리눅스 서버를 애플리케이션 배포와 실행을 위한 서버로 사용하겠습니다. 이후로는 편의상 이 서버를 svr-client로 부르겠습니다.

이로써 기본적인 설명을 마쳤으며, 지금부터는 스파크 클러스터 시스템을 구성하는 데 필요한 내용을 좀 더 자세히 살펴보고 예제 실행을 위한 환경을 직접 구성해 보겠습니다.

0) 기본 준비 사항

다음은 이 책의 예제를 실행하기 위해 앞으로 사용할 모든 서버에 공통적으로 적용할 내용을 정리한 것입니다. 이후에 소개되는 대부분의 예제는 지금부터 설명할 환경 구성이 모두 적용됐다는 것을 가정하고 작성된 것이므로 실습 환경을 구성할 때 문제가 없도록 필요한 부분은 미리 적용하기 바랍니다. 물론 아래 설정 중 일부는 각 서버가 수행할 역할에 따라 필수적이지 않기도 하지만 가급적 통일된 개발 환경을 맞추기 위해 아래 내용을 모두 적용하기 바랍니다.

- **네트워크 설정**

  모든 서버들이 서로의 호스트명을 통해 접근할 수 있고, ssh 또는 rsync를 통한 파일 교환이 가능하도록 설정합니다. 또한 가능하다면 클러스터를 구성하는 모든 서버와 드라이버 프로그램 구동 서버는 최대한 근접한 네트워크 상에 위치할 수 있도록 스위치 구성을 해 주는 것이 좋습니다.

- **JAVA_HOME 설정**

  모든 서버에 자바를 설치하고 해당 위치를 JAVA_HOME 환경변수에 등록합니다. 자바 설치와 관련된 내용은 1장에서 다룬 바 있습니다.

- **HADOOP_HOME 환경 설정**

  스파크는 데이터 입력과 출력을 위해 하둡이 제공하는 입출력 기능을 활용합니다. 지금 당장 하둡 파일시스템을 사용하지 않는다고 하더라도 향후에 사용하게 될 가능성이 높기 때문에 모든 서버에 하둡 바이너리 파일을 내려받아 압축을 풀고 해당 위치를 HADOOP_HOME 환경변수로 등록합니다. 또한 환경변수 등록을 마친 후에는 하둡의 실행 파일 경로를 PATH에도 추가합니다.

  예를 들어, 리눅스 서버의 /apps/hadoop이라는 경로에 하둡을 설치했다면 다음과 같이 설정하면 될 것입니다.

  ```
  export HADOOP_HOME=/apps/hadoop
  export PATH=${HADOOP_HOME}/bin:$PATH
  ```

  HADOOP_HOME을 설정하고 나면 /로 시작하는 경로가 하둡 파일시스템을 가리키는지 로컬 파일시스템을 가리키는지 구분할 수 있도록 파일 경로를 hdfs:// 혹은 file://과 같이 명확하게 사용해야 합니다.

  참고로 하둡 파일시스템에 접근하기 위한 하둡 설치는 단순히 바이너리 파일을 내려받아 압축만 풀면 되며, core-site.xml 파일과 같은 환경 설정 파일까지는 일일이 수정하지 않아도 됩니다. 하지만 환경 설정 파일까지 수정하면 하둡 파일시스템에 접근할 때 네임노드 정보를 추가하지 않고도 좀 더 편리하게 접근할 수 있다는 장점이 있습니다.

- **하둡 파일시스템(HDFS)**

  이 책에서는 데이터의 입력 및 출력을 위한 파일시스템으로 하둡의 파일시스템인 HDFS를 사용할 것이므로 이를 위한 하둡 서버가 필요합니다. 하둡 설치와 관련된 내용까지 다루는 것은 이 책의 범위를 벗어나지만 하둡 공식 가이드(https://goo.

gl/lsqmLv)나 인터넷을 통해 하둡 설치와 관련된 수많은 훌륭한 자료를 구할 수 있습니다. 만약 하둡을 한번도 접해본 적이 없다면 『시작하세요 하둡 프로그래밍』(위키북스)이나 『Hadoop: The Definitive Guide』(O'Reilly)를 통해 기본적인 내용을 파악해 둘 필요가 있습니다.

이후의 모든 실습 예제에서 svr-client 서버는 1장에서 스파크 설치에 사용한 리눅스 서버를 가리키며, hdfs://⟨namenode_host:port⟩는 하둡의 기본 파일시스템 URI를 구성하는 호스트명과 포트 번호를 의미합니다.

하둡의 기본 파일시스템 URI는 "hdfs://myserver.com:9000/path1/file"과 같이 네임노드의 호스트와 포트 정보를 포함하고 있는데, 정확한 주소를 모른다면 하둡 설정 파일 중 하나인 core-site.xml의 "fs.defaultFS" 값을 찾아보거나 네임노드가 설치된 서버의 50070 포트로 접속한 후 "Overview" 탭을 확인해 보면 hdfs://⟨host⟩:⟨port⟩⟨active⟩와 같은 형태로 표시된 것을 확인할 수 있습니다.

이로써 모든 서버에 공통으로 적용해야 할 내용에 대해 살펴봤습니다. 마지막으로 방금 언급한 내용을 1장에서 사용한 리눅스 서버(svr-client)에 적용한 뒤 앞으로 사용할 예제 파일을 HDFS에 업로드해 보겠습니다. 먼저 svr-client 서버에 접속한 후 하둡 파일시스템에 새로운 디렉터리를 생성합니다.[9]

```
$ hdfs dfs -mkdir hdfs://<namenode_host:port>/sample
```

디렉터리가 생성되면 스파크 홈 디렉터리로 이동해 방금 생성한 sample 디렉터리에 'README.md' 파일을 업로드합니다.

```
$ cd ${SPARK_HOME}
$ hdfs dfs -put ./README.md hdfs://<namenode_host:port>/sample/
```

업로드가 완료되면 ls 명령을 실행해 정상적으로 반영됐는지 확인합니다.

```
$ hdfs dfs -ls hdfs://<namenode_host:port>/sample
Found 1 items
-rw-r--r--   2 ...<중간생략>... sample/README.md
```

정상적으로 처리됐다면 클러스터 구성에 필요한 기본적인 준비가 완료된 것입니다. 다음은 클러스터 구성에 사용되는 서버의 종류에 대해 간단히 살펴보고 본격적인 클러스터 설치를 진행해 보겠습니다.

---

9 만약 이 작업이 제대로 진행되지 않는다면 하둡 관련 설정을 다시 진행해야 합니다.

1) 로컬 개발 서버

1장과 2장의 내용을 읽어본 분들이라면 이미 로컬 서버를 사용해 봤을 것입니다. 사실 스파크 애플리케이션을 단독 서버에서 실행하는 것은 이클립스나 인텔리제이 같은 IDE 상에서도 대부분 가능하기 때문에 굳이 서버라고 언급하는 것이 다소 어색할 수도 있습니다. 일반적으로 스파크 애플리케이션을 작성하고 실행하려면

- 스파크 셸을 이용하거나

- 메인 함수를 가진 애플리케이션을 만들어 직접 (메인 함수를) 실행하거나 (보통 코드를 작성하면서 이클립스나 인텔리제이 와 같은 IDE를 이용해 실행하는 경우가 여기에 해당합니다)

- 메인 함수를 가진 애플리케이션을 만들되 직접 (메인 함수를) 실행하는 대신 스파크가 제공하는 spark-submit 스크립트를 이용해 실행할 수 있습니다.

앞에서도 언급했듯이 간단한 테스트 코드나 작은 크기의 데이터를 다룰 때는 일반적인 IDE를 이용해서 실행할 수 있기 때문에 스파크 셸이나 spark-submit 스크립트를 사용하지 않을 계획이라면 로컬 PC에 별도의 스파크를 설치하지 않고 IDE가 제공하는 기능만을 사용하는 것도 가능합니다.

하지만 대부분의 경우 스파크 셸을 사용하는 경우가 많기 때문에 특별한 이유가 없다면 로컬 PC에도 스파크 바이너리 파일을 내려받아 설치하는 것이 좋습니다. 이때 스파크 설치는 공식 다운로드 페이지[10]에서 jar 파일 형태로 배포되는 바이너리 파일을 내려받은 후 압축만 해제해서 사용하면 되며, 필요에 따라 소스코드를 내려 받아 직접 빌드를 수행할 수도 있습니다.

사내 보안 정책이나 네트워크적인 제약이 없는 환경이라면 로컬 PC에서 직접 스파크 클러스터에 잡을 제출하고 실행하는 것도 가능합니다. 하지만 대부분의 경우 클러스터를 구성하고 있는 워커 서버와 개인용 PC는 같은 네트워크 상에 존재하지 않을 가능성이 높고 로컬 PC의 성능 또한 서버에 비해 낮을 가능성이 높기 때문에 가급적 로컬 PC에서 드라이버를 구동하는 방법은 사용하지 않는 것이 좋습니다.

2) 애플리케이션 실행 서버[11]

드라이버 프로그램이란 스파크컨텍스트 또는 뒷부분에서 다루게 될 스파크세션을 만드는 코드를 포함한 프로그램을 부를 때 사용하는 용어입니다. 그런데 대부분의 애플리케이션에서 스파크컨텍스트를 생성하는 코드는 메인 함수 또는 메인 함수가 직접 호출하는 메서드 안에 포함돼 있는 경우가 많습니다. 따라서 일반적인 경우 메인 함수 자체가 곧 드라이버 프로그램 역할을 수행하면서 메인 함수를 실행하는 서버, 즉 맨 처음 프로그램을 실행시키는 서버에서 드라이버 프로그램이 실행되는 것으로 인식되곤 합니다.

하지만 엄격하게 말하면 드라이버 프로그램이 동작하는 서버와 프로그램이 시작되는 서버는 항상 같은 서버라고 말할 수 없습니다. 그 이유는 스파크 애플리케이션을 실행할 때 실행과 관련된 매개변수를 어떻게 설정하느냐에 따라 맨 처음 애플리케이션을 실행시킨 서버가 드라이버 프로그램 역할을 수행할 수도 있고 그렇지 않을 수도 있기 때문입니다. 따라서 프로그램을 실행시키는 서버와 실제 드라이버 프로그램이 동작하는 서버를 구분해서 생각하는 것이 편리한데 이를 구분하기 위한 공식 용어는 따로 정해진 것이 없습니다.

물론 작업 실행을 전담하는 서버를 흔히 배치 서버라고 부르기도 하지만 이 용어는 상황에 따라 여러 가지 의미를 포함할 수 있기 때문에 이 책에서는 혼동을 피하기 위해 애플리케이션 실행 서버라는 이름을 사용하겠습니다. 따라서 이후의 내용에서

---

10 http://spark.apache.org/downloads.html
11 작업 실행 서버, 클라이언트 서버, 배치 서버, 게이트웨이 서버 등으로 부르기도 합니다.

애플리케이션 실행 서버라는 용어가 나오면 spark-submit, spark-shell 등의 스크립트를 이용해 스파크 애플리케이션을 맨 처음 실행하는 서버라고 이해하면 됩니다. 즉, 애플리케이션 실행 서버의 목적은 스파크 서버에 애플리케이션 실행을 요청하는 것이며, 이후의 실제 데이터 처리는 드라이버 프로그램과 워커 노드들 사이에서 실행됩니다. 따라서 애플리케이션 서버를 구성할 때 필요한 것은 스파크 클러스터에 스파크 애플리케이션 작업을 제출(submit)할 수 있는 환경과 필요한 경우 드라이버 프로그램이 동작할 수 있는 환경입니다. 이를 위해서는 앞에서 얘기한 기본 준비 사항들 외에 스파크가 설치돼 있어야 하고, 필요에 따라 클러스터 매니저와의 접속을 위해 필요한 환경변수나 라이브러리가 준비돼 있어야 합니다.

구체적으로 필요한 항목들은 사용하는 클러스터 매니저에 따라 다르기 때문에 세부적인 내용은 클러스터 매니저를 설명하는 단계에서 다시 알아보겠습니다.

3) 클러스터 서버

클러스터 서버는 클러스터 구성에 참여하는 서버로서 클러스터 운영을 위한 마스터 서버의 역할을 수행하거나 실제 데이터를 처리하고 필요에 따라 저장하는 워커 노드의 역할을 수행하는 서버입니다. 클러스터를 구성하는 서버들 역시 사용하는 클러스터 매니저에 따라 설치해야 할 프로그램의 종류나 환경 정보를 설정하는 방법 등이 조금씩 달라지므로 이 부분도 각 클러스터 매니저를 소개할 때 함께 알아보겠습니다.

3.1.3 드라이버 프로그램과 디플로이 모드

2장에서 스파크 애플리케이션을 작성하면서 스파크컨텍스트에 대해 살펴본 적이 있습니다. 스파크 컨텍스트는 애플리케이션과 스파크 간의 연결을 나타내는 객체로서 모든 스파크 애플리케이션은 스파크컨텍스트를 생성하는 것으로부터 시작해야 한다는 것을 배웠습니다. 따라서 모든 스파크 애플리케이션에는 스파크컨텍스트를 생성하는 코드가 포함돼 있는데 스파크에서는 특별히 이 부분이 포함된 프로그램을 가리켜 드라이버 프로그램이라는 용어를 사용합니다.

스파크 애플리케이션은 스파크컨텍스트를 생성하는 코드, 즉 드라이버 프로그램으로부터 시작돼야 하기 때문에 대부분의 드라이버 프로그램은 메인 함수도 함께 포함하고 있습니다. 이 때문에 2장에서 로컬 모드로 RDD 예제 코드를 실행할 때도 메인 함수(main)를 통해 드라이버 프로그램을 구동하고 애플리케이션을 실행할 수 있었습니다. 하지만 동일한 애플리케이션이라고 하더라도 클러스터에서 실행할 때는 클러스터 매니저에게 애플리케이션 실행을 요청하는 방식을 사용합니다. (흔히 "제출한다"라는 표현을 사용하기도 합니다.)

작업 요청을 받은 클러스터 매니저는 필요한 자원을 할당하고 작업을 수행하는데, 이때 클러스터 매니저마다 조금씩 다른 형태로 애플리케이션을 실행시킬 수 있습니다. 스파크에서는 이처럼 서로 다른 실행 모드를 구분하는 용어로 "디플로이 모드"라는 용어를 사용하며, 대표적인 디플로이 모드로는 클라이언트 디플로이 모드와 클러스터 디플로이 모드가 있습니다.

클라이언트 디플로이 모드란 애플리케이션을 실행한 프로세스 내부에서 드라이버 프로그램을 구동하는 것으로, 이 경우 드라이버 프로그램은 작업을 요청한 클라이언트 서버 프로세스에 포함되어 실행됩니다. 반면 클러스터 디플로이 모드에서는 애플리케이션을 실행한 프로세스는 클러스터 매니저에게 작업 실행만 요청하고 즉시 종료되며, 실제 드라이버 프로그램의 실행은 클러스터의 내부에서 실행되는 것을 의미합니다. 즉, 단순히 클러스터를 구성하고 있는 서버 중 하나에서 애플리케이션을 구동한다고 해서 클러스터 디플로이 모드로 동작하는 것이 아닌 것입니다.

복잡한 내용은 아니지만 말로만 설명하면 다소 추상적일 수 있으니 각 경우를 나타내는 그림을 통해 다시 한번 알아보겠습니다.

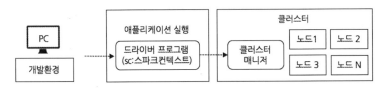

그림 3-3 클라이언트 모드

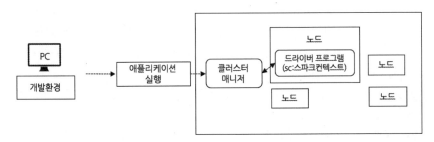

그림 3-4 클러스터 모드

그림에서 볼 수 있듯이 클라이언트 디플로이 모드는 애플리케이션을 실행한 프로세스에서 스파크컨텍스트가 생성되면서 전체 작업 처리가 실행되는 경우를 가리킵니다. 반면 클러스터 디플로이 모드에서는 드라이버 프로그램이 클러스터 워커 노드 프로세스 중 하나에서 실행됨으로써 애플리케이션을 실행했던 서버의 프로세스와는 별도로 해당 노드 프로세스에서 스파크컨텍스트를 생성하고 전체 작업을 제어하는 형태를 말합니다.

따라서 클라이언트 디플로이 모드에서는 스파크 애플리케이션을 실행했던 콘솔을 닫아 버리거나 기타 다른 방법으로 프로세스를 중지시키면 스파크컨텍스트도 함께 종료되면서 수행 중이던 모든 스파크 잡이 중지되지만 클러스터 모드의 경우 일단 클러스터 매니저에게 잡이 전달되고 나면 최초 애플리케이션을 실행했던 콘솔을 닫아 버리거나 기타 다른 방법으로 프로세스를 중지시켜도 전체 스파크 애플리케이션의 동작에는 아무런 영향을 주지 않습니다.[12]

두 모드 가운데 어떤 모드를 선택하든 전체 작업의 수행 결과는 동일합니다. 하지만 클러스터 모드로 실행할 경우 드라이버 프로그램과 익스큐터 간에 네트워크를 통해 메시지를 전달하는 비용이 상대적으로 낮아지므로 이로 인한 성능 향상을 기대할 수 있다는 장점이 있습니다. 하지만 이 경우 스파크 셸과 같은 인터랙티브 환경을 사용하거나 드라이버 프로그램 상에서의 디버깅이 어려워지기 때문에 정기적인 배치 작업과 같이 정형화된 고정적인 작업이 아니라면 일반적으로 클라이언트 모드를 사용하는 것이 더 편리할 때가 많습니다.

단, 클라이언트 모드를 사용할 경우 드라이버 프로그램을 실행할 서버가 실제 워커 노드가 존재하는 클러스터 네트워크로부터 너무 많이 떨어져 있으면 전체적인 성능에 영향을 줄 수 있으므로 가급적 동일 네트워크 상에 존재하는 서버를 선택하는 것이 좋습니다.

3.2 클러스터 매니저

클러스터 매니저는 스파크의 클러스터 모드를 구성하는 컴포넌트 중 하나로 여러 대의 서버로 구성된 클러스터 환경에서 다수의 애플리케이션이 함께 구동될 수 있게 애플리케이션 간의 CPU나 메모리, 디스크와 같은 컴퓨팅 자원을 관리해 주는 역할을 담당하며, 하둡의 얀(Yarn)[13]이나 아파치 메소스(Mesos)[14] 등을 예로 들 수 있습니다.

스파크에서는 다양한 클러스터 매니저를 지원하면서도 각각에 대한 저수준의 연동 방식이나 자원관리와 관련된 부분을 프레임워크 수준에서 감춰주기 때문에 구체적인 클러스터 매니저에 신경 쓰지 않고 애플리케이션을 작성할 수 있습니다.

이 글을 쓰는 현재 최신 버전인 스파크 2.3.0에서는 하둡의 얀, 아파치의 메소스(Mesos), 스파크에서 자체적으로 제공하는 스탠드얼론(Standalone) 클러스터 매니저 그리고 쿠버네티스(Kubernetes)까지 총 네 종류의 클러스터 매니저를 지원하고 있습니다. 이러한 각 클러스터 매니저는 나름의 장단점을 가지고 있으므로 각 클러스터의 특성을 살펴본 후 적합한 클러스터 매니저를 선택해서 사용하면 됩니다.

---

12 드라이버 프로그램이 클러스터 상의 서버에서 동작한다는 것은 클러스터를 구성하는 서버들이 드라이버 프로그램이 실행되는 데 필요한 모든 환경을 갖추고 있어야 한다는 것을 의미합니다.

13 https://goo.gl/9TPChP

14 http://mesos.apache.org/

스파크 애플리케이션을 실행하는 방법은 클러스터 매니저와 무관하게 같은 방법을 사용합니다. 이 책에서는 원하는 클러스터만 따로 보는 독자분들을 위해 같은 내용을 반복해서 설명하고 있지만 이미 다른 클러스터 매니저 부분에서 읽어 본 내용이라고 생각된다면 애플리케이션 실행 부분은 생략하고 클러스터 매니저 설정 부분으로 넘어가도 됩니다.

3.2.1 스탠드얼론 클러스터 매니저

스탠드얼론 클러스터 매니저는 스파크 배포본에 기본적으로 포함돼 있으며 별도의 추가적인 설치 과정 없이 직관적이면서도 간단한 방법으로 사용할 수 있다는 장점이 있습니다. 따라서 간단한 데이터 분석을 위한 소규모 클러스터 구성이나 스파크의 클러스터의 동작을 이해하기 위한 테스트 용도로 빠르게 활용하기에 적합한 제품이라고 할 수 있습니다.

3.2.1.1 개요

스탠드얼론 클러스터 매니저는 '마스터/슬레이브' 개념을 도입해 하나의 마스터 인스턴스와 다수의 슬레이브 인스턴스로 클러스터를 구성합니다.[15] 이를 스파크의 클러스터 컴포넌트 모델 관점에서 보면 마스터 인스턴스가 클러스터 매니저 컴포넌트에 해당하고 슬레이브 인스턴스는 워커 노드에 해당한다고 할 수 있습니다.

마스터는 클러스터 매니저의 역할을 담당해서 클라이언트의 요청을 받아 필요한 서버 자원을 할당하고 슬레이브의 작업 실행을 관리하는 기능을 수행합니다. 그리고 슬레이브는 워커(Worker)의 역할을 담당하면서 익스큐터(Executor)와 태스크(Task)를 실행해 데이터에 대한 실제 처리와 저장[16]을 수행하는 역할을 하게 됩니다.

클러스터를 시작하는 방법은 비교적 간단한 편인데, 먼저 마스터 인스턴스를 구동한 뒤 마스터의 접속 주소[17]를 슬레이브 인스턴스의 실행 인자로 전달하면서 슬레이브 프로세스를 구동시킵니다. (예: start-slave.sh spark://127.0.0.1:7077)

스파크 애플리케이션을 동작시키는 경우에는 슬레이브와 비슷한 방법으로 마스터 서버의 주소를 master 속성의 값으로 지정해서 실행할 수 있습니다.

---

15 물리적인 관점에서 보면 마스터와 슬레이브 프로세스는 같은 서버(machine)에서 동작할 수도 있고 각각 다른 서버에서 동작할 수도 있습니다.

16 메모리에 캐시를 설정할 경우 워커 노드에서 실행됩니다.

17 마스터 주소는 spark://HOST:PORT 형태입니다.

3.2.1.2 설치

스탠드얼론 클러스터 매니저를 사용하려면 먼저 클러스터를 구성하는 모든 서버에 스파크가 설치돼 있어야 합니다. '설치'라는 용어를 사용했지만 실제로는 스파크 배포본을 내려받고 압축을 푸는 것으로 충분합니다.

설치가 끝나면 먼저 마스터 인스턴스를 실행한 후 슬레이브 인스턴스를 실행합니다. 마스터와 슬레이브는 각각 따로 실행하거나 중지하면 되는데, 스파크에서 제공하는 실행 스크립트를 이용하면 마스터와 슬레이브를 한꺼번에 실행하거나 중지하는 것도 가능합니다.

만약 실행 스크립트를 이용할 예정이라면 마스터와 슬레이브 프로세스가 실행될 서버 간에 패스워드 입력 없이 SSH 접속이 가능하도록 설정해야 합니다. 대부분의 경우 각 서버마다 일일이 접속해서 프로세스를 시작하고 중지시키기보다는 실행 스크립트를 사용하는 편이 낫기 때문에 이 책에서도 실행 스크립트를 이용하는 방법을 사용하겠습니다.

그럼 지금까지 설명한 내용을 실제 서버에 적용하고 스탠드얼론 모드에서 간단한 스파크 애플리케이션을 실행해 보겠습니다.

1) 서버 준비 및 기본 설정

가장 먼저 준비해야 할 것은 서버입니다. 필자의 경우 가용 CPU 코어가 4개이고 메모리가 8GB인 서버 3대에 CentOS 7.1, 64Bit를 설치해서 준비했습니다. 이후로는 각 서버를 svr01, svr02, svr030이라고 부르기로 하고 이 중에서 svr01 서버는 마스터로, 나머지 서버는 슬레이브로 설정하겠습니다.

단, 본격적인 설치에 앞서 3.1.2절에서 살펴본 대로 모든 서버에 공통적으로 필요한 설정을 먼저 적용하기 바랍니다. (모든 서버에 동일하게 적용하며, 하둡 환경변수 설정까지 포함해서 설정해야 합니다)

2) ssh 접속 설정

여기서는 마스터와 슬레이브 서버를 한 대씩 실행하지 않고 스파크가 제공하는 실행 스크립트를 사용할 예정이므로 ssh 설정을 위해 마스터 서버(svr01)에 접속한 뒤 아래와 같이 "ssh-keygen -t rsa" 명령을 실행해 ssh 키를 생성합니다.

이때 패스워드를 지정하면 접속할 때마다 패스워드 정보를 추가로 전달해야 하는 불편함이 있으므로 패스워드는 지정하지 않습니다. (만약 반드시 패스워드를 사용해야만 하는 상황이라면 SPARK_SSH_FOREGROUND 환경변수를 설정해 각 슬레이브 서버에 패스워드 정보를 전달해야 합니다)

```
$ ssh-keygen -t rsa
Generating public/private rsa key pair.
... 중간 생략
Enter passphrase (empty for no passphrase):
Enter same passphrase again:
...
```

정상적으로 처리됐다면 사용자의 홈 디렉터리 아래에 .ssh라는 디렉터리가 생성되고 그 아래에 id_rsa.pub 파일이 생성됐을 것입니다. 파일이 생성된 것을 확인했다면 id_rsa.pub 파일을 복사해서 전체 슬레이브 서버에 ~/.ssh/authorized_keys라는 파일로 복사합니다. 이때 권한설정이 잘못되면 문제가 발생할 수 있으므로 아래와 같이 권한 설정까지 정확하게 처리해야 합니다.

```
$ mkdir ~/.ssh
$ chmod 700 .ssh
$ vi authorized_keys
// (필요한 경우) public key 입력 및 확인
$ chmod 600 authorized_keys
```

키 파일 복사가 완료되면 정상적으로 접속되는지 확인하기 위해 마스터 서버인 svr01 서버에서 아래와 같이 ssh 명령어를 이용해 슬레이브 서버에 접속해 봅니다.

```
$ ssh svr02
```

성공적으로 접속됐다면 exit를 입력해 마스터 서버로 돌아온 후 위 절차를 나머지 모든 서버에 반복해서 이상 없이 접속되는지 확인합니다.

3) 스파크 설치

ssh 접속까지 확인되면 마스터 서버인 svr01 서버에 접속해 스파크 바이너리 파일을 설치하기 위한 디렉터리를 생성합니다. 여기서는 사용자 홈 디렉터리 아래에 apps라는 디렉터리를 생성하겠습니다.

```
$ cd ~
$ mkdir apps
```

디렉터리가 생성되면 스파크 바이너리 파일을 다운로드합니다. 설치 작업은 1장에서 스파크를 설치할 때와 동일한 방법으로 진행하면 됩니다.

이 책에서는 스파크 2.3.0 버전과 하둡 2.7 버전을 사용할 예정이므로 스파크 릴리스 버전으로 "2.3.0(Feb 28 2018)"을 선택하고 패키지 타입으로 "Pre-built for Apache Hadoop 2.7 and later"를 선택하겠습니다.

선택을 마치면 3번 Download spark 항목에 "spark-2.3.0-bin-hadoop2.7.tgz" 같은 링크가 제공되는데, 이 링크를 클릭해서 미러 사이트로 이동한 후 원하는 링크를 선택해 다운로드를 수행할 수 있습니다. 만약 터미널 환경에서 작업한다면 다운로드 링크를 복사한 후 환경에 따라 wget이나 curl 등의 유틸리티를 이용해 내려받을 수 있습니다.

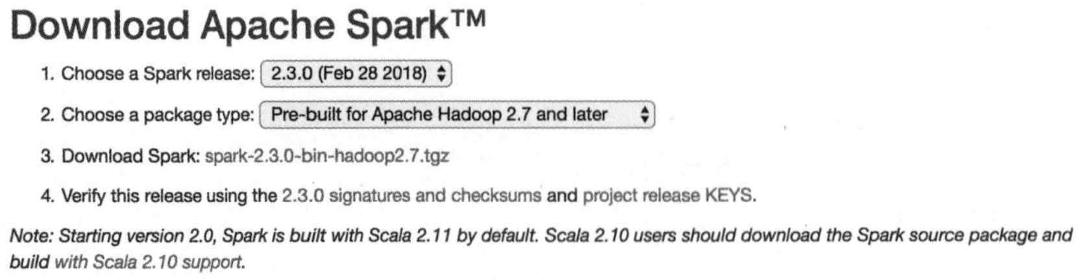

Download Apache Spark™

1. Choose a Spark release: 2.3.0 (Feb 28 2018) ◆

2. Choose a package type: Pre-built for Apache Hadoop 2.7 and later ◆

3. Download Spark: spark-2.3.0-bin-hadoop2.7.tgz

4. Verify this release using the 2.3.0 signatures and checksums and project release KEYS.

Note: Starting version 2.0, Spark is built with Scala 2.11 by default. Scala 2.10 users should download the Spark source package and build with Scala 2.10 support.

그림 3-5 스파크 다운로드

다운로드가 완료되면 해당 파일을 ~/apps 디렉터리로 옮긴 후 다음과 같이 압축을 풀고 심볼릭 링크를 생성합니다.

```
$ cd ~/apps
$ tar -xzvf spark-2.3.0-bin-hadoop2.7.tgz
$ ln -s spark-2.3.0-bin-hadoop2.7 spark
```

마지막으로 나머지 서버에도 동일한 방법으로 스파크를 설치해야 하는데 직접 슬레이브 서버에 접속해서 설치를 수행해도 되고 scp 또는 rsync 등을 이용해 방금 설치한 파일을 동일한 위치에 복사해도 됩니다. 예를 들어, "/myfolder/apps" 디렉터리에 설치한다면 다음과 같이 복사합니다.

```
$ ssh svr02 "mkdir /myfolder/apps"
$ scp -r ./spark svr02:/myfolder/apps/
```

위와 같은 방법으로 모든 슬레이브 서버에 반복해서 스파크 설치(바이너리 파일 복사)를 수행합니다.

4) slave 서버 등록

스파크 바이너리 파일까지 설치하면 마지막으로 실행 스크립트에게 슬레이브 프로세스를 구동시킬 서버의 정보를 알려줄 차례입니다. 물론 실행 스크립트를 사용하지 않고 슬레이브 서버를 하나씩 별도로 시작한다면 이 과정은 생략해도 상관 없습니다. 하지만 여기서는 실행 스크립트를 이용해 마스터와 슬레이브 서버를 한 번에 실행할 예정이므로 실행 스크립트에게 어떤 서버에서 슬레이브 프로세스를 시작해야 하는지 알려줘야 합니다. (마스터 프로세스는 항상 실행 스크립트가 시작되는 서버에서 구동됩니다.)

그러면 슬레이브 서버 목록을 등록하기 위해 스파크 설치 디렉터리 아래에 있는 conf 디렉터리에 slaves라는 파일을 생성하고 아래와 같이 수정합니다. 스파크를 처음 설치했을 때는 slave 파일이 없는데, 이 경우 직접 파일을 만들거나 slaves.template 파일을 slaves라는 이름으로 복사하고 localhost라고 된 부분을 삭제한 뒤 아래와 같이 슬레이브로 사용할 서버의 호스트명을 입력하면 됩니다.

```
svr02
svr03
```

3.2.1.3 클러스터 매니저 실행

설치가 완료되면 이제 클러스터 매니저를 구동할 차례입니다. 먼저 마스터 서버에 접속한 뒤 스파크 홈 아래에 있는 sbin 디렉터리로 이동합니다. 이 디렉터리에는 스탠드얼론 클러스터 매니저의 실행과 종료를 위한 다수의 실행 스크립트들이 준비돼 있는데, 각 스크립트의 용도는 다음과 같습니다.

- start-master.sh – 마스터 인스턴스를 실행합니다.
- stop-master.sh – 마스터 인스턴스를 종료합니다.
- start-slave.sh – 슬레이브 인스턴스를 실행합니다. 이 스크립트는 실행 시 start-slave.sh <master_url>과 같이 마스터 인스턴스의 접속 URL 정보를 전달해야 합니다. 예를 들어, 마스터 주소가 svr01:7077일 경우 "./start-slave.sh spark://

svr01:7077"과 같이 실행합니다. 마스터 서버의 주소는 서버가 시작할 때 콘솔에 남는 로그 정보 또는 다음에 설명할 마스터 서버 웹 화면을 통해 알 수 있습니다.

- start-slave.sh – 슬레이브 인스턴스를 종료합니다.

위 네 개의 스크립트는 마스터 인스턴스와 슬레이브 인스턴스를 개별적으로 실행할 때 사용할 수 있으며, 스크립트를 실행하는 서버에서 해당 인스턴스가 생성됩니다. 예를 들어, svr01 서버에서 마스터 인스턴스를 실행하고 svr03 서버에서 슬레이브 인스턴스를 동작시키고자 한다면 svr01 서버에서 start-master.sh을 실행하고 svr03 서버에서 start-slave.sh을 실행하면 됩니다. 만약 한 대의 서버에서 마스터와 슬레이브를 모두 동작시킬 예정이라면 한 서버에서 start-master.sh과 start-slave.sh을 모두 동작시켜야 합니다. 물론 이때 앞에서 정의한 slaves 파일의 내용은 아무런 영향을 미치지 않습니다.

지금까지 마스터와 슬레이브 서버를 구동하는 방법을 알아봤습니다. 이번에는 한 번의 실행으로 다수의 프로세스를 구동시키고 종료시키는 스크립트에 대해 알아보겠습니다.

- start-slaves.sh – conf/slaves 파일에 등록된 서버에 슬레이브 인스턴스를 실행합니다.

- stop-slaves.sh – conf/slaves 파일에 등록된 서버의 슬레이브 인스턴스를 종료합니다.

- sbin/start-all.sh – 마스터와 슬레이브 인스턴스를 모두 실행합니다. 이때 슬레이브 인스턴스를 실행할 서버는 conf/slaves 파일을 참조합니다.

- sbin/stop-all.sh – 마스터와 슬레이브 인스턴스를 모두 종료합니다. 이때 슬레이브 인스턴스를 종료시킬 서버는 conf/slaves 파일을 참조합니다.

위 네 개의 스크립트는 마스터 서버를 비롯한 다수의 슬레이브 인스턴스를 한 번에 실행하거나 종료할 때 사용하는 스크립트입니다. 단, 이 스크립트들을 사용하려면 어떤 서버에서 슬레이브 인스턴스가 동작해야 하는지에 대한 정보를 스파크 홈 아래에 있는 conf 디렉터리에 slaves라는 이름의 파일을 만들어 기록해야 합니다. 예를 들어, svr01 서버와 svr02 서버에서 슬레이브 인스턴스를 동작시킬 예정이라면

```
svr01
svr02
```

와 같이 한 줄에 하나씩 각 서버의 도메인명을 기록하면 됩니다. 이 파일이 바로 앞에서 생성했던 slaves라는 파일이었습니다.

마지막으로 start-master.sh이나 stop-master.sh 스크립트를 사용할 때 스탠드얼론 클러스터의 동작과 관련된 몇 가지 옵션을 설정할 수 있는데, 주요 내용은 다음과 같습니다.

- -h HOST, --host HOST: 마스터 또는 슬레이브 인스턴스에 접속할 호스트명을 지정합니다.

- -p PORT, --port PORT: 마스터 또는 슬레이브 인스턴스에 접속할 포트명을 지정합니다. 특별히 지정하지 않을 경우 마스터는 7077, 슬레이브는 임의의 포트가 할당됩니다.

- --webui-port PORT: 웹 브라우저를 통해 마스터 또는 슬레이브에 접속할 때 사용할 포트를 지정합니다. 특별히 지정하지 않을 경우 마스터는 8080, 슬레이브는 8081을 사용합니다.

- -c CORES, --cores CORES: 스파크 애플리케이션이 사용 가능한 최대 코어수를 지정합니다. 슬레이브에만 지정할 수 있으며, 별도로 지정하지 않을 경우 가용한 전체 코어가 할당됩니다.

- -m MEM, --memory MEM: 스파크 애플리케이션이 사용 가능한 메모리를 지정합니다. 슬레이브에만 지정할 수 있으며 1M, 1G와 같이 편리한 표기법으로 지정할 수 있습니다. 지정하지 않을 경우 가용한 최대 메모리에서 1GB를 제외한 값으로 설정됩니다.

여기서는 마스터와 슬레이브 서버를 따로 따로 구동하지 않고 한꺼번에 시작할 예정이므로 이 중에서 'start-all.sh'을 실행하면 됩니다.

```
$ ./start-all.sh
starting org.apache.spark.deploy.master.Master, logging to .... (이하 생략)
```

서버가 실행되면 정상적으로 실행됐는지 확인하기 위해 웹 브라우저를 열고 http://〈master_server〉:8080으로 접속해 보면 다음과 같은 화면을 볼 수 있습니다. 예를 들어, 호스트명이 svr01이라면 http://svr01:8080/으로 접속하면 됩니다.

Spark 2.3.0 **Spark Master at spark://svr01:7077**

URL: spark://svr01:7077
REST URL: spark://svr01:6066 (cluster mode)
Alive Workers: 2
Cores in use: 8 Total, 0 Used
Memory in use: 13.3 GB Total, 0.0 B Used
Applications: 0 Running, 0 Completed
Drivers: 0 Running, 0 Completed
Status: ALIVE

Workers (2)

Worker Id	Address	State	Cores	Memory
worker-20180309172245- ▓▓▓▓▓▓	▓▓▓▓▓▓	ALIVE	4 (0 Used)	6.6 GB (0.0 B Used)
worker-20180309172921- ▓▓▓▓▓▓	▓▓▓▓▓▓	ALIVE	4 (0 Used)	6.6 GB (0.0 B Used)

Running Applications (0)

Application ID	Name	Cores	Memory per Executor	Submitted Time	User	State	Duration

Completed Applications (0)

Application ID	Name	Cores	Memory per Executor	Submitted Time	User	State	Duration

그림 3-6 스탠드얼론 모드

화면 상단에 보이는 "Spark Master at spark://..."라고 된 부분이 마스터 서버의 접속 주소에 해당하는 부분입니다. 따라서 'start-all.sh'이 아닌 'start-slave.sh'을 사용해 슬레이브 서버를 하나하나

따로 실행한다면 'start-slave.sh spark://svr01:7077'과 같은 방법으로 슬레이브 서버를 실행할 수 있습니다.

화면 상단의 Alive Workers는 클러스터의 워커 노드 수를 의미하는데, 예제의 경우 두 개의 슬레이브를 지정했으므로 2로 표시된 것을 볼 수 있습니다. 또한 책에는 표시돼 있지 않지만 실제 브라우저를 통해 보는 웹 화면에서는 각 슬레이브(워커)에 대한 상세 정보와 실행 중이거나 완료된 애플리케이션에 대한 정보가 표시돼 있는 것도 확인할 수 있습니다.

3.2.1.4 애플리케이션 실행 서버 준비

스파크 클러스터가 동작했으니 이제 클러스터 매니저를 이용해 원하는 작업을 실행해 볼 차례입니다.

작업을 실행하는 방법은 세 가지가 있는데 그 전에 애플리케이션을 배포해서 실행할 서버, 즉 앞에서 말한 애플리케이션 실행 서버를 어느 서버로 할지 결정해야 합니다. 이때 클러스터를 구성하는 svr01 ~ svr03 서버 중 하나를 사용할 수도 있고 별도의 서버를 사용할 수도 있는데 이 책에서는 좀 더 일반적인 경우를 가정해서 별도의 서버를 사용하는 것으로 하겠습니다. 따라서 애플리케이션 실행을 위한 새로운 서버가 필요한데 이미 1장에서 스파크 설치를 위해 사용했던 서버(svr-client)가 있으므로 이 서버를 애플리케이션 실행 서버로 사용하겠습니다.

아마도 이 책의 예제를 충실히 따라 해 오신 분이라면 이미 이 서버에 스파크와 하둡을 비롯해 애플리케이션 실행에 필요한 모든 설정이 다 돼 있을 것입니다. 만약 중간에 빠진 부분이 있다면 앞의 내용을 참고해 자바, 스파크, 하둡 등 필요한 것들을 먼저 설정하기 바랍니다.

설치가 완료되면 이제 클러스터 매니저와 연동해서 작업을 실행해 볼 순서입니다. 가장 먼저 스파크 셸을 이용하는 방법부터 살펴보겠습니다.

 단순히 스파크 사용법을 알아보기 위한 목적이라면 모든 것을 하나의 서버로 구성하는 것도 가능합니다. 이 경우 하둡은 가상 분산 모드로 설치하고 스파크는 마스터와 슬레이브를 동일한 서버로 지정하면 됩니다. 물론 애플리케이션의 실행도 같은 서버에서 수행합니다.

3.2.1.5 애플리케이션 실행

3.2.1.5.1 스파크 셸

스파크 셸은 스파크에서 제공하는 기본 애플리케이션으로 이름을 통해 대충 짐작할 수 있듯이 마치 윈도우나 리눅스의 셸과 유사한 작업 환경을 제공합니다. 현재 스칼라 언어만 사용할 수 있으며, 추가적인 옵션 없이 실행하면 "Spark shell"이라는 이름의 애플리케이션으로 실행됩니다.

스파크 셸의 가장 큰 장점은 편리함이라고 할 수 있습니다. 셸에서 직접 코드를 입력해서 결과까지 즉시 확인해 볼 수 있기 때문에 별도의 빌드나 배포 과정이 필요 없어서 빠르게 데이터 분석을 수행할 때나 기능을 테스트할 때 유용하게 활용할 수 있습니다.

스파크 셸도 일종의 스파크 애플리케이션이기 때문에 마스터 정보를 전달해야 합니다(2장에서 RDD 샘플을 테스트할 때도 SparkConf에 local[*]과 같은 master 정보를 지정했던 것을 기억하실 것입니다). 마스터 정보를 지정할 때는 --master 옵션을 이용하는데, 예를 들어 이전 절에서 살펴본 예제의 경우 클러스터 마스터 URL이 'spark://svr01:7077'이므로 애플리케이션 실행 서버에서 아래와 같이 실행합니다.

```
$ ./bin/spark-shell --master spark://svr01:7077
```

스파크 셸은 마스터 URL을 지정하지 않거나 잘못된 URL을 지정하면 에러를 발생시키는 대신 로컬 모드로 변환해서 정상적으로 수행되기 때문에 실행될 때의 로그 내용을 잘 확인하지 않으면 단순히 셸이 실행됐다는 것만으로 클러스터 매니저와 정상적으로 연결됐다고 확신하기 어렵습니다. 다행히 스파크의 클러스터 마스터가 제공하는 UI에서는 해당 클러스터 매니저의 상태뿐 아니라 클러스터 매니저에 연동된 애플리케이션의 상세 정보도 함께 보여주기 때문에 웹 브라우저를 이용해 클러스터 매니저 및 연관된 애플리케이션의 상태를 간단히 확인해 볼 수 있습니다. 따라서 스파크 셸이 구동된 후에는 실제로 정상적으로 클러스터 매니저와 연동되어 동작하고 있는지 여부를 마스터 서버의 웹 UI(예: http://svr01:8080)에 접속해서 확인해 보는 것이 좋습니다.

만약 정상적으로 수행됐다면 마스터 웹 화면의 'Running Applications' 부분에 아래 그림과 같이 스파크 셸이 새로운 애플리케이션으로 등록된 것을 확인할 수 있을 것입니다. 만약 스파크 셸은 잘 시작됐는데 마스터 웹 UI에서 동작 중인 애플리케이션 정보가 보이지 않는다면 마스터 서버 주소를 잘못 지정했을 수 있으므로 다시 한번 확인해봐야 합니다.

Running Applications (1)

Application ID		Name	Cores	Memory per Executor	Submitted Time	User	State	Duration
app-20180309174622-0000	(kill)	Spark shell	8	1024.0 MB	2018/03/09 17:46:22	beginspark	RUNNING	26 s

그림 3-7 실행 중인 애플리케이션

그림을 보면 "Running Applications" 항목에서는 애플리케이션의 아이디와 이름, 그리고 해당 애플리케이션에 할당된 자원 정보를 보여주는데, 예제의 경우 8개의 코어와 노드당 1,024MB의 메모리가 할당된 것을 볼 수 있습니다. 이것은 스파크 셸을 실행할 때 자원 할당에 대한 조건을 별도로 지정하지 않았기 때문이며, 이렇게 자원에 대한 옵션을 지정하지 않고 실행할 경우 메모리는 기본 1GB(1024MB)를 할당하고 CPU의 가상 코어는 각 워커 노드에 할당 가능한 최대 코어 수를 할당합니다(예제에서는 각 서버가 하나의 워커 노드에 해당되므로 하나의 워커 노드마다 할당 가능한 최대 코어 수는 4가 됩니다).

자원 할당은 실행하고자 하는 애플리케이션에 따라 조절하면 되는데, 예제의 경우처럼 하나의 애플리케이션(예제에서는 스파크 셸)에 모든 가용한 자원을 할당할 경우 다른 애플리케이션은 동작할 수 없는 상황이 되므로 무조건 기본 옵션으로 실행하기보다는 필요에 따라 적절한 메모리와 CPU를 할당해서 사용하는 것이 좋습니다.

자원 할당을 위한 설정 정보와 웹 UI에 대한 내용은 나중에 좀 더 자세히 살펴보기로 하고 지금은 스탠드얼론 클러스터 매니저를 이용해 간단한 단어 수 세기 예제를 실행해 보겠습니다. 예제 실행을 위해 가장 먼저 할 일은 단어 수를 셀 대상 파일을 클러스터의 모든 워커노드에서 접근 가능한 위치에 준비해 두는 것입니다. 이를 위해서는 모든 워커 서버의 동일한 디렉터리에 처리할 파일을 미리 복사해 두거나 모든 서버에서 접근 가능한 하둡의 HDFS, 아마존의 S3 또는 NAS 등을 활용하는 방법이 있습니다. 이 가운데 하둡 파일시스템은 가장 널리 사용되고 안정적이면서도 높은 성능의 분산 파일시스템을 제공하므로 이 책에서는 하둡의 HDFS를 사용해 분석을 진행하겠습니다.

다음은 스파크 셸을 이용해 이미 업로드해둔 README.md 파일의 단어 수를 세는 예제입니다. 만약 HDFS에 README.md 파일이 업로드돼 있지 않다면 3.1.2절의 내용을 참고해서 파일을 업로드하고 진행하기 바랍니다.

```scala
scala> val inputPath = "hdfs://<namenode_host:port>/sample/README.md"
scala> val outputPath = "hdfs://<namenode_host:port>/sample/output"
scala> sc.textFile(inputPath) flatMap { line => line.split(" ") map (word => (word, 1L)) }
reduceByKey (_ + _) saveAsTextFile (outputPath)
```

예제에서는 입력으로 hdfs의 /sample 디렉터리 아래의 README.md 파일을 읽어서 각 단어의 수를 세고, 그 결과를 다시 hdfs의 /sample 디렉터리 아래의 output 디렉터리에 저장합니다. 처리가 끝났다면 하둡의 셸 파일을 이용해 정상적으로 결과가 나왔는지 확인해 보겠습니다.

```
$ hdfs dfs -cat hdfs://<namenode_host:port>/sample/output/p* | more
(package,1)
(this,1)
.... 이하 생략
```

보다시피 정상적으로 처리되어 단어별 노출 수가 하둡 파일시스템에 저장된 것을 확인할 수 있습니다. 또한 마스터 웹 UI로 접속한 다음 "Running Applications" 항목의 애플리케이션 이름[18]을 클릭하면 아래와 같이 방금 실행한 애플리케이션에 대한 상세 내용을 확인할 수 있습니다.

Completed Jobs (1)

Job Id ▾	Description	Submitted	Duration	Stages: Succeeded/Total	Tasks (for all stages): Succeeded/Total
0	runJob at SparkHadoopWriter.scala:78 runJob at SparkHadoopWriter.scala:78	2018/03/09 17:57:08	2 s	2/2	4/4

그림 3-8 잡 실행 결과

간단히 살펴보면 고유번호가 0번인 잡이 실행됐고 데이터는 총 4개의 파티션으로 분할된 후 두 번의 스테이지를 거쳐 처리됐음을 알 수 있습니다. 이때 스테이지가 2개라는 사실로부터 reduceByKey로 인한 셔플이 발생했음을 짐작할 수 있습니다.

3.2.1.5.2 pyspark

pyspark는 스파크 셸과 같은 기능을 수행하며 파이썬 언어를 사용하는 경우에 사용할 수 있습니다. 내부적으로 스파크 셸이 사용하는 것과 동일한 spark-submit이라는 셸을 사용해서 잡을 실행하기 때문에 실행 옵션이나 사용법이 스파크 셸과 거의 동일합니다[19]. 따라서 스파크 셸에서 했던 것과 마찬가지로 --master 옵션을 사용해 마스터 정보를 지정할 수 있습니다.

다음은 pyspark를 실행하는 방법입니다. 마스터 서버는 방금 생성한 스탠드얼론 클러스터 매니저를 사용하고 있습니다.

```
$ ./bin/pyspark --master spark://svr01:7077
```

---

18 예제에서는 "spark shell"입니다.

19 파이썬 언어를 사용함으로써 생기는 제약 사항은 pyspark에도 그대로 적용되기 때문에 스파크 셸과 완전히 동일할 수는 없다는 의미입니다.

pyspark가 실행되면 스파크 셸에서 했던 것과 동일한 방법으로 마스터 웹 화면에 접속해 애플리케이션이 정상적으로 실행됐는지 확인할 수 있습니다. 예를 들어, 스탠드얼론 클러스터 매니저 마스터를 실행시킨 서버의 호스트명이 svr01이었고 기본 포트를 사용했다면 http://svr01:8080으로 접속하면 됩니다.

정상적으로 실행됐다면 "Running Applicatons" 항목에 "PySparkShell"이라는 애플리케이션이 구동 중인 것을 확인할 수 있을 것입니다.

일단 pyspark가 실행된 후에는 스파크 셸에서 했던 것과 동일하게 원하는 코드를 입력하면 됩니다. 스칼라 언어 대신 파이썬 API를 사용하는 것을 제외하면 스파크 셸과 다를 것이 없습니다. 다음은 스칼라 셸에서 했던 것과 동일한 단어 수 세기 예제 코드입니다.

```
>>> inputPath = "hdfs://<namenode_host:port>/sample/README.md"
>>> outputPath = "hdfs://<namenode_host:port>/sample/output"
>>> rdd = sc.textFile(inputPath)
>>> result = rdd.flatMap(lambda line: line.split(" ")).map(lambda word:(word, 1L)).
reduceByKey(lambda v1, v2: v1 + v2)
>>> result.saveAsTextFile(outputPath)
```

지금까지 스탠드얼론 스파크 매니저를 이용해 스파크 셸을 구동하고, 이를 이용해 간단한 단어 수 세기 예제를 실행해봤습니다. 지금부터는 스파크 셸을 사용하지 않고 애플리케이션 배포 파일을 만든 후 spark-submit 스크립트를 이용해 실행하는 방법을 살펴보겠습니다.

3.2.1.5.3 spark-submit을 이용한 애플리케이션 실행

스파크 셸은 컴파일이나 배포 과정을 거치지 않고도 셸에서 직접 코드를 입력하고 그 결과를 즉시 확인할 수 있는 인터랙티브한 개발환경을 제공함으로써 코드의 작성과 디버깅을 손쉽게 할 수 있다는 장점이 있었습니다. 하지만 실전에서 마주치게 되는 프로그램 중에는 수십여 개에 달하는 외부 라이브러리를 사용하고 소스 파일의 크기 역시 셸에서 작업하기는 곤란한 대규모 프로그램도 있기 때문에 항상 스파크 셸만을 이용해서 프로그램을 작성하는 것이 가능한 것은 아닙니다.

특히 방금 언급한 경우처럼 복잡하고 긴 프로그램을 작성하거나 사람의 간섭이 거의 필요 없는 정기적인 배치 작업 등을 수행할 때는 스파크 셸을 사용하는 것보다는 소스코드와 필요한 모든 라이브러리를 하나로 묶은 배포 파일을 만들고 이를 스파크 클러스터에 디플로이해서 실행하는 것이 훨씬 더 편리합니다.

spark-submit은 이 같은 방법으로 애플리케이션을 실행할 수 있도록 스파크에서 제공하는 스크립트입니다. 이 스크립트를 이용하면 프로그램 개발 언어나 클러스터 매니저의 종류에 상관없이 일관된 방법으로 애플리케이션을 실행할 수 있다는 장점이 있습니다. 또한 대부분의 설정 정보를 실행매개변수를 통해 지정할 수 있기 때문에 애플리케이션별로 특별한 설정이 필요할 경우 실행 매개변수를 이용해 각각 다르게 설정할 수 있습니다.

그러면 스파크 셸에서 사용했던 것과 동일한 단어 수 세기 프로그램을 spark-submit 스크립트를 이용해 실행해 보고 그 결과를 살펴보겠습니다. 가장 먼저 할 일은 spark-submit 스크립트를 이용해 애플리케이션을 실행할 수 있도록 애플리케이션 코드를 작성한 뒤 배포를 위한 jar 파일을 생성하는 것입니다(파이썬의 경우 .py나 zip, egg).

일반적으로 스파크 애플리케이션은 수많은 외부 라이브러리를 사용하기 때문에 이들 각각을 클래스패스에 추가하는 것보다는 jar 파일을 생성할 때 애플리케이션 소스코드뿐만 아니라 필요한 외부 라이브러리까지 모두 포함하는 하나의 파일로 만드는 것이 유리합니다.

메이븐(maven)이나 스칼라 전용 빌드 도구인 sbt 모두 이 같은 기능을 제공할 뿐만 아니라 파일을 합치는 과정에서 발생하는 버전 충돌 문제까지 알아서 처리해주므로 이런 도구들의 도움을 받아 jar 파일을 생성하는 것이 좋습니다. sbt의 경우 스칼라 빌드 도구로서는 적합하지만 이 책에서는 좀 더 사용 빈도가 높은 메이븐을 사용해 빌드를 수행하겠습니다.

다음은 스파크 셸에서 했던 것과 동일한 기능을 하는 단어 수 세기 예제입니다. 여기서는 jar 파일을 생성한 후 생성된 파일을 배포해서 애플리케이션을 실행할 것이므로 로컬 PC에서 코드를 작성하겠습니다.

[예제 3-1] 스칼라로 작성한 단어 수 세기 예제(WordCount.scala)

```scala
object WordCount {

  def run(inputPath: String, outputPath: String) {
    val conf = new SparkConf()
    val sc = new SparkContext(conf)

    sc.textFile(inputPath)
      .flatMap { line => line.split(" ").map (word => (word, 1L)) }
      .reduceByKey (_ + _)
      .saveAsTextFile (outputPath)
```

```
    sc.stop()
  }

  def main(args: Array[String]) {
    val numberOfArgs = 2
    if (args.length == numberOfArgs) {
      run(args(0), args(1))
    } else {
      println("Usage: $SPARK_HOME/bin/spark-submit --class <class_name> --master <master>
--<option> <option_value> <jar_file_path> <input_path> <output_path>")
    }
  }
}
```

예제 코드는 이전에 실행한 것과 마찬가지로 메인 함수의 인자를 통해 입력 파일의 경로와 출력 파일의 경로를 전달받은 후 입력 파일에 포함된 단어 수를 계산하고 그 결과를 출력 경로에 저장하는 전형적인 단어 수 세기 프로그램입니다.

그럼 배포용 파일을 생성하기 위해 예제 프로젝트의 루트 디렉터리에서 다음 명령을 실행하고 생성된 jar 파일을 확인합니다.

```
$ cd <project_root_dir>
$ mvn -Dmaven.test.skip=true clean package
$ ls ../deploy/
beginning-spark-examples.jar
original-beginning-spark-examples.jar
```

파일이 생성되면 생성된 jar 파일을 애플리케이션을 실행할 서버에 복사합니다. 예제에서는 사용자 홈 디렉터리 아래에 sparkApps라는 디렉터리를 생성하고 그곳에 생성된 파일을 복사하겠습니다.

```
$ ls ~/sparkApps
beginning-spark-examples.jar
```

마지막으로 하둡 파일시스템은 기존 파일이 있을 경우 덮어쓰기가 되지 않고 오류가 발생하기 때문에 기존에 생성된 파일이 있다면 지워야 합니다. 책의 예제를 순서대로 따라 하셨다면 이미 앞에서 스파크 셸을 이용하는 과정에서 동일한 경로에 출력 파일이 생성돼 있을 것이므로 다음과 같이 기존에 생성된 파일을 먼저 삭제해야 합니다.

```
$ hdfs dfs -rm -r hdfs://<namenode_host:port>/sample/output
```

이제 스파크 애플리케이션을 실행할 차례입니다. 스파크 홈으로 이동한 후 다음과 같이 입력해 애플리케이션을 실행합니다. 이때 〈namenode_host:port〉는 하둡 HDFS 네임노드 정보를 의미하며, 예제의 경우 svr01 서버에서 클러스트 마스터를 실행했으므로 --master 옵션의 값으로 spark:svr01:7077을 사용했습니다.

```
$ cd <SPARK_HOME>
$ ./bin/spark-submit --class com.wikibooks.spark.ch3.scala.WordCount \
                --master spark://svr01:7077 \
                ~/sparkApps/beginning-spark-examples.jar \
                hdfs://<namenode_host:port>/sample/README.md \
                hdfs://<namenode_host:port>/sample/output/
```

특별한 문제가 없다면 약간의 실행 로그와 함께 종료될 것입니다. 이제 스파크 셸을 사용했을 때와 동일한 방법으로 하둡 파일시스템에 접속해 결과가 정상적으로 생성됐는지 확인해 보겠습니다.

```
$ hdfs dfs -cat hdfs://svr01:9010/sample/output/p* | more
(package,1)
(this,1)
.... 이하 생략
```

출력 경로로 지정한 디렉터리에 파일이 생성됐고 단어별 노출 횟수도 정상적으로 집계된 것을 확인할 수 있습니다. 마지막으로 스파크 마스터 UI에 접속해 "Completed Applications" 항목을 보면 방금 수행한 애플리케이션의 상세 정보도 확인할 수 있습니다.

지금까지 spark-submit 스크립트를 이용해 애플리케이션을 실행하는 방법을 살펴봤습니다. spark-submit은 스파크 애플리케이션을 실행하는 데 필요한 각종 설정 값을 명확하고 일관된 방식으로 정의할 수 있도록 지원하기 때문에 자바나 스칼라, 파이썬 등 다양한 언어로 작성된 애플리케이션을 동일한 방법으로 실행할 수 있습니다.

다음은 파이썬으로 작성한 단어 수 세기 예제와 실행 방법입니다. 자바의 경우 코드를 자바로 작성하는 것을 제외하고 스칼라를 사용한 것과 동일하기 때문에 파이썬의 경우만 살펴보겠습니다. (자바 코드는 예제 프로젝트의 src/main/java/com/wikibooks/spark/ch3/WordCount.java에서 찾아볼 수 있습니다.)

[예제 3-2] 파이썬으로 작성한 단어 수 세기 예제(wordcount.py)

```
from pyspark import SparkContext, SparkConf
import sys

class WordCount:
```

```python
    def run(self, inputPath, outputPath):
        conf = SparkConf()
        sc = SparkContext(conf=conf)
        sc.textFile(inputPath).flatMap(lambda s : s.split(" ")).map(lambda s: (s, 1)).
reduceByKey(lambda v1, v2:v1 + v2).saveAsTextFile(outputPath)
        sc.stop()

if __name__ == "__main__":

    app = WordCount()

    if len(sys.argv) != 3:
        print("Usage: $SPARK_HOME/bin/spark-submit --master <master> --<option> <option_value>
<python_file_path> <input_path> <output_path>")
    else:
        app.run(sys.argv[1], sys.argv[2])
```

파이썬의 경우 jar 파일 대신 실행하려는 파일의 위치를 아래와 같이 지정하면 됩니다.

```
$ spark-submit --master spark://svr01:7077 \
               <path_of_source>/wordcount.py \
               hdfs://<namenode_host:port>/README.md  \
               hdfs://<namenode_host:port>/sample/output/
```

위 예제에서 <path_of_source>는 wordcount.py 파일이 있는 경로입니다. 애플리케이션을 실행하고 스파크 마스터 UI를 확인해 보면 Complecated Applications 항목에서 해당 파일명으로 된 애플리케이션을 확인할 수 있습니다.

파이썬 3.3 이상 버전을 사용하는 경우 "Randomness of hash of string should be disabled via PYTHONHASHSEED" 오류가 발생할 수 있습니다. 이 경우 파이썬 홈(파이썬 설치 디렉터리)의 conf 디렉터리 아래에 있는 spark-env.sh에 아래와 같이 입력하고 클러스터 매니저(마스터, 슬레이브 모두)를 재실행해서 해결할 수 있습니다.

```
export PYTHONHASHSEED=0
```

만약 spark-env.sh 파일이 없다면 spark-env.sh.template 파일을 복사해서 생성하면 됩니다(만약 파이썬 버전 또는 실행 파일과 관련된 오류가 발생할 경우 1장에서 설정한 spark-env.sh의 PYSPARK_PYTHON 부분을 확인해 보시기 바랍니다. 만약 관련 설정이 돼 있지 않다면 export PYSPARK_PYTHON=<파이썬 실행 파일 경로>와 같이 설정해 주시기 바랍니다).

3.2.1.6 디플로이 모드

앞에서 스파크 애플리케이션의 디플로이 모드에 대해 살펴봤습니다. 디플로이 모드를 지정하는 방법은 클러스터 매니저의 종류에 따라 다를 수 있는데, 스탠드얼론 클러스터 매니저를 사용할 경우 아래와 같이 --deploy-mode 옵션을 사용해 "cluster"와 "client" 모드 중 하나를 지정할 수 있습니다. 만약 위 옵션을 지정하지 않는다면 기본값인 "client" 모드가 적용됩니다. 다음은 단어 수 세기 예제를 클러스터 모드로 동작시키는 실행 명령어입니다.

```
$ ./bin/spark-submit --class com.wikibooks.spark.ch3.scala.WordCount \
                     --master spark://svr01:7077 \
                     --deploy-mode cluster
                     ~/sparkApps/beginning-spark-examples.jar \
                     hdfs://<namenode_host:port>/sample/README.md \
                     hdfs://<namenode_host:port>/sample/output/
```

클러스터 모드를 사용할 경우 애플리케이션 실행 서버의 클라이언트 프로세스는 작업 요청만 수행한 후 즉시 종료되고 드라이버 프로그램은 클러스터로 전달되어 클러스터에서 수행됩니다. 따라서 작업이 처리되는 과정에서 발생되는 로그 정보 등을 눈으로 확인하고자 한다면 클라이언트 모드를 사용해야 합니다.

3.2.1.7 주요 설정

스탠드얼론 클러스터 매니저는 클러스터 동작과 관련된 주요 항목을 사용자가 원하는 대로 설정할 수 있는 방법을 제공합니다. 이 가운데 일부는 마스터 혹은 슬레이브 실행 스크립트의 실행 매개변수 형태로 지정할 수 있고 나머지는 미리 정의된 환경변수를 이용해 지정할 수 있습니다.

환경변수를 지정하는 가장 손쉬운 방법은 스파크 conf 디렉터리 아래에 'spark-env.sh'라는 파일을 만들고 여기에 "export 변수=값" 형태로 환경변수를 설정하는 것입니다. 처음 스파크를 설치한 경우는 'spark-env.sh' 파일 대신에 'spark-env.sh.template'이라는 파일만 존재하는데 이 경우 이 파일을 복사하거나 이름을 변경해 'spark-env.sh' 파일을 만들면 됩니다.

 spark-env.sh를 사용한다면 해당 환경변수를 적용하고 싶은 모든 서버에 동일한 spark-env.sh 파일을 생성해둬야 합니다. 예를 들어, 마스터 인스턴스가 동작하는 서버의 spark-env.sh만 변경하면 슬레이브 서버에서 동작하는 인스턴스에는 해당 설정 내용이 반영되지 않습니다.

다음은 스탠드얼론 클러스터 매니저의 주요 설정 항목입니다. 전체 실행 매개변수 및 환경변수에 관한 목록은 스파크의 공식문서[20]를 참고하기 바랍니다.

1) 마스터 및 슬레이브 실행 스크립트의 명령행 매개변수

start-master.sh 또는 start-slave.sh 스크립트의 실행 매개변수로 사용되며, "./sbin/start-master.sh -h myhost"와 같은 형태로 지정합니다. 사용 가능한 매개변수는 다음과 같습니다.

- -h, --host: 호스트명을 지정합니다. ex) -h myhost, --host myhost

- -p, --port: port를 지정합니다. 마스터의 경우 7077을 기본값으로 사용하며, 워커(슬레이브)의 경우 무작위로 지정됩니다. ex) -p 7078, --port 7078

- --webui-port: 웹 UI에서 사용할 포트를 지정합니다. 기본값은 마스터의 경우 8080, 워커(슬레이브)의 경우 8081입니다. ex) --webui-port 8090

- -c, --cores: 워커 노드(서버)에서 사용 가능한 최대 CPU 코어의 개수를 지정합니다. 지정하지 않을 경우 서버의 가용 코어 수로 지정됩니다. ex) -c 2, --cores 24

- -m, --memory: 워커 노드(서버)에서 사용 가능한 최대 메모리를 지정합니다. 1M, 1G와 같은 형태로 지정할 수 있으며, 지정하지 않을 경우 서버 전체 메모리 크기에서 1G를 제외한 크기로 설정됩니다. ex) -m 128G

- --properties-file: 스파크 설정 파일의 위치를 지정합니다. 지정하지 않을 경우 기본값으로 스파크 홈 아래의 conf 디렉터리에 있는 spark-defaults.conf 파일이 사용됩니다. ex) --properties-file /home/user/myprops.properties

2) 주요 환경변수(모든 스크립트에 적용)

- SPARK_MASTER_WEBUI_PORT: 브라우저를 통해 마스터 UI에 접속할 때 사용할 포트 정보입니다.

- SPARK_MASTER_OPTS: 마스터에만 적용할 속성 값들을 "-Dx=y" 형태로 지정합니다. 다음은 이 옵션으로 지정 가능한 주요 속성입니다.

  - spark.deploy.retainedApplications: 마스터 UI에서 완료된 애플리케이션 정보를 최대 몇 개까지 보여줄 것인지 지정합니다. 기본값은 200이며, 완료된 애플리케이션 수가 이 크기를 넘을 경우 가장 오래된 작업부터 제외하고 표시됩니다.

  - spark.deploy.spreadOut: 애플리케이션을 수행할 때 가용한 노드를 충분히 활용해 병렬 처리할 것인지 아니면 작업 수행에 필요한 최소한의 노드만을 사용해 처리할 것인지를 결정합니다. 기본값은 true이며, 이 경우 하나의 애플리케이션을 가용한 모든 노드에 분산해서 처리하게 됩니다. 일반적으로 최대한 많은 노드를 사용하는 쪽이 더 빠른 처리 속도를 보이지만 분산 처리가 불가능한 알고리즘을 수행하거나 계산 위주의 작업에서는 최대한 적은 수의 노드에서 처리하는 것이 유리합니다.

  - spark.deploy.defaultCores: 애플리케이션에 기본 할당될 코어 수를 지정합니다. 유사한 옵션으로 spark.cores.max가 있는데 둘 다 지정하지 않을 경우 애플리케이션은 가능한 모든 코어를 할당받습니다. 따라서 하나의 애플리케이션이 전체 자원을 점유하지 않도록 적절한 개수를 지정하는 것이 좋습니다.

- SPARK_LOCAL_DIRS: 셔플 작업 또는 RDD의 데이터 저장소로 사용할 디렉터리를 지정합니다. 최대한 높은 성능을 지닌 로컬 디스크를 사용하는 것이 유리하며, 콤마(,)를 사용해 여러 개의 디렉터리를 지정할 수 있습니다.

- SPARK_WORKER_CORES: 워커 노드(서버)에서 사용 가능한 최대 CPU 코어의 개수를 지정합니다. 지정하지 않을 경우 서버의 가용 코어 수로 지정됩니다. start-slave.sh 스크립트의 -c 또는 --cores 매개변수를 통해서도 지정할 수 있습니다.

- SPARK_WORKER_MEMORY: 스파크 애플리케이션이 사용 가능한 메모리를 지정합니다. 슬레이브에만 지정할 수 있으며, 1M, 1G와 같이 편리한 표기법으로 지정할 수 있습니다. 지정하지 않을 경우 가용한 최대 메모리에서 1GB를 제외한 값으로 설정됩니다.

- SPARK_WORKER_OPTS: 워커에만 적용할 속성 값들을 "-Dx=y" 형태로 지정합니다. 다음은 이 옵션으로 지정 가능한 주요 속성입니다.

  - spark.worker.cleanup.enable: 워커 및 애플리케이션이 사용하는 작업 디렉터리를 주기적으로 삭제할지 여부를 지정합니다. 중지된 애플리케이션에 대해서만 삭제를 진행할 수 있으며, 기본값은 false입니다.

  - spark.worker.cleanup.interval: 오래된 애플리케이션의 작업 디렉터리를 삭제할 주기를 초 단위로 설정합니다. 기본값은 30분입니다.

3.2.1.8 HA

스탠드얼론 클러스터 모드는 하나의 마스터와 다수의 워커로 구성됩니다. 마스터는 각 워커에 작업을 지시하고, 작업 수행 상태를 모니터링하다가 워커 중 하나에 문제가 발생하면 그 워커가 수행하던 작업을 다른 워커에게 전달해서 전체 작업이 문제 없이 처리되게 하는 역할을 합니다. 하지만 워커가 아닌 마스터 자체에 문제가 발생할 경우 작업은 복구되지 못하고 실패하게 됩니다.[21]

스탠드얼론 클러스터 모드의 경우 주키퍼(Zookeeeper)를 사용해 다수의 마스터 서버를 동일한 클러스터의 마스터로 지정하고, 문제가 발생할 경우 다른 마스터로 전환할 수 있게 함으로써 단일 마스터 서버 운영으로 인한 장애 발생 가능성을 낮출 수 있습니다.

주키퍼를 이용한 HA를 구현하려면 먼저 스파크 클러스터 구성에 사용한 서버가 아닌 별도의 서버에 주키퍼 클러스터를 구성한 뒤 해당 주키퍼 서버의 정보를 이용해 spark-env.sh에 'SPARK_DAEMON_JAVA_OPTS' 환경변수를 설정해야 합니다. (주키퍼 서버를 구성하는 것은 이 책의 범위에서 벗어나기 때문에 따로 설명은 하지 않겠습니다. 주키퍼를 처음으로 사용한다면 http://zookeeper.apache.org/doc/trunk/zookeeperStarted.html을 참고하기 바랍니다.)

다음은 SPARK_DAEMON_JAVA_OPTS에 설정해야 할 옵션 정보입니다.

- spark.deploy.recoveryMode: 주키퍼를 사용할 경우 ZOOKEEPER라고 설정합니다.

---

21 HA를 적용하지 않은 스탠드얼론 클러스터의 마스터는 SPOF(Single Point Of Failure, 특정 한 지점에서 발생한 문제가 전체 시스템의 문제로 이어지게 됨을 의미)라고 할 수 있습니다.

- spark.deploy.zookeeper.url: 주키퍼 클러스터의 URL 정보를 입력합니다(예:192.168.219.104:2181,192.168.219.105:2181).

- spark.deploy.zookeeper.dir: 스파크 클러스터의 정보를 저장할 주키퍼 디렉터리 경로를 입력합니다. 지정하지 않을 경우 '/spark'가 사용됩니다.

따라서 주키퍼 클러스터의 URL이 '192.168.219.104:2181,192.168.219.105:2181'이라면 spark-env.sh에는 아래와 같이 지정합니다.

```
export SPARK_DAEMON_JAVA_OPTS="-Dspark.deploy.recoveryMode=ZOOKEEPER -Dspark.deploy.zookeeper.url=192.168.219.104:2181,192.168.219.105:2181"
```

주키퍼 설정을 마친 후에 서로 다른 노드에서 마스터를 구동해서 다수의 마스터를 동작시킨 후 워커 또는 애플리케이션을 실행할 때 해당 마스터의 정보를 한꺼번에 전달해 주면 됩니다. 예를 들어, server1과 server2라는 두 개의 서버에서 마스터를 동작시켰다면 워커 노드를 실행할 때 마스터 정보로 "spark:server1:port1,host2:port2"와 같이 지정한다는 의미입니다. (물론 이때 port1과 port2는 각 마스터 서버의 포트 주소입니다.)

3.2.1.9 단일 노드 복구

주키퍼를 이용한 HA 구성은 시스템 설치와 설정이 간단하면서도 높은 수준의 안정성을 제공하기 때문에 스파크를 비롯한 하둡, HBase 등에서도 널리 활용되고 있는 방법입니다. 하지만 주키퍼 서버를 안정적으로 운영하기 위해서는 적어도 3대 이상의 주키퍼 전용 서버를 투입해야 하는 등 추가적인 부담도 있기 때문에 장애 복구에 크게 민감하지 않은 서비스를 운영하는 경우에는 주키퍼 대신 단일 노드 복구 방법을 사용해 장애 발생에 대응할 수 있습니다.

단일 노드 복구 방식은 쉽게 말하면 로컬 디렉터리의 특정 위치에 클러스터의 상태 정보를 저장해 뒀다가 장애가 발생하면 저장된 정보를 이용해 다시 예전 상태를 복구하는 방식입니다. 로컬 디스크를 사용하기 때문에 디스크의 정보가 유실되거나 반대로 이전에 종료된 작업의 데이터가 제대로 지워지지 않는 등의 문제가 발생할 수는 있지만 장애 대응을 위해 아무것도 하지 않는 것보다는 최소한의 대비책을 마련해 두는 것이 좋다고 판단될 때 적용할 수 있는 방법입니다.

단일 노드 복구 방식을 사용하려면 주키퍼를 사용할 때와 같이 spark-env.sh에 아래와 같은 'SPARK_DAEMON_JAVA_OPTS' 값을 설정하면 됩니다.

- spark.deploy.recoveryMode: 단일 노드 복구 모드를 사용할 경우 FILESYSTEM이라고 설정합니다.

- spark.deploy.recoveryDirectory: 복구에 필요한 정보를 저장할 디렉터리 경로를 지정합니다. 또한 설정한 경로는 마스터 서버에서 접근 가능해야 합니다.

3.2.2 아파치 메소스

아파치 메소스(Apache Mesos)는 스파크, 타키온(Tachyon)[22] 등 분산 처리 분야의 유명한 솔루션들을 다수 탄생시킨 버클리 대학교의 AMP 연구소에서 2011년도에 발표한 NSDI 논문인 'Mesos: A Platform for Fine-Grained Resource Sharing in the Data Center'로부터 유래했습니다. (좀 더 정확하게 말하면 동일 저자에 의해 2009년 발표된 Nexus: A Common Substrate for Cluster Computing로부터 시작됐다고도 할 수 있습니다.)

메소스가 제공하는 서비스는 하나의 클러스터 자원을 여러 애플리케이션에서 공유해서 사용할 수 있게 해 주는 것인데 다른 클러스터 매니저를 사용할 때와 확연히 다른 점은 단순히 서버의 자원을 할당만 하는 것이 아니라 다양한 애플리케이션들을 프레임워크라는 논리적인 컴포넌트로 인식하고 이들 프레임워크 사이에서 필요한 자원을 동적으로 할당해 줌으로써 마치 하나의 서버에서 여러 애플리케이션을 실행하는 것과 유사한 실행 환경을 제공한다는 것입니다. 즉, 여러 스파크 애플리케이션 간에 자원을 공유하는 것은 물론이고 스파크 애플리케이션과 하둡 애플리케이션 같은 이종 애플리케이션 간에도 자원의 공유가 가능하다는 것입니다.

예를 들어, 4개의 CPU 코어와 16GB 메모리를 갖춘 서버에 하둡과 스파크 등으로 구성된 데이터 분석 환경을 구축한다고 할 때 스파크 익스큐터에 할당 가능한 자원은 전체 가용 자원에서 운영체제와 하둡 프로세스를 위한 크기만큼을 제한 나머지 중에서 적절히 계산해서 할당해야 하지만 메소스를 사용할 경우 프레임워크별로 자원을 할당하지 않아도 메소스 위에서 동작하는 하둡, 스파크와 같은 모든 프레임워크(메소스에서는 이를 프레임워크라고 부릅니다)들이 동일한 자원을 공유한 상태에서 필요한 만큼 자원을 나누어 사용할 수 있게 됨으로써 주어진 자원을 낭비없이 사용할 수 있게 됩니다.

즉, 하나의 서버에서 웹서버와 다른 애플리케이션을 동작시킬 때 웹서버에서 사용할 자원과 애플리케이션에서 사용할 자원을 일일이 스케줄링해서 사용하지 않는 것처럼 분산 클러스터 환경에서도 유사한 실행환경을 제공하는 것이 메소스의 특징이라고 할 수 있습니다.[23]

3.2.2.1 개요

메소스는 전형적인 마스터 – 슬레이브(에이전트라고도 합니다) 형태의 아키텍처로 구성되며, 여기에 실제 각 슬레이브에 태스크(task)를 수행하는 역할을 담당하는 메소스 프레임워크라는 컴포넌트

---

22 http://tachyon-project.org

23 스파크는 자체적으로 익스큐터 간에 동적 자원 할당을 지원하는데, 메소스를 사용하는 경우 스파크가 제공하는 동적 자원 할당 기능과 메소스가 제공하는 동적 할당 기능 가운데 원하는 것을 선택해서 사용할 수 있습니다.

를 추가로 정의하고 있습니다. 따라서 스파크의 스탠드얼론 클러스터 모드에서 '스탠드얼론 클러스터 마스터'가 '클러스터 매니저'의 역할을 수행했다면 메소스 클러스터 모드에서는 '메소스 마스터'가 '클러스터 매니저'의 역할을 담당하게 됩니다. 즉, 앞에서 스파크 클러스터 모드를 설명할 때 사용했던 아래 그림으로 살펴보면 드라이버 프로그램과 워커 노드들 사이에 있는 클러스터 매니저 역할을 메소스 마스터가 담당하는 형태라고 할 수 있습니다.

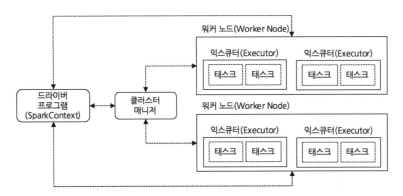

그림 3-9 스파크 클러스터

여기까지만 보면 메소스와 스탠드얼론 클러스터 매니저가 별반 다를 게 없어 보이지만 메소스는 우리가 생각하는 기존 방식과는 다소 다른 방식으로 동작합니다.

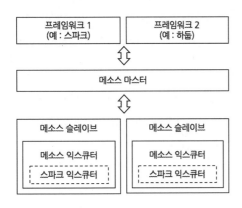

그림 3-10 메소스 개요

위 그림은 메소스 위에서 스파크와 하둡을 동시에 실행한다고 가정했을 때 메소스 클러스터의 전반적인 동작 모델이 어떻게 되는지 간단히 보여주는 그림입니다.

그림에서 화살표는 자원의 할당과 관련된 커뮤니케이션 흐름을 나타내는 것으로, 메소스 마스터가 여러 프레임워크와 슬레이브 사이에서 가용 자원을 확인하고 중계하는 방식으로 동작한다는 것을 보여줍니다. 이를 좀 더 자세히 설명하면 슬레이브는 자신의 가용 자원을 마스터에게 전달하고, 마스터는 이 정보를 프레임워크에게 알려주면서 자원을 사용할 것인지 물어봅니다. 이때 프레임워크는 제안을 수용할 수도 있고 거절할 수도 있습니다.

만약 첫 번째 프레임워크가 해당 자원을 사용한다면 마스터는 해당 전체 가용 자원에서 해당 크기만큼을 뺀 나머지 가용 자원을 가지고 또 다른 프레임워크를 찾아갑니다. 이런 식으로 자원 할당 요청이 없을 때까지 같은 작업을 계속해서 반복합니다.

스파크 역시 메소스 상에서 동작할 때는 일종의 프레임워크 형태로 동작하게 되는데, 이때 소위 '프레임워크'라는 곳에 위치하게 되는 것이 바로 스파크 드라이버입니다. 즉, 메소스 마스터를 클러스터 매니저로 지정하고 스파크 애플리케이션을 실행하면 메소스 프레임워크가 생성되고, 여기에 스파크 드라이버가 구동되면서 메소스 마스터로부터 자원을 할당받아 메소스 슬레이브에 스파크 익스큐터를 생성해 전체적인 애플리케이션이 동작하게 되는 것입니다.

또한 애플리케이션 디플로이 모드 관점에서 보면 메소스를 이용해 스파크 애플리케이션을 실행할 때 디플로이 모드로 클라이언트 방식을 사용하면 해당 애플리케이션을 실행시킨 서버에 메소스 프레임워크가 구동되고 클러스터 방식을 사용하면 메소스 클러스터를 구성하고 있는 서버 중 하나에서 메소스 프레임워크가 구동된다고 할 수 있습니다.

그런데 그림을 보면 메소스 슬레이브에 스파크 익스큐터가 바로 실행되는 것이 아니라 메소스 익스큐터라고 하는 것이 있고, 그 안에 스파크 익스큐터가 있는 것이 보입니다. 실제로 메소스는 프레임워크로부터 태스크 실행 요청을 받아 이를 메소스 익스큐터에서 실행시키기 때문에 스파크의 경우 메소스 익스큐터가 스파크 익스큐터를 구동시키는 형태가 됩니다. (앞에서 메소스를 소개할 때 언급한 것처럼 메소스와 스파크가 둘 다 같은 곳에서 개발되어 나오다 보니 둘 다 비슷한 동작 아키텍처와 용어를 사용하게 됐지만 이 둘은 엄연히 다른 것임을 기억해 두기 바랍니다.)

이때 메소스 익스큐터는 각 태스크마다 스파크 익스큐터를 한 개씩 만들 수도 있고 하나만 만들어서 공용으로 사용할 수도 있는데, 전자를 파인-그레인(fine-grained) 모드, 후자를 코어스-그레인(coarse-grained) 모드라고 부릅니다.

지금까지 메소스 클러스터 모드에 대해 간략히 살펴봤습니다. 정리하면 "메소스 클러스터 모드에서 스파크 애플리케이션은 메소스 프레임워크로 동작하며, 실행 모드에 따라 메소스 또는 스파크의 동적 자원 할당 기능을 이용해 다수의 스파크 애플리케이션을 동시에 효율적으로 실행할 수 있다" 정도로 정리할 수 있겠습니다.

지금까지 메소스의 개략적인 특성을 살펴봤습니다. 이전에 살펴본 스탠드얼론 클러스터와 비교해 보면 클러스터 자원 관리라는 같은 역할을 수행하는 컴포넌트인데도 세부적인 특징이 많이 다르다는 느낌을 받았을 수도 있을 것입니다. 하지만 다행스럽게도 스파크에서 이러한 상세 구현 방식과는 무관한 '스파크 클러스터 모드'라는 추상화된 동작 모델을 제공하므로 애플리케이션을 실행하는 방법이나 프로그램을 작성하는 방법 등은 어떤 클러스터 모드를 사용하느냐와 무관하게 항상 동일한 방법으로 작업이 가능합니다.

3.2.2.2 설치

메소스는 분산 시스템 커널을 표방하는 분산 플랫폼 환경으로서 스파크만을 위해 개발된 것은 아니고 하둡을 비롯해 파이썬이나 C++ 언어로 개발된 일반 애플리케이션도 메소스 환경에서 동작 가능하도록 설계됐습니다.

하지만 메소스에 대한 상세한 설명은 그 자체만으로도 책 한 권 분량이 될 수 있고 이 책의 범위를 벗어나기 때문에 여기서는 스파크 클러스터를 구동시키기 위한 간단한 설치 방법과 사용법에 대해서만 다루겠습니다.

메소스를 설치하는 방법은 크게 두 가지가 있는데, 하나는 소스코드를 내려받아 직접 빌드를 수행하는 방법이고, 또 하나는 바이너리 설치를 지원하는 서드파티 패키지를 사용하는 방법입니다. 메소스는 스파크와 다르게 공식적인 바이너리 배포본을 제공하지 않기 때문에 원칙적으로는 직접 소스코드를 내려받아 빌드하는 것이 기본적인 방법입니다. 하지만 반드시 직접 빌드를 수행해야만 하는 특별한 환경이 아니라면 사용 가능한 써드파티 패키지가 있는지 확인해 보고 이를 이용하는 것도 빠른 설치와 테스트를 위해 괜찮은 방법이라고 할 수 있습니다.

메소스 클러스터 매니저와 관련된 스파크 공식 문서에서는 이러한 용도로 사용할 수 있는 메소스피어(mesosphere) 패키지를 소개하고 있는데, 이 책에서도 이 패키지를 사용해 설치를 진행해 보겠습니다. 단, 패키지를 이용해 설치를 진행할 때는 사용 중인 운영체제의 버전이나 설치 시 권한 등에 의해 설치 과정이 달라지거나 실패할 수 있으므로 선택한 패키지가 본인의 환경과 일치하는지 여부와 설치에 필요한 권한이 충분한지 여부를 확인한 후에 설치를 진행하기 바랍니다. 참고로 필자는 CentOS 7.1 64Bit 리눅스 배포판을 사용해 설치를 진행했습니다.

우선 메소스가 마스터와 슬레이브 방식으로 동작하므로 마스터와 슬레이브로 동작시킬 서버를 결정한 뒤 마스터를 설치할 서버에 접속해 아래 절차에 따라 설치를 진행합니다. (필자는 새로운 클러스터 매니저를 설치할 때마다 기존 서버를 모두 초기화하고 진행했습니다. 아마도 실무에서도 기존 클러스터 매니저가 있는 서버에 또 다른 종류의 클러스터 매니저를 중복 설치해야 하는 경우는 많지 않겠지만 필요하다면 중복해서 설치해서 사용하는 것도 가능합니다.)

 mesosphere는 메소스를 기반으로 하는 데이터 운영체제를 개발하는 회사입니다. 기존에는 운영체제별 메소스 바이너리 파일을 별도로 제공했었지만 현재는 메소스 기반의 DC/OS라는 솔루션 설치 파일을 제공하고 있습니다. DC/OS 솔루션을 이용하면 메소스 기반의 스파크 클러스터를 비교적 쉽게 설치할 수 있지만 이 책의 목표는 DC/OS가 아닌 스파크 클러스터 매니저로서의 메소스 사용에 초점을 두고 있기 때문에 기존에 사용하던 방법을 기준으로 설명합니다. 만약 아래 설명에 포함된 링크가 삭제 혹은 변경된 경우에는 메소스 다운로드 페이지[24]에서 버전에 맞는 파일을 내려받아 빌드해서 사용할 수 있습니다.

[master 설치]

1. 메소스 다운로드 페이지[25]에서 설치할 바이너리 버전을 선택합니다. 이 글을 쓰는 시점의 최신 버전인 스파크 2.3.0은 메소스 1.0.0 이후 버전을 사용하므로 Apache Mesos 1.0.0 for CentOS 7 (x86_64)를 선택하거나 아래와 같은 방법을 이용해 rpm 설치를 진행합니다.

```
$ sudo rpm -Uvh http://repos.mesosphere.com/el/7/x86_64/RPMS/mesos-1.0.0-2.0.89.
centos701406.x86_64.rpm
```

만약 서브버전이나 libevent-devel 등이 설치돼 있지 않아서 오류가 발생할 경우 sudo yum install subversion, sudo yum install libevent-devel 명령으로 먼저 설치해야 합니다.

2. /etc/default 아래에 있는 mesos-master 파일을 열고 PORT=5050이라고 돼 있는 첫 번째 부분만 남기고 그 아래에 있는 ZK=`cat /etc/mesos/zk`라고 된 라인은 삭제합니다. 이때 주석 등으로 처리하면 안 되고 반드시 라인 전체를 삭제해야만 합니다. (이 부분은 원래 주키퍼를 사용한 HA를 구성하기 위한 부분이지만 필수적으로 구성해야 하는 것은 아니기 때문에 예제에서는 이 부분을 삭제하고 진행하겠습니다.)

3. 다음으로 아래 명령어를 이용해 마스터를 실행합니다.

```
$ sudo /sbin/service mesos-master restart
```

4. 정상적으로 실행됐는지 확인하기 위해 웹 브라우저를 열고 방금 마스터를 동작시킨 서버에 5050번 포트를 통해 접속해 봅니다. 마스터가 정상적으로 동작했다면 아래와 같은 화면이 나타날 것입니다.

24 https://goo.gl/ueK4KD
25 https://goo.gl/MYVJWi

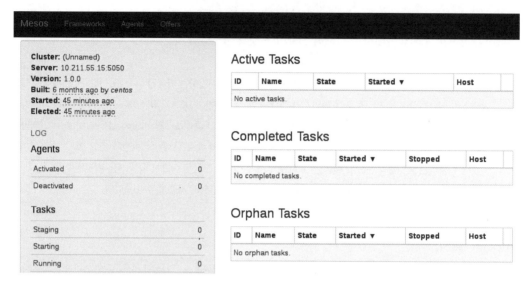

그림 3-11 메소스 마스터

이 화면은 마스터 웹UI라고 하며 마스터에 연결된 슬레이브 및 프레임워크(메소스에서는 하둡, 스파크등을 프레임워크라고 부릅니다) 정보를 보여주는 화면입니다. 아직 슬레이브를 동작시키기 전이기 때문에 에이전트(Agents) 탭에는 아무런 정보가 나타나지 않는 상태일 것입니다. 그럼 이제 슬레이브를 설치해 보겠습니다. (메소스 1.0.0부터는 슬레이브 대신 Agents라는 이름으로 화면에 표시됩니다.)

[슬레이브(slaves) 설치]

1. 마스터를 설치할 때와 같은 방법으로 설치에 필요한 rpm 파일을 내려받아 설치합니다.

    ```
    $ sudo rpm -Uvh http://repos.mesosphere.com/el/7/x86_64/RPMS/mesos-1.0.0-2.0.89.
    centos701406.x86_64.rpm
    ```

2. 다음으로 /etc/default 디렉터리 아래에 있는 mesos-slave 파일을 열고 MASTER=`cat /etc/mesos/zk`라고 된 부분을 아래와 같이 마스터 서버의 도메인 또는 IP 주소로 변경합니다. 이 부분 역시 마스터를 설치할 때와 같이 주키퍼를 이용한 HA를 사용하기 위한 것이지만 지금 HA를 구성하지 않을 것이므로 변경해 주는 것입니다.

    ```
    MASTER=<마스터서버 주소>:5050 (예: MASTER=svr01:5050)
    ```

3. 메소스 슬레이브는 기본적으로 하둡 명령어 사용이 가능해야 합니다. 따라서 하둡 바이너리 파일을 내려받아 압축을 풀고 JAVA_HOME과 HADOOP_HOME을 설정한 후 PATH 경로에도 하둡의 실행파일을 등록합니다. (하둡의 모든 설정 파일까지 설정할 필요는 없습니다. haoop 명령어가 실행 가능하도록 실행 파일만 준비하면 됩니다.)

4. 하둡 설치를 마쳤으면 /etc/mesos-slave 디렉터리 아래에 hadoop_home이라는 파일을 생성하고 그 안에 하둡 홈 디렉터리 경로를 입력합니다. 예를 들어, 하둡 홈의 경로가 /biginspark/apps/hadoop이라면 /biginspark/apps/hadoop과 같이 한 줄을 입력해 두면 됩니다.

5. 설치가 끝났다면 아래 명령어를 이용해 슬레이브를 구동합니다.

```
$ sudo /sbin/service mesos-slave restart
```

6. 정상적으로 구동됐는지 확인해 보기 위해 다시 마스터 UI에 접속합니다. 이제 슬레이브 탭을 눌러보면 방금 추가한 슬레이브의 정보가 나타날 것입니다.

3.2.2.3 스파크 애플리케이션 실행

마스터 UI에 접속할 수 있고 슬레이브 연결까지 정상적으로 끝났다면 이제 스파크 프레임워크를 실행할 차례입니다. (앞에서 살펴본 것처럼 메소스는 메소스 위에서 동작하는 애플리케이션들을 가리켜 프레임워크라고 부릅니다.[26])

우선 가장 간단한 방법으로 스파크 셸을 사용해 메소스 위에 스파크 프레임워크를 구동시켜 볼 텐데 그 전에 몇 가지 준비해야 할 것이 있습니다. 첫 번째로 슬레이브 노드가 사용할 스파크 바이너리 배포본이 필요합니다. 이 파일은 메소스 슬레이브에서 메소스 익스큐터 백엔드(Mesos executor backend)[27]라는 인스턴스를 생성할 때 필요한 것으로, 모든 슬레이브 노드가 접근 가능한 경로에 위치해 있어야 합니다. 이때 사용 가능한 저장소는 하둡의 입력 모듈을 통해 접근 가능한 것이면 되는데, 대표적으로 hdfs, http, 아마존의 s3 등이 있습니다. 이 책에서는 앞에서 예제 실행을 위한 하둡 서버를 이미 설치한 상태이므로 하둡 파일시스템에 스파크 바이너리 파일을 복사해 두겠습니다.

그럼 먼저 스파크 다운로드 페이지에서 스파크 설치 바이너리 파일을 내려받고 방금 내려받은 파일을 하둡 파일시스템에 업로드합니다(내려받은 파일을 아무것도 변경하지 않고 그대로 업로드하면 됩니다!). 이때 업로드 파일의 경로는 원하는 위치로 자유롭게 지정할 수 있습니다.[28]

```
$ hdfs dfs -put spark-2.3.0-bin-hadoop2.7.tgz /path/to/spark-2.3.0-bin-hadoop2.7.tgz
```

다음으로 필요한 것은 메소스 실행을 위한 환경변수를 설정하는 것으로 스파크 홈 디렉터리 아래에 있는 spark-env.sh 파일에 아래의 두 정보를 반드시 입력해야 합니다. (만약 spark-env.sh 파일이 없다면 spark-env.template 파일을 복사해서 새로 생성한 후 입력하기 바랍니다.)

---

26 더 정확한 용어로는 앞에서 살펴본 것처럼 메소스 슬레이브에 태스크를 생성하는 역할을 수행하는 컴포넌트를 의미합니다.

27 앞에서 메소스 클러스터 모드를 설명할 때 본 그림에서 스파크 익스큐터를 포함하고 있던 메소스 익스큐터에 대한 좀 더 구체적인 명칭을 가리키는 것으로 이해하면 됩니다.

28 예제 실행에 사용되는 모든 서버는 하둡 바이너리 파일이 설치돼 있고, 하둡 실행파일이 패스에 등록돼 있으며, HADOOP_HOME 환경변수도 등록돼 있다고 가정합니다.

```
[spark-env.sh]
export MESOS_NATIVE_JAVA_LIBRARY=/usr/local/lib/libmesos.so
export SPARK_EXECUTOR_URI=hdfs://svr01:9010/spark-2.3.0-bin-hadoop2.7.tgz
```

등록한 내용을 살펴보면 메소스 라이브러리 파일의 경로와 스파크 바이너리가 있는 하둡 파일시스템의 경로인데, 이 중에서 'libmesos.so'는 메소스를 설치했던 서버의 /usr/local/lib/ 디렉터리에 가면 찾을 수 있습니다.

이로써 필요한 설정은 모두 끝났고 이제 정말 실행해 볼 차례입니다.

앞서 스탠드얼론 모드에서 스파크 애플리케이션을 실행할 때 클러스터에 포함된 서버가 아닌 외부의 게이트웨이 역할을 하는 서버를 이용했었는데 메소스의 경우도 이와 동일한 방법으로 실행할 수 있습니다. (앞에서 설명한 것처럼 클러스터 모드가 바뀐다고 실행 방법이 달라지지는 않습니다.)

따라서 스파크 셸을 실행할 서버(예제에서는 svr-client 서버입니다)에 접속해 메소스를 설치했던 서버로부터 해당 라이브러리를 복사하고 위 두 개의 경로를 설정합니다. (이때 애플리케이션을 실행하는 서버가 실제 메소스가 설치된 서버와 다른 운영체제를 사용한다면 단순히 libmesos.so를 복사해 두는 것만으로는 실행되지 않을 수 있습니다. 따라서 메소스 클러스터 매니저를 사용할 경우 게이트웨이 역할을 하는 서버도 클러스터를 구성하고 있는 다른 메소스 슬레이브 서버와 같은 버전의 운영체제를 사용하도록 구성해야 하고, 의존성 문제가 다수 발생한다면 게이트웨이 서버에도 메소스 바이너리를 설치해 두는 것이 좋습니다.)

이제 모든 준비가 끝났으니 다음과 같이 스파크 셸을 실행합니다.

```
$ ./bin/spark-shell --master mesos://svr01:5050
```

스탠드얼론 모드에서 실행했을 때와 비교해 보면 --master로 지정하는 URL만 메소스 마스터로 바뀌었음을 알 수 있습니다.

다음은 스파크가 실행된 후 메소스 마스터 UI의 화면입니다.

Active Frameworks

ID ▼	Host	User	Name	Role	Principal	Active Tasks	CPUs	GPUs	Mem	Disk	Max Share	Registered	Re-Registered
...9026-2b801ffeeefe-0007	svr01	beginspark	Spark shell	*		2	8	0	2.8 GB	0 B	100%	2018-03-09T22:36:10+0900	-

그림 3-12 메소스 프레임워크

상단의 프레임워크 탭을 눌러 프레임워크 화면을 살펴보면 아래와 같이 스파크 셸이 하나의 프레임워크로 등록돼 있음을 볼 수 있습니다.

일단 스파크 셸이 시작한 이후로는 앞에서 스탠드얼론 모드에서 했던 것과 동일한 방법으로 예제를 실행하고 결과를 볼 수 있습니다.

```scala
scala> val inputPath = "hdfs://svr01:9010/sample/README.md"
scala> val outputPath = "hdfs://svr01:9010/sample/mesos/output/2"
scala> sc.textFile(inputPath) flatMap { line => line.split(" ") map (word => (word, 1L)) }
reduceByKey (_ + _) saveAsTextFile (outputPath)
```

또한 마찬가지로 spark-submit을 사용할 때도 스탠드얼론 모드에서 했던 것과 동일한 방법으로 실행할 수 있습니다.[29]

```
./bin/spark-submit --class com.wikibooks.spark.ch3.WordCount \
                   --master mesos://svr01:5050 \
                   ~/sparkApps/beginning-spark-examples.jar \
                   hdfs://svr01:9010/sample/README.md \
                   hdfs://svr01:9010/sample/mesos/output/3
```

만약 실행 도중에 JAVA_HOME을 찾지 못한다는 오류가 발생하면 슬레이브 서버의 하둡 설정이 잘못돼 있을 수 있습니다. 이 경우 슬레이브 서버에 접속한 후 하둡 설정 파일 가운데 hadoop-env. sh을 찾아서 명시적으로 JAVA_HOME을 지정해야 합니다. 시스템 환경변수를 이용하는 것보다 이쪽이 더 확실한 방법입니다. 또한 리눅스 환경에서 Java HotSpot(TM) 관련 오류가 발생할 경우 spark-env.sh 파일에 JAVA_HOME을 /etc/alternatives/java_sdk_1.8.0과 같은 open jdk로 변경해서 실행해 보기 바랍니다.

또한 이 밖에도 다른 다양한 이유로 오류가 발생할 수 있는데, 이때는 메소스 마스터 웹 UI로 접속해 상단의 Framework 메뉴를 선택한 후 'Terminated Frameworks'에서 방금 오류가 발생한 프레임워크를 선택하고, 이후 나타나는 화면에서 'Completed Taks' 항목에 표시된 태스크 중에서 문제가 발생한 태스크의 Sand Box 버튼을 눌러서 에러가 발생할 당시의 로그 정보를 확인할 수 있습니다.

3.2.2.4 디플로이 모드

메소스 클러스터 매니저를 사용하는 경우에도 스탠드얼론 클러스터 매니저를 사용했을 때와 동일한 방법으로 애플리케이션 디플로이 모드를 지정할 수 있습니다. 하지만 스탠드얼론 클러스터

---

29 만약 슬레이브가 스파크 바이너리 파일을 찾지 못하면 spark-env.sh 파일 또는 sparkConf에 스파크 바이너리 파일의 경로 정보를 가진 'spark.executor.uri' 속성을 지정해야 합니다.

모드에서 애플리케이션을 구동할 때 디플로이 모드에 대한 옵션만 클러스터 방식으로 지정하면 (--deploy-mode cluster) 클러스터 매니저가 알아서 드라이버 프로그램을 구동할 서버를 골라서 실행시켜줬던 것과는 달리 메소스를 사용할 경우에는 우리가 직접 드라이버 프로그램을 구동시킬 서버를 골라서 해당 서버에 필요한 사전작업을 해 두고 사용해야 합니다.

좀 더 자세히 말하면 클러스터에 있는 서버 중 한 대에서 클라이언트의 요청을 마스터로 전달하는 메소스 디스패처(mesos-dispatcher)라는 서비스를 실행해 두고 클라이언트에서 스파크 애플리케이션을 실행할 때 --master 옵션으로 실제 메소스 클러스터 마스터 대신 이 서버를 지정하게 함으로써 클러스터 모드에서 동작이 가능하게 하는 방식입니다.

이를 위해서는

1. 먼저 메소스 슬레이브 서버 중에서 드라이버를 실행할 서버를 하나 골라서 스파크 배포본을 설치합니다.

2. 방금 설치한 스파크 홈 디렉터리 아래의 sbin 폴더에 있는 start-mesos-dispatcher.sh 스크립트를 다음과 같이 실행합니다.

```
$ ./start-mesos-dispatcher.sh --master <mesos 마스터URL>
```

4. 3번 단계가 제대로 수행됐다면 작업을 시작할 서버에 접속해 다음과 같이 기존 메소스 마스터가 아닌 방금 디스패처 서비스를 실행해둔 서버를 마스터로 지정하고 스파크 애플리케이션을 실행합니다.

```
./bin/spark-submit \
  --class com.wikibooks.spark.ch3.WordCount \
  --master mesos://<dispatcher 서비스가 실행된 서버URL>:7077 \
  --deploy-mode cluster \
  --supervise \
  hdfs://svr01:9010/apps/beginning-spark-examples.jar \
  hdfs://svr01:9010/sample/README.md \
  hdfs://svr01:9010/sample/mesos/output/
```

정상적으로 구동되면 클라이언트 프로세스는 아래와 같이 작업 요청 결과만 보여준 뒤 즉시 종료될 것입니다.

```
... RestSubmissionClient: Server responded with CreateSubmissionResponse:
{
  "action" : "CreateSubmissionResponse",
  "serverSparkVersion" : "2.3.0",
  "submissionId" : "driver-20170111194732-0001",
  "success" : true
}
```

그럼 이제 생성된 프레임워크가 죽지 않고 잘 동작되고 있는지 어떻게 알 수 있을까요? 기존 클라이언트 방식이라면 애플리케이션을 실행시킨 콘솔에서 실행 로그를 볼 수 있었겠지만 지금은 해당 콘솔이 중지된 상태이므로 진행 중인 작업의 진행 상황을 알아보려면 무조건 메소스 마스터 UI에 접속해야 합니다.

그럼 브라우저를 이용해 마스터 서버 웹 화면에 접속해 볼까요? 직접 해보면 알겠지만 사실 UI에 표시되는 항목은 클라이언트 모드로 실행했을 때와 크게 다르지 않고 다만 Frameworks 탭의 Active Frameworks 항목에서 스파크 프레임워크가 동작 중인 서버의 호스트명이 spark-submit 스크립트를 실행한 서버가 아닌 디스패처 서비스를 제공하고 있는 서버로 설정돼 있음을 확인할 수 있습니다.

이처럼 스파크 애플리케이션을 클러스터 디플로이 모드로 실행할 때 주의할 점은 드라이버 프로그램이 동작하는 데 필요한 외부 파일이나 환경변수, 실행 권한 등등이 클러스터에 있는 서버에도 동일하게 갖춰져 있어야 한다는 점입니다. 즉, 드라이버 프로그램이 클러스터에 있는 슬레이브 서버 중 하나에서 구동되기 때문에 해당 서버에서 드라이버 프로그램이 동작할 수 있는 환경을 갖춰야 한다는 것입니다. 너무나 당연한 내용이지만 실제 업무를 하다 보면 클라이언트 모드에서 개발한 애플리케이션을 클러스터 모드로 배포해서 실행할 때 동작 환경의 차이로 인한 오류가 심심치 않게 발생하므로 클러스터 모드로 실행하는 과정에서만 오류가 발생한다면 필요한 외부 환경들이 제대로 준비돼 있는지 먼저 확인해 보기 바랍니다.[30]

3.2.2.5 메소스 실행 모드

앞서 잠시 언급했던 내용이지만 메소스는 스탠드얼론 클러스터 마스터나 앞으로 배울 얀 클러스터 마스터에는 없는 실행 모드(Mesos Run Mode)라는 개념을 가지고 있습니다.

사실 실행모드라는 이름만 보면 마치 애플리케이션을 실행할 때 클라이언트 방식을 사용할 것인지 클러스터 방식을 사용할 것인지를 가리키는 용어가 아닐까, 라는 생각이 들지만 여기서 말하는 실행 모드란 자원을 할당하는 방식, 좀 더 정확하게는 스파크에서 자원 할당의 최소 단위인 익스큐터를 다루는 방식을 구분하는 용어입니다. 즉, 스파크 프레임워크를 실행할 때 익스큐터를 어떤 방법으로 생성하고 실행할 것인가가 바로 메소스 클러스터 모드에서 말하는 실행 모드라고 할 수 있습니다.

---

30 어떤 경우에는 특정 워커 노드만 실행 환경 설정이 잘못되어 해당 노드에서만 오류가 발생할 수도 있습니다. 이 경우 전체 작업은 정상적인 다른 노드의 도움을 받아 오류 없이 성공할 수 있기 때문에 오류가 나고 있는 것조차 모르고 지나갈 수도 있으니 최초 설정 시 각 노드가 제대로 동작하고 있는지 꼼꼼히 확인해 보는 것이 좋습니다.

그럼 왜 메소스에만 실행 모드라는 개념이 있는 걸까요? 메소스를 소개할 때 가장 큰 장점으로 하나의 클러스터가 제공하는 자원을 여러 애플리케이션이 공유해서 사용할 수 있게 해 주는 것이라고 했는데 사실 동적인 자원 할당(스케줄링)은 스파크에서도 지원하는 기능입니다. 다만 차이점이 있다면 메소스의 경우 자원 할당을 메소스 익스큐터, 즉 메소스가 정의한 프레임워크 수준에서 처리해 주는 것이고 스파크는 스파크 익스큐터 단위로 해 주는 것이라서 만약 우리가 하나의 클러스터에서 스파크 프레임워크(애플리케이션)만 사용한다고 가정하면 두 가지 중 어떤 것을 사용하더라도 동적인 자원 할당은 가능하다는 얘기가 됩니다. 즉, CPU와 메모리를 할당받은 프로세스인 익스큐터를 모니터링하고 있다가 해당 익스큐터가 특별히 수행하는 태스크가 없다고 판단되면 해당 익스큐터를 중지하고 할당했던 자원을 회수하면 되는데, 이러한 처리를 메소스에 위탁할 수도 있고 스파크가 제공하는 기능을 사용할 수도 있는 것입니다. 또한 동적 자원 할당은 자원을 사용하는 측면에서는 효율성이 좋지만 새로운 태스크가 실행될 때마다 필요한 자원을 새로 얻어야 하고, 만약 자원이 없을 경우 가용 자원이 생길 때까지 대기해야 할 수도 있어서 응답성이 나빠지기 때문에 경우에 따라서는 동적 자원 할당 기능을 사용하지 않게 해야 할 때가 있을 수 있습니다. 따라서 스파크에서는 실행 모드라는 개념을 도입해서 상황에 맞는 실행 모드를 설정할 수 있게 지원하는 것입니다.

다음은 메소스 클러스터 모드를 사용할 때 설정 가능한 실행 모드입니다.

- 코어스-그레인(coarse-grained) 모드: 애플리케이션이 실행될 때 각 메소스 슬레이브마다 단 하나의 스파크 익스큐터를 생성하고, 이후 수행되는 모든 태스크는 이 익스큐터를 이용해서 처리하는 방식입니다. 이때 생성되는 익스큐터는 애플리케이션이 종료되기 전에는 삭제되지 않고 계속 유지되기 때문에 새로운 태스크를 실행하려고 할 때 필요한 자원(익스큐터)을 미리 준비해 둔 상태에서 태스크를 시작할 수 있어서 빠르게 작업을 시작할 수 있다는 장점이 있는 반면 애플리케이션이 종료되기 전까지는 자원을 계속 점유하게 된다는 단점이 있습니다. 예를 들어, 스파크 셸을 실행해 놓고 아무런 작업을 하지 않더라도 자원은 계속 점유된 상태가 되어 이후 실행되는 다른 애플리케이션은 할당 가능한 자원이 없어 실행할 수 없게 될 수도 있습니다. 실행 옵션은 SparkConf("spark.mesos.coarse", true) 또는 spark-submit 스크립트에서 --conf spark.mesos.coarse=true와 같이 설정할 수 있습니다.

- 파인-그레인(fine-grained) 모드: 코어스-그레인 모드와 반대로 태스크마다 익스큐터를 할당하는 방식으로, 태스크가 종료되면 익스큐터도 함께 삭제되어 해당 자원을 다른 애플리케이션이 사용할 수 있는 상태가 됩니다. 이 방식은 자원을 효율적으로 사용할 수 있다는 장점이 있는 반면 매 태스크가 실행될 때마다 익스큐터를 초기화해야 하고, 만약 가용 자원이 없을 경우 가용 자원이 생길 때까지 대기해야 하므로 코어스-그레인 모드에 비해 태스크의 초기 수행 시간이 오래 걸린다는 단점이 있습니다. 실행 옵션은 SparkConf("spark.mesos.coarse", false) 또는 spark-submit 스크립트에서 --conf spark.mesos.coarse=false와 같이 설정할 수 있습니다.

3.2.3 얀

얀은 하둡에서 제공하는 클러스터 자원 관리 서비스입니다. 혹자는 얀을 가리켜 플랫폼이라고도 하고 시스템이라고도 하는데 정확한 개념과 명칭을 정의하는 것도 중요하겠지만 지금은 클러스터의 자원을 관리하는 서비스라는 얀의 역할에만 중점을 두고 넘어가겠습니다.

그럼 클러스터 매니저로서 얀의 설정 방법을 알아보기 전에 먼저 얀의 등장 배경과 의미를 간단히 살펴보겠습니다.

얀이 처음 세상에 소개된 것은 하둡2의 발표를 통해서였습니다. 당시 하둡은 잡 트래커(Job Tracker)와 태스크 트래커(Task Tracker) 프로세스를 이용해 하둡의 대표적인 애플리케이션인 맵리듀스 애플리케이션을 실행하는 방법을 사용하고 있었습니다. 두 프로세스는 마스터와 슬레이브 관계를 맺으면서 하나의 잡 트래커가 다수의 태스크 트래커를 관리하는 형태로 동작했습니다. 이 중에서 가장 핵심적인 역할을 했던 프로세스는 잡 트래커로서, 클러스터에서 수행되는 모든 잡은 잡트래커 프로세스를 통해 처리됐습니다.

하지만 잡트래커는 전체 클러스터에서 하나만 실행됐기 때문에 하나의 클러스터에서 여러 개의 애플리케이션이 실행될 경우에는 하나의 잡트래커가 전체 애플리케이션의 자원 할당, 실행 제어, 모니터링, 히스토리 관리에 이르는 모든 처리를 수행해야 하는 문제가 있었습니다.

결국 이렇게 하나의 마스터 프로세스에 의존하는 배치 프로세싱 모델은 마스터 프로세스의 한계가 곧 전체 클러스터의 한계로 이어지는 결과를 가져왔습니다. 따라서 자원 관리, 장애 복구, 작업 스케줄링 등의 측면에서 유연성과 확장성에 제약을 받을 수밖에 없었습니다. 그뿐만 아니라 이런 문제점은 맵리듀스 구조를 제외한 다른 유형의 애플리케이션을 개발하는 데도 하나의 제약사항으로 이어졌습니다.

얀은 이러한 기존 맵리듀스 프레임워크의 문제점을 개선하기 위해 제안된 것으로, 잡트래커가 가지고 있던 자원 관리와 작업 처리/모니터링 및 히스토리 관리 기능을 각각 별개의 서비스로 분리한 것입니다. 그 덕분에 특정 프로세스에 대한 의존도를 줄이고 하나의 클러스터에서 다수의 맵리듀스 애플리케이션이 실행될 때의 확장성과 유연성을 확보할 수 있게 됐습니다. 또한 하둡의 일부처럼 구현돼 있던 맵리듀스 프레임워크를 API 기반 구조로 재작성함으로써 하둡과 맵리듀스 간 의존도도 줄이고 동일한 얀 API를 이용해 스파크를 비롯한 다수의 애플리케이션들도 구현할 수 있게 됐습니다.

아마도 이 책을 읽고 계시는 독자분들, 특히 현업에서 빅데이터를 다루고 계시는 분들이라면 대부분 하둡을 사용해 데이터 처리를 하고 있을 것입니다. 이미 하둡 클러스터를 구성해서 얀을 사용하고 있는 상황이라면 굳이 다른 클러스터 매니저를 도입하지 않더라도 지금 사용 중인 얀을 이용해 성능과 안정성 면에서 우수한 스파크 클러스터를 빠르게 구축할 수 있습니다.

한편, 클러스터 매니저로 얀을 사용한다는 것은 스파크 애플리케이션을 일종의 얀 애플리케이션으로 취급한다는 것을 의미하므로 성능 개선이나 작업 도중 발생하는 문제를 해결하기 위해서는 하둡과 얀에 대한 기본적인 이해가 필요합니다. 만약 얀에 대한 내용을 처음 접한다면 얀과 하둡의 맵리듀스 동작 구조에 대한 기본적인 내용을 먼저 살펴보실 것을 권합니다.

3.2.3.1 개요

스파크 클러스터 모델은 드라이버 프로그램과 클러스터 매니저, 익스큐터 등의 논리적 컴포넌트로 구성된다고 설명했습니다. 얀도 이와 비슷한 구조를 띠고 있어서 크게 봤을 때 클라이언트 프로그램, 리소스 매니저, 노드 매니저, 애플리케이션 마스터, 컨테이너 등의 컴포넌트로 나눠볼 수 있습니다.

스파크의 얀 클러스터 모드에서는 스파크 애플리케이션도 일종의 얀 애플리케이션으로 동작해야 하기 때문에 얀의 동작 구조를 이해하는 것은 여러 면에서 도움이 될 수 있습니다. 다음은 얀 애플리케이션이 실행될 때 각 컴포넌트 간의 관계를 나타낸 것입니다.

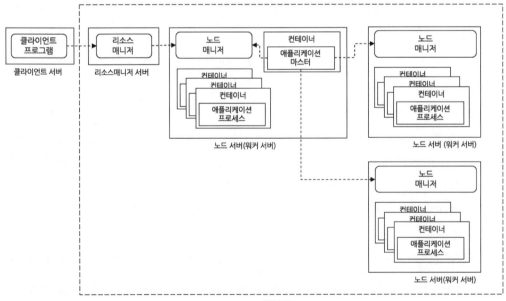

그림 3-13 얀 컴포넌트 개요

1. 얀은 전체 클러스터의 자원을 관리하는 리소스 매니저와 각 노드의 자원을 관리하는 노드 매니저라는 두 종류의 데몬 프로세스로 구성돼 있습니다. 노드 매니저는 이름에서 알 수 있듯이 클러스터를 구성하는 각 노드 서버에서 동작하는 데몬으로 해당 노드의 자원을 관리하고 노드가 보유하고 있는 자원 현황을 주기적으로 리소스 매니저에게 보고해서 리소스 매니저가 전체 클러스터의 자원 현황을 알 수 있게 하는 역할을 담당합니다. 리소스 매니저는 노드 매니저로부터 각 노드의 리소스 현황을 보고받아 이를 관리하며, 클러스터 내의 모든 애플리케이션의 실행에 필요한 자원을 할당하고 관리하는 역할을 수행합니다.

2. 클라이언트 프로그램은 리소스 매니저에게 애플리케이션(정확히는 애플리케이션 마스터)을 실행해 달라고 요청하는 프로그램을 의미합니다. 클라이언트 프로그램을 실행할 수 있는 서버가 딱히 정해진 것은 아니지만 일반적으로 예제의 경우와 같이 클러스터에 속하지 않은 별도의 외부 서버에서 실행하는 경우가 많습니다.

3. 클라이언트 프로그램으로부터 애플리케이션 실행 요청을 받은 리소스 매니저는 노드 매니저 중에서 애플리케이션 마스터를 실행할 수 있는(가용 자원이 있는) 노드 매니저를 찾아서 애플리케이션 마스터의 실행을 요청합니다. 애플리케이션 마스터는 스파크의 드라이버 프로그램과 비슷한 역할을 수행하는 것으로, 해당 애플리케이션의 라이프사이클을 관리하는 역할을 수행합니다. 실행된 애플리케이션 마스터는 리소스 매니저에 등록하는 절차를 거쳐야 하며, 리소스 매니저는 이렇게 등록된 애플리케이션 마스터를 통해 전체 애플리케이션의 리소스를 관리합니다.

4. 리소스 매니저로부터 애플리케이션 마스터 실행 요청을 받은 노드 매니저는 애플리케이션 마스터 생성에 필요한 자원을 컨테이너라는 단위로 할당하고 그 컨테이너에 할당된 자원(CPU와 메모리를 의미합니다)을 이용해 애플리케이션 마스터를 실행한 뒤 자원 할당 결과를 리소스 매니저에게 알려줍니다.

5. 이렇게 애플리케이션 마스터가 실행되면 이후에는 해당 애플리케이션에서 필요한 작업을 알아서 수행하면 됩니다. 이때 구체적으로 어떤 작업을 할 것인지는 애플리케이션마다 다르겠지만 맵리듀스와 같이 분산 처리를 목적으로 하는 일반적인 얀 애플리케이션의 경우라면 다른 노드 매니저에게 추가 자원(컨테이너)을 요청하고 할당받은 자원을 이용해 분산 처리를 수행하게 됩니다.

지금까지 간단하게 얀 애플리케이션의 실행 과정을 알아봤습니다. 그럼 스파크의 클러스터 컴포넌트 모델과 얀의 컴포넌트 모델은 어떤 관계가 있을까요?

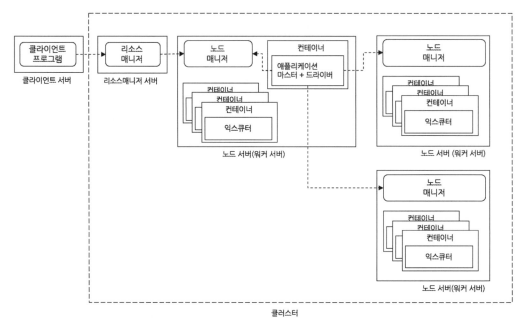

그림 3-14 얀 클러스터 모드

위 그림은 스파크 애플리케이션을 실행할 때 클러스터 매니저로 얀을 사용하고 디플로이 모드로는 클러스터 모드를 사용했을 때를 나타내는 그림입니다. 그림을 통해서도 알 수 있듯이 얀 클러스터 모드에서의 스파크 애플리케이션은 얀 컴포넌트 모델을 기반으로 동작하기 때문에 그림과 같이 얀의 컴포넌트 모델에 그대로 대응되는 것을 확인할 수 있습니다.

다음은 위 그림에서 볼 수 있는 애플리케이션의 실행 단계를 간략히 정리한 내용입니다.

1. 클라이언트 프로그램이 실행되면서 얀 리소스 매니저에게 애플리케이션을 실행해 줄 것을 요청하면 리소스 매니저가 적절한 노드 매니저 하나를 선택해 애플리케이션 마스터를 실행합니다. 이때 애플리케이션 마스터는 스파크 애플리케이션을 위해 작성된 것으로 클러스터 디플로이 방식을 사용할 경우 드라이버 프로그램이 같은 프로세스 내에서 수행됩니다.

2. 애플리케이션 마스터는 리소스 매니저에게 스파크 애플리케이션 실행에 필요한 자원을 요청해 이를 수행시킬 노드 목록을 전달받은 다음, 해당 노드 매니저에게 필요한 자원 할당 및 프로세스 실행을 요청합니다.

3. 애플리케이션 마스터로부터 애플리케이션 프로세스 실행 요청을 받은 노드 매니저들은 필요한 자원을 담고 있는 컨테이너를 할당하고 요청받은 애플리케이션 프로세스를 실행합니다. 이때 실행되는 애플리케이션 프로세스가 곧 스파크의 익스큐터입니다.

4. 익스큐터가 실행되면 스파크 드라이버 프로그램이 생성된 익스큐터 프로세스를 이용해 스파크의 태스크를 수행합니다.

이상으로 간단하게 얀 클러스터 모드에서 스파크 애플리케이션의 컴포넌트 모델이 어떻게 대응되는지 살펴봤습니다.

다음으로는 얀 클러스터 매니저를 사용하는 데 필요한 실행 환경을 설정하고 예제 애플리케이션을 수행하는 방법을 알아보겠습니다.

3.2.3.2 설치

클러스터 매니저로 얀을 사용하려면 얀을 지원하는 버전의 하둡이 설치돼 있어야 합니다. 하둡과 얀의 설치에 관한 부분은 이미 앞에서 언급한 내용이므로 이번 절에서는 하둡이 이미 설치돼 있다고 가정하고 스파크에서 얀 클러스터 모드를 사용하는 데 필요한 설정 위주로만 살펴보겠습니다.

일단 하둡 클러스터가 설치돼 있고 얀에 대한 설정도 돼 있는 상태라면 스파크를 사용하기 위해 하둡 클러스터에 추가로 더 설치해야 할 것은 없습니다. 이후로는 다음 절차에 따라 스파크 애플리케이션을 구동하는 데 필요한 프로그램과 시스템 설정만 해두면 됩니다.

1. 스파크 애플리케이션을 수행할 서버를 선택합니다. 이 서버는 반드시 클러스터를 구성하고 있는 서버일 필요는 없고 클러스터 외부에 있는 서버라도 상관 없는데 나중에 이 서버에서 드라이버 프로그램이 실행돼야 할 경우도 있다는 것을 감안해서 드라이버 프로그램이 실행되는 데 필요한 최소한의 자원(CPU와 메모리)을 갖추고 기존 하둡 클러스터와 네트워크상으로 최대한 가까운 곳에 위치한 서버를 이용하는 것이 좋습니다.

2. 위에서 선택한 서버에 하둡과 스파크 바이너리 파일을 내려받아 압축을 풀고, 해당 위치를 각각 HADOOP_HOME과 SPARK_HOME으로 설정합니다.

3. 하둡 설정 파일을 클러스터에 구성된 정보와 동일하게 맞춰 줍니다. 이때 특별히 기존 하둡 서버와 다르게 설정해야 할 이유가 없다면 기존 하둡 클러스터에서 사용 중인 설정 파일을 그대로 복사해 와도 됩니다.[31]

4. 스파크 홈 아래의 conf 디렉터리에 있는 spark-env.sh 파일에 위에서 설정한 하둡 설정 파일들이 있는 경로를 HADOOP_CONF_DIR 또는 YARN_CONF_DIR 환경변수로 등록합니다. 만약 spark-env.sh 파일이 없다면 spark-env.sh.template 파일을 복사해서 생성할 수 있습니다.

    예) export HADOOP_CONF_DIR=/mypath/hadoop/etc/hadoop

이로써 얀을 클러스터 매니저로 사용하기 위한 모든 준비가 끝났습니다. 이제 얀을 클러스터 매니저로 지정하고 스파크 애플리케이션을 실행해 볼 차례입니다.

3.2.3.3 스파크 잡 실행

스파크에서 잡을 실행하는 방법은 크게 두 가지로 나눠 볼 수 있습니다. 하나는 실행시킬 프로그램과 연관된 라이브러리를 함께 빌드해서 하나의 배포 파일을 만든 후 스파크에서 제공하는 spark-

---

31 하둡의 표준 배포본을 사용한다면 하둡 홈 디렉터리 아래의 etc/hadoop 디렉터리에서 설정 파일들을 찾을 수 있을 것입니다.

submit이라는 스크립트를 이용해 잡을 실행하는 방법이고, 다른 하나는 스파크에서 제공하는 스파크 셸을 실행한 뒤 실행된 셸 상에서 직접 코드를 작성하면서 잡을 실행하는 방법입니다.

이 두 가지 방법 중에 어떤 것을 선택해야 하는지에 대해 정해진 기준은 없지만 일반적으로 사람이 개입해서 코드 작성과 디버깅을 동시에 실행해야 하는 경우 인터랙티브한 개발이 가능한 스파크 셸을 사용하는 편이 낫고, 배치 시스템 등을 통해 정해진 작업을 일정 주기마다 실행해야 하는 경우에는 spark-submit 스크립트를 이용한 애플리케이션 배포 방식을 사용하는 편이 낫다고 할 수 있습니다.

스파크의 클러스터 컴포넌트 모델은 실제 사용하는 클러스터 매니저의 종류와 상관 없이 통일된 형태의 프로그래밍 모델을 제공하기 때문에 위의 실행 방법은 얀 클러스터 매니저를 사용하는 경우뿐 아니라 스탠드얼론 클러스터 매니저나 메소스 클러스터 매니저 등 다른 클러스터 매니저를 사용할 때도 동일하게 적용될 수 있습니다.

그럼 이제부터 방금 설명한 두 가지 방법으로 스파크 잡을 실행해 보겠습니다.

3.2.3.3.1 스파크 셸을 이용한 애플리케이션 실행

스파크 셸은 스파크 홈 아래에 위치한 bin 디렉터리의 spark-shell 스크립트를 이용해 실행할 수 있습니다. 스파크 셸은 스파크 애플리케이션의 하나로 동작하며, 리눅스의 셸과 같이 사용자가 직접 필요한 명령어를 입력해서 즉시 실행 결과를 확인할 수 있는 기능을 제공합니다.

스파크 셸을 얀 클러스터 매니저 모드로 동작시키는 방법은 다른 클러스터 매니저를 사용할 때와 약간 다릅니다. 다른 클러스터 매니저를 사용할 경우 spark-shell 스크립트를 실행할 때 "--master" 매개변수의 값으로 마스터 URL 정보를 전달해 주지만 얀 클러스터 매니저의 경우 마스터에 대한 접속 정보를 하둡의 설정 파일을 통해 읽어들이므로 "--master" 매개변수에는 그냥 "yarn"이라고만 입력하고 대신 하둡의 설정 파일(core-site.xml, yarn-site.xml 등)이 있는 디렉터리 경로를 "HADOOP_CONF_DIR" 또는 "YARN_CONF_DIR"이라는 환경변수로 등록해야 합니다.

이전의 '설치' 부분에서 등록한 환경변수가 바로 위와 관련된 내용으로, 이미 환경변수를 등록해 뒀기 때문에 바로 스파크 홈 디렉터리로 이동해서 아래와 방법으로 스파크 셸을 실행해 보겠습니다.

```
$ ./bin/spark-shell --master yarn³²
```

---

32 스파크 셸을 사용한다는 것은 디플로이 모드로 클라이언트 방식을 선택한 것과 같은 의미이므로 별도의 디플로이 모드를 선택하지 않아도 클라이언트 모드로 실행됩니다.
또한 스파크 셸을 실행할 때 --deploy-mode cluster와 같이 실행해도 오류만 발생할 뿐 클러스터 모드로 실행되지 않습니다.

성공적으로 실행됐다면 스파크 셸이 구동되고 "scala〉" 프롬프트가 나타날 것입니다. 이제 애플리케이션이 정상적으로 동작하는지 확인해 봐야 할 차례인데, 스파크는 아래와 같은 URL을 통해 애플리케이션의 상태를 모니터링할 수 있는 화면을 제공합니다.

```
http://<스파크 셸을 실행시킨 서버>:4040/   (ex: http://svr01:4040/)
```

이때 〈스파크 셸을 실행시킨 서버〉는 방금 spark-shell 프로세스를 실행시킨 서버를 의미하고, 포트의 경우 특별히 바꾸지 않았다면 4040번을 사용하게 됩니다. (만약 같은 서버에서 다른 스파크 프로그램이 이미 실행 중이라면 스파크가 알아서 4041, 4042와 같이 새로운 포트 번호를 할당합니다.)

다음은 스파크 셸이 실행 중일 때의 모니터링 페이지의 모습입니다. 위의 주소로 접속해서 실제로 아래와 같은 화면이 보이는지 확인해 보기 바랍니다.[33]

그림 3-15 스파크 웹 UI

이 화면은 스파크컨텍스트가 제공하는 UI입니다. 만약 하나의 클러스터에서 여러 개의 애플리케이션이 수행 중이라면 각 애플리케이션마다 서로 다른 페이지를 제공하게 됩니다. 이곳에서 제공되는 정보로는 잡의 진행 상태와 DAG 정보, 파티션, 익스큐터와 자원 사용 현황, 환경변수를 포함한 각종 설정 값 등이 있습니다.

이로써 스파크 셸이 정상적으로 구동됐다는 것은 확인됐습니다. 하지만 이것만으로 우리가 의도한 대로 얀 클러스터 매니저를 사용하고 있는지 여부는 알 수 없기 때문에 이를 위해 새로운 명령행 창을 하나 열어서 다음과 같이 입력합니다.

```
$ yarn application -list
```

위 명령어는 실행 중인 얀의 애플리케이션 목록을 보여주는 것으로, 방금 실행한 스파크 셸이 얀 클러스터 매니저와 잘 연동됐다면 아래와 같이 "Spark shell"이라는 이름을 가진 애플리케이션이 실행 중인 것이 보일 것입니다.

---

33 Total Uptime과 같은 일부 상세 정보는 수행 환경에 따라 다르게 보일 수 있습니다.

```
             Application-Id        Application-Name      Application-Type  ....
application_1475283029545_0001      Spark shell                  SPARK  ....
```

이제 얀 클러스터 매니저 모드로 실행된 것까지 확인했으니 이전에 했던 것과 같은 단어 수 세기 예제를 실행해 보겠습니다. 이번 예제에 사용될 하둡 환경 설정 부분은 사전 준비 사항에서 다룬 내용인데, 만약 이 부분이 준비되지 않았다면 앞 절의 내용을 먼저 진행하길 바랍니다.

```scala
scala> val inputPath = "hdfs://<namenode_host:port>/sample/README.md"
scala> val outputPath = "hdfs://<namenode_host:port>/sample/output"
scala> sc.textFile(inputPath) flatMap { line => line.split(" ") map (word => (word, 1L)) }
reduceByKey (_ + _) saveAsTextFile (outputPath)
```

이 예제는 HDFS에 저장된 README.md라는 파일에 있는 단어를 분석해 전체 파일 내에서 각 단어가 각각 몇 번씩 나타나는지에 대한 결과를 outputPath에 지정한 경로에 저장하는 예제입니다.

예제가 제대로 실행됐는지 확인하기 위해 하둡이 제공하는 파일시스템 명령어를 이용해 생성된 결과를 확인해 보겠습니다.

```
$ hdfs dfs -cat <namenode_host:port>/sample/output/p* | more
```

"hdfs dfs -cat"은 하둡에서 제공하는 명령어로, 리눅스의 cat과 같은 동작을 수행합니다. 스파크의 실행 결과는 "p"로 시작하는 여러 개의 작은 파일로 나누어 저장되기 때문에 "output/p*"와 같은 형태로 조회했습니다. 정상적으로 실행됐다면 아래와 같이 (단어, 빈도 수) 형태의 결과가 생성된 것을 확인할 수 있을 것입니다.

```
(package,1)
(this,1)
(Version"](http://spark.apache.org/docs/latest/building-spark.html#specifying-the-hadoop-
version),1)
(Because,1)
생략...
```

3.2.3.3.2 pyspark을 이용한 애플리케이션 실행

pyspark는 스파크 셸과 같은 기능을 수행하며, 파이썬 언어를 사용하는 경우에 사용할 수 있습니다. 내부적으로 스파크 셸이 사용하는 것과 동일한 spark-submit이라는 셸을 사용해서 잡을 실행하기 때문에 실행 옵션이나 사용법이 스파크 셸과 거의 동일합니다. 따라서 스파크 셸에서 했던 것과 마찬가지로 --master 옵션을 사용해 마스터 정보를 지정할 수 있습니다.

다음은 얀 클러스터 매니저를 사용할 때 pyspark를 실행하는 방법입니다.

```
$ ./bin/pyspark --master yarn
```

pyspark가 실행되면 스파크 셸에서 했던 것과 동일한 방법으로 마스터 웹 화면에 접속해 애플리케이션이 정상적으로 실행됐는지 확인할 수 있습니다. 예를 들어, 스탠드얼론 클러스터 매니저 마스터를 실행시킨 서버의 호스트명이 svr01이었고 기본 포트를 사용했다면 http://svr01:8080으로 접속하면 됩니다. 정상적으로 실행됐다면 "Running Applicatons" 항목에 "PySparkShell"이라는 애플리케이션이 구동 중인 것을 확인할 수 있을 것입니다.

일단 pyspark가 실행된 후에는 스파크 셸에서 했던 것과 동일하게 원하는 코드를 입력하면 됩니다. 스칼라 언어 대신에 파이썬 API를 사용하는 것을 제외하면 스파크 셸과 다를 것이 없습니다. 다음은 스칼라 셸에서 했던 것과 동일한 단어 수 세기 예제 코드입니다.

```
>>> inputPath = "hdfs://<namenode_host:port>/sample/README.md"
>>> outputPath = "hdfs://<namenode_host:port>/sample/output"
>>> rdd = sc.textFile(inputPath)
>>> result = rdd.flatMap(lambda line: line.split(" ")).map(lambda word:(word, 1)).
reduceByKey(lambda v1, v2: v1 + v2)
>>> result.saveAsTextFile(outputPath)
```

지금까지 스탠드얼론 스파크 매니저를 이용해 스파크 셸을 구동하고 이를 이용해 간단한 단어 세기 예제를 실행해봤습니다.

지금부터는 스파크 셸을 사용하지 않고 애플리케이션 배포 파일을 만든 후 spark-submit 스크립트를 이용해 실행하는 방법을 살펴보겠습니다.

3.2.3.3.3 스파크 애플리케이션 실행

애플리케이션을 실행하는 또 다른 방법은 spark-submit을 이용하는 것입니다. 이 부분 역시 기존의 다른 클러스터 매니저를 사용했을 때와 동일한 방법을 사용합니다. 다음은 얀을 사용할 경우 spark-submit을 사용해 애플리케이션을 실행하는 방법입니다.

1. 먼저 배포용 파일을 생성하기 위해 예제 프로젝트 루트 디렉터리에서 다음 명령을 실행하고 생성된 jar 파일을 확인합니다.

```
$ cd <project_root_dir>
$ mvn -Dmaven.test.skip=true clean package
$ ls ../deploy/
beginning-spark-examples.jar
original-beginning-spark-examples.jar
```

2. 생성된 jar 파일을 spark-submit 스크립트를 실행할 서버에 복사합니다. 예제에서는 사용자 홈 디렉터리 아래에 sparkApps라는 디렉터리를 생성하고 그 아래에 생성된 파일을 복사하겠습니다.

```
$ ls ~/sparkApps
beginning-spark-examples.jar
```

3. 하둡 파일시스템은 기존 파일이 있을 경우 덮어쓰기가 되지 않고 오류가 발생하기 때문에 기존에 생성된 파일이 있다면 지워야 합니다. 책의 예제를 순서대로 따라 했다면 이미 앞에서 스파크 셸을 이용하는 과정에서 동일한 경로에 출력 파일이 생성돼 있을 것이므로 다음과 같이 기존에 생성된 파일을 먼저 삭제해야 합니다.

```
$ hdfs dfs -rm -r <namenode_host:port>/sample/output
```

4. 스파크 홈으로 이동해 다음과 같이 입력해 애플리케이션을 실행합니다. (만약 매번 하둡 네임서버 주소를 넣기 귀찮다면 하둡의 설정 파일(core-site.xml, yarn-site.xml 등)을 현재 사용 중인 하둡에 맞게 수정하면 됩니다. 이렇게 하면 '〈하둡네임 서버주소〉/sample/README.md'와 같은 경로를 '/sample/README.md' 형태로 간단하게 사용할 수 있습니다. 하지만 이렇게 할 경우 로컬 파일시스템 경로를 지정할 때와 구분하기 위해 file~로 시작하는 정확한 URI를 사용해야 합니다.)

```
$ cd <SPARK_HOME>
$ ./bin/spark-submit --class com.wikibooks.spark.ch3.scala.WordCount \
                     --master yarn \
                     --deploy-mode cluster \
                     ~/sparkApps/beginning-spark-examples.jar \
                     hdfs://<namenode_host:port>/sample/README.md \
                     hdfs://<namenode_host:port>/sample/output/
```

5. 특별한 문제가 없다면 약간의 실행 로그를 보여주고 곧 종료될 것입니다. 그럼 스파크 셸을 사용했을 때와 동일한 방법으로 하둡 파일시스템에 접속해 결과가 정상적으로 생성됐는지 확인해 보겠습니다.

```
$ hdfs dfs -cat hdfs://<namenode_host:port>/sample/output/p* | more
(package,1)
(this,1)
.... 이하 생략
```

6. 출력 경로로 지정한 디렉터리에 파일이 생성됐고 단어별 노출 횟수도 정상적으로 집계된 것을 확인할 수 있습니다.

여기까지가 얀 클러스터 매니저를 사용할 때의 spark-submit의 사용법입니다. 사실 앞에서 스탠드얼론 클러스터 매니저 내용을 읽어보신 독자분들은 방금 설명한 내용이 다른 클러스터 매니저를 설명할 때 사용한 것과 완전히 똑같다는 것을 눈치 채셨을 텐데, 이렇게 클러스터 마스터 URL을 지정하는 방법을 빼고 나면 애플리케이션을 실행하는 방법은 동일하다는 것을 알 수 있습니다.

3.2.3.4 디플로이 모드

얀을 사용할 경우에도 디플로이 모드로 클러스터 모드와 클라이언드 모드를 모두 사용할 수 있습니다. 디플로이 모드를 지정하는 방법 역시 다른 클러스터 매니저와 크게 다르지 않아서 --deploy-mode 매개변수의 값으로 "client" 또는 "cluster"를 지정하면 됩니다.

다음은 '클라이언트(client)' 디플로이 모드로 애플리케이션을 실행했을 때의 컴포넌트 모델입니다.

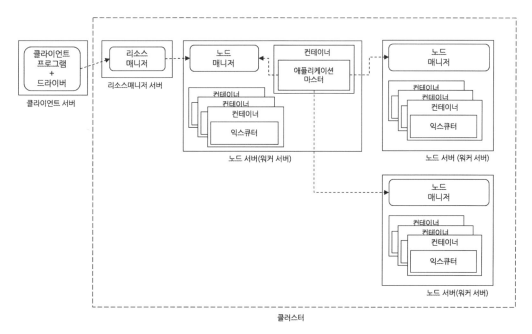

그림 3-16 얀 클라이언트 디플로이 모드

그림을 보면 스파크 드라이버 프로그램이 메인 함수와 같은 프로세스 내에서 동작하고 있습니다. 이것이 클러스터 디플로이 모드와의 차이점이며, 만약 디플로이 모드로 클러스터 모드를 사용한다면 드라이버 프로그램은 클러스터 내의 프로세스 중 하나, 즉 노드 서버 하나를 할당받아 동작하게 됩니다.

즉, 정리하면 얀 클러스터 매니저를 사용할 때 클라이언트 디플로이 모드를 사용하게 되면 얀 클라이언트 프로그램에서 실행되는 드라이버가 애플리케이션 동작을 제어하고 얀의 애플리케이션 마스터는 단순히 노드 매니저에게 필요한 자원을 요청하는 역할만 담당하게 되는 것입니다.

3.2.3.5 얀 컨테이너 로그 설정

스파크 애플리케이션이 실행되면 드라이버 프로그램이 제공하는 (실제로는 드라이버 프로그램이 생성한 스파크컨텍스트가 제공하는) 모니터링 페이지를 통해 해당 애플리케이션의 모니터링 및 디버깅에 필요한 각종 정보를 확인할 수 있습니다. 방금 전에 스파크 셸을 실행한 후에 스파크 셸 애플리케이션이 제대로 동작하는지 확인하기 위해 이 화면에 접속했었습니다.

아래 그림은 svr01 서버에서 드라이버 프로그램을 구동했을 때 스파크 모니터링 페이지에서 제공하는 "Executors" 탭에서 보여주는 내용입니다. 여기서는 애플리케이션에서 사용하는 익스큐터의 자원 사용 현황과 실행 상태에 대한 정보를 확인할 수 있습니다.

가장 오른쪽의 stdout과 stderr는 링크 형태로 돼 있는데, 이 링크를 누르면 해당 익스큐터의 실행 로그를 확인할 수 있습니다.

Executor ID	Address	Status	RDD Blocks	Storage Memory	Disk Used	Cores	Active Tasks	Failed Tasks	Complete Tasks	Total Tasks	(GC Time)	Input	Shuffle Read	Shuffle Write	Logs	Thread Dump
driver	svr01:50292	Active	1	23.8 KB / 384.1 MB	0.0 B	0	0	0	0	0	0 ms (0 ms)	0.0 B	0.0 B	0.0 B		Thread Dump
0	svr02:35569	Active	1	23.8 KB / 384.1 MB	0.0 B	4	0	0	1	1	2 s (0.1 s)	0.0 B	0.0 B	0.0 B	stdout stderr	Thread Dump
1	svr03:50824	Active	1	23.8 KB / 384.1 MB	0.0 B	4	0	0	1	1	2 s (0.2 s)	0.0 B	0.0 B	0.0 B	stdout stderr	Thread Dump

그림 3-17 익스큐터 모니터링

이때 보여주는 로그는 각 워커 노드에서 애플리케이션 프로세스를 실행할 때 생성된 로그입니다. 이 로그는 해당 워커 노드의 지정된 위치에 생성되는데, 클러스터 매니저로 얀을 사용하는 경우에는 스파크 애플리케이션 또한 일종의 얀 애플리케이션으로 동작하므로 얀에 설정된 로그 파일 관리 정책에 따라 로그 파일이 생성됩니다. 따라서 클러스터 매니저로 얀을 사용할 경우 이와 관련된 설정을 변경하고 싶다면 관련된 얀 설정을 변경해야 합니다.

스파크 애플리케이션이 실행될 때 생성되는 로그는 크게 두 종류로 구분할 수 있습니다. 하나는 스파크 용어로 이벤트 로그라고 불리는 로그로, 드라이버(정확하게는 스파크컨텍스트)가 제공하는 웹 화면에 접속했을 때 보여지는 잡, 이벤트 타임라인, 익스큐터, DAG 등의 정보를 담고 있는 로그이며, 이 로그를 삭제하지 않고 저장해 두면 애플리케이션이 종료된 후에 스파크 히스토리 서버를 통해 실행 당시의 웹 화면을 재현해낼 수 있습니다.

다른 하나는 익스큐터가 실행될 때 기록되는 로그로, 흔히 말하는 프로그램 실행 로그를 의미합니다. 이 로그는 스파크 전용인 이벤트 로그와는 달리 실제 익스큐터를 실행하는 클러스터 매니저의 유형에 따라 조금씩 다른 위치와 방법으로 기록되며 익스큐터 탭에서 제공하는 "stdout"이나 "stderr" 링크를 통해 해당 로그의 내용을 조회할 수 있습니다.

클러스터 매니저로 얀을 사용할 경우 이벤트 로그는 다른 클러스터 매니저를 사용할 때와 같은 방법을 사용하면 되지만 애플리케이션 실행 로그는 얀의 애플리케이션 마스터와 컨테이너의 로그로 기록되므로 해당 로그 관리 설정을 변경하려면 얀의 설정을 수정해야 합니다.

다음은 로그 파일과 관련된 얀 설정 매개변수입니다.

- yarn.log-aggregation-enable: 실행이 끝난 애플리케이션 로그를 각 컨테이너가 실행된 서버의 로컬 파일시스템에 기록할 것인지 설정하는 매개변수로서 true로 설정할 경우 각 컨테이너의 로그는 노드 매니저에 의해 HDFS로 취합되어 복사되고 로컬 파일시스템에 있던 로그는 삭제됩니다. 이전 버전의 하둡에서는 이 기능이 제공되지 않아서 각 서버마다 일일이 접속해서 로그 파일을 뒤져봐야만 했지만 얀에서는 해당 애플리케이션과 연관된 모든 컨테이너 로그를 한 곳에 모아주기 때문에 로그를 확인하기가 훨씬 수월해졌습니다. 이때 로그 파일이 생성되는 HDFS 상의 위치는 yarn.nodemanager.remote-app-log-dir 속성과 yarn.nodemanager.remote-app-log-dir-suffix의 조합으로 결정됩니다.

- yarn.nodemanager.log-dirs: 애플리케이션이 실행 중일 때 컨테이너의 로그를 저장할 위치를 가리킵니다. 기본값은 ${yarn.log.dir}/userlogs입니다.

- yarn.nodemanager.remote-app-log-dir: 위에서 설명한 대로 로그를 모아둘 HDFS 상의 경로를 의미하며, 기본값은 /tmp/logs입니다.

- yarn.nodemanager.remote-app-log-dir-suffix: 기본값은 "logs"이며, {yarn.nodemanager.remote-app-log-dir}/${user}/{thisParam}와 같이 생성됩니다.

- yarn.log-aggregation.retain-seconds: 취합된 로그 파일을 얼마나 유지할지를 초 단위로 지정합니다. 만약 수동으로 관리할 생각이라면 이 값에 음수를 지정하면 됩니다.

- yarn.log.server.url: 클러스터 매니저로 얀을 사용할 경우 스파크 모니터링 페이지에서 실행로그 정보를 조회하기 위한 sysout 또는 syserr 링크를 클릭하면 얀에서 제공하는 모니터링 페이지로 자동으로 이동합니다. 이때 이동할 서버의 주소를 가리키는 속성입니다.

- yarn.nodemanager.log.retain-seconds: 각 노드의 로컬 디렉터리에 보관할 기간을 초 단위로 기록합니다. 기본값은 10800입니다.

3.2.4 히스토리 서버와 매트릭스

스파크컨텍스트가 제공하는 모니터링 페이지는 애플리케이션이 실행 중일 때만 접속할 수 있습니다. 물론 애플리케이션을 종료할 경우 실행 로그는 애플리케이션이 실행됐던 각 워커 서버의 로컬 파일시스템에 일정 기간 보존되지만 모니터링 페이지를 사용해서 확인할 수 있는 방법은 없습니다.

스파크에서는 이렇게 애플리케이션이 종료된 후에도 과거에 실행됐던 이벤트 로그를 활용해 애플리케이션에 대한 정보를 확인해 볼 수 있게 별도의 히스토리 서버를 제공합니다.

히스토리 서버는 스파크 배포본에 포함돼 있으며, 간단한 설정 변경을 통해 히스토리 서버를 구동하면 애플리케이션이 종료된 후에도 과거에 수행됐던 애플리케이션에 대한 모니터링 페이지를 복원해 볼 수 있습니다. 다음은 스파크 히스토리 서버가 제공하는 화면의 일부입니다.

App ID	App Name	Started	Completed	Duration	Spark User	Last Updated	Event Log
app-20180309232205-0001	Spark shell	2018-03-09 23:22:04	2018-03-09 23:27:43	5.7 min	beginspark	2018-03-09 23:27:43	Download
app-20180309231837-0000	Spark shell	2018-03-09 23:18:36	2018-03-09 23:20:14	1.6 min	beginspark	2018-03-09 23:20:15	Download

그림 3-18 히스토리 서버 UI

그림에서 볼 수 있듯이 App ID는 종료된 애플리케이션 번호를 나타내며, 이 값을 클릭하면 해당 애플리케이션이 수행된 당시에 스파크컨텍스트가 제공하던 모니터링 화면을 다시 볼 수 있습니다.

이처럼 과거에 수행했던 정보를 다시 복원할 수 있는 것은 스파크 애플리케이션이 실행될 때 생성된 이벤트 로그를 남겨뒀기 때문인데, 이를 위해서는 우선 해당 로그를 개별 워커 서버의 로컬 파일시스템이 아닌 hdfs와 같은 공유 저장소로 옮겨 두도록 설정해야 합니다.

이를 위해서는 스파크가 참조하는 설정 파일을 변경하거나 애플리케이션을 실행할 때 별도로 지정하는 방법 등이 있는데 항상 사용하는 옵션이라면 설정 파일을 사용해 변경하는 것이 편리합니다. 따라서 이 책에서는 설정 파일을 이용하는 방법을 사용해 보겠습니다.

우선 이벤트 로그 관련 설정을 하기 위해 먼저 스파크 애플리케이션을 실행할 서버에 접속한 뒤 스파크 홈 아래의 conf 디렉터리로 이동해 "spark-defaults.conf.template"이라는 파일을 복사해서 "spark-defaults.conf" 파일을 생성한 뒤 아래와 같이 입력합니다.

```
spark.eventLog.enabled     true
spark.eventLog.dir   hdfs://<namenode_host:port>/<저장할 경로>/
spark.history.fs.logDirectory   hdfs://<namenode_host:port>/<저장할 경로>/
```

각 항목의 의미를 살펴보면 "spark.eventLog.enabled"는 이벤트 로그 파일을 "spark.eventLog.dir" 디렉터리에 저장하겠다는 의미이고, 이어지는 HDFS 경로에는 로그 파일을 저장할 디렉터리 정보를 넣으면 됩니다. 예를 들어, 앞에서 그림으로 본 히스토리 서버의 경우 spark.eventLog.dir이 "hdfs://svr01:9010/spark/history/"가 됩니다. (그림을 보면 좌측 상단에 Event Log Directory"라고 된 부분을 볼 수 있습니다.)

나머지 "spark.history.fs.logDirectory"는 히스토리 서버가 종료된 작업의 이벤트 로그 파일을 찾을 디렉터리를 지정하는 부분으로, 책에서는 이벤트 로그가 쌓이는 곳과 같은 곳으로 지정했습니다. 이제 히스토리 서버를 구동하면 이곳에 쌓인 로그 파일을 참조해서 종료된 애플리케이션의 UI를 복원해 낼 것입니다.

그럼 실제로 히스토리 서버가 잘 동작하는지 확인하기 위해 이제 스파크 홈 아래의 sbin 디렉터리로 이동한 후 아래 명령어를 수행해 히스토리 서버를 구동합니다.

```
$ start-history-server.sh
```

서버가 수행되면 http://〈server-url〉:18080으로 접근해 히스토리 서버에서 제공하는 화면을 확인할 수 있습니다.

이상으로 스파크 히스토리 서버에 대해 살펴봤습니다. 히스토리 서버는 꼭 어디에 둬야 한다는 규칙은 없으므로 워커 노드 혹은 게이트웨이 서버 중 하나를 선택해서 실행하고, 해당 서버의 18080 포트로 접속해서 사용할 수 있습니다.

3.2.5 쿠버네티스(Kubenetes)

스파크 2.3.0 버전부터는 기존 클러스터 매니저 환경에 더해 쿠버네티스 환경에서도 스파크 애플리케이션을 동작시킬 수 있게 됐습니다.

쿠버네티스는 최근 화두가 되고 있는 컨테이너 오케스트레이션 분야의 대표적인 오픈소스 솔루션으로, 구글에서 개발되어 2015년 오픈소스로 공개된 후 주로 도커를 활용한 클러스터 구축 시 컨테이너 관리 도구로 널리 활용되고 있습니다.

쿠버네티스에 대한 자세한 설명은 이 책의 범위를 벗어나므로 이 장에서는 스파크를 동작시키는 데 필요한 내용 위주로 살펴보겠습니다.

3.2.5.1 도커(Docker)

쿠버네티스에 대한 이야기를 하면서 도커에 관한 내용을 빼놓을 수 없을 것입니다. 도커는 리눅스 컨테이너를 기반으로 한 일종의 가상화 기술이자 제품을 가리키는 용어로, 애플리케이션이 동작하는 데 필요한 모든 자원(파일, 라이브러리, 각종 설정 등)을 한군데로 모아서 컨테이너 생성의 기반이 되는 이미지를 만들고 이를 공유해서 다양한 환경에서 재사용합니다. 컨테이너를 활용하는 이 같은 방식은 실제 서버와 무관하게 동일한 실행 환경을 제공하기 때문에 높은 이식성과 빠른 실행환경 구축 등의 장점을 얻을 수 있습니다. 특히 게스트 서버마다 자체 OS를 설치해서 별도의 자원을 할당해야 했던 기존 가상화 기술과는 달리 호스트 서버의 자원을 공유하는 방식을 사용해 적은 자원으로도 다수의 컨테이너를 동시에 구동하는 것이 가능합니다. 덕분에 간단한 명령어 한두 줄을 입력하는 것만으로도 리눅스 서버를 생성해서 원하는 명령을 실행하거나 웹서버를 설치하고 동작시키는 등의 작업을 할 수 있습니다.

하지만 이 같은 도커 컨테이너는 하나의 서버, 즉 동일한 도커 데몬 프로세스 상에서 각 컨테이너별로 하나의 고유한 작업을 담당하는 방식으로 동작하기 때문에 다수의 도커 데몬을 사용해야 하는 클러스터 환경에는 적합하지 않다는 단점이 있었습니다. 또 한번에 다수의 도커 컨테이너를 띄워서 복잡한 방식으로 연동시켜야 하는 시스템의 경우도 기본 도커 컨테이너 실행 방식으로만 처리하기에는 부족함이 있었습니다.

이런 이유로 다수의 도커 컨테이너를 관리해 주는 별도의 도구가 필요해졌고 여기서 살펴볼 쿠버네티스 역시 그러한 목적으로 개발된 프로그램 중 하나라고 할 수 있습니다.

이번 장에서는 도커를 사용한 실습이 포함돼 있는데 혹 도커가 설치돼 있지 않다면 도커 홈페이지(https://www.docker.com)를 참고해서 도커를 설치해 두시기 바랍니다(도커 설치와 관련된 내용은 지면 관계상 따로 다루지 않겠습니다).

3.2.5.2 주요 용어

앞절에서 여러 종류의 클러스터 매니저와 그 사용법을 살펴봤습니다. 그 결과, 스파크 애플리케이션은 사용하는 클러스터 매니저의 종류와 무관하게 동일한 방법으로 개발할 수 있다 하더라도 실행 시점에 사용하는 설정들은 클러스터 매니저별로 조금씩 달랐다는 점을 기억할 것입니다. 쿠버네티스 환경 역시 마찬가지라서 다른 클러스터 매니저에서는 사용하지 않는 몇 가지 특별한 용어가 있습니다. 쿠버네티스 환경에 익숙한 독자분들은 잘 알고 있는 내용이겠지만 이후의 설명을 위해 간단히 살펴보겠습니다.

- 팟(Pod): 쿠버네티스는 여러 도커 컨테이너를 팟으로 묶어서 관리합니다. 예를 들어 웹어플리케이션이라면 웹서버와 데이터베이스 서버를 구동하는 컨테이너를 묶어서 팟으로 관리할 수 있습니다.

- 노드(Node): 클러스터를 구성하는 서버를 가리킵니다. 일반적으로 마스터와 슬레이브 형식으로 동작하는데 마스터 역할을 하는 서버를 마스터(master), 슬레이브 역할을 하는 서버들을 미니언(minion)이라고 합니다.

- 서비스(Service): 컨테이너들은 서로 네트워크를 통한 통신을 수행할 수 있는데 이를 위한 기능을 서비스라고 합니다.

- 네임서비스(Nameservice): 쿠버네티스 내부에서 가상 클러스터를 식별하기 위한 용도로 사용됩니다.

- 스케줄러(Scheduler): 각 노드의 리소스 사용률을 파악하고 적절한 노드에서 팟이 실행되게 합니다.

- API 서버(API Server): HTTP를 통해 팟, 서비스 등의 상태를 검증하고 관리합니다.

3.2.5.3 쿠버네티스 클러스터 설치

쿠버네티스와 도커에 대한 설명은 이쯤에서 마치는 것으로 하고 지금부터는 스파크 실행을 위한 환경을 준비해 보겠습니다. 이미 사용 중인 쿠버네티스 서버가 있다면 상관없지만 그렇지 않다면 간단하게 로컬 환경에서 쿠버네티스 클러스터를 테스트해 볼 수 있는 miniKube를 설치하고 구동해 보겠습니다(이 책을 쓰고 있는 시점의 최신 버전인 스파크 2.3.0에서는 쿠버네티스 클러스터를 실환경에 전면 적용하기에는 아직 개발 중이거나 부족한 부분들이 있습니다. 이 책에서도 간단한 예제를 통해 쿠버네티스 환경에서 스파크 애플리케이션을 어떻게 구동하는가에만 초점을 두고 살펴보겠습니다).

miniKube 설치에 관한 내용은 쿠버네스트 공식 문서(https://goo.gl/D5XTN9)에 상세히 설명돼 있습니다. 여기서는 간단하게 설치 과정만 정리해 보겠습니다.

- 먼저 가상화 환경에서 리눅스 구성을 위한 프로그램을 설치합니다(https://goo.gl/Gtf98V).

- 설치가 끝나면 kubectl 설치 화면으로 이동해서 kubectl을 설치합니다(https://goo.gl/kdeRL6). 이때 "Install kubectl binary via curl" 부분에서 각자 환경에 맞는 부분만 가이드에 나온 그대로 실행하면 됩니다.

- 마지막으로 minikube를 설치합니다(https://goo.gl/8X3aZ7). 설치 방법은 화면 중간의 installation 부분의 가이드를 참고합니다.

- 모든 작업이 끝나면 minikube를 실행합니다(https://goo.gl/JMTW81). 실행 방법은 역시 화면 중간에 "$minikube start" 라고 나온 부분의 예제를 참고합니다. 다음은 처음 minikube를 실행했을 때의 결과입니다.

[실행]

```
$ minikube start --cpus 4 --memory 4096
```

[결과]

```
Starting local Kubernetes v1.9.0 cluster...
Starting VM...
Getting VM IP address...
Moving files into cluster...
... 이하 생략
```

정상적인 경우라면 위와 같이 실행과 관련된 메시지가 나오고 종료될 것입니다. 이제 정상적으로 설치됐는지 간단하게 몇 가지 확인해 보겠습니다.

[실행] - 버전 확인

```
$ kubectl version
Client Version: version.Info{Major:"1", Minor:"9", (이하 생략...)
```

[실행] - addon 확인

```
$ minikube addons list
- addon-manager: enabled
- coredns: disabled
- dashboard: enabled
- default-storageclass: enabled
- efk: disabled
- freshpod: disabled
- heapster: disabled
- ingress: disabled
- kube-dns: enabled
- registry: disabled
- registry-creds: disabled
- storage-provisioner: enabled
```

[실행] pods 권한 확인

```
$ kubectl auth can-i list pods
yes
$ kubectl auth can-i create pods
yes
$ kubectl auth can-i edit pods
yes
$ kubectl auth can-i delete pods
yes
```

쿠버네티스 클러스터를 사용하기 위해서는 몇 가지 조건이 있는데 우선 1.6 버전 이상의 쿠버네티스 클러스터와 kubectl을 사용 가능해야 하고 DNS 애드온(add-on)이 설치돼 있어야 합니다. 또 팟을 수정할 수 있는 권한이 있어야 하며 마지막으로 2.3버전 이상의 스파크를 사용해야 합니다. 또 스파크 공식 가이드에서는 최소 3개의 CPU 코어와 4GB 이상의 메모리를 할당해서 사용할 것을 권장하고 있는데 만약 자원이 허용된다면 이 부분도 맞게 수정해 두는 것이 좋습니다. 일단 여기까지 잘 진행됐다면 테스트를 위한 클러스터가 준비된 것입니다. 이제 스파크 이미지를 생성해서 샘플 애플리케이션을 실행해 보겠습니다.

예제에서 minikube start —cpus 4 —memory 4096와 같이 입력한 부분이 가상 머신의 자원을 설정하는 부분입니다. 각자 상황에 맞춰 가용한 크기를 설정하면 되는데 부족할 경우 실제 애플리케이션 실행 시 자원 부족으로 인한 오류가 발생할 수 있습니다.

또한 이미 실행한 가상 머신의 자원 설정을 변경할 경우 minikube stop 명령으로 종료한 후 다시 재실행하면 되는데 macOS의 경우 재실행해도 반영되지 않을 수 있으므로 이 경우에는 minikube delete로 삭제한 후 재시작해야 합니다. 이 밖에도 minikube에는 수많은 설정이 있는데 이에 대해서는 minikube —h를 실행하면 자세한 도움말을 볼 수 있습니다.

3.2.5.4 애플리케이션 실행

이전 절에서 설명한 것처럼 쿠버네티스는 도커 컨테이너를 사용합니다. 따라서 스파크 애플리케이션 구동을 위해 맨 먼저 해야 할 일은 도커 이미지를 생성하는 것입니다. 도커 이미지를 생성하는 방법은 파일을 이용하거나 직접 명령어를 입력하는 방법이 있는데 지금은 스파크 2.3.0 배포본에 포함된 도커 파일을 사용해 빌드를 수행해 보겠습니다.

그럼 빌드를 위해 스파크 홈으로 이동한 뒤 아래와 같은 명령을 수행합니다(만약 도커가 설치돼 있지 않다면 설치 후 진행해야 합니다).

```
// 스파크 홈으로 이동
$ cd ${SPARK_HOME}

// Reusing the Docker daemon[34]
$ eval $(minikube docker-env)
$ docker ps
CONTAINER ID        IMAGE                                           COMMAND             CREATED
STATUS              PORTS               NAMES
85595351572d        k8s.gcr.io/heapster-grafana-amd64
... (이하 생략)

// 이미지 빌드
$ docker build -t spark:sample -f kubernetes/dockerfiles/spark/Dockerfile .
Sending build context to Docker daemon   261.2MB
Step 1/14 : FROM openjdk:8-alpine
8-alpine: Pulling from library/openjdk
... (중간 생략)
```

---

34 https://kubernetes.io/docs/getting-started-guides/minikube/

```
Successfully built 9abb6d8472cc
Successfully tagged spark:sample
```

순서대로 명령어를 입력한 후 정상적인 경우라면 위와 같이 자동으로 필요한 파일을 내려받으며 도커 이미지를 생성할 것입니다.

이미지 파일 생성과 관련해서 스파크는 2.3.0 버전부터 쿠버네티스를 지원하면서 도커 파일 이미지와 빌드 및 리파지토리 등록을 위한 도구를 추가로 배포했습니다. 방금 빌드에 사용한 사용한 도커 파일이 바로 스파크 배포본에 포함된 파일로서 스파크 홈 디렉터리 아래의 kubernetes/dockerfiles에서 찾을 수 있습니다. 또한 앞에서 말한 도커 이미지 생성 및 원격 리파지토리 등록을 위한 툴은 bin 디렉터리 아래의 "docker-image-tool.sh"라는 이름으로 배포돼 있습니다.

그런데 방금 수행한 예제의 경우 빌드나 배포 툴은 사용하지 않았고 첫 부분에 eval $(minikube docker-env)와 같은 부분을 실행했는데 이것은 minikube의 특성 때문입니다. 즉 원래 도커 이미지를 생성하면 이를 리파지토리에 등록해서 사용해야 하지만 지금처럼 minikube 환경에서 단일 VM 쿠버네티스를 사용할 경우 이 과정을 생략한 채 minikube에 맡겨두고 간단히 사용할 수 있기 때문입니다. 단, 이때 이미지 파일의 태그가 ":lastest"가 아닌 다른 값으로 설정돼야 애플리케이션에서 사용할 때 오류가 발생하지 않으므로 이 점에 유의해야 합니다.

모든 준비가 끝났다면 이제 예제 애플리케이션을 동작시켜볼 차례입니다. 여기서는 스파크 배포본에서 제공한 도커 파일을 사용할 것이기 때문에 예제 코드 역시 해당 도커 파일에서 사용하고 있는 스파크 공식 예제를 사용할 것입니다. (도커 사용 경험이 있는 독자분들은 이 예제를 통해서 기본적인 동작 방법을 익힌 후에 스파크가 제공하는 기본 파일을 복사 또는 수정해서 원하는 코드를 실행해 볼 수 있을 것입니다)

그럼 다시 스파크 홈으로 이동해서 아래와 같이 실행합니다.

```
$ kubectl cluster-info
Kubernetes master is running at https://192.168.99.100:8443

$ bin/spark-submit \
    --master k8s://https://192.168.99.100:8443 \
    --deploy-mode cluster \
    --name spark-pi \
    --class org.apache.spark.examples.SparkPi \
    --conf spark.executor.instances=1 \
    --conf spark.kubernetes.container.image=spark:sample \
    local:///opt/spark/examples/jars/spark-examples_2.11-2.3.0.jar
```

첫 번째로 실행한 "kubectl cluster-info" 명령은 master 옵션에 사용할 주소를 알아내기 위한 것입니다. 예제에서처럼 이 명령에서 얻은 주솟값을 spark-submit에 사용할 수 있습니다.

두 번째 명령어는 클러스터에 애플리케이션을 제출하는 것으로 앞에서 다른 클러스터를 사용할 때 본 것과 비슷한 명령입니다. 예제에서는 스파크 공식 예제 중 spark-pi라는 예제를 실행하고 있으며 도커 이미지의 경우 spark.kubernetes.container.image=spark:sample과 같이 지정하고 있음을 알 수 있습니다.

애플리케이션을 실행하고 난 후에는 이 애플리케이션이 정상적으로 동작하고 있는지 확인해야 합니다. 실행 중인 애플리케이션을 모니터링하는 방법에는 몇 가지가 있는데 우선 명령어를 실행해 보고 조금 더 알아보겠습니다.

```
// pods 조회
$ kubectl get po
NAME                                              READY   STATUS           RESTARTS   AGE
spark-pi-21b84a6c04c53bde9e9576c43af0d5cc-driver  1/1     Running          0          5s
spark-pi-21b84a6c04c53bde9e9576c43af0d5cc-exec-1  0/1     ContainerCreating 0         0s


// 웹 UI 설정
$ kubectl port-forward spark-pi-21b84a6c04c53bde9e9576c43af0d5cc-driver 4040:4040


// 로그 조회
$ kubectl logs po/spark-pi-21b84a6c04c53bde9e9576c43af0d5cc-driver
(생략...)
2018-03-10 16:06:22 INFO  SparkContext:54 - Starting job: reduce at SparkPi.scala:38
2018-03-10 16:06:22 INFO  DAGScheduler:54 - Got job 0 (reduce at SparkPi.scala:38) with 2 output
partitions
...


// pods 상세 조회
$ kubectl describe po/spark-pi-21b84a6c04c53bde9e9576c43af0d5cc-driver
Name:        spark-pi-21b84a6c04c53bde9e9576c43af0d5cc-driver
Namespace:   default
Node:        minikube/192.168.99.100
(이하 생략...)


// 대시보드
$ minikube dashboard
```

첫 번째 kubectl get po는 실행 중인 팟의 정보를 조회하는 명령입니다. 실행 결과에서 알 수 있듯이 드라이버와 익스큐터를 위한 두 개의 팟이 실행 중인 것을 알 수 있습니다. 이때 팟의 이름에 해당하는 값을 가지고 두 번째 명령어와 같이 "kubectl port-forward..."를 실행하면 기존 다른 클러스터에서 하던 것처럼 웹 UI를 통해 작업의 상태를 확인할 수 있습니다. 이 예제의 경우 http://localhost:4040으로 접속하면 친숙한 스파크 웹 UI를 볼 수 있습니다.

세 번째 명령어는 로그 정보를 조회하는 것으로 역시 팟의 이름 정보를 이용해 조회할 수 있습니다 (kubectl -n=default logs -f spark-pi-21b84a6c04c53bde9e9576c43af0d5cc-driver와 같은 방법을 사용해도 결과는 같습니다).

마지막으로 사용한 명령어는 minikube의 대시보드 기능을 활성화하는 것으로 이를 이용하면 앞에서 살펴본 정보뿐 아니라 네임서비스 등 다양한 정보를 확인할 수 있고 불필요한 정보를 삭제하는 등의 작업도 할 수 있습니다.

지금까지 쿠버네티스 환경에서 스파크 애플리케이션을 구동시키는 방법을 알아봤습니다. 아마도 개인 로컬 환경에서 테스트를 실행한 경우 메모리 또는 cpu 자원 부족으로 인해 최종 결과를 보지 못한 경우도 있을 수 있을 수 있었겠지만 중요한 것은 쿠버네티스 환경에서 스파크 애플리케이션을 실행시키고 모니터링하는 방법을 이해하는 것이므로 디플로이 후 드라이버가 구동되는 것까지 확인한 것으로도 개념을 잡는 데 있어서는 도움이 되었을 것입니다.

다음 절에서는 지금까지 실습한 내용을 바탕으로 쿠버네티스 환경에서 스파크 애플리케이션이 실행되는 과정을 살펴보겠습니다.

그림 3-19 대시보드

3.2.5.5 클러스터 실행 환경 및 설정

이전 절에서는 로컬 쿠버네티스 클러스터 환경을 만들고 스파크 공식 예제를 해당 클러스터에서 실행해 봤습니다. 이때 여러 가지 새로운 프로그램과 명령어를 사용하기는 했지만 스파크와 관련된 부분은 크게 달라지지 않았습니다. 예를 들어 애플리케이션을 실행하기 위해 다른 클러스터를 사용했을 때와 동일하게 spark-submit을 사용했는데 그 명령어는 다음과 같았습니다.

```
$ bin/spark-submit \
    --master k8s://https://192.168.99.100:8443 \
    --deploy-mode cluster \
    --name spark-pi \
    --class org.apache.spark.examples.SparkPi \
    --conf spark.executor.instances=1 \
    --conf spark.kubernetes.container.image=spark:sample \
    local:///opt/spark/examples/jars/spark-examples_2.11-2.3.0.jar
```

위 명령어와 기존에 사용했던 다른 클러스터의 명령어를 비교해 보면 대략 달라지는 부분이 master의 URL과 도커 이미지를 지정하는 부분, 그리고 마지막 jar 파일 경로임을 알 수 있습니다.

이 가운데 마스터 주소의 경우는 "kubectl cluster-info" 명령을 실행해서 알아낸 것으로 이 주소는 쿠버네티스 apiserver의 주소에 해당하는 것입니다. 즉 쿠버네티스 클러스터 환경에서는 apiserver가 스파크 애플리케이션 실행 요청을 받아 드라이버를 위한 팟을 만들게 된다는 것을 알 수 있습니다. 또 이렇게 생성된 드라이버는 또 다른 팟에 익스큐터를 생성하고 주어진 작업을 처리하게 되는데 작업이 모두 종료될 경우 익스큐터에 해당되는 팟은 즉시 종료하는 반면 드라이버를 포함하던 팟은 마지막 로그와 최종 완료 상태 정보를 지닌 채로 조금 더 남아 있다가 삭제되게 됩니다. 이때 어떤 노드에 팟을 설정할지 여부는 쿠버네티스의 스케줄러가 담당합니다. 결국 쿠버네티스 클러스터에서의 스파크 애플리케이션은 드라이버와 익스큐터가 모두 도커 컨테이너와 컨테이너들의 그룹인 팟으로 생성, 관리되는 구조라는 것을 알 수 있습니다.

마지막으로 쿠버네티스의 경우 네임스페이스라는 개념을 통해 자원을 분배하고 관리하는데 만약 새로운 네임스페이스를 정의해서 사용할 경우 spark.kubernetes.namespace 옵션을 통해 지정할 수 있습니다. 또 이 밖에도 다양한 설정을 지정할 수 있는데 이 책에서는 이미지 설정과 관련된 간단한 몇 가지만 살펴보겠습니다. 나머지 인증 등에 관련된 자세한 설정 내용은 스파크 가이드에서 확인할 수 있습니다.

- spark.kubernetes.namespace: 드라이버와 익스큐터를 위한 팟에 사용할 네임스페이스를 지정합니다. 기본값은 "default"입니다.

- spark.kubernetes.container.image: 스파크 애플리케이션에 사용할 도커 이미지 정보를 입력합니다.

- spark.kubernetes.driver.container.image: 드라이버를 위한 도커 이미지 정보를 입력합니다. 지정하지 않을 경우 spark.kubernetes.container.image에 지정한 값을 사용합니다.

- spark.kubernetes.executor.container.image: 익스큐터를 위한 도커 이미지 정보를 입력합니다. 지정하지 않을 경우 spark.kubernetes.container.image에 지정한 값을 사용합니다.

- spark.kubernetes.container.image.pullPolicy: 이미지를 수신하는 방법을 지정합니다. 기본값은 이미지가 없을 경우 pull을 수행하지 않는 IfNotPresent입니다. 만약 pull을 강제하고 싶다면 Always 를 사용할 수 있습니다. 그 외 이 옵션과 관련된 자세한 내용은 쿠버네티스 가이드[35]에서 찾을 수 있습니다.

- spark.kubernetes.allocation.batch.size: 익스큐터를 위한 팟 할당 시 한 번에 할당할 팟의 개수를 지정합니다.

- spark.kubernetes.allocation.batch.delay: 익스큐터 팟 할당 시 이전 할당 시점과 다음 할당 시점 간의 시간 간격을 지정합니다. 기본값은 1초입니다.

3.3 정리

지금까지 다양한 클러스터 환경에서 스파크 애플리케이션을 배포하고 실행하는 방법을 살펴봤습니다. 스파크는 다양한 클러스터 매니저를 지원하면서도 일관된 방법으로 애플리케이션을 실행할 수 있는 방법을 제공하기 때문에 사용하는 클러스터의 종류에 영향을 받지 않고 애플리케이션을 작성할 수 있습니다.

하지만 클러스터 매니저는 스파크의 실제 동작이 일어나는 서버와 관련된 것이기도 하고 메모리나 CPU 등의 자원 관리는 클러스터 환경에서의 작업 성패에 큰 영향을 주기 때문에 각 클러스터 매니저를 반드시 이해해야 합니다.

국내에서는 주로 얀과 스탠드얼론 클러스터 매니저가 사용되는 추세이지만 스파크 2.3.0에서 새로 도입된 쿠버네티스나 메소스의 경우 향후 클라우드 환경에서의 스파크 클러스터 매니저로서 주요 위치를 차지할 가능성이 높으므로 아직 미성숙한 부분이 있더라도 관련 기술에 대해서도 관심을 두고 여러 분야에서 좋은 적용 사례가 나올 수 있으면 좋겠습니다.

---

35 https://goo.gl/9yoyYH

04
스파크 설정

스파크는 상황에 따라 다양한 방법으로 클러스터를 운영하고 애플리케이션을 실행할 수 있게 다양한 설정 항목을 제공합니다.

이런 설정값은 크게 애플리케이션 단위로 설정해야 하는 것과 각 서버 단위로 설정하는 것으로 나눠볼 수 있는데 전자의 경우는 스파크 프로퍼티(Spark Properties)를 사용하고, 후자의 경우는 각 서버의 환경변수를 이용해 등록할 수 있습니다.

4.1 스파크 프로퍼티

스파크 프로퍼티(Spark Properties)는 개별 애플리케이션 실행과 관련된 설정값들을 정의하는 곳으로 아래와 같이 스파크컨텍스트(SparkContext)를 생성할 때 사용했던 SparkConf 인스턴스나 자바 시스템 프로퍼티를 이용해 등록할 수 있습니다.

```
val sparkConf = new SparkCont().setAppName("myApp")
val sc = new SparkContext(sparkConf)
```

SparkConf 클래스는 스파크 애플리케이션 실행과 관련된 다양한 설정 정보를 키와 값 형태로 등록할 수 있는 set(key, value) 함수와 get(key) 함수를 제공하며, 이 밖에도 설정 정보를 편하게 관리할 수 있는 기능을 추가로 제공합니다.[1]

특히 위 예제에서 본 것처럼 애플리케이션 마스터나 애플리케이션 이름과 같이 반드시 지정해야 하는 주요 속성에 대해서는 setMaster나 setAppName과 같은 별도의 메서드를 제공하고 있으므로 이를 이용하면 더욱 손쉽게 해당 값을 지정할 수 있습니다.

이처럼 SparkConf를 이용해 속성값을 지정할 때 발생할 수 있는 한 가지 문제점은 애플리케이션의 비즈니스 로직과는 직접적인 관련이 없는 익스큐터의 메모리 설정이나 코어 수 할당과 관련된 부분이 항상 프로그램 코드에 포함돼 있어야 한다는 것입니다. 따라서 스파크에서는 프로그램이 실행되는 시점에 동적으로 필요한 설정값을 설정할 수 있는 두 가지 방법을 추가로 제공합니다.

첫 번째 방법은 앞에서 사용한 스파크셸(spark shell)이나 spark-submit 스크립트를 이용하는 것으로, 스파크 셸 또는 spark-submit 스크립트 실행 시 사전에 지정된 형식에 따라 명령행 옵션을 이용해 원하는 설정값을 지정하는 방법입니다.

다음은 스파크 셸의 명령행 옵션을 사용해 애플리케이션의 실행 속성을 설정하는 예제입니다.

```
$ spark-shell --master yarn --num-executors 8 --executor-cores 2 --executor-memory 2g --driver-
memory 10g --conf spark.ui.port=4042 ...
```

이 방법은 애플리케이션을 수행할 때마다 원하는 설정 값을 지정해서 사용할 수 있기 때문에 하나의 애플리케이션을 다양한 클러스터 환경에서 실행해야 할 때 유용하게 사용할 수 있습니다. 구체적으로 어떤 명령행 옵션을 사용할 수 있는지 알아보려면 아래와 같이 스파크 셸이나 spark-submit 스크립트를 실행할 때 --help 옵션을 지정하면 됩니다.

```
$ spark-submit --help
Usage: spark-submit [options] <app jar | python file | R file> [app arguments]
Usage: spark-submit --kill [submission ID] --master [spark://...]
Usage: spark-submit --status [submission ID] --master [spark://...]
Usage: spark-submit run-example [options] example-class [example args]
```

---

1 SparkConf에서 제공하는 다양한 기능들은 API 문서인 https://goo.gl/xo3Co5에서 찾아 볼 수 있습니다.

```
Options:
  --master MASTER_URL           spark://host:port, mesos://host:port, yarn,
                                k8s://https://host:port, or local (Default: local[*]).

  --deploy-mode DEPLOY_MODE     Whether to launch the driver program locally ("client") or
                                on one of the worker machines inside the cluster ("cluster")

  ... 이하 생략
```

동적으로 설정값을 지정하는 또 다른 방법은 설정 정보가 담긴 파일을 사용하는 것으로, 스파크 홈의 conf 디렉터리 아래에 spark-defaults.conf 파일을 만들고 이 파일에 필요한 설정 정보를 등록해 두면 스파크셸이나 spark-submit 스크립트가 해당 파일의 내용을 읽어서 사용하는 방식입니다.

spark-defaults.conf 파일은 내용을 작성하는 형식만 지키면 어떤 방법으로 만들어도 상관없지만 스파크를 처음 설치했을 때 제공되는 spark-defaults.conf.template 파일을 복사해서 만드는 것이 가장 간단한 방법입니다. 어쨌든 이렇게 설정한 정보는 해당 서버에서 실행되는 모든 스파크 애플리케이션에 적용됩니다.

다음은 spark-defaults.conf에 설정값을 지정한 예제입니다.

```
spark.master                  spark://master:7077
spark.eventLog.enabled        true
spark.driver.memory           5g
```

스파크에서 사용할 수 있는 설정 정보는 매우 다양해서 이 책에서 모든 내용을 소개할 수는 없기 때문에 일부 주요 항목에 대해서만 아래에 정리해뒀습니다. 여기에 소개되지 않은 항목 중 일부는 해당 주제를 다루는 장에서 소개될 것이며 이 책에서 언급되지 않은 나머지 항목들은 스파크 공식 문서[2]를 통해 확인할 수 있습니다.

애플리케이션 관련 설정

- spark.app.name: 애플리케이션 이름. SparkConf의 appName으로 설정하는 것과 같은 속성입니다.

- spark.driver.cores: 드라이버가 사용할 코어 수. 클러스터 모드에서만 사용 가능하며 기본값은 1입니다.

- spark.driver.maxResultSize: collect() 메서드 등의 호출 결과로 생성된 결과 값의 최대 크기입니다. 최소 1M 이상으로 지정해야 하며, 이 값을 초과할 경우 전체 잡은 실패로 종료됩니다. 기본값은 1g입니다.

---

2 http://spark.apache.org/docs/latest/configuration.html

- spark.driver.memory: 드라이버가 사용할 메모리 크기이며, 클라이언트 모드에서 사용할 경우 반드시 SparkConf가 아닌 --driver-memory 실행 옵션이나 프로퍼티 파일을 사용해서 지정해야 합니다. 기본값은 1g입니다.

- spark.executor.memory: 익스큐터 하나의 메모리 크기를 지정합니다. 기본값은 1g입니다.

- spark.local.dir: RDD 데이터를 디스크에 저장하거나 셔플 시 매퍼의 결과를 저장하는 디렉터리를 지정합니다. 콤마(,)를 이용해 여러 위치를 지정할 수 있으며, 성능에 큰 영향을 주므로 반드시 빠른 로컬 디스크를 사용해야 합니다. 기본값은 /tmp입니다.

- spark.master: 클러스터 매니저 정보를 지정합니다.

- spark.submit.deployMode: 디플로이 모드를 지정합니다. client 또는 cluster 모드를 사용할 수 있습니다.

실행 환경(Runtime Environment) 관련 설정

- spark.driver.extraClassPath: 드라이버 클래스패스에 추가할 항목을 지정합니다. 이 속성은 SparkConf가 아닌 --driver-class-path 실행 옵션이나 프로퍼티 파일을 사용해서 지정해야 합니다. 유사한 속성으로 spark.driver.extraJavaOptions, spark.driver.extraLibraryPath가 있으며 각각 드라이버 실행 시 필요한 자바 옵션과 라이브러리 정보를 지정하는 용도로 사용됩니다.

- spark.executor.extraClassPath: 익스큐터의 클래스패스에 추가할 항목을 지정합니다. 유사한 속성으로 spark.executor.extraJavaOptions와 spark.executor.extraLibraryPath가 있습니다.

- spark.files, spark.jars: 각 익스큐터의 실행 디렉터리에 위치할 파일들 또는 jar 파일들을 지정하며, 콤마(,)를 이용해 여러 파일을 지정할 수 있습니다.

- spark.submit.pyFiles: PYTHONPATH에 추가될 .zip, .egg, .py 파일을 지정하며, 콤마(,)를 이용해 여러 파일을 지정할 수 있습니다.

- spark.jars.packages: 익스큐터와 드라이버의 클래스패스에 추가될 의존성 jar 정보를 메이븐 코디네이트 형식으로 지정할 수 있습니다.

셔플 관련 설정

- spark.reducer.maxSizeInFlight: 셔플 수행 시 각 리듀서가 매퍼의 실행 결과를 읽어갈 때 사용할 버퍼의 크기를 지정합니다. 기본값은 48m입니다.

- spark.reducer.maxReqsInFlight: 리듀서에서 매퍼의 결과를 가져갈 때 동시에 수행 가능한 최대 요청 수를 지정합니다. 기본값은 int.MaxValue입니다.

- spark.shuffle.compress: 맵의 결과를 압축할 것인지에 대한 설정입니다. true로 설정할 경우 spark.io.compress.codec에 지정한 압축 코덱을 사용해 압축합니다.

- spark.shuffle.service.enabled: 외부 셔플 서비스를 사용할 것인지 여부를 지정합니다. 이와 관련된 내용은 이후의 동적 자원 할당 부분에서 다시 확인해 보겠습니다. 기본값은 false이며 true로 설정할 경우 외부 셔플 서비스를 사용하게 됩니다.

스파크 UI 관련 설정

- spark.eventLog.enabled: 스파크 이벤트 관련 로깅을 수행할 것인지를 설정합니다. 기본 값은 false이며 true로 설정할 경우 spark.eventLog.dir에 로깅을 수행할 경로를 지정해야 합니다. 이벤트 로깅을 활성화할 경우 종료된 애플리케이션에 대한 상세 실행 히스토리 정보를 스파크 UI에서 확인할 수 있습니다.

- spark.ui.port: 스파크 UI 포트를 지정합니다. 기본값은 4040입니다.

- spark.ui.killEnabled: 스파크 UI를 통해 잡을 중지(kill)시킬 수 있도록 할 것인지 설정합니다. 기본값은 true입니다.

- spark.ui.retainedJobs: 종료된 잡에 대한 정보를 몇 개까지 유지할 것인지 설정합니다. 유사한 옵션으로 spark.ui.retainedStages, spark.ui.retainedTasks, spark.ui.retainedExecutors, spark.ui.retainedDrivers, spark.ui.retainedBatches 등이 있습니다.

압축 및 직렬화(Serialization) 관련 설정

- spark.broadcast.compress: 브로드캐스트 변수의 값을 압축할 것인지 설정합니다. 기본값은 true입니다.

- spark.io.compression.codec: 브로드캐스트 변수나 셔플을 위한 중간 결과물 등 스파크 내부에서 사용하는 데이터를 압축할 때 사용할 압축 코덱을 지정합니다. lz4, lzf, snappy를 사용할 수 있으며 기본값은 lz4입니다.

- spark.kyro.classesToRegister: Kryo 직렬화를 위해 등록할 커스텀 클래스 정보를 지정합니다. 만약 클래스 등록 방식을 좀 더 커스텀하게 진행하고자 한다면 spark.kyro.registrator를 사용할 수 있습니다.

- spark.serializer: 스파크에서 사용할 객체 직렬화 방식을 설정합니다. org.apache.spark.Serializer의 하위 클래스를 지정할 수 있으며, 현재 스파크에서는 JavaSerializer와 KyroSerializer라는 두 클래스를 제공하고 있습니다.

메모리 관련 설정

- spark.memory.fraction: 스파크는 전체 가용 메모리 중에서 일정 크기 만큼(300MB)을 예비로 남겨둔 뒤 남은 공간의 일정 비율만큼을 데이터 처리 및 저장에 사용할 수 있는 공유 공간으로 사용합니다. 이때 할당 비율을 정하는 것이 spark.memory.fraction으로, 기본값은 0.6입니다.

- spark.memory.storageFraction: 위의 spark.memory.fraction 비율을 반영해서 할당된 메모리에서 데이터 저장에 사용할 비율을 지정할 수 있습니다. 기본값은 0.5이며 이 값을 크게 할 경우 데이터 연산에 필요한 공간이 줄어들어 (메모리 대신) 디스크를 사용하는 비율이 높아지는 문제가 발생할 수 있으므로 가급적 기본값을 사용하는 것이 좋습니다.

- spark.memory.offHeap.enabled: 기본값은 false이며 true로 설정할 경우 오프-힙(off-heap) 메모리를 사용합니다. 이 값을 true로 설정했다면 spark.memory.offHeap.size에 오프-힙 메모리 크기를 지정해야 합니다.

익스큐터 관련 설정

- spark.executor.cores: 익스큐터에 할당할 코어의 수를 지정합니다. 지정하지 않을 경우 얀 모드에서는 1, 스탠드얼론 모드와 메소스 coarse-grained 모드에서는 사용 가능한 전체 코어의 개수가 사용됩니다.

- spark.default.parallelism: 스파크에서 사용할 파티션의 수, 즉 스파크의 기본 병렬 처리 수준을 지정합니다.

- spark.files.fetchTimeout: sparkContext.addFile() 메서드를 이용했을 때 드라이버로부터 파일을 받아오는 데 걸리는 최대 시간을 설정합니다. 기본값은 60s입니다.

네트워크 관련 설정

- spark.driver.host, spark.driver.port: 드라이버 프로세스의 호스트와 포트 정보를 설정합니다.

- spark.network.timeout: 스파크의 기본 네트워크 타임아웃을 설정합니다. 이 값은 spark.core.connection.ack.wait. timeout 등 다른 설정 값들의 기본값으로 사용됩니다.

보안 관련 설정

- spark.acls.enable: 스파크 acl을 활성화할지 여부를 설정합니다. 기본값은 false입니다.

- spark.admin.acls: 스파크 잡에 접근할 수 있는 사용자(user)와 관리자(administrator) 정보를 설정하며, 콤마(,)를 이용해 다수의 사용자를 지정할 수 있습니다. 만약 그룹으로 설정할 경우 spark.admin.acls. groups 속성을 사용할 수 있습니다.

- spark.authenticate: 스파크에서 사용자 인증 여부를 확인할 것인지를 설정합니다. 기본 값은 false이며, 이 경우 인증 여부와 상관없이 스파크 잡을 실행하고 접근할 수 있습니다.

- spark.authenticate.secret: 잡을 실행하기 위한 비밀 키 정보를 설정합니다.

- spark.ui.view.acls, spark.ui.view.acls.groups: 스파크 UI에서 잡 정보를 조회하기 위한 acl 정보를 설정합니다.

- spark.ui.filters: 스파크 UI에 적용할 자바 서블릿 필터 정보를 지정합니다. 콤마(,)를 이용해 여러 개의 필터를 지정할 수 있으며, 자바 시스템 프로퍼티를 사용해 필터에서 사용할 파라미터 정보를 지정할 수 있습니다. 자세한 설정 방법은 스파크 공식 가이드 문서(https://goo.gl/TxX2zV)를 통해 확인할 수 있습니다.

암호화 관련 설정

- spark.ssl.enabled: 기본값은 false이며 SSL 연결을 활성화할 것인지 설정합니다.

- spark.ssl.keyStore: 키 스토어 파일이 저장된 경로를 지정합니다.

- spark.ssl.keyStoreType: 키 스토어 파일의 타입을 지정합니다.

- spark.ssl.keyStorePassword: 키 스토어 파일에 대한 비밀번호를 지정합니다.

- spark.ssl.enabledAlgorithms: ssl을 위한 알고리즘(cipher) 리스트를 지정합니다. 콤마(,)를 이용해 여러 개 지정할 수 있습니다.

이렇게 등록된 설정 정보는 최종적으로 합쳐져서 스파크 프로퍼티에 반영되는데, 만약 동일한 속성이 두 가지 이상의 방법으로 등록됐다면 코드 상에서 SparkConf의 메서드를 호출해 지정한 값이 가장 높은 우선순위를 가지며, 스파크셸이나 spark-submit 툴에서 명령행 매개변수로 지정한 값이 그다음 우선순위를 갖게 됩니다. 그리고 마지막으로 spark-defaults.conf를 통해 지정한 값이 가장 낮은 우선순위를 가지고 반영됩니다. 최종적으로 반영된 설정 값이 어떤 것인지 확인하고 싶다면 스파크 웹 UI의 "Environment" 탭을 통해 확인할 수 있습니다. 단, 이 경우 사용자가 지정한 설정값만 확인할 수 있으며, 지정하지 않은 값들은 기본값으로 자동 지정되어 Environment 화면에는 표시되지 않습니다.

4.2 환경변수

스파크 애플리케이션과 관련된 설정 정보는 스파크 프로퍼티를 이용해 등록하는 반면 각 서버 단위로 적용돼야 하는 환경 정보는 각 서버의 환경변수를 이용해 등록할 수 있습니다. 예를 들어, 자바의 설치 경로와 같은 정보가 서버별로 다르게 설정돼 있다면 환경변수를 이용해 해당 서버의 정보를 변경할 수 있습니다. 다음은 환경변수로 설정 가능한 주요 항목입니다.

- JAVA_HOME: 자바 설치 경로

- PYSPARK_PYTHON: 파이썬 경로(드라이버와 워커 모두에 적용됨)

- PYSPARK_DRIVER_PYTHON: 파이썬 경로(드라이버에만 적용)

- SPARK_DRIVER_R: SparkR 셸이 사용할 R 경로

- SPARK_LOCAL_IP: 사용할 IP

- SPARK_PUBLIC_DNS: 애플리케이션 호스트명

- SPARK_CONF_DIR: spark-defaults.conf, spark-env.sh, log4j.properties 파일 등 설정 파일이 놓인 디렉터리 위치

몇 가지 간단한 환경변수를 살펴봤지만 일부 환경변수는 사용하는 클러스터 매니저의 종류에 따라 설정 방법이 달라질 수 있습니다. 따라서 실제 사용 가능한 전체 환경변수 정보를 알기 위해서는 해당 클러스터 매니저의 설정 방법을 별도로 살펴볼 필요가 있습니다. 특히 얀에서 클러스터 모드(cluster mode)로 애플리케이션을 실행할 경우 애플리케이션 마스터가 사용할 환경변수를 설정하기 위해서는 spark-env.sh 파일이 아닌 spark-defaults.conf 파일의 spark.yarn.appMasterEnv.[환경변수명]을 이용해 환경변수를 설정해야 하므로 다른 곳에 설정하지 않도록 주의해야 합니다.

4.3 로깅 설정

스파크는 로깅 프레임워크로 log4j를 사용합니다. 따라서 로깅 레벨을 변경하고 싶다면 스파크 홈의 conf 디렉터리 아래에 log4j.properties 파일을 생성하고 원하는 레벨로 설정하면 됩니다. 하지만 이 파일은 스파크를 처음 설치했을 때는 생성되지 않기 때문에 필요한 경우 conf 디렉터리 아래에 있는 log4j.properties.template 파일을 복사해서 생성할 수 있습니다.

로그 파일이 생성되는 위치는 사용하는 클러스터 매니저의 유형에 따라 다른데

- 스탠드얼론 모드의 경우 각 슬레이브 노드의 스파크홈 아래의 work 디렉터리에 stdout과 stderr이라는 이름으로 생성되고

- 메소스 클러스터 모드의 경우 /var/log/mesos 디렉터리에 생성되며

- 얀의 경우 yarn.log-aggregation-enable이 true로 설정될 경우 yarn.nodemanager.remote-app-log-dir에 지정된 위치에 생성되며, 이 기능을 사용하지 않을 경우 각 노드의 로컬 파일시스템에 생성됩니다.

4.4 스케줄링

하둡의 얀이나 스파크와 같이 클러스터 환경에서 동작하는 애플리케이션들을 실행할 때는 해당 클러스터에서 애플리케이션의 동작 구조를 이해하고 이에 따라 CPU나 메모리와 같은 클러스터 컴퓨팅 자원을 적절히 배분해서 사용하는 것이 애플리케이션 로직을 작성하는 것만큼이나 중요하다고 할 수 있습니다.

특히 애플리케이션의 수행 속도를 높이기 위해 하나의 애플리케이션에 무조건 많은 CPU와 대량의 메모리를 할당한다고 해서 원하는 속도가 나온다는 보장은 없으며, 오히려 GC 발생과 과도한 IO, 네트워크, 프로세스 경합 등으로 인해 처리 속도가 더 나빠질 수도 있기 때문입니다.

이번 절에서는 스파크 애플리케이션을 수행할 때 클러스터의 자원을 각 자원에 적절히 분배해서 사용하는 방법을 살펴보겠습니다.

하나의 클러스터에서 여러 작업이 실행되는 경우는 크게 두 가지로 나눠 볼 수 있습니다. 하나는 서로 다른 애플리케이션이 동일한 클러스터에서 동시에 실행되는 경우이고, 또 다른 하나는 하나의 애플리케이션에서 여러 개의 스레드를 이용해 다수의 잡을 동시에 실행하는 경우입니다.

스파크에서는 이 두 가지 경우 모두에 대해 자원을 할당할 수 있는 방법을 제공하는데, 먼저 하나의 클러스터에서 여러 애플리케이션을 수행하는 경우를 먼저 살펴보겠습니다.

4.4.1 애플리케이션 간의 자원 스케줄링

애플리케이션 간의 자원 할당 방법은 각 애플리케이션 단위로 고정된 자원을 할당해 주는 고정 자원 할당 방식(static resource allocation)과 애플리케이션의 실행 상황에 따라 수시로 할당량을 조정해 주는 동적 자원 할당 방식(dynamic resource allocation)으로 나눌 수 있습니다.

고정 자원 할당 방식은 단어 그대로 각 애플리케이션별마다 할당할 자원을 미리 결정한 뒤 애플리케이션이 실행되는 시점부터 종료되는 시점까지 해당 자원을 계속 점유하고 사용하는 방식을 말합니다.

이 방식은 클러스터가 스탠드얼론 모드이거나 얀 모드, 메소스의 파인-그레인(Fine-grained) 모드일 때 적용되는 방식이며, 스파크 셸이나 spark-submit를 이용해 애플리케이션을 실행할 때 사용할 자원 정보를 지정해서 사용할 수 있습니다.

일반적인 스파크 애플리케이션이 입력 데이터를 읽고 정해진 순서에 따라 필요한 연산을 수행한 뒤 결과를 계산해 내는 것으로 종료된다는 점을 감안하면 사전에 필요한 자원을 계산해서 할당해 주는 이 방식은 나름 합리적인 방식이라 할 수 있습니다.

하지만 만약 실행되는 애플리케이션이 짧은 시간에 집중적으로 처리를 수행하는 애플리케이션이 아닌 스파크 셸이나 웹 기반의 애플리케이션처럼 장시간 동작하면서 사람 혹은 외부 프로세스가 제공하는 이벤트가 있을 때만 작업을 처리하는 형태로 동작하는 애플리케이션이라면 외부로부터의 명령을 대기하는 시간 동안은 자원의 낭비가 발생할 수 있습니다.

따라서 이 경우에는 애플리케이션이 실제로 작업을 수행하는 경우에만 자원을 할당하는 것이 유리하며, 작업을 수행하지 않고 외부의 작업 요청을 대기하고 있는 동안에는 해당 자원을 회수해서 자원이 부족한 다른 애플리케이션에 추가로 할당하는 것이 더 합리적인 방법이라 할 수 있습니다.

스파크에서는 이처럼 애플리케이션의 상황에 따라 자원을 할당하는 방식을 동적 자원 할당 방식이라 하며, 스파크 프로퍼티 속성을 이용해 동적 자원 할당 방식을 사용할 수 있도록 지원합니다.

다음은 각 클러스터 매니저 유형별로 동적 자원 할당 방식을 사용하는 방법입니다.

- 공통 설정: spark.dynamicAllocation.enabled 속성을 true로 설정합니다. 이 값은 사용하는 클러스터 매니저의 종류와 무관하게 항상 설정해야 합니다.

- 스탠드얼론 모드: 각 워커 노드의 spark.shuffle.service.enabled 속성을 true로 설정한 뒤 클러스터를 실행합니다.

- 메소스 모드: spark.mesos.coarse 속성과 spark.shuffle.service.enabled 속성을 true로 설정한 뒤 각 워커 노드마다 스파크 홈 디렉터리 아래의 sbin 폴더에 있는 start-mesos-shuffle-service.sh 스크립트를 실행해 외부 셔플 프로세스를 실행합니다. 메소스의 경우 바이너리 파일이 동적으로 설치되어 구동되는 형태이기 때문에 일반적인 방법으로는 처리하기가 번거로운데 Marathon[3] 프레임워크 등을 이용하면 손쉽게 원하는 초기화 작업을 수행할 수 있습니다. 만약 메소스 클러스터 구성 시 스탠드얼론 모드의 경우처럼 각 워커 노드마다 스파크를 설치하는 방식으로 설치를 진행했다면 직접 수행해도 됩니다.

---

3 https://mesosphere.github.io/marathon 또는 https://github.com/mesosphere/marathon/tree/master/examples에서 유용한 정보를 얻을 수 있습니다.

- 얀 모드: 얀의 경우 먼저 스파크 배포본에 포함된 spark-〈version〉-yarn-shuffle.jar 파일을 얀의 모든 노드 매니저 클래스패스에 등록해야 합니다. 그다음 각 노드 매니저의 yarn-site.xml 파일에 spark_shuffle 속성을 yarn.nodemanager. aux-services로 설정하고 yarn.nodemanager.aux-services.spark_shuffle.class 속성은 org.apache.spark.network. yarn.YarnShuffleService으로, park.shuffle.service.enabled 속성은 true로 설정한 후 얀을 재실행해야 합니다.

스탠드얼론 모드를 제외하고는 모두 별도의 셔플 서비스를 구동시켰는데, 그 이유는 동적 자원 할당 모드에서는 애플리케이션이 실행되고 있는 도중에 익스큐터가 스케줄러에 의해 삭제될 수 있기 때문입니다.

일반적으로 셔플 작업이 발생하면 각 익스큐터는 자신이 담당하는 파티션 데이터에 대해 매퍼 (mapper) 단계에 해당하는 작업을 수행하고 그 결과를 파일에 기록해 놓으면 리듀서 단계의 프로세스가 수행되면서 각 익스큐터의 실행 결과를 네트워크를 통해 읽어가는 방법을 사용하는데, 이때 익스큐터가 삭제되면 해당 익스큐터가 생성해 놓은 데이터도 함께 삭제되기 때문입니다. 따라서 아직 리듀서가 읽어가지 않은 데이터를 갖고 있던 익스큐터가 스케줄러에 의해 삭제되면 셔플 데이터가 유실되는 문제가 발생하므로 익스큐터가 삭제되더라도 해당 데이터를 유지하고 처리할 수 있게 별도의 셔플 프로세스를 설정하는 것입니다.

4.4.2 단일 애플리케이션 내부에서의 자원 스케줄링

지금까지 여러 애플리케이션이 하나의 클러스터를 공유하는 경우에 대한 자원 스케줄링 방법을 알아봤습니다. 지금부터는 하나의 애플리케이션 내부에서 여러 잡이 수행되는 경우를 설정하는 방법을 알아보겠습니다.

스파크컨텍스트는 기본적으로 멀티스레드 방식을 지원하므로 하나의 스파크컨텍스트에서 다수의 액션 연산을 동시에 실행하더라도 문제가 되지는 않습니다. 다만 별도의 설정이 없다면 잡의 실행은 기본적으로 FIFO(first in first out) 방식을 따르게 되는데, 이 방식의 문제점은 잘 알려진 바와 같이 먼저 시작되는 작업이 우선권을 얻어 자원을 모두 점유한 채 실행될 경우 후속 작업은 이전 작업이 모두 완료되기 전까지 대기하고 있어야 한다는 점입니다.[4]

스파크에서는 이 같은 상황에서 활용할 수 있도록 FIFO 스케줄러와 페어 스케줄러(fair scheduler)를 선택할 수 있는 옵션을 제공하고 있어서 원한다면 잡의 스케줄링 방식을 페어 방식으로 변경해 모든 잡이 골고루 자원을 사용할 수 있게[5] 변경할 수 있습니다. 다음은 페어 스케줄러를 사용하기

---

4 만약 선행 작업이 자원의 일부만 사용한다면 남은 자원을 활용해서 후속 작업이 바로 시작될 수도 있습니다.
5 페어 스케줄러에서는 각 잡이 라운드로빈(round robin) 방식으로 자원을 할당받아 동작합니다.

위한 설정 방법으로 예제와 같이 스파크컨텍스트를 생성할 때 사용하는 SparkConf를 이용하거나 spark-default.conf 파일을 이용해 설정할 수 있습니다.

```
conf.set("spark.scheduler.mode", "FAIR")
```

페어 스케줄러 방식을 사용할 경우 모든 잡은 동일한 자원을 번갈아가며 할당받습니다. 이 경우 크기가 작은 잡과 수행 시간이 오래 걸리는 잡이 섞여 있을 때 크기가 작은 잡이 크기가 큰 잡을 기다리지 않고 빠른 처리가 가능하다는 장점이 있습니다. 하지만 이 방식이 항상 올바른 것은 아니며 경우에 따라서는 중요한 작업과 덜 중요한 작업을 구분해서 자원 할당의 우선순위를 조정해야 하는 경우도 있을 수 있습니다.

따라서 이런 경우에는 풀(Pool)이라는 개념을 도입해 풀마다 스케줄링 방식과 우선순위, 사용 가능한 자원 할당 수준 등을 다르게 설정한 뒤 각 잡을 특정 풀에 할당해 풀 단위로 작업을 관리할 수도 있습니다.

다음은 풀을 설정하는 예제입니다. 먼저 스파크 홈의 conf 디렉터리 아래에 있는 fairscheduler. xml.template 파일을 복사해서 fairscheduler.xml 파일을 만들고 아래와 같이 원하는 대로 편집합니다.

```xml
<?xml version="1.0"?>
<allocations>
  <pool name="pool1">
    <schedulingMode>FAIR</schedulingMode>
    <weight>1</weight>
    <minShare>2</minShare>
  </pool>
  <pool name="pool2">
    <schedulingMode>FIFO</schedulingMode>
    <weight>2</weight>
    <minShare>3</minShare>
  </pool>
</allocations>
```

풀의 설정은 예제와 같이 XML 형태로 작성하며, schedulingMode에 FIFO/FAIR 스케줄러 설정을 하고 weight를 이용해서 우선순위를 설정합니다. 이때 weight에 할당하는 값은 숫자 자체의 의미는 없고 다른 풀과의 상대적인 크기가 중요합니다. 즉, pool1보다 pool2가 높은 우선순위를 갖게 하려면 weight를 1과 2로 설정해도 되고 100과 101로 설정해도 됩니다.

마지막으로 minShare는 풀이 가져야 할 최소한의 CPU 코어 수를 의미하는 것으로, 스케줄러에게 자원을 분배할 때 (가능하다면) 이 풀에는 최소한 이 정도 이상의 자원을 할당해 달라는 의미입니다.

이렇게 풀 설정이 끝나면 다음과 같이 설정 파일 위치를 등록합니다.

```
conf.set("spark.scheduler.allocation.file", "풀 설정 파일 경로")
```

마지막으로 잡을 실행할 때 어떤 풀을 사용할지를 지정해야 하는데 다음과 같이 setLocalPropery() 메서드로 등록하면 됩니다.

```
sc.setLocalProperty("spark.scheduler.pool", "pool1")
```

이때 한 가지 주의할 점은 코드 상에서 이 메서드가 호출된 이후에 실행되는 모든 잡은 다 "pool1"로 실행되므로 만약 특정 잡의 풀을 다른 것으로 바꾸려면 해당 잡을 실행하기 전에 위 메서드를 다른 풀 이름으로 다시 한번 호출해야 한다는 것입니다. 만약 아무 풀도 지정하고 싶지 않고 기본 풀을 사용하고 싶다면 풀 이름에 null을 입력하면 됩니다.

이처럼 우선순위와 자원 할당량이 다른 여러 개의 풀을 이용하면 여러 사용자를 그룹으로 묶어서 각 그룹에 적당한 우선순위와 자원을 할당하거나 정기적이고 고정적인 작업을 위한 자원과 일시적인 데이터 분석을 위한 작업을 분리해서 관리할 수 있다는 장점이 있습니다.

4.5 정리

이번 장에서는 스파크 설정 및 잡 스케줄링과 관련된 주요 내용을 살펴봤습니다. 스파크의 설정은 많은 부분이 사용하는 클러스터 매니저와 연관돼 있으며, 이 부분과 관련된 설정에서 애플리케이션의 성능이나 작업의 성공 여부가 결정될 수도 있습니다.

따라서 스파크의 도입을 위해서는 사용 중인 클러스터 매니저에 대한 이해가 필요한데 특히 자원을 할당하고 프로세스를 실행하는 방법에 있어서 스파크의 실행 모델과 클러스터의 실행 모델이 어떤 연관성을 갖는지 명확히 이해해 두는 것이 중요합니다.

다음 장에서는 스파크 2.0의 핵심이라고 할 수 있는 스파크 SQL에 대해 알아보겠습니다.

05
스파크 SQL과
데이터프레임, 데이터셋

지금까지 RDD를 이용해 데이터를 처리하는 방법을 살펴봤습니다. RDD를 사용함으로써 얻을 수 있는 장점은 분산환경에서 메모리 기반으로 빠르고 안정적으로 동작하는 프로그램을 작성할 수 있다는 점일 것입니다. 하지만 직접 코드를 작성하는 개발자 입장에서는 성능 못지 않게 중요한 것이 바로 RDD가 제공하는 풍부한 데이터 처리 연산이라고 할 수 있습니다.[1]

하지만 이렇게 편리한 RDD에도 한 가지 아쉬운 점이 있었는데, 바로 데이터 값 자체는 표현이 가능하지만 데이터에 대한 메타데이터, 소위 "스키마"에 대해서는 표현할 방법이 따로 없다는 점이었습니다. 스파크 SQL은 RDD의 이 같은 단점을 보완할 수 있도록 또 다른 유형의 데이터 모델과 API를 제공하는 스파크 모듈입니다.

---

1 오로지 맵과 리듀스만으로 모든 문제를 해결해야 했던 맵리듀스 환경에서 프로그램을 작성해 본 독자분이라면 매우 공감하실 것입니다.

스파크 SQL이라는 이름만 보면 "아… 스파크에서도 데이터베이스에서 사용하던 SQL을 사용할 수 있게 해주는 모듈이구나!"라고 생각할 수도 있습니다. 하지만 스파크 SQL이 제공하는 기능은 단순히 SQL을 처리해 주는 것 그 이상이라고 할 수 있습니다.[2] 그럼 지금부터 새로운 데이터 모델에는 어떤 것들이 있고 어떻게 활용하는지 전반적으로 살펴보겠습니다.

먼저 스파크 SQL에서 데이터를 다루는 방법은 SQL을 사용하는 것과 데이터셋(Dataset) API를 사용하는 것으로 나눠 볼 수 있습니다. 참고로 SQL을 작성할 때는 ANSI-SQL과 Hive-QL 문법을 사용할 수 있는데, 2.0 버전부터는 SQL:2003 표준을 지원하고 있습니다.

데이터셋은 스파크 1.6 버전에서 처음 소개된 것으로 자바와 스칼라 언어에서만 사용할 수 있었고 그 이전에는 데이터프레임(DataFrame)이라는 클래스를 구현 언어와 상관없이 사용하고 있었습니다. 이때까지만 해도 데이터셋이 데이터프레임을 대체하는 성격이 아니었기 때문에 두 클래스 모두를 자유롭게 선택해서 사용할 수 있었습니다. 하지만 스파크 2.0부터 데이터프레임 클래스가 데이터셋 클래스로 통합되면서 타입 별칭(type alias)이라는 독특한 기능을 가진 스칼라 언어에서만 기존과 같은 데이터프레임을 사용할 수 있고 해당 기능이 없는 자바에서는 데이터셋 클래스만을 사용할 수 있게 됐습니다. 그 결과 스파크 2.0 이후부터는 스칼라 언어를 사용하는 경우 데이터프레임과 데이터셋 클래스를, 자바를 사용하는 경우 데이터셋 클래스를, 파이썬과 R을 사용하는 경우 데이터프레임 클래스를 사용하게 됐습니다.

스칼라 언어에서 데이터셋 클래스의 정의는 "class Dataset[T]…" 형태로 정의된 매개변수화된 타입(Parameterized Type)입니다. 이는 자바의 제네릭 타입과 같이 타입 정보를 파라미터로 전달받아서 Dataset[String]이나 Dataset[Int]와 같은 형태로 사용해야 하는 클래스라는 의미입니다.

스칼라의 데이터프레임은 "type DataFrame = Dataset[Row]"와 같이 정의돼 있는데 바로 이 구문이 본문에서 언급한 타입 별칭(Type alias)에 해당하는 부분으로, Dataset의 타입 파라미터가 Row(org.apache.spark.sql.Row)인 경우 이를 DataFrame이라는 이름으로도 사용하겠다는 의미입니다.

이처럼 데이터프레임과 데이터셋의 클래스 정의가 달라지면서 "데이터프레임"이라는 용어를 사용할 때 일부 혼동을 줄 수 있는 상황이 됐습니다. 보는 관점에 따라 둘은 같은 것일 수도 있고 다른 것일 수도 있기 때문입니다. 물론 복잡하게 따지지 않고 각 언어별 문법에 맞춰 사용하면 그만이겠지만 만약 꼭 구분해야 하는 상황이 온다면 실용적인 관점에서 이 둘을 서로 다른 것으로 간주하는 것이 좋을 것입니다.

---

2 물론 이름 그대로 SQL 문을 작성해서 데이터를 처리하는 기능도 제공합니다.

그 이유는 우선 위 클래스 정의에서 볼 수 있는 것처럼 데이터셋 클래스 자체가 매개변수화된 타입이기 때문에 Dataset[String]이나 Dataset[Int], Dataset[Row]와 같이 타입 파라미터가 다른 경우 서로 다른 타입으로 보는 것이 문법적 의미에서 맞기 때문입니다. 실제로 스파크와 관련된 문서 중에는 이 둘을 구분해서 언급하는 경우가 더 많고 또 애플리케이션을 작성하는 과정 또한 둘 중에서 어떤 타입을 쓰는가에 따라 코드를 작성하는 방식이 달라지기 때문입니다.

따라서 이 책에서도 데이터프레임과 데이터셋을 각각 다른 API로 간주하고 설명할 텐데 그렇다고 하더라도 위에서 언급한 실제 내부적 구현 특징은 잘 기억해두고 있다가 관련 프로그래밍 API 문서(https://goo.gl/QeXuPa)를 찾아볼 때는 구현 언어에 따른 정확한 이름을 사용할 수 있어야 할 것입니다.

데이터셋과 데이터프레임이라는 두 API 간의 차이점에 대해서는 이후에 좀 더 자세히 알아보기로 하고 지금은 데이터셋에 대한 이해를 돕기 위한 간단한 예제를 살펴보겠습니다. 스칼라 언어를 사용하는 예제지만 다른 언어를 사용하는 경우도 크게 다르지 않습니다.

먼저 3개의 숫자로 구성된 리스트형 컬렉션 오브젝트가 하나 있다고 가정해 보겠습니다. 이 오브젝트로 RDD를 만들기 위해서는 다음과 같이 생성하고

```
val rdd = sc.parallelize(List(1, 2, 3))
```

RDD 안에 있는 정보를 다음과 같은 방식으로 확인할 수 있는데

```
println(rdd.collect.mkString(", "))[3]
```

실제로 실행해 보면 그 결과는 "1, 2, 3"이 됩니다. 이제 똑같은 내용의 컬렉션 오브젝트로 데이터셋을 만들어 보겠습니다. 우선 데이터셋의 생성은 아래와 같이 할 수 있고

```
val ds = List(1, 2, 3).toDS
```

이를 조회할 때는 다음과 같이 할 수 있으며,

```
ds.show
```

이때 콘솔에는 다음과 같은 결과가 출력됩니다.[4]

```
scala> ds.show
+-----+
|value|
```

---

3   스칼라에서 mkString() 메서드는 List 같은 컬렉션 객체 안의 요소를 지정한 인자를 구분자로 사용하는 문자열로 표현해줍니다.
4   방금 설명한 예제는 스파크SQL을 사용하는 여러 방법 중 하나를 선택해서 설명한 것뿐입니다. 실제로는 예제와 같은 결과를 얻을 수 있는 수많은 방법이 있습니다.

```
+-----+
|    1|
|    2|
|    3|
+-----+
```

RDD를 사용할 때처럼 출력을 위한 println() 메서드를 사용하지 않았는데도, 데이터의 내용을 보기 좋게 표시해 줍니다. 그뿐만 아니라 printSchema라는 명령어를 사용하면 아래와 같이 데이터프레임의 스키마 정보도 확인할 수 있습니다.

```
scala> ds.printSchema
root
 |-- value: integer (nullable = false)
```

데이터 셋은 이처럼 값뿐만 아니라 스키마 정보까지 함께 포함하기 때문에 스키마를 기반으로 한 데이터 처리와 내부적인 성능 최적화를 함께 제공할 수 있다는 장점이 있습니다.

그럼 데이터셋에 대한 개념을 간략히 살펴봤으니 이제부터는 새로운 데이터 모델을 활용해 프로그램을 작성하는 방법을 좀 더 구체적으로 알아보겠습니다.

5.1 데이터셋

데이터셋은 스파크 1.6 버전에서 처음 소개된 데이터 모델이자 API입니다. RDD와 마찬가지로 분산 오브젝트 컬렉션에 대한 프로그래밍 모델이며, 트랜스포메이션과 액션 연산을 포함하고 있습니다.

데이터셋 이전에는 데이터프레임이라는 API를 사용했는데 이것의 가장 큰 특징은 기존 RDD와는 전혀 다른 형태를 가진 SQL과 유사한 방식의 연산을 제공했다는 점이었습니다. 예를 들어, 숫자만으로 구성된 RDD에서 모든 요소에 1을 더하기 위해 rdd.map(v=>v+1)과 같은 map() 연산을 사용한 것에 반해 동일한 요소로 구성된 데이터프레임에서는 df.select(df("value") + 1)과 같은 방법을 사용했습니다(이때 df는 데이터프레임을, df("value")는 데이터프레임이 가지고 있는 "value"라는 이름의 칼럼을 의미하는 것으로, 마치 SQL의 SELECT 문과 유사한 형식으로 데이터를 조회하는 방법입니다. 이와 관련된 자세한 내용은 이후에 다루겠습니다.)

이러한 데이터프레임은 RDD에 비해 풍부한 API와 옵티마이저를 기반으로 한 높은 성능으로 복잡한 데이터 처리를 더욱 수월하게 수행할 수 있다는 장점이 있었지만 처리해야 하는 작업의 특성에 따라서는 직접 프로그래밍이 가능한 RDD를 사용하는 것에 비해 복잡한 코드를 작성해야 하거나 컴파일 타임 오류 체크 기능을 사용할 수 없다는 단점도 있었습니다. 하지만 데이터셋이 등장하면서 데이터프레임이 제공하던 성능 최적화와 같은 장점들을 유지하면서 RDD에서만 가능했던 컴파일 타임 오류 체크 등의 기능을 사용할 수 있게 됐습니다. 즉, 데이터셋을 사용하면 RDD에서 제공하던 형태의 연산도 사용할 수 있고, 기존 데이터프레임과 같은 형태의 연산도 사용할 수 있게 된 것입니다[5](이 말은 코드를 작성하는 패턴 혹은 형태가 같다는 뜻이며 RDD와 데이터셋이 완전히 동일한 연산을 제공한다는 의미가 아니므로 오해하지 않도록 주의해야 합니다).

5.2 연산의 종류와 주요 API

데이터셋이 제공하는 연산은 RDD와 마찬가지로 액션과 트랜스포메이션이라는 두 종류로 분류할 수 있습니다.

분류하는 기준 역시 RDD와 같아서 새로운 데이터셋을 생성하는 연산은 트랜스포메이션 연산으로, 나머지 실제 데이터 처리를 수행하고 결과를 생성하는 연산은 액션 연산으로 분류합니다. 물론 트랜스포메이션 연산은 액션 연산이 호출될 때까지 수행되지 않습니다.

여기까지만 보면 RDD와 별반 다를 것이 없어 보이지만 데이터셋의 트랜스포메이션 연산은 데이터 타입을 처리하는 방법에 따라 타입 연산(typed operations)과 비타입 연산(untyped operations)의 두 종류로 나눌 수 있습니다. 그럼 타입 연산과 비타입 연산이 어떤 의미인지 간단한 예제를 하나 살펴보겠습니다.

먼저 1부터 100까지의 정수로 구성된 데이터가 있습니다. 이것을 편의상 스파크 셸에서 스칼라 코드로 작성하면 다음과 같을 것입니다.

```
scala> val data = 1 to 100 toList
```

이제 각 요소에 1을 더하는 연산을 수행할 텐데, RDD가 아닌 데이터셋을 사용해 처리해 보겠습니다. 물론 아직 데이터셋을 살펴보기 전이므로 자세한 API 사용법은 신경 쓰지 않아도 됩니다.

먼저 데이터셋을 생성합니다.

```
scala> val ds = data.toDS
```

---

5 데이터셋과 관련된 스파크 문서를 읽다 보면 "Untyped View"라든가 "Untyped Dataset operations"라는 용어를 자주 볼 수 있는데, 이것들이 바로 위에서 설명한 데이터프레임과 데이터프레임이 제공하는 연산을 가리키는 말입니다.

그리고 생성된 데이터셋을 이용해 각 요소에 1을 더합니다.

```scala
scala> val result = ds.map(_+1)
```

데이터셋을 사용한다고 했지만 위 코드는 RDD의 map() 메서드와 완전히 동일한 방법임을 알 수 있습니다. 하지만 데이터셋에는 동일한 작업을 처리하는 또 다른 방법이 있는데 바로 아래와 같은 방법입니다.

```scala
scala> ds.select(col("value") + 1)
```

이것은 데이터셋을 데이터베이스의 테이블(table)과 유사하게 처리한 것으로, 마치 value라는 칼럼을 가진 ds라는 테이블에서 value 칼럼에 1을 더한 결과를 조회(select)하는 것과 유사한 방법입니다. 이때 col("value")라는 부분이 바로 칼럼을 나타내는 부분으로, 여기서 중요한 것은 그 타입이 원래 데이터 타입인 정수(Int)가 아닌 org.apache.spark.sql.Column 타입이라는 점입니다.

실제로 데이터셋에는 SQL과 유사한 방식의 데이터 처리를 위해 데이터베이스의 로우(Row)와 칼럼(Column)에 해당하는 타입을 정의하고 있으며, 실제 데이터가 어떤 타입이든지 로우와 칼럼 타입으로 감싸서 처리할 수 있는 구조를 띠고 있습니다.

즉, 위에서 얘기한 비타입 연산이란 데이터를 처리할 때 데이터 본래의 타입(예제에서는 정수(Int) 타입)이 아닌 org.apache.spark.sql.Row와 org.apache.spark.sql.Column 타입의 객체로 감싸서 처리하는 연산이라고 할 수 있습니다.

스파크 2.0부터는 데이터프레임을 가리켜 "로우(Row) 타입 데이터셋[6]"이라는 용어를 사용하기도 하는데, 그 이유는 데이터프레임이라는 용어가 곧 org.apache.spark.sql.Row 타입의 요소를 포함하고 있는 데이터셋을 가리키는 것이기 때문입니다.

결국 정리하면 데이터프레임이란 org.apache.spark.sql.Row 타입의 요소로 구성된 데이터셋을 가리키는 용어이며, 이러한 데이터프레임을 통해 제공되는 연산들은 원래 데이터의 타입 정보를 사용하지 않는 연산, 이른바 "untyped operations"에 속한다고 할 수 있습니다.

다음은 데이터셋과 데이터프레임을 사용해 프로그램을 작성할 때 자주 접하게 될 주요 프로그래밍 구성요소입니다.

- **스파크세션(SparkSession):** 데이터셋을 다루기 위해 가장 먼저 알아야 할 것은 SparkSession입니다. RDD를 생성하기 위해 스파크컨텍스트(SparkContext)가 필요했던 것처럼 데이터프레임을 생성하기 위해서는 SparkSession을 이용

---

6 Dataset[Row] (스칼라), Dataset〈Row〉 (자바)

해야 합니다. SparkSession은 인스턴스 생성을 위한 build() 메서드를 제공하는데, 이 메서드를 이용하면 기존 인스턴스를 재사용하거나 새로운 인스턴스를 생성할 수 있습니다. 만약 스파크셸을 사용한다면 스파크 셸이 자동으로 spark라는 이름으로 SparkSession 인스턴스를 생성해 주므로 별도의 생성 단계를 거치지 않고 spark라는 변수를 통해 접근할 수 있습니다. SparkSession 이전에는 Hive 사용 여부에 따라 SQLContext와 HiveContext라는 별도의 API를 사용했지만 SparkSession에서는 Hive 지원이 기본 사항으로 바뀌면서 기존 API는 더 이상 사용되지 않게 됐습니다. (단, 기존 코드와의 호환성을 위해 SparkSession으로부터 SQLContext를 생성하는 방법도 제공합니다.)

- **데이터셋(DataSet):** 스파크SQL에서 사용하는 분산 데이터 모델입니다. 스파크 1.6부터 도입됐으며, 기존 데이터프레임과 통합되면서 RDD와 같은 타입 기반 연산으로부터 SQL과 같은 비타입 연산까지 다양한 데이터 처리 연산을 제공합니다.

- **데이터프레임(DataFrame):** org.apache.spark.sql.Row 타입의 데이터로 구성된 데이터셋입니다. 데이터베이스의 테이블 또는 R의 데이터프레임과 유사한 방법으로 데이터를 다룰 수 있는 다양한 메서드를 제공합니다.

- **DataFrameReader:** SparkSession의 read() 메서드를 통해 접근할 수 있으며, "jdbc", "json", "parquet" 등 다양한 유형의 데이터소스로부터 데이터프레임을 생성하는 메서드를 제공합니다.

- **DataFrameWriter:** 데이터프레임 또는 데이터셋의 write() 메서드를 통해 접근할 수 있으며 데이터프레임 또는 데이터셋의 데이터를 파일시스템이나 데이터베이스 등 다양한 저장소에 저장할 때 사용할 수 있는 메서드를 제공합니다.

- **로우(Row), 칼럼(Column):** 데이터프레임을 구성하는 요소인 로우와 칼럼을 표현하는 모델이자 API이며, 데이터프레임에 포함된 데이터를 처리할 때 사용하는 대부분의 메서드를 제공합니다.

- **functions:** 칼럼과 더불어 데이터프레임을 이용해 데이터를 처리할 때 사용할 수 있는 각종 함수를 제공하는 오브젝트[7]입니다. sum, stddev와 같은 다양한 집계함수와 통계 함수를 제공하며, 기본 칼럼 API와 함께 혼용하면 데이터를 처리하면서 자주 접하는 문제를 해결하는 데 매우 유용하게 활용할 수 있습니다.

- **StructType, StructField:** 데이터에 대한 스키마 정보를 나타내는 API입니다. StructType은 데이터프레임의 레코드에 대한 구조 정보를 나타내며, 내부에 여러 개의 StructField를 갖는 형태로 정의됩니다. StructField는 레코드의 필드 정보를 나타내는데, 이때 하나의 StructType에 또 다른 StructType이 포함되는 구조, 즉 "중첩구조"의 표현이 가능합니다. 스파크 SQL은 데이터로부터 칼럼의 타입을 유추해 내는 기능을 포함하고 있어서[8] 항상 모든 데이터의 StructType을 명시해야 하는 것은 아니지만 경우에 따라 타입 추론이 어려운 경우 직접 StructType과 StructField를 이용해 타입을 지정해야 합니다.

- **GroupedData, GroupedDataSet:** groupBy() 메서드 등에 의해 그루핑 연산을 수행할 때 사용되며, 집계와 관련된 다양한 연산을 제공합니다.

지금까지 스파크SQL 모듈을 구성하는 대표적인 구성 요소에 대해 알아봤습니다. 스파크SQL에서는 방금 소개한 요소 외에도 데이터 처리를 위한 다양한 API를 통해 수많은 연산을 제공하고 있으므로 한번에 모두 외우려 하기보다는 수시로 관련 API 문서를 참고하면서 현재 수행하고 있는 작업을 좀 더 개선할 방안은 없는지 고민해보는 습관을 기르는 것이 좋습니다.

---

[7] 여기서 오브젝트는 스칼라의 object 타입을 가리키는 용어로서 자바의 경우 싱글턴 인스턴스와 유사한 개념으로 이해하면 됩니다.

[8] 예를 들어, json 형식으로 작성된 데이터의 경우 값에 대한 "키" 정보만 표현할 수 있을 뿐 String, Long과 같은 "타입" 정보는 따로 표현할 방법이 없습니다. 하지만 앞에서 설명한 DataFrameReader로 json 파일을 읽어들이면 스파크SQL이 임의의 데이터를 읽고 그 결과로부터 각 필드의 타입을 추론하게 됩니다.

5.3 코드 작성 절차 및 단어 수 세기 예제

이번 절에서는 데이터셋을 사용해 문장에 포함된 단어 수를 세는 예제를 살펴보면서 코드를 작성하고 실행하는 절차에 대해 알아보겠습니다.

먼저 예제를 작성하고 실행하는 방법은 RDD를 다룰 때 했던 것과 동일합니다. 즉, 스파크 셸을 이용하거나 직접 소스코드를 빌드한 후 spark-submit 셸로 실행하거나 이클립스 또는 인텔리제이 같은 IDE 상에서 직접 실행해 볼 수 있습니다. 일단 지금은 각 API의 특성을 이해해 보는 것이 목적이므로 IDE를 이용해 코드를 작성하고 실행하는 방법을 사용하겠습니다.

우선 가장 먼저 해야 할 일은 pom.xml 파일에 스파크SQL 모듈에 대한 의존성 정보를 설정하는 것입니다.

```
<dependency>
    <groupId>org.apache.spark</groupId>
    <artifactId>spark-sql_2.11</artifactId>
    <version>2.3.0</version>
</dependency>
```

이렇게 설정하면 코드 상에서 SparkSession을 사용할 수 있는데, 만약 별도 설치된 하이브와 연동할 목적이라면 다음과 같이 설정해야 합니다.

```
<dependency>
    <groupId>org.apache.spark</groupId>
    <artifactId>spark-hive_2.11</artifactId>
    <version>2.3.0</version>
</dependency>
```

의존성 설정이 끝나면 코드를 작성합니다. 다음은 단계별로 나눠본 스파크SQL 코드 작성 방법입니다.

1. 스파크세션 생성
2. 스파크세션으로부터 데이터셋 또는 데이터프레임 생성
3. 생성된 데이터셋 또는 데이터프레임을 이용해 데이터 처리
5. 처리된 결과 데이터를 외부 저장소에 저장
6. 스파크세션 종료

앞에서 RDD 예제를 작성해 보신 분들은 이 과정이 RDD를 사용할 때와 거의 비슷하다는 것을 눈치챘을 것입니다. 단지 RDD를 생성하고 다루는 부분을 데이터프레임 또는 데이터셋으로 대체한 것

에서만 차이가 있어 보입니다. 하지만 앞에서 살펴봤듯이 데이터프레임과 데이터셋은 스키마를 기반으로 데이터를 다루며, 제공하는 메서드 또한 다양하므로 세부적인 데이터 처리 방식에서는 RDD를 이용할 때와 다소 다른 처리가 필요합니다.

그럼 위에서 정의한 순서에 따라 실제 예제를 작성하면서 조금 더 자세한 내용을 알아보겠습니다.

1. 스파크세션(SparkSession) 생성

스파크세션은 스파크세션 클래스가 제공하는 builder() 메서드를 이용해 생성할 수 있습니다. 다음은 builder() 메서드를 이용한 스파크세션 생성 방법입니다.

[예제 5-1] 스파크세션 생성 – 스칼라(SparkSessionSample.scala)

```scala
import org.apache.spark.sql.SparkSession
val spark = SparkSession
      .builder()
      .appName("Sample")
      .master("local[*]")
      .getOrCreate()
```

[예제 5-2] 스파크세션 생성 – 자바(SparkSessionSample.java)

```java
import org.apache.spark.sql.SparkSession
SparkSession spark = SparkSession
       .builder()
       .appName("Sample")
       .master("local[*]")
       .getOrCreate();
```

[예제 5-3] 스파크세션 생성 – 파이썬(spark_session_sample.py)

```python
from pyspark.sql import SparkSession
spark = SparkSession\
        .builder\
        .appName("sample")\
        .master("local[*]")\
        .getOrCreate()
```

예제에서 builder() 메서드는 스파크세션을 생성할 수 있는 빌더(Builder) 인스턴스를 생성합니다. appName()과 master()는 빌더가 제공하는 메서드로서 각각 애플리케이션 이름과 마스터 정보를 설정하는 데 사용됩니다. 만약 이름과 마스터 정보 외에 추가적인 설정이 더 필요하다면 빌더가 제공하는 config() 메서드를 이용해 config("spark.driver.host", "127.0.0.1")과 같은 형태로 지정할 수 있습니다.

2. 스파크세션으로부터 데이터셋 또는 데이터프레임 생성

스파크세션을 생성했다면 데이터소스로부터 데이터를 읽어들여 데이터셋 또는 데이터프레임을 생성할 차례입니다. 이번 예제에서는 두 가지를 모두 사용해 볼 예정인데 설명의 편의상 데이터프레임을 먼저 사용해 보겠습니다.

데이터프레임을 생성하는 방법은 여러 가지가 있는데, 이번에는 텍스트 파일을 읽어서 생성하는 방법을 사용해 보겠습니다. 먼저 스파크 설치 디렉터리에 있는 "README.md" 파일의 경로를 path라는 변수에 할당하고, 다음과 같이 해당 경로의 파일을 읽어들여 데이터프레임을 생성합니다.

[예제 5-4] 데이터프레임 생성 – 스칼라(SparkSessionSample.scala)

```
val source = "file://<spark_home_dir>/README.md"
val df = spark.read.text(source)
```

[예제 5-5] 데이터프레임 생성 – 자바(SparkSessionSample.java)

```
String source = "file://<spark_home_dir>/README.md";
Dataset<Row> df = spark.read().text(source);
```

[예제 5-6] 데이터프레임 생성 – 파이썬(spark_session_sample.py)

```
source = "file://<spark_home_dir>/README.md"
df = spark.read.text(source)
```

이때 스파크세션의 read() 메서드는 데이터를 읽기 위한 DataFrameReader 인스턴스를 돌려주는데, 이 DataFrameReader를 이용해 다양한 유형의 데이터로부터 데이터프레임을 생성할 수 있습니다. 예제에서는 데이터소스로 텍스트 파일을 지정했기 때문에 text() 메서드를 사용했습니다.

 앞에서 데이터프레임은 로우(Row) 타입의 요소로 구성된 데이터셋이라고 정의했습니다. 따라서 read() 메서드가 데이터프레임을 생성한다는 것은 곧 로우로 구성된 데이터셋을 생성한다는 것과 같은 의미입니다.

3. 생성된 데이터프레임 또는 데이터셋을 이용해 데이터 처리

데이터프레임이 생성됐으므로 이제 생성된 데이터프레임을 이용해 실제 단어 수 세기 작업을 진행할 차례입니다.

문제를 해결하는 방법은 크게 두 가지로 나눠 볼 수 있는데 하나는 방금 생성된 데이터프레임을 그대로 활용해 데이터프레임이 제공하는 비타입 연산(Untyped Operation)을 사용하는 것이고 다른 하나는 데이터프레임을 데이터셋으로 변환한 두 데이터셋이 제공하는 타입 기반의 연산(Typed Operation)을 사용하는 것입니다.

비타입 연산은 데이터프레임에 있는 모든 데이터를 String이나 Int와 같은 원래의 데이터 타입 대신 스파크에서 자체 정의한 로우(org.apache.spark.sql.Row)라는 타입으로 변환해서 처리하기 때문에 원본 데이터의 타입을 알 수 없다고 해서 붙여진 이름입니다(실제로 타입 정보가 없다는 뜻이 아니라 원래의 타입 정보는 사라지고 모든 데이터가 Row 타입으로 변환된다는 의미입니다). 앞에서 반복해서 설명했지만 이처럼 모든 데이터를 Row 타입으로 변환해서 생성된 데이터셋을 가리켜 데이터프레임이라는 별칭으로 부르기 때문에 이런 연산들을 데이터프레임 연산이라고 부르기도 합니다.

지금부터 두 가지 연산을 모두 사용해서 예제를 작성해 볼 텐데, 이 중에서 데이터프레임 연산이라고 하는 비타입 연산을 이용하는 방법을 먼저 알아보겠습니다.

다음은 데이터프레임을 사용해 단어를 분리하고 단어별 개수를 세는 코드입니다.

[예제 5-7] 단어 수 카운트 – 스칼라(SparkSessionSample.scala)

```scala
import org.apache.spark.sql.functions._
import spark.implicits._

val wordDF = df.select(explode(split(col("value"), " ")).as("word"))
val result = wordDF.groupBy("word").count
```

[예제 5-8] 단어 수 카운트 – 자바(SparkSessionSample.java)

```java
import static org.apache.spark.sql.functions.*;

Dataset<Row> wordDF = df.select(explode(split(col("value"), " ")).as("word"));
Dataset<Row> result = wordDF.groupBy("word").count();
```

[예제 5-9] 단어 수 카운트 – 파이썬(spark_session_sample.py)

```
from pyspark.sql.functions import *

wordDF = df.select(explode(split(col("value"), " ")).alias("word"))
result = wordDF.groupBy("word").count()
```

예제에서 df는 방금 전에 스파크세션의 read() 메서드를 이용해 생성한 데이터프레임입니다. 데이터프레임은 로우와 칼럼 구조를 띠는데, 예제처럼 텍스트 파일을 읽어서 데이터프레임을 생성하면 기본적으로 "value"라는 이름의 칼럼이 생성됩니다.

col("value")는 org.apache.spark.sql.functions 오브젝트의 메서드를 호출한 것으로 "value"라는 이름의 칼럼값을 읽어서 org.apache.spark.sql.Column 타입의 인스턴스를 생성합니다.

이어지는 split()과 explode() 역시 functions 오브젝트의 메서드로, col("value")의 수행 결과로 생성된 칼럼 객체를 이용해 문자열을 분리하고, 분리된 문자열 배열을 포함한 칼럼을 하나의 값을 가진 여러 개의 열(Row)로 확장하는 역할을 수행합니다.[9]

마지막으로 가장 끝 부분의 as("word")는 Column 클래스의 메서드를 호출한 것으로, 예제에서는 칼럼의 이름을 "word"로 지정하기 위해 사용했습니다.

이렇게 단어 분리 작업이 모두 완료된 후에는 최종적으로 wordDF.groupBy("word")를 이용해 단어별 그룹을 만들고 count() 메서드를 호출해 그룹별, 즉 단어별 개수를 계산할 수 있습니다.

이처럼 RDD와는 다르게 로우(Row)와 칼럼(Column), 그리고 스파크에서 미리 정의해둔 함수들을 이용해 데이터를 처리하는 것이 비타입 연산의 특징이라고 할 수 있습니다. 이를 조금 다르게 표현해 보면 RDD의 경우 데이터 처리에 필요한 함수를 직접 스칼라나 자바 또는 파이썬 언어로 작성한 후 이를 RDD의 map이나 flatMap과 같은 메서드에 전달해 주는 방식이고 데이터프레임은 스파크에서 미리 정의한 키워드와 연산들을 이용해 데이터를 어떻게 처리할지에 대한 내용을 선언적으로 기술하는 방식이라고 할 수도 있습니다.

---

9 N개의 값을 가진 하나의 칼럼을 하나의 값을 가진 N개의 열로 변환합니다.

조금 전의 데이터프레임 연산 예제를 통해 두 가지 사실을 확인할 수 있었습니다.

첫째는 데이터프레임이 로우(row)와 칼럼(column) 단위로 데이터를 처리한다는 것이고, 둘째는 구현 언어가 달라도 코드 작성 방법은 거의 동일하다는 것입니다. 이 가운데 두 번째로 언급한 내용은 스파크 SQL의 또 다른 장점으로서 스파크 2.0 이후 버전부터는 코드 작성뿐 아니라 실제 성능 면에서도 개발 언어에 따른 차이가 발생하지 않게 됐습니다. 이에 관한 자세한 내용은 이번 장의 끝부분에서 다시 한번 살펴보겠습니다.

어쨌든 그 덕분에 그동안 스파크를 사용해 보고 싶지만 개발 언어로 망설이던 분들에게는 스파크 SQL의 비타입 연산을 이용하는 것이 좋은 선택이 될 수 있을 것입니다.

비타입 연산의 종류와 사용법에 대해서는 이후에 자세히 살펴보기로 하고 이번에는 데이터셋이 제공하는 또 다른 연산인 타입 연산(typed opeation)을 이용해 단어 수 세기 예제를 작성해 보겠습니다(타입 연산은 스칼라와 자바 언어의 경우에만 사용할 수 있습니다).

[예제 5-10] 단어 수 카운트 – 스칼라(SparkSessionSample.scala)

```scala
import spark.implicits._
val ds = df.as[(String)]
val wordDF = ds.flatMap(_.split(" "))
val result = wordDF.groupByKey(v => v).count
```

[예제 5-11] 단어 수 카운트 – 자바(SparkSessionSample.java)

```java
import org.apache.spark.api.java.function.FlatMapFunction;
import org.apache.spark.api.java.function.MapFunction;
import org.apache.spark.sql.Encoders;

Dataset<String> ds = df.as(Encoders.STRING());

// Java7
Dataset<String> wordDF = ds.flatMap(new FlatMapFunction<String, String>() {
    @Override
    public Iterator<String> call(String v) throws Exception {
        return Arrays.asList(v.split(" ")).iterator();
    }
}, Encoders.STRING());

Dataset<Tuple2<String, Object>> result = wordDF.groupByKey(new MapFunction<String, String>() {
    @Override
    public String call(String value) throws Exception {
```

```
        return value;
    }
}, Encoders.STRING()).count();
```

위 예제에서는 flatMap()과 groupByKey() 등 익숙한 메서드를 사용하고 있습니다. 하지만 RDD
를 사용했을 때와 비슷해 보이면서도 어딘지 조금 낯선 부분들이 포함돼 있을 것입니다.

먼저 df.as[(String)]은 데이터프레임을 데이터셋으로 변환하는 부분입니다. 데이터프레임은 로우
(Row) 타입 요소를 가지고 있기 때문에 이 값을 원래 데이터 타입인 문자열로 변환하는 부분이라
고 이해하면 됩니다.

데이터셋이 생성된 후에는 flatMap() 메서드를 이용해 문장을 각 단어로 분리한 뒤 groupByKey()
메서드를 이용해 같은 단어끼리 그룹을 생성합니다. 이때 flatMap()과 groupByKey() 메서드의 두
번째 인자로 Encoders.String()을 사용하는데, 이는 데이터셋이 사용할 인코더라는 정보를 지정하
는 부분으로서 반드시 데이터셋이 다루는 데이터 타입에 맞는 인코더 정보를 지정해야 합니다. 이때
인코더란 데이터 직렬화와 역직렬화(Serialize/Deserialize)에 관련된 정보를 가지고 있는 오브젝
트로 스칼라 또는 자바 언어에서 사용하는 데이터 타입으로 정의된 오브젝트의 데이터를 데이터셋
과 데이터프레임 내부에서 사용하는 데이터 표현 및 처리 방식에 맞게 변환해서 다루기 위한 것입니
다. 아마도 지금은 다소 이상하게 들릴 수 있지만 이번 장의 후반부에서 다시 한번 관련 내용을 살펴
보기로 하고 일단 지금은 데이터 타입에 맞는 Encoder 오브젝트가 꼭 필요하다는 것만 기억한 뒤
다음 내용을 더 진행하겠습니다.

마지막으로 count() 메서드는 각 그룹별 요소의 개수를 구하는 메서드로서 예제에서는 이 값이 최
종 결과인 각 단어의 개수가 됩니다.

5. 처리된 결과 데이터를 외부 저장소에 저장

이제 처리된 결과를 외부 저장소에 저장해 보겠습니다. 데이터를 읽어들일 때와 마찬가지로 데이터
를 저장하는 유형 또한 다양한데, 예제에서는 일반 텍스트 형태로 저장해 보겠습니다.

```
result.write.text("〈저장경로〉")
```

데이터프레임의 write() 메서드는 데이터를 읽을 때와 반대로 DataFrameWriter를 반환합니다. 여
기서는 일반 텍스트 형태로 저장할 예정이므로 text() 메서드를 호출해 저장을 수행합니다.

6. 스파크컨텍스트 종료

데이터 처리가 모두 끝났다면 스파크컨텍스트를 종료합니다.

지금까지 간단하게 데이터프레임을 사용한 단어 수 세기 예제를 살펴봤습니다. 전체적인 처리 흐름은 비슷하지만 칼럼을 다루고 연산을 수행하는 부분은 기존 RDD와 많이 다르다는 느낌을 받으셨을 것입니다. 그럼 이제부터 각 주제별로 조금 더 상세하게 알아보겠습니다.

5.4 스파크세션

스파크세션은 데이터프레임(DataFrame) 또는 데이터셋(DataSet)을 생성하거나 사용자 정의 함수(UDF)[10]를 등록하기 위한 목적으로 사용되며, 스파크 SQL 프로그램은 가장 먼저 스파크세션을 생성하는 것으로부터 시작해야 합니다.

스파크세션을 생성하는 방법은 앞의 예제에서 살펴본 바와 같이 스파크세션이 자체적으로 제공하는 builder() 메서드를 이용하면 됩니다.

다음은 앞에서 본 스파크세션 생성 예제입니다.

[예제 5-12] 스파크세션 생성 – 스칼라(SparkSessionSample.scala)

```
import org.apache.spark.sql.SparkSession
val spark = SparkSession
      .builder()
      .appName("Sample")
      .master("local[*]")
      .getOrCreate()
```

[예제 5-13] 스파크세션 생성 – 자바(SparkSessionSample.java)

```
import org.apache.spark.sql.SparkSession
SparkSession spark = SparkSession
      .builder()
      .appName("Sample")
      .master("local[*]")
      .getOrCreate();
```

---

10 스파크SQL에서는 하이브나 피그(Pig)와 같이 사용자 정의 함수를 정의하고 사용할 수 있습니다.

[예제 5-14] 스파크세션 생성 – 파이썬(spark_session_sample.py)

```python
from pyspark.sql import SparkSession
spark = SparkSession\
        .builder\
        .appName("sample")\
        .master("local[*]")\
        .getOrCreate()
```

스파크세션은 스파크 SQL 2.0 버전부터 사용된 것으로, 기존에는 SQLContext와 HiveContext를 사용했습니다.

기존 SQLContext는 스파크세션과 유사하게 데이터 프레임을 생성하고 사용자 정의 함수를 등록하는 기능을 수행했는데, 이때 아파치 하이브에서 제공하는 HiveQL을 사용하거나 기존 하이브 서버와 연동하기 위해서는 SQLContext 대신 SQLContext 클래스의 하위 클래스인 HiveContext를 사용해야 했습니다.

하지만 스파크 2.0에서 이 두 클래스를 합친 스파크세션 클래스를 정의하면서 이제는 스파크세션 하나만으로 하이브 지원까지 가능한 상황이 됐습니다. 단, 스파크세션이 하이브를 지원한다고 해서 꼭 실제 하이브 서버와 연동해야 하는 것은 아니며, 단독으로 스파크만 사용하는 것도 가능합니다.

만약 기존에 사용하는 하이브 서버가 있고, 하이브 서버와 연동해서 사용하고 싶다면 스파크의 conf 디렉터리에 hive-site.xml, core-site.xml, hdfs-site.xml 파일을 생성해야 합니다.

해당 파일은 하이브 및 하둡에서 사용하는 설정 파일로서 스파크에서 사용하기 위한 추가적인 수정은 필요 없고 해당 파일을 그대로 스파크의 conf 디렉터리에 복사하면 됩니다.

하이브 서버와 연동할 목적이 아니라면 반드시 hive-site.xml 파일을 생성할 필요는 없습니다. 이 경우 스파크가 프로그램이 실행되는 디렉터리에 메타스토어 파일을 생성합니다.

가끔 로컬 환경에서 프로그램의 실행 오류 등으로 인해 메타스토어에 락(lock)이 발생하는 경우가 있는데, 특별히 메타스토어 데이터를 유지해야 할 이유가 없다면 로컬 디렉터리에 생성된 메타스토어 파일을 지우고 실행하는 것으로 처리할 수 있습니다.

간혹 이클립스나 인텔리제이 같은 IDE 상에서 스파크SQL 코드를 실행할 때 메모리 부족으로 인한 문제가 발생할 수 있는데, 이때는 JVM 메모리 옵션을 사용해 실행에 필요한 충분한 메모리를 확보해야 합니다. (예: -XX:MaxPermSize=128m)

5.5 데이터프레임, 로우, 칼럼

데이터프레임은 스파크SQL에서 사용하는 분산 데이터 모델입니다. 스파크 2.0 미만 버전에서는 데이터프레임이라는 별도의 클래스를 가리키는 용어였지만 스파크 2.0부터 스파크SQL의 또 다른 데이터 모델인 데이터셋과 통합되면서 org.apache.spark.sql.Row 타입의 요소를 가진 데이터셋을 가리키는 별칭으로 사용되고 있습니다.

스파크의 데이터프레임은 R의 데이터프레임이나 데이터베이스의 테이블과 비슷한 행(Row)과 열(Column)의 구조를 가지며, 데이터프레임에 포함된 데이터는 SQL 문을 사용하거나 데이터프레임이 제공하는 프로그래밍 API를 이용해 처리할 수 있습니다.

데이터프레임이 제공하는 API는 자바, 스칼라, 파이썬, R 버전이 있으며 RDD와는 다르게 구현 언어에 중립적인 별도의 성능 최적화 엔진을 사용하고 있어서 사용하는 언어에 따른 성능 차이가 크지 않습니다.

데이터프레임을 사용하는 궁극적인 목적은 RDD와 같이 분산 데이터를 저장하고 처리하기 위한 것이지만 RDD가 데이터의 값을 다루는 데 초점을 맞추고 있었다면 데이터프레임은 데이터 값뿐만 아니라 데이터에 대한 스키마 정보까지 함께 다룬다는 점에서 차이가 있습니다. 스파크는 이렇게 추가로 제공된 스키마 정보를 이용해 RDD를 통해서는 얻기 어려운 다양한 성능 최적화 기능을 제공하는데 이로 인해 RDD를 사용할 때에 비해 작게는 수 배에서 많게는 수십 배에 달하는 성능 향상을 경험했다는 사례를 다양한 책과 인터넷 검색을 통해 어렵지 않게 확인할 수 있습니다.

5.5.1 데이터프레임 생성

데이터프레임은 스파크세션을 이용해 생성합니다.[11] 생성 방법은 파일이나 데이터베이스와 같은 스파크 외부의 데이터소스에 저장된 데이터를 이용해 생성할 수도 있고 이미 생성돼 있는 다른 RDD나 데이터프레임에 변환 연산을 적용해 새로운 데이터프레임을 생성할 수도 있습니다.[12] 다음은 데이터프레임을 생성하는 대표적인 방법입니다.

---

[11] 스파크 1.6.1 이전에는 SQLContext 또는 HiveContext로부터 생성했습니다.
[12] 데이터프레임 역시 RDD와 마찬가지로 불변성을 가지고 있습니다. 즉, 한 번 생성된 데이터프레임에 변환 연산을 적용한다고 해서 기존 데이터프레임이 바뀌는 것이 아니라 새로운 데이터프레임을 생성하는 것입니다.

5.5.1.1 외부 데이터소스로부터 데이터프레임 생성

파일이나 데이터베이스 같은 외부 저장소에 저장돼 있는 데이터를 읽어서 데이터프레임을 생성할 때 가장 손쉽게 처리할 수 있는 방법은 스파크세션이 제공하는 read() 메서드를 사용하는 것입니다.

read() 메서드는 다양한 유형의 데이터소스로부터 데이터프레임을 생성할 수 있는 DataFrame Reader 인스턴스를 생성하는데, 이 DataFrameReader를 이용해 다양한 유형의 데이터를 읽고 데이터프레임을 생성할 수 있습니다.

다음은 JSON 문자열을 포함하고 있는 텍스트 파일로부터 데이터프레임을 생성하는 예제입니다.

```
val df = spark.read.format("json").
         option("allowComments", "true").
         load("<spark_home_dir>/examples/src/main/resources/people.json")
```

내용을 살펴보면

1. 스파크세션의 read() 메서드를 호출해 DataFrameReader 인스턴스를 생성한 뒤
2. format() 메서드로 데이터소스의 유형을 지정하고
3. option() 메서드로 데이터소스 처리에 필요한 옵션을 지정한 뒤
4. load() 메서드로 대상 파일을 읽고 데이터프레임을 생성하고 있음을 알 수 있습니다.

한 가지 알아둘 점은 option() 메서드에 지정하는 값은 사용하는 데이터소스의 유형에 따라 달라지므로 format()으로 지정한 데이터소스에 따라 option() 메서드를 전혀 사용하지 않거나 또는 데이터소스마다 다른 옵션을 사용해야 한다는 점입니다.

다음은 DataFrameReader가 제공하는 주요 메서드입니다.

- format()

  읽어들이고자 하는 데이터소스의 유형을 문자열로 지정합니다.

  스파크에서는 format() 메서드에서 사용할 수 있도록 다양한 데이터 포맷에 대한 짧은 문자열을 미리 준비해 뒀기 때문에 이 문자열을 이용해 원하는 데이터 포맷을 간단하게 지정할 수 있습니다. 현재 사용 가능한 주요 데이터 포맷 문자열은 "orc", "libsvm", "kafka", "csv", "jdbc", "json", "parquet", "text", "console", "socket" 등입니다.

  이 밖에도 서드파티가 제공하는 라이브러리 중에는 스파크가 기본적으로 지원하지 않는 다양한 유형의 데이터소스를 지원하는 제품들이 있으므로 필요한 경우 해당 라이브러리를 클래스패스에 추가해서 사용할 수 있습니다.

- option/options()

  데이터소스에 사용할 설정 정보를 지정할 수 있습니다. 이때 각 속성을 키와 값 형식으로 지정할 수도 있고, 속성 정보가 담긴 맵을 이용해 한 번에 등록할 수도 있습니다. 어떤 형식을 사용하고 어떤 값을 지정할 수 있는지는 사용하는 데이터소스에 따라 달라집니다.

- load()

  데이터소스로부터 실제 데이터를 읽어서 데이터프레임을 생성합니다.

  이때 사용하는 데이터소스의 종류에 따라 데이터를 읽어들이는 데 필요한 추가적인 정보를 매개변수로 전달해야 하는 경우가 있는데, 예를 들어 데이터소스가 파일이라면 파일의 경로 정보를 추가로 전달해야 합니다.

- jdbc()

  jdbc 유형의 데이터소스를 위한 간편 메서드로서 데이터베이스 연결 정보, 테이블 정보를 매개변수로 지정할 수 있으며, jdbc 방식을 지원하는 다양한 종류의 데이터베이스와 연동할 수 있는 기능을 제공합니다.

- json()

  JSON 형태로 구성된 데이터소스를 위한 메서드로, JSON 형식을 따르는 문자열로 구성된 파일이나 RDD로부터 데이터프레임을 생성합니다. 파일의 경우 전체 문서 단위가 아니라 각 라인 단위로 JSON 문자열이 구성돼야 한다는 점에 주의해야 합니다.

- orc()

  ORC 형식으로 작성된 데이터를 다룰 수 있습니다.

- parquet()

  파케이 형식으로 작성된 파일을 읽어서 데이터프레임을 생성합니다.

- schema()

  아직 살펴본 내용은 아니지만 스파크SQL은 데이터에 대한 스키마를 개발자가 직접 지정할 수 있는 방법을 제공합니다. schema() 메서드는 데이터를 로드할 때 직접 스키마 정보를 지정할 수 있는 방법을 제공합니다.

- table()

  스파크는 아파치 하이브(Hive)에서 하는 것과 유사하게 데이터프레임의 데이터를 테이블 형식으로 저장하고 관련된 메타 정보(데이터베이스 및 테이블, 사용자 정의 함수 등)를 관리할 수 있는 방법을 제공합니다. table() 메서드는 문자열로 된 테이블명을 입력받아 해당 테이블의 데이터로부터 데이터프레임을 생성하는 역할을 수행합니다.

- text()

  일반 텍스트 형식으로 작성된 파일을 읽어 데이터프레임을 생성합니다.

- csv()

  스파크 2.0부터 제공되는 기능으로, CSV 파일을 읽어 데이터프레임을 생성합니다. 구분자(sep), 인코딩(encoding), 헤더 유무(header), 날짜 포맷(dateFormat), 널(null) 값 처리 등 다양한 옵션을 설정할 수 있습니다.

5.5.1.2 기존 RDD 및 로컬 컬렉션으로부터 데이터프레임 생성

앞에서 RDD를 다루면서 기존 RDD를 이용해 새로운 RDD를 만드는 방법을 알아봤습니다. 데이터 프레임 역시 유사한 방법으로 만들 수 있는데, 이미 생성된 다른 RDD 또는 데이터프레임을 이용해 새로운 데이터프레임을 생성할 수 있습니다. 단, 이 경우 RDD를 만들 때와는 다르게 데이터에 관한 스키마 정보를 함께 지정해야 합니다.[13]

스파크SQL은 스키마를 지정하는 두 가지 방법을 제공합니다. 그중 첫 번째는 리플렉션 API를 활용해 데이터의 스키마 정보를 자동으로 추론해 내는 방법으로, 스키마 정의를 위한 별도의 추가 코드가 필요 없기 때문에 간결한 코드를 작성할 수 있다는 장점이 있습니다.

또 다른 하나는 개발자가 직접 스키마 정보를 코드로 작성해서 지정하는 방법인데, 일반적인 경우라면 첫 번째 방식이 훨씬 편리하겠지만 스키마 추론을 위한 부가적인 연산을 줄이고 스키마 정보를 원하는 대로 커스터마이징해서 사용하고자 한다면 이 방법을 사용해야만 합니다.

지금부터는 방금 소개한 두 가지 방법에 대해 예제를 통해 알아보겠습니다.[14]

5.5.1.2.1 리플렉션을 통한 데이터프레임 생성

다음은 데이터프레임 입장에서 바라보는 RDD 데이터 구조를 나타낸 것입니다[15].

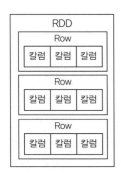

그림 5-1 데이터프레임 입장에서 본 RDD

앞에서 언급한 대로 데이터프레임은 데이터베이스의 테이블이나 R의 데이터프레임과 유사한 로우와 칼럼 구조를 띠고 있기 때문에 데이터프레임 내부의 데이터는 동일한 수의 칼럼 정보를 포함하고 있는 로우의 집합이 됩니다. 따라서 RDD를 비롯해 로우와 칼럼 형태로 만들 수 있는 컬렉션 객체만 있다면 이를 이용해 새로운 데이터프레임을 생성할 수 있습니다.

---

13 이번 절에서는 RDD로부터 데이터프레임을 생성하는 것을 위주로 살펴보지만 사실 RDD와 데이터프레임 그리고 이후에 살펴볼 데이터셋 간에는 상호 변환이 가능합니다. 이러한 변환이 가능한 이유는 성능상의 목적보다는 개발 편의를 위한 성격이 강하다고 할 수 있으므로 변환을 어떻게 하는가보다는 내가 지금 수행하는 작업에 적합한 데이터 모델이 어떤 것인지를 파악하고 이를 적절히 선택해서 사용할 줄 아는 능력이 중요하다고 할 수 있습니다.

14 스키마 정보를 추론하는 방법은 데이터의 일부를 미리 읽어서 해당 데이터로부터 스키마 정보를 유추해 내는 방법입니다. 따라서 일반적인 트랜스포메이션 연산이 호출되는 즉시 수행되지 않는 것과는 달리 RDD에서 데이터프레임으로의 변환 연산은 타입 정보 유추를 위한 연산이 호출 시점에 수행됩니다. 물론 스키마 정보를 직접 제공하는 방식을 사용한다면 타입 정보 유추를 위한 동작은 수행되지 않습니다.

15 편의상 변환이라고 했지만 실제로는 RDD는 그대로 있고 새로운 데이터프레임이 생성되는 것입니다.

다음은 RDD가 아닌 일반 리스트를 이용해 데이터프레임을 생성하는 예제입니다.

[예제 5-15] 데이터프레임 생성 – 스칼라(DataFrameSample.scala)

```scala
case class Person(name: String, age: Int, job: String)

val row1 = Person("hayoon", 7, "student")
val row2 = Person("sunwoo", 13, "student")
val row3 = Person("hajoo", 5, "kindergartener")
val row4 = Person("jinwoo", 13, "student")
val data = List(row1, row2, row3, row4)
val df4 = spark.createDataFrame(data)
```

[예제 5-16] 데이터프레임 생성 – 자바(DataFrameSample.java)

```java
public static class Person implements Serializable {
    private String name;
    private int age;
    private String job;
    .... 생성자, 게터/세터 생략..
}

Person row1 = new Person("hayoon", 7, "student");
Person row2 = new Person("sunwoo", 13, "student");
Person row3 = new Person("hajoo", 5, "kindergartener");
Person row4 = new Person("jinwoo", 13, "student");

List<Person> data = Arrays.asList(row1, row2, row3, row4);
Dataset<Row> df4 = spark.createDataFrame(data, Person.class);
```

[예제 5-17] 데이터프레임 생성 – 파이썬(dataframe_sample.py)

```python
row1 = Row(name="hayoon", age=7, job="student")
row2 = Row(name="sunwoo", age=13, job="student")
row3 = Row(name="hajoo", age=5, job="kindergartener")
row4 = Row(name="jinwoo", age=13, job="student")
data = [row1, row2, row3, row4]
df4 = spark.createDataFrame(data)
```

개발 언어에 따라 조금씩 다른 방법을 사용했지만 일단 데이터프레임이 생성되면 그 결과는 동일합니다. 다음은 데이터프레임의 내용을 출력하는 show() 메서드를 이용해 예제에서 생성한 df 데이터프레임의 내용을 출력한 결과입니다.

```
// df4.show()
+------+---+--------------+
|  name|age|           job|
+------+---+--------------+
|hayoon|  7|       student|
|sunwoo| 13|       student|
| hajoo|  5|kindergartener|
|jinwoo| 13|       student|
+------+---+--------------+
```

show() 메서드는 첫 번째 행에 칼럼 정보를 보여주고 두 번째 이후부터 레코드를 보여주는데, 이를 통해 df 데이터프레임이 총 세 개의 칼럼과 네 개의 레코드를 가지고 있음을 알 수 있습니다.

이처럼 특별한 스키마 정의를 추가하지 않아도 컬렉션에 포함된 오브젝트의 속성값으로부터 알아서 스키마 정보를 추출하고 데이터프레임을 만드는 방법을 리플렉션을 이용한 데이터프레임 생성 방법이라고 하며, 이 방법을 사용할 경우 예제에서와 같이 별도의 스키마 정의 과정이 필요하지 않기 때문에 편리하게 사용할 수 있다는 장점이 있습니다.

리플렉션 방식을 사용하는 방법은 언어별로 조금씩 차이가 있는데, 스칼라의 경우는 scala.Product의 하위 타입인 케이스클래스(case class)[16]나 튜플(tuple) 등의 컬렉션을, 자바의 경우는 자바빈(JavaBean) 컬렉션을, 파이썬의 경우는 예제와 같이 Row 타입 객체에 대한 컬렉션을 사용할 수 있습니다. 이때 컬렉션으로는 언어에 따라 시퀀스 혹은 그 하위 타입인 리스트를 이용할 수 있습니다.

지금까지 로컬 자바 컬렉션을 이용한 리플렉션 방식의 데이터프레임 생성 방법을 살펴봤습니다. 하지만 로컬 자바 컬렉션이 아닌 rdd라고 하더라도 동일한 방법을 사용해 데이터프레임을 생성할 수 있습니다.

다음은 rdd로부터 데이터프레임을 생성하는 예제입니다.

[예제 5-18] 데이터프레임 생성 – 스칼라(scala/DataFrameSample.scala)

```
val rdd = sc.parallelize(data)
val df = spark.createDataFrame(rdd)
```

[예제 5-19] 데이터프레임 생성 – 자바(DataFrameSample.java)

```
JavaRDD<Person> rdd = sc.parallelize(data);
Dataset<Row> df5 = spark.createDataFrame(rdd, Person.class);
```

---

16 만약 스칼라의 케이스클래스를 사용한다면 해당 케이스클래스는 최상위 클래스, 즉 다른 클래스 내부에 정의되지 않은 클래스여야 합니다.

[예제 5-20] 데이터프레임 생성 – 파이썬(dataframe_sample.py)

```
rdd = spark.sparkContext.parallelize(data)
df5 = spark.createDataFrame(data)
```

예제에 사용된 rdd는 이전 예제에서 생성한 Person 객체에 대한 리스트를 이용해 만든 것으로, 데이터프레임으로 변환하는 과정은 동일하다는 것을 알 수 있습니다.

 스칼라를 사용한다면 데이터프레임을 만들기 위해 반드시 케이스 클래스를 정의해야 하는 것은 아닙니다. 예를 들어, 아래와 같이 튜플을 이용해 생성하는 것도 가능합니다.

```
val row1 = ("col_1", "col_2")
val row2 = ("col_1", "col_2")
val data = List(row1, row2)
val df = spark.createDataFrame(data)
```

단, 이 경우 칼럼명 정보는 아래와 같이 자동으로 부여됩니다.

```
+-----+-----+
|   _1|   _2|
+-----+-----+
|col_1|col_2|
|col_1|col_2|
+-----+-----+
```

또한 스칼라 언어에서만 사용 가능한 암시적 변환 방법을 이용하면 아래와 같이 좀 더 간단하게 코드를 작성할 수 있습니다.

```
import spark.implicits._
// data : List(row1, row2)라고 할 때
val df = data.toDF
```

그렇다면 만약 다음과 같은 방법으로 데이터프레임을 만들면 어떻게 될까요?

```
sc.parallelize(List(1, 2, 3)).toDF().show
```

실제로 데이터프레임을 만들고 내용을 조회해 보면 다음과 같습니다.

```
+-----+
|value|
+-----+
|    1|
|    2|
|    3|
+-----+
```

이 경우는 칼럼이 하나이므로 value라는 이름이 부여됐고 각 숫자는 하나의 레코드가 됐습니다. 그렇다면 각 값을 여러 개의 칼럼으로 지정하려면 어떻게 해야 할까요?

```scala
sc.parallelize(List((1, 2, 3))).toDF().show
```

```
+---+---+---+
| _1| _2| _3|
+---+---+---+
|  1|  2|  3|
+---+---+---+
```

당연한 결과지만 의도한 대로 3개의 칼럼으로 변환됐습니다. 직전 예제와의 차이점은 RDD의 내부 데이터로 정수형 리스트가 아닌 튜플(Tuple) 타입의 리스트를 사용한 것뿐입니다.

이러한 차이가 발생한 이유는 데이터프레임이 로우와 칼럼 구조를 가지기 때문에 List(1, 2, 3)과 같은 데이터는 칼럼 하나를 가진 튜플 인스턴스 3개로 인식되기 때문입니다. 즉, List(1, 2, 3).toDF는 List(Tuple1(1), Tuple1(2), Tuple1(3)).toDF와 같다고 할 수 있습니다.

마지막으로 스칼라 언어를 사용하는 경우 scala.Product의 하위 타입인 케이스 클래스(case class)나 튜플(tuple)을 사용해야 한다고 했는데 스칼라에서 제공하는 케이스 클래스와 튜플에 길이 제한이 있다 보니 사용해야 하는 속성 값이 이 제한을 넘는 경우가 가끔 발생하는데 이와 관련된 예제 하나만 더 살펴보고 마무리하겠습니다.

[예제]
```scala
case class Person(name: String, age: Int, job: String)

val foo = Person("foo", 21, "Student")
foo.productIterator.zipWithIndex.foreach(println)
```

[결과]
```
(foo,0)
(21,1)
(Student,2)
```

스칼라 언어에 익숙한 독자분들이라면 잘 알고 있는 내용이겠지만 스칼라에서 Product 타입은 곱타입(Product Type)을 표현하며 타입 내부의 요소를 1, 2, 3...과 같은 인덱스로도 참조할 수 있고 이터레이터(iterator)를 통해 순회하면서 참조할 수도 있습니다. 따라서 Product 타입의 클래스를 사용할 경우 위 예제에서 한 것처럼 이터레이터를 이용해 내부 값들을 일괄적으로 추출한 후 이를 원하는 형태(보통 데이터프레임에서 사용할 칼럼)으로 변환할 수 있어서 데이터프레임 생성에는 Product 하위 클래스를 사용하고 있습니다. 즉 반드시 케이스 클래스나 튜플 타입이 아니더라도 Product 타입을 상속받은 클래스라면 어떤 것이든 이를 이용해 데이터프레임을 생성할 수 있습니다. 다음은 기존 Product 케이스 클래스에 또 다른 항목들을 추가해서 총 30개의 항목을 가진 일반 클래스로 만든 후 이를 데이터프레임으로 변환해 보는 예제입니다.

먼저 아래와 같이 30개의 항목을 가진 일반 클래스를 작성하고 Product를 상속하게 합니다.

```scala
class Person2(
  name: String,
  age:  Int,
  job:  String,
  v3:   String = "-",
  v4:   String = "-",
  ...
  ...
  v29:  String = "-") extends Serializable with Product {

  def canEqual(that: Any) = that.isInstanceOf[Person2]

  def productArity = 30

  def productElement(idx: Int) = idx match {
    case 0  => name
    case 1  => age
    case 2  => job
    case 3  => v3
    case 4  => v4
    ...
    ...
    case 29 => v29
  }
}
```

그리고 기존 케이스 클래스로 했던 것과 동일한 방식으로 데이터프레임을 생성합니다.

```scala
val _row1 = new Person2("hayoon", 7, "student")
val _row2 = new Person2("sunwoo", 13, "student")
val _row3 = new Person2("hajoo", 5, "kindergartener")
val _row4 = new Person2("jinwoo", 13, "student")
val _data = List(_row1, _row2, _row3, _row4)
val _df4 = spark.createDataFrame(_data)

_df4.show
```

[결과]

```
+------+---+--------------+---+---+....+---+
| name|age|           job| v3| v4|....|v29|
+------+---+--------------+---+---+....+---+
```

```
|hayoon|  7|       student|  -|  -|....|  -|
|sunwoo| 13|       student|  -|  -|....|  -|
| hajoo|  5|kindergartener|  -|  -|....|  -|
|jinwoo| 13|       student|  -|  -|....|  -|
+------+---+--------------+---+---+....+---+
```

최종 생성된 데이터프레임의 내용을 보면 총 30개의 칼럼을 가진 데이터프레임이 생성된 것을 확인할 수 있습니다.

5.5.1.2.2 명시적 타입 지정을 통한 데이터프레임 생성

리플렉션 방식을 통한 데이터프레임 생성 방법은 스키마 정보를 일일이 지정하지 않아도 된다는 점에서 사용하기에 편리하다는 장점이 있습니다. 하지만 이 경우 데이터프레임 생성을 위한 케이스 클래스 같은 것들을 따로 정의해야 하는 불편함이 있고 상황에 따라서는 원하는 대로 직접 스키마 정보를 구성할 수 있는 방법이 더 편리할 수 있습니다.

스파크SQL은 이런 경우를 위해 개발자들이 직접 스키마를 지정할 수 있는 방법을 제공하는데 리플렉션 방식을 설명할 때 사용한 것과 동일한 데이터프레임을 생성하는 예제를 통해 그 차이점을 알아보겠습니다.

[예제 5-21] 데이터프레임 생성 – 스칼라(DataFrameSample.scala)

```scala
val sf1 = StructField("name", StringType, nullable = true)
val sf2 = StructField("age", IntegerType, nullable = true)
val sf3 = StructField("job", StringType, nullable = true)
val schema = StructType(List(sf1, sf2, sf3))
val rows = sc.parallelize(List(Row("hayoon", 7, "student"), Row("sunwoo", 13, "student"),
                    Row("hajoo", 5, "kindergartener"), Row("jinwoo", 13, "student")))
val d8 = spark.createDataFrame(rows, schema)
```

[예제 5-22] 데이터프레임 생성 – 자바(DataFrameSample.java)

```java
StructField sf1 = DataTypes.createStructField("name", DataTypes.StringType, true);
StructField sf2 = DataTypes.createStructField("age", DataTypes.IntegerType, true);
StructField sf3 = DataTypes.createStructField("job", DataTypes.StringType, true);
StructType schema = DataTypes.createStructType(Arrays.asList(sf1, sf2, sf3));
Row r1 = RowFactory.create("hayoon", 7, "student");
Row r2 = RowFactory.create("sunwoo", 13, "student");
Row r3 = RowFactory.create("hajoo", 5, "kindergartener");
```

```
Row r4 = RowFactory.create("jinwoo", 13, "student");
List<Row> rows = Arrays.asList(r1, r2, r3, r4);
Dataset<Row> df6 = spark.createDataFrame(rows, schema);
```

[예제 5-23] 데이터프레임 생성 – 파이썬(dataframe_sample.py)

```
sf1 = StructField("name", StringType(), True)
sf2 = StructField("age", IntegerType(), True)
sf3 = StructField("job", StringType(), True)
schema = StructType([sf1, sf2, sf3])
r1 = ("hayoon", 7, "student")
r2 = ("sunwoo", 13, "student")
r3 = ("hajoo", 5, "kindergartener")
r4 = ("jinwoo", 13, "student")
rows = [r1, r2, r3, r4]
df6 = spark.createDataFrame(rows, schema)
```

우선 가장 먼저 할 일은 데이터프레임을 생성할 때 사용할 스키마 정보를 지정하는 것입니다. 데이터프레임의 스키마 정보는 칼럼을 나타내는 StructField와 로우를 나타내는 StructType으로 정의하는데, StructField에는 칼럼의 이름과 타입, null 허용 여부를 지정하고, StructType에는 칼럼으로 사용할 StructField의 목록을 지정하면 됩니다.

이때 StructField의 필드 타입으로 사용 가능한 타입은 org.apache.spark.sql.types.DataType 추상 클래스의 하위 클래스로 정의돼 있으며, 사용 가능한 전체 데이터 타입은 스파크 공식 문서[17]를 통해 확인할 수 있습니다.

다음은 스파크SQL에서 지원하는 주요 데이터 타입 목록입니다. 지원 가능한 전체 목록은 앞에서 설명한 대로 스파크 문서를 참고해 주시기 바랍니다.

데이터 타입	스칼라 타입	API
ByteType	Byte	ByteType
ShortType	Short	ShortType
IntegerType	Int	IntegerType
LongType	Long	LongType
FloatType	Float	FloatType

---

17 https://goo.gl/Q20obY

데이터 타입	스칼라 타입	API
DoubleType	Double	DoubleType
DecimalType	java.math.BigDecimal	DecimalType
StringType	String	StringType
BinaryType	Array[Byte]	BinaryType
BooleanType	Boolean	BooleanType
TimestampType	java.sql.Timestamp	TimestampType
DateType	java.sql.Date	DateType
ArrayType	scala.collection.Seq	ArrayType(elementType, [containsNull])
MapType	scala.collection.Map	MapType(keyType, valueType, [valueContainsNull])
StructType	org.apache.spark.sql.Row	StructType(fields)
StructField	StructField에 포함된 데이터 타입	StructField(name, dataType, nullable)

StructField와 StructType 정보를 구성했다면 데이터프레임을 생성할 데이터를 준비할 차례입니다.

데이터는 스파크SQL에서 제공하는 org.apache.spark.sql.Row 객체로 정의해야 하는데, 구체적인 Row객체 생성 문법은 예제와 같이 사용하는 언어에 따라 차이가 있습니다. 하지만 어떤 방법을 사용하든 방금 전에 지정한 스키마 정보에 맞춰 Row 객체를 생성하는 과정이라고 이해하면 됩니다.

모든 준비가 완료되면 스파크세션이 제공하는 createDataFrame() 메서드를 이용해 데이터프레임을 생성합니다. 이때 방금 전에 준비한 데이터, 즉 Row 객체의 집합과 StructType 정보를 인자로 전달해야 합니다.

그럼 생성된 데이터프레임이 정말 이전 예제와 같은 결과를 보여주는지 확인해 보겠습니다.

```
df.show
+------+---+-------------+
|  name|age|          job|
+------+---+-------------+
|hayoon|  7|      student|
|sunwoo| 13|      student|
| hajoo|  5|kindergartener|
|jinwoo| 13|      student|
+------+---+-------------+
```

StructType과 StructField에 정의한 대로 칼럼이 생성되고 값이 저장된 것을 확인할 수 있습니다.

마지막으로 스파크에서는 준비된 데이터 없이 데이터프레임을 생성할 수 있도록 range와 emptyDataFrame이라는 메서드도 제공하는데 이를 이용하면 간단한 기능 테스트 등을 빠르게 수행해 볼 수 있습니다. 다음은 스파크셸에서 테스트해 본 결과입니다.

```scala
scala> spark.range(0, 6, 2).show
+---+
| id|
+---+
|  0|
|  2|
|  4|
+---+


scala> spark.emptyDataFrame.show
++
||
++
++
```

emptyDataFrame의 경우 위와 같은 빈 데이터프레임을 생성하며 range 메서드의 경우 id라는 이름을 가진 Long 타입 칼럼 한 개를 가진 데이터프레임을 생성합니다. 이때 첫 번째 인자는 첫 행의 값을 의미하고 두 번째 인자는 마지막 행의 값을 의미합니다. 세 번째 인자는 각 행 간의 값의 차이를 의미하는데 지정하지 않을 경우 1단위로 증가하고 예제와 같이 지정할 경우 해당 크기만큼 증가합니다. 또 예제에서는 사용하지 않았지만 네 번째 인자를 지정해서 파티션 크기도 설정할 수 있습니다.

5.5.1.2.3 이미지 파일을 이용한 데이터프레임 생성

스파크 2.3.0부터는 이미지 파일을 이용해 데이터프레임을 생성할 수 있게 됐습니다. 생성하는 방법은 기존의 csv나 파케이 파일을 이용할 때와 같이 이미지 파일이 있는 경로를 지정하면 되는데, 생성할 때 사용하는 API가 다르기 때문에 간단한 코드를 통해 살펴보겠습니다.

```scala
scala> import org.apache.spark.ml.image.ImageSchema
scala> val sparkHomeDir = "/Users/beginspark/Apps/spark"
scala> val path = s"file:///$sparkHomeDir/data/mllib/images"
scala> val recursive = true
```

```scala
scala> val numPartitions = 2
scala> val dropImageFailures = true
scala> val sampleRatio = 1.0
scala> val seed = 0

// path: 이미지 파일이 포함된 디렉터리 경로
// spark: 스파크세션
// recursive: 하위 디렉터리 탐색 여부
// numPartitions: 파티션 수
// dropImageFailures: 비정상 이미지 또는 이미지 파일이 아닐 경우 제외
// sampleRatio, seed: 샘플로 사용할 파일의 비율(하둡의 SamplePathFiler[18] 클래스에서
// 사용할 속성값을 지정)
scala> val df = ImageSchema.readImages(path, spark, recursive, numPartitions, dropImageFailures,
sampleRatio, seed)

scala> df.printSchema()
root
 |-- image: struct (nullable = true)
 |    |-- origin: string (nullable = true)
 |    |-- height: integer (nullable = false)
 |    |-- width: integer (nullable = false)
 |    |-- nChannels: integer (nullable = false)
 |    |-- mode: integer (nullable = false)
 |    |-- data: binary (nullable = false)

scala> df.select($"image.origin", $"image.height", $"image.width", $"image.nChannels", $"image.
mode").show(false)
```

origin	height	width	nChannels	mode
file:/User.../images/kittens/29.5.a_b_EGDP022204.jpg	200	300	3	16
file:/User.../images/kittens/DP153539.jpg	296	300	3	16
file:/User.../images/multi-channel/BGRA.png	100	100	4	24
file:/User.../images/multi-channel/chr30.4.184.jpg	215	300	3	16
file:/User.../images/kittens/54893.jpg	311	300	3	16
file:/User.../images/kittens/DP802813.jpg	313	199	3	16
file:/User.../images/multi-channel/BGRA_alpha_60.png	100	100	4	24
file:/User.../images/multi-channel/grayscale.jpg	215	300	1	0

---

18 https://goo.gl/FtC2tk

맨 마지막 실행 결과는 내용이 길어서 일부 편집했지만 이미지의 전체 경로와 가로, 세로, 채널 정보가 포함된 것을 볼 수 있습니다. 또한 본문에는 싣지 않았지만 data 칼럼에 바이너리 포맷으로 이미지의 데이터 정보도 함께 포함됩니다.

5.5.2 주요 연산 및 사용법

지금까지 데이터프레임의 생성 방법을 알아봤습니다. 이번에는 데이터프레임이 제공하는 주요 데이터 처리 기능을 살펴볼 차례인데, 그 전에 데이터프레임과 데이터셋의 관계를 다시 한번 정리하고 남은 내용을 살펴보겠습니다.

앞에서 "데이터프레임"이 org.apache.spark.sql.Row 타입의 객체로 구성된 데이터셋을 가리키는 용어라고 배웠습니다. 실제로 스칼라 API에서 데이터셋의 선언부를 살펴보면 Dataset[T]라고 돼 있는 것을 볼 수 있는데, 이때 Dataset[Int], Dataset[String] 등은 그냥 데이터셋이라고 부르고 유일하게 Dataset[Row]인 경우에만 데이터프레임이라는 용어를 사용합니다.

이렇게 동일한 타입을 특별히 구분해서 사용하는 이유는 Dataset[Row]인 경우 사용 가능한 트랜스포메이션 연산의 종류가 달라지기 때문입니다.

지금부터 데이터셋이 제공하는 주요 연산을 살펴보면서 이 가운데 데이터프레임에 특화된 것들은 어떤 것들이 있는지 하나씩 알아보겠습니다.

 연산 설명에 사용되는 예제는 예제 프로젝트의 아래 경로에서 찾을 수 있습니다. 따라서 책에서는 편의상 스파크 셸을 이용했지만 이클립스나 인텔리제이 같은 IDE를 이용해 테스트해 볼 수 있습니다.

- 스칼라
    - src/main/scala/com/wikibooks/spark/ch5/scala/DataFrameSample.scala
    - src/main/scala/com/wikibooks/spark/ch5/scala/DataSetSample.scala

- 자바
    - src/main/java/com/wikibooks/spark/ch5/DataFrameSample.java
    - src/main/java/com/wikibooks/spark/ch5/DataSetSample.java

- 파이썬
    - source/Python/ch5/dataframe_sample.py
    - 파이썬의 경우 데이터셋을 사용할 수 없습니다.

또한 스파크 셸에서 예제를 실행한 결과를 본문에 기록할 경우 설명에 필요하지 않은 부분은 제외하고 본문에 기록했습니다. 예를 들어, 변수 a = 1을 선언할 경우 스파크 셸에서는

```
scala> val a = 1
 a: Int = 1
```

과 같이 표시되지만 본문에서는 "a: Int = 1" 부분을 제외한

```
scala> val a = 1
```

부분만 기록돼 있으므로 실제 결과와 비교할 때 혼동하지 않길 바랍니다.

마지막으로 스파크 SQL의 경우 대부분의 메서드 사용법이 언어별로 거의 차이가 없거나 완전히 동일한 경우가 많습니다. 따라서 본문에서는 스칼라 언어의 예제를 대표로 보여주고 개별 언어별 구현 방식의 차이를 보여줘야 할 경우에 한해서 추가적으로 개별 언어의 구현 코드를 보여주고 있습니다. 하지만 별도로 제공되는 예제 프로젝트에서는 모든 언어의 코드가 제공되고 있으므로 각 언어별 구현 예제는 예제 코드를 참고하시기 바랍니다.

5.5.2.1 액션 연산

데이터셋은 RDD와 마찬가지로 액션 연산과 트랜스포메이션 연산을 제공하며, 액션 연산이 호출될 때만 실제 연산이 수행됩니다. 이는 데이터프레임이 제공하는 비타입 트랜스포메이션 연산의 경우도 마찬가지이며, 액션 연산을 호출해야만 트랜스포메이션 연산의 결과를 확인할 수 있습니다.

다음은 이후 내용을 설명하는 과정에서 사용할 데이터프레임을 생성하는 코드입니다. 앞의 노트에서도 언급했듯이 간단한 내용은 구현 언어별 코드 작성 방법에 큰 차이가 없으므로 스파크셸을 이용한 스칼라 예제 코드만 살펴보고 필요한 경우에 한해 구현 언어별 예제를 살펴보겠습니다.

```scala
scala> case class Person(name: String, age: Int, job: String)
scala> val row1 = Person("hayoon", 7, "student")
scala> val row2 = Person("sunwoo", 13, "student")
scala> val row3 = Person("hajoo", 5, "kindergartener")
scala> val row4 = Person("jinwoo", 13, "student")
scala> val data = List(row1, row2, row3, row4)
scala> val df = spark.createDataFrame(data)
```

5.5.2.1.1 show()

데이터셋에 저장된 데이터를 화면에 출력해서 보여줍니다. 이 메서드에는 두 개의 인자를 지정할 수 있는데, 첫 번째는 화면에 출력해서 보여줄 로우의 수를 지정하는 것으로, 별도로 지정하지 않을 경우 최초 20개의 로우만 화면에 출력합니다. 두 번째 인자는 칼럼의 내용이 긴 경우 이를 짧게 잘라서 출력해줄지 여부를 true 또는 false로 지정하는 것으로, 값을 지정하지 않거나 true로 설정

할 경우 20바이트를 초과하는 문자열의 경우 처음 17바이트와 "..."를 조합한 문자열로 화면에 출력합니다.

다음은 스파크 셸에서 df 데이터프레임의 내용을 조회한 결과입니다.

```
scala> df.show
+------+---+--------------+
|  name|age|           job|
+------+---+--------------+
|hayoon|  7|       student|
|sunwoo| 13|       student|
| hajoo|  5|kindergartener|
|jinwoo| 13|       student|
+------+---+--------------+
```

 스파크 2.3.0부터는 show 메서드에서 데이터를 세로로 보여주는 옵션이 추가됐습니다. 다음은 방금 전 살펴본 데이터프레임의 내용을 칼럼별로 세로로 표시하는 예제입니다.

[실행]

```
df.show(10, 3, true)
```

[결과]

```
-RECORD 0---
 name | hay
 age  | 7
 job  | stu
-RECORD 1---
 name | sun
 age  | 13
 job  | stu
-RECORD 2---
 name | haj
 age  | 5
 job  | kin
-RECORD 3---
 name | jin
 age  | 13
 job  | stu
```

결과를 보면 세로 모드 출력이 어떤 것인지 바로 이해할 수 있을 것입니다. 코드를 보면 show 메서드에 모두 3개의 인자가 전달되는데, 첫 번째 숫자는 레코드 수를 표시하고 두 번째는 표시할 값의 길이를 나타냅니다. 즉 예제처럼 3으로 지정할 경우 값의 내용이 맨 처음 3글자만 표시됩니다. 마지막 true로 표시된 부분은 세로 출력 여부를 지정하는 것으로 true로 지정할 경우 세로로 표시됩니다.

5.5.2.1.2 head(), first()

head()는 데이터셋의 첫 번째 로우를 돌려줍니다. 이때 결괏값은 Row 타입의 객체가 됩니다. first()는 head() 메서드에 대한 별칭으로 두 메서드 모두 같은 결과를 출력합니다.

다음은 스파크 셸에서 실행한 결과입니다.

```scala
scala> df.head
res1: org.apache.spark.sql.Row = [hayoon,7,student]

scala> df.first
res2: org.apache.spark.sql.Row = [hayoon,7,student]
```

5.5.2.1.3 take()

데이터셋의 첫 n개의 로우를 돌려줍니다. 몇 개의 로우를 조회할지에 대한 설정은 take(n)과 같이 n 매개변수로 지정합니다. 다음은 스파크 셸에서 실행한 결과입니다.

```scala
scala> df.take(2)
res3: Array[org.apache.spark.sql.Row] = Array([hayoon,7,student], [sunwoo,13,student])
```

5.5.2.1.4 count()

RDD의 count() 연산과 같으며, 데이터셋에 포함된 로우의 개수를 리턴합니다. 다음은 스파크 셸에서 실행한 결과입니다.

```scala
scala> df.count
res4: Long = 4
```

5.5.2.1.5 collect(), collectAsList()

데이터셋에 포함된 모든 데이터를 로컬 컬렉션(배열, 리스트) 형태로 돌려줍니다. 이때 RDD의 경우와 마찬가지로 데이터프레임에 속하는 모든 데이터가 드라이버 프로그램의 메모리에 적재되므로 메모리 부족 에러가 발생하지 않도록 주의해서 사용해야 합니다.

다음은 스파크 셸에서 실행한 결과입니다.

```scala
scala> df.collect
res5: Array[org.apache.spark.sql.Row] = Array([hayoon,7,student], [sunwoo,13,student],
[hajoo,5,kindergartener], [jinwoo,13,student])
```

```
scala> df.collectAsList
res6: java.util.List[org.apache.spark.sql.Row] = [[hayoon,7,student], [sunwoo,13,student],
[hajoo,5,kindergartener], [jinwoo,13,student]]
```

collectAsList() 메서드는 배열(Array) 대신 리스트(List) 타입의 객체를 돌려주는데, 파이썬의 경우는 사용할 수 없습니다.

5.5.2.1.6 describe()

숫자형 칼럼에 대해 기초 통계값인 총 건수, 평균, 표준편차, 최솟값/최댓값을 포함하는 데이터프레임을 생성합니다. 호출과 동시에 실행되는 액션 연산에 해당하지만 다른 액션 연산과 달리 반환 타입의 유형이 데이터프레임이라는 특징이 있습니다.

다음은 스파크 셸에서 df의 나이 항목에 대해 describe() 연산을 적용한 예입니다.

```
scala> df.describe("age").show
+-------+-----------------+
|summary|              age|
+-------+-----------------+
|  count|                4|
|   mean|              9.5|
| stddev|4.123105625617661|
|    min|                5|
|    max|               13|
+-------+-----------------+
```

5.5.2.2. 기본 연산

데이터셋이 제공하는 연산은 크게 기본 연산, 타입 트랜스포메이션 연산, 비타입 트랜스포메이션 연산, 액션 연산으로 나눌 수 있습니다. 이 가운데 비타입 트랜스포메이션 연산은 데이터셋의 구성요소가 org.apache.spark.sql.Row 타입인 경우, 즉 데이터프레임인 경우에만 사용 가능하고 타입 트랜스포메이션 연산은 데이터프레임이 아닌 데이터셋인 경우에만 사용이 가능하며, 그 밖의 나머지 기본 연산과 액션 연산은 데이터셋의 구성요소 타입과 무관하게 항상 사용 가능합니다.

다음은 데이터셋이 제공하는 기본 연산입니다.

5.5.2.2.1 cache(), persist()

RDD에서와 마찬가지로 작업 중인 데이터를 메모리에 저장합니다. 단 데이터셋의 경우 스키마 정보를 활용해 칼럼 단위로 데이터를 다룰 수 있으므로 최적화된 방식으로 메모리에 저장할 수 있습니다. persist()는 데이터 저장 방법과 관련된 옵션(Storage Level)을 선택할 수 있는데, 선택 가능한 값으로 NONE, DISK_ONLY, DISK_ONLY_2, MEMORY_ONLY, MEMORY_ONLY_2, MEMORY_ONLY_SER, MEMORY_ONLY_SER_2, MEMORY_AND_DISK, MEMORY_AND_DISK_2, MEMORY_AND_DISK_SER, MEMORY_AND_DISK_SER_2, OFF_HEAP 등이 있습니다.

각 옵션은 특별한 설명을 하지 않아도 그 의미를 알 수 있을 만큼 적절한 단어로 정의돼 있으므로 다음과 같은 규칙을 사용하고 있다는 것만 유의해서 보면 어떤 조건으로 저장하는 것인지 쉽게 이해할 수 있습니다.

- DISK와 MEMORY는 각각 디스크와 메모리에 저장함을 의미합니다.

- ONLY라는 단어가 붙은 것은 오직 한 가지 방법으로만 저장함을 의미합니다. 예를 들어, DISK_ONLY의 경우 디스크에만 저장함을 의미합니다.

- AND라는 단어가 붙은 것은 두 가지 방법으로 저장함을 의미합니다. 예를 들어, MEMORY_AND_DISK는 먼저 메모리에 저장하고 저장 공간이 부족할 경우 디스크에 저장함을 의미합니다.

- 맨 끝에 2라는 숫자가 붙은 것은 복제(replication) 횟수가 2임을 의미합니다. 이 경우 서로 다른 두 개의 워커 노드에 저장됩니다.

- SER이라는 단어가 붙은 것은 객체를 저장할 때 직렬화된 상태(serialized)로 저장함을 의미합니다. 이 경우 직렬화로 인해 저장할 대상 데이터의 크기가 줄어드는 효과가 있지만 실제 사용하는 과정에서 역직렬화(deserialized)로 인한 CPU 부하가 커진다는 단점도 있습니다.

- OFF_HEAP은 객체를 저장할 때 JVM의 메모리 영역이 아닌 외부 공간을 사용하는 OFF_HEAP 방식으로 저장한다는 의미입니다. 단, 이 옵션을 사용하기 위해서는 off_heap 메모리 사용을 위해 spark.memory.offHeap.enabled 속성을 true로 설정하고 spark.memory.offHeap.size 속성을 0이 아닌 적절한 크기로 지정해야 합니다.

- NONE은 디스크, 메모리, OFF_HEAP 등 어떤 저장 옵션도 사용하지 않는다는 의미로 사실상 캐시를 적용하지 않는 것과 같습니다. 이 옵션이 사용되는 대표적인 경우는 저장된 캐시를 삭제하는 unpersist() 메서드를 호출하는 경우로서 unpersist() 메서드 내부에서 StorageLevel를 NONE으로 설정합니다.

cache()는 persist()와 동일한 기능을 수행하며, 스파크SQL의 기본값인 MEMORY_AND_DISK 타입을 사용합니다.

다음은 스파크 셸에서 실행한 결과입니다.

```
scala> import org.apache.spark.storage.StorageLevel
scala> df.persist(StorageLevel.MEMORY_AND_DISK_2)
res28: df.type = [name: string, age: int ... 1 more field]
```

위 결과를 보면 알 수 있듯이 cache나 persist의 경우 메서드 실행 결과만으로는 캐시가 성공적으로 수행됐는지 여부를 알 수 없습니다. 따라서 이 경우는 앞장에서 살펴본 스파크 웹UI를 통해 캐시의 수행 여부를 확인해야 합니다.

그럼 캐시가 잘 됐는지 확인하기 위해 브라우저를 열고 http://〈스파크셸을실행시킨서버〉:4040/으로 접속해 보겠습니다. 물론 방금 persist 메서드를 수행한 스파크 셸은 계속 실행 중인 상태여야 합니다. 일단 스파크 UI 화면에 접속이 되면 상단에 있는 탭 중에서 "Storage" 탭을 눌러서 캐시 상태를 조회하는 화면으로 이동합니다. 이제 정상적인 경우라면 캐시 중인 데이터의 정보가 화면에 출력돼야 합니다.

하지만 이 책의 예제를 그대로 따라하신 분들이라면 아마도 화면에 아무것도 나타나지 않는 것을 확인할 수 있을 것입니다. 그 이유는 cache와 persist 메서드가 트랜스포메이션 메서드이기 때문에 앞에서 살펴본 대로 액션 동작이 호출돼야만 캐시를 수행하기 때문입니다.

따라서 캐시 동작이 정상적으로 수행될 수 있도록 스파크셸에서 간단한 액션 연산인 count를 사용해 보겠습니다.

```
scala> df.count
res1: Long = 4
```

count 연산이 정상적으로 수행되면 다시 스파크 UI 화면으로 돌아가서 Storage 탭을 확인해 보겠습니다. 이번에는 아래와 같이 정상적으로 캐시 정보가 나타나는 것을 확인할 수 있을 것입니다.

Storage

RDDs

RDD Name	Storage Level	Cached Partitions	Fraction Cached	Size in Memory	Size on Disk
LocalTableScan [name#0, age#1, job#2]	Memory Deserialized 2x Replicated	4	100%	2.5 KB	0.0 B

위 그림에서 RDD Name으로 사용된 "LocalTableScan..." 부분은 예제와 같이 로컬 컬렉션으로 생성된 데이터프레임을 다룰 때 사용하는 스파크 내부 표현이며 나머지 Storage Level, Cached Partitions, Fraction Cached(실제 캐시된 비율) 등은 이름을 통해서도 어떤 의미인지 이해할 수

있을 것입니다. 이때 RDD Name을 클릭하면 더욱 상세한 화면을 볼 수 있는데 이를 통해 각 블럭별 캐시 현황과 OFF_HEAP 사용 여부 등을 확인할 수 있을 것입니다(OFF_HEAP을 사용하려는 경우 앞에서 언급한 설정을 정확히 설정하고 StorageLevel을 OFF_HEAP으로 설정한 뒤에 persist 함수를 사용해야 합니다).

마지막으로 스파크 UI를 사용하지 않더라도 아래와 같은 방법으로 실제 캐시 여부와 좀 더 상세한 캐시 상태를 확인할 수 있습니다. 아래 결과는 이번 장의 뒷부분에서 살펴볼 스파크 실행 계획에 해당되는 내용인데 자세히 보면 캐시를 나타내는 "CachedData"라는 항목이 포함돼 있음을 확인할 수 있습니다.

[실행]

```scala
scala> spark.sharedState.cacheManager.lookupCachedData(df)
```

[결과]

```
res1: Option[org.apache.spark.sql.execution.CachedData] =
Some(CachedData(LocalRelation [name#0, age#1, job#2]
,InMemoryRelation [name#0, age#1, job#2], true, 10000, StorageLevel(disk, memory, deserialized,
2 replicas)
   +- LocalTableScan [name#0, age#1, job#2]
))
```

위 예제에서는 이미 캐시가 성공한 상태이기 때문에 Some(CachedData...) 같은 값이 리턴됐으나 만약 캐시되지 않았을 경우에는 결과로 None이 리턴됩니다.

5.5.2.2.2 printSchema(), columns, dtypes, schema

데이터셋은 다양한 방법으로 스키마 정보를 조회할 수 있는 메서드를 제공합니다.

다음은 스파크 셸에서 실행한 결과입니다. 실행 결과를 통해 메서드별 차이를 확인할 수 있습니다.

```scala
// schema
scala> df.printSchema()
root
 |-- name: string (nullable = true)
 |-- age: integer (nullable = false)
 |-- job: string (nullable = true)

// columns
scala> df.columns
res30: Array[String] = Array(name, age, job)
```

```
// dtypes
scala> df.dtypes
res31: Array[(String, String)] = Array((name,StringType), (age,IntegerType), (job,StringType))

// schema
scala> df.schema
res32: org.apache.spark.sql.types.StructType = StructType(StructField(name,StringType,true), StructField(age,IntegerType,false), StructField(job,StringType,true))
```

5.5.2.2.3 createOrReplaceTempView()

createOrReplaceTempView는 데이터프레임을 테이블로 변환하는 메서드로, 테이블이 생성된 후에는 SQL을 사용해 데이터 처리를 수행할 수 있습니다. 이 방식은 실제로 아파치 하이브에서 사용하는 것과 유사한 방법으로 스파크에서는 세션별로 카탈로그(Catalog) 객체를 할당해서 SQL 처리에 사용할 데이터베이스나 테이블/뷰, 함수 등의 메타 정보를 관리할 메타 스토어를 사용할 수 있도록 지원하고 있습니다. 단, 이 메서드로 생성된 테이블은 스파크세션이 유지되는 동안만 유효하고 해당 세션이 종료되면 사라집니다. 다음은 바로 앞에서 살펴본 df 데이터프레임을 createOrReplaceTempView()로 등록하고 SQL로 내용을 조회하는 예제입니다. 이번 예제에서는 createOrReplaceTempView만 다루지만 createGlobalTempView, createOrReplaceGlobalTempView, createTempView 등의 유사 메서드도 사용할 수 있습니다(여기서 Global이 포함된 것은 모든 세션에서 사용 가능한 테이블 또는 뷰를 만들 때 사용하고 create/createOr는 기존 테이블 또는 뷰가 있을 때 이를 어떻게 처리할지 여부에 따라 나뉩니다. 이름 자체가 동작을 설명하기에 충분하므로 별도의 설명은 생략하겠습니다).

```
scala> df.createOrReplaceTempView("users")
scala> spark.sql("select name, age from users where age > 10").show
+------+---+
|  name|age|
+------+---+
|sunwoo| 13|
|jinwoo| 13|
+------+---+
```

5.5.2.2.4 explain()

이 메서드는 데이터프레임 처리와 관련된 실행 계획 정보를 출력합니다. 아래는 방금 살펴본 SQL을 통한 데이터 조회 예제의 실행 계획 정보입니다.

```
scala> spark.sql("select name, age from users where age > 20").explain(true)
== Parsed Logical Plan ==
'Project ['name, 'age]
+- 'Filter ('age > 20)
   +- 'UnresolvedRelation `users`

== Analyzed Logical Plan ==
name: string, age: int
Project [name#0, age#1]
+- Filter (age#1 > 20)
   +- SubqueryAlias users
      +- LocalRelation [name#0, age#1, job#2]

== Optimized Logical Plan ==
Project [name#0, age#1]
+- Filter (age#1 > 20)
   +- InMemoryRelation [name#0, age#1, job#2], true, 10000, StorageLevel(disk, memory,
deserialized, 2 replicas)
         +- LocalTableScan [name#0, age#1, job#2]

== Physical Plan ==
*Filter (age#1 > 20)
+- InMemoryTableScan [name#0, age#1], [(age#1 > 20)]
      +- InMemoryRelation [name#0, age#1, job#2], true, 10000, StorageLevel(disk, memory,
deserialized, 2 replicas)
            +- LocalTableScan [name#0, age#1, job#2]
```

데이터프레임의 실행 계획과 관련된 내용은 스파크의 성능 최적화와 관련된 것으로 다뤄야 할 주제
가 많기 때문에 지금은 각 연산의 사용법에 초점을 맞추어 살펴보고 이번 장의 끝부분에서 조금 더
자세하게 알아보겠습니다.

5.5.2.3 비타입 트랜스포메이션 연산

비타입 트랜스포메이션 연산은 데이터의 실제 타입을 사용하지 않는 변환 연산을 수행한다는 의미
에서 붙여진 이름입니다. 이 말의 의미가 무엇인지 알아보기 위해 동일한 Person 오브젝트로 구성
된 RDD와 데이터프레임을 준비하고 이들로부터 age 값이 10 이상인 데이터만 조회할 경우 어떤
부분이 달라지게 되는지 확인해 보겠습니다.

먼저 RDD의 경우입니다. 데이터 중 조건을 만족하는 일부만 골라내는 것이므로 익숙한 filter 연산
을 이용하면 쉽게 처리할 수 있습니다. 이때 filter 연산 내부에서 아래와 같이 Person 오브젝트의
age 속성값을 직접 확인하면 되므로 원하는 데이터를 간단히 걸러낼 수 있습니다.

```
// RDD
scala> rdd.filter(p => p.age > 10).collect.foreach(println)
```

[결과]

```
Person(sunwoo,13,student)
Person(jinwoo,13,student)
```

다음은 데이터프레임의 경우입니다. 데이터프레임에도 동일한 이름의 filter 연산이 있기 때문에 이를 이용하면 동일한 결과를 얻을 수 있을 것입니다(아직 데이터프레임의 filter 연산에 대해 알아보기 전이지만 API 문서를 찾아보면 RDD의 filter와 데이터프레임의 filter는 이름도 같고 역할도 같다는 것을 알 수 있습니다).

```
// 데이터프레임
scala> df.filter(p => p.age > 10).show
```

[결과]

```
<console>:39: error: value age is not a member of org.apache.spark.sql.Row
      df.filter(p => p.age > 10).show
```

분명 같은 역할을 하는 메서드를 사용했는데 "value age is not a member of org.apache.spark. sql.Row"라는 오류가 발생하는 것을 확인할 수 있습니다. 이 오류의 의미는 filter 함수에서 사용된 변수 p가 Person 타입이 아닌 "org.apache.spark.sql.Row" 타입의 오브젝트라는 뜻으로, 이를 통해 데이터프레임의 filter 함수 내부에서 참조하는 데이터들이 원래 데이터 타입인 Person이 아니라는 것을 알 수 있습니다. 결국 이처럼 데이터의 원래 타입(예제의 경우 Person 타입)이 아닌 Row라는 타입을 사용해 트랜스포메이션 연산을 수행하게 된다는 의미로 비타입 트랜스포메이션 연산이라는 이름을 사용하게 된 것입니다.

물론 데이터프레임은 스파크 2.0 이전부터 있었고 로우(Row) 타입에 기반한 트랜스포메이션 연산도 대부분 데이터프레임 초기부터 사용해 오던 것들이었지만 지금처럼 "비타입"이니 "타입"이니 하는 구분은 사용하지 않았습니다. 하지만 스파크 2.0부터 데이터프레임이 사라지고 데이터셋으로 통합되면서 데이터셋 하나로 두 가지 형태의 연산을 모두 제공하게 됐고 이를 구분하기 위해 타입 트랜스포메이션과 비타입 트랜스포메이션이라는 용어를 사용하게 됐습니다.

이번에 살펴볼 내용은 기존 데이터 프레임에서 제공하던 연산에 해당하는 비타입 트랜스포메이션에 대한 것입니다. 이 방법은 기존의 RDD에서 사용하던 방식과 다소 차이가 있으므로 우선 스파크 SQL API를 이용한 코드 작성 방법에 대한 전반적인 절차를 따라가면서 하나씩 살펴보겠습니다.

5.5.2.4 Row, Column, functions

비타입 트랜스포메이션 연산을 사용할 때는 Row와 Column, functions라는 세 가지 주제를 잘 이해할 필요가 있습니다. 이 세 가지 용어는 데이터베이스를 다룰 때 일반적인 의미로도 사용되지만 이번 절에서 언급하는 Row와 Column, functions는 스파크SQL에서 제공하는 프로그래밍 API인 org.apache.spark.sql.Row와 org.apache.spark.sql.Column, org.apache.spark.sql.functions를 의미합니다. (따라서 이번 절에서는 API임을 강조하기 위해 해당 이름을 영문으로 표기하겠습니다.)

Row와 Column이 실제 코드에서 어떻게 사용되는지 알아보기 위해 간단한 예제를 하나 살펴보겠습니다. 예를 들어, name과 age라는 칼럼을 가진 데이터프레임 "df"가 있습니다. 이때 SQL 문을 이용해 나이가 10살 이상인 데이터를 찾고 싶다면 스파크 셸에서 아래와 같이 처리할 수 있습니다.

```
scala> df.createOrReplaceTempView("person")

scala> spark.sql(" select * from person where age > 10 ").show
+------+---+-------+
| name|age|    job|
+------+---+-------+
|sunwoo| 13|student|
|jinwoo| 13|student|
+------+---+-------+
```

위 코드는 데이터프레임을 테이블로 등록하고 우리에게 익숙한 SQL 문을 사용해 원하는 데이터를 조회하는 방법을 사용한 것입니다.

이제 같은 동작을 수행하는 코드를 API를 사용하는 방식으로 작성해 보겠습니다.

```
scala> df.where(col("age") > 10).show
+------+---+-------+
| name|age|    job|
+------+---+-------+
|sunwoo| 13|student|
|jinwoo| 13|student|
+------+---+-------+
```

"select …"로 시작되는 완성된 SQL 구문을 사용하지는 않았지만 원래 SQL 문을 통해 전달하고자 했던 핵심 내용을 where(col("age") > 10) 구문을 통해 동일하게 표현하고 있고 실행 결과 역시 SQL 문을 사용했을 때와 같다는 사실을 알 수 있습니다.[19]

---

19 이 같은 방식은 .NET의 LINQ(https://goo.gl/ZnWxeD)와도 유사합니다.

데이터프레임은 SQL 문의 "where" 절에 대응하는 where() 메서드를 제공하는데, 이때 where() 메서드의 인자로 전달된 col("age") 부분이 바로 "나이" 칼럼에 해당하는 Column 객체를 생성하는 구문입니다.

Column은 org.apache.spark.sql 패키지에 정의된 클래스로서 해당 칼럼에 대응되는 데이터를 처리하기 위한 〉, 〈, +와 같은 다양한 연산을 제공합니다. 예를 들어, df라는 데이터프레임에서 "age"라는 칼럼의 값을 조회할 때 사용하는 "select age as col1 from … "과 같은 쿼리 문장은 스파크 SQL의 칼럼 API를 이용해 df.select(col("age").as("col1"))과 같은 방법으로 표현할 수 있습니다.

Column은 사용하는 언어에 따라 다양한 방법으로 생성할 수 있는데, 자바의 경우 df.col("age")와 같이 DataSet의 col() 메서드를 이용해 생성할 수 있으며, 스칼라의 경우는 df.col("age") 외에도 DataFrame 컴패니언 객체의 apply() 메서드를 이용한 df("age") 또는 functions 오브젝트의 col() 메서드를 이용한 col("age")과 같은 방법을 사용할 수 있습니다.

특히 스칼라 언어를 사용할 경우 스파크세션의 암묵적 변환 방식을 이용해 다음과 같이 좀 더 간결하게 표현할 수 있습니다.

```
// 암묵적 변환을 위한 import 문 추가
import spark.implicits._

// '칼럼명 형태로 칼럼 생성
df.where('age > 10).show

// $"칼럼명" 형태로 칼럼 생성
df.where($"age" > 10)
```

예제에서 'age와 $"age"는 모두 age에 해당하는 칼럼 객체를 생성하는 코드로서 둘 중 어떤 표현식을 사용하든 같은 결과를 얻을 수 있습니다.

마지막으로 파이썬의 경우는 df.where(df.age > 10)과 같이 '데이터프레임명'.'칼럼명' 형태로 사용할 수 있습니다.

Column 클래스는 데이터 처리를 위한 다양한 메서드를 제공하는데, 여기에는 ===, 〉, 〈 등의 비교 연산과 +, −, x, % 등의 간단한 수치 연산, 그리고 contains, when, startWith 등의 문자열, 집합, 논리 연산 등이 포함됩니다.

대부분 API 문서를 보면 쉽게 알 수 있는 것들이므로 이 책에서는 칼럼 활용의 예를 익히기 위해 간단한 몇 가지 메서드만 살펴보겠습니다.

5.5.2.4.1 !==, ===

두 개의 칼럼 값이 같은지 비교합니다. 이때 "="나 "=="가 아닌 "==="(또는 !==)로 표시한다는 것을 알아두기 바랍니다.

5.5.2.4.2 alias(), as()

칼럼의 별칭을 부여합니다. SQL 문에서 칼럼에 별칭을 부여할 때 사용하는 "AS" 구문과 같은 용도로 사용되며, df("columnName").as("newName") 형태로 사용합니다. 다음은 스칼라 셸에서 age 칼럼에 1을 더한 후 조회한 결과입니다.

```
scala> df.select('age + 1).show()
+---------+
|(age + 1)|
+---------+
|        8|
|       14|
|        6|
|       14|
+---------+
```

칼럼명 정보가 "age"에서 "age + 1"로 변경된 것을 확인할 수 있습니다. 이제 이 칼럼 이름을 이전대로 돌려놓기 위해 아래와 같이 as() 또는 alias() 메서드를 사용할 수 있습니다.

```
scala> df.select(('age + 1).as("age")).show()
+---+
|age|
+---+
|  8|
| 14|
|  6|
| 14|
+---+
```

칼럼명 정보가 원래대로 'age'로 변환된 것을 확인할 수 있습니다.

alias()와 as()는 사용법이 매우 단순하면서도 자주 사용되는 메서드입니다. 만약 별칭을 부여하고자 하는 칼럼이 하나 이상의 칼럼으로 분리될 경우에는 각 칼럼명 정보를 아래와 같이 리스트 형태로 지정할 수 있습니다.

```
// id와 value라는 두 개의 속성을 가진 케이스클래스. 단, value는 Map[String, String] 타입
scala> case class MyCls(id:String, value:Map[String, String])

// 한 개의 로우를 갖는 데이터프레임 df를 생성
scala> val df2 = List(MyCls("id1", Map("key1" -> "value1", "key2" -> "value2"))).
toDF("id", "value")

// 데이터프레임 df의 내용 조회
scala> df2.show
+---+--------------------+
| id|               value|
+---+--------------------+
|id1|Map(key1 -> value...|
+---+--------------------+


// explode() 함수로 칼럼을 분리한 후 각 칼럼에 "k"와 "k"라는 별칭 부여
val df3 = df2.select(explode($"value").as(List("key", "value")))

// 결과 조회
scala> df3.show
+----+------+
| key| value|
+----+------+
|key1|value1|
|key2|value2|
+----+------+
```

예제에 사용된 df는 Map[String, String] 타입의 칼럼을 가지고 있는 데이터프레임입니다. explode()는 spark의 functions 객체가 제공하는 메서드로서 배열이나 맵 형식으로 된 다중 값을 가진 칼럼을 단일 값을 가진 여러 개의 로우로 분리하는 역할을 합니다. 따라서 예제의 경우 explode() 메서드의 적용으로 Map의 key와 value가 각각 별도의 칼럼으로 분리됩니다.

마지막으로 이렇게 두 개로 분리된 칼럼에 as() 메서드를 이용해 각각 "key"와 "value"라는 별칭을 부여한 결과, 위 예제와 같은 결과를 얻을 수 있었습니다.

as()는 이 밖에도 칼럼에 Metadata라는 부가 속성을 부여하는 용도로도 사용할 수 있습니다. 다음은 스칼라 API를 이용해 id 칼럼에 메타데이터를 지정하는 예제입니다.

```
// 칼럼 id에 메타데이터 "meta"를 지정
val meta = new MetadataBuilder().putString("desc", "this is the first column").build()
val df4 = df2.select(col("id").as("idm", meta))
```

이렇게 정의된 메타데이터는 아래와 같이 데이터셋의 스키마 정보를 통해 확인할 수 있으며, 이를 이용해 칼럼의 이름과 값만으로 표현할 수 없는 추가 정보를 활용할 수 있습니다.

```
// 메타데이터 정보를 조회
[실행]
df4.schema.fields.foreach(f => println(f.metadata))


[결과]
{"desc":" this is the first column"}
```

5.5.2.4.3 isin()

칼럼의 값이 인자로 지정된 값에 포함돼 있는지 여부를 확인합니다. 유효한 값을 가진 별도의 컬렉션 객체 등을 가지고 있을 때 RDD의 필터 연산처럼 사용할 수 있습니다.

```
scala> val nums = spark.sparkContext.broadcast(List(1, 3, 5, 7, 9))

scala> spark.range(0, 10).where($"id".isin(nums.value: _*)).show
+---+
| id|
+---+
|  1|
|  3|
|  5|
|  7|
|  9|
+---+
```

spark.range(0, 10)은 특정 구간에 속하는 숫자로 구성된 데이터셋을 생성하는 메서드로서 위 예제에서는 0부터 10까지의 데이터셋을 생성합니다. 첫 번째 줄의 nums는 조회하고자 하는 숫자를 포함한 리스트로서 앞에서 살펴본 브로드캐스트 변수를 이용해 등록했습니다.

두 번째 구문의 $"id".isin(nums.value: _*) 부분은 id 칼럼의 값이 nums 리스트에 속하는 경우를 찾아내기 위한 것으로 _* 부분은 리스트를 가변 변수로 지정하기 위한 스칼라 구문입니다.

다음은 같은 내용을 자바와 파이썬으로 구현한 예제입니다.

[자바] isin - 자바(DataFrameSample.java)

```
Broadcast<List<Integer>> nums = sc.broadcast(Arrays.asList(1, 3, 5, 7, 9));
Dataset<Long> ds = spark.range(0, 10);
ds.where(ds.col("id").isin(nums.value().toArray())).show();
```

[파이썬] isin - 파이썬(dataframe_sample.py)

```
nums = spark.sparkContext.broadcast([1, 3, 5, 7, 9])
rdd = spark.sparkContext.parallelize(range(0, 10)).map(lambda v: Row(v))
df7 = spark.createDataFrame(rdd)
df7.where(df7._1.isin(nums.value)).show()
```

5.5.2.4.4 when()

칼럼 값에 대한 if~else와 같은 분기 처리 연산을 수행합니다. 다음은 스칼라 셀에서 0부터 5까지의 숫자로 구성된 데이터프레임을 만들고 짝수와 홀수를 나누어 표시해 본 예제입니다.

```
scala> val ds = spark.range(0, 5)
scala> val col = when(ds("id") % 2 === 0, "even").otherwise("odd").as("type")
scala> ds.select(ds("id"), col).show()
+---+----+
| id|type|
+---+----+
|  0|even|
|  1| odd|
|  2|even|
|  3| odd|
|  4|even|
+---+----+
```

예제의 when() 구문은 org.apache.spark.sql.functions 객체의 메서드를 호출한 것입니다. functions 객체는 칼럼과 로우를 다룰 수 있는 다양한 함수를 제공하는 유틸리티 객체로서 스파크 셀을 사용할 경우 자동으로 임포트되어 별도의 처리 없이 사용할 수 있지만 IDE 등에서 코드를 작성할 때는 아래와 같이 별도로 임포트해야 합니다.

```
import org.apache.spark.sql.functions._
```

만약 자바 및 파이썬을 사용하는 경우도 처리하는 방법은 동일합니다. 다음은 동일한 코드를 자바 및 파이썬으로 작성한 예제입니다.

[자바] when - 자바(~ ch5/DataFrameSample.java)

```java
Dataset<Long> ds = spark.range(0, 5);
Column col = when(ds.col("id").mod(2).equalTo(0), "even").otherwise("add");
ds.select(ds.col("id"), col.as("type")).show();
```

[파이썬] when - 파이썬(~ ch5/dataframe_sample.py)

```python
ds = spark.range(0, 5)
col = functions.when(ds.id % 2 == 0, "even").otherwise("odd").alias("type")
ds.select(ds.id, col).show()
```

when() 메서드는 방금 사용한 functions 객체와 Column 클래스에서 모두 제공하는데 예제와 같이 최초로 when() 메서드를 사용할 경우는 functions의 when() 메서드를 사용해야 합니다. 하지만 일단 when() 메서드의 사용 결과로 칼럼 객체가 생성된 후에는 해당 칼럼 객체의 when() 메서드를 사용할 수 있습니다. 이렇게 말로 설명하면 조금 혼동스러울 수 있지만 결론적으로 얘기하면 ds.select(when(...).when(...).otherwise(...))와 같은 방식으로 사용하면 된다는 의미입니다.

지금까지 Column 클래스의 사용법을 살펴봤습니다. 다음으로 살펴볼 대상은 functions 객체로서, 방금 전 when() 메서드 예제를 다루는 과정에서 when() 메서드를 최초 호출하기 위한 용도로 사용했었습니다.

functions 객체는 avg, max와 같은 기본적인 집계 연산을 비롯해 실제 데이터 처리 과정에서 유용하게 활용할 수 있는 다양한 날짜, 수학, 문자열 처리 연산 등을 제공하므로 실전에서 활용 빈도가 매우 높은 객체라 할 수 있습니다.

이번 절에서는 functions 객체가 제공하는 주요 연산을 살펴보겠습니다. 하지만 functions 객체에는 이 책에서 소개하지 못하는 유용한 기능도 많이 포함돼 있으므로 반드시 시간을 내어 스파크 API를 살펴보고 현재 처리 중인 업무에 도움을 받을 만한 것들이 있는지 확인해 보길 권합니다.

그럼 먼저 칼럼의 최댓값과 평균값을 구하는 예제를 통해 functions API의 사용법을 알아보겠습니다.

5.5.2.4.5 max(), mean()

```scala
scala> import org.apache.spark.sql.functions._
scala> df.select(max('age), mean('age)).show
+--------+--------+
|max(age)|avg(age)|
+--------+--------+
|      13|     9.5|
+--------+--------+
```

맨 첫 구문은 functions 객체를 사용하기 위해 static import를 수행하는 구문이며[20] 그 아래 이어지는 구문에서 age 칼럼의 최댓값과 평균값을 구하기 위해 functions의 max()와 min() 메서드를 사용하고 있습니다. functions 객체는 이처럼 간단한 구문으로 복잡한 연산을 손쉽게 처리할 수 있도록 지원하므로 다양한 집합, 수학 연산 등에 효율적으로 사용할 수 있습니다.

functions 객체의 메서드는 대부분 결괏값으로 Column 인스턴스를 반환합니다. 따라서 예제의 경우와 같이 Column이 필요한 위치에 functions의 메서드를 적용하는 것이 functions 객체를 사용하는 일반적인 패턴이라고 할 수 있습니다.

다음은 functions가 제공하는 주요 함수입니다.

5.5.2.4.6 collect_list(), collect_set()

특정 칼럼 값을 모아서 하나의 리스트 또는 세트(Set)로 된 칼럼을 생성합니다. 리스트의 경우 중복이 포함되며 세트의 경우 중복이 포함되지 않습니다. 다음은 위에서 생성한 데이터프레임을 이용해 실행해 본 결과입니다.

먼저 아래와 같은 데이터로 구성된 데이터프레임을 준비합니다. 만약 예제를 순서대로 실행 중이라면 이미 테스트를 위한 데이터프레임이 준비돼 있을 것입니다.

```
scala> df.show()
+------+---+--------------+
|  name|age|           job|
+------+---+--------------+
|hayoon|  7|       student|
|sunwoo| 13|       student|
| hajoo|  5|kindergartener|
|jinwoo| 13|       student|
+------+---+--------------+
```

그다음으로 두 개의 동일한 데이터프레임을 union() 연산을 이용해 병합합니다. 이때 union이 두 데이터프레임을 합쳐주는 연산이기 때문에 새로 생성된 doubleDf1 데이터프레임에는 동일한 값이 두 개씩 포함되게 됩니다.

```
scala> val doubledDf1 = df1.union(df1)
scala> doubledDf1.show
```

---

[20] 스파크 셸을 사용하는 경우에는 이 부분을 생략할 수 있습니다.

```
+------+---+--------------+
| name|age|           job|
+------+---+--------------+
|hayoon|  7|       student|
|sunwoo| 13|       student|
| hajoo|  5|kindergartener|
|jinwoo| 13|       student|
|hayoon|  7|       student|
|sunwoo| 13|       student|
| hajoo|  5|kindergartener|
|jinwoo| 13|       student|
+------+---+--------------+
```

이제 데이터프레임을 준비됐으니 이를 이용해 collect_list와 collect_set 메서드를 사용하고 결과를 확인해 보겠습니다.

```scala
scala> doubledDf1.select(collect_list("name")).show(false)
+-----------------------------------------------------------+
|collect_list(name)                                         |
+-----------------------------------------------------------+
|[hayoon, sunwoo, hajoo, jinwoo, hayoon, sunwoo, hajoo, jinwoo]|
+-----------------------------------------------------------+

scala> doubledDf1.select(collect_set("name")).show(false)
+------------------------------+
|collect_set(name)             |
+------------------------------+
|[hajoo, sunwoo, jinwoo, hayoon]|
+------------------------------+
```

예상대로 name에 대한 리스트와 세트를 포함하는 새로운 칼럼이 생성된 것을 확인할 수 있습니다.

만약 이렇게 생성된 칼럼에서 일부 값에만 접근하고 싶다면 두 경우 모두 아래와 같이 배열의 인덱스 정보를 이용해 조회할 수 있습니다.

```scala
// 리스트의 경우
scala> doubledDf1.select(collect_list("name")(0)).show(false)
+---------------------+
|collect_list(name)[0]|
+---------------------+
|hayoon               |
+---------------------+
```

```
// 세트의 경우
scala> doubledDf1.select(collect_set("name")(1)).show(false)
+-------------------+
|collect_set(name)[1]|
+-------------------+
|sunwoo             |
+-------------------+
```

5.5.2.4.7 count(), countDistinct()

count()는 특정 칼럼에 속한 데이터의 개수를 계산합니다. 이때 중복을 제외한 값을 확인하고 싶다면 countDistinct()를 사용해야 합니다. 다음은 바로 이전 예제에서 생성했던 doubledDf1 데이터프레임에서 name 칼럼에 속하는 데이터의 개수를 확인한 결과입니다.

```
scala> doubledDf1.select(count("name"), countDistinct("name")).show(false)
+-----------+-------------------+
|count(name)|count(DISTINCT name)|
+-----------+-------------------+
|8          |4                  |
+-----------+-------------------+
```

5.5.2.4.8 sum()

sum()은 가장 흔히 사용되는 집계 함수로서 데이터의 합계를 계산합니다. 다음은 price라는 칼럼을 포함한 데이터프레임에서 sum()을 사용한 예제입니다(예제에 사용한 데이터프레임 생성은 예제 프로젝트 DataFrameSample.scala의 sampleDF2를 참고하기 바랍니다).

```
scala> df.select(sum("price")).show(false)
+----------+
|sum(price)|
+----------+
|13000     |
+----------+
```

5.5.2.4.9 grouping(), grouping_id()

데이터프레임이 제공하는 연산 중에는 소계를 구해주는 것들이 있습니다. 잠시 후에 살펴볼 cube() 연산과 같은 것들이 여기에 속하는데, cube()의 수행 결과에 grouping()과 grouping_id() 연산을 적용해 각 결괏값에 적용된 그룹화 수준을 파악할 수 있습니다.

이 연산의 동작은 글로 설명하는 것보다 예제를 보는 편이 더 이해하기 쉬우므로 바로 예제를 살펴보겠습니다. 먼저 예제에 사용할 데이터프레임의 내용입니다. 이 데이터프레임은 좀 전의 sum() 예제에서 사용한 것과 같은 것으로 store와 product 칼럼 등을 포함하고 있습니다.

```scala
scala> df.show
+------+-------+------+-----+
| store|product|amount|price|
+------+-------+------+-----+
|store2|   note|    20| 2000|
|store2|    bag|    10| 5000|
|store1|   note|    15| 1000|
|store1|    pen|    20| 5000|
+------+-------+------+-----+
```

이제 store를 기준으로 amount 값의 합계를 구해보겠습니다. 여기서 사용할 cube() 연산은 아직 다루지 않았지만 출력된 결과를 보면 쉽게 이해할 수 있을 것입니다.

```scala
scala> df.cube('store, 'product).agg(sum("amount"), grouping("store")).show
+------+-------+-----------+---------------+
| store|product|sum(amount)|grouping(store)|
+------+-------+-----------+---------------+
|  null|   null|         65|              1|
|  null|    bag|         10|              1|
|store1|    pen|         20|              0|
|store2|   null|         30|              0|
|store2|    bag|         10|              0|
|  null|   note|         35|              1|
|store1|   null|         35|              0|
|store1|   note|         15|              0|
|store2|   note|         20|              0|
|  null|    pen|         20|              1|
+------+-------+-----------+---------------+
```

결과를 보면 값이 null로 된 칼럼이 있습니다. 이 부분이 바로 소계에 해당하는 것으로, 만약 store가 null이고 product가 bag이라면 그 행은 product가 bag인 모든 데이터의 합계를 나타내는 행이 됩니다.

여기서 눈여겨볼 것은 grouping() 함수를 적용한 결과인데, 그룹 기준으로 사용했던 store 칼럼의 값이 null인 경우는 1의 값을 가지고, 그렇지 않은 경우는 0의 값을 가지고 있음을 볼 수 있습니다. 그렇다면 이번에는 grouping_id() 함수를 동일한 데이터에 적용해 보겠습니다.

```
scala> df.cube('store, 'product).agg(sum("amount"), grouping_id("store", "product")).show
+------+-------+-----------+-------------------------+
| store|product|sum(amount)|grouping_id(store, product)|
+------+-------+-----------+-------------------------+
|  null|   null|         65|                        3|
|  null|    bag|         10|                        2|
|store1|    pen|         20|                        0|
|store2|   null|         30|                        1|
|store2|    bag|         10|                        0|
|  null|   note|         35|                        2|
|store1|   null|         35|                        1|
|store1|   note|         15|                        0|
|store2|   note|         20|                        0|
|  null|    pen|         20|                        2|
+------+-------+-----------+-------------------------+
```

이번에는 1과 0이 아닌 다른 값들도 포함돼 있습니다. 이 값들이 의미하는 것은 그룹 수준을 가리키는 것으로 그루핑 기준에 따라 병합된 값이 아닌 경우 0, 한 개 칼럼에 대한 소계인 경우 1과 2, 그리고 전체 합계인 경우 가장 큰 값인 3을 갖게 됩니다. 즉, 그룹 기준으로 삼은 칼럼 관점에서 그룹 연산이 적용된 수준을 가리키는 값이라고 할 수 있습니다.

이러한 grouping() 연산과 grouping_id() 함수의 적용 결과는 데이터프레임의 결과를 화면에 보여주거나 다양한 용도로 처리하는 단계에서 유용하게 활용할 수 있습니다. 예를 들어 grouping_id 값과 데이터프레임의 몇몇 함수들을 조합하면 방금 전 cube 연산의 결과를 아래와 같이 정렬해서 보여 주는 것이 가능합니다.

[실행]
```
df.cube('store, 'product)
.agg(sum("amount") as "sum", grouping_id("store", "product") as "gid")
.filter("gid != '2'")
.sort(asc_nulls_last("store"), col("gid"))
.na.fill(Map("store" -> "TOTAL", "product" -> "-"))
.select("store", "product", "sum")
.show
```

[결과]
```
+------+-------+---+
| store|product|sum|
+------+-------+---+
|store1|    pen| 20|
```

```
|store1|   note| 15|
|store1|      -| 35|
|store2|    bag| 10|
|store2|   note| 20|
|store2|      -| 30|
| TOTAL|      -| 65|
+------+-------+---+
```

위 예제에서는 아직 다루지 않은 함수들이 여럿 있습니다. 각각에 대해서는 이번 장의 뒷부분에서 다시 다룰 기회가 있기 때문에 일단 지금은 grouping과 grouping_id를 이 같은 용도로 활용할 수 있다는 점만 알아두겠습니다.

5.5.2.4.10 array_contains(), size(), sort_array()

array_contains()는 배열 타입의 값을 가진 칼럼에 사용하며, 해당 배열 요소에서 특정 값의 존재 여부를 확인할 수 있습니다. 또한 size()는 배열의 크기를 확인하는 용도로 사용되며, sort_array() 는 배열의 값을 정렬하는 용도로 사용됩니다.

다음은 스파크 셸에서 실행한 결과입니다.

```
scala> val df = Seq(Array(9, 1, 5, 3, 9)).toDF("array")
scala> df.select('array, array_contains('array, 2), size('array)).show(false)
+---------------+----------------------+-----------+
|array          |array_contains(array, 2)|size(array)|
+---------------+----------------------+-----------+
|[9, 1, 5, 3, 9]|false                 |5          |
+---------------+----------------------+-----------+

scala> df.select('array, sort_array('array)).show(false)
+---------------+--------------------+
|array          |sort_array(array, true)|
+---------------+--------------------+
|[9, 1, 5, 3, 9]|[1, 3, 5, 9, 9]     |
+---------------+--------------------+
```

5.5.2.4.11 explode(), posexplode()

explode()는 하나의 배열 칼럼에 포함된 요소를 여러 개의 행으로 변환합니다. posexplode() 역시 동일한 동작을 수행하는데, 새로운 행을 만들 때 위치 정보를 함께 포함시켜준다는 점에서 차이가 있습니다. 이것 역시 직접 예제를 보면 쉽게 이해할 수 있으므로 이전 예제에서 사용했던 df 데이터프레임에 해당 함수를 적용한 결과를 살펴보겠습니다.

```scala
// df
scala> df.show
+--------------+
|         array|
+--------------+
|[9, 1, 5, 3, 9]|
+--------------+

scala> df.select(explode('array)).show(false)
+---+
|col|
+---+
|9  |
|1  |
|5  |
|3  |
|9  |
+---+

scala>      df.select(posexplode('array)).show(false)
+---+---+
|pos|col|
+---+---+
|0  |9  |
|1  |1  |
|2  |5  |
|3  |3  |
|4  |9  |
+---+---+
```

원래 [9, 1, 5, 3, 9]의 값을 가진 배열 칼럼에 explode() 연산을 적용해 여러 개의 행으로 구성된 새로운 데이터프레임이 생성된 것을 확인할 수 있습니다.

5.5.2.4.12 current_date(), unix_timestamp(), to_date()

current_date()를 이용하면 현재 시간 값을 가진 날짜 타입(DateType) 칼럼을 생성할 수 있습니다. 만약 문자열을 이용해 날짜 타입 칼럼을 만들고 싶다면 to_date() 또는 unix_timestamp() 함수를 사용할 수 있습니다.

to_date()의 경우 "yyyy-mm-dd" 포맷의 문자열을 사용하며, 시간이나 초 단위 등 좀 더 정확한 날짜 포맷을 지정하고 싶다면 unix_timestamp()를 이용할 수 있습니다. unix_timestamp()를 사용할 경우 기본적으로 "yyyy-MM-dd HH:mm:ss" 포맷을 사용하며, 더 자세한 내용은 스파크 API 또는 날짜 포맷을 정리한 자바 튜토리얼 페이지[21]에서 확인할 수 있습니다.

다음은 스파크셸에서 실행한 예제입니다.

```scala
scala> import org.apache.spark.sql.functions._
scala> import spark.implicits._

scala> val date1 = "2017-12-25 12:00:05"
scala> val date2 = "2017-12-25"

scala> val df = Seq((date1, date2)).toDF("d1", "d2")
scala> df.show(false)
+-------------------+----------+
|d1                 |d2        |
+-------------------+----------+
|2017-12-25 12:00:05|2017-12-25|
+-------------------+----------+
```

날짜를 나타내는 두 개의 칼럼 d1, d2를 포함한 데이터프레임 df를 정의했습니다. d1과 d2는 날짜를 나타내는 칼럼이지만 날짜 타입이 아닌 문자열 타입입니다.

```scala
// 현재 시각
scala> val d3 = current_date().as("d3")

// 문자열을 이용한 날짜 타입 칼럼 생성
scala> val d4 = unix_timestamp(df("d1")).as("d4")
scala> val d5 = to_date(df("d2")).as("d5")
scala> val d6 = to_date(d4.cast("timestamp")).as("d6")

// 연산 수행 결과
scala> df.select('d1, 'd2, d3, d4, d5, d6).show
+-------------------+----------+----------+----------+----------+----------+
|                 d1|        d2|        d3|        d4|        d5|        d6|
+-------------------+----------+----------+----------+----------+----------+
|2017-12-25 12:00:05|2017-12-25|2017-01-02|1514170805|2017-12-25|2017-12-25|
+-------------------+----------+----------+----------+----------+----------+
```

---

21 https://goo.gl/wXxpZz

```
scala> df("d1").expr.dataType
res17: org.apache.spark.sql.types.DataType = StringType

scala> df("d2").expr.dataType
res18: org.apache.spark.sql.types.DataType = StringType

scala> d3.expr.dataType
res19: org.apache.spark.sql.types.DataType = DateType

scala> d4.expr.dataType
res20: org.apache.spark.sql.types.DataType = LongType

scala> d5.expr.dataType
res21: org.apache.spark.sql.types.DataType = DateType

scala> d6.expr.dataType
res22: org.apache.spark.sql.types.DataType = DateType
```

예제에서 df("d1").expr.dataType이라고 된 부분은 d1 칼럼의 데이터 타입을 확인하는 코드입니다. 이 방법으로 d2부터 d6까지 데이터타입을 확인해 본 결과 functions의 날짜 함수를 이용해 날짜 타입의 칼럼 d3 ~ d6가 생성된 것을 확인할 수 있습니다. 이렇게 생성된 DateType 칼럼들은 시간값을 이용한 Window 연산 등에 자주 사용되고 있습니다.

5.5.2.4.13 add_months(), date_add(), last_day()

날짜 타입의 칼럼에 대해 날짜 연산을 수행할 수 있습니다. 예를 들어, 한 달 후, 두 달 후와 같은 계산은 add_months()를 이용하고, 날짜를 더할 경우 date_add()를 사용하며, 해당 월의 마지막 날을 찾고자 한다면 last_day()와 같은 함수를 사용할 수 있습니다. 이 밖에도 날짜 연산에 관련된 더 많은 함수가 있으니 관련 API를 참고하기 바랍니다.

다음은 바로 이전에 사용했던 날짜 예제의 df 데이터프레임을 대상으로 몇 가지 날짜 연산을 적용한 결과입니다.

```
scala> val d7 = add_months(d6, 2).as("d7")
scala> val d8 = date_add(d6, 2).as("d8")
scala> val d9 = last_day(d6).as("d9")
scala> df.select('d1, 'd2, d7, d8, d9).show
+-------------------+----------+----------+----------+----------+
|                 d1|        d2|        d7|        d8|        d9|
+-------------------+----------+----------+----------+----------+
|2017-12-25 12:00:05|2017-12-25|2018-02-25|2017-12-27|2017-12-31|
+-------------------+----------+----------+----------+----------+
```

5.5.2.4.14 window()

window() 연산은 DateType 칼럼을 대상으로 적용할 수 있으며, 일정 크기의 시간 윈도우를 생성해서 각종 집계 연산에 사용할 수 있습니다. 이 연산의 내용은 예제를 통해 이해하는 것이 훨씬 쉽기 때문에 예제를 먼저 살펴보겠습니다.

```scala
scala> val p1 = ("2017-12-25 12:01:00", "note", 1000)
scala> val p2 = ("2017-12-25 12:01:10", "pencil", 3500)
scala> val p3 = ("2017-12-25 12:03:20", "pencil", 23000)
scala> val p4 = ("2017-12-25 12:05:00", "note", 1500)
scala> val p5 = ("2017-12-25 12:05:07", "note", 2000)
scala> val p6 = ("2017-12-25 12:06:25", "note", 1000)
scala> val p7 = ("2017-12-25 12:08:00", "pencil", 500)
scala> val p8 = ("2017-12-25 12:09:45", "note", 30000)

scala> val dd = Seq(p1, p2, p3, p4, p5, p6, p7, p8).toDF("date", "product", "amount")

scala> dd.groupBy(window(unix_timestamp('date).cast("timestamp"), "5 minutes"), 'product).
agg(sum('amount)).show(false)
+------------------------------------------+-------+-----------+
|window                                    |product|sum(amount)|
+------------------------------------------+-------+-----------+
|[2017-12-25 12:00:00.0,2017-12-25 12:05:00.0]|note   |1000       |
|[2017-12-25 12:05:00.0,2017-12-25 12:10:00.0]|note   |34500      |
|[2017-12-25 12:05:00.0,2017-12-25 12:10:00.0]|pencil |500        |
|[2017-12-25 12:00:00.0,2017-12-25 12:05:00.0]|pencil |26500      |
+------------------------------------------+-------+-----------+
```

p1부터 p8까지는 날짜를 나타내는 문자열을 포함한 데이터입니다. 데이터프레임 dd는 이 8개의 데이터를 이용해서 만든 데이터프레임입니다.

```
dd.groupBy(window(unix_timestamp('date).cast("timestamp"), "5 minutes"), 'product)
```

이 부분은 날짜를 나타내는 문자열을 가지고 있는 date 칼럼에 unix_timestamp() 연산을 적용해 날짜 타입의 값을 만든 후 window() 연산을 적용해 5분 단위 시간 윈도우를 생성하는 역할을 합니다.

최종 결과를 살펴보면 window 칼럼에 [2017-12-25 12:05:00.0,2017-12-25 12:10:00.0]과 같이 된 부분을 볼 수 있는데, 그 내용을 보면 window() 연산의 결과가 12:00 ~ 12:05, 12:05~12:10분과 같이 5분 크기의 시간 윈도우를 생성해 이 값을 기준으로 sum() 연산이 수행된 것을 알 수 있습니다.

5.5.2.4.15 round(), sqrt()

round()와 sqrt()는 수치형 칼럼에 적용하는 연산으로, 각각 반올림과 제곱근 값을 계산합니다. functions에는 이 밖에도 다양한 수학 관련 함수를 제공하고 있습니다. 다음은 스파크셸에서 수행한 결과입니다.

```scala
scala> import org.apache.spark.sql.functions._
scala> import spark.implicits._
scala> Seq(1.512, 2.234, 3.42).toDF("value").select(round('value, 1)).show
+--------------+
|round(value, 1)|
+--------------+
|           1.5|
|           2.2|
|           3.4|
+--------------+
scala> Seq(25, 9, 10).toDF("value").select(sqrt('value)).show
+-----------------+
|      SQRT(value)|
+-----------------+
|              5.0|
|              3.0|
|3.1622776601683795|
+-----------------+
```

5.5.2.4.16 array()

array() 함수는 여러 칼럼의 값을 하나의 배열로 만듭니다. 다음은 간단한 배열 생성 예제입니다.

```scala
scala> val df = Seq(("v1", "v2", "v3")).toDF("c1", "c2", "c3")
scala> df.select($"c1", $"c2", $"c3", array("c1", "c2", "c3").as("newCol")).show(false)
+---+---+---+------------+
|c1 |c2 |c3 |newCol      |
+---+---+---+------------+
|v1 |v2 |v3 |[v1, v2, v3]|
+---+---+---+------------+
```

5.5.2.4.17 desc(), asc()

desc()는 데이터프레임의 sort() 메서드와 함께 사용되어 특정 칼럼에 대한 정렬 방법을 지정하는 데 사용됩니다. 다음은 정렬되지 않은 데이터프레임에 sort() 메서드를 사용하면서 asc()와 desc() 함수를 적용한 결과입니다.

```
// 정렬 전
scala> df.show
+------+---+-------------+
|  name|age|          job|
+------+---+-------------+
|hayoon|  7|      student|
|sunwoo| 13|      student|
| hajoo|  5|kindergartener|
|jinwoo| 13|      student|
+------+---+-------------+

// 정렬 후
scala> df.sort(desc("age"), asc("name")).show(false)
+------+---+-------------+
|name  |age|job          |
+------+---+-------------+
|jinwoo|13 |student      |
|sunwoo|13 |student      |
|hayoon|7  |student      |
|hajoo |5  |kindergartener|
+------+---+-------------+
```

5.5.2.4.18 desc_nulls_first, desc_nulls_last, asc_nulls_first, asc_nulls_last

정렬하고자 하는 칼럼에 null 값이 포함돼 있을 경우 desc_null_xxx() 메서드를 사용할 수 있습니다. 다음은 null 값이 포함된 칼럼의 정렬 결과를 보여주는 예제입니다(단, 파이썬의 경우는 지원되지 않습니다).

```
// 정렬 전
scala> val df = Seq(("r11", "r12", "r13"), ("r21", "r22", null), ("r31", "r32", "r33")).
toDF("c1", "c2", "c3")

scala> df.show
+---+---+----+
| c1| c2|  c3|
+---+---+----+
|r11|r12| r13|
|r21|r22|null|
|r31|r32| r33|
+---+---+----+
```

```
// 정렬 후
scala> df.sort(asc_nulls_first("c3")).show
+---+---+----+
| c1| c2|  c3|
+---+---+----+
|r21|r22|null|
|r11|r12| r13|
|r31|r32| r33|
+---+---+----+
```

5.5.2.4.19 split(), length()

functions는 문자열 처리에 사용할 수 있는 다양한 함수를 제공합니다. 다음은 가장 기본적인 문자열 처리 함수인 split()과 length() 예제입니다.

```
scala> Seq(("Splits str around pattern")).toDF("value").select('value, split('value, " "),
length('value)).show(false)
+-----------------------+-----------------------------+-------------+
|value                  |split(value,  )              |length(value)|
+-----------------------+-----------------------------+-------------+
|Splits str around pattern|[Splits, str, around, pattern]|25          |
+-----------------------+-----------------------------+-------------+
```

"Splits str around pattern"이라는 문장을 공백 문자로 분리해서 새로운 배열로 생성한 것을 확인할 수 있습니다.

5.5.2.4.20 rownum(), rank()

rownum()과 rank()는 전체 데이터를 몇 개의 윈도우로 구분하고 윈도우 내에서 rownum이나 rank 등을 구할 수 있습니다. 이때 사용되는 윈도우는 이전 예제에서 살펴본 시간 윈도우와는 다른 개념이며, 아래 예제에서와 같은 일정 그룹 기준에 다른 부분 집합을 윈도우로 사용합니다.

윈도우를 생성하기 위해서는 아래와 같이 org.apache.spark.sql.expressions.Window를 사용합니다. 다음은 상품명과 판매량 판매시각을 포함한 데이터프레임에 위 함수를 적용해 rownum 정보와 전체 데이터에서의 판매량에 따른 순위(rank)를 계산한 결과입니다.

```
scala> import org.apache.spark.sql.expressions.Window
scala> val p1 = ("2017-12-25 12:01:00", "note", 1000)
scala> val p2 = ("2017-12-25 12:01:10", "pencil", 3500)
scala> val p3 = ("2017-12-25 12:03:20", "pencil", 23000)
```

```scala
scala> val p4 = ("2017-12-25 12:05:00", "note", 1500)
scala> val p5 = ("2017-12-25 12:05:07", "note", 2000)
scala> val p6 = ("2017-12-25 12:06:25", "note", 1000)
scala> val p7 = ("2017-12-25 12:08:00", "pencil", 500)
scala> val p8 = ("2017-12-25 12:09:45", "note", 30000)
scala> val dd = Seq(p1, p2, p3, p4, p5, p6, p7, p8).toDF("date", "product", "amount")
scala> val w1 = Window.partitionBy("product").orderBy("amount")
scala> val w2 = Window.orderBy("amount")
scala> dd.select('product, 'amount,
        row_number().over(w1).as("rownum"),
        rank().over(w2).as("rank")).sort("product", "amount").show()
```

```
+-------+------+------+----+
|product|amount|rownum|rank|
+-------+------+------+----+
|   note|  1000|     1|   2|
|   note|  1000|     2|   2|
|   note|  1500|     3|   4|
|   note|  2000|     4|   5|
|   note| 30000|     5|   8|
| pencil|   500|     1|   1|
| pencil|  3500|     2|   6|
| pencil| 23000|     3|   7|
+-------+------+------+----+
```

rownum 값은 product 단위로 판매량이 낮은 것부터 큰 데이터 순으로 할당됐고 rank 값은 전체 데이터를 기준으로 가장 낮은 것부터 큰 것 순으로 할당된 것을 알 수 있습니다.

5.5.2.4.21 udf()

functions에서는 데이터 처리에 필요한 수많은 함수를 제공합니다. 하지만 경우에 따라서는 직접 필요한 함수를 정의해서 사용해야 할 수도 있는데 udf는 이처럼 다른 함수를 등록할 목적으로 사용되는 함수입니다. 다음은 이름과 나이, 직업 칼럼을 가진 데이터프레임에서 직업이 "student"인 경우 true를, 그렇지 않은 경우 false를 돌려주는 함수를 사용해 결과를 조회하는 예제입니다.

```scala
scala> import spark.implicits._
scala> val fn1 = udf((job: String) => job match {
           case "student" => true
           case _         => false
       })
```

```
scala> df.select('name, 'age, 'job, fn1('job)).show
+------+---+-------------+--------+
|  name|age|          job|UDF(job)|
+------+---+-------------+--------+
|hayoon|  7|      student|    true|
|sunwoo| 13|      student|    true|
| hajoo|  5|kindergartener|   false|
|jinwoo| 13|      student|    true|
+------+---+-------------+--------+
```

udf() 함수는 인자로 함수를 전달받고 그 결과로 UserDefinedFunction을 돌려줍니다. 이 값은 예제에서 보는 바와 같이 일반 칼럼처럼 select 구문에서 사용 가능합니다.

udf를 등록하고 사용하는 또 다른 방법은 스파크세션의 udf() 메서드를 이용하는 것입니다. 이 경우 spark가 제공하는 sql() 메서드를 이용해 문자열로 작성한 쿼리문에서 해당 함수를 사용할 수 있습니다. 다음은 사용자 정의 함수를 SQL 문에 사용한 예제입니다.

```
// 스파크세션을 이용한 사용자 정의 함수 등록
scala> spark.udf.register("fn2", (job: String) => job match {
     |    case "student" => true
     |    case _          => false
     | })

// 데이터프레임을 테이블로 등록
scala> df.createOrReplaceTempView("persons")

// 등록한 함수를 쿼리문에 사용
scala> spark.sql("select name, age, job, fn2(job) from persons").show
+------+---+-------------+--------+
|  name|age|          job|UDF(job)|
+------+---+-------------+--------+
|hayoon|  7|      student|    true|
|sunwoo| 13|      student|    true|
| hajoo|  5|kindergartener|   false|
|jinwoo| 13|      student|    true|
+------+---+-------------+--------+
```

위 예제에서 createOrReplaceTempView는 데이터프레임을 임시 뷰로 등록하는 함수입니다. 일단 등록되면 SQL 문에서 기존 함수와 동일한 방법으로 사용할 수 있습니다.

만약 테이블이나 뷰를 사용하는 것을 원하지 않는다면 아래와 같이 문자열로 된 표현식을 칼럼으로 변환하는 expr() 메서드를 이용해도 같은 결과를 얻을 수 있습니다.

```
scala> df.select(df("name"), df("age"), df("job"), expr("fn2(job)")).show
+------+---+-------------+------------+
|  name|age|          job|UDF:fn2(job)|
+------+---+-------------+------------+
|hayoon|  7|      student|        true|
|sunwoo| 13|      student|        true|
| hajoo|  5|kindergartener|       false|
|jinwoo| 13|      student|        true|
+------+---+-------------+------------+
```

마지막으로 살펴볼 주제는 Row 오브젝트입니다. Row 오브젝트는 데이터프레임에 포함된 레코드 하나에 해당하는 "행"을 나타내며, 배열처럼 인덱스를 이용해 Row 내부 데이터를 조회할 수 있습니다.

다음은 스파크 셸에서 Row를 생성하고 조회하는 방법입니다.

```
scala> import org.apache.spark.sql.Row

// 숫자 1, 2와 문자 "3"을 포함한 Row 생성
scala> val r = Row(1, 2, "3")

// 인덱스를 이용해 첫 번째 값 조회. Any 타입의 값이 리턴됨
scala> r(0)
res6: Any = 1

// getInt() 메서드와 인덱스를 이용해 값 조회. Int 타입의 값이 리턴됨
scala> r.getInt(0)
res7: Int = 1
```

예제를 통해 알 수 있듯이 Row는 숫자, 문자 등 다양한 타입의 값을 하나의 Row에 포함할 수 있습니다. Row 내부의 값을 조회할 때는 Array의 경우처럼 0부터 시작하는 인덱스를 사용하는데, 하나의 Row에 다양한 타입의 데이터가 포함될 수 있으므로 예제의 "r(0)"과 같이 별도의 타입 정보를 지정하지 않고 사용하면 Any 타입의 값을 얻게 됩니다. 따라서 값의 타입을 알고 있다면 r(0) 대신 r.getInt(0)과 같이 타입 정보를 명시적으로 포함한 메서드를 사용해 직접 원하는 타입으로 된 값을 얻을 수 있습니다. 하지만 이 경우 해당 값이 null이 아니어야 하며, 만약 null일 경우 r.isNullAt(0)과 같이 null 값을 체크해서 사용해야 합니다.

만약 스칼라 언어를 사용한다면 위의 예제처럼 Row의 인덱스를 사용하는 것보다 패턴 매치를 적용하는 것이 더 좋은 방법입니다.

```
import spark.implicits._
val df = Seq(("r1", 1), ("r2", 2), ("r3", 3)).toDF
df.foreach { row => row match {
    case Row(col1, col2) => println(s"col1:${col1}, col2:${col2}")
    }
}
```

```
[결과]
col1:r1, col2:1
col1:r2, col2:2
col1:r3, col2:3
```

지금까지 몇 가지 예제를 통해 스파크SQL API를 이용해 데이터를 다루는 방법을 살펴봤습니다. 요약하면 SQL 문을 작성할때 사용하는 로우와 칼럼, 함수 등의 논리적인 단위에 대응되는 DataFrame, Row, Column, fuctions 등과 같은 클래스를 이용해 프로그램을 작성하는 것으로 각 API가 제공하는 다양한 연산을 이해하고 상황에 따라 가장 적합한 연산 및 표현식을 선택해 사용하는 것이 중요하다고 할 수 있습니다.

이제 데이터 처리와 관련된 컴포넌트에 대해 알아봤으니 다시 데이터프레임으로 되돌아가 데이터프레임이 제공하는 데이터 처리 관련 연산으로 어떤 것들이 있는지 알아보겠습니다.

 스파크 2.3.0부터는 인자가 없는 UDF 함수를 정의할 수 있게 됐습니다. 즉 이전에는 반드시 한 개 이상의 입력값을 지정해야 했지만 2.3.0부터는 spark.udf.register("fn", () => Random.nextInt())와 같이 인자가 없는 UDF 함수도 사용 가능하게 된 것입니다.

그리고 2.3.0에서 소개된 또 다른 기능으로 파이썬에서 자바로 작성한 UDF 함수를 등록해 놓고 SQL 문을 이용해 사용하는 방법이 추가됐습니다. 간단한 내용이니 예제를 통해 바로 확인해 보겠습니다.

```
spark.udf.registerJavaFunction("judf", "com.wikibooks.spark.ch5.Judf", BooleanType())
spark.sql("select name, age, job, judf(job) from persons").show()
```

위 예제에서 registerJavaFunction 메서드는 파이썬에서 사용자가 작성한 자바 UDF 클래스를 등록하는 역할을 수행합니다. 이렇게 등록한 UDF는 직접 호출할 수는 없고 SQL 문을 이용해서 사용할 수 있는데 이 때 사용된 자바 UDF 함수의 코드는 아래와 같습니다.

```
package com.wikibooks.spark.ch5;

import org.apache.commons.lang3.StringUtils;
import org.apache.spark.sql.api.java.UDF1;

public class Judf implements UDF1<String, Boolean> {
  @Override
  public Boolean call(String job) throws Exception {
    return StringUtils.equals(job, "student");
  }
}
```

위 함수는 udf 함수의 자바 예제 코드에 사용된 것과 같은 함수로서 아래와 같이 파이썬에서 호출해도 같은
결과를 얻을 수 있음을 확인할 수 있습니다(단 IDE에서 실행할 경우 자바 클래스를 못 찾는 문제가 발생할
수 있지만 spark-shell 또는 spark-submit을 사용하면서 해당 클래스 파일이 포함된 jar 파일에 대한 의
존성을 명시적으로 지정할 경우 문제없이 실행할 수 있습니다).

```
>>> sample_df.createOrReplaceTempView("persons")
>>> spark.sql("select name, age, job, judf(job) from persons").show()
+------+---+-------------+-------------+
|  name|age|          job|UDF:judf(job)|
+------+---+-------------+-------------+
|hayoon|  7|      student|         true|
|sunwoo| 13|      student|         true|
| hajoo|  5|kindergartener|        false|
|jinwoo| 13|      student|         true|
+------+---+-------------+-------------+
```

5.5.2.4.22 select(), drop()

select()는 데이터프레임으로부터 특정 칼럼만 포함된 새로운 데이터프레임을 생성합니다. 동작 결
과로 보면 SQL 문의 select와 동일한 동작을 수행합니다. 이 메서드를 사용할 때는 조회하고자 하
는 칼럼 정보를 매개변수로 지정하면 되는데, 이때 칼럼을 지정하는 방법은 문자열로 된 칼럼명을
사용할 수도 있고 Column 객체를 사용할 수도 있습니다.

drop()은 select와 반대되는 연산으로, 데이터프레임에서 특정 칼럼을 제외한 데이터프레임을 생
성합니다.

5.5.2.4.23 filter(), where()

데이터프레임의 레코드 중에서 특정 조건을 만족하는 레코드만 선택하는 연산이며, select()와 더불어 데이터프레임에서 가장 자주 사용되는 메서드 중 하나입니다.

조건을 지정하는 방법은 문자열로 SQL 표현식을 작성하거나 Column 인스턴스의 메서드를 사용하는 방법이 있습니다. 다음은 amount라는 칼럼이 포함된 df라는 데이터프레임에서 amount 칼럼의 값이 15인 로우만 찾아내는 예제입니다.

(표현식을 사용할 경우)

```
df.filter("amount = 15")
```

(Column API를 사용할 경우)

```
df.filter('amount === 15)
```

where() 메서드의 경우 내부적으로 filter() 메서드를 다시 호출하기 때문에 동작상의 차이는 없으며, 둘 중 하나를 선택해서 사용할 수 있습니다.

5.5.2.4.24 agg()

agg()는 특정 칼럼에 대해 sum(), max()와 같은 집합 연산을 수행합니다. 대부분의 데이터 처리 과정이 특정 조건에 따라 데이터의 그룹을 생성하고 생성된 그룹 단위로 합계를 구하거나 개수를 구하는 작업이라는 점을 감안할 때 가장 자주 사용되면서도 중요한 연산 중 하나라고 할 수 있습니다.

다음은 agg() 메서드를 사용해 최댓값과 최솟값을 구하는 간단한 예제입니다.

```scala
scala> import spark.implicits._
scala> import org.apache.spark.sql.functions._
scala> val d1 = ("store2", "note", 20, 2000)
scala> val d2 = ("store2", "bag", 10, 5000)
scala> val d3 = ("store1", "note", 15, 1000)
scala> val d4 = ("store1", "pen", 20, 5000)
scala> val data = Seq(d1, d2, d3, d4)
scala> val df = data.toDF("store", "product", "amount", "price")
```

예제에서는 테스트를 위해 데이터프레임을 생성하고 칼럼으로 store, product, amount, price를 지정했습니다. 그리고 생성된 데이터프레임에 agg() 메서드를 호출해 amount와 price의 최댓값과 최솟값을 출력했습니다.

```
scala> df.agg(max("amount"), min("price")).show
+-----------+----------+
|max(amount)|min(price)|
+-----------+----------+
|         20|      1000|
+-----------+----------+
```

메서드명과 처리 결과를 보면 알 수 있듯이 각각 amount 칼럼과 price 칼럼의 최댓값, 최솟값을 계산해서 보여주는 것을 알 수 있습니다.

agg()의 기본적인 사용법을 알아봤으니 이번에는 스칼라 API에서 agg() 메서드의 선언부를 잠시 살펴보겠습니다.

```
def agg(expr: Column, exprs: Column*): DataFrame
```

위 선언은 스칼라 언어의 표기 방식을 사용한 것으로, agg() 메서드를 사용하려면 최소한 한 개 이상의 Column 인스턴스를 인자로 사용해야 하며, 리턴 타입은 DataFrame이라는 것을 보여줍니다. 방금 전 예제에서 Column 인스턴스가 필요한 위치에 functions 클래스가 제공하는 max()와 min() 메서드를 사용하고 있는 것을 볼 수 있는데, 이런 형태가 functions와 데이터프레임 간의 전형적인 코드 작성 패턴이라고 할 수 있습니다.

다음으로 agg()의 또 다른 정의를 하나 더 살펴보겠습니다.

```
agg(exprs: Map[String, String]): DataFrame
```

이번에는 메서드 인자로 칼럼이 아니라 키와 값이 모두 문자열로 구성된 Map 객체를 인자로 지정해서 사용하고 있습니다. 이때 맵의 "키"와 "값"에 지정할 수 있는 것은 각각 "칼럼명"과 해당 칼럼에 적용할 "표현식"인데, 사용 가능한 연산으로는 "avg"(평균), "max"(최댓값), "min"(최솟값), "sum"(합계), "count"(개수) 등이 있습니다.

아래는 위 메서드를 이용해 방금 전에 구했던 최댓값과 최솟값을 구하는 예제입니다.

```
scala> df.agg(Map("amount" -> "max", "price" -> "min")).show
+-----------+----------+
|max(amount)|min(price)|
+-----------+----------+
|         20|      1000|
+-----------+----------+
```

직접 max()와 min() 연산을 적용한 것과 같은 결과가 나오는 것을 확인할 수 있습니다.

마지막으로 agg()의 또 다른 정의에는 아래와 같은 형태도 있습니다.

```
def agg(aggExpr: (String, String), aggExprs: (String, String)*): DataFrame
```

이는 방금 전에 살펴본 방법에서 메서드의 호출 인자로 Map 대신 튜플을 사용한 것으로, 실제 코드에서는 다음과 같이 구현합니다.

```
scala> df.agg("amount" -> "max", "price" -> "min").show
```

지금까지 살펴본 세 가지 방식은 사실 모두 동일한 것으로서 코드를 작성하는 방법만 다를 뿐 내부적인 처리 방식과 처리 결과는 모두 같습니다.

이렇게 같은 목적의 코드를 다양한 방법으로 표현할 수 있는 것은 스파크 SQL의 특징이라고 할 수 있으며, 코딩 스타일과 사용 목적에 맞게 적절한 API를 선택해서 사용할 수 있습니다.

5.5.2.4.25 apply(), col()

col()은 데이터프레임의 칼럼(Qualumn) 객체를 생성합니다. df.col("칼럼명"), df.apply("칼럼명") 형태로 사용하며, 스칼라 언어를 사용하는 경우는 df("칼럼명")과 같이 사용할 수 있습니다.

5.5.2.4.26 alias(), as()

SQL 문을 사용할 때 데이터프레임 객체명보다는 별도의 이름을 부여해서 사용하는 것이 더 편리한 경우가 있습니다. alias()와 as()는 같은 동작을 수행하는 연산으로서[22] 인자로 지정한 이름(별칭)으로 접근 가능한 새로운 데이터프레임을 생성합니다.

다음은 agg() 메서드 예제에서 생성한 df 데이터프레임에 새로운 별칭을 부여한 후 별칭을 이용해 특정 칼럼의 값을 조회하는 예제입니다.

```
// 데이터프레임 "df"의 "product" 칼럼을 조회하는 경우
df.select(df("product")).show

// 데이터프레임 "df"에 "aa"라는 별칭을 부여한 후 product 칼럼을 조회하는 경우
df.alias("aa").select("aa.product").show
```

---

22 내부적으로 alias() 메서드는 as() 메서드를 호출합니다.

5.5.2.4.27 groupBy()

SQL 문의 groupBy()와 같은 연산을 수행합니다. 실행 결과는 org.apache.spark.sql.Grouped Data 타입의 객체로서 이를 이용해 count(), sum(), pivot() 등의 집합 연산을 수행할 수 있습니다.

다음은 agg() 메서드 예제에서 생성한 df 데이터프레임에 "store"와 "product" 칼럼으로 groupBy 연산을 수행한 후 그 결과에 agg() 메서드를 적용해 "price" 칼럼의 합계를 구하는 예제입니다.

```
scala> df.groupBy("store", "product").agg("price" -> "sum").show
+------+-------+----------+
| store|product|sum(price)|
+------+-------+----------+
|store1|   note|      1000|
|store2|    bag|      5000|
|store1|    pen|      5000|
|store2|   note|      2000|
+------+-------+----------+
```

5.5.2.4.28 cube()

데이터프레임을 사용할 때 얻을 수 있는 장점 중 하나가 RDD에 비해 훨씬 다양한 데이터 처리 연산을 제공한다는 점입니다. cube() 메서드는 인자로 지정한 칼럼으로 구성된 큐브를 생성하는 연산입니다.

다음은 agg() 메서드 예제에서 생성한 df 데이터프레임에 "store"와 "product" 칼럼으로 구성된 큐브를 생성하고 그 결과를 출력하는 예제입니다.

```
scala> df.cube("store", "product").agg("price" -> "sum").sort(asc_nulls_last("store"), asc_
nulls_last("product")).show
+------+-------+----------+
| store|product|sum(price)|
+------+-------+----------+
|store1|   note|      1000|
|store1|    pen|      5000|
|store1|   null|      6000|
|store2|    bag|      5000|
|store2|   note|      2000|
|store2|   null|      7000|
|  null|    bag|      5000|
```

```
¦ null¦  note¦    3000¦
¦ null¦   pen¦    5000¦
¦ null¦  null¦   13000¦
+------+------+----------+
```

store나 product 칼럼의 값이 null로 지정된 로우는 해당 칼럼의 부분합을 의미하는 것으로, 예를 들어 store가 null이고 product가 bag인 로우는 produce가 bag인 모든 레코드의 합을 의미하고 store와 product가 모두 null인 로우는 전체의 총합을 의미합니다.

큐브와 유사한 연산으로 롤업(rollup) 연산이 있는데 큐브의 경우 위 예제와 같이 집계 대상인 값들의 모든 가능한 조합에 대한 부분합을 전부 구한다는 점에서 일부 값들에 대한 소계만 구하는 rollup과 차이가 있습니다.

5.5.2.4.29 distinct(), dropDuplicates()

distinct()와 dropDuplicates()는 로우를 기준으로 중복된 값을 제외한 결과를 돌려줍니다. 두 메서드는 같은 연산을 수행하지만 distinct()의 경우 모든 칼럼 값이 같을 때만 중복이라고 판단하는데 반해 dropDuplicates()의 경우 중복을 제거하고자 하는 칼럼을 따로 지정할 수 있다는 점이 다릅니다. 물론 아무런 칼럼도 선택하지 않을 경우 두 메서드의 실행 결과는 같아집니다.

```scala
scala> import spark.implicits._
scala> val d1 = ("store1", "note", 20, 2000)
scala> val d2 = ("store1", "bag", 10, 5000)
scala> val d3 = ("store1", "note", 20, 2000)
scala> val df = Seq(d1, d2, d3).toDF("store", "product", "amount", "price")
scala> df.distinct.show
+------+-------+------+-----+
¦ store¦product¦amount¦price¦
+------+-------+------+-----+
¦store1¦   note¦    20¦ 2000¦
¦store1¦    bag¦    10¦ 5000¦
+------+-------+------+-----+
scala> df.dropDuplicates("store").show
+------+-------+------+-----+
¦ store¦product¦amount¦price¦
+------+-------+------+-----+
¦store1¦   note¦    20¦ 2000¦
+------+-------+------+-----+
```

5.5.2.4.30 drop()

데이터프레임에서 특정 칼럼을 제외할 때 사용합니다. 다음은 agg() 메서드 예제에서 생성한 데이터프레임 df에 drop() 메서드를 적용한 결과입니다.

```
// drop 연산 적용 전
scala> df.show
+------+-------+------+-----+
| store|product|amount|price|
+------+-------+------+-----+
|store2|   note|    20| 2000|
|store2|    bag|    10| 5000|
|store1|   note|    15| 1000|
|store1|    pen|    20| 5000|
+------+-------+------+-----+

// drop 연산 적용 후
scala> df.drop('store).show
+-------+------+-----+
|product|amount|price|
+-------+------+-----+
|   note|    20| 2000|
|    bag|    10| 5000|
|   note|    15| 1000|
|    pen|    20| 5000|
+-------+------+-----+
```

5.5.2.4.31 intersect()

두 개의 데이터프레임에 모두 속하는 로우로만 구성된 데이터프레임을 생성합니다.

```
scala> val a = spark.range(1, 5) // 1, 2, 3, 4, 5
scala> val b = spark.range(2, 6) // 2, 3, 4, 5, 6
scala> val c = a.intersect(b)
scala> c.show
+---+
| id|
+---+
|  3|
|  2|
|  4|
+---+
```

5.5.2.4.32 except()

두 개의 데이터프레임이 있을 때 하나의 데이터프레임에서 나머지 다른 하나에 속하지 않는 원소만으로 구성된 새로운 데이터프레임을 생성합니다.

```scala
scala> val df1 = List(1, 2, 3, 4, 5).toDF
scala> val df2 = List(2, 4).toDF
scala> df1.except(df2).show

+-----+
|value|
+-----+
|    1|
|    3|
|    5|
+-----+
```

except() 메서드는 그 의미가 명확하고 사용법도 간단하지만 데이터프레임을 메모리에 적재하는 과정에서 비교하는 두 데이터프레임의 크기가 매우 클 경우 메모리 부족 오류를 발생시킬 수 있으므로 주의해야 합니다.[23]

5.5.2.4.33 join()

데이터프레임 역시 RDD와 마찬가지로 join() 메서드를 이용한 조합을 수행할 수 있습니다. 데이터프레임은 "inner", "outer", "left_outer", "right_outer", "leftsemi" 조인 등 다양한 유형의 조인 방식을 지원하는데, 예제를 통해 각각의 차이를 살펴보겠습니다.[24]

```scala
scala> case class Word(word: String, count: Int)
scala> val ldf = Seq(Word("w1", 1), Word("w2", 1)).toDF
scala> val rdf = Seq(Word("w1", 2), Word("w3", 1)).toDF
scala> val joinTypes = "inner,outer,full,full_outer,left,left_outer,right,right_outer,left_
semi,left_anti".split(",")
scala> joinTypes.foreach((joinType: String) => {
     |        println(s"=========== ${joinType} ===========")
     |        ldf.join(rdf, Seq("word"), joinType).show
     | })
```

---

23 동일한 동작을 수행하는 RDD의 subtract() 연산을 사용하는 것도 또 다른 방법 중 하나입니다.
24 'outer'는 'full' 또는 'fullouter'로, 'leftouter'는 'left'로, 'rightouter'는 'right'로도 표시할 수 있습니다.

```
================= inner =================
+----+-----+-----+
|word|count|count|
+----+-----+-----+
|  w1|    1|    2|
+----+-----+-----+


================= outer =================
+----+-----+-----+
|word|count|count|
+----+-----+-----+
|  w2|    1| null|
|  w1|    1|    2|
|  w3| null|    1|
+----+-----+-----+


================= full =================
+----+-----+-----+
|word|count|count|
+----+-----+-----+
|  w2|    1| null|
|  w1|    1|    2|
|  w3| null|    1|
+----+-----+-----+


================= full_outer =================
+----+-----+-----+
|word|count|count|
+----+-----+-----+
|  w2|    1| null|
|  w1|    1|    2|
|  w3| null|    1|
+----+-----+-----+


================= left =================
+----+-----+-----+
|word|count|count|
+----+-----+-----+
|  w1|    1|    2|
|  w2|    1| null|
+----+-----+-----+
```

```
================ left_outer ================
+----+-----+-----+
|word|count|count|
+----+-----+-----+
|  w1|    1|    2|
|  w2|    1| null|
+----+-----+-----+


================ right ================
+----+-----+-----+
|word|count|count|
+----+-----+-----+
|  w1|    1|    2|
|  w3| null|    1|
+----+-----+-----+


================ right_outer ================
+----+-----+-----+
|word|count|count|
+----+-----+-----+
|  w1|    1|    2|
|  w3| null|    1|
+----+-----+-----+


================ left_semi ================
+----+-----+
|word|count|
+----+-----+
|  w1|    1|
+----+-----+


================ left_anti ================
+----+-----+
|word|count|
+----+-----+
|  w2|    1|
+----+-----+
```

결과를 통해 알 수 있듯이 스파크 SQL의 조인 방식은 RDB에서 다루는 조인 방법과 같습니다. 예를 들어, inner 조인의 경우 두 데이터프레임에서 키가 일치하는 로우만 결과에 포함되며, outer 조인의 경우 소위 "full outer join"을 수행해 두 데이터프레임 중 어느 한 곳에만 있더라도 결과에 포함됩니다.

조인을 수행할 때 사용할 조인 조건은 ldf("word") === rdf("word")와 같이 Column을 이용해 지정하면 되는데, 만약 두 데이터프레임이 같은 이름의 칼럼으로 조인을 수행한다면 예제와 같이 조인에 사용할 칼럼명만 지정하는 방법을 사용할 수도 있습니다.

```scala
scala> val result = ldf.join(rdf, Seq("word"), "left") // 조인에 참여할 칼럼명만 지정
scala> result.show

+----+-----+-----+
|word|count|count|
+----+-----+-----+
|  w1|    1|    2|
+----+-----+-----+
```

또한 이 같은 방법으로 조인을 수행할 경우 위 예제의 수행 결과처럼 조인에 사용된 칼럼이(예제에서는 word 칼럼) 최종 결과에 한 번만 나타나게 되어 같은 이름의 칼럼이 중복으로 포함되지 않는다는 부가적인 장점도 있습니다.

5.5.2.4.34 crossJoin()

스파크 2.1.0부터는 join() 메서드를 사용할 때 개발자의 실수를 방지하기 위해 조인 조건을 지정하지 않을 경우 오류가 발생하도록 제한하고 있습니다. 따라서 의도적으로 두 데이터프레임 간의 카테시안곱(cartesian products)을 구하고자 하는 경우 기존 join() 메서드가 아닌 crossJoin() 메서드를 사용해야 합니다. 다음은 join() 메서드와 crossJoin() 메서드를 사용해 크로스 조인을 수행하는 예제입니다.

```scala
scala> val ldf = Seq(Word("w1", 1), Word("w2", 1)).toDF
scala> val rdf = Seq(Word("w1", 2), Word("w3", 1)).toDF

// join() 메서드로 크로스 조인 수행
scala> ldf.join(rdf).show
org.apache.spark.sql.AnalysisException: Detected cartesian product for INNER join between
logical plans
LocalRelation [word#261, count#262]
and
LocalRelation [word#269, count#270]
Join condition is missing or trivial.
Use the CROSS JOIN syntax to allow cartesian products between these relations.;
  ... (생략)
```

```
// crossJoin() 메서드로 크로스 조인 수행
scala> ldf.crossJoin(rdf).show
+----+-----+----+-----+
|word|count|word|count|
+----+-----+----+-----+
|  w1|    1|  w1|    2|
|  w1|    1|  w3|    1|
|  w2|    1|  w1|    2|
|  w2|    1|  w3|    1|
+----+-----+----+-----+
```

만약 crossJoin()이 아닌 join() 메서드에서도 크로스 조인을 수행하기를 원한다면 스파크의 spark.sql.crossJoin.enabled 속성을 true로 설정해서 사용할 수 있습니다.

5.5.2.4.35 na()

데이터베이스에 저장된 데이터가 아닌 일반 웹 서버의 로그 파일을 처리하거나 outer 조인 등을 사용하다 보면 일부 칼럼에 null 또는 NaN 값이 포함되는 경우가 발생할 수 있습니다. DataFrameNaFunctions 클래스는 이러한 값의 처리를 담당하는 클래스로서 해당 값을 포함한 로우를 결과에서 제외하거나 해당 칼럼의 값을 다른 값으로 치환하는 등의 처리를 수행할 수 있는 메서드를 제공합니다.

데이터프레임의 na() 메서드는 이러한 DataFrameNaFunctions 인스턴스를 생성하는 메서드로서, na() 메서드를 통해 얻은 DataFrameNaFunctions 인스턴스를 이용해 null 값 처리에 필요한 규칙을 정의할 수 있습니다.

다음은 방금 전에 살펴본 join() 메서드의 예제에서 사용했던 ldf와 rdf 데이터프레임을 이용한 null 데이터 처리 예제입니다. 먼저 null 값이 포함된 데이터프레임을 얻기 위해 아래와 같이 ldf와 rdf 두 데이터프레임을 outer 방식으로 조인합니다.

```
scala> val result = ldf.join(rdf, Seq("word"), "outer").toDF("word", "c1", "c2")
scala> result.show
+----+----+----+
|word|  c1|  c2|
+----+----+----+
|  w2|   1|null|
|  w1|   1|   2|
|  w3|null|   1|
+----+----+----+
```

예제에 사용된 toDF("word", "c1", "c2") 부분은 칼럼의 이름을 "word", "c1", "c2"로 바꾸는 메서드로서 조인을 수행한 결과, result 데이터프레임에 null 값이 포함된 로우가 존재하는 것을 확인할 수 있습니다.

이제 na() 메서드를 이용해 데이터프레임에 존재하는 null 값을 적절히 처리해 보겠습니다.

```scala
scala> result.na.drop(2, Seq("c1", "c2")).show
+----+---+---+
|word| c1| c2|
+----+---+---+
|  w1|  1|  2|
+----+---+---+
```

na.drop() 메서드는 null 값이 포함된 데이터를 결과에서 제외하는 메서드로서 DataFrameNaFunctions 클래스에 정의된 drop() 메서드를 사용합니다.

drop() 메서드는 데이터프레임에서 특정 조건을 만족하는 로우를 제외한 결과를 리턴하는데, 예제에 사용된 drop() 메서드는 데이터프레임 result의 칼럼 c1과 c2의 값 중에서 null 또는 NaN이 아닌 값이 2개 미만인 경우 결과에서 제외하는 역할을 수행했습니다. (drop() 메서드는 이 밖에도 몇 가지 다른 방식으로 drop() 조건을 설정할 수 있으므로 이 책에서 다루지 않는 자세한 내용에 대해서는 관련 API 문서를 참고하기 바랍니다.)

이 밖에도 null 값 또는 NaN 값을 특정 값으로 채워주는 fill() 메서드나 특정 값을 다른 값으로 치환하는 replace() 메서드를 사용할 수 있습니다.

```scala
// c1 칼럼의 null 또는 NaN값을 0으로 치환
scala> result.na.fill(Map("c1" -> 0)).show
+----+---+----+
|word| c1|  c2|
+----+---+----+
|  w2|  1|null|
|  w1|  1|   2|
|  w3|  0|   1|
+----+---+----+

// word 칼럼의 "w1"을 "word1", "w2"를 "word2"로 치환
scala> result.na.replace("word", Map("w1" -> "word1", "w2" -> "word2")).show
+-----+----+----+
| word|  c1|  c2|
+-----+----+----+
```

```
|word2|   1|null|
|word1|   1|   2|
|   w3|null|   1|
+-----+----+----+
```

5.5.2.4.36 orderBy()

SQL의 order by와 같은 동작을 수행합니다. orderBy() 연산자의 인자로는 정렬에 사용될 칼럼 정보를 순서대로 전달합니다.

```
scala> val df = List((3, "z"), (10, "a"), (5, "c")).toDF("idx", "name")
scala> df.orderBy("name", "idx").show
+---+----+
|idx|name|
+---+----+
| 10|   a|
|  5|   c|
|  3|   z|
+---+----+

scala> df.orderBy("idx", "name").show
+---+----+
|idx|name|
+---+----+
|  3|   z|
|  5|   c|
| 10|   a|
+---+----+
```

5.5.2.4.37 rollup()

cube() 메서드와 마찬가지로 rollup() 처리를 수행합니다. 다음은 cube() 메서드에서 사용했던 것과 동일한 데이터로 rollup()을 수행한 결과입니다.

```
// rollup 전
scala> df.show
+------+-------+------+-----+
| store|product|amount|price|
+------+-------+------+-----+
|store2|   note|    20| 2000|
|store2|    bag|    10| 5000|
```

```
|store1|  note|   15| 1000|    .
|store1|   pen|   20| 5000|
+------+------+------+-----+
```

```
// rollup 후
scala> df.rollup("store", "product").agg("price" -> "sum").sort(asc_nulls_last("store"), asc_
nulls_last("product")).show
+------+-------+----------+
| store|product|sum(price)|
+------+-------+----------+
|store1|   note|      1000|
|store1|    pen|      5000|
|store1|   null|      6000|
|store2|    bag|      5000|
|store2|   note|      2000|
|store2|   null|      7000|
|  null|   null|     13000|
+------+-------+----------+
```

예제를 통해 알 수 있듯이 rollup은 store와 product 조합별 합계와 더불어 첫 번째 열인 store에 대한 소계와 전체에 대한 총계를 추가로 계산해 줍니다. 흔히 rollup을 cube에 비교하곤 하는데 cube의 경우 rollup이 제공하는 결과에 두 번째 열인 store에 대한 소계까지 포함해서 계산해 준다는 점에서 차이가 있습니다.

5.5.2.4.38 stat()

stat() 메서드는 특정 칼럼값에 대해 자주 사용되는 통계수치를 제공하는 DataFrameStat Functions 클래스의 인스턴스를 생성합니다.

사용 가능한 연산은 두 칼럼 간 상관계수를 구하는 corr(), 공분산을 구하는 cov(), 크로스탭을 구하는 crosstab()과 freqItems(), sampleBy() 등이 있습니다.

다음은 단어와 단어의 노출 수로 구성된 데이터프레임의 크로스탭을 구하는 예제입니다.

```
scala> val df = List(("a", 6), ("b", 4), ("c", 12), ("d", 6)).toDF("word", "count")

// 단어와 노출 수로 구성된 DataFrame
scala> df.show
+----+-----+
|word|count|
```

```
+----+----+
¦  a¦   6¦
¦  b¦   4¦
¦  c¦  12¦
¦  d¦   6¦
+----+----+
```

```
// 크로스탭 작성
scala> df.stat.crosstab("word", "count").show
```

```
+----------+---+---+---+
|word_count| 12|  4|  6|
+----------+---+---+---+
¦         b¦  0¦  1¦  0¦
¦         d¦  0¦  0¦  1¦
¦         a¦  0¦  0¦  1¦
¦         c¦  1¦  0¦  0¦
+----------+---+---+---+
```

5.5.2.4.39 withColumn(), withColumnRenamed()

데이터프레임에 새로운 칼럼을 추가하거나 기존 칼럼의 이름을 변경하는 메서드입니다. 다음은 두 메서드의 간단한 활용 예제입니다.

```
scala> val df1 = List(("prod1", "100"), ("prod2", "200")).toDF("pname", "price")

// 'dcprice' 칼럼 추가
scala> val df2 = df1.withColumn("dcprice", 'price * 0.9)

// "dcprice" 칼럼을 "newprice"로 변경
scala> val df3 = df2.withColumnRenamed("dcprice", "newprice")

scala> df1.show
+-----+-----+
|pname|price|
+-----+-----+
|prod1|  100|
|prod2|  200|
+-----+-----+

scala> df2.show
```

```
+-----+-----+-------+
|pname|price|dcprice|
+-----+-----+-------+
|prod1|  100|   90.0|
|prod2|  200|  180.0|
+-----+-----+-------+


scala> df3.show
+-----+-----+--------+
|pname|price|newprice|
+-----+-----+--------+
|prod1|  100|    90.0|
|prod2|  200|   180.0|
+-----+-----+--------+
```

5.5.2.4.40 write()

데이터프레임의 데이터를 로컬 파일시스템이나 HDFS, 데이터베이스와 같은 외부 저장소에 저장하기 위해서는 DataFrameWriter를 이용합니다. DataFrameWriter는 데이터프레임의 write() 메서드를 통해 생성할 수 있는데, 이렇게 만들어진 DataFrameWriter를 이용하면 다양한 유형의 데이터 저장소와 데이터 포맷을 일관된 방식으로 손쉽게 다룰 수 있습니다.

다음은 DataFrameWriter가 제공하는 주요 기능 및 관련 메서드입니다.

1. 데이터 저장 경로 설정 및 저장

save() 메서드는 데이터를 저장하는 메서드입니다. 인자로 데이터를 저장할 경로를 전달받아 특정 조건에 맞게 데이터를 저장하는 역할을 수행합니다.

다음은 df라는 데이터프레임을 지정된 경로에 저장하는 예제입니다.

```
df.write.save(<path_to_save>)
```

데이터프레임은 하둡이 지원 가능한 모든 파일 시스템을 사용할 수 있으므로 해당 파일시스템에 맞는 경로를 전달하면 됩니다. 이때 저장되는 파일의 포맷은 따로 지정해 주지 않는 한 스파크의 기본 데이터 저장 포맷인 파케이(parquet) 포맷으로 저장됩니다.

2. 데이터 포맷의 지정

DataFrameWriter는 저장되는 데이터의 포맷을 지정할 수 있는 두 가지 방법을 제공합니다.

그중 첫 번째는 format() 메서드를 이용하는 것으로, 저장하려는 데이터의 포맷을 문자열 형태로 지정할 수 있습니다. 다음은 format() 메서드를 사용해 json 파일을 저장하는 예제입니다.

```
val df = spark.read.json(<spark_home_dir> + "/examples/src/main/resources/people.json")
df.write.format("json").save(<path_to_save>)
```

예제에서 〈spark_home_dir〉은 스파크 홈 디렉터리를, 〈path_to_save〉는 데이터를 저장할 경로를 가리킵니다. 데이터프레임 df의 write() 메서드를 호출해 DataFrameWriter 인스턴스를 생성한 뒤 format() 메서드를 이용해 저장할 데이터의 포맷을 지정하고 있음을 알 수 있습니다. 이때 format 정보는 앞서 얘기한 대로 문자열 형태로 지정하는데, 현재 기본으로 사용 가능한 값은 json, parquet, orc, text, csv, text가 있습니다.

데이터 포맷을 지정하는 두 번째 방법은 DataFrameWriter가 제공하는 포맷별 저장 메서드를 사용하는 것으로서 자주 사용되는 데이터 포맷에 대해 별도의 메서드가 존재합니다. 예를 들어, 저장 데이터 포맷으로 JSON 형식을 사용할 경우 df.write.format("json")... 대신 df.write.json(〈path〉)와 같이 사용할 수 있습니다. 현재 2.3.0 버전에서는 csv(), jdbc(), json(), parquet(), orc(), text() 메서드를 사용할 수 있습니다.

3. 파티션의 설정

partitionBy() 메서드를 이용하면 특정 칼럼 값을 기준으로 파티션을 설정할 수 있습니다. 예를 들어, 날짜를 나타내는 date 라는 필드를 가진 데이터프레임이 있고 date의 값에는 20170101과 20170102 라는 값이 존재한다고 가정해 보겠습니다. 이때 date 칼럼을 파티션 칼럼으로 설정하면 실제 데이터가 저장될 때 date=20170101, date=20170102와 같은 이름의 디렉터리가 생기고 그 아래에 해당 조건에 맞는 데이터가 생성되게 할 수 있습니다.

다음은 date라는 칼럼을 가진 df라는 데이터프레임이 있을 때 date를 파티션 칼럼으로 하는 파케이 파일로 저장하는 예제입니다.

```
df.write.format("parquet").partitionBy("date").save(<save_to_path>)
```

4. 저장 옵션의 설정

데이터소스의 종류에 따라 필요한 추가 정보를 options() 메서드를 사용해 전달할 수 있습니다. 예를 들어, df라는 데이터프레임을 데이터베이스에 저장한다면 다음과 같이 설정할 수 있습니다.

```
df.write.options(Map("url" -> "jdbc:...", driver="...")).save(<save_to_path>)
```

5. 저장 모드 설정

데이터프레임을 저장하려는 위치에 이미 생성된 다른 파일이 존재할 경우 어떻게 처리할 것인지에 관한 내용을 mode() 메서드로 지정할 수 있습니다. 다음은 mode() 메서드를 사용해 기존 파일에 덮어쓰기 방식으로 데이터를 저장하는 방법입니다.

```
df.write.mode(SaveMode.Append)
```

사용 가능한 모드의 값은 org.apache.spark.sql SaveMode Enum 클래스에 정의돼 있으며, 현재 등록된 값은 다음과 같습니다.

- Append(추가)
- Overwrite(덮어쓰기)

- ErrorIfExists(이미 다른 파일이 존재할 경우 오류 발생)

- Ignore(이미 다른 파일이 존재할 경우 저장하지 않고 오류도 발생시키지 않음)

6. 테이블 형태로 저장 및 하이브 연동

DataFrameWriter의 saveAsTable 메서드를 이용하면 해당 데이터를 하이브 테이블 형식으로 저장할 수 있습니다. 이 메서드는 createOrReplaceTempView()와 비슷해 보이지만 createOrReplaceTempView() 메서드의 경우 스파크세션이 종료될 때 해당 테이블의 데이터도 함께 삭제되므로 다음번에 접속할 때 사용할 수 없지만 테이블로 저장할 경우 해당 정보가 메타스토어에 저장되어 이후에 다시 재접속하더라도 해당 테이블에 대한 정보를 볼 수 있다는 차이가 있습니다. 다음은 saveToTable()의 간단한 사용 예입니다.

```
df.write.mode(SaveMode.ErrorIfExists).saveAsTable("ohMyTable")
spark.sql("select * from ohMyTable").show
```

스파크 2.0부터는 파일을 저장할 때 하이브의 버킷[23]과 같은 효과를 주는 bucketBy() 메서드를 사용할 수 있습니다. 파티션과 버킷의 차이점은 버킷의 경우 지정한 칼럼들의 해시값을 이용해 분산을 수행할 수 있다는 점입니다. 예를 들어, 사람의 나이 정보를 가지고 있는 age 칼럼과 이름 정보를 가지고 있는 name 칼럼을 버킷의 기준으로 삼고 버킷의 크기를 20으로 지정해서 저장할 경우 나이와 이름 조합의 해시값에 따라 최대 20개의 버킷으로 분산되어 저장될 수 있으며, 이렇게 저장된 데이터는 대용량 데이터에 대한 샘플링 등에 유용하게 사용될 수 있습니다. 단, 이 경우 데이터프레임을 저장할 때 반드시 table로 저장해야 합니다. 즉 save() 메서드 대신 saveAsTable() 메서드를 이용해 저장해야 합니다.

5.5.2.4.41 Pandas 연동

스파크는 JVM 기반의 스칼라 언어로 개발됐지만 파이썬, 자바, R 등 다양한 개발 언어를 지원합니다. 스파크의 이러한 다언어 지원 기능은 특히 파이썬을 주로 사용하는 데이터 분석 분야의 사용자로부터 (하둡 등에 비해) 비교적 후한 점수를 받게 되는 요인 중 하나가 되기도 했습니다. 하지만 이미 많은 pyspark 사용자들이 경험을 통해 알고 있는 것처럼 pyspark에서 udf 등을 사용해 파이썬 라이브러리를 사용하려면 자바와 파이썬 프로세스 간 데이터 전송 등의 이유로 처리 성능이 크게 낮아지는 것을 감수해야만 하는 문제가 있었습니다.

스파크는 이러한 문제점을 해소하기 위해 2.3.0 버전부터 아파치 Arrow(https://arrow.apache.org) 플랫폼을 도입해 스파크 데이터프레임과 파이썬의 Pandas, numPy 라이브러리 간의 빠른 데이터 교환이 가능한 API를 제공하기 시작했습니다.

---

25 https://goo.gl/isBze6

pyspark 내부의 데이터 처리 방법이나 아파치 Arrow와 관련된 내용은 이 책의 범위를 벗어나므로 이번 절에서는 간단한 예제를 통해 새롭게 제공되는 pyspark API의 사용과 관련된 내용을 살펴보겠습니다.

PyArrow 설치

새로운 pyspark 기능을 사용하기 위해 가장 먼저 해야 할 일은 스파크 익스큐터가 동작하는 모든 서버에 PyArrow 모듈을 설치하는 것입니다. PyArrow는 Conda, Pip 등을 사용하거나 소스코드를 빌드해서 설치할 수 있는데 설치와 관련된 자세한 내용은 홈페이지(https://arrow.apache.org/docs/python/install.html)를 통해 참고할 수 있습니다.

이 책에서는 아나콘다를 이용해 파이썬 개발 환경을 구축했기 때문에 Conda 방식을 사용해도 되고 이클립스 등에서 테스트를 수행해 보고자 할 경우 먼저 이클립스에서 [Window] → [Preferences] → [PyDev] → [Interpreters] → [Python Interpreter] 순서로 창을 띄운 후 packages의 [install/Uninstall with pip] 버튼을 이용해 "pip install pyarrow"와 같은 명령으로 직접 모듈을 설치할 수 있습니다(만약 conda 설치 후 이클립스에서 모듈을 인식하지 못해 예제를 실행할 때 오류가 발생할 경우 이 방법을 사용해 주시기 바랍니다. 하지만 아마도 이 책의 예제를 순서대로 따라해 보신 독자분께서는 이미 2장에서 설치를 마친 상태라 별다른 문제가 없을 것입니다).

스파크와 Pandas 데이터프레임 변환

PyArrow 모듈이 설치되고 나면 이제 간단한 예제를 통해 새로운 기능을 테스트해 볼 차례입니다. 가장 먼저 살펴볼 기능은 Pandas 데이터프레임을 이용해 스파크 데이터프레임을 만들고 다시 그 반대로 스파크 데이터프레임을 Pandas 데이터프레임으로 변환하는 것입니다. 다음은 방금 설명한 작업을 수행하는 예제입니다.

[실행]

```
import pandas as pd
from pyspark.sql.functions import pandas_udf, PandasUDFType
(중간 생략) ...
spark.conf.set("spark.sql.execution.arrow.enabled", "true")
sales_data = {'name': ['store2', 'store2', 'store1', 'store1'],
              'product': ['note', 'bag', 'note', 'pen'],
              'amount': [20, 10, 15, 20],
              'price': [2000, 5000, 1000, 5000]}
pdf = pd.DataFrame(sales_data)
print(pdf)
```

```
# pandas dataframe -> spark dataframe
df = spark.createDataFrame(pdf).groupBy("name").count()
df.show(10, False)
# spark dataframe -> pandas dataframe
pdf2 = df.toPandas()
print(pdf2)
```

[결과]

```
# Pandas 데이터프레임의 내용
amount    name   price product
0      20   store2   2000    note
1      10   store2   5000     bag
2      15   store1   1000    note
3      20   store1   5000     pen


# 스파크 데이터프레임
+------+-----+
|name  |count|
+------+-----+
|store2|2    |
|store1|2    |
+------+-----+
# Pandas 데이터프레임
     name  count
0  store2      2
1  store1      2
```

예제를 통해 알 수 있는 것처럼 새로운 arrow 플랫폼 기능을 사용하려면 "spark.sql.execution. arrow.enabled" 옵션을 "true"로 설정해야 합니다. 그다음 Pandas 등 필요한 파이썬 모듈을 임포트하고 sales_data라는 Pandas 데이터프레임을 생성합니다. 그리고 이렇게 만들어진 Pandas 데이터프레임을 스파크세션의 createDataFrame 메서드의 인자로 전달하기만 하면 스파크 데이터프레임을 생성할 수 있습니다.

일단 이처럼 스파크 데이터프레임이 생성된 후에는 기존 스파크에서 사용하던 방식대로 데이터를 처리하면 되는데 만약 스파크 API를 사용해 처리한 결과를 다시 Pandas 데이터프레임으로 변환해야 한다면 예제와 같이 데이터프레임의 toPandas() 메서드를 사용하면 됩니다.

Pandas UDF

두 번째로 살펴볼 것은 Vectorized UDF라고도 불리는 방식으로 Pandas UDF를 스파크 데이터프레임에 적용하는 것입니다. 2.3.0 버전에서 사용 가능한 방식은 Scala와 Grouped Map 방식이 있는데 첫 번째 Scala Pandas UDF의 경우 스파크 데이터프레임의 데이터를 Pandas 1차원 데이터 형식인 Series 로 분할해서 처리한 뒤 그 결과를 다시 조합하는 방식이고, 두 번째 Grouped Map Pandas UDF의 경우 스파크 데이터프레임을 다수의 Pandas 데이터프레임으로 분할 처리한 뒤 그 결과를 다시 조합하는 방식입니다. 이 부분 역시 예제를 통해 보면 그리 어렵지 않은 내용이므로 각 경우에 관한 간단한 예제를 통해 알아보겠습니다.

```
[Scala Pandas UDF]
[실행]
import pandas as pd
from pyspark.sql.functions import pandas_udf, PandasUDFType
(중간 생략) ...
spark.conf.set("spark.sql.execution.arrow.enabled", "true")
# pandas udf 정의
total_price = pandas_udf(get_total_price, returnType=LongType())
# spark dataframe
sample_df2.show()
# padas 함수 적용
sample_df2.withColumn("total_price", total_price(col("amount"), col("price"))).show()


def get_total_price(amount, price):
    return amount * price
```

먼저 살펴볼 것은 Scala UDF입니다. Scala UDF는 앞 절에서 언급한 것처럼 입력으로 Pandas의 Series 타입의 값을 전달받고 동일한 길이의 값을 반환하는 함수로 정의합니다. 예제를 보면 get_total_price 함수에 amount와 price라는 인자가 전달되는데 이 두 인자에 스파크 데이터프레임의 amount와 price 칼럼값이 Series 타입으로 변환되어 전달됩니다. 예제를 보면 get_total_price를 pandas_udf 함수에 전달해서 total_price 함수를 만들고 이를 이용해 스파크 데이터프레임인 sample_df2에 적용하고 있음을 알 수 있습니다(sample_df2는 5장 앞부분에서 샘플로 사용하던 것과 동일한 데이터프레임입니다). 다음은 위 코드를 실행한 결과입니다.

```
[결과]
# total_price 함수를 적용하기 전
+-----+-------+------+-----+
| store|product|amount|price|
```

```
+------+------+------+------+
|store2|  note|   20| 2000|
|store2|   bag|   10| 5000|
|store1|  note|   15| 1000|
|store1|   pen|   20| 5000|
+------+------+------+------+

# total_price 함수를 적용한 후
+------+-------+------+-----+-----------+
| store|product|amount|price|total_price|
+------+-------+------+-----+-----------+
|store2|   note|    20| 2000|      40000|
|store2|    bag|    10| 5000|      50000|
|store1|   note|    15| 1000|      15000|
|store1|    pen|    20| 5000|     100000|
+------+-------+------+-----+-----------+
```

일반적인 udf를 사용했을 때와 다르지 않게 amount와 price의 곱을 나타내는 total_price 칼럼이 추가된 것을 볼 수 있습니다.

[Grouped Map Pandas UDF]
[실행]

```python
import pandas as pd
from pyspark.sql.functions import pandas_udf, PandasUDFType
(중간 생략) ...
spark.conf.set("spark.sql.execution.arrow.enabled", "true")
# spark dataframe
sample_df2.show()
# padas 함수 적용
sample_df2.groupBy("product").apply(get_total_price_bydf).show()


@pandas_udf("store string, product string, amount int, price int, total_price int",
PandasUDFType.GROUPED_MAP)
def get_total_price_bydf(pdf):
    amount = pdf.amount
    pdf['totol_price'] = (pdf.amount * pdf.price)
    return pdf
```

두 번째로 살펴볼 예제는 Grouped Map UDF입니다. 이름에 Group이라는 단어가 들어 있고 groupby와 같은 함수가 보여서 aggregation처럼 오해할 수도 있지만 이때 말하는 그룹이란 데이터를 분할해서 처리할 때 사용하는 파티셔닝 같은 개념으로 이해하는 것이 맞습니다. 즉 하나의 스파크 데이터프레임을 여러 개의 Pandas 데이터프레임으로 분할해서 Pandas 함수를 통해 처리한 뒤 그 결과를 조합해서 스파크 데이터프레임으로 돌려주는 형식입니다. 따라서 예제를 보면 get_total_price_bydf의 인자로 전달된 pdf를 함수 내부에서 Pandas의 데이터프레임으로 다루고 있는 것을 볼 수 있습니다.

그럼 이 예제의 실행 결과도 마저 살펴보겠습니다.

[결과]

```
# total_price_bydf 함수를 적용하기 전
+------+-------+------+-----+
| store|product|amount|price|
+------+-------+------+-----+
|store2|   note|    20| 2000|
|store2|    bag|    10| 5000|
|store1|   note|    15| 1000|
|store1|    pen|    20| 5000|
+------+-------+------+-----+


# total_price_bydf 함수를 적용하기 전
+------+-------+------+-----+-----------+
| store|product|amount|price|total_price|
+------+-------+------+-----+-----------+
|store1|    pen|    20| 5000|     100000|
|store2|   note|    20| 2000|      40000|
|store1|   note|    15| 1000|      15000|
|store2|    bag|    10| 5000|      50000|
+------+-------+------+-----+-----------+
```

위 예제의 실행 결과 역시 Scala UDF를 사용했을 때와 동일한 결과를 출력함을 알 수 있습니다.

이상으로 스파크 2.3.0에 새로 도입된 arrow 기능을 살펴봤습니다. 이 기능을 사용하기 위해 추가적인 라이브러리 설치와 일부 코드의 변경이 필요하지만 기존과 동일한 연산을 수행하면서도 파이썬 라이브러리 호출로 인한 성능 저하를 감소시킬 수 있다는 점에서 다소 불편함을 감소하고라도 새로운 기능의 적용을 적극 고려해 볼 수 있을 것입니다.

5.5.2.4.42 repartitionByRange

RangePartition은 데이터의 분포에 따라 파티션을 분할하는 것으로 스파크 2.3.0부터 사용할 수 있습니다. 기존에도 repartition 메서드를 사용하면 파티션의 수와 분할 대상 칼럼을 지정할 수 있었지만 상황에 따라 파티션의 크기가 균등하지 않게 분할되는 단점이 있었습니다. 이 부분은 말로 설명하는 것보다는 실제 결과를 보면 쉽게 그 차이를 확인할 수 있으므로 예제를 살펴보겠습니다.

```scala
scala> val df = spark.range(0, 500, 7)
scala> val df1 = df.repartition(5, 'id)
scala> val df2 = df.repartitionByRange(5, 'id)
scala> df1.foreachPartition(it => println(it.toList.mkString("[", ",", "]")))
scala> df2.foreachPartition(it => println(it.toList.mkString("[", ",", "]")))
```

[결과] repartitions 실행 결과

```
[42,224,231,266,371]
[7,49,56,77,84,98,105,182,210,252,308,336,343,350,378,406,462,490]
[0,63,70,126,140,196,245,259,280,287,322,329,364,420,427,476]
[35,91,112,133,147,175,189,273,294,357,385,413,434,441,448,455,497]
[14,21,28,119,154,161,168,203,217,238,301,315,392,399,469,483]
```

[결과] repartitionsByRange 실행 결과

```
[203,210,217,224,231,238,245,252,259,266,273,280,287,294,301]
[308,315,322,329,336,343,350,357,364,371,378,385,392,399]
[105,112,119,126,133,140,147,154,161,168,175,182,189,196]
[0,7,14,21,28,35,42,49,56,63,70,77,84,91,98]
[406,413,420,427,434,441,448,455,462,469,476,483,490,497]
```

위 예제는 숫자로 구성된 데이터프레임을 id 칼럼을 기준으로 5개의 파티션으로 분할한 것입니다. 결과에서 알 수 있듯이 repartitionByRange를 사용했을 경우가 더욱 균등한 결과를 보이는 것을 알 수 있습니다.

5.5.2.4.43 colRegex

colRegex는 정규식을 이용해 칼럼을 선택할 수 있는 메서드입니다. 스파크 2.3.0부터 사용 가능하며 칼럼 이름에 일정한 규칙을 가진 경우 유용하게 사용할 수 있습니다. 다음은 colRegex를 사용해 칼럼 이름에 'name'이 포함된 칼럼을 선택하는 예제입니다.

```scala
scala> val r1 = ("store2", "note", 20, 2000)
scala> val r2 = ("store2", "bag", 10, 5000)
scala> val df = List(r1, r2).toDF("store_nm", "prod_nm", "amount", "price")
scala> df.select(df.colRegex("`.*nm`")).show()
+--------+-------+
|store_nm|prod_nm|
+--------+-------+
```

```
¦  store2¦   note¦
¦  store2¦    bag¦
+-------+------+
```

5.5.2.4.44 unionByName

데이터프레임의 union 메서드는 두 개의 서로 다른 데이터프레임을 하나로 합치는 연산을 수행합니다. 하지만 이때 칼럼의 이름을 고려하지 않고 위치 정보만 고려하기 때문에 동일한 종류의 데이터를 포함한 데이터프레임이라도 칼럼 순서를 잘못 맞추면 엉뚱한 결과가 나오는 위험이 있었습니다. unionByName은 스파크 2.3.0에 추가된 것으로 기존 union 메서드와 다르게 칼럼의 이름을 이용해 union을 수행합니다. 다음은 두 메서드의 실행 결과를 보여주는 예제입니다.

```scala
scala> val r1 = ("store2", "note", 20, 2000)
scala> val r2 = ("store2", "bag", 10, 5000)
scala> val df1 = List(r1, r2).toDF("store_nm", "prod_nm", "amount", "price")
scala> val df2 = df1.select("price", "amount", "prod_nm", "store_nm")

// union 실행 결과
scala> df1.union(df2).show

+-------+------+------+------+
|store_nm|prod_nm|amount| price|
+-------+------+------+------+
¦  store2¦   note¦    20¦  2000¦
¦  store2¦    bag¦    10¦  5000¦
¦    2000¦    20¦  note¦store2¦
¦    5000¦    10¦   bag¦store2¦
+-------+------+------+------+

// unionByName 실행 결과
scala> df1.unionByName(df2).show
+-------+------+------+-----+
|store_nm|prod_nm|amount|price|
+-------+------+------+-----+
¦  store2¦   note¦    20¦ 2000¦
¦  store2¦    bag¦    10¦ 5000¦
¦  store2¦   note¦    20¦ 2000¦
¦  store2¦    bag¦    10¦ 5000¦
+-------+------+------+-----+
```

5.5.2.4.45 to_json, from_json

스파크 2.1.0 이후 버전부터는 funtions의 to_json과 from_json 메서드를 사용해 칼럼 수준에서 json 문자열을 처리할 수 있습니다. 다음은 위 메서드를 사용해 json 문자열을 처리하는 예제입니다 (스파크의 json 관련 기능은 새로운 버전이 발표될 때마다 조금씩 추가와 개선이 진행되고 있습니다. 실제로 스파크 API를 찾아보면 이 예제에서 설명하는 것 외에도 다양한 옵션과 상황에 적합한 연산을 다수 지원하고 있는 것을 볼 수 있습니다. 이 책에서는 그중 가장 기본적인 부분만 소개하고 있지만 실제 관련 업무를 수행하다가 무언가 아쉬움이 느껴질 때는 스파크 API 문서를 먼저 찾아보고 원하는 기능을 제공하고 있는 내장 함수나 메서드가 없는지 확인해 보시기 바랍니다).

```scala
// to_json
scala> val r1 = ("store2", "note", 20, 2000)
scala> val r2 = ("store2", "bag", 10, 5000)
scala> val df = List(r1, r2).toDF("store_nm", "prod_nm", "amount", "price")
scala> df.select(to_json(struct('store_nm, 'prod_nm, 'amount, 'price)) as ("value")).show(false)
```

[결과]

```
+-----------------------------------------------------------+
|value                                                      |
+-----------------------------------------------------------+
|{"store_nm":"store2","prod_nm":"note","amount":20,"price":2000}|
|{"store_nm":"store2","prod_nm":"bag","amount":10,"price":5000} |
+-----------------------------------------------------------+
```

데이터프레임에서 칼럼들을 json 문자열로 바꾸는 가장 기본적인 방법은 struct 메서드를 사용하는 것입니다. struct는 functions 오브젝트에서 제공하는 메서드로서 여러 칼럼들을 하나의 복합 칼럼 구조체로 변환하는 함수입니다. 예제에서는 struct 메서드에 문자열 타입의 칼럼만 포함했지만 구조체 내에 또 다른 구조체 타입의 칼럼을 중첩해서 넣는 것 또한 가능합니다. 이렇게 원하는 칼럼들을 이용해 struct 타입의 칼럼을 만든 후에는 to_json 함수에 전달해서 json 문자열을 가진 칼럼으로 변환할 수 있습니다.

```scala
scala> val v1 = """{"store_nm":"store2", "prod_nm":"note",
     |               "amount":20, "price":2000}"""

scala> val v2 = """{"store_nm":"store2", "prod_nm":"bag",
     |               "amount":10, "price":5000}"""

scala> val schema = new StructType().
```

```
|                        add("store_nm", StringType, false).
|                        add("prod_nm", StringType, false).
|                        add("amount", IntegerType, false).
|                        add("price", IntegerType, false)

scala> val options = Map("multiLine" -> "false")
scala> val df = List(v1, v2).toDF("value")
scala> df.select(from_json(' value, schema, options) as "value").
|        select($"value.store_nm", $"value.prod_nm",
|        $"value.amount", $"value.price").
|        show(false)
```

[결과]

```
+--------+-------+------+-----+
|store_nm|prod_nm|amount|price|
+--------+-------+------+-----+
|store2  |note   |20    |2000 |
|store2  |bag    |10    |5000 |
+--------+-------+------+-----+
```

이번에는 방금 했던 것과 반대로 json 문자열을 가지고 있는 칼럼을 struct 타입의 칼럼으로 변환해 봤습니다. 이를 위해 사용한 메서드는 functions 오브젝트의 from_json 메서드인데 예제에서 볼 수 있는 것과 같이 json 문자열을 가지고 있는 칼럼과 struct 타입을 위한 스키마 정보를 함께 전달해야 합니다. 또한 세 번째 인자로 맵(Map) 타입 오브젝트를 전달하고 있는데 이것은 json 문자열 파싱과 관련된 옵션들을 지정하는 부분으로 DataFrameReader의 json 메서드[26]를 사용할 때 지정하는 것과 동일한 옵션을 사용할 수 있습니다.

마지막으로 to_json 메서드는 json 문자열을 만들 때 했던 작업과 반대로 문자열 칼럼을 struct 타입의 칼럼으로 변환하기 때문에 select($"value.store_nm"…)과 같은 방식으로 데이터를 조회하는 것을 알 수 있습니다.

5.6 데이터셋

지금까지 데이터프레임에 대해 살펴봤습니다. 데이터프레임은 스파크SQL 모듈의 핵심 추상화 모델로서 다양한 데이터 처리용 API를 제공하면서 RDD 못지않게 널리 사용되고 있었지만 스파크 2.0

---

26 https://goo.gl/F5DuLu

부터 데이터셋 모델의 일부로 통합되면서 이후로는 더 이상 독립적으로 존재하지 않는 데이터 모델이 됐습니다.

실제로 이전에 살펴본 데이터프레임은 Dataset[Row] 타입의 데이터셋을 가리키는 별칭일 뿐 스파크SQL에서 제공하는 데이터 추상화 모델은 데이터셋 하나밖에 없다는 것도 이미 살펴봤습니다.

이처럼 RDD와 데이터프레임이라는 훌륭한 데이터 모델이 있음에도 또 다른 데이터 모델을 제시하게 된 가장 큰 이유는 데이터프레임과 RDD 간의 데이터 타입(Type)을 다루는 방식의 차이 때문입니다.[27] 이 말이 어떤 의미인지 알아보기 위해 다소 억지스러울 수 있는 상황이지만 간단한 예제를 하나 만들어 보겠습니다.

먼저 아래와 같이 문자로만 구성된 데이터프레임 df가 있다고 가정해 보겠습니다.

[실습 - 스파크 셸]

```
var df = sc.parallelize(List("a", "b", "a")).toDF("word")
df.printSchema()
scala> df.printSchema()
root
 |-- word: string (nullable = true)
```

위 예제는 간단한 데이터프레임을 만들고 printSchema() 메서드를 이용해 해당 데이터프레임의 스키마 정보를 출력하는 예제입니다. 내용을 보면 String 타입의 word라는 칼럼이 포함돼 있음을 볼 수 있습니다.

```
scala> df = df.withColumn("count", lit("1")).groupBy("word").agg(sum("count"))
```

이제 각 문자의 개수를 세어보기 위해 "count"라는 새로운 칼럼을 추가하고 각 값을 "1"로 지정한 뒤에 groupBy() 메서드로 합계를 구하고 그 결과로 생성된 데이터프레임을 다시 df로 지정합니다.

```
df.show
+----+----------+
|word|sum(count)|
+----+----------+
|   a|       2.0|
|   b|       1.0|
+----+----------+
```

---

27 이 밖에도 두 API의 특성상 필연적으로 발생되는 코드의 간결성, 명확성 측면의 차이도 있다고 할 수 있습니다.

최종 수행된 결과를 보면 정상적으로 잘 처리된 것을 확인할 수 있습니다. 그렇다면 이번에는 동일한 과정을 RDD를 이용해 처리해 보겠습니다.

먼저 세 개의 문자로 구성된 RDD를 생성하고, 방금 전에 했던 것과 같은 방법으로 reduceByKey()로 합계를 계산하고 그 결과로 생성된 RDD를 다시 rdd 변수에 할당합니다.

```
var rdd = sc.parallelize(List("a", "b", "a"))

// 튜플로 바꾼 뒤 합계-> Error!!
scala> rdd = rdd.map((_, 1L)).reduceByKey(_ +_)
<console>:26: error: missing parameter type for expanded function ((x$2, x$3) => x$2.$plus(x$3))
       rdd = rdd.map((_, 1L)).reduceByKey(_ +_)
```

거의 같은 방법을 사용한 것 같은데 이번에는 컴파일 오류가 발생했습니다. 그 이유는 (당연하지만) rdd 변수의 타입은 RDD[String]인데 재할당하려고 한 값은 rdd[(String, Long)] 타입이기 때문입니다.

이런 현상이 발생하는 이유는 RDD는 내부 데이터의 타입을 명확하게 정의해서 사용하도록 강제돼 있는 데 반해 데이터프레임의 경우 내부 데이터가 Row의 집합이라는 것만 보장돼 있을 뿐 실제 데이터의 타입에 대한 정보는 외부에 노출돼 있지 않기 때문입니다.

이 같은 현상은 map이나 flatMap과 같은 변환 함수를 사용할 때도 그대로 적용됩니다. 예를 들어 RDD의 경우는 rdd.map { v => v.charAt(0) }과 같이 map 메서드에 전달되는 함수 내부에서 charAt과 같은 String 클래스의 메서드를 직접 사용할 수 있습니다. 하지만 데이터프레임의 경우에는 모든 데이터가 Row 타입으로만 처리되기 때문에 비록 데이터프레임에 포함된 데이터가 모두 문자열이라고 할지라도 String 클래스의 메서드를 직접 호출할 방법이 없습니다.

물론 데이터프레임의 이런 특징은 RDD보다 더 뛰어난 성능을 얻기 위한 최적화 과정에서 발생하는 것입니다. 하지만 그렇다고 해서 개발 과정에서의 불편함이 사라지는 것은 아닙니다. 따라서 스파크에서는 데이터프레임 고유의 성능 최적화 특성을 유지하면서도 IDE를 통한 개발 편의성과 컴파일 타임 타입 오류 검증이 가능한 새로운 모델을 제공하게 되는데 그것이 바로 데이터셋 모델입니다. 따라서 이런 측면에서 봤을 때 데이터셋을 데이터프레임의 개선된 모델이라고 생각할 수도 있습니다.

하지만 이미 여러 차례에 걸쳐 설명했듯이 데이터프레임은 데이터셋과 다르지 않은 완전히 동일한 클래스입니다. 즉 데이터셋과 데이터프레임은 동일한 데이터를 서로 다른 방식으로 표현하기 위한 모델이지 서로 다른 것이 아닙니다. 실제로 데이터프레임과 데이터셋은 자유롭게 변환이 가능하며 둘 중 어떤 것을 사용하더라도 내부적인 구현은 동일한 방법을 따르므로 상황에 따라 적절히 선택해서 사용하면 됩니다. 단, 데이터셋을 사용할 경우 스파크 내부에서 최적화가 가능한 스파크 내장 함수보다 사용자 정의 함수나 스칼라 또는 자바 언어의 다양한 외부 라이브러리를 사용하게 될 가능성이 높은데 이 경우 자칫하면 성능에 안 좋은 영향을 줄 위험이 있으므로 주의해서 사용해야 합니다.

 데이터셋 API는 JVM 기반 언어인 자바와 스칼라를 사용하는 경우에만 사용할 수 있으며 파이썬과 R의 경우는 사용할 수 없습니다.

5.6.1 데이터셋 생성

데이터 셋은 자바 객체 또는 기존 RDD, 데이터프레임으로부터 생성될 수 있습니다. 다음은 데이터셋을 생성하는 주요 방법입니다.

5.6.1.1 파일로부터 생성

외부 파일로부터 데이터셋을 생성하기 위해서는 스파크세션이 제공하는 read() 메서드를 이용합니다. 다음은 스파크에서 제공하는 샘플 파일로부터 데이터셋을 생성하는 방법입니다.

```
scala> val df1 = spark.read.textFile("<spark_home_dir>/examples/src/main/resources/people.txt")

scala> df1.show
+-----------+
|      value|
+-----------+
|Michael, 29|
|   Andy, 30|
| Justin, 19|
+-----------+
```

스파크세션의 read() 메서드는 데이터프레임을 위한 DataFrameReader 객체를 생성하는데, 이때 DataFrameReader의 textFile() 메서드를 이용해 Dataset[String] 타입의 데이터셋을 생성할 수 있습니다.

5.6.1.2 자바 객체를 이용해 생성

자바 객체를 이용해 데이터셋을 생성하는 방법은 앞에서 살펴본 리플렉션 방식의 데이터프레임 생성과 유사합니다. 구체적인 방법은 사용하는 언어별로 차이가 있는데 스칼라의 경우는 scala.

Product 하위의 객체로 구성된 컬렉션을 이용하며, 자바의 경우는 자바빈 컬렉션을 이용해 생성할 수 있습니다.

다음은 이전에 데이터프레임 생성 예제에서 사용했던 Person 클래스를 이용해 데이터셋을 생성하는 예제입니다.

[스칼라] 기존 객체를 이용한 데이터셋 생성 - 스칼라(~ ch5/DataSetSample.scala)

```scala
case class Person(name: String, age: Int, job: String)
import spark.implicits._
val row1 = Person("hayoon", 7, "student")
val row2 = Person("sunwoo", 13, "student")
val row3 = Person("hajoo", 5, "kindergartener")
val row4 = Person("jinwoo", 13, "student")
val data = List(row1, row2, row3, row4)
val df2 = spark.createDataset(data)
val df2_1 = data.toDS()
```

[자바] 기존 객체를 이용한 이용한 데이터셋 생성 - 자바(~ ch5/DataSetSample.java)

```java
Person row1 = new Person("hayoon", 7, "student");
Person row2 = new Person("sunwoo", 13, "student");
Person row3 = new Person("hajoo", 5, "kindergartener");
Person row4 = new Person("jinwoo", 13, "student");

List<Person> data = Arrays.asList(row1, row2, row3, row4);
Dataset<Person> df2 = spark.createDataset(data, Encoders.bean(Person.class));
```

코드를 살펴보면 이전에 봤던 데이터프레임 생성 예제와 거의 비슷해 보입니다. 하지만 데이터셋을 생성할 때는 데이터셋에서 사용할 인코더(org.apache.spark.sql.Encoder) 정보를 반드시 설정해야 한다는 점에서 차이가 있습니다.

인코더는 자바 객체와 스파크 내부 바이너리 포맷 간의 변환을 처리하기 위한 것으로 스파크 1.6에서 데이터셋과 함께 처음 소개됐습니다. 인코더가 하는 역할은 기존 자바 직렬화 프레임워크나 Kyro와 같이 자바 객체를 바이너리 포맷으로 변환하는 것입니다. 하지만 기존 직렬화 프레임워크처럼 단순히 네트워크 전송 최적화를 위한 바이너리 포맷을 만드는 것에 그치는 것이 아니라 데이터의 타입과 그 데이터를 대상으로 수행하고자 하는 연산, 데이터를 처리하고 있는 하드웨어 환경까지 고려한 최적화된 바이너리를 생성하고 다룬다는 점에서 그 차이를 찾아볼 수 있습니다.

API 문서에서 인코더 구현 클래스를 찾아보면 toRow()와 fromRow() 메서드를 가지고 있는 것을 볼 수 있습니다. 그런데 여기서 말하는 Row가 바로 위에서 언급한 스파크 내부 데이터 포맷에 대응하는 InternalRow라는 클래스입니다. 결국 스칼라나 자바 오브젝트를 포함하고 있는 데이터셋의 경우 성능 최적화를 위해 기존 오브젝트를 스파크 내부 최적화 포맷으로 변환해야 하는데 이때 필요한 변환을 수행하는 것이 인코더라는 것을 이와 같은 메서드 이름을 통해서도 짐작해 볼 수 있습니다.

이처럼 데이터셋을 사용하기 위해서는 데이터셋 내부 데이터 타입에 대한 인코더를 반드시 지정해야 하는데, 실제 코드 구현 방식에 있어서는 언어별로 차이가 있습니다.

먼저 스칼라의 경우는 문자열(String)이나 정수(Int) 등 기본 타입에 대한 인코더 정보를 암묵적 변환 방식을 이용해서 제공하기 때문에 위 예제 코드처럼 스파크세션의 implicits 객체를 "import spark.implicits._" 형태로 임포트하면 기본 데이터 타입에 대해서는 별도의 인코더를 지정하지 않고도 사용할 수 있습니다.

하지만 스칼라를 사용하더라도 위 방식으로 처리할 수 있는 기본 타입이 아니거나 자바 언어를 사용하는 경우에는 org.apache.spark.sql.Encoders 객체가 제공하는 인코더 생성 메서드를 이용해 직접 인코더를 생성 및 지정해야 합니다.

다음은 몇 가지 주요 유형에 대한 인코더 생성 방법입니다.

```
val e1 = Encoders.BOOLEAN
val e2 = Encoders.LONG
val e3 = Encoders.scalaBoolean
val e5 = Encoders.scalaLong
val e6 = Encoders.javaSerialization[Person]
val e7 = Encoders.kryo[Person]
val e8 = Encoders.tuple(Encoders.STRING, Encoders.INT)
```

Encoders는 인코더 생성을 위한 일종의 팩토리 클래스처럼 사용할 수 있으며, 자바 및 스칼라의 기본 타입을 비롯해 자체적으로 정의한 커스텀 타입 객체와 튜플 타입 등을 위한 인코더 생성 메서드를 제공합니다. 또한 자바 언어를 사용하는 경우라도 일부 스칼라 전용 타입을 제외하면 아래와 같이 동일한 방법을 사용할 수 있습니다.

```
Encoder<Boolean> e1 = Encoders.BOOLEAN();
Encoder<String> e2 = Encoders.STRING();
Encoder<Person> e3 = Encoders.bean(Person.class);
Encoder<Person> e4 = Encoders.javaSerialization(Person.class);
Encoder<Person> e5 = Encoders.kryo(Person.class);
```

Encoders는 이 밖에도 몇 가지 형태의 인코더 생성 메서드를 제공하고 있는데, 이에 관한 상세한 내용은 스칼라 API를 통해 확인할 수 있습니다.

5.6.1.3 RDD 및 데이터프레임을 이용해 생성

이번에 살펴볼 방법은 RDD 또는 데이터프레임을 이용해 데이터셋을 생성하는 방법입니다. 동일한 문제를 해결하는 다양한 방법을 제공하는 스파크의 특징상 실제 데이터를 처리하는 과정에서 문제 해결에 더욱 편리한 API를 사용할 목적으로 데이터프레임과 데이터셋, RDD 간의 변환을 수행해야 하는 경우에 이 방법을 자주 활용할 수 있습니다.

그럼 먼저 RDD를 사용하는 방법을 살펴보겠습니다.

RDD로부터 생성

```
import spark.implicits._
val rdd = sc.parallelize(List(1, 2, 3))
val ds3 = spark.createDataset(rdd)
val ds4 = rdd.toDS()
```

RDD로부터 데이터셋을 생성할 경우 스파크세션의 createDataset() 메서드를 사용합니다. 단, 스칼라 언어를 사용할 경우 암묵적 변환 방법을 이용한 toDS() 메서드를 추가로 사용할 수 있으며, 자바 언어를 사용할 경우 데이터프레임에 해당하는 Dataset〈Row〉 타입의 데이터셋을 먼저 만든 후 다음에 살펴볼 데이터프레임을 데이터셋으로 변경하는 방법을 사용해야 합니다. (스칼라에서 암묵적 변환을 사용하려면 import spark.implicits._ 부분을 추가해야 합니다.)

데이터프레임으로부터 생성

데이터프레임을 이용해 데이터셋을 만들려면 아래와 같이 데이터프레임의 as() 메서드를 사용합니다.

[스칼라] 데이터프레임을 이용한 데이터셋 생성 - 스칼라(~ ch5/DataSetSample.scala)

```
val ds = List(1, 2, 3).toDF.as[Int]
```

[자바] 데이터프레임을 이용한 데이터셋 생성 - 자바(~ ch5/DataSetSample.java)

```
JavaRDD<Person> rdd = sc.parallelize(data);
Dataset<Row> df3 = spark.createDataFrame(rdd, Person.class);
Dataset<Person> ds4 = df3.as(Encoders.bean(Person.class));
```

5.6.1.4 range()로 생성

스파크세션이 제공하는 range() 메서드를 이용하면 연속된 숫자로 구성된 간단한 데이터셋을 생성할 수 있습니다. 생성된 데이터셋은 id라는 칼럼 하나를 가지며 Long 타입의 숫자를 포함합니다.

이 메서드는 range(시작값, 종료값, step, 파티션 개수) 형태로 사용하며, 일부 인자를 생략한 좀더 간단한 형식도 제공합니다. 예를 들어, 0부터 9까지의 숫자로 구성된 데이터셋을 생성한다면 range(10), range(0, 10), range(0, 10, 1) 등으로 사용할 수 있습니다.

step은 각 요소 간의 간격 또는 구간의 크기를 가리키는 값으로 설명할 수 있는데, 예를 들어 아래 예제와 같이 3을 지정하면 각 요소 간의 간격이 3이 되는, 숫자로 구성된 데이터셋이 생성됩니다.

다음은 range() 메서드로 간단한 데이터셋을 생성하고 결과를 출력하는 예제입니다.

```scala
scala> spark.range(0, 10, 3).show
+---+
| id|
+---+
|  0|
|  3|
|  6|
|  9|
+---+
```

5.6.2 타입 트랜스포메이션 연산

데이터셋이 제공하는 연산은 기본 연산과 타입/비타입 트랜스포메이션 연산, 액션 연산으로 나눌 수 있습니다. 이 가운데 액션 연산과 기본 연산, 그리고 비타입 트랜스포메이션 연산에 대해서는 데이터프레임을 다루는 절에서 이미 살펴봤고 이번 절에서는 마지막으로 남은 타입 트랜스포메이션 연산에 대해 알아보겠습니다.

아래는 이번 절의 예제에서 사용할 데이터셋입니다. (자바의 경우도 Person 자바빈 객체를 사용한 것을 제외하면 동일합니다.)

```scala
case class Person(name: String, age: Int, job: String)
val row1 = Person("hayoon", 7, "student")
val row2 = Person("sunwoo", 13, "student")
val row3 = Person("hajoo", 5, "kindergartener")
val row4 = Person("jinwoo", 13, "student")
val data = List(row1, row2, row3, row4)
val ds = spark.createDataset(data)
```

5.6.2.1 select

select 메서드는 데이터셋에서 흔히 사용되는 메서드 중 하나로 타입 기반 또는 비타입 기반 방식으로 사용할 수 있습니다. 이 가운데 비타입 기반 방식은 앞에서 데이터프레임을 다루는 과정에서 사용했던 방법을 가리키는 것으로, select("col1", "col2")와 같이 칼럼명을 가리키는 문자열이나 org.apache.spark.sql.Column 객체를 인자로 사용해 데이터를 조회하는 방법을 사용합니다. 이 경우 select() 메서드의 호출로 생성된 결과는 Dataset[Row], 즉 데이터프레임이 됩니다.

이에 반해 타입 기반 방식은 칼럼명 또는 Column으로는 사용할 수 없고 칼럼의 타입 정보까지 함께 포함하고 있는 org.apache.spark.sql.TypedColumn 객체를 사용해야 한다는 점에서 차이가 있습니다. 다음은 타입 기반 트랜스포메이션 방식의 select() 메서드를 이용해 데이터셋을 조회하는 예제입니다.

[스칼라] select - 스칼라(~ ch5/DataSetSample.scala)

```scala
scala> import spark.implicits._
scala> ds.select(ds("name").as[String], ds("age").as[Int]).show
+------+---+
|  name|age|
+------+---+
|hayoon|  7|
|sunwoo| 13|
| hajoo|  5|
|jinwoo| 13|
+------+---+
```

[자바] select - 자바(~ ch5/DataSetSample.java)

```java
TypedColumn<Object, String> c1 = ds.col("name").as(Encoders.STRING());
TypedColumn<Object, Integer> c2 = ds.col("int").as(Encoders.INT());
ds.select(c1, c2).show();
```

코드에서 볼 수 있듯이 각 칼럼의 값을 조회할 때 Column 클래스의 as() 메서드를 이용해 String과 Int로 타입 정보를 지정하고 있습니다. 바로 이 as() 메서드가 TypedColumn을 생성하는 메서드이며, 이처럼 타입 기반의 select() 메서드를 사용할 때는 항상 칼럼의 타입 정보를 함께 지정해야 합니다.

5.6.2.2 as

데이터셋의 as 메서드는 데이터셋에 별칭을 부여하는 기능을 수행합니다. 단, 같은 이름의 메서드가 칼럼(org.apache.spark.sql.Column) 클래스에서는 칼럼의 이름을 변경하는 용도로도 사용되므로 각각을 혼동하지 않도록 주의해야 합니다.

데이터셋의 as() 메서드를 사용하는 경우는 예를 들어 두 개의 데이터셋을 조인할 때 같은 이름을 가진 칼럼을 구분하기 위한 목적으로 아래와 같이 사용할 수 있습니다.

```scala
scala> val d1 = spark.range(5, 15).as("First")
scala> val d2 = spark.range(10, 20).as("Second")
scala> d1.join(d2, expr("First.id = Second.id")).show
+---+---+
| id| id|
+---+---+
| 10| 10|
| 11| 11|
| 12| 12|
| 13| 13|
| 14| 14|
+---+---+
```

5.6.2.3 distinct

distinct 메서드는 중복을 제외한 요소만으로 구성된 데이터셋을 돌려줍니다. 다음은 스칼라 셸에서 실행한 결과입니다.

```scala
scala> List(1, 3, 3, 5, 5, 7).toDS.distinct().show
+-----+
|value|
+-----+
|    1|
|    3|
|    5|
|    7|
+-----+
```

5.6.2.4 dropDuplicates

데이터셋에서 중복되는 요소를 제외한 데이터셋을 돌려줍니다. distinct() 메서드와 다른 점은 중복 여부를 판단할 때 사용할 칼럼을 지정해 줄 수 있다는 점입니다. 즉, 아래 예제에서 "age" 칼럼을 중복 여부 판단 기준으로 지정할 경우 해당 칼럼 값이 똑같은 데이터의 경우 한 건만 포함된 것을 확인할 수 있습니다. (만약 아무 칼럼도 지정하지 않을 경우 모든 칼럼 값을 비교합니다.)

```
// 원래 값
scala> ds.show
+------+---+-------------+
|  name|age|          job|
+------+---+-------------+
|hayoon|  7|      student|
|sunwoo| 13|      student|
| hajoo|  5|kindergartener|
|jinwoo| 13|      student|
+------+---+-------------+
// 중복을 제외한 후
scala> ds.dropDuplicates("age").show
+------+---+-------------+
|  name|age|          job|
+------+---+-------------+
|sunwoo| 13|      student|
| hajoo|  5|kindergartener|
|hayoon|  7|      student|
+------+---+-------------+
```

5.6.2.5 filter

filter 메서드는 데이터셋의 각 요소에 인자로 전달한 함수를 적용한 후 그 결과가 True인 요소만으로 구성된 새로운 데이터셋을 돌려줍니다.

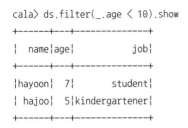

```
cala> ds.filter(_.age < 10).show
+------+---+-------------+
|  name|age|          job|
+------+---+-------------+
|hayoon|  7|      student|
| hajoo|  5|kindergartener|
+------+---+-------------+
```

5.6.2.6 map, flatMap

데이터셋의 map()과 flatMap()은 같은 이름을 가진 RDD의 map()과 flatMap() 연산과 동일한 동작을 수행하는 메서드입니다. 이 메서드들은 스파크 2.0 이전 데이터프레임에서도 사용할 수 있었지만 기존에는 데이터프레임 내부의 데이터 타입과 무관하게 항상 Row 타입의 객체로 변환해서 다뤄야 했지만 데이터셋에서는 원래의 데이터 타입을 그대로 사용할 수 있다는 점에서 차이가 있습니다.

다음은 flatMap() 함수를 이용해 문자열을 개별 단어로 분리하는 예제입니다.

[예제 5-24] 데이터셋에서 flatMap의 사용 – 스칼라(DatasetSample.scala)

```scala
import org.apache.spark.sql.SparkSession
import spark.implicits._
val sentence = "Spark SQL, DataFrames and Datasets Guide)"
List(sentence).toDS().flatMap(_.split(" ")).show
```

[예제 5-25] 데이터셋에서 flatMap의 사용 – 자바(DatasetSample.java)

```java
import org.apache.spark.api.java.function.FlatMapFunction;
import org.apache.spark.sql.Dataset;
import org.apache.spark.sql.Encoders;
import org.apache.spark.sql.SparkSession;

import java.util.Arrays;
import java.util.Iterator;

String sentence = "Spark SQL, DataFrames and Datasets Guide)";
Dataset<String> ds = spark.createDataset(Arrays.asList(sentence), Encoders.STRING());

// Java7
Dataset<String> rst7 = ds.flatMap(new FlatMapFunction<String, String>() {
  @Override
  public Iterator<String> call(String s) throws Exception {
    return Arrays.asList(s.split(" ")).iterator();
  }
}, Encoders.STRING());
rst7.show();

// Java8
Dataset<String> rst8 = ds.flatMap(
        (String s) -> Arrays.asList(s.split(" ")).iterator(),
        Encoders.STRING());
```

[결과]

```
+----------+
|     value|
+----------+
|     Spark|
|      SQL,|
|DataFrames|
|       and|
|  Datasets|
|    Guide)|
+----------+
```

개발 언어로 자바를 사용하는 경우는 RDD에서 했던 것과 마찬가지로 별도의 FlatMapFunction 을 구현해야 합니다. 하지만 RDD의 flatMap() 구현 때와는 달리 결과 데이터셋을 위한 인코더 정보를 추가로 지정해야 하는 점에서는 차이가 있습니다. 예제의 경우 flatMap()의 수행 결과가 Dataset〈String〉이므로 인코더로 Encoders.STRING()을 사용했습니다.

마지막으로 자바의 경우 Java8을 사용하면 FlatMap 함수를 직접 구현하지 않고 스칼라와 유사한 형태로 구현할 수 있습니다. 이 또한 RDD에서 했던 것과 동일한 방법이지만 결과 데이터셋을 위한 인코더를 지정해야 한다는 점에 있어서는 스칼라 또는 자바7을 사용했을 때와 다르지 않습니다.

5.6.2.7 groupByKey()

groupByKey() 메서드는 RDD의 groupBy() 메서드와 동일한 동작을 수행하는 메서드로서 데이터셋의 요소들을 일정한 기준에 따라 여러 개의 그룹으로 나누고 이 그룹들로 구성된 새로운 데이터셋을 생성합니다. 각 그룹은 키와 그 키에 속한 요소들의 시퀀스로 구성되며 메서드의 인자로 전달하는 함수가 각 그룹의 키를 결정하는 역할을 담당합니다.

다음은 Person 객체로 구성된 데이터셋을 대상으로 groupByKey() 메서드를 실행해 각 Person 객체를 나이별 그룹으로 분류하는 예제입니다.

[예제 5-26] 데이터셋에서 groupByKey의 사용 – 스칼라(DatasetSample.scala)

```scala
import org.apache.spark.sql.{Dataset, SparkSession}
import spark.implicits._
ds.groupByKey(_.age).count().show(false)
```

[예제 5-27] 데이터셋에서 groupByKey의 사용 – 자바(DatasetSample.java)

```java
import org.apache.spark.api.java.function.MapFunction;
import org.apache.spark.sql.Dataset;
import org.apache.spark.sql.Encoders;
import org.apache.spark.sql.KeyValueGroupedDataset;
import org.apache.spark.sql.SparkSession;

import java.util.Arrays;
import java.util.List;

// Java7
KeyValueGroupedDataset<Integer, Person> rst7 = ds.groupByKey(new MapFunction<Person, Integer>() {
  @Override
  public Integer call(Person p) throws Exception {
    return p.getAge();
  }
}, Encoders.INT());

// Java8
KeyValueGroupedDataset<Integer, Person> rst8 = ds.groupByKey((MapFunction<Person, Integer>)
(Person p)->p.getAge(), Encoders.INT());

rst7.count().show();
```

[결과]

```
+-----+--------+
|value|count(1)|
+-----+--------+
|13   |2       |
|5    |1       |
|7    |1       |
+-----+--------+
```

groupByKey()는 각 데이터가 속할 그룹을 결정하기 위한 함수를 인자로 전달받습니다. 이것은 RDD의 groupByKey() 메서드가 아닌 groupBy() 메서드와 같은 동작으로 모든 데이터는 인자로 전달된 함수를 이용해 키 값을 생성하고 이 키 값에 의해 여러 개의 그룹으로 분할됩니다.

5.6.2.8 agg()

데이터셋의 groupByKey() 메서드는 타입 트랜스포메이션 연산으로 KeyValueGroupedDataset 타입의 데이터셋을 생성합니다. 이 경우에도 비타입 트랜스포메이션에서 사용했던 것과 유사한 agg() 메서드를 사용해 다양한 집계 연산을 수행할 수 있는데, 이때 주의할 점은 agg() 메서드의 칼럼의 타입이 반드시 org.apache.spark.sql.TypedColumn 타입이어야 한다는 것입니다.

다음은 KeyValueGroupedDataset 클래스의 agg() 메서드를 이용해 몇 가지 간단한 집계 연산을 수행하는 예제입니다.

[예제 5-28] KeyValueGroupedDataset에서 agg() 메서드 사용 – 스칼라 (DatasetSample.scala)

```scala
import org.apache.spark.SparkContext
import org.apache.spark.sql.functions._
import org.apache.spark.sql.{Dataset, Encoders, SparkSession}
ds.groupByKey(_.job).agg(max("age").as[Int], countDistinct("age").as[Long]).show
```

[결과]

```
// 원본 데이터
+------+---+--------------+
|  name|age|           job|
+------+---+--------------+
|hayoon|  7|       student|
|sunwoo| 13|       student|
| hajoo|  5|kindergartener|
|jinwoo| 13|       student|
+------+---+--------------+

// 집계 결과
+--------------+--------+-------------------+
|         value|max(age)|count(DISTINCT age)|
+--------------+--------+-------------------+
|kindergartener|       5|                  1|
|       student|      13|                  2|
+--------------+--------+-------------------+
```

예제를 보면 agg() 메서드 내부에서 as[...] 메서드를 사용해 TypedColumn을 생성하는 부분을 제외하면 기존 데이터프레임의 agg() 메서드와 사용법이 크게 다르지 않아 보입니다.

하지만 위 방법은 스칼라 언어를 사용하는 경우에 가능한 방법이며, 자바를 사용할 경우는 집계 연산을 위한 org.apache.spark.sql.expressions.Aggregator라는 추상 클래스를 직접 상속받아 구현하거나 org.apache.spark.sql.expressions.javalang.Typed 클래스를 이용해야 합니다. 다음은 typed 클래스의 sum() 메서드를 이용해 직업별 나이의 합을 구하는 예제입니다.

[예제 5-29] KeyValueGroupedDataset에서 agg() 메서드 사용 – 자바(DatasetSample.java)

```java
import org.apache.spark.api.java.function.MapFunction;
import org.apache.spark.sql.*;
import org.apache.spark.sql.expressions.javalang.typed;
import java.util.List;

// Java7
KeyValueGroupedDataset<String, Person> rst7 = ds.groupByKey(new MapFunction<Person, String>() {
  @Override
  public String call(Person p) throws Exception {
    return p.getJob();
  }
}, Encoders.STRING());

// Java8
KeyValueGroupedDataset<String, Person> rst8 = ds.groupByKey((MapFunction<Person, String>) (Person
p) -> p.getJob(),
        Encoders.STRING());

rst7.agg(typed.sumLong(new MapFunction<Person, Long>() {
  @Override
  public Long call(Person person) throws Exception {
    return new Long(person.getAge());
  }
})).show();
```

[결과]

```
+-------------+---------------------------------------------+
|        value|TypedSumLong(com.wikibooks.spark.ch5.Person)|
+-------------+---------------------------------------------+
|kindergartener|                                           5|
|      student|                                          33|
+-------------+---------------------------------------------+
```

현재 typed 클래스에서 제공하는 집계 연산은 avg(), count(), sum(), sumLong()이며, 동일한
방법을 스칼라에서도 사용할 수 있습니다.

5.6.2.9 mapValues, reduceGroups

mapValues()와 reduceGroups() 메서드는 KeyValueGroupedDataset 클래스의 메서드로서 같
은 키 값을 가진 값들을 대상으로 맵 연산과 리듀스 연산을 수행합니다. 다음은 앞에서 사용한 직업
별 KeyValueGroupedDataset을 대상으로 mapValues() 연산과 reduceGroups() 연산을 연속
으로 적용한 예제입니다.

[예제 5-30] mapValues()와 reduceGroups() 메서드 – 스칼라(DatasetSample.scala)

```scala
import spark.implicits._
val r1 = ds.groupByKey(_.job).mapValues(p => p.name + "(" + p.age + ") ")
val r2 = r1.reduceGroups((s1, s2) => s1 + s2)
r2.show(false)
```

[예제 5-31] mapValues()와 reduceGroups() 메서드 – 자바(DatasetSample.java)

```java
// Java7
KeyValueGroupedDataset<String, Person> rst7 = ds.groupByKey(new MapFunction<Person, String>() {
  @Override
  public String call(Person p) throws Exception {
    return p.getJob();
  }
}, Encoders.STRING());

// Java8
KeyValueGroupedDataset<String, Person> rst8 = ds.groupByKey((MapFunction<Person, String>) (Person
p) -> p.getJob(),
        Encoders.STRING());

KeyValueGroupedDataset<String, String> ds1 = rst7.mapValues(new MapFunction<Person, String>() {
  @Override
  public String call(Person p) throws Exception {
    return p.getName() + "(" + p.getAge() + ") ";
  }
}, Encoders.STRING());

ds1.reduceGroups(new ReduceFunction<String>() {
```

```
    @Override
    public String call(String v1, String v2) throws Exception {
      return v1 + v1;
    }
}).show(false);
```

[결과]

```
+--------------+-----------------------------------------+
|value         |ReduceAggregator(java.lang.String)       |
+--------------+-----------------------------------------+
|kindergartener|hajoo(5)                                 |
|student       |hayoon(7) hayoon(7) hayoon(7) hayoon(7)  |
+--------------+-----------------------------------------+
```

예제에서는 mapValues() 메서드를 이용해 같은 직업을 가진 Person 객체를 이름(나이) 형태의 문
자열로 변환한 뒤 reduceGroups() 메서드를 이용해 각 문자열을 하나로 합친 결과를 생성했습
니다.

5.7 하이브 연동

하이브[28]는 SQL 기반의 데이터 처리 기능을 제공하는 오픈소스 라이브러리로서 프로그램 작성의 편
리함과 하이브QL이라고 하는 강력하고 다양한 기능의 쿼리 API로 인해 널리 사용되고 있는 데이터
웨어하우스 시스템입니다.

스파크SQL은 하이브 시스템을 사용하지 않더라도 표준 SQL 외에 하이브QL을 사용할 수 있도록
지원하며 필요한 경우 외부 하이브 시스템과 직접 연동해서 테이블을 공유하고 데이터를 주고받는
방법도 제공합니다.

다음은 스파크에서 하이브 문법을 사용해 테이블을 생성하고 조회하는 예제입니다.

```
scala> spark.sql("CREATE TABLE Persons (name STRING, age INT, job STRING)")
scala> spark.sql("show tables").show
+---------+-----------+
|tableName|isTemporary|
+---------+-----------+
|  persons|      false|
+---------+-----------+
```

---

28 https://hive.apache.org/

예제에서 사용한 Create 구문과 show tables 명령은 하이브에서 사용하는 명령어입니다. 스파크 2.3.0의 경우 기본적으로 Hive 1.2.1과 연동되며 다른 버전을 사용할 경우 스파크 홈페이지의 프로그래밍 가이드 문서(Spark SQL, DataFrames and Datasets Guide, https://goo.gl/J6GFpc)에서 하이브 버전별 연동 방법과 관련된 자세한 내용을 찾을 수 있습니다.

한편 방금 실행한 예제에서는 하이브 기능을 사용했지만 실제 하이브 서버와 연동한 것은 아니었습니다. 이처럼 스파크에서는 별도의 하이브 서버가 없어도 데이터프레임을 테이블로 저장하거나 불러오고, 하이브 쿼리를 사용하는 등의 작업이 가능합니다. 하지만 하이브 관련 기능을 위해서는 데이터베이스, 테이블 등의 다양한 메타 정보를 관리할 저장소가 필요하기 때문에 별도의 외부 하이브와 연동되지 않았을 경우 자체적으로 메타스토어를 생성합니다. 예제의 경우 테이블을 생성하는 별도의 경로를 지정하지 않기 때문에 스파크가 설치된 홈 디렉터리 아래에서 spark-warehouse와 metastore_db 등이 생성된 것을 확인할 수 있을 것입니다. 만약 별도로 설치한 하이브 서버가 있고 그 서버와 연동해서 사용하고 싶다면 스파크 홈의 conf 디렉터리 아래에 하이브와 하둡 설정 파일인 hive-site.xml, core-site.xml, hdfs-site.xml 파일을 복사하면 됩니다.

일단 설정 파일이 준비되면 스파크 셸을 실행해 방금 했던 것과 같은 방식으로 테이블을 만들고 하이브 서버에서 생성된 테이블을 조회해 보면 방금 생성한 테이블이 보이는 것을 확인할 수 있습니다.

```scala
// 스파크셸에서 실행
scala> case class Person(name: String, age: Int, job: String)
scala> val row1 = Person("hayoon", 7, "student")
scala> val row2 = Person("sunwoo", 13, "student")
scala> val row3 = Person("hajoo", 5, "kindergartener")
scala> val row4 = Person("jinwoo", 13, "student")
scala> val data = List(row1, row2, row3, row4)
scala> val ds = spark.createDataset(data)
scala> import org.apache.spark.sql.SaveMode
scala> ds.toDF().write.format("hive").mode(SaveMode.Overwrite).saveAsTable("Users")


scala> spark.sql("show tables").show
+---------+-----------+
|tableName|isTemporary|
+---------+-----------+
|  persons|      false|
|    users|      false|
+---------+-----------+
```

```
// 하이브에서 실행
hive> show tables;
OK
tab_name
persons
users

hive> set hive.cli.print.header=true;

hive> select * from users;
OK
users.name users.age  users.job
hayoon  7  student
sunwoo  13 student
hajoo5  kindergartener
jinwoo  13 student
```

예제에 사용된 saveAsTable()은 데이터프레임을 하이브 테이블로 저장하는 메서드입니다. 결과를 보면 스파크에서 생성한 테이블 정보가 하이브에서 그대로 조회됨을 알 수 있습니다.

마지막으로 스파크셸이 아닌 이클립스나 인텔리제이 같은 환경에서 하이브 연동 기능을 사용할 경우 메이븐 의존성 정보를

```
<dependency>
    <groupId>org.apache.spark</groupId>
    <artifactId>spark-sql_2.11</artifactId>
    <version>${spark.version}</version>
</dependency>
```

에서

```
<dependency>
    <groupId>org.apache.spark</groupId>
    <artifactId>spark-hive_2.11</artifactId>
    <version>${spark.version}</version>
</dependency>
```

와 같이 변경해야 하며, 스파크세션의 경우 다음과 같이 enableHiveSupport 부분을 추가해야 합니다.

```
val spark = SparkSession.builder()
    .appName("Spark Hive Example")
```

```
.enableHiveSupport()
.getOrCreate()
```

그리고 기존 하이브와의 연동을 위해 예제 프로젝트의 "src/main/resources" 디렉터리 아래에 hive-site.xml과 core-site.xml, hdfs-site.xml 파일도 추가해야 합니다.

5.8   분산 SQL 엔진

스파크SQL은 그 자체가 분산 SQL 서버로 동작해서 다른 프로그램이 JDBC 또는 ODBC 방식으로 접속한 뒤 스파크에서 생성한 테이블을 사용할 수 있는 기능을 제공합니다. 따라서 이 기능을 사용하면 스파크 프로그램을 작성하지 않더라도 스파크 테이블을 대상으로 쿼리를 수행할 수 있습니다.

분산 SQL 엔진을 동작하는 방법은 매우 간단한데, 스파크 홈 아래의 bin 디렉터리에 있는 start-thriftserver.sh을 실행하기만 하면 됩니다.

다음은 스파크 SQL 엔진을 실행한 뒤 하이브의 JDBC 클라이언트 프로그램인 beeline을 이용해 이전 예제에서 생성했던 users 테이블을 조회해 본 예제입니다.

```
// SQL 엔진 실행
$ <spark_home_dir>/sbin/start-thriftserver.sh

// hive beeline 실행
$ <hive_home>/bin/beeline
Beeline version 1.2.1.spark2 by Apache Hive
beeline> !connect jdbc:hive2://localhost:10000
Connecting to jdbc:hive2://localhost:10000
Enter username for jdbc:hive2://localhost:10000: <id>
Enter password for jdbc:hive2://localhost:10000:
...
Connected to: Spark SQL (version 2.3.0)
Driver: Hive JDBC (version 1.2.1.spark2)
Transaction isolation: TRANSACTION_REPEATABLE_READ
0: jdbc:hive2://localhost:10000> select * from users;
+---------+------+----------------+--+
|  name   | age  |      job       |  |
+---------+------+----------------+--+
| hajoo   | 5    | kindergartener |  |
| hayoon  | 7    | student        |  |
| sunwoo  | 13   | student        |  |
```

```
| jinwoo  | 13   | student         |
+---------+------+-----------------+--+
4 rows selected (0.32 seconds)
0: jdbc:hive2://localhost:10000>
```

예제의 실행 결과를 보면 "Connected to: Spark SQL (version 2.3.0)"과 같이 접속 서버가 하이브 서버가 아닌 Spark SQL임을 알 수 있습니다. beeline은 하이브에서 제공하는 JDBC 기반의 명령행 셸 유틸리티 프로그램으로 이번 예제에서는 하이브 배포판에 포함된 beeline 유틸리티를 사용했지만 동일한 파일을 스파크 홈의 bin 디렉터리 아래에서도 찾을 수 있습니다. 따라서 하이브를 설치하지 않아도 스파크의 beeline 유틸리티를 이용해 동일한 방법으로 사용할 수 있습니다.

5.9 Spark SQL CLI

앞에서 스파크셸을 이용해 하이브 테이블을 생성하고 조회하는 예제를 살펴봤습니다. 스파크셸을 사용하면 RDD부터 데이터셋, 데이터프레임까지 스파크가 제공하는 거의 모든 기능을 사용할 수 있지만 단순히 하이브처럼 메타스토어 서비스만을 사용하는 것이 목적이라면 스파크가 제공하는 또 다른 명령행 툴인 Spark SQL CLI를 사용할 수 있습니다.

Spark SQL CLI 툴은 스파크 홈 아래의 bin 디렉터리에 있는 spark-sql을 이용해 실행할 수 있습니다. 다음은 spark-sql을 실행한 결과입니다.

```
$ <spark_home_dir>/bin/spark-sql
$ ./spark-sql
log4j:WARN No appenders could be found for logger (org.apache.hadoop.util.Shell).
log4j:WARN Please initialize the log4j system properly.
log4j:WARN See http://logging.apache.org/log4j/1.2/faq.html#noconfig for more info.
Using Spark's default log4j profile: org/apache/spark/log4j-defaults.properties
...
spark-sql>
```

일단 실행되면 "spark-sql>"이라는 프롬프트가 출력됩니다. 이제 하이브에서 사용하던 것과 같은 방법으로 쿼리를 실행할 수 있습니다.

```
// 테이블 목록 조회
spark-sql> show tables;
...
persons false
usersfalse
```

```
Time taken: 2.222 seconds, Fetched 2 row(s)

// 쿼리 실행
spark-sql> select * from users;
hayoon 7 student
sunwoo 13 student
hajoo 5 kindergartener
jinwoo 13 student
```

SQL CLI 툴은 SQL 문으로 데이터를 분석하거나 스파크 SQL 구문을 테스트해 보기에 적합한 도구입니다. 특히 스파크 2.3부터는 스파크에서 제공하는 기본 함수들에 대한 자세한 설명과 예제를 담은 API 문서(https://spark.apache.org/docs/latest/api/sql/index.html)를 별도로 제공하기 때문에 이를 이용하면 SQL 구문 작성에 큰 도움을 얻을 수 있을 것입니다.

5.10 쿼리플랜(Query Plan)과 디버깅

지금까지 데이터프레임(또는 데이터셋)을 이용한 다양한 데이터 처리 방법을 살펴봤습니다. 이미 본문에서 여러 차례에 걸쳐 설명한 바 있지만 RDD라는 훌륭한 API가 있음에도 데이터프레임/데이터셋이라는 새로운 API가 등장하게 된 것은 데이터를 처리하는 과정의 최적화를 통한 성능 개선 가능성[29] 때문입니다.

이번 장에서는 스파크가 제공하는 다양한 디버그 API와 메서드를 이용해 데이터프레임이 수행하는 쿼리 최적화 관련 내용을 살펴보고 스파크의 내부 동작 구조를 조금 더 살펴보겠습니다.

5.10.1 스파크세션(SparkSession)과 세션스테이트(SessionState), 스파크컨텍스트(SparkContext)

앞에서 RDD를 생성하려면 스파크컨텍스트 객체를 먼저 생성하고, 데이터프레임 또는 데이터셋을 생성하려면 스파크세션(SparkSession) 객체를 먼저 생성해야 한다고 설명했습니다. 하지만 정확하게 말하면 스파크세션 객체 안에는 스파크컨텍스트 객체가 포함돼 있기 때문에 RDD를 만들 때나 데이터프레임을 만들 때나 상관없이 스파크세션 객체를 먼저 생성하면 됩니다. 예를 들어 스파크세션 객체를 가지고 있다면 다음과 같은 방법으로 RDD를 생성할 수 있습니다.

---

29 데이터프레임이 항상 더 나은 결과를 내는 것은 아니라는 의미입니다.

```
// spark는 스파크세션 객체
val input = List("a", "b", "c")
val rdd = spark.sparkContext.parallelize(input)
```

그렇다면 스파크세션은 스파크컨텍스트와 어떤 면에서 다른 걸까요? 이를 확인하기 위해 스파크세션 코드를 잠시 살펴보겠습니다.

```
class SparkSession private(
    @transient val sparkContext: SparkContext,
    @transient private val existingSharedState: Option[SharedState],
    @transient private val parentSessionState: Option[SessionState],
    @transient private[sql] val extensions: SparkSessionExtensions)
  extends Serializable with Closeable with Logging { self =>
```

위 코드는 스칼라 언어로 작성된 것인데 스칼라의 경우 클래스의 생성자 인자를 클래스를 정의할 때 넣도록 돼 있기 때문에 결국 위 코드로부터 스파크세션 클래스의 생성자 인자가 모두 4개이며 각각의 타입이 SparkContext, SharedState, SessionState, SparkSessionExtensions라는 사실을 알 수 있습니다.

즉, 스파크세션 객체를 만들려면 스파크컨텍스트를 비롯한 SessionState 객체가 먼저 생성돼 있어야 하며 실제로 어딘가에 이 부분을 처리하는 코드가 있다는 것을 의미합니다. 그런데 이 부분은 굳이 찾아보지 않더라도 스파크세션을 만드는 방법을 생각해 보면 대충 감이 오는 지점이 있습니다.

```
// 스파크세션 생성
val spark = SparkSession
  .builder()
  .appName("MyApp")
  .master("local[*]")
  .getOrCreate()
```

위 코드는 스파크세션을 생성하는 코드로, 필요한 설정값을 지정한 다음 맨 마지막에 getOrCreate를 호출하게 돼 있습니다. 바로 이 부분이 스파크컨텍스트를 포함한 나머지 객체를 생성하는 부분이며 이를 통해 새로운 스파크세션 객체를 생성할 수 있습니다.

따라서 지금까지 살펴본 내용을 한마디로 정리해 보면 스파크세션은 스파크컨텍스트에 세션 상태 정보(SessionState들)를 추가로 담은 것이라고 할 수 있습니다.

그렇다면 스파크세션에 세션 상태 정보라는 것을 추가한 이유는 무엇일까요? 이를 이해하려면 먼저 스파크컨텍스트의 성격을 조금 더 자세히 알아볼 필요가 있는데 결론적으로 이야기하자면 스파크컨텍스트는 스파크가 동작하기 위한 각종 백엔드 서비스에 대한 참조를 가지고 있는 객체라고 할 수 있습니다.

실제로 스파크컨텍스트 클래스는 statusTracker, dagScheduler, taskScheduler 등 백엔드 서비스들에 직접 접근할 수 있는 참조 변수를 가지고 있으며 RDD API를 이용해 필요한 연산을 수행할 경우 내부적으로 이러한 참조 변수를 직접 사용해 요청한 작업을 처리하게 됩니다.

따라서 스파크에서 동작하는 모든 애플리케이션은 백엔드 서버와 통신하기 위해 스파크컨텍스트 객체를 사용해야 하며 이 같은 이유로 스파크세션의 경우에도 스파크컨텍스트를 먼저 생성한 후 이에 대한 참조를 내부적으로 유지하고 있는 것입니다.

하지만 위에서 설명한 RDD처럼 스파크컨텍스트를 직접 사용해 작업을 처리하게 될 경우 사용자가 작성한 코드와 실제 백엔드 서비스 API사이에 직접적인 연관 관계가 형성될 수 있어서 프레임워크 차원에서 뭔가 최적화 관련된 기능을 수행하기 어렵다는 문제가 있습니다.

따라서 스파크에서는 사용자가 RDD와 같은 백엔드 서비스에 직접 접근 가능한 API를 사용하는 대신 RDD보다 한 단계 추상화된 API를 사용해 코드를 작성하게 하고, 이 코드를 내부적인 최적화 과정을 거쳐 실제 동작 가능한 RDD 기반의 코드로 전환하는 방법을 채택하게 됐는데, 이 새로운 API가 바로 데이터프레임과 데이터셋이라고 할 수 있습니다.

한편 이처럼 추상화 수준이 높은 API의 경우 애플리케이션 로직을 쉽게 작성할 수 있게 돕는 다양한 기법들(예를 들어 SQL문으로 코드를 작성하는 등)과 최적화 관련 기능을 포함할 수 있는데, 이 때 사용되는 각종 메타정보를 관리하기 위해 별도의 상태 정보 관련 객체를 정의할 수 있습니다. 결국 앞에서 살펴본 SessionState와 같은 클래스들은 바로 이런 종류의 세션 상태 정보를 저장하고 관리하는 데 사용되는 클래스라고 할 수 있습니다.

그럼 SessionState 클래스가 실제로 어떤 정보를 가지고 있는지 코드를 통해 한번 확인해 보겠습니다.

```
private[sql] class SessionState(
    sharedState: SharedState,
    val conf: SQLConf,
    val experimentalMethods: ExperimentalMethods,
    val functionRegistry: FunctionRegistry,
    val udfRegistration: UDFRegistration,
    catalogBuilder: () => SessionCatalog,
    val sqlParser: ParserInterface,
    analyzerBuilder: () => Analyzer,
```

```
optimizerBuilder: () => Optimizer,
val planner: SparkPlanner,
val streamingQueryManager: StreamingQueryManager,
val listenerManager: ExecutionListenerManager,
resourceLoaderBuilder: () => SessionResourceLoader,
createQueryExecution: LogicalPlan => QueryExecution,
createClone: (SparkSession, SessionState) => SessionState) {
```

상태 정보 관리라고 해서 간단할 것으로 생각했을지 모르겠지만 얼핏 봐도 많은 인자들이 나열돼 있어서 한눈에 잘 들어오지 않을 수 있습니다. 하지만 이 중에는 이번 장에서 다루고자 하는 핵심 내용이 포함돼 있는데 바로 다음과 같은 것들입니다.

- Analyzer
- Optimizer
- SparkPlanner
- QueryExecution

앞서 데이터프레임이 사용자가 입력한 코드를 최적화해서 실제 동작 가능한 코드로 바꾼다고 했는데 바로 위에 언급한 클래스들이 이와 관련된 역할을 수행하는 것들입니다. 그럼 설명은 이 정도로 마치고 간단한 코드를 통해 조금 더 알아보겠습니다.

5.10.2 QueryExecution

이번 절에서 사용할 예제는 이전에 한번 다룬 적이 있는 단어 수 세기 예제입니다. 먼저 예제 코드를 간단히 살펴보겠습니다.

[예제 5-32] 단어 수 세기 – Optimization.scala

```
def createDF(spark: SparkSession): DataFrame = {
    import spark.implicits._
    import org.apache.spark.sql.functions._

    spark.read.text("<spark_home>/Apps/spark/README.md")
    .selectExpr("split(value, ' ') as words ")
    .select(explode('words) as "word")
    .groupBy("word").count
    .where("word == 'Spark' ")
}
```

코드를 보면 스파크 디렉터리에 있는 README.md라는 파일을 읽어 데이터프레임을 생성한 후 파일의 각 라인을 단어별로 분리한 다음, 단어별 출현 횟수를 세는 예제입니다. 이때 모든 단어에 대한 결과를 출력하지 않고 'Spark'라는 단어에 대한 결과만 찾아서 출력한다는 조건이 포함돼 있습니다.

앞절에서 데이터프레임을 사용할 경우 스파크가 내부적으로 최적화 과정을 거쳐 실제 실행 코드를 생성한다고 했습니다. 그리고 이러한 방식은 위와 같은 간단한 코드도 예외가 아니어서 동일한 최적화 과정을 거치게 됩니다. 스파크에서는 이런 변환 과정에서 일어나는 일을 사용자가 확인할 수 있게 특화된 API를 제공하는데 대표적인 것이 데이터프레임(또는 데이터셋)의 queryExecution이라는 메서드입니다.

그럼 queryExecution을 이용해 어떤 일을 할 수 있는지 예제를 좀 더 실행해 보겠습니다.

[예제 5-33] QueryExecution – Optimization.scala

```
val qe = df.queryExecution
println(qe.logical)

[결과]
'Filter ('word = Spark)
+- AnalysisBarrier
      +- Aggregate [word#5], [word#5, count(1) AS count#9L]
        +- Project [word#5]
          +- Generate explode(words#2), false, [word#5]
            +- Project [split(value#0,  ) AS words#2]
              +- Relation[value#0] text
```

아직 자세한 내용을 살펴본 것은 아니지만 관계형 데이터베이스의 실행 계획과 비슷한 문자열이 출력되는 것을 확인할 수 있습니다. 이것은 실제로 스파크에서 사용하는 쿼리 실행 계획을 트리 모양으로 보여준 것으로 사용한 메서드 이름을 보면 queryExecution의 logical이라는 메서드가 사용됐음을 알 수 있습니다.

하지만 아직 이것만으로는 감이 잘 오지 않기 때문에 예제를 조금 더 실행해 보겠습니다.

[예제 5-34] QueryExecution – Optimization.scala

```
println(qe.analyzed)
```

[결과]

```
Filter (word#5 = Spark)
+- Aggregate [word#5], [word#5, count(1) AS count#9L]
```

```
+- Project [word#5]
   +- Generate explode(words#2), false, [word#5]
      +- Project [split(value#0,  ) AS words#2]
         +- Relation[value#0] text
```

이번에 실행한 메서드는 analyzed라는 메서드입니다. 실행 결과는 앞서 살펴본 것과 같은 쿼리 실행 계획을 나타내는 문자열인데 logical 메서드 결과와 비교해 보면 맨 위의 두 라인이 달라진 것을 확인할 수 있습니다. 즉 logical 메서드의 실행 결과에서는 가장 왼쪽 실행 계획이 'Filter ('word = Spark)와 같았지만 analyzed 메서드에서는 Filter (word#5 = Spark)로 바뀌면서 그 아래에 있던 AnalysisBarrier 부분이 삭제된 것입니다.

스파크는 쿼리 실행 계획을 생성할 때 각 칼럼명에 일련번호를 붙여 사용하기 때문에 analyzed의 Filter (word#5 = Spark)가 의미하는 것은 바로 아래쪽에 있는 Aggregate 부분의 word#5와 같은 칼럼에 대해 필터링을 수행해야 한다는 의미입니다. 결국 두 메서드 실행 결과 간의 차이점을 정리하면 logical에서 생성한 실행 계획에서는 가장 위쪽의 Filter에서 사용할 칼럼인 'word라는 칼럼이 실제로 이전 단계의 어떤 칼럼에 해당되는 것인지 모르는 상태였다면 analyzed의 실행 계획에서는 그 칼럼이 실제로 바로 이전 단계의 Aggregate에서 사용한 'word#5 칼럼이라는 것을 알게 됐다는 점입니다.

즉 logical 단계에서는 아직 식별되지 않은 칼럼이 존재했지만 analyzed 단계에서는 미식별 칼럼이 모두 해결됐다는 것을 알 수 있습니다. 또한 이런 결과를 통해 AnalysisBarrier라는 것이 미식별 칼럼의 존재를 표시해 주는 역할을 했을 것이라는 점도 짐작할 수 있습니다.

이제 analyzed 메서드의 결과는 이 정도로 살펴보고 다음으로 중요한 또 한 가지 메서드를 더 실행해 보겠습니다.

[예제 5-35] QueryExecution – Optimization.scala

```
println(qe.optimizedPlan)
```

[결과]

```
Aggregate [word#5], [word#5, count(1) AS count#9L]
+- Filter (isnotnull(word#5) && (word#5 = Spark))
   +- Generate explode(words#2), [0], false, [word#5]
      +- Project [split(value#0,  ) AS words#2]
         +- Relation[value#0] text
```

이번에는 queryExecution의 optimizedPlan이라는 메서드를 실행했는데 역시나 좀 전과 비슷한 쿼리 실행 계획이 출력됐습니다. 하지만 자세히 보면 analyzed의 수행 결과에 비해 몇 가지 달라진 부분이 있습니다.

먼저 analyzed의 경우 맨 위의 문자열이 "Filter..."였던 것에 반해 optimizedPlan의 경우는 "Aggregate..."로 변경된 것을 알 수 있습니다. 이때 스파크의 실행 계획은 아래에 표시된 작업부터 시작해서 맨 위쪽에 표시된 작업으로 종료됨을 의미합니다. 따라서 analyzed에서 생성한 실행 계획에 의하면 맨 마지막에 Filter 작업을 수행하게 되지만 optimizedPlan에서 생성한 실행 계획에서는 Aggregate 직전에 Filter를 수행하게 됩니다. 그런데 이 실행 계획을 예제 코드와 비교해 보면 analyzed 실행 계획은 원래 코드에서 작성한 흐름을 그대로 실행 계획으로 옮긴 것이고 optimizedPlan 실행 계획은 이를 변형한 것임을 알 수 있습니다.

이를 말로 다시 표현해 보면 analyzed나 logical 실행 계획은 파일을 읽고 단어별로 개수를 센 다음, 필요한 결과만 취하는 방식이고 optimizedPlan 실행 계획은 파일을 읽고 필요한 단어만 취한 다음 단어의 개수를 세는 방식입니다. 그런데 여기서 또 하나 중요한 것은 단어별로 개수를 세는 작업이 셔플링을 필요로 하는 작업이라는 점입니다. 따라서 대량의 데이터를 처리할 때 analyzed 실행 계획처럼 처리를 진행한다면 대량의 파일을 대상으로 셔플을 일으키게 되어 성능에 큰 지장을 받게 된다는 것을 예상할 수 있습니다. 그뿐만 아니라 optimizedPlan 실행 계획의 경우 Filter 부분에 isnotnull과 같은 연산을 미리 포함하고 있어서 처음부터 매칭될 가능성이 없고 오류만 발생 시킬 수 있는 데이터는 아예 비교 연산 자체를 하지 않도록 처리하고 있는 것도 확인할 수 있습니다.

따라서 지금까지의 내용을 통해 스파크 내부에서 실제로 최적화가 일어나고 있음을 확인할 수 있으며 더불어 queryExecution이 어떤 정보를 우리에게 주고자 하는 것인지도 알 수 있습니다.

실제로 QueryExecution은 스파크가 실행하는 쿼리 실행 자체를 나타내는 객체입니다. queryExecution은 데이터프레임의 queryExecution이라는 메서드를 통해서 얻을 수 있으며 스파크의 단계별 쿼리 최적화 결과를 확인할 수 있는 메서드를 제공합니다. 따라서 이제 QueryExecution이 하는 역할을 알게 되긴 했지만 여기서 멈추기에는 아직 중요한 메서드들이 더 남아있기 때문에 관련된 또 다른 메서드를 좀 더 살펴보겠습니다.

[예제 5-36] QueryExecution – Optimization.scala

```
println(qe.sparkPlan)
```

[결과]

```
HashAggregate(keys=[word#5], functions=[count(1)], output=[word#5, count#9L])
+- HashAggregate(keys=[word#5], functions=[partial_count(1)], output=[word#5, count#16L])
```

```
      +- Filter (isnotnull(word#5) && (word#5 = Spark))
        +- Generate explode(words#2), false, [word#5]
          +- Project [split(value#0,  ) AS words#2]
              +- FileScan text [value#0] Batched: false, Format: Text, Location:
InMemoryFileIndex[file:/Users/beginspark/Apps/spark/README.md], PartitionFilters: [],
PushedFilters: [], ReadSchema: struct<value:string>
```

이번에 사용한 메서드는 sparkPlan입니다. 이 메서드의 실행 결과 역시 쿼리 실행 계획을 나타내는 문자열인데 이전 결과에 비해 더 길고 구체적인 것을 알 수 있습니다. 이처럼 sparkPlan의 실행 결과는 구체적 처리 방법에 관한 정보를 포함하고 있으며 이 실행 계획에 따라 실제 처리가 이뤄지게 됩니다.

sparkPlan의 실행 결과를 살펴보기 전에 마지막 남은 메서드 하나를 더 실행해 보겠습니다.

[예제 5-37] QueryExecution – Optimization.scala

```
println(qe.executedPlan)
```

[결과]

```
*(3) HashAggregate(keys=[word#5], functions=[count(1)], output=[word#5, count#9L])
+- Exchange hashpartitioning(word#5, 200)
   +- *(2) HashAggregate(keys=[word#5], functions=[partial_count(1)], output=[word#5,
count#16L])
      +- *(2) Filter (isnotnull(word#5) && (word#5 = Spark))
        +- Generate explode(words#2), false, [word#5]
          +- *(1) Project [split(value#0,  ) AS words#2]
              +- *(1) FileScan text [value#0] Batched: false, Format: Text, Location:
InMemoryFileIndex[file:/Users/beginspark/Apps/spark/README.md], PartitionFilters: [],
PushedFilters: [], ReadSchema: struct<value:string>
```

이 메서드의 실행 결과는 방금 봤던 sparkPlan보다 더 구체적인 것을 알 수 있습니다. 여기서 사용한 executedPlan의 결과는 직전에 살펴본 sparkPlan 실행 계획에 코드 제너레이션과 같은 기법을 추가해서 셔플 및 내부 바이너리 코드 최적화까지 고려한 최종 쿼리 실행 계획입니다. 내용을 살펴보면 FileScan으로부터 시작해서 데이터를 추출하는 Project 과정을 거치고 그 결과에 explode 함수를 적용한 다음, 필요한 값만 찾기 위한 필터링을 수행하고 각 파티션별 로컬 합계를 구한 다음 그 결과로 셔플링을 수행해서 최종 데이터를 만들고 있음을 알 수 있습니다. 참고로 이때 각 단계의 앞쪽에 있는 *는 코드 제너레이션과 관련된 상태를, 숫자는 일종의 처리 단계와 관련된 상태를 표시하는데 이를 아래의 스파크 웹 UI 화면과 비교해 보면 더 명확히 알 수 있습니다.

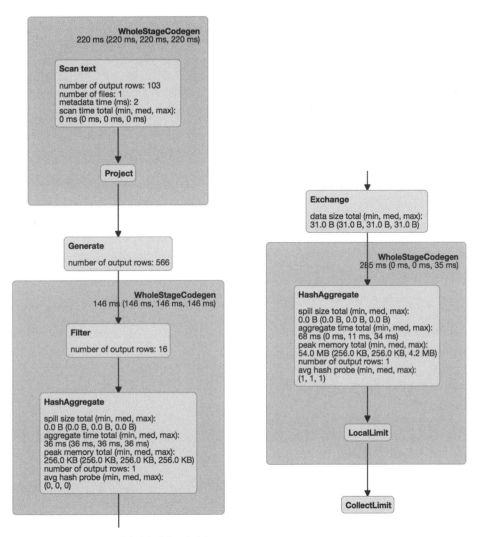

그림 5-2 스파크 웹 UI – SQL 탭의 쿼리 상세 조회 결과

위 그림은 스파크 웹 UI의 SQL 부분에서 볼 수 있는 그림으로 위 쿼리 실행 계획과 비교해 보면 (1) FileScan과 (1) Project라고 된 부분은 그림에서 "WholeStageCodegen"이라는 글씨를 가지고 있는 왼쪽 첫 번째 네모 박스에 해당하며, 그 아래의 "Generate"라고 된 작은 네모 박스는 실행 계획상 같은 이름의 Generate explode에 해당하는 것을 알 수 있습니다. 같은 방법으로 나머지 쿼리 실행 계획도 그림과 일치하는 것을 볼 수 있는데 특히 셔플링과 관련된 Exchange hashpartitioning의 경우 쿼리 실행 계획 상에서는 "Exchange hashpartitioning(word#5, 200)"과 같이 셔플에 사용될 파티션 수를 표시하고 있으며 UI 박스상에서는 실제 셔플 수행의 결과를 알 수 있도록 min, med, max 데이터 크기를 표시하고 있음을 볼 수 있습니다.

지금까지 queryExecution을 이용한 스파크의 쿼리 최적화 관련 기능을 살펴봤습니다. 눈치 빠른 독자분들은 벌써 알아차리셨겠지만 사실 위에서 살펴본 쿼리 실행 계획은 이미 이번 장의 앞부분에서 확인한 바 있는 것입니다.

[예제 5-38] QueryExecution – Optimization.scala

```
println(qe. explain(true))
```

[결과]

```
== Parsed Logical Plan ==
'Filter ('word = Spark)
+- AnalysisBarrier
      +- Aggregate [word#5], [word#5, count(1) AS count#9L]
         +- Project [word#5]
            +- Generate explode(words#2), false, [word#5]
               +- Project [split(value#0,  ) AS words#2]
                  +- Relation[value#0] text

== Analyzed Logical Plan ==
word: string, count: bigint
Filter (word#5 = Spark)
+- Aggregate [word#5], [word#5, count(1) AS count#9L]
   +- Project [word#5]
      +- Generate explode(words#2), false, [word#5]
         +- Project [split(value#0,  ) AS words#2]
            +- Relation[value#0] text

== Optimized Logical Plan ==
Aggregate [word#5], [word#5, count(1) AS count#9L]
+- Filter (isnotnull(word#5) && (word#5 = Spark))
   +- Generate explode(words#2), [0], false, [word#5]
      +- Project [split(value#0,  ) AS words#2]
         +- Relation[value#0] text

== Physical Plan ==
*(3) HashAggregate(keys=[word#5], functions=[count(1)], output=[word#5, count#9L])
+- Exchange hashpartitioning(word#5, 200)
   +- *(2) HashAggregate(keys=[word#5], functions=[partial_count(1)], output=[word#5,
count#16L])
      +- *(2) Filter (isnotnull(word#5) && (word#5 = Spark))
         +- Generate explode(words#2), false, [word#5]
```

```
    +- *(1) Project [split(value#0,  ) AS words#2]
        +- *(1) FileScan text [value#0] Batched: false, Format: Text, Location:
InMemoryFileIndex[file:/Users/beginspark/Apps/spark/README.md], PartitionFilters: [],
PushedFilters: [], ReadSchema: struct<value:string>
()
```

이 결과는 앞에서 살펴본 explain이라는 데이터프레임의 실행 결과입니다. 결과를 통해 알 수 있는 것처럼 explain은 각 단계별 쿼리 실행 계획을 순서대로 보여줍니다. 사실 이번 예제를 실행하면서 최적화 순서에 관한 이야기는 하지 않았지만 아마도 대부분 어떤 최적화 단계가 순서대로 진행되고 있다는 느낌을 받으셨을 것입니다.

실제로 스파크는 최적화와 관련된 몇 가지 클래스와 최적화 순서를 가지고 있는데 이에 대해서는 다음 절에서 간단히 살펴보고 이번 장의 내용을 마무리하겠습니다.

5.10.3 LogicalPlan과 SparkPlan

스파크는 최적화 처리를 수행할 때 논리적 실행 계획을 나타내는 LogicalPlan과 구체적 실행 계획을 나타내는 SparkPlan이라는 두 개의 클래스를 사용합니다(프로그램 관점에서는 둘 다 TreeNode 하위 클래스인 QueryPlan이라는 클래스를 상속하는데 이들은 일종의 트리 구조를 형성하며 사용자가 작성한 코드 또는 표현식을 구문 트리로 변환해서 최적화를 수행하는 역할을 합니다. 이와 관련된 자세한 내용은 이 책의 성격에 맞지 않기 때문에 이번 장에서 자세히 다루지는 않겠지만 관심 있는 독자분께서는 이와 관련된 관련 블로그[30]나 논문[31], 연관 기술[32]에 대해 살펴보시면 스파크 내부 구조를 이해하는 데 많은 도움이 될 것입니다).

이 가운데 LogicalPlan은 데이터프레임의 각종 연산의 결과로 인해 생성되는 것으로, 이는 실제 데이터프레임에 어떤 연산을 실행하면 그 처리가 바로 스파크 서버로 전달되어 처리되는 것이 아니라 연산과 관련된 정보를 가진 LogicalPlan 객체가 먼저 생성된다는 것을 의미합니다. 즉, 앞절의 예제에서 텍스트 문서를 읽어 데이터프레임을 생성하고 select 등의 메서드를 호출하면 이와 관련된 LogicalPlan 객체가 생성되어 실행 계획 트리를 구성하고 이것이 최종적으로 몇 단계의 최적화 과정을 거쳐 SparkPlan으로 전환되어 실행되는 것입니다.

---

30 https://goo.gl/MG2g1V, https://goo.gl/c8wvAY

31 https://goo.gl/BJqg5E

32 http://janino-compiler.github.io/janino/, http://www.antlr.org/

이 과정에서 앞에서 살펴본 SessionState의 Analyzer와 Optimizer 등이 사용되는데 구체적으로는 아래와 같은 절차를 따르게 됩니다.

- 데이터프레임 연산을 통해 LogicalPlan 생성(QueryExecution의 logical로 조회되는 쿼리)

- 생성된 LogicalPlan을 SessionState의 Analyzer에 전달해서 미식별 정보에 대한 처리를 진행한 후 그 결과로 수정된 LogicalPlan을 생성(QueryExecution의 analyzed로 조회되는 쿼리)

- Analyzer가 생성한 LogicalPlan을 SessionState의 Optimizer에 전달, 최적화 과정을 수행한 후 새로운 LogicalPlan을 생성(QueryExecution의 optimizedPlan으로 조회되는 쿼리)

- 최적화된 LogicalPlan을 SessionState의 SparkPlanner에 전달해서 SparkPlan 생성(QueryExecution의 sparkPlan으로 조회되는 쿼리)

- 생성된 SparkPlan에 추가적인 최적화 과정을 적용한 후 최종 SparkPlan 생성(QueryExecution의 executedPlan으로 조회되는 쿼리)

결국 앞에서 살펴본 쿼리 실행 계획은 내부적으로 이 같은 최적화 단계를 거쳐서 생성된 것이며 이러한 최적화 기능이 데이터프레임 내부에서 이뤄지고 있음을 확인할 수 있습니다.

마지막으로 이번 장에서 직접 다루지는 않았지만 QueryExecution 객체를 이용하면 런타임에 생성된 코드 정보와 최적화에 사용된 각종 클래스 정보 등도 확인할 수 있으므로 실제 업무를 수행하는 과정에서는 최신 API를 참고해서 이러한 정보들을 잘 활용하는 것도 내부 구조를 이해하고 성능을 최적화하는 데 도움될 것입니다.

5.11 정리

스파크 SQL과 데이터프레임은 스파크가 제공하는 하위 모듈 중 하나로 시작했지만 이제는 명실공히 스파크를 대표하는 메인 API로 자리 잡았습니다. 데이터프레임으로 대표되는 스파크 최적화 엔진은 단순히 스파크라는 제품의 일부 모듈이라고 보기에는 아까울 정도로 뛰어난 유연성과 확장성을 지닌 워크플로우 프레임워크라고 할 수 있습니다. 이러한 특성은 스파크에 그대로 반영되어 스파크는 외부 인터페이스를 크게 수정하지 않으면서도 내부적인 성능을 끊임없이 개선해서 더 뛰어난 기능과 성능을 지닌 새로운 버전을 계속해서 출시하고 있습니다. 이번 장에서는 이러한 스파크 SQL이 제공하는 데이터셋과 데이터프레임을 사용해 좀 더 효율적이면서도 편리하게 데이터를 처리하는 방법을 살펴봤습니다.

스파크 SQL은 데이터프레임으로 대표되는 스키마 기반의 데이터 처리와 더불어 언어에 따른 구현 방법에 대한 중립성, SQL 및 하이브QL 지원을 통한 개발 편의성 등으로 업무 현장에서 널리 사용되고 있으며, 앞으로도 지속적으로 발전하고 변화할 가능성이 높은 모듈입니다. 또한 이후에 다룰 스파크 스트리밍과 머신러닝 모듈을 비롯해 다른 서브 모듈을 다룰 때도 반드시 알아야 할 중요 내용을 포함하고 있습니다.

이 책에서 다룬 내용은 스파크 SQL에 대한 단순한 개요 정도에 불과하지만 실제 업무를 수행하는 과정에서 API 문서와 실제 소스코드 등을 꾸준히 참고해서 연구하고 익혀둔다면 스파크 뿐만 아니라 대용량 데이터 처리 방식에 대한 이해를 높이는 데 큰 도움이 될 것입니다.

06
스파크 스트리밍

지금까지 스파크가 제공하는 RDD나 데이터프레임, 데이터셋과 같은 다양한 API를 이용해 데이터를 처리하는 방법을 살펴봤습니다.

동일한 데이터라도 작업 환경과 수행하는 작업의 성격에 따라 다양한 API 중에서 원하는 것을 선택해서 사용할 수 있고, 어떤 API를 사용하느냐에 따라 코드를 작성하는 방식에도 다소 차이가 발생한다는 것도 배웠습니다.

하지만 지금까지 살펴본 것들 중 어떤 API를 사용하더라도 1. 처리할 데이터를 읽고 2. 읽어들인 데이터를 가공한 뒤 3. 최종 결과를 얻어 원하는 작업을 수행한다는 전체 코드 흐름에는 변함이 없었습니다. 다시 말해 지금까지 살펴본 것은 어떤 데이터가 있을 때 이 데이터를 어떻게 처리할 것인가에 대한 내용이었으며, 이때 처리해야 할 데이터는 이미 어딘가에 준비돼 있던 것들이었습니다. 즉, 우리가 작성한 프로그램은 "사전에 준비된" 데이터를 읽어들이는 것으로부터 시작됐다고 할 수 있습니다.

하지만 이번 장에서 살펴볼 스파크 스트리밍은 지금까지 살펴본 것과는 조금 다른 관점에서의 데이터 처리를 다루기 위한 스파크 모듈입니다. 단순히 주어진 데이터를 읽고 처리하는 것뿐만 아니라 시간의 흐름에 따라 꾸준히 변화하는 데이터를 다루기 위한 것이기 때문입니다. 즉, 스파크 스트리밍에서 다루는 데이터는 하루 전 혹은 한달 전과 같이 과거에 생성된 고정된 데이터가 아니라 현재와 미래에 꾸준히 변화되는 데이터를 대상으로 합니다.

일반적으로 "데이터를 처리한다"라고 말할 때는 대부분 고정된 과거의 데이터를 처리하는 것을 의미합니다. 또한 (용어의 정확한 뜻과는 무관하게) 일상적으로 "배치 처리"라고 얘기하면 대부분 이와 같은 방식의 데이터 처리를 의미합니다. 이른바 "배치 처리"라고 불리는 이런 작업들의 특징은 처리하는 데이터의 크기가 크고 작업 수행시간이 수 시간에서 많게는 수일에 이르며, 작업 도중 처리에 실패하더라도 재작업을 통해 동일한 최종 결과를 다시 산출해낼 수 있는 경우가 많습니다.

따라서 일반적으로 배치 처리의 대상이 되는 데이터는 특정 시간이나 크기 단위로 일정 주기에 따라 반복되는 특징이 있으며, 대부분 데이터가 생성되는 시점과 처리되는 시점 사이에 시간 간격이 큰 것이 보통입니다. 즉, 흔히 말하는 "adhoc 방식", "실시간 처리"와는 다소 성격이 다른 데이터 처리 방법이라고 할 수 있습니다.

하지만 우리가 실생활에서 접하는 데이터 중에는 데이터가 생성되는 시점과 처리되는 시점 사이의 간격이 짧으면 짧을수록 좋은 성격의 데이터들이 있습니다. 예를 들어, 온라인 쇼핑몰이나 웹사이트에 대한 악의적인 접근 시도를 판단하기 위한 데이터라든가 시민들에게 환경 오염이나 교통 흐름 정보를 알려주기 위한 목적으로 취합한 데이터는 시간이 지난 후에 처리하면 그 가치가 크게 떨어지므로 최대한 빠른 시간 안에 데이터를 분석하고 그 결과를 산출할 수 있어야 합니다.

만약 이러한 데이터들이 일반적인 관계형 데이터베이스에서 충분히 다룰 수 있는 수준의 크기에 해당하는 데이터라면 데이터베이스를 사용하는 것이 가장 훌륭한 방안이 되겠지만 빅데이터 수준에 달하는 대용량 데이터를 다루는 경우에는 데이터베이스를 활용한 처리가 불가능한 경우가 있습니다.

스파크 스트리밍은 이런 성격의 데이터를 다루기 위한 스파크의 서브 모듈로서 실시간으로 변화하는 데이터를 (배치 처리보다) 짧은 주기에 맞춰 빠르고 안정적으로 처리하는 데 필요한 기능을 제공하는 스파크 모듈입니다.[1]

---

[1] 이 책의 서론 부분에서 살펴본 람다 아키텍처에서는 배치 처리를 담당하는 배치 레이어와 짧은 시간에 데이터를 처리하는 스피드 레이어를 각각 별도로 구축하고 최종 사용자에게는 이 두 종류의 데이터를 합쳐서 보여주는 방법을 제안하고 있습니다.

6.1 개요 및 주요 용어

흔히 스트리밍 데이터라고 하면 끊임없는 연속된 데이터를 의미하는 경우가 많습니다. 예를 들어, 시시각각으로 변하는 날씨 데이터라든가 웹 서버의 접속 로그와 같은 것들이 스트리밍 데이터로 취급될 수 있습니다.

이런 유형의 데이터는 보통 데이터가 생성되는 시점과 처리되는 시점의 간격이 매우 짧아 실시간 처리라고 불리기도 하는데, 이를 처리하기 위한 가장 일반적인 방법으로는 짧은 주기의 배치 처리를 통해 이전 배치와 다음 배치 사이의 데이터 크기를 최소화하는 방법입니다.

스파크 스트리밍 역시 위와 같은 방법으로 스트리밍 데이터를 다루며, 이때 각각의 배치 작업 사이에 새로 생성된 데이터가 하나의 RDD로 취급되어 처리됩니다. 즉, 지금까지는 데이터소스로부터 RDD를 생성한 뒤 애플리케이션이 종료될 때까지 해당 RDD에 대한 처리 작업을 수행했다면 스파크 스트리밍은 일정한 주기마다 새로운 RDD를 읽어와서 그 이전에 생성했던 RDD 처리 결과와 혼합해서 필요한 처리를 수행하는 행위를 애플리케이션이 종료될 때까지 무한히 반복하는 형태로 동작한다고 할 수 있습니다.

따라서 스파크 스트리밍 애플리케이션에서는 지금까지 살펴본 배치 처리용 애플리케이션과는 다르게 얼마만큼의 시간 간격을 두고 배치 처리를 수행할지[2]에 대한 정보가 필요하며, 시간과 관련된 대부분의 동작은 이러한 배치 처리 수행 시간을 최소 단위로 해서 이뤄집니다.

6.1.1 스트리밍컨텍스트

RDD와 데이터셋을 사용하기 위해 스파크컨텍스트와 스파크세션을 가장 먼저 생성해야 했듯이 스파크 스트리밍 모듈을 사용하기 위해서는 스트리밍컨텍스트(StreamingContext) 인스턴스를 먼저 생성해야 합니다.

스트리밍컨텍스트는 기존 데이터프레임과 비슷하게 sparkConf 혹은 SparkContext를 이용해 생성할 수 있는데, 이때 어떤 주기로 배치 처리를 수행할지에 대한 정보(batchDuration)를 함께 제공해야 합니다. 다음은 스트리밍컨텍스트를 생성하고 사용하는 예제입니다.

---

2 즉, 얼마만큼의 시간 동안 쌓인 데이터를 하나의 RDD로 생성할지

모든 스파크 모듈은 별도의 의존성 정보를 필요로 합니다. 따라서 코드를 작성하기 전에 pom.xml 파일에
스파크 스트리밍을 위한 의존성 정보를 추가합니다.

```
<dependency>
    <groupId>org.apache.spark</groupId>
    <artifactId>spark-streaming_2.11</artifactId>
    <version>2.3.0</version>
</dependency>
```

[예제 6-1] 스트리밍컨텍스트 생성 – 스칼라(StreamingSample.scala)

```
import org.apache.spark.SparkConf
import org.apache.spark.SparkContext
import org.apache.spark.streaming.Seconds
import org.apache.spark.streaming.StreamingContext
import org.apache.spark.rdd.RDD
import scala.collection.mutable.Queue

val conf = new SparkConf()
conf.setMaster("local[*]")
conf.setAppName("SteamingSample")
conf.set("spark.driver.host", "127.0.0.1")

val sc = new SparkContext(conf)
val ssc = new StreamingContext(sc, Seconds(3))
val rdd1 = sc.parallelize(List("Spark Streaming Sample ssc"))
val rdd2 = sc.parallelize(List("Spark Quque Spark API"))
val inputQueue = Queue(rdd1, rdd2)
val lines = ssc.queueStream(inputQueue, true)
val words = lines.flatMap(_.split(" "))
words.countByValue().print()
ssc.start()
ssc.awaitTermination
```

[예제 6-2] 스트리밍컨텍스트 생성 – 자바(StreamingSample.java)

```
import java.util.Arrays;
import java.util.Iterator;
import java.util.LinkedList;
import java.util.Queue;
```

```java
import org.apache.spark.SparkConf;
import org.apache.spark.api.java.JavaRDD;
import org.apache.spark.api.java.JavaSparkContext;
import org.apache.spark.api.java.function.FlatMapFunction;
import org.apache.spark.streaming.Durations;
import org.apache.spark.streaming.api.java.JavaDStream;
import org.apache.spark.streaming.api.java.JavaInputDStream;
import org.apache.spark.streaming.api.java.JavaStreamingContext;

SparkConf conf = new SparkConf().setMaster("local[*]").setAppName("StreamingSample");
JavaSparkContext sc = new JavaSparkContext(conf);
JavaStreamingContext ssc = new JavaStreamingContext(sc, Durations.seconds(3));

JavaRDD<String> rdd1 = sc.parallelize(Arrays.asList("Spark Streaming Sample ssc"));
JavaRDD<String> rdd2 = sc.parallelize(Arrays.asList("Spark Quque Spark API"));
Queue<JavaRDD<String>> inputQueue = new LinkedList<>(Arrays.asList(rdd1, rdd2));
JavaInputDStream<String> lines = ssc.queueStream(inputQueue, true);

// Java7
JavaDStream words = lines.flatMap(new FlatMapFunction<String, String>() {
  @Override
  public Iterator<String> call(String v) throws Exception {
    return Arrays.asList(v.split(" ")).iterator();
  }
});

// Java8
JavaDStream words2 = lines.flatMap((String v) -> Arrays.stream(v.split(" ")).iterator());

words.countByValue().print();

ssc.start();
ssc.awaitTermination();
```

[예제 6-3] 스트리밍컨텍스트 생성 - 파이썬(streaming_sample.py)

```python
from pyspark import SparkContext, SparkConf, storagelevel
from pyspark.streaming.context import StreamingContext
import queue

conf = SparkConf()
conf.set("spark.driver.host", "127.0.0.1");
```

```
sc = SparkContext(master="local", appName="SteamingSample", conf=conf)
ssc = StreamingContext(sc, 3)

rdd1 = sc.parallelize(["Spark Streaming Sample ssc"])
rdd2 = sc.parallelize(["Spark Quque Spark API"])

inputQueue = [rdd1, rdd2]
lines = ssc.queueStream(inputQueue, True)
words = lines.flatMap(lambda v : v.split(" "))
words.countByValue().pprint()

ssc.start()
ssc.awaitTermination()
```

예제에서는 스파크컨텍스트를 먼저 생성한 뒤 이를 스트리밍컨텍스트의 인자로 전달해서 스트리밍
컨텍스트 인스턴스를 생성하고 있지만 new StreamingContext(conf, Seconds(3))과 같이 직접
SparkConf를 이용해서 생성하는 것도 가능합니다.

방금 생성한 ssc는 스트리밍컨텍스트 인스턴스로서 이후의 모든 예제에서는 ssc라는 변수를 스트리
밍컨텍스트 인스턴스를 가리키는 변수명으로 사용하겠습니다. 스트리밍컨텍스트를 생성하는 방법
은 스파크컨텍스트나 스파크세션을 생성하는 방법과 유사하지만 스트리밍 데이터를 다룬다는 특수
성 때문에 기존과는 다른 몇 가지 특징이 있습니다.

> **1)** 스트리밍컨텍스트는 명시적인 시작(start)와 종료(stop), 대기(awaitTermination) 메서드를 가지고 있습니다. 즉, 스트리밍
> 컨텍스트는 스파크컨텍스트나 스파크세션과는 달리 명시적으로 시작, 종료, 대기 등의 메서드를 호출해서 시작 혹은 종료시켜
> 야 합니다.

위 예제의 마지막 부분에서 볼 수 있는 ssc.start()가 바로 이 부분에 해당하는 구문이며, 모든 스파
크 스트리밍 애플리케이션은 스트리밍컨텍스트의 start() 메서드가 호출되지 않으면 동작하지 않습
니다. 또한 한번 시작되면 지속적으로 데이터 처리를 수행해야 하는 스트리밍 애플리케이션의 특성
상 명시적인 종료 메시지나 에러가 없다면 애플리케이션이 임의로 종료되지 않아야 하므로 start()
메서드를 호출한 다음 awaitTermination() 메서드를 호출해 애플리케이션이 종료되지 않게 해야
합니다.[3]

> **2)** 스트리밍컨텍스트는 단 한번 시작되고 종료됩니다. 즉, 한번 종료한 스트리밍컨텍스트를 다시 재시작할 수 없습니다.

---

3 사실 예제와 같이 start()를 호출한 스레드에서 모든 처리가 이뤄질 때는 굳이 awaitTermination() 메서드를 호출하지 않아도 되지만 하나 이상의 스레드를 사용하는 상황이라
   면 반드시 명시적으로 지정해야 합니다.

3) 스트리밍컨텍스트는 한번 시작되고 나면 더 이상 새로운 연산을 정의하거나 추가할 수 없습니다.

4) JVM당 오직 하나의 스트리밍 컨텍스트만 동시에 활성화될 수 있습니다.

5) 스트리밍컨텍스트의 stop() 메서드를 호출하면 연관된 SparkContext도 함께 중지됩니다. 만약 스트리밍컨텍스트만 종료하고 싶다면 stop() 메서드의 stopSparkContext 매개변수 값을 false로 지정하면 됩니다.

6) 한 번에 하나의 스트리밍컨텍스트만 동작한다는 가정하에 하나의 스파크컨텍스트로부터 여러 개의 스트리밍컨텍스트를 생성할 수 있습니다.

6.1.2 DStream(Discretized Streams)

스트리밍 컨텍스트를 생성했다면 이제 데이터를 읽고 스파크에서 사용할 데이터 모델 인스턴스를 만들 차례입니다. 이 단계는 스파크컨텍스트를 이용해 RDD를 만들고 스파크세션을 이용해 데이터셋 또는 데이터프레임을 만드는 것과 같은 단계에 해당합니다.

스파크 스트리밍에서는 새로운 데이터 모델인 DStream을 사용하는데, 이름에 포함된 "Stream"이라는 단어를 통해 알 수 있듯이 고정되지 않고 끊임없이 생성되는 연속된 데이터를 나타내기 위한 일종의 추상 모델입니다.

이렇게 연속된 데이터를 다루는 방법에는 다양한 해법들이 있을 수 있지만 그중에서 가장 직관적이고 자주 사용되는 방법은 일정한 시간 간격 사이에 새로 생성된 데이터를 모아서 한 번에 처리하는 방식입니다. 이때 데이터를 처리하는 주기가 짧아질수록 소위 리얼타임이라 불리는 실시간 처리에 가까운 상황이 되는데, 어느 정도의 주기로 데이터를 처리할지는 각 시스템의 요구사항에 따라 달라질 수 있습니다.

DStream의 경우에도 같은 방식으로 데이터스트림을 처리해서 일정 시간마다 데이터를 모아서 RDD를 만드는데 이러한 RDD로 구성된 시퀀스가 바로 DStream이라고 할 수 있습니다.

다음은 방금 설명한 내용을 그림으로 표현한 것입니다.

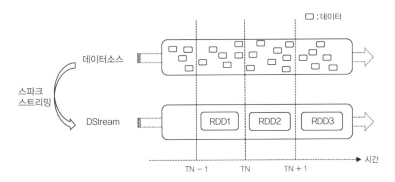

그림 6-1 RDD 집합으로서의 DStream

앞 절에서 스트리밍 컨텍스트를 생성할 때 배치 간격에 대한 정보(batchDuration)가 반드시 필요하다고 했는데, 바로 이 매개변수가 연속된 데이터 스트림으로부터 데이터를 읽어들일 시간 간격을 의미합니다.

DStream은 마지막 데이터를 읽어들인 시점으로부터 배치 간격에 해당 하는 시간 동안 새로 생성된 데이터를 읽어들여 새로운 RDD를 생성하고, 이렇게 생성된 RDD의 시퀀스로 DStream을 정의하는 것을 알 수 있습니다.

이제 DStream의 개념을 알아봤으므로 이후부터는 실제 프로그램 작성을 위한 API에 대해 알아보겠습니다.

6.2 데이터 읽기

스트림컨텍스트가 지원하는 데이터소스는 크게 두 가지로 나눠 볼 수 있습니다. 이러한 구분은 스파크 스트리밍 공식 문서에 나오는 가이드를 따른 것으로 데이터를 처리할 때 스파크가 아닌 외부 라이브러리의 도움이 필요한지 여부에 따라 스파크 단독으로 지원 가능한 기본 데이터소스와 외부 라이브러리가 필요한 어드밴스드 데이터소스로 분류합니다.

기본 데이터소스에는 소켓, 파일, RDD 큐가 포함되며[4] 어드밴스드 소스에는 카프카(Kafka), 플럼(Flume), 키니시스(Kinesis), 트위터(Twitter) 등이 포함됩니다. 이 밖에도 스파크가 제공하는 Receiver 추상 클래스를 상속받아 자체적으로 정의한 데이터소스를 사용할 수도 있습니다.

---

[4] 스파크 2.0에서는 아카 액터(Akka actor)와 같이 자주 사용되지 않는 데이터소스 유형을 제외했습니다.

스트리밍컨텍스트는 다양한 유형의 데이터소스로부터 DStream을 생성할 수 있게 각 데이터소스별로 별도의 메서드를 제공합니다. 어떤 데이터소스를 사용할지는 상황에 따라 다를 수 있으므로 이 책에서는 DStream 생성을 위한 사용법을 익히는 것을 목적으로 주로 사용되는 데이터소스 및 연관된 메서드 몇 가지를 선택해서 살펴보겠습니다. 이 책에서 다루지 않는 데이터소스에 관한 내용은 해당 API를 통해 확인할 수 있습니다.

6.2.1 소켓

TCP 소켓을 이용해 데이터를 수신하는 경우 서버의 IP와 포트 번호를 지정해 스파크 스트리밍의 데이터소스로 사용할 수 있습니다. 대표적인 메서드로는 소켓을 통해 문자열 데이터를 수신하는 sockectTextStream() 메서드가 있는데, 만약 데이터의 타입이 문자열이 아닌 경우라면 socketStream() 메서드에 데이터 타입 변환을 위한 converter() 함수를 지정해서 사용할 수 있습니다. 다음은 socketTextStream() 메서드를 사용해 DStream을 생성하는 예제입니다.

[예제 6-4] 소켓 스트림 – 스칼라(SocketSample.scala)

```scala
import org.apache.spark.streaming.{Seconds, StreamingContext}
import org.apache.spark.{SparkConf, SparkContext}

object SocketSample {

  def main(args: Array[String]): Unit = {

    val conf = new SparkConf().setMaster("local[3]").setAppName("SocketSample")
    val ssc = new StreamingContext(conf, Seconds(3))

    // 데이터스트림 생성
    val ds = ssc.socketTextStream("localhost", 9000)

    // 데이터스트림 내용 출력
    ds.print()

    // 스트리밍 컨텍스트 시작 및 종료 대기
    ssc.start()
    ssc.awaitTermination()
  }
}
```

[예제 6-5] 소켓 스트림 – 자바(SocketSample.java)

```java
import org.apache.spark.SparkConf;
import org.apache.spark.api.java.JavaSparkContext;
import org.apache.spark.streaming.Durations;
import org.apache.spark.streaming.api.java.JavaReceiverInputDStream;
import org.apache.spark.streaming.api.java.JavaStreamingContext;

public class SocketSample {

  public static void main(String[] args) throws Exception {
    SparkConf conf = new SparkConf().setMaster("local[*]").setAppName("SocketSample");
    JavaSparkContext sc = new JavaSparkContext(conf);
    JavaStreamingContext ssc = new JavaStreamingContext(sc, Durations.seconds(3));

    JavaReceiverInputDStream<String> ds = ssc.socketTextStream("localhost", 9000);

    ds.print();

    ssc.start();
    ssc.awaitTermination();
  }
}
```

[예제 6-6] 소켓 스트림 – 파이썬(socket_sample.py)

```python
from pyspark import SparkContext, SparkConf, storagelevel
from pyspark.streaming.context import StreamingContext
import queue

conf = SparkConf()
conf.set("spark.driver.host", "127.0.0.1");

sc = SparkContext(master="local", appName="SocketSample", conf=conf)
ssc = StreamingContext(sc, 3)

ds = ssc.socketTextStream("localhost", 9000)
ds.pprint()

ssc.start()
ssc.awaitTermination()
```

예제에서 DStream을 생성하는 부분은 ssc.socketTextStream("localhost", 9000) 구문입니다. 첫 번째 매개변수인 localhost가 데이터소스가 될 서버의 주소에 해당하고 9000이 포트 번호를 의미합니다.

실제 테스트를 위해서는 위에 정의한 IP와 포트를 사용하는 TCP 서버가 필요하므로 간단하게 사용할 수 있는 Netcat(http://netcat.sourceforge.net/) 서버를 이용해 아래와 같이 동작시킨 후 애플리케이션을 실행합니다. (리눅스나 유닉스, 맥 OS X 등의 환경이라면 대부분 별도의 설치 없이 바로 실행할 수 있으며 마이크로소프트 윈도우처럼 사전에 설치돼 있지 않을 경우에도 운영체제별 설치 파일을 이용해 간단히 설치 후 사용할 수 있습니다.)

```
$ nc -lk 9000
```

서버와 애플리케이션이 실행된 후 netcat 서버에 문자열을 입력하면 스파크 스트리밍 애플리케이션에 의해 해당 문자열이 다시 출력되는 것을 확인할 수 있습니다.

[서버 입력]
```
$ nc -lk 9000
Hello, World!
```

[애플리케이션 출력]
```
-------------------------------------------
Time: 1477202706000 ms
-------------------------------------------
Hello, World!
```

6.2.2 파일

데이터소스로 파일을 사용할 경우 fileStream() 메서드를 사용합니다. 스파크에서는 하둡에서 다룰 수 있는 모든 파일시스템 유형을 지원하므로 스트리밍컨텍스트 역시 하둡에서 접근 가능한 모든 유형의 파일 형식을 사용할 수 있습니다. 만약 데이터의 형식이 문자열일 경우에는 좀 더 간편한 textFileStream() 메서드를 사용할 수 있습니다. 다음은 텍스트 파일을 읽어 DStream을 생성하는 코드입니다.

[예제 6-7] 파일을 이용한 DStream 생성 – 스칼라(FileSample.scala)

```
val ds = ssc.textFileStream(<path>)
```

[예제 6-8] 파일을 이용한 DStream 생성 - 자바(FileSample.java)

```
JavaDStream<String> ds = ssc.textFileStream(<path>);
```

[예제 6-9] 파일을 이용한 DStream 생성 - 파이썬(file_sample.py)

```
ds = ssc.textFileStream(<path>)
```

위 예제에서 ssc는 스트리밍컨텍스트를 가리키며, 〈path〉라고 돼 있는 부분은 데이터소스로 사용할 데이터파일이 있는 디렉터리 위치를 가리키는 문자열입니다.

데이터소스로 파일을 사용할 때 주의해야 할 점은 스파크 스트리밍이 파일의 변경 내용을 추적하는 것이 아니라는 점입니다. 즉, 이전 배치에서 파일의 일부분을 읽고 나서 다음 배치가 수행될 때까지 기존 파일에 새로운 내용이 추가되거나 수정돼도 다음 배치에 변경 내용이 반영되지 않는다는 점입니다. 따라서 파일을 사용할 경우에는 다음 주의사항을 유념하고 필요한 데이터 처리를 수행해야 합니다.

- 동일 디렉터리에 있는 파일은 모두 같은 형식을 가져야 합니다.

- 한번 처리가 완료된 파일은 이후에 내용이 변경되더라도 스트리밍 처리 대상에 포함되지 않습니다.

- 스파크는 생성 시간이 아닌 변경 시간으로 처리 대상 파일을 선정합니다. 따라서 HDFS처럼 파일이 완전히 생성되기 전이라도 일부 내용이 수정되면 파일 전체 수정 시각이 바뀌는 경우 파일의 일부 내용만 스트리밍 처리 대상에 포함될 수 있으므로 주의해야 합니다. 즉, 스트리밍컨텍스트 입장에서 볼 때 파일은 항상 atomic[5] 방식으로 생성되고 이동해야 합니다.

- 필요한 경우 "/adir/logs*"과 같은 형태로 glob 패턴을 사용해 모니터링을 수행할 디렉터리를 지정할 수 있습니다. 단, 이때 패턴이 적용되는 것은 파일이 아닌 디렉터리임에 유의해야 합니다.

fileStream()은 소켓 사용을 위한 서버 등 별도의 프로그램을 사용하지 않고 처리를 할 수 있다는 장점이 있지만 현실적으로 위와 같은 제약 사항으로 인해 플럼(Flume)과 같은 데이터 수집용 외부 라이브러리를 사용하는 경우가 많습니다.

6.2.3 RDD 큐(Queue of RDD)

데이터소스로부터 직접 RDD를 생성할 수 있다면 그 RDD들로 구성된 Queue를 이용해 DStream을 만들 수 있습니다. 이 방식은 테스트 데이터를 만들기에 가장 적합한 방법이라서 테스트 케이스

---

5 atomic은 더 이상 쪼개질 수 없는 원자적 상태라는 의미로서 여기서는 파일을 생성하거나 다른 디렉터리로부터 파일을 복사하는 순간에 아직 완료되지 않은 파일의 내용을 읽어들임으로써 읽는 시점에따라 파일의 내용이 달라져서는 안 된다는 의미를 내포하고 있습니다.

를 작성하거나 DStream이 제공하는 다양한 연산을 테스트하고 학습하는 용도로 많이 사용하는 방법입니다. 이 책에서도 이후 DStream의 각종 연산 예제를 작성할 때 이 방법을 사용하겠습니다.

다음은 Queue를 이용해 DStream을 생성하는 스칼라 예제입니다. 이와 관련된 언어별 전체 예제는 이미 앞부분에서 스트리밍컨텍스트를 설명하는 과정에서 확인해 봤습니다.

```scala
import scala.collection.mutable
val rdd1 = ssc.sparkContext.parallelize(List("a", "b", "c"))
val rdd2 = ssc.sparkContext.parallelize(List("c", "d", "e"))
val queue = mutable.Queue(rdd1, rdd2)

val ds = ssc.queueStream(queue)
```

테스트에 사용할 데이터로 RDD를 만들고 이 RDD들로 구성된 scala.collection.mutable.Queue를 스트리밍컨텍스트의 queueStream() 메서드의 매개변수로 지정해 DStream을 생성합니다.

6.2.4 카프카

카프카(Kafka)는 높은 성능과 안정성을 보장하는 분산 메시징 시스템입니다. 카프카에 데이터를 저장하는 것이 마치 데이터베이스의 커밋 로그를 기록한 것처럼 안정성과 재현성을 지닌다는 의미에서 분산 커밋로그 서비스라고 부르기도 합니다. 카프카는 링크드인에서 개발되어 오픈소스화됐는데 최근에는 데이터 수집 관련 오픈소스인 아파치 플럼, 스파크와의 조합을 통해서 실시간 로그 처리에 많이 활용되는 추세입니다.

카프카 시스템은 보통 데이터를 제공하는 프로듀서(Producer)와 데이터를 사용하는 컨슈머(Consumer), 그리고 프로듀서와 컨슈머 사이에서 데이터 저장과 관리를 담당하는 브로커(Broker)로 구성되는데, 좀 더 정확히 표현하면 브로커라고 불리는 카프카 서버가 있고 카프카 서버에 데이터를 저장하는 클라이언트(프로듀서)와 읽기 연산을 수행하는 클라이언트(컨슈머)로 구성된다고 할 수 있습니다.

브로커 서버는 프로듀서로부터 데이터 쓰기에 대한 요청이 오면 파일 시스템에 데이터를 저장하는데 이때 어떤 컨슈머가 이 데이터를 사용할지에 대한 정보는 따로 저장하지 않습니다. 대신 브로커 서버는 토픽이라는 개념을 이용해 토픽 단위로 데이터를 분류해서 저장하며 컨슈머 역시 동일한 토픽 단위로 데이터를 읽어갈 수 있습니다.

브로커 서버가 실제 데이터를 저장할 때는 토픽 단위로 분리한 데이터를 다시 여러 개의 파티션으로 분리해서 저장하는데 카프카의 브로커 서버가 서버의 대수와 무관하게 무조건 클러스터를 구성하도록 돼 있기 때문에 각 파티션은 클러스터에 분산되어 저장됩니다(서버가 한 대라고 해도 1대로 구성된 클러스터로 간주하고 저장됩니다). 따라서 각 파티션은 클러스터를 구성하고 있는 여러 브로커 서버에 나누어 저장되고 복제 정책(replication)에 따라 하나의 파티션이 다수의 서버에 복제됩니다. 이런 구조 덕분에 클러스터를 구성하고 있는 브로커 서버 중 일부에 장애가 발생하더라도 전체 데이터는 유실되지 않고 안전하게 보관될 수 있습니다. 이때 클러스터 간 데이터 복제를 위해 주키퍼 서버를 사용하므로 카프카를 사용할 때는 반드시 주키퍼 서버도 함께 구성해야 합니다.

카프카에 대한 자세한 설명은 이 책의 범위를 벗어나므로 이 정도에서 소개를 마치고 지금부터는 스파크 스트리밍의 데이터소스로 카프카를 사용하는 방법을 알아보겠습니다.

 스파크와 카프카를 연동하는 경우 카프카 버전에 따른 컨슈머 API의 차이로 인해 두 개의 서로 다른 연동 라이브러리가 제공되고 있습니다. 이 책에서는 최신 안정화 버전인 "spark-streaming-kafka-0-10" 버전을 사용하겠습니다(스파크는 공식 가이드 문서에 두 API에 대한 API 성숙도(Maturity)를 표시하고 있습니다. 이 문서에 따르면 spark-streaming-kafka-0-8은 스파크 2.1.1 버전까지 Stable 버전이었으나 2.3부터 Deprecated로 변경됐고 spark-streaming-kafka-0-10은 스파크 2.1.1 버전까지 Experimental이었던 것이 2.3부터 Stable로 변경됐습니다). 단, 파이썬의 경우 spark-streaming-kafka-0-10 API를 사용할 수 없기 때문에 spark-streaming-kafka-0-8 API를 사용해야 합니다.

또한 이 책에서는 카프카가 이미 설치돼 있다고 가정하고 진행합니다. 만약 카프카를 처음 접하는 분들이라면 카프카 가이드[6]를 참고해서 카프카 설치 및 테스트를 위한 토픽을 설정한 후 아래 내용을 진행하기 바랍니다(이 책의 예제 테스트에는 최신 버전인 kafka_2.11-1.0.0 버전을 사용했습니다).

스파크 스트리밍에서는 카프카와 연동할 수 있는 두 가지 API를 제공합니다. 첫 번째는 데이터 수신을 위한 리시버를 사용하는 방법으로, KafkaUtils 객체가 제공하는 createStream() 메서드를 사용하는 방법입니다.

이 방법은 카프카 데이터 수신을 위한 전용 리시버를 구현해서 사용하는 것으로 구 버전 카프카를 이용할 때 자주 사용하던 방법입니다. 하지만 이 방법을 사용할 경우 장애로 인한 데이터 유실이나 데이터 중복 수신의 문제가 발생할 수 있습니다(이와 관련된 자세한 내용은 잠시 후에 살펴볼 체크포인팅 관련 부분에서 다시 설명하겠습니다).

6 http://kafka.apache.org/documentation.html#quickstart

따라서 스파크 1.3 버전부터 카프카에 특화된 별도 API가 제공되는데, 이 API를 사용할 경우 카프카로부터 수신하는 데이터는 애플리케이션에 장애가 발생하더라도 정확히 한 번(누락되는 데이터도 없고 중복되는 데이터도 없는) 처리되는 것을 보장받도록 설정할 수 있습니다.

우리가 사용할 spark-streaming-kafka-0-10 API의 경우 전용 리시버를 이용하는 방식은 지원하지 않으므로 이번 장에서는 Direct DStream 방식이라고 불리는 방법을 알아보겠습니다(단 파이썬의 경우에는 기존 spark-streaming-kafka-0-8 API를 사용하겠습니다).

다음은 DStream을 생성하는 예제입니다.

1. 의존성 라이브러리 설정

카프카는 스파크 스트리밍에서 기본적으로 지원하는 데이터소스가 아니므로 관련 의존성 정보를 설정해야 합니다. 아래는 메이븐에 등록해야 하는 의존성 정보 내용입니다. (자바 및 스칼라의 경우만 해당됩니다.)

```
<dependency>
    <groupId>org.apache.spark</groupId>
    <artifactId>spark-streaming-kafka-0-10_2.11</artifactId>
    <version>2.3.0</version>
</dependency>
```

2. import 구문 추가

```
(스칼라)
import org.apache.kafka.clients.consumer.ConsumerConfig
import org.apache.kafka.common.serialization.StringDeserializer
import org.apache.spark.SparkConf
import org.apache.spark.SparkContext
import org.apache.spark.streaming.Seconds
import org.apache.spark.streaming.StreamingContext
import org.apache.spark.streaming.kafka010.ConsumerStrategies.Subscribe
import org.apache.spark.streaming.kafka010.KafkaUtils
import org.apache.spark.streaming.kafka010.LocationStrategies.PreferConsistent
```

카프카 API 사용을 위한 import 문을 추가합니다

3. 리시버를 이용한 DStream 생성(파이썬의 경우만 해당)

```
ds1 = KafkaUtils.createStream(ssc, "localhost:2181", "testGroup", {"test": 3})
```

리시버를 사용해서 연동할 경우에는 KafakaUtils 객체가 제공하는 createStream() 메서드를 사용합니다. 예제에서 ssc는 스트리밍 컨텍스트를 의미하며, "localhost:2181"은 주키퍼 쿼럼 정보, "testGroup"은 컨슈머 그룹명을 의미합니다. 가장 마지막의 Map 매개변수는 수신할 토픽의 이름과 수신에 사용할 스레드의 수를 지정하는데, 이때 지정하는 스레드 수는 토픽 데이터 수신에 사용할 스레드 수를 의미하는 것일 뿐 생성된 RDD의 파티션 수와는 무관한 정보임에 주의해야 합니다.

4. 직접 연결 방식을 사용해 DStream 생성

```
val ds = KafkaUtils.createDirectStream[String, String] (
    ssc,
    PreferConsistent,
    Subscribe[String, String](topics, params)) { ...
```

DStream을 생성할 때는 KafkaUtils의 createDirectStream() 메서드를 사용합니다. 이전의 리시버 방식에서 사용하던 createStream()이라는 메서드와는 다르게 주키퍼 쿼럼 정보가 아닌 metadata.broker.list 정보를 제공하며, 입출력 메시지를 위한 디코더 클래스 정보, 토픽 파티션 할당과 관련된 설정 정보를 함께 전달해야 합니다.

다음은 각 언어별 DStream 생성 예제입니다.

[예제 6-10] 카프카 연동 – 스칼라(KafkaSample.scala)

```
import org.apache.kafka.clients.consumer.ConsumerConfig
import org.apache.kafka.common.serialization.StringDeserializer
import org.apache.spark.SparkConf
import org.apache.spark.SparkContext
import org.apache.spark.streaming.Seconds
import org.apache.spark.streaming.StreamingContext
import org.apache.spark.streaming.kafka010.ConsumerStrategies.Subscribe
import org.apache.spark.streaming.kafka010.KafkaUtils
import org.apache.spark.streaming.kafka010.LocationStrategies.PreferConsistent

// 6.2.4절 예제 6-10
object KafkaSample extends Serializable {

  def main(args: Array[String]) {

    val conf = new SparkConf()
      .setMaster("local[*]")
      .setAppName("KafkaSample")
```

```scala
  val sc = new SparkContext(conf)
  val ssc = new StreamingContext(sc, Seconds(3))

  val params = Map(
    ConsumerConfig.BOOTSTRAP_SERVERS_CONFIG -> "localhost:9092",
    ConsumerConfig.KEY_DESERIALIZER_CLASS_CONFIG -> classOf[StringDeserializer],
    ConsumerConfig.VALUE_DESERIALIZER_CLASS_CONFIG -> classOf[StringDeserializer],
    ConsumerConfig.GROUP_ID_CONFIG -> "test-group-1",
    ConsumerConfig.AUTO_OFFSET_RESET_CONFIG -> "latest")

  val topics = Array("test")

  val ds = KafkaUtils.createDirectStream[String, String](
    ssc,
    PreferConsistent,
    Subscribe[String, String](topics, params))

  ds.flatMap(record => record.value.split(" "))
    .map((_, 1))
    .reduceByKey(_ + _)
    .print

  ssc.start
  ssc.awaitTermination()
  }
}
```

[예제 6-11] 카프카 연동 – 자바(KafkaSample.java)

```java
import java.util.Arrays;
import java.util.HashMap;
import java.util.List;
import java.util.Map;

import org.apache.kafka.clients.consumer.ConsumerConfig;
import org.apache.kafka.clients.consumer.ConsumerRecord;
import org.apache.kafka.common.serialization.StringDeserializer;
import org.apache.spark.SparkConf;
import org.apache.spark.api.java.JavaSparkContext;
import org.apache.spark.streaming.Durations;
import org.apache.spark.streaming.api.java.JavaInputDStream;
import org.apache.spark.streaming.api.java.JavaStreamingContext;
import org.apache.spark.streaming.kafka010.ConsumerStrategies;
```

```
import org.apache.spark.streaming.kafka010.KafkaUtils;
import org.apache.spark.streaming.kafka010.LocationStrategies;

import scala.Tuple2;

public class KafkaSample {

  public static void main(String[] args) throws Exception {

    SparkConf conf = new SparkConf().setMaster("local[*]").setAppName("KafkaSample");
    JavaSparkContext sc = new JavaSparkContext(conf);
    JavaStreamingContext ssc = new JavaStreamingContext(sc, Durations.seconds(3));

    Map<String, Object> params = new HashMap<>();
    params.put(ConsumerConfig.BOOTSTRAP_SERVERS_CONFIG, "localhost:9092");
    params.put(ConsumerConfig.KEY_DESERIALIZER_CLASS_CONFIG, StringDeserializer.class);
    params.put(ConsumerConfig.VALUE_DESERIALIZER_CLASS_CONFIG, StringDeserializer.class);
    params.put(ConsumerConfig.GROUP_ID_CONFIG, "test-group-2");
    params.put(ConsumerConfig.AUTO_OFFSET_RESET_CONFIG, "earliest");

    List<String> topics = Arrays.asList("test");

    JavaInputDStream<ConsumerRecord<String, String>> ds = KafkaUtils.createDirectStream(ssc,
            LocationStrategies.PreferConsistent(),
            ConsumerStrategies.<String, String>Subscribe(topics, params));

    ds.flatMap((ConsumerRecord<String, String> record) -> Arrays.asList(record.value().split("
")).iterator())
      .mapToPair((String word) -> new Tuple2<String, Integer>(word, 1))
      .reduceByKey((Integer v1, Integer v2) -> v1 + v2)
      .print();

    ssc.start();
    ssc.awaitTermination();
  }
}
```

[예제 6-12] 카프카 연동 - 파이썬(kafka_sample.py) * spark-streaming-kafka-0-8 API 사용

```python
from pyspark import SparkContext, SparkConf, storagelevel
from pyspark.streaming.context import StreamingContext
from pyspark.streaming.kafka import KafkaUtils
```

```
# Spark2.3에서는 spark-streaming-kafka-0-8 API가 deprecated됐습니다.
# 하지만 spark-streaming-kafka-0-10 API는 파이썬에서 사용할 수 없습니다.
# 따라서 아래 예제는 spark-streaming-kafka-0-8 API를 사용해 작성됐습니다.

## pyspark에서 실행할 경우 sparkContext는 생성하지 않습니다!
## ./pyspark --packages org.apache.spark:spark-streaming-kafka-0-8-assembly_2.11:2.0.2
conf = SparkConf()
sc = SparkContext(master="local[*]", appName="KafkaSample", conf=conf)
ssc = StreamingContext(sc, 3)

# 리시버를 사용하는 방법(spark-streaming-kafka-0-8 API)
ds1 = KafkaUtils.createStream(ssc, "localhost:2181", "testGroup", {"test": 3})

# DirectStream을 사용하는 방법(spark-streaming-kafka-0-8 API)
ds2 = KafkaUtils.createDirectStream(ssc, ["test"], {"metadata.broker.list": "localhost:9092"})

ds1.pprint()
ds2.pprint()

ssc.start()
ssc.awaitTermination()
```

 파이썬의 경우 IDE에서 실행할 때 spark-streaming-kafka-0-8-assembly.jar를 찾지 못해 문제가 발생할 수 있습니다. 이 경우 아래와 같이 spark-submit이나 pyspark에 의존성 정보를 명시해서 실행할 수 있습니다. 단, spark-shell이나 pyspark를 사용할 때는 sparkContext를 직접 생성해서는 안 되고 spark-shell 또는 pyspark에서 제공하는 것을 사용해야 합니다.

ex) ./pyspark --packages org.apache.spark:spark-streaming-kafka-0-8-assembly_2.11:2.3.0

카프카를 사용해 보신 독자분들은 잘 알고 있겠지만 위 예제에서 params를 통해 전달해 준 값(브로커 정보, 키와 값의 타입 정보, 컨슈머 그룹 번호, 옵셋 정보 등)들은 대부분 카프카의 컨슈머 API를 사용할 때 필요한 설정값들입니다. 실제로 스파크는 이 설정값들을 이용해 컨슈머 객체를 생성하고 이를 이용해 카프카로부터 데이터를 수신합니다.

그런데 예제를 보면 표준 카프카 컨슈머 API와는 무관한 PreferConsistent라는 객체와 Subscribe라는 객체가 추가로 전달되고 있는 것을 볼 수 있습니다. 이 중 PreferConsistent는 스파크 내부에서 컨슈머를 어떻게 관리할지에 관한 설정을 지정하는 것으로 PreferBrokers, PreferConsistent, PreferFixed의 세 가지 중 하나를 지정할 수 있습니다.

이 파라미터의 의미를 이해하려면 다른 설명보다도 스파크 내부에서 카프카 데이터 수신을 처리하는 방법에 대해 알아보는 것이 좋기 때문에 잠시 스파크 내부에서 일어나는 일에 대해 간략하게 살펴보겠습니다.

먼저 카프카로부터 데이터를 읽어오려면 카프카에서 제공하는 컨슈머 API를 이용해 컨슈머 인스턴스를 만들어야 합니다. 이때 컨슈머 인스턴스를 하나만 만드는 것보다는 여러 개를 만들어서 컨슈머 그룹을 생성하면 각 컨슈머별로 전체 데이터의 일정 부분을 나누어 처리할 수 있어서 성능이 향상됩니다. 따라서 카프카 애플리케이션을 직접 만들 경우 여러 서버에서 다수의 컨슈머 프로세스를 실행해서 처리하는 것이 일반적인데 스파크에서는 이 부분을 익스큐터가 담당하게 됩니다. 이를 조금만 더 자세히 설명하면 먼저 드라이버 프로세스가 데이터를 수신할 토픽과 파티션에 대한 정보를 수집한 후 이를 각 익스큐터에 할당하고 익스큐터는 이 정보를 기반으로 컨슈머를 생성하고 데이터 수신 작업을 처리합니다. 이때 익스큐터는 매 배치를 실행할 때마다 컨슈머를 새로 생성할 수도 있지만 실제로는 일정 수만큼을 캐시해 두고 재사용합니다(단, spark.streaming.kafka.consumer. cache.enabled이라는 설정값을 false로 지정하면 캐시가 수행되지 않습니다). 그 이유는 카프카의 prefetch라는 기능 때문으로 컨슈머가 poll을 수행할 때 필요한 만큼의 데이터만 가져오는 것이 아니라 다음 poll에 사용할 데이터까지 미리 가져와서 버퍼에 저장해 두는 방식을 사용하기 때문입니다. 따라서 가능하면 매번 새로운 컨슈머와 파티션 할당을 사용하는 것보다 캐시한 컨슈머를 사용해 순차적으로 데이터를 가져오는 것이 성능상 유리합니다.

따라서 스파크에서는 컨슈머 캐시의 효과가 제대로 발생할 수 있도록 각 익스큐터에 일정한 규칙에 따라 토픽과 파티션을 할당하는 기능을 제공하며, 이에 대한 정책을 결정하는 것이 바로 앞에서 살펴본 옵션들이라고 할 수 있습니다. 그럼 각 옵션에 대해 간략히 살펴보겠습니다. 먼저 PreferBrokers의 경우 브로커 서버를 지정한다는 의미로 스파크의 익스큐터가 카프카 브로커와 같은 서버에서 동작할 경우 기왕이면 해당 파티션의 리더 역할을 담당하는 서버와 같은 서버에서 동작 중인 익스큐터에게 해당 파티션에 대한 수신을 맡기는 것이 유리하기 때문에 사용하는 옵션입니다(카프카는 파티션 리더 서버로부터만 데이터를 수신할 수 있습니다). 물론 이 경우 브로커 서버와 익스큐터가 동일 서버에서 동작한다는 가정이 필요합니다. 두 번째 옵션인 PreferConsistent는 각 익스큐터별로 균등하게 파티션을 할당하는 것으로 특별한 사유가 없다면 가장 적절한 옵션입니다. 마지막 세 번째 옵션인 PreferFixed는 의도적으로 특정 익스큐터를 지정해서 처리하는 것으로 토픽 내의 데이터가 균등하지 못해 특정 파티션의 데이터만 데이터가 많거나 적을 때 이를 강제적으로 균형을 맞추고자 할 때 사용할 수 있습니다.

마지막으로 앞에서 언급한 또 하나의 파라미터인 Subscribe 객체의 경우 컨슈머가 수신할 토픽을 지정하는 방법과 관련된 것으로 위 예제처럼 Subscribe를 지정할 경우 원하는 토픽을 정확하게 지정해서 사용할 수 있고 SubscribePattern의 경우 myTopic*과 같은 정규식 패턴을 사용해 토픽을 지정할 수 있습니다. 일반적으로 지정해야 할 토픽이 많다면 정규식을 사용하는 편이 일일이 토픽 이름을 적는 수고로움을 피할 수 있어 편할수 있지만 만약 런타임에 의도치 않게 정규식에 매칭되는 토픽이 생성될 경우 이 또한 컨슈머의 수신 대상에 포함되므로 이 부분에 주의해서 설정해야 합니다. 만약 이와는 반대로 특정 파티션과 오프셋까지 정확하게 지정해서 사용하고 싶다면 Assign을 사용할 수 있습니다.

지금까지 예제에서 사용한 옵션에 대해 알아봤습니다. 아래는 위 예제를 실행하고 카프카 토픽에 "a a b b c"라는 값을 입력해 본 결과입니다(파이썬 예제는 이에 해당되지 않습니다).

[결과]

```
-------------------------------------------
Time: 1520151639000 ms
-------------------------------------------
(a,3)
(b,2)
(c,1)
```

예상했던 대로 토픽에 들어온 문자열을 받아서 각 단어별 개수를 출력하는 것을 확인 할 수 있습니다.

6.3 데이터 다루기(기본 연산)

데이터를 읽고 DStream을 생성했다면 이제 DStream이 제공하는 API를 사용해 원하는 형태로 데이터를 가공하고 결과를 도출할 차례입니다.

한 가지 다행스러운 점은 DStream이 제공하는 연산이 RDD가 제공하는 것과 크게 다르지 않다는 것입니다. 따라서 RDD가 제공하는 연산에 대한 이해와 스트림 데이터 처리의 특성(배치 주기, 윈도우, 상태 등)만 이해하면 지금까지 익혀온 지식만으로 어렵지 않게 원하는 결과를 얻을 수 있을 것입니다.

중요한 것은 DStream이 주기적으로 데이터소스로부터 데이터를 읽어 RDD를 생성하며, DStream의 API를 이용해서 수행하는 연산이 바로 이 RDD를 대상으로 한다는 점입니다.

그럼 먼저 DStream이 제공하는 기본 메서드와 RDD와 유사한 메서드에 대해 살펴보겠습니다. 다만 대부분의 연산이 DStream API나 스파크 공식 가이드를 통해 충분히 이해할 수 있는 것들이므로 이 책에서는 자주 사용되는 몇몇 연산에 대한 내용만 확인해 볼 것입니다. 다음은 이번 절에서 사용할 예제입니다. 여기에 선언된 ds와 ssc 변수가 앞으로 설명할 내용에서 사용될 것입니다.

 스파크 스트리밍 API 역시 스파크 SQL처럼 언어에 따른 문법상 차이가 크지 않습니다. 물론 map()이나 flatMap() 등의 구현 방법은 언어별로 차이가 있지만 이것은 RDD를 다룰 때 했던 것과 동일한 문법을 사용합니다. 따라서 본문에서는 스칼라로 작성한 예제를 사용할 것이며, 각 언어별 코드는 예제 프로젝트를 통해 참고하기 바랍니다(관련 예제는 StreamingOps.scala 입니다).

```scala
import org.apache.spark.SparkConf
import org.apache.spark.streaming.{Seconds, StreamingContext}
import scala.collection.mutable

val conf = new SparkConf().setMaster("local[3]").setAppName("StreamingOps")
val ssc = new StreamingContext(conf, Seconds(3))

val rdd1 = ssc.sparkContext.parallelize(List("a", "b", "c", "c", "c"))
val rdd2 = ssc.sparkContext.parallelize(List("1,2,3,4,5"))
val rdd3 = ssc.sparkContext.parallelize(List(("k1", "r1"), ("k2", "r2"), ("k3", "r3")))
val rdd4 = ssc.sparkContext.parallelize(List(("k1", "s1"), ("k2", "s2")))
val rdd5 = ssc.sparkContext.range(1, 6)

val q1 = mutable.Queue(rdd1)
val q2 = mutable.Queue(rdd2)
val q3 = mutable.Queue(rdd3)
val q4 = mutable.Queue(rdd4)
val q5 = mutable.Queue(rdd5)

val ds1 = ssc.queueStream(q1, false)
val ds2 = ssc.queueStream(q2, false)
val ds3 = ssc.queueStream(q3, false)
val ds4 = ssc.queueStream(q4, false)
val ds5 = ssc.queueStream(q5, false)
```

6.3.1 print()

DStream에 포함된 각 RDD의 내용을 콘솔에 출력합니다. 기본적으로 각 RDD의 맨 앞쪽 10개의 요소를 출력하는데 print(20)과 같이 출력할 요소의 개수를 직접 지정해서 변경할 수 있습니다.

예제) `ds1.print`

결과)

```
-------------------------------------------
Time: 1464572685000 ms
-------------------------------------------
a
b
c
c
c
```

6.3.2 map(func)

DStream의 RDD에 포함된 각 원소에 func 함수를 적용한 결괏값으로 구성된 새로운 DStream을 반환합니다.

예제) `ds1.map((_, 1)).print`

결과)

```
-------------------------------------------
Time: 1464570585000 ms
-------------------------------------------
(a,1)
(b,1)
(c,1)
(c,1)
(c,1)
```

DStream의 map() 연산은 DStream에 포함된 RDD에 map() 연산을 적용한 것과 같습니다. 같은 방식으로 mapPartitions(), mapPartitionsWithIndex() 메서드 또한 RDD에서 제공하는 것과 동일하게 사용할 수 있습니다.

6.3.3 flatMap(func)

RDD의 flatMap()과 같으며 DStream의 RDD에 포함된 각 원소에 func 함수를 적용한 결괏값으로 구성된 새로운 DStream을 반환합니다. 입력과 출력이 1:1로 매핑되는 map() 연산과는 달리 하나의 입력이 0~N개의 출력으로 변환된다는 차이점이 있습니다.

예제) ds2.flatMap(_.split(",")).print
결과)
```
----------------------------------------
Time: 1464573540000 ms
----------------------------------------
1
2
3
4
5
```

6.3.4 count(), countByValue()

DStream에 포함된 모든 요소의 개수를 반환합니다. RDD와 다른 점은 리턴되는 값의 타입이 Long
이 아닌 DStream이라는 점입니다.

예제) ds1.count.print
결과)
```
----------------------------------------
Time: 1464573720000 ms
----------------------------------------
5
```

예제) ds1.countByValue().print
결과)
```
----------------------------------------
Time: 1464573720000 ms
----------------------------------------
(c,3)
(a,1)
(b,1)
```

6.3.5 reduce(func), reduceByKey(func)

reduce() 연산은 DStream에 포함된 RDD 값들을 집계해서 최종적으로 하나의 값으로 변환합니
다. 이때 RDD의 값들이 키와 값으로 구성된 튜플 타입이라면 reduceByKey() 연산을 사용해 각
키별로 집계를 수행할 수 있습니다. reduce()와 reduceByKey() 연산 역시 DStream의 RDD에
reduce() 또는 reduceByKey() 연산을 적용하고 그 결과를 포함한 새로운 DStream을 반환하는
것으로 이해하면 됩니다.

예제) `ds1.reduce(_ + "," + _).print`

결과)

```
-------------------------------------------
Time: 1464574413000 ms
-------------------------------------------
a,b,c,c,c
```

예제) `ds1.map((_, 1L)).reduceByKey(_ + _).print`

결과)

```
-------------------------------------------
Time: 1477222578000 ms
-------------------------------------------
(c,3)
(a,1)
(b,1)
```

6.3.6 filter(func)

DStream의 모든 요소에 func 함수를 적용하고 그 결과가 true인 요소만 포함한 새로운 DStream을 반환합니다.

예제) `ds1.filter(_ != "c").print`

결과)

```
-------------------------------------------
Time: 1464574569000 ms
-------------------------------------------
a
b
```

6.3.7 union()

두 개의 DStream의 요소를 모두 포함한 새로운 DStream을 생성합니다.

예제) `ds1.union(ds2).print`

결과)

```
-------------------------------------------
Time: 1464574752000 ms
-------------------------------------------
a
b
```

```
c
c
c
1,2,3,4,5
```

6.3.8 join()

키와 값 쌍으로 구성된 두 개의 DStream을 키를 이용해 조인합니다. RDD의 join()과 마찬가지로 조인할 때 사용할 파티션의 개수와 파티셔너를 지정할 수 있으며, 또 다른 조인 메서드로 leftOuterJoin(), rightOuterJoin(), fullOuterJoin()이 있습니다.

예제) ds3.join(ds4).print

결과)
```
-----------------------------------------
Time: 1464575391000 ms
-----------------------------------------
(k1,(r1,s1))
(k2,(r2,s2))
```

 DStream의 조인 연산은 윈도우(widow) 또는 transform() 연산을 이용하는 경우도 가능합니다. 아직 윈도우나 transform() 연산에 대해 다루지는 않았지만 조인 연산에 관련된 부분은 두 가지 모두 동일하므로 아래와 같은 형태의 조인도 가능하다는 것을 알아두기 바랍니다.

예제)
```
// window 연산을 통해 DStream을 생성
val w1 = ds1.window(...)
val w2 = ds2.window(...)

// 두 개의 DStream을 조인할 수 있음
w1.join(w2)

// DStream에 또 따른 RDD를 조인할 수 있음
val otherRDD = sc.textFile("path")
w1.transform { rdd => rdd.join(otherRDD) }
```

6.4 데이터 다루기(고급 연산)

지금까지 DStream이 제공하는 다양한 메서드에 대해 살펴봤습니다. 이 가운데 print()와 같은 메서드를 제외하면 대부분 RDD에서 제공하는 것과 같은 연산들이었는데 지금부터는 DStream API에서만 제공되는 좀 더 특화된 메서드에 대해 살펴보겠습니다.

6.4.1 transform(func)

transform()은 DStream 내부의 RDD에 func 함수를 적용하고 그 결과로 새로운 DStream을 반환합니다. 이때 매개변수로 전달되는 func 함수는 입력과 출력이 모두 RDD 타입으로, DStream 내부의 RDD에 접근해 원하는 RDD 연산을 직접 수행할 수 있습니다. 사실 앞 절에서 살펴본 DStream의 map()이나 flatMap()과 같은 메서드는 RDD가 제공하는 연산 중에서 자주 사용되는 것들을 선정해서 개발 편의상 DStream API에 포함시킨 것이었는데 transform() 연산을 사용하면 DStream이 제공하던 메서드뿐만 아니라 subtract()와 같이 RDD 클래스 타입에서만 제공되던 메서드도 사용할 수가 있습니다.

예제)

```
val other = ssc.sparkContext.range(1, 3)
ds5.transform(_ subtract other).print
```

결과)

```
-------------------------------------------
Time: 1464580905000 ms
-------------------------------------------
3
4
5
```

위 예제에서는 ds5 DStream의 RDD에서 other라는 RDD에 속하는 원소를 제외한 새로운 DStream을 만들기 위해 RDD의 subtract() 메서드를 사용했습니다. 한 가지 알아둘 점은 스파크 스트리밍에서 데이터 처리에 해당하는 구문은 매번 배치 작업을 수행할 때마다 실행되므로 위 예제의 other 변수가 고정된 데이터가 아닌 외부 데이터베이스나 웹 서버 로그 파일처럼 수시로 변하는 값을 이용해서 만들어지는 RDD였다면 이 값은 배치가 실행될 때마다 매번 다른 값을 가질 수 있다는 것입니다. 따라서 실시간으로 변하는 외부 데이터를 RDD로 만들고 이를 참조해서 어떤 연산을 수행하고자 할 때 위와 같은 방법을 사용할 수 있습니다.

6.4.2 updateStateByKey()

키와 값 형태로 구성된 데이터의 경우 가장 자주 사용되는 데이터 처리 방식 중 하나가 키를 기준으로 전체 데이터의 값을 요약하는 것입니다. 하지만 DStream과 같이 일정 주기마다 데이터를 모아서 처리하는 방식을 사용할 경우 매번 새로운 데이터를 대상으로 집계를 수행하기 때문에 이전에 처리했던 결과를 알 수 없다는 문제가 발생합니다. 즉 소위 말하는 상태유지(stateful) 방식의 집계를 수행할 수 없기 때문에 전체 데이터를 집계하기 위해서는 별도의 집계 기능을 구현해야 합니다.

이를 위해 스파크에서는 DStream에 포함돼 있는 요소 중에서 같은 키를 가진 데이터를 모아서 사용자가 지정한 함수의 인자로 전달해 주면서 이전 배치까지의 최종값도 함께 전달해 주는 updateStateByKey() 메서드를 제공합니다. 이 메서드는 매번 배치가 실행될 때마다 새로 생성된 데이터와 이전 배치의 최종 상태값을 함께 전달해 주기 때문에 updateStateByKey() 메서드를 이용하면 각 키별 최신 값, 즉 상태(State)를 유지하고 갱신할 수 있습니다.

다음은 updateStateByKey() 메서드를 사용해 단어 수를 세는 예제입니다.

```
val ssc = new StreamingContext(conf, Seconds(3))

// 실습용 데이터 생성
val t1 = ssc.sparkContext.parallelize(List("a", "b", "c"))
val t2 = ssc.sparkContext.parallelize(List("b", "c"))
val t3 = ssc.sparkContext.parallelize(List("a", "a", "a"))
val q6 = mutable.Queue(t1, t2, t3)

// 실습용 DStream
val ds6 = ssc.queueStream(q6, true)
```

먼저 3초 주기로 데이터를 처리하는 스트리밍컨텍스트 ssc를 생성합니다. 그리고 실습을 위해 세 개의 RDD를 생성하는데, 첫 번째 RDD인 t1은 a, b, c라는 세 개의 단어를 가지고, 두 번째 RDD인 t2는 b와 c, 마지막으로 t3는 a를 3개 갖게 합니다.

마지막으로 queueStream()을 이용해 DStream을 생성하는데, 이때 t1, t2, t3 RDD를 원소로 지정하고 배치가 수행될 때마다 한 개씩의 RDD를 읽어들이도록 설정합니다. (queueStream() 메서드의 두 번째 매개변수인 true가 매번 배치가 수행될 때마다 RDD를 한 개씩만 읽어들일지 설정하는 부분으로서 생략하거나 true로 지정하면 한 번에 한 개의 RDD만 읽어들이고 false로 설정할 경우 모든 RDD가 한 번의 배치에 모두 포함됩니다.)

이제 애플리케이션을 실행하면 맨 처음 t1을 읽어들이고 그다음 3초가 지난 후 t2를, 그리고 그다음 3초가 지나면 t3를 읽어서 처리하게 될 것입니다. 그럼 계속해서 다음 코드를 보겠습니다.

```
// checkpoint 설정
ssc.checkpoint(".")
```

checkpoint() 메서드는 현재의 작업 상태를 HDFS와 같은 영속성을 가진 저장소에 저장해 놓는 메서드입니다.

아직 체크포인트 동작에 대해 살펴보지 않았지만 작업 도중 상태값이 유실되는 것을 방지하기 위해 작업 중간에 임시 저장을 수행한다고 이해하면 됩니다. (사실 예제에서 사용한 queueStream()의 경우 checkpoint() 메서드를 지원하지 않기 때문에 의미 없는 메서드 호출이긴 하지만 updateStateByKey()와 같이 상태값을 유지하는 연산을 다룰 때는 항상 checkpoint() 메서드를 호출해야 합니다. 다만 예제를 실행할 경우 'WARN QueueInputDStream: queueStream doesn't support checkpointing'이라는 경고가 나타납니다.)

다음으로 필요한 것은 상태를 갱신하기 위한 함수를 작성하는 것입니다. 이때 함수의 첫 번째 인자로 전달되는 것은 현재 DStream에 있는 값들로 같은 키를 가진 값들이 Seq 타입으로 전달됩니다. 예를 들어, t1에서는 a, b, c가 각각 1개씩이므로 newValues는 a, b, c 키에 대해 모두 Seq(1)이 전달되며, t3의 경우 a만 3개이므로 a 키에 대한 newValues는 Seq(1, 1, 1)이 전달됩니다.

```
// 상태 업데이트를 위한 함수 정의
val updateFunc = (newValues: Seq[Long], currentValue: Option[Long]) => Option(currentValue.
getOrElse(0L) + newValues.sum)
```

두 번째 인자는 현재 해당 키의 상태를 나타내는 값인데, 예제에서는 단어 수를 나타내는 Long 값이 바로 "상태"에 해당됩니다. 이때 상태값은 처음 애플리케이션을 실행하는 시점에는 값이 없을 수 있으므로 Option 타입으로 제공됩니다.

마지막으로 반환되는 값 또한 Option 타입으로 지정하는데, 이는 반환값이 없을 경우(None 타입일 경우) 해당 키를 최종 결과에서 제외할 수 있도록 하기 위해서입니다. 즉, updateFunc의 수행 결과가 None일 경우 해당 키와 값 쌍은 상태 관리 대상에서 제외됩니다.

이제 모든 준비를 마쳤으니 updateStateByKey() 메서드를 호출하고 print() 메서드로 결과를 확인합니다.

```
// PairDStreamFunctions 변환 후 updateStateByKey() 메서드 호출
ds6.map((_, 1L)).updateStateByKey(updateFunc).print
```

```
// 큐를 사용할 경우 체크포인팅이 안 된다는 경고 메시지
16/05/30 14:25:12 WARN QueueInputDStream: queueStream doesn't support checkpointing
```

[배치 1차]

```
-----------------------------------------
Time: 1464585912000 ms
-----------------------------------------
(c,1)
(a,1)
(b,1)
```

[배치 2차]

```
-----------------------------------------
Time: 1464585915000 ms
-----------------------------------------
(c,2)
(a,1)
(b,2)
```

[배치3차]

```
-----------------------------------------
Time: 1464585921000 ms
-----------------------------------------
(c,2)
(a,4)
(b,2)
```

위 예제의 [배치 1차] 부분은 설명을 위해 임으로 넣은 내용입니다. 결과를 보면 처음으로 실행할 때
는 a, b, c 모두 1이라는 값을 가지고 있었지만 2차 실행 때는 b와 c가 1씩 증가하고, 3차 실행 때는
a만 3이 증가한 것을 확인할 수 있습니다.

6.4.3 윈도우 연산

스트리밍컨텍스트는 정해진 배치 주기마다 새로 생성된 데이터를 읽어서 RDD를 생성하며, 이렇게
생성된 RDD는 DStream이 제공하는 API를 이용해 처리할 수 있습니다. 하지만 스트리밍 형태의
데이터를 다루다 보면 가장 마지막에 수행된 배치의 결과뿐 아니라 이전에 수행된 배치의 결과까지
함께 사용해야 하는 경우가 있습니다.

이전 절에서 살펴본 updateStateByKey() 메서드의 경우 이전 배치의 상태 정보를 활용할 수는 있었지만 전체 데이터가 아닌 사전에 정의된 상태 정보만 알 수 있을 뿐이어서 전체 데이터를 대상으로 하는 경우에는 사용할 수가 없다는 한계가 있었습니다.

예를 들어, 단어 수 세기 예제에서 단순히 단어가 발견되면 그 수를 증가시키는 것이 아니라 1분 동안 입력된 전체 단어의 종류가 10개 이상인 경우에만 유효한 것으로 판단해서 수를 더한다고 하면 단어를 셀 때마다 1분이라는 기간 동안의 전체 단어 정보를 알아야만 계산이 가능해집니다. 하지만 이때 1분이라는 기준은 측정을 언제부터 시작하느냐에 따라 그 범위가 매번 달라지므로 미리 계산해 둬서는 그 값을 알 수가 없고 전체 데이터를 살펴봐야만 알 수 있는 정보가 됩니다.

윈도우 연산은 이처럼 마지막 배치가 수행됐을 때 읽어온 데이터뿐 아니라 그 이전에 수행된 배치의 입력 데이터까지 한꺼번에 처리할 수 있도록 지원하는 연산입니다. 따라서 윈도우 연산을 수행하기 위해서는 얼마만큼의 간격으로 윈도우 연산을 수행할 것인지와 한번 수행할 때 얼마만큼의 과거 배치 수행 결과를 가져올 것인지에 대한 정보를 지정해야 합니다.

다음은 방금 설명한 윈도우 연산에 대한 개략적인 그림입니다.

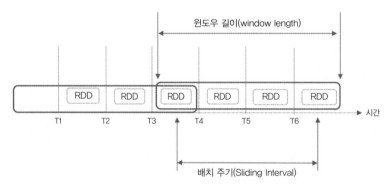

그림 6-2 윈도우 연산

그림에서 배치 주기라고 표시된 부분은 얼마만큼의 주기로 윈도우 배치를 수행할 것인지 나타내며, 스트리밍컨텍스트를 생성할 때 지정한 배치 크기의 배수로 지정해야 합니다. 예를 들어, 스트리밍컨텍스트를 생성할 때 StreamingContext(conf, Seconds(3))과 같이 배치 주기를 3초로 지정했다면 윈도우 배치 주기 또는 슬라이딩 간격은 3초의 배수인 6초, 12초, 30초와 같이 지정해야 합니다.

두 번째로 윈도우 길이(window length)로 표시된 부분은 윈도우 연산을 한 번 수행할 때 최근 몇 개의 배치 결과를 가져올지에 대한 부분으로, 이 값 또한 스트리밍컨텍스트에 지정한 배치 주기의 배수로 지정해야 합니다. 예를 들어, 스트리밍컨텍스트의 배치 주기를 StreamingContext(conf, Seconds(3))과 같이 3초로 지정했다면 윈도우 길이 역시 6초, 12초, 30초와 같이 지정해야 합니다.

윈도우 연산은 슬라이딩 간격과 윈도우 길이 매개변수를 지정해야 하는 것을 제외하면 기존의 함수 처리와 크게 다르지 않습니다. 지금부터 윈도우를 기반으로 하는 주요 연산에 대해 살펴보겠습니다. 아래는 윈도우 연산에서 사용할 테스트 데이터에 대한 예제 코드입니다.

```
val conf = new SparkConf().setMaster("local[*]").setAppName("WindowSample")
val sc = new SparkContext(conf);
val ssc = new StreamingContext(sc, Seconds(1))

ssc.checkpoint(".")

val input = for (i <- mutable.Queue(1 to 100: _*)) yield sc.parallelize(i :: Nil)
val ds = ssc.queueStream(input)
```

코드를 통해 알 수 있듯이 예제의 스트리밍컨텍스트 ssc와 데이터스트림 ds는 1초마다 1부터 100까지 숫자를 순서대로 읽어오도록 설정돼 있습니다. 이제 이 테스트 데이터를 이용해 몇 가지 윈도우 연산들을 살펴보겠습니다.

6.4.4 window(windowLength, slideInterval)

Window 연산은 두 번째 매개변수인 slideInterval에 지정한 시간마다 windowLength에 지정한 크기만큼의 시간 동안 발생된 데이터를 포함한 DStream을 생성합니다.

예제)

```
ds.window(Seconds(3), Seconds(2)).print
```

결과)

```
-------------------------------------------
Time: 1464597590000 ms
-------------------------------------------
1
2
...
-------------------------------------------
Time: 1464597592000 ms
-------------------------------------------
2
3
```

```
4
...
------------------------------------------
Time: 1464597594000 ms
------------------------------------------
4
5
6
```

예제에서는 매 2초마다 최근 3초간의 데이터를 읽어서 새로운 DStream을 생성하도록 설정했습니다. 실행 결과를 보면 매 2초마다[7] 최근 3회차 배치의 데이터를 읽어오고 있음을 알 수 있습니다.

6.4.5 countByWindow(windowLength, slideInterval)

윈도우에 포함된 요소의 개수를 포함한 DStream을 생성합니다. 이때 윈도우에 포함되는 데이터는 window(windowLength, slideInterval) 메서드의 결과와 같습니다.

예제)

```
ds.countByWindow(Seconds(3), Seconds(2)).print
```

결과)

```
------------------------------------------
Time: 1464599281000 ms
------------------------------------------
2
...
------------------------------------------
Time: 1464599283000 ms
------------------------------------------
3
```

앞에서 사용했던 것과 같이 매 2배치 주기마다(2초) 최근 3개의 배치 주기(3초) 동안의 데이터로 DStream을 생성하도록 설정한 결과, 최초 실행 시점에는 2개, 이후에는 3개씩 요소가 포함된 것을 알 수 있습니다.

---

[7] 2초 간격은 Time: ... 항목의 시간값을 통해 알 수 있습니다.

6.4.6 reduceByWindow(func, windowLength, slideInterval)

윈도우에 포함된 요소에 func 함수를 적용한 결과로 구성된 DStream을 생성합니다. 이때 윈도우에 포함되는 데이터는 window(windowLength, slideInterval) 메서드의 실행 결과와 같습니다. 다음은 매 2배치 주기마다(2초) 최근 3배치 주기(3초)만큼의 데이터를 대상으로 reduceByWindow() 메서드를 실행한 결과입니다.

예제)

```
ds.reduceByWindow((a, b) => Math.max(a, b), Seconds(3), Seconds(2)).print
```

결과)

```
-------------------------------------------
Time: 1464599680000 ms
-------------------------------------------
2
...
-------------------------------------------
Time: 1464599682000 ms
-------------------------------------------
4
...
-------------------------------------------
Time: 1464599684000 ms
-------------------------------------------
6
```

보다시피 매 2초마다 최근 3초 동안의 데이터를 대상으로 최댓값을 출력합니다.

6.4.7 reduceByKeyAndWindow(func, invFunc, windowLength, slideInterval, [numTasks])

DStream의 요소가 키와 값의 쌍으로 구성된 튜플 타입일 경우 PairDStreamFunctions가 제공하는 reduceByKeyAndWindow() 메서드를 사용해 지정한 윈도우에서 동일 키를 가진 데이터들을 대상으로 reduce() 연산을 수행할 수 있습니다. reduceByKeyAndWindow() 메서드는 파티션을 지정하는 방법과 reduce() 연산을 수행하는 방법에 있어 몇 가지 다른 형태를 띠는데, 이 가운데 reduce() 연산과 관련된 부분은 처리 성능에도 영향을 주면서 실제 사용법에도 다소 혼동스럽게 느껴질 수 있는 부분이 있으므로 이 책에서는 reduce() 연산의 차이점과 관련된 부분에 대해 좀 더 자세히 살펴보겠습니다.

먼저 reduceByKeyAndWindow()의 가장 기본적인 사용법입니다. reduceByKeyAnd Window() 메서드는 아래 예제와 같이 처리할 window의 범위를 지정하는 데 필요한 정보와 reduce() 연산에 사용할 함수를 reduceByKeyAndWidow() 메서드의 인자로 받아 윈도우 내부의 데이터를 대상으로 reduce() 연산을 수행합니다. 아래 예제에서는 DStream에 포함된 숫자를 짝수와 홀수로 나누고 각각의 개수를 세는 함수를 reduce() 함수로 전달한 경우입니다.

예제)

```
ds.map(v => (v % 2, 1)).reduceByKeyAndWindow((a: Int, b: Int) => a + b, Seconds(4), Seconds(2)).
print
```

결과)

```
-------------------------------------------
Time: 1464617695000 ms
-------------------------------------------
(0,1)
(1,1)
...
-------------------------------------------
Time: 1464617697000 ms
-------------------------------------------
(0,2)
(1,2)
```

ds DStream에는 1부터 100까지의 숫자로 구성된 RDD가 있고 첫 번째를 제외한 두 번째 이후부터는 총 4개의 연속된 숫자를 읽어오게 되므로 위 예제의 결과와 같이 짝수(0)와 홀수(1)의 개수는 항상 동일한 숫자를 나타내게 됩니다.

이렇게 수행 결과만 보면 별다른 문제가 없어 보이지만 사실 이 코드는 비효율적인 부분을 포함하고 있습니다. 왜냐하면 매번 윈도우 연산이 실행될 때마다 이미 읽어온 데이터의 상당 부분을 중복해서 다시 읽어오기 때문입니다. 예를 들어, 위 예제의 첫 번째 시도에서 1과 2라는 두 개의 데이터를 읽었다면 2초 후인 두 번째 시도에서는 윈도우 크기가 4이므로 4, 3, 2, 1로 총 4개의 데이터를 읽어들이는데, 이때 1과 2는 이미 첫 번째 시도에서 읽어와서 결과 계산까지 완료했던 데이터이기 때문입니다. 따라서 만약 기본 배치의 크기나 윈도우 크기가 예제처럼 숫자 몇 개를 포함하는 크기가 아닌 상당히 큰 규모의 데이터에 해당할 때는 매 배치 때마다 중복된 데이터를 읽고 처리하는 데 불필요한 자원 낭비가 발생합니다.

이런 문제를 방지하기 위해 스파크 스트리밍은 더 효율적인 reduce() 연산을 수행할 수 있도록 기존 데이터를 대상으로 리듀스 연산을 효율적으로 수행하기 위한 역리듀스 함수(inverse reduce function)를 사용할 수 있는 변형된 reduceByKeyAndWindow() 메서드를 제공합니다.

다음은 역리듀스 함수의 사용법을 개략적으로 보여주는 그림입니다.

- Tx: Batch Unit
- 윈도우 크기: 3 * Batch Unit
- 슬라이딩 간격: 2 * Batch Unit

T0	T1	T2	T3	T4	T5	T6	T7	T8	T9
1	2	3	4	5	6	7	8	9	0

Batch 1

T0	T1								
1	2								

- 기존 데이터: 없음
- 새로 추가된 데이터: 1, 2
- 기존에 있다가 제외된 데이터: 없음
- invFunc 입력: 없음
- reduceFunc 입력: 1, 2

Batch 2

~~T0~~	T1	T2	T3						
~~1~~	2	3	4						

- 기존 데이터: 1, 2
- 새로 추가된 데이터: 3, 4
- 기존에 있다가 제외된 데이터: 1
- invFunc 입력: 3, 1
- reduceFunc 입력: 3, 4, invFunc 결과

Batch 3

T0	~~T1~~	~~T2~~	T3	T4	T5				
1	~~2~~	~~3~~	4	5	6				

- 기존 데이터: 2, 3, 4
- 새로 추가된 데이터: 5, 6
- 기존에 있다가 제외된 데이터: 2, 3
- invFunc 입력: 9, 5
- reduceFunc 입력: 5, 6, invFunc 결과

그림 6-3 역리듀스 함수 개요

위 그림에서 T0, T1은 스트리밍컨텍스트에 설정된 배치 주기를 나타냅니다. 아래의 숫자는 해당 주기의 RDD 값을 나타내는데, 예를 들면 T0 구간에서는 1이라는 값을 가진 RDD가 생성되고, T4 구간에서는 5라는 값을 가진 RDD가 생성됐음을 의미합니다.

이제 이 상황에서 다음과 같은 코드를 살펴보겠습니다.

```
// inverse reduce function
val invFnc = (v1: Int, v2: Int) => {
  v1 - v2
}
// reduce function
val reduceFnc = (v1: Int, v2: Int) => {
  v1 + v2
}
```

```
// reduceByKeyAndWindow
ds.map(v => ("sum", v)).reduceByKeyAndWindow(reduceFnc, invFnc, Seconds(3), Seconds(2)).print
```

이 코드는 좀 전에 설명한 새로운 reduceByKeyAndWindow() 메서드를 사용하는 예제로서 자세히 살펴보면 좀 전의 기본 형태와는 다르게 한 개의 함수가 아닌 함수 두 개를 reduceByKeyAndWindow()의 인자로 전달하고 있음을 알 수 있습니다. 이때 첫 번째 함수가 좀 전에 본 것과 같이 리듀스 연산을 수행할 리듀스 함수이고, 두 번째 함수는 앞에서 역리듀스 함수(reverse reduce function)라는 다소 어색한 이름으로 불렸던 함수입니다. 그럼 이 두 함수의 동작 방법이 어떻게 되는지 다시 그림 6-3을 보면서 알아보겠습니다.

우선 그림에서 Batch1, Batch2, Batch3이라고 된 부분은 각각 윈도우 배치가 실행되는 시점을 의미합니다. 즉, 첫 번째 시도인 Batch1에서는 T0와 T1 구간의 데이터에 해당하는 1과 2가 DStream의 입력이 되고 Batch2에서는 윈도우 크기에 따라 4, 3, 2가 DStream의 요소가 됩니다. 또한 Batch2와 Batch3에는 취소선으로 표시된 요소들이 있는데, 이 요소들은 바로 이전 배치까지는 DStream에 포함됐다가 새로운 배치에서는 처리 대상이 아닌 요소로 분리된 것들을 나타냅니다.

이제 이 항목들을 이용해 배치 처리를 수행하는 경우를 가정해 보면 어떤 배치가 실행됐을 때 그 윈도우 안에 포함된 데이터는 "새롭게 포함된 요소들" + "기존에 있었던 요소들" - "기존에 있었지만 이번 배치에는 포함되지 않는 요소들"을 모두 더한 것임을 알 수 있습니다. 따라서 매번 윈도우 크기만큼의 데이터를 모두 읽어오기보다는 새로 추가된 데이터만 읽고 여기에 기존 데이터 중에서 빼야 할 것들만 골라서 제외하고 더한다면 데이터 처리에 소요되는 시간을 획기적으로 줄일 수 있게 됩니다.

reduceByKeyAndWindow() 메서드의 두 번째 인자가 바로 "기존에 있던 데이터 중에서 뺄 것만 뺀" 데이터를 계산하기 위한 것으로, 해당 함수의 인자로 기존 데이터의 직전 결괏값과 이번 배치에서 새롭게 빠져야 할 데이터가 전달됩니다.

예를 들어, 위 그림을 보면 Batch1에서는 기존 데이터 없이 새롭게 추가된 데이터 1과 2만 있었지만 두 번째 Batch2에서는 새로운 데이터로 3과 4가 추가된 반면 기존 1과 2 중에서 1이 집계 대상에서 제외됩니다. 따라서 이 경우 invFunc의 인자는 직전 데이터의 리듀스 결괏값인 3과 이번 배치의 집계 대상에서 제외된 요소 1이 전달됐고 우리는 전체 합계인 3에서 1을 뺀 2를 두 번째 함수의 결괏값으로 반환했습니다. 결국 이렇게 생성된 결괏값은 다시 reduce() 함수의 인자값으로 전달되어 Batch2 단계에서의 총합은 3 + 4 + 2인 9로 반환됩니다. 실제로 두 번째 배치의 요소들은 4, 3, 2로 총합은 9가 됨을 알 수 있습니다.

마지막으로 세 번째 시도인 Batch3에서는 새로운 데이터로 5와 6이 포함되고, 기존 데이터 2, 3, 4에서 2와 3이 제외되어 invFunc의 인자값은 직전 총합인 9와 제외된 값의 총합인 5가 전달되고 최종적으로 리듀스 함수는 6 + 5 + 4를 계산한 15가 됩니다.

```
-------------------------------------------
Time: 1464621033000 ms
-------------------------------------------
(sum,3)

...
-------------------------------------------
Time: 1464621035000 ms
-------------------------------------------
(sum,9)

...
...
-------------------------------------------
Time: 1464621037000 ms
-------------------------------------------
(sum,15)
```

결론적으로 invFunc와 reduceFnc의 조합을 이용하면 이미 읽은 데이터를 다시 처리하지 않고 새로 생성된 데이터에 대해서만 리듀스 연산을 적용함으로써 더욱 효율적인 처리를 수행할 수 있게 되는 것입니다.(단, 이 방법은 리듀스 함수가 수행하는 연산의 내용에 따라 불가능할 수 있으므로 유의해야 합니다.)

6.4.8 countByValueAndWindow(windowLength, slideInterval, [numTasks])

윈도우 내에 포함된 요소들을 값을 기준으로 각 값에 해당하는 요소의 개수를 포함하는 새로운 DStream을 생성합니다. 다음은 간단한 사용 예제입니다.

예제)

```
ds.countByValueAndWindow(Seconds(3), Seconds(2)).print
```

결과)

```
-------------------------------------------
Time: 1464621441000 ms
-------------------------------------------
```

```
(1,1)
(2,1)
...
-------------------------------------------
Time: 1464621443000 ms
-------------------------------------------
(4,1)
(2,1)
(3,1)
```

6.5 데이터의 저장

DStream 데이터는 RDD와 같은 메서드를 사용해 저장할 수 있습니다. 다음은 DStream의 데이터를 저장할 때 사용 가능한 메서드입니다.

6.5.1 saveAsTextFiles(), saveAsObjectFiles(), saveAsHadoopFiles()

DStream의 데이터를 텍스트, 객체 또는 하둡 파일(하둡에서 지원하는 파일 포맷으로 하둡의 OutputForamt 클래스를 사용해 저장)로 저장합니다. RDD에서 제공하는 같은 이름의 메서드와 다른 점은 각 메서드의 인자로 저장 경로에 대한 접두어(prefix)와 접미어(suffix)를 제공한다는 점인데, 실제 파일이 저장되는 경로는 "접두어" + 시간(ms) + ".접미어" 형태를 띱니다.

예를 들어, ds.saveAsTextFile("〈저장할위치〉/test", "txt")와 같이 지정하면 실제 생성되는 파일은 〈저장할위치〉 디렉터리 아래에 test-1464623145000.txt와 같은 형태의 디렉터리명으로 생성됩니다. (최종 결과는 일반 파일이 아닌 디렉터리로 생성된다는 점을 기억해 두세요.)

6.5.2 foreachRDD()

foreachRDD()는 DStream에 포함된 각 RDD별로 원하는 연산을 수행할 수 있는 메서드입니다. 먼저 간단한 예제를 살펴보겠습니다.

```
ds5.foreachRDD (rdd => {
  // rdd로 처리하고자 하는 작업
})
```

foreachRDD()는 DStream에 포함된 rdd에 직접 접근해서 필요한 작업을 실행할 수 있습니다. 이 메서드는 값을 반환하는 메서드가 아니기 때문에 보통 foreachRDD() 내부에서는 rdd를 외부 저장소에 저장하거나 외부 변수 또는 객체의 상태를 변경하는 등의 작업을 수행합니다. 주의할 점은 foreachRDD() 구문 내부에 위치한 함수는 드라이버 프로그램이 아닌 개별 익스큐터에서 실행된다는 점입니다. 즉, "rdd로 처리하고자 하는 작업"이 실행되는 곳은 클러스터를 구성하고 있는 개별 노드가 되므로 수행하는 작업이 노드에서 실행돼야 하는 작업인지 드라이버 프로그램 상에서 처리돼야 하는 작업인지를 염두에 두고 코드를 작성해야 합니다.

만약 스트리밍 데이터를 다루면서 스파크SQL에서 사용했던 데이터프레임 API를 사용하고자 한다면 아래와 같이 foreachRDD() 메서드 내부에서 rdd를 사용해 데이터프레임을 생성할 수 있습니다. 이때 스파크세션이 중복으로 생성되는 것을 방지하기 위해 아래와 같이 builder의 getOrCreate() 메서드를 사용해 생성합니다.

예제)

```
val conf = new SparkConf().setMaster("local[3]").setAppName("DataFrameSample")
val ssc = new StreamingContext(conf, Seconds(1))
val sc = ssc.sparkContext

val rdd1 = sc.parallelize(Person("P1", 20) :: Nil)
val rdd2 = sc.parallelize(Person("P2", 10) :: Nil)
val queue = mutable.Queue(rdd1, rdd2)
val ds = ssc.queueStream(queue)

ds.foreachRDD(rdd => {
  val spark = SparkSession.builder.config(sc.getConf).getOrCreate()
  import spark.implicits._
  val df = spark.createDataFrame(rdd)
  df.select("name", "age").show
})
```

결과)

```
+----+---+
|name|age|
+----+---+
|  P1| 20|
+----+---+

+----+---+
|name|age|
```

```
+----+---+
| P2| 10|
+----+---+
```

6.6 CheckPoint

스트리밍 방식으로 데이터를 처리하다 보면 가장 신경 쓰이는 부분이 장애 처리입니다. 하루 혹은 특정 시간 단위로 수행되는 배치 작업의 경우 대부분 데이터의 처리 범위가 명확하게 정해져 있는 경우가 많습니다. 따라서 실행 도중 문제가 생겼을 때 오류가 발생한 부분을 수정하고 해당 데이터에 대한 배치 프로그램을 다시 실행하는 것으로 대부분의 문제를 해결할 수 있습니다.

하지만 스트리밍 방식 또는 실시간 처리 방식으로 데이터를 다룰 때는 문제가 발생한 시점을 정확히 찾아서 해당 시점으로 되돌아가 문제가 된 지점부터 다시 처리를 수행하기가 상대적으로 어려울 때가 많습니다. 또한 시스템을 복구하는 도중에도 새롭게 생성된 데이터가 꾸준히 유입되어 쌓이면서 처리량이 지속적으로 증가하게 되어 이것이 또 다른 문제를 일으키는 원인이 되는 경우도 있습니다.

따라서 애플리케이션에 문제가 발생할 경우 이를 최대한 빠르고 정확하게 복구하는 방법이 필요한데 지금부터 살펴볼 내용이 바로 이와 관련된 스파크의 체크포인팅(Checkpointing)입니다. 체크포인팅이란 용어는 여러 대의 서버로 운영되는 분산 클러스터링 환경처럼 오류가 발생할 가능성이 높은 환경에서 장시간 수행되는 시스템들이 시스템의 상태를 수시로 안정성이 높은 저장소에 저장해 뒀다가 장애가 발생할 경우 이 데이터를 이용해 시스템의 최종 상태를 복구하는 일종의 장애 대응 방법을 가리키는 용어입니다.

스파크 스트리밍의 체크포인팅은 크게 잡이 실행되는 동안 생성된 중간 결과물을 대상으로 하는 데이터 체크포인팅(Data checkpointing)과 잡을 수행하는 데 사용한 각종 설정 정보를 대상으로 하는 메타데이터 체크포인팅(Metadata checkpointing)으로 나눌 수 있습니다.

이 중에서 메타데이터 체크포인팅은 드라이버 프로그램을 복구하는 용도로 사용되며, 스트리밍컨텍스트를 생성할 때 사용했던 설정 정보와 DStream에 적용된 연산들에 대한 히스토리, 그리고 장애로 인해 처리되지 못한 채 남아있는 배치 작업에 대한 내용들을 포함하고 있습니다.

이에 반해 데이터 체크포인팅의 경우 최종 상태의 데이터를 빠르게 복구하기 위한 용도로 사용되는데, 예를 들어 365일 내내 중단 없이 실행돼는 애플리케이션과 같이 무한히 큰 히스토리 정보를 갖는 애플리케이션의 데이터를 체크포인팅 과정을 통해 적당한 크기로 줄이는 역할을 수행합니다.[8] (어큐뮬레이터와 브로드캐스트 변수는 기본적으로 체크포인트를 통한 복구 대상에서 제외됩니다. 만약 이 두 변수도 체크포인트를 통해 복원하고 싶다면 스파크 공식 가이드[9]에 나온 예제를 참고하기 바랍니다.)

이러한 체크포인팅을 수행하는 방법은 크게 데이터를 저장하는 것과 저장된 데이터를 읽어서 사용하는 것으로 나눌 수 있습니다. 먼저 데이터를 저장할 때는 스트리밍컨텍스트가 제공하는 checkpoint() 메서드에 ssc.checkpoint("/path/for/checkpoint")와 같이 정보를 저장할 디렉터리 경로를 인자로 전달하고 실행하면 됩니다.

특히 updateStateByKey(), reduceByKeyAndWindow()와 같이 이전 배치의 상태값을 참조하는 연산을 수행하는 메서드의 경우 체크포인팅을 수행하지 않고 사용하려고 하면 오류가 발생하므로 반드시 checkpoint() 메서드를 먼저 실행한 후 사용해야 합니다.

이렇게 체크포인팅을 설정한 후에는 드라이버 프로그램이 장애 발생 시 이 데이터를 사용할 수 있게 처리해야 합니다. 스트리밍컨텍스트의 getOrCreate() 메서드는 이런 목적으로 제공되는 것으로, 스트리밍컨텍스트를 생성할 때 체크포인팅 디렉터리가 존재하는지 여부를 확인해 존재할 경우 체크포인팅 정보로 컨텍스트를 생성하고, 그렇지 않으면 새로운 스트리밍컨텍스트를 생성하는 방식으로 동작합니다. 다음은 getOrCreate() 메서드를 사용하는 예입니다.

```
val scc = StreamingContext.getOrCreate("체크포인팅 디렉터리", 스트리밍컨텍스트 생성 함수)
```

getOrCreate() 함수의 두 번째 인자인 스트리밍컨텍스트 생성 함수는 실제 스트리밍컨텍스트를 생성하는 함수로서 체크포인팅 디렉터리가 존재하지 않을 경우 새로운 컨텍스트를 생성하기 위해 호출되는 함수입니다.

아래는 앞에서 살펴본 updateStateByKey()를 체크포인팅을 사용하는 방식으로 변경해서 작성한 예제입니다.

```
import org.apache.spark.{SparkConf, SparkContext}
import org.apache.spark.streaming.{Milliseconds, Seconds, StreamingContext}
import scala.collection.mutable
```

---

8 하둡의 경우도 네임노드의 메타 정보에 대한 체크포인팅을 수행할 때 해당 파일의 크기가 과도하게 커지는 것을 방지하기 위한 병합 작업을 함께 수행합니다.

9 http://spark.apache.org/docs/latest/streaming-programming-guide.html

```scala
object CheckPointSample {

  def updateFnc(newValues: Seq[Int], currentValue: Option[Int]): Option[Int] = {
    Option(currentValue.getOrElse(0) + newValues.sum)
  }

  def createSSC(checkpointDir: String) = {
    // ssc 생성
    val conf = new SparkConf().setMaster("local[3]").setAppName("CheckPointSample")
    val sc = new SparkContext(conf);
    val ssc = new StreamingContext(sc, Milliseconds(3000))
    // checkpoint
    ssc.checkpoint(checkpointDir)
    // DStream 생성
    val ids1 = ssc.socketTextStream("127.0.0.1", 9000)
    val ids2 = ids1.flatMap(_.split(" ")).map((_, 1))
    // updateStateByKey
    ids2.updateStateByKey(updateFnc).print
    // return
    ssc
  }

  def main(args: Array[String]) {
    val checkpointDir = "."
    val ssc = StreamingContext.getOrCreate(checkpointDir, () => createSSC(checkpointDir))
    ssc.start()
    ssc.awaitTermination()
  }
}
```

main 함수의 다음 부분이 체크포인트를 사용해 스트리밍컨텍스트를 생성하는 부분이며, createSSC() 함수에서 체크포인팅과 DStream 생성을 처리하고 있음을 확인할 수 있습니다.

```scala
val ssc = StreamingContext.getOrCreate(checkpointDir, () => createSSC(checkpointDir))
```

체크포인팅을 사용하면 지정한 디렉터리에 아래와 같은 파일이 생성됩니다.

```
checkpoint-1465017720000
checkpoint-1465017720000.bk
checkpoint-1465017723000
checkpoint-1465017723000.bk
```

위 예제처럼 체크포인트를 사용하도록 작성된 애플리케이션들은 이 디렉터리에 파일이 있으면 그 파일을 먼저 이용하게 되는데, 이때 만약 체크포인트를 생성할 때의 애플리케이션 로직과 새로 시작했을 때의 애플리케이션 로직이 다르면 문제가 발생할 수 있습니다. 따라서 애플리케이션이 장애가 아닌 프로그램 수정 등으로 인해 재시작될 때는 디렉터리를 변경하거나 기존에 사용하던 정보를 초기화해야 합니다.

특히 이 책의 예제는 프로그램의 동작 방식을 이해하기 쉽게 큐를 사용하는 경우가 많은데 이전에 테스트한 내용이 같은 checkpoint 디렉터리에 남아 문제가 될 경우 checkpoint로 시작하는 파일들을 모두 삭제하고 테스트를 진행해야 합니다.

지금까지 체크포인트를 위한 준비 과정을 살펴봤습니다. 하지만 아직 한 가지 더 알아둬야 할 것이 있는데, 바로 애플리케이션 드라이버 프로그램의 자동 재시작과 관련된 설정입니다. 왜냐하면 체크포인트를 사용한 장애 복구란 위 예제를 통해 알 수 있듯이 메인 함수가 실행돼야만 가능한 시나리오이기 때문입니다.

즉, 메인 함수가 시작하면서 getOrCreate() 메서드를 이용해 체크포인트 데이터를 읽어와 상태를 복구해야 하는데, 아예 재시작조차 되지 않는다면 시도 자체가 불가능하다는 얘기가 되는 것입니다. 다행히 스파크에서 사용하는 클러스터 매니저들은 모두 드라이버 프로그램의 재시작을 지원하므로 사용하는 클러스터 매니저의 설정에 따라 드라이버 프로그램이 재시작될 수 있게 설정할 수 있습니다.

체크포인트는 예상치 못한 장애로부터 애플리케이션을 보호해준다는 장점이 있지만 애플리케이션의 상태 정보를 매번 외부 저장소에 보관해야 하기 때문에 그만큼의 시간 자원을 소모합니다. 따라서 시스템의 응답 속도와 안정성에 대한 요구 수준을 고려해 신중히 적용하는 것이 좋습니다.

마지막으로 체크포인팅을 사용한다고 해서 항상 애플리케이션이 장애로부터 안전하다는 의미는 아니라는 것을 기억할 필요가 있습니다. 체크포인팅은 애플리케이션의 상태, 즉 애플리케이션이 처리한 데이터를 저장해 뒀다가 장애가 발생한 후에 마지막으로 성공했던 지점으로 복원하는 것을 의미할 뿐 아직 처리가 시작되지도 않은 데이터에 대한 복구까지 보장하는 것은 아니기 때문입니다. 예를 들어, 다음과 같은 경우를 생각해 보겠습니다.

"A라는 시스템은 소비자들이 온라인 쇼핑몰에서 물건을 살 때마다 구매 정보를 실시간으로 분석해서 매출 보고서를 만들어내는 리포트 시스템입니다. 이 시스템은 매출의 변화를 빠르게 감지하기 위해 데이터 수집을 전담하는 데이터 수집 모듈과 데이터를 분석하고 리포트를 발행하는 역할을 담당하는 리포트 모듈로 구성돼 있습니다. 데이터 수집 모듈은 5초마다 구매 서버에서 발생된 로그 정보를 수집해서 리포트 모듈로 데이터를 전달하는 역할을 수행하고 리포트 모듈은 전달받은 데이터를 처리해 리포트 DB의 상태값을 갱신하는 역할을 합니다. 그런데 어느날 리포트 모듈이 동작하는 서버 중 한 대에 장애가 발생했고... "

A 시스템은 다행히 서버 한대에만 장애가 발생해 전체 애플리케이션 처리에는 문제가 없을 것처럼 보였습니다. 하지만 문제는 장애가 발생하는 시점에 해당 서버의 메모리에는 데이터 수집 모듈로부터 전달은 받았지만 장애로 인해 미처 처리하지 못한 데이터가 있을 수 있다는 것입니다.

물론 이 데이터들이 이미 다른 다른 데이터 노드에도 복제돼 있는 상태라면 상관없지만 장애가 발생한 데이터 노드에만 존재하는 데이터였다면 다시 수신 모듈로부터 받아오는 것 외에는 복구할 방법이 없습니다. 하지만 이 데이터들은 데이터 수집 모듈 입장에서는 이미 리포트 모듈에게 전달을 완료한 데이터에 속하기 때문에 데이터 수집 모듈이 해당 데이터를 다시 보내기 위해서는 수신 모듈의 상태를 알고 있어야만 합니다. 그럼 이 데이터는 어떻게 처리되는 걸까요?

결론을 말씀드리면 이런 유형의 데이터가 복구될 수 있는지 여부는 데이터소스의 형태와 어떤 종류의 리시버를 사용하고 있느냐에 따라 달라집니다.

먼저 A 시스템이 예제의 경우처럼 데이터 수집 모듈을 따로 사용하지 않고 서버의 로그 파일을 직접 읽어서 처리하는 형태였다면 리포트 모듈에 장애가 발생했다고 해도 구매 서버의 로그 파일에는 아무런 영향을 주지 않게 되므로 파일의 어느 지점부터 읽어와야 하는지만 잘 기록하고 있었다면 유실되는 데이터 없이 모든 데이터를 정상적으로 읽어올 수 있습니다. 하지만 예제의 경우처럼 데이터를 수집해서 전송하는 모듈과 이 데이터를 수신하는 리시버를 따로 분리해서 사용하고 있었다면 전송 모듈과 리시버 모듈의 동작 방식에 따라 데이터가 유실될 수도 있고 그렇지 않을 수도 있습니다.

스파크 스트리밍에서 사용하는 리시버는 신뢰성 있는 리시버(Reliable Receiver)와 그렇지 않은 리시버(Unreliable receiver)로 나눌 수 있는데 신뢰성 있는 리시버를 사용할 경우 데이터를 보내는 모듈은 데이터를 수신하는 모듈에게 데이터를 전송한 후 데이터 전송이 성공적으로 완료됐는지 여부를 응답받아 성공하지 못했을 경우는 해당 데이터를 다시 보내는 방식으로 동작합니다. 이때 데이터 수신 모듈은 데이터를 수신하고 클러스터 내부의 다른 서버에 복제(replicate)까지 완료한 후에만 성공했다는 응답을 보내주므로 위 예제의 경우처럼 장애가 발생한 데이터 노드만 가지고 있던 데이터라면 복제 단계가 완료되지 않아 수신이 성공하지 못한 것으로 간주되어 해당 데이터부터 다시 전송이 시작됩니다.

하지만 신뢰성 없는 리시버를 사용한 경우에는 데이터를 보내는 쪽에서 데이터가 성공적으로 수신됐는지 여부까지는 확인하지 않기 때문에 해당 데이터 노드가 수신한 데이터 중에 미처 처리되지 못하고 남아있던 데이터는 모두 잃어버리게 됩니다. 따라서 데이터 유실이 허용되지 않은 시스템에서는 신뢰성 있는 리시버를 사용해 예제와 같은 상황에서 데이터 유실을 방지할 수 있습니다. 하지만 이 경우에도 데이터 유실이 발생할 수 있는 경우가 있는데, 바로 데이터 노드의 일부가 아니라 드라이버 프로그램에 장애가 발생한 경우입니다. 이 경우 해당 애플리케이션에 참여하고 있던 모든 익스큐터가 영향을 받게 되므로 아무리 데이터 복제가 돼 있다고 하더라도 체크포인팅 단계까지 진행되지 못한 모든 데이터는 유실이 발생할 수 있습니다.

다행히 스파크 스트리밍에서는 이 같은 경우의 데이터 유실을 방지할 수 있는 WAL(Write ahead log) 방법을 지원하고 있습니다. WAL은 데이터베이스나 HBase 등에서 트랜잭션 간 데이터 유실을 방지하기 위해 사용하는 방법으로, 메모리에 데이터를 기록하기 전에 로그 파일에 먼저 기록해 두는 방법입니다. WAL은 "spark.streaming.receiver.writeAheadLog.enable" 속성을 true로 설정해서 사용할 수 있으며, WAL과 신뢰성 있는 리시버를 함께 사용하면 비로소 데이터 수신 단계에서의 데이터 유실은 없다고 보장받을 수 있게 됩니다.

단, 이 경우 데이터는 유실 없이 반드시 한 번 이상은 데이터 수신 모듈로 전달됨을 보장할 수 있지만 같은 데이터가 여러 번 전달될 수 있기 때문에 데이터를 처리하고 저장하는 경우 중복된 데이터가 전송되는 상황에 대한 대책이 준비돼 있어야 합니다.

지금까지 데이터 복구와 관련된 내용을 살펴봤습니다. 데이터 복구와 관련된 더 자세한 내용은 이 책의 범위를 벗어나므로 더 이상 자세히 설명하지 않겠습니다. 더 자세한 내용을 알고 싶은 분은 스파크 공식 가이드 문서[10]의 "Fault-tolerance Semantics" 부분을 참고하기 바랍니다.

---

10 http://spark.apache.org/docs/latest/streaming-programming-guide.html

6.7 캐시

스파크는 반복적으로 사용되는 데이터를 효율적으로 다룰 수 있도록 캐시 기능을 제공합니다. 앞에서 살펴본 RDD와 DataFrame, DataSet 역시 cache()와 persist() 메서드를 통해 캐시 기능을 제공했습니다.

스트리밍 애플리케이션에서도 이전 상태값을 참조해야 하거나 윈도우를 이용해 같은 데이터를 여러 번 반복해서 처리해야 하는 경우가 있어서 기존 API와 마찬가지로 cache() 메서드를 제공합니다. 특히 방금 얘기한 updateStateByKey()나 reduceByWindow() 같은 메서드는 무조건 이전 수행 결과를 참조해야만 하는 연산이므로 사용자가 따로 캐시를 요청하지 않더라도 API 내부에서 캐시를 수행합니다.

RDD를 포함해 스파크가 제공하는 모든 데이터 모델은 캐시를 지원합니다. 캐시는 반복된 데이터 처리를 빠르게 수행하기 위한 목적으로도 사용되지만 RDD의 리니지 정보처럼 처리 과정에서 손실된 데이터를 복원하는 데 사용되기도 하므로 체크포인트와 역할이 겹쳐보일 수도 있습니다.

체크포인트와 캐시의 가장 큰 차이점은 캐시는 애플리케이션과 같은 라이프사이클을 가진 반면 체크포인트는 말 그대로 영속적인 저장 데이터라는 점입니다. 즉, 캐시를 사용할 때 메모리와 디스크를 모두 사용해 데이터를 저장할 수는 있지만 이때의 디스크는 애플리케이션 자원의 일부로서 동작하는 디스크이며, 어떤 형태로든 애플리케이션이 종료되면 캐시됐던 데이터는 모두 사라지는 데 반해 체크포인트는 애플리케이션이 종료돼도 사라지지 않고 남아 있게 됩니다. 따라서 체크포인트는 주로 HDFS나 S3와 같이 애플리케이션 외부의 데이터를 사용하므로 애플리케이션에 비해 안정적인 데 반해 데이터를 읽고 쓰는 데 드는 비용을 감수해야 합니다.

6.8 모니터링

스파크 스트리밍 애플리케이션을 실행하면 기존 스파크UI에 아래와 같은 "Streaming" 탭이 하나 더 표시됩니다.

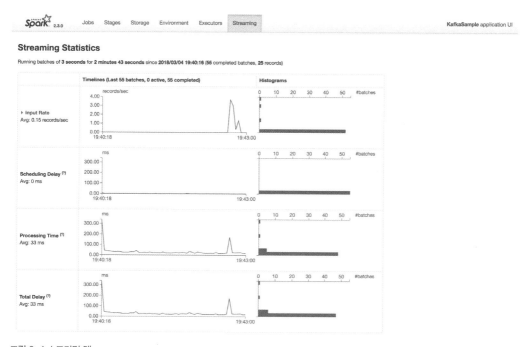

그림 6-4 스트리밍 탭

화면에서 Input Rate는 입력 데이터의 빈도를 나타내며, Scheduling Delay와 Processing Time은 각각 이전 배치 작업 종료를 위해 대기한 시간과 개별 배치 작업의 처리 시간을 의미합니다. 만약 대기 시간이 길어지거나 배치 처리 시간이 느려진다면 배치 간격을 조정하고 처리 속도를 올리는 등의 대응이 필요하다는 것을 알 수 있습니다.

6.9 주요 설정

대부분의 스트리밍 애플리케이션은 실시간으로 변화하는 데이터를 대상으로 짧은 시간 내에 원하는 결과를 산출해야 하는 경우가 많습니다. 어떻게 하면 데이터의 생성 시간과 처리 시간 사이의 간격을 줄일 수 있을까요? 간단하게 생각하면 짧은 응답 속도를 위해 배치가 수행되는 간격을 최대한 작게 만들어 배치를 자주 실행하면 되겠지만 애플리케이션이 수행하는 연산의 종류에 따라 각 배치가 수행되는 데 필요한 최소한의 시간이 필요하기 때문에 무조건 배치가 실행되는 간격을 줄인다고 해서 빠른 응답속도를 기대할 수는 없습니다. 예를 들어, 초당 수백 건의 데이터가 입력되는 환경에서 약 2일간의 데이터에 대해 윈도우 기반 연산을 수행하거나 천만 건에 가까운 항목에 대한 상태값 갱신 연산을 수행한다고 하면 단순히 배치 주기를 짧게 하는 것만으로는 처리 속도를 증가시킬 수 없기 때문입니다.

다음은 애플리케이션의 성능과 관련된 주요 설정 및 가이드입니다.

1. spark.streaming.blockInterval

스파크 애플리케이션은 배치 주기마다 데이터를 수신하고 RDD를 생성합니다. 이때 수신한 데이터는 블록 단위로 나눠져서 저장되는데 이 블록의 개수가 해당 RDD에서 수행되는 연산의 태스크 수를 결정합니다.

예를 들어, 배치 간격이 1초인 애플리케이션이 있을 때 spark.streaming.blockInterval이 200ms로 설정돼 있었다면 5개의 블록이 생성되는 셈입니다. 이때 blockInterval의 크기가 개수가 너무 크게 설정되어 가용한 CPU 코어보다 작은 수의 블록이 생성되면 사용되지 않는 코어가 발생해서 자원의 비효율성이 증가하고 반대로 blockInterval을 너무 작게 설정해서 지나치게 많은 작은 블록들이 생성되면 각각을 처리하기 위한 오버헤드가 발생해서 반대로 성능에 안 좋은 영향을 주게 됩니다.

2. spark.default.parallelism

이 값은 데이터 처리 시 태스크의 개수를 조정할 수 있는 설정으로, 비단 스트리밍 애플리케이션뿐만 아니라 모든 스파크 애플리케이션에 공통적으로 적용될 수 있는 주요 성능 매개변수입니다.

3. spark.closure.serializer

스파크 잡이 실행되면 각 스테이지의 실행에 필요한 태스크가 생성되어 각 노드로 전달하는데, 이때 스트리밍의 처리 대상 태스크의 개수가 커짐에 따라 태스크를 전달하는 작업에도 부하가 발생할 수 있습니다. spark.closure.serializer 옵션을 이용하면 데이터 직렬화에 사용하는 Kyro 직렬화 방법을 태스크 직렬화에도 사용함으로써 관련 부하를 줄일 수 있습니다.

결론

지금까지 스트리밍 데이터를 처리하기 위한 스파크 모듈에 대해 알아봤습니다. 스파크 스트리밍을 이용하면 RDD에서 제공하는 다양한 데이터 처리 API를 스트리밍 데이터에도 그대로 적용할 수 있어 RDD가 제공하는 많은 이점들을 그대로 누릴 수 있다는 장점이 있습니다.

하지만 스파크 2.0부터는 스트리밍 처리를 위해 한 단계 더 발전한 API인 스트럭처 스트리밍을 제공하는데, 이에 대해서는 다음 장을 통해 알아보겠습니다.

07
스트럭처 스트리밍

스트럭처 스트리밍(Structured Streaming)은 스파크 2.0에서 새롭게 도입된 것으로, 스파크가 제공하는 또 하나의 스트리밍 데이터 처리용 API입니다.

"스트리밍"[1] 데이터는 용어의 의미처럼 시간의 흐름에 따라 꾸준히 생성된다는 특징이 있습니다. 따라서 고정된 크기의 데이터를 다룰 때와는 다른 특별한 방법을 사용해서 데이터를 처리하는데, 그 중 대표적인 것이 특정 시간 동안 생성되는 데이터를 모아뒀다가 한꺼번에 처리하고, 또 특정 시간 동안 기다렸다가 그 사이에 쌓인 데이터를 한꺼번에 처리하는 식으로 반복해서 데이터를 처리하는 방법입니다.

이때 얼마만큼의 시간 동안 데이터를 쌓아뒀다가 처리할지는 시스템의 요구사항과 성능에 따라 달라지는데 대부분의 경우 수초에서 수분에 이르는 비교적 짧은 시간 구간을 사용하기 때문에 스트리밍 처리는 실시간 처리라는 의미로도 통하는 경향이 있습니다.

---

[1] https://goo.gl/nbM9Bi

지금부터 살펴볼 스트럭처 스트리밍은 꾸준히 생성되는 데이터를 무한히 증가하는 하나의 커다란 데이터셋으로 간주하고 일반적인 고정된 형태의 데이터를 처리할 때와 유사한 방법, 즉 배치 처리와 유사한 방법을 사용해 스트리밍 데이터를 처리한다는 특징이 있습니다. 따라서 기존에 없던 새로운 API임에도 실제로 사용할 때는 별다른 부담감 없이 친숙하게 느껴질 수도 있습니다.

이번 장에서는 스트럭처 스트리밍의 개념과 사용법, 그리고 몇 가지 주요 API와 관련 예제를 살펴보겠습니다.

스트럭처 스트리밍을 사용하다 보면 "무한히 혹은 끊임없이 증가하는 데이터셋"이라는 용어를 자주 접하게 됩니다. 하지만 아무리 대규모의 저장소를 가진 시스템이라고 할지라도 "무한히" 증가하는 데이터를 다룰 수 있다고 공언하는 것은 결코 쉬운 일이 아닐 것입니다. 그런데 HDFS와 같은 분산 파일 시스템도 아닌 메모리 기반 데이터 처리 엔진인 스파크가 그런 데이터를 다루는 API를 제공하겠다는 것은 무척 놀라운 일이 아닐 수 없습니다.

하지만 (우리의 예상대로) 스파크에서 말하는 "무한한 데이터셋"이라는 것은 실제로 무한히 늘어나는 데이터셋을 의미하는 것이 아닙니다. 실제로는 6장 후반부에서 다뤘던 스파크 스트리밍 함수인 reduceByKeyAndWindow()처럼 직전 단계 배치의 상태값 또는 결과값을 기억해두고 있다가 새로운 데이터가 들어오면 기존 값에 새로운 데이터를 적절하게 잘 합쳐서 새로운 결과를 만들어 내는 방식을 의미하는 것입니다. 물론 6장에서 다룬 스파크 스트리밍을 포함한 다른 스트리밍 API에도 비슷한 기능이 있지만 스트럭처 스트리밍의 경우 이 과정을 개발자가 직접 관여하지 않는다는 점에서 그 차이를 찾을 수 있습니다.

즉, 직전 작업의 상태값을 유지하고 새로운 데이터가 들어왔을 때 추가된 부분과 변경된 부분을 찾은 후 필요한 처리를 수행하고 데이터를 수신하는 과정에서 문제가 발생했을 때 오류 복구 처리를 수행하는 책임을 스파크가 대신해 주는 것입니다.

이 때문에 애플리케이션을 작성하는 개발자 입장에서는 데이터프레임이 어떤 식으로 병합되고 관리되는지 신경 쓸 필요가 없고 단순히 애플리케이션의 시작 시점부터 현재까지 발생된 모든 데이터가 차곡차곡 쌓여 있는 평범한 데이터프레임이라고 생각하고 코드를 작성하면 된다는 의미입니다.

7.1 개요

앞 장에서 스트리밍 방식의 처리가 필요한 데이터의 사례를 살펴봤습니다. 예를 들어, 지진 예측이나 시내 교통 흐름 제어, 주요 장비의 이상 유무 모니터링 등을 위한 데이터는 데이터가 생성되거나 변경되는 시점에 최대한 빠르게 처리가 이뤄져야만 하는 것들이라고 할 수 있습니다.

이렇게 데이터 발생부터 결과 도출까지 빠른 시간 내에 완료하기 위해서는 기존 배치 처리와는 다른 방법을 사용해야 했는데, 이와 관련된 방법은 크게 다음과 같은 두 가지 형태로 나눠 볼 수 있습니다.

1. 데이터 수집부터 가공, 결과 저장에 이르는 전체 과정을 짧은 주기로 반복
2. 데이터는 사전에 정의된 스키마에 맞춰 구조화된 형태로 저장하고, 이렇게 저장된 데이터에 대한 쿼리 및 결과 저장을 짧은 주기로 반복

1번 방법의 경우 꾸준히 늘어나는 데이터를 작은 단위로 나누어 빠르게 처리하기 때문에 나름의 빠른 응답을 통한 실시간성을 구현할 수 있고, NoSQL과 같은 별도의 데이터 저장/쿼리 모듈을 구비하지 않아도 된다는 장점이 있습니다.

하지만 이 방식은 시간 순서에 따라 데이터를 읽고 처리하고, 또 다음 시간 구간을 읽고 처리하는 방식을 사용하다 보니 실제로 이를 구현할 때는 다양한 예외 상황을 고려해야 하는 어려움이 있었습니다. 예를 들어, 다수의 서버로 구성된 서비스 환경에서 각 서버의 실행 로그를 취합 분석하는 상황을 가정해 보겠습니다. 이때 각 서버나 네트워크의 상황 또는 데이터의 성격에 따라서는 나중에 생성된 데이터가 먼저 수집되어 처리되고, 먼저 생성된 데이터가 한참 후에 수집되어 처리되는 경우가 발생할 수 있습니다. 이 때문에 시간의 흐름에 민감한 데이터를 분석한다면 프로그램을 작성할 때 이와 같은 상황을 고려해서 처리해야만 합니다.

이런 문제들은 대부분 데이터를 부분적, 순차적으로 읽는 특성으로 인한 것인데, 한 번 처리할 때마다 최근 생성된 일부 데이터만 가지고 처리를 수행하기 때문에 전체적인 데이터 합계나 상태 정보의 추적, 시간의 흐름을 벗어나는 예외적인 데이터에 대한 처리를 개발자가 프로그램 로직을 통해 해결해야 하기 때문입니다.

이에 대한 대안으로 2번 방식을 사용하는 경우도 있는데 이 방식은 간단히 말해 데이터 저장과 가공 및 처리를 분리하는 방식이라고 할 수 있습니다. 일반적으로 생성되는 데이터는 HBase나 카산드라와 같은 NoSQL 데이터베이스 또는 자체적으로 정의한 저장소에 실시간으로 저장해두고 짧은 주기의 배치 작업을 통해 저장된 데이터에 대한 질의를 수행하는 방식입니다.

이 방법은 쿼리를 수행할 때 처리할 데이터의 범위를 자유롭게 지정할 수 있고 시간의 흐름에 벗어나는 데이터가 들어오더라도 정해진 스키마를 기반으로 기존 데이터와 조합해서 저장해 두면 되기 때문에 애플리케이션에서 처리할 부분이 줄어든다는 장점이 있습니다. 하지만 대량의 데이터를 효율적으로 저장하고 질의하기 위한 별도의 솔루션과 장비가 필요하고, 데이터를 처리할 때마다 같은 데이터를 반복해서 조회하는 비효율이 발생할 가능성이 높다는 단점도 있습니다.

스트럭처 스트리밍은 위 두 가지 방법 중 어느 쪽에도 속하지 않는 것으로, 데이터가 생성될 때마다 필요한 처리를 수행하고 이를 기존 처리 결과에 합치는 점진적인 처리 방법을 사용하면서도 기존 처리 결과와 새롭게 생성된 데이터 간의 병합 작업은 스파크에서 알아서 처리해 주는 방식입니다.

따라서 프로그래머 입장에서는 자동으로 관리되는 하나의 데이터프레임을 사용하는 것과 같은 상황이므로 기존과 동일한 방법으로 데이터프레임을 처리할 수 있습니다. 즉, 애플리케이션 작성자는 더 이상 데이터의 상태 정보 유지나 중복, 누락 등의 상황에 신경 쓰지 않고 기존 배치 프로그램을 작성할 때와 유사한 방법으로 원하는 처리를 수행할 수 있습니다.

지금까지 간단하게 스트럭처 스트리밍의 개요를 알아봤습니다. 하지만 워낙 추상적인 설명이라 이 책에서 말하고자 하는 바가 무엇인지 그 의미가 정확히 와 닿지 않았을 것입니다. 지금부터는 실제로 스트럭처 SQL API를 이용해 어떤 작업을 처리할 수 있는지 하나씩 그 특징들을 살펴보겠습니다.

7.2 프로그래밍 절차

스트럭처 스트리밍 API를 이용한 애플리케이션 코드를 작성하려면 스파크 스트리밍 라이브러리가 필요합니다. 따라서 이미 스파크 스트리밍을 사용하고 있는 것이 아니라면 다음과 같이 필요한 의존성 정보를 추가해야 합니다. 다음은 메이븐을 사용할 경우 추가해야 할 의존성 정보입니다.

```
<dependency>
    <groupId>org.apache.spark</groupId>
    <artifactId>spark-streaming_2.11</artifactId>
    <version>2.3.0</version>
</dependency>
```

의존성 관련 설정이 끝났다면 스트럭처 스트리밍 API를 이용한 코드 작성 절차를 알아보기 위해 단어 수 세기 예제를 작성해 보겠습니다. 단어 수 세기 예제는 이전 내용에서도 많이 다룬 적이 있지만 이번에는 단계별로 작성하지 않고 전체 코드를 보면서 각 내용의 의미를 살펴보겠습니다.

다음은 스칼라로 작성한 단어 수 세기 예제입니다.

[예제 7-1] 단어 수 세기 – 스칼라(WordCount.scala)

```
import org.apache.spark.sql.SparkSession

object WordCount {
```

```scala
  def main(args: Array[String]): Unit = {

    // step1
    val spark = SparkSession
      .builder()
      .appName("WordCount")
      .master("local[*]")
      .getOrCreate()

    // step2
    import spark.implicits._
    import org.apache.spark.sql.functions._

    // step3
    val lines = spark
      .readStream
      .format("socket")
      .option("host", "localhost")
      .option("port", 9999)
      .load()

    // step4
    val words = lines.select(explode(split('value, " ")).as("word"))
    val wordCount = words.groupBy("word").count

    // step5
    val query = wordCount.writeStream
      .outputMode(OutputMode.Complete)
      .format("console")
      .start()

    // step6
    query.awaitTermination()
  }
}
```

위 코드는 step1부터 step6까지 모두 6단계로 나눠져 있습니다. 이 가운데 step1부터 step3까지는 데이터를 읽고 지정된 스키마에 맞춰 데이터프레임을 생성하는 부분이며, step4는 데이터를 가공하고 결과를 도출하는 부분, 그리고 step5부터 step6까지는 처리된 결과를 저장하는 부분이라고 할 수 있습니다.

그럼 각 단계의 의미를 조금 더 자세히 살펴보겠습니다.

- step1은 우리가 이미 알고 있는 내용으로 스파크 SQL을 다루기 위한 스파크세션을 생성하는 부분입니다. 예제에서는 마스터로 로컬 서버를 지정했지만 사용하는 클러스터 매니저의 종류에 따라 알맞은 값으로 변경해도 됩니다.

- step2는 스칼라 언어의 암시적 변환과 스파크 SQL의 functions 객체를 사용하기 위한 import 구문입니다. 암시적 변환의 경우 스칼라 언어를 사용하는 경우에만 사용할 수 있으며, 데이터셋의 인코더나 데이터프레임의 칼럼 등을 다룰 때 코드를 간결하게 작성할 수 있다는 장점이 있습니다.

- step3은 스트림 데이터를 읽고 데이터프레임을 생성하는 부분으로, 데이터소스의 종류에 따라 다양한 옵션을 설정할 수 있습니다. 예제의 경우 입력 소스로 소켓을 사용할 것이므로 서버의 호스트와 포트 정보를 옵션으로 설정했습니다. 이 단계에서 생성된 데이터프레임은 아직 아무런 가공을 거치지 않은 것으로 일종의 입력 데이터 혹은 입력 데이터프레임이라고 할 수 있습니다.

- step4는 입력 데이터프레임에 트랜스포메이션 및 액션 연산을 적용해 최종 결과를 생성하는 부분입니다. 이때 기존 처리 결과와 새로운 데이터 처리 결과를 합치는 작업을 스파크에서 담당하기 때문에 애플리케이션 코드에서 이 부분까지 고려할 필요가 없습니다. 즉, 일반적인 데이터프레임을 이용해 단어 수 세기 예제를 만들 때와 동일한 방법으로 필요한 트랜스포메이션과 액션 연산을 적용해 결과 데이터프레임을 생성하면 됩니다.

- step5는 step4에서 생성한 데이터프레임을 외부 저장소에 출력 또는 저장하는 부분입니다. 결과 데이터프레임에 변경이 발생했을 때 실행되며, 출력 모드(outputMode)에 따라 어떤 방법으로 결과를 내보낼지에 대한 방법이 달라집니다. 예제에서는 전체 데이터프레임을 저장한다는 의미의 "complete"을 사용했으며, 출력 대상으로 "console"을 지정했으므로 전체 데이터프레임의 전체 내용(변경된 내용 + 변경되지 않은 내용)이 콘솔에 출력됩니다. 가장 마지막에 있는 start() 메서드는 DataStreamWriter 클래스의 메서드로 이 메서드가 호출되면 새로운 데이터가 생성될 때마다 쿼리를 수행해서 변경된 결과를 저장소에 저장하는 기능이 시작됩니다. 이때 메서드의 실행 결과로 StreamingQuery 객체가 반환되는데 이를 이용하면 스파크에 의해 백그라운드에서 실행되는 쿼리에 대한 정보에 접근할 수 있습니다.

- 마지막 step6은 스파크 스트리밍에서 사용했던 것과 같은 메서드로 스트리밍 데이터를 처리하는 스레드가 메인이 아닌 별도 스레드로 처리될 때 전체 작업이 종료되기 전까지 유지되게 하는 역할을 수행합니다.

코드의 내용을 살펴봤으니 이제 실제로 어떤 결과가 나오는지 테스트해 보겠습니다.

우선 데이터소스로 사용할 서버를 위해 스파크 스트리밍 예제에서 사용했던 것과 같은 방법으로 넷캣(Netcat)[2] 서버를 실행합니다.

```
> nc -lk 9999
```

넷캣 서버가 실행되면 예제 애플리케이션을 실행합니다. 예제를 실행할 때 이클립스나 인텔리제이 같은 IDE를 이용해도 되고 spark-submit을 이용해도 되므로 원하는 방법을 선택해서 실행하면 됩니다.

---

2 http://netcat.sourceforge.net/

다음은 이클립스에서 예제를 실행하고 테스트한 결과입니다.

[예제 7-2] 단어 수 세기 – ncat 서버에 문장 입력

```
$ nc -lk 9999
Hi, all
nice to meet you
Hi, spark
Is this right?
```

[예제 7-3] 애플리케이션 실행 결과

```
-----------------------------------------
Batch: 0
-----------------------------------------
+----+-----+
|word|count|
+----+-----+
| Hi,|    1|
| all|    1|
+----+-----+


-----------------------------------------
Batch: 1
-----------------------------------------
+----+-----+
|word|count|
+----+-----+
| you|    1|
| Hi,|    1|
|meet|    1|
| all|    1|
|nice|    1|
|  to|    1|
+----+-----+


-----------------------------------------
Batch: 2
-----------------------------------------
+-----+-----+
| word|count|
+-----+-----+
|  you|    1|
```

```
|  Hi,|    2|
|spark|    1|
| meet|    1|
|  all|    1|
| nice|    1|
|   to|    1|
+-----+-----+


-------------------------------------------
Batch: 3
-------------------------------------------
+------+-----+
|  word|count|
+------+-----+
|   you|    1|
|   Hi,|    2|
| spark|    1|
|right?|    1|
|    Is|    1|
|  meet|    1|
|   all|    1|
|  nice|    1|
|  this|    1|
|    to|    1|
+------+-----+
```

예제 실행 결과에서 Batch: 0, Batch: 1...은 배치가 수행된 순서를 가리킵니다. 실제 예제를 실행해 보면 알 수 있듯이 이 로그는 ncat 서버에 문장을 입력할 때마다 출력된 결과입니다. 또한 각 단계별 출력 결과를 보면 배치가 실행될 때마다 이전 단계의 결과에 새로 입력된 결과가 더해진 결과가 나타나는 것도 확인할 수 있습니다.

다음은 자바 및 파이썬 언어로 작성한 코드입니다. 스트럭처 스트리밍은 스파크 SQL API를 그대로 사용하기 때문에 언어별 구현 방법에 큰 차이가 없다는 것을 알 수 있습니다.

[예제 7-4] 단어 수 세기 – 자바(WordCount.java)

```java
import org.apache.spark.sql.Dataset;
import org.apache.spark.sql.Row;
import org.apache.spark.sql.SparkSession;
import org.apache.spark.sql.streaming.OutputMode;
import org.apache.spark.sql.streaming.StreamingQuery;
```

```java
import static org.apache.spark.sql.functions.*;

public class WordCount {

    public static void main(String[] args) throws Exception {

        SparkSession spark = SparkSession
            .builder()
            .appName("WordCount")
            .master("local[*]")
            .getOrCreate();

        Dataset<Row> lines = spark
        .readStream()
        .format("socket")
        .option("host", "localhost")
        .option("port", 9999)
        .load();

        Dataset<Row> words = lines.select(explode(split(col("value"), " ")).as("word"));
        Dataset<Row> wordCount = words.groupBy("word").count();

        StreamingQuery query = wordCount.writeStream()
            .outputMode(OutputMode.Complete())
            .format("console")
            .start();

        query.awaitTermination();
    }
}
```

[예제 7-5] 단어 수 세기 – 파이썬(wordcount.py)

```python
from pyspark.sql import SparkSession
from pyspark.sql.functions import *

spark = SparkSession \
    .builder \
    .appName("wordcount") \
    .master("local[*]") \
    .getOrCreate()
```

```
lines = spark\
    .readStream\
    .format("socket")\
    .option("host", "localhost")\
    .option("port", 9999)\
    .load()

words = lines.select(explode(split(col("value"), " ")).alias("word"));
wordCount = words.groupBy("word").count();
query = wordCount.writeStream\
        .outputMode("complete")\
        .format("console")\
        .start();

query.awaitTermination()
```

7.3 데이터프레임과 데이터셋 생성

이전 절에서는 스트럭처 스트림을 사용해 프로그램을 작성하는 기본적인 방법을 알아봤습니다. 이번 절부터는 각 API별 사용법을 하나씩 살펴보겠습니다.

앞에서도 언급했듯이 스트럭처 스트림에서 사용하는 데이터 모델은 스파크 SQL에서 소개했던 데이터셋(Dataset)입니다. (데이터프레임은 요소의 타입이 Row인 데이터셋에 대한 별칭이라고 했습니다.) 따라서 하나의 데이터 모델로 스트리밍 데이터와 일반 고정 형태의 데이터를 모두 다룰 수 있지만 데이터셋을 생성할 때 기존 DataFrameReader 대신 DataStreamReader를 사용해야 한다는 차이가 있습니다.

DataStreamReader는 스파크세션의 readStream() 메서드를 이용해 생성할 수 있으며, 이 책을 쓰고 있는 현재 최신 버전인 2.3.0 버전에서는 파일 소스(File Source)와 카프카(Kafka) 소스, 소켓 소스(Socket Source), Rate source를 기본적으로 지원합니다. 단, 소켓과 Rate 소스의 경우 데이터의 중복이나 누락 등이 발생할 가능성이 있으므로 테스트 용도 외에는 사용하지 않는 것이 좋습니다.

다음은 각 데이터 소스별 사용 가능한 옵션과 특징을 간단히 정리해 본 것입니다.

- 파일 소스(File Source): 파일 포맷의 데이터를 읽고 처리하기 위한 API입니다. path라는 옵션에 디렉터리 정보를 지정해 두면 해당 디렉터리에 새로운 파일이 생성될 때마다 파일을 읽고 처리합니다. path를 지정할 때는 하둡과 같이 glob을 사

용할 수 있지만 하나의 패턴만 지정할 수 있습니다(즉, 콤마(,)를 이용해 하나 이상의 패턴을 사용하는 것은 불가능합니다). 사용 가능한 옵션에는 한 번에 처리 가능한 최대 파일 수를 지정하기 위한 maxFilesTrigger, 가장 마지막에 들어온 파일을 가장 먼저 처리할 것인지를 설정하는 lastestFirst(true/false로 지정하며 기본값은 false), 동일 파일 여부를 판단할 때 디렉터리 경로는 무시하고 파일 이름만 비교할 것인지 설정하는 filenameOnly(true/false로 지정하면 기본값은 false) 등이 있습니다. 이 밖에도 다양한 포맷의 파일을 다루기 위한 옵션을 제공하는데 대표적으로 csv, json, 파케이(parquet), text 등이 있으며, 각 포맷에 따라 지정 가능한 옵션 정보가 달라집니다. 각 포맷별 자세한 설정 정보는 스파크 API 문서를 통해 확인할 수 있습니다. 단, 파일 포맷 중에 csv, 파케이와 같은 일부 포맷은 반드시 스키마 정보를 입력해야 하며 생략할 경우 "spark.sql.streaming.schemaInference" 옵션 값을 "true"로 설정해야 합니다. 설정값을 변경하더라도 처음 잡이 시작할 때 스키마를 추측할 수 있는 입력 데이터가 하나도 없는 경우에는 "Unable to infer schema for CSV..."와 같은 오류가 발생하므로 주의해야 합니다.

- 카프카 소스(Kafka Source): 카프카 토픽으로부터 데이터를 읽어 스트림을 생성할 수 있습니다(카프카 브로커 버전은 0.10.0 이상이어야 합니다). 이 방식은 카프카와 스파크의 장점을 모두 사용할 수 있는데다 데이터 유실 및 중복이 발생하지 않음을 보장하는 연동 방식을 사용합니다. 이 때문에 최근 스트리밍 처리에서 가장 많이 사용되는 방식 중 하나입니다.

- 소켓 소스(Socket Source): 소켓을 통해 데이터를 입력받을 때 사용하는 API입니다. 간단하게 사용할 수 있어 테스트용으로는 적합하나 파일 소스나 카프카 소스와는 다르게 문제 발생 시 데이터 유실 또는 중복의 위험이 있으므로 실무에서 사용하는 것은 피하는 것이 좋습니다. 소켓 수신을 위한 호스트와 포트를 지정하는 host, port 옵션을 사용할 수 있습니다.

- Rate 소스(Rate Source): 소켓 소스와 더불어 테스트에서 사용하기에 적합한 방식입니다. 1초마다 주기적으로 데이터를 생성하는데 이때 제공되는 칼럼은 타임스탬프 값을 가진 timestamp 칼럼과 Long 값을 가진 value 칼럼입니다. Rate 소스는 내부적으로 SparkContext의 range 메서드를 사용하기 때문에 파라미터로 생성될 데이터의 파티션 수를 조정할 수 있습니다. 이때 파티션 수를 지정하는 옵션은 numPartitions이며 지정하지 않을 경우 스파크 기본 설정인 spark.default.parallelism에 지정한 값이 됩니다. 또 초당 생성된 레코드 수를 조정할 수도 있는데 이때는 rowsPerSecond 옵션을 사용하면 됩니다. 마지막으로 rampUpTime이라는 옵션도 사용할 수 있는데 이 옵션의 역할은 스트리밍 쿼리가 시작하고 나서 첫 데이터가 나오기까지 걸리는 시간을 지정하는 것입니다. 예를 들어 rampUpTime을 5초로 설정하면 쿼리를 시작하고 5초가 지난 시점부터 데이터가 생성되는 방식입니다(각 배치가 매 초마다 실행되므로 처음 5개의 배치는 입력되는 값이 없다가 6번째 배치부터 입력 값이 들어온다고 생각해도 됩니다).

다음은 json 파일을 데이터소스로 사용해 데이터셋을 생성하는 예제입니다. 파일 소스를 사용할 경우 주의할 점은 파일 자체를 지정하면 안 되고 파일이 생성되는 디렉터리를 데이터소스 위치로 지정해야 한다는 점입니다. 예제를 보면 readStream() 메서드를 사용한 것을 제외하면 일반 데이터프레임을 생성할 때와 동일한 방법을 사용한다는 것을 알 수 있습니다.

스파크는 파일의 변경 사항을 모니터링하는 것이 아니고 파일이 생성될 디렉터리를 모니터링하다가 새로운 파일이 생길 때마다 해당 파일에 대해 처리를 수행합니다. 따라서 새로운 데이터가 생성되면 기존에 사용했던 파일에 추가하면 안 되고 새로운 파일을 생성하는 방식으로 처리해야 합니다.

일반적으로 이런 이유 때문에 스트리밍 프로세스가 모니터링하는 디렉터리가 아닌 다른 디렉터리에서 파일을 만든 후 이동(move) 명령어 등을 이용해 원자적으로 이동시키는 방법을 주로 사용합니다.

[예제 7-6] 데이터셋 생성 – 스칼라(StructuredStreamSample.scala)

```scala
val source = spark
    .readStream
    .schema(new StructType().add("name", "string").add("age", "integer"))
    .json(<path_to_dir>)
```

[예제 7-7] 데이터셋 생성 – 자바(StructuredStreamSample.java)

```java
Dataset<Row> source = spark
    .readStream()
    .schema(new StructType().add("name", "string").add("age", "integer"))
    .json(<path_to_dir>);
```

[예제 7-8] 데이터셋 생성 – 파이썬(structuredsample.py)

```python
source = spark\
    .readStream\
    .schema(StructType().add("name", "string").add("age", "integer"))\
    .json(<path_to_dir>)
```

7.4 스트리밍 연산

스트럭처 스트리밍은 스트리밍 데이터를 무한한 크기를 가진 데이터셋 또는 데이터프레임으로 간주해서 처리하기 때문에 데이터프레임 또는 데이터셋 API에서 제공하는 대부분의 연산을 그대로 사용할 수 있습니다. 다만 모든 연산이 사용 가능한 것은 아니고 일부 사용할 수 없는 것들이 있는데, 이에 대해서는 다음 절에서 정리해 보겠습니다.

다음은 스파크 공식 가이드에서 제공하는 분류 기준에 따라 나눠 본 연산의 종류와 그 내용입니다.

7.4.1 기본 연산 및 집계 연산

데이터셋과 데이터프레임은 크기가 고정된 데이터뿐만 아니라 시간의 흐름에 따라 지속적으로 생성되는 스트리밍 데이터에도 적용 가능한 모델이자 API입니다. 따라서 데이터셋과 데이터프레임에는 두 가지 유형의 데이터 처리를 위한 연산이 모두 정의돼 있는데 이 가운데 일부는 데이터 유형의 구분 없이 공통적으로 사용 가능한 것들이고 나머지는 스트리밍 데이터에서만 사용 가능하거나 고정 크기 데이터에서만 사용 가능한 것들입니다.

스트리밍 연산 중 기본 연산은 스트리밍 데이터와 크기가 고정된 데이터 모두에 사용 가능한 일반 연산으로서 map(), flatMap(), reduce(), select() 등의 연산이 여기에 포함됩니다. 또한 잠시 후 다룰 조인 연산의 경우 몇 가지 사용 불가 조건에 해당하지 않는다면 스트리밍 데이터셋과 크기가 고정된 데이터셋, 또는 스트리밍 데이터셋과 또 다른 스트리밍 데이터셋을 연동하는 데 사용할 수 있습니다.

이처럼 데이터 유형에 따라 사용 가능한 연산과 불가능한 연산으로 나눠지긴 하지만 일단 사용이 가능하다면 사용법에 있어서는 데이터 유형에 상관없이 동일한 방식으로 사용할 수 있습니다. 즉, 데이터셋과 데이터프레임이 제공하는 연산은 데이터 유형에 따른 사용 가능 여부만 달라지며, 사용법 자체가 달라지는 경우는 없다는 의미입니다.

기본 연산과 집계 연산에 관한 예제는 앞 절에서 살펴본 단어 수 세기 예제와 5장(스파크 SQL)에서 다뤘기 때문에 이번 절에서는 스파크 스트리밍에서 기본 연산과 집계 연산을 사용할 때 유의해야 할 점을 알아보겠습니다.

- 집계된 결과에 대한 추가 집계: 스트리밍 데이터의 경우 하나 이상의 집계 연산을 중복으로 적용할 수 없습니다. 예를 들어, 아래와 같이 한번 groupBy()와 agg() 연산을 적용해 얻은 결과에 또 다시 반복해서 groupBy()와 agg() 연산을 적용할 수 없습니다. 만약 두 번 이상 연속으로 집계 연산을 적용할 경우 아래와 같이 AnalysisException이 발생하게 됩니다.

    ```
    ex: df.groupBy(...).agg(...).groupBy(...).agg(...)... )
    org.apache.spark.sql.AnalysisException: Multiple streaming aggregations are not
    supported with streaming DataFrames/Datasets;
    ```

- limit, take(n), distinct: 스트리밍 데이터를 대상으로 limit()과 take(), distinct() 메서드를 호출할 수 없습니다.

- 정렬(sorting) 연산: 스트리밍 데이터에 대한 정렬은 집계(aggregation) 연산을 적용한 후 잠시 후 살펴볼 예정인 "complete 출력 모드"를 사용해서 출력하는 경우에만 가능합니다.

- count: count() 연산은 데이터셋의 크기를 알려주는 간단한 메서드입니다. 하지만 스트리밍 데이터셋의 경우에는 groupBy()와 같은 집계(aggregation) 연산의 결과에 대해서만 count 연산을 적용할 수 있으며, 집계 연산을 적용하지 않은 데이터셋에 직접 count() 연산을 적용할 수 없습니다.

- foreach: 스트리밍 데이터셋에 foreach() 메서드를 사용할 경우 ds.writeStream.foreach(...)와 같은 형태로 사용해야 합니다. 이와 관련된 내용은 이후의 절에서 좀 더 자세히 알아보겠습니다(ds는 데이터셋을 의미합니다).

- show: 스트리밍 데이터셋의 경우 show() 메서드 대신 DataStreamWriter의 출력 포맷에 콘솔(console)을 지정하는 방법을 사용해 데이터셋의 내용을 출력해 볼 수 있습니다. 이때 출력 포맷과 출력 방법에 대한 부분은 이후의 내용에서 조금 더 자세히 살펴보도록 하겠습니다.

7.4.2 윈도우 연산

윈도우 연산은 스트리밍 데이터를 다룰 때 자주 사용되는 데이터 처리 기법 중 하나로 스파크 스트리밍을 비롯한 여러 스트리밍 데이터 처리 API에서 기본 기능으로 제공되는 연산입니다.

일반적으로 윈도우라고 하는 특정 시간 간격을 정해 놓고 일정 시간마다 주기적으로 윈도우 크기만큼의 데이터를 읽어와서 처리하는데, 보통 동일한 데이터가 하나 이상의 윈도우에 중복해서 포함되는 경우가 대부분입니다.

윈도우 연산이 사용되는 예를 들어보면 "오전 12시 30분부터 5분 간격으로 최근 10분 동안의 데이터를 집계"하는 경우를 생각해 볼 수 있습니다. 이 경우 데이터 처리 작업은 12시 30분에 첫 실행이 시작되어 12시 20분부터 12시 30분까지의 데이터를 처리합니다. 그리고 이로부터 5분이 지난 12시 35분에는 다시 12시 25분부터 12시 35분까지의 데이터를 처리하고, 또다시 5분이 지난 12시 40분에는 12시 30분부터 12시 40분까지의 데이터를 처리하게 될 것입니다. 결국 이런 식으로 하다가 애플리케이션이 종료되기 전까지 5분마다 같은 방식으로 데이터를 읽고 처리하게 됩니다.

그런데 만약 이때 12시 27분에 생성된 데이터가 있었다고 가정해 보겠습니다. 그렇다면 이 데이터는 위 규칙에 따라 첫 번째 실행에도 포함되고 두 번째 실행에도 포함됩니다. 따라서 윈도우 연산을 사용한 애플리케이션을 작성할 때는 이처럼 중복된 데이터로 인한 문제가 발생하지 않도록 사전에 주의해야 합니다.

스트럭처 스트리밍 역시 위에서 소개한 것과 비슷한 윈도우 연산을 제공합니다. 이때 위에서 설명한 각 설정값을 구분하기 위해 "최근 10분"에 해당하는 것을 윈도우 기간(Window Duration), "1분 간격으로"에 해당하는 것을 슬라이드 기간(Slide Duration), 첫 배치가 시작하는 시각인 12시 30분을 시작시간(Start Time)이라는 용어로 부릅니다.

이렇게 기존의 스파크 스트리밍 API에서 제공했던 윈도우 연산과 비슷한 개념에서 출발하지만 스트럭처 스트리밍의 윈도우 연산은 기존과는 다른 방식으로 동작합니다. 왜냐하면 기존에는 위 설정 값들을 가지고 윈도우 연산의 실행 스케줄, 즉 어떤 주기로 얼마만큼의 데이터를 읽어서 처리할지 설정하는 데 사용했지만 스트럭처 스트리밍에서는 데이터 집계 시 "그룹키"의 용도로 위 정보를 사용하기 때문입니다. 즉, 기존에는 윈도우라는 개념을 데이터를 읽어들이는 단위로 사용했다면 스트럭처 스트리밍에서는 윈도우를 그룹 키로 사용한다고 할 수 있습니다.

그럼 추상적인 설명은 이쯤에서 그만하고 구체적인 예제를 통해 윈도우 연산의 의미를 알아보겠습니다. 다음은 기존 단어 수 세기 예제에 스트럭처 스트리밍의 윈도우 연산을 적용해 5분 단위의 단어 수 세기 예제로 변형한 것입니다.

[예제 7-9] 윈도우 연산과 단어 수 세기 – 스칼라(WordCountByWindow.scala)

```scala
object WordCountByWindow {

  def main(args: Array[String]): Unit = {

    val spark = SparkSession.builder() ...

    val lines = spark
      .readStream
      .format("socket")
      .option("host", "localhost")
      .option("port", 9999)
      .option("includeTimestamp", false)
      .load()
      .select('value as "words", current_timestamp as "ts")

    val words = lines.select(explode(split('words, " ")).as("word"), window('ts, "10 minute", "5 minute").as("time"))

    val wordCount = words.groupBy("time", "word").count

    val query = wordCount.writeStream ...
  }
}
```

[예제 7-10] 윈도우 연산과 단어 수 세기 – 자바(WordCountByWindow.java)

```java
public class WordCountByWindow {

  public static void main(String[] args) throws Exception {

    SparkSession spark = SparkSession.builder() ...
```

```java
    Dataset<Row> lines = spark
    .readStream()
    .format("socket")
    .option("host", "localhost")
    .option("port", 9999)
    .option("includeTimestamp", false)
    .load()
    .select(col("value").as("words"), current_timestamp().as("ts"));

    Dataset<Row> words = lines.select(explode(split(col("words"), " ")).as("word"),
window(col("ts"), "10 minute", "5 minute").as("time"));
    Dataset<Row> wordCount = words.groupBy("time", "word").count();
    StreamingQuery query = wordCount.writeStream() ...
    query.awaitTermination();
  }
}
```

[예제 7-11] 윈도우 연산과 단어 수 세기 - 파이썬(wordcountByWindow.py)

```python
spark = SparkSession.builder ...

lines = spark\
    .readStream\
    .format("socket")\
    .option("host", "localhost")\
    .option("port", 9999)\
    .option("includeTimestamp", False)\
    .load()\
    .select(col("value").alias("words"), current_timestamp().alias("ts"))

words = lines.select(explode(split(col("words"), " ")).alias("word"), window(col("ts"), "10
minute", "5 minute").alias("time"));
wordCount = words.groupBy("time", "word").count()

query = wordCount.writeStream ...
query.awaitTermination()
```

예제를 보면 맨 처음 readStream() 메서드를 이용해 데이터프레임을 생성할 때 "include
Timestamp"라는 옵션을 추가한 것을 볼 수 있습니다. 이 옵션은 소켓에서 데이터를 읽어 들일 때
타임스탬프 값을 자동으로 포함할 것인지 지정하는 옵션입니다. 이 옵션을 true로 설정할 경우 내

부적으로 Timestamp 타입의 시간 칼럼이 추가될 수 있습니다(단, 이 방법을 사용할 경우 내부적으로 로캘 타입을 Locale.US로 고정해서 사용하는 문제가 있고 상황에 따라 잘못된 시간 값을 돌려주는 경우도 있어 예제에서는 좀 더 명시적인 방법으로 org.apache.spark.sql.functions.current_timestamp() 함수를 사용해 시간 칼럼을 추가했습니다).

예제에서는 원본 데이터에 시간과 관련된 항목이 없어서 이 방법을 사용했지만 웹 서버 로그 파일과 같이 데이터 자체에 시간과 관련된 정보가 포함돼 있을 경우 해당 값을 Timestamp 타입의 칼럼으로 변환해서 사용할 수 있습니다.

시간 칼럼이 추가된 것을 확인했다면 이제 윈도우 연산이 적용된 부분을 살펴볼 차례입니다.

```
window('ts, "10 minute", "5 minute")
```

이것은 5분마다 최근 10분 동안의 데이터를 하나의 로우(Row)로 간주하라는 의미로, 실제로는 12:00:00 ~ 12:10:00과 같은 칼럼 값이 할당되어 해당 칼럼으로 groupBy() 함수를 실행할 경우 10분 단위 집계가 수행되게 하는 효과를 가져옵니다.

그럼 실제로 실행 결과가 어떻게 되는지 직접 서버를 구동해서 확인해 보겠습니다. (실행 로그를 자세히 보기 위해 로그 레벨을 INFO로 바꾸고 테스트했습니다.)

```
$ nc -lk 9999
hello
```

[실행 결과]

```
-------------------------------------------
Batch: 0
-------------------------------------------
18/03/05 22:53:45 INFO CodeGenerator: Code generated in 7.14316 ms
18/03/05 22:53:45 INFO CodeGenerator: Code generated in 5.011952 ms
+----------------------------------------+----+-----+
|time                                    |word|count|
+----------------------------------------+----+-----+
|[2018-03-05 22:45:00, 2018-03-05 22:55:00]|test|1    |
|[2018-03-05 22:50:00, 2018-03-05 23:00:00]|test|1    |
+----------------------------------------+----+-----+
```

실행 결과를 보면 예제를 실행한 시각은 3월 5일 22시 53분이라는 것을 알 수 있습니다. 이 시각은 위에서 지정한 윈도우 설정에 따르면 3월 5일 22시 45분부터 22시 55분, 그리고 22시 50분부터 23시 00분까지의 두 개의 윈도우에 속하므로 위와 같이 time 칼럼에 각각 다른 값이 설정되면서 두 개의 로우(Row)가 생성됐습니다.

이처럼 스파크에서 알아서 시간을 기준으로 하는 윈도우 칼럼값을 생성하기 때문에 groupBy()와 같은 집계함수에 위 time 칼럼값을 지정해 주면 윈도우에서 설정한 단위로 집계를 수행할 수 있습니다.

마지막으로 만약 5분이라는 간격을 22:50:00 ~ 23:00:00과 같이 정각을 기준으로 설정하지 않고 22:51:00 ~ 23:01:00과 같이 설정하고 싶다면 window('ts, "10 minute", "5 minute", "1 minute")과 같이 window() 메서드의 네 번째 인자로 원하는 시작 시간 값을 설정하면 됩니다.

7.4.3 워터마킹

스트리밍 방식으로 데이터를 처리할 때는 두 가지 시각이 중요합니다. 첫 번째는 흔히 이벤트 타임이라고 하는 시각으로, 사용자가 특정 홈페이지를 방문했거나 기계에 이상이 발생한 시점과 같이 데이터가 생성된 시점을 나타내는 시각입니다. 이에 반해 두 번째 시각은 생성된 이벤트 정보가 스트리밍 데이터 처리 시스템에 의해 감지된 시각으로, 첫 번째와 두 번째 시각 사이에는 항상 어느 정도 차이가 발생할 가능성이 있습니다.

따라서 이벤트 발생 시간을 기준으로 집계 등의 처리를 수행할 경우에는 이러한 상황에 대한 처리를 애플리케이션 개발자가 직접 담당해야 하는데 문제는 이미 집계가 종료된 데이터에 대한 변경분 관리가 생각보다 쉽지 않다는 점입니다. 예를 들어 이미 처리가 끝난 시간대의 이벤트 데이터가 뒤늦게 들어와서 기존 데이터를 업데이트해야 한다고 생각해 보겠습니다. 이때 성능에 미치는 영향을 최소화하려면 변경된 부분만 찾아서 업데이트해야 하는데 그렇게 하려면 이전의 상태 정보를 매번 관리하고 변경분을 찾아낸 다음 필요한 부분만 수정하는 기능을 구현해야 할 것입니다.

하지만 스트럭처 스트리밍을 사용할 경우 이 부분을 고민하지 않아도 된다는 장점이 있습니다. 즉 입력 소스로부터 데이터를 읽어와서 데이터프레임을 만들고 새롭게 들어오는 데이터와 뒤늦게 들어오는 데이터를 구별해서 기존 데이터프레임에 적절히 추가하는 작업을 스파크가 책임지고 수행해 준다는 것입니다. 하지만 아무리 스파크가 이 작업을 대신 해 준다고 해도 뒤늦게 들어오는 데이터를 무한정 기다릴 수는 없기 때문에 사용자가 이벤트의 유효 기간을 설정할 수 있는 방법이 필요하게 됐습니다.

워터마킹(Watermarking)은 바로 이러한 문제를 해결하기 위한 것으로 스파크 2.1.0 버전에서 새롭게 소개된 기능입니다. 그럼 워터마킹이 어떤 것인지 아래 그림을 보면서 알아보겠습니다.

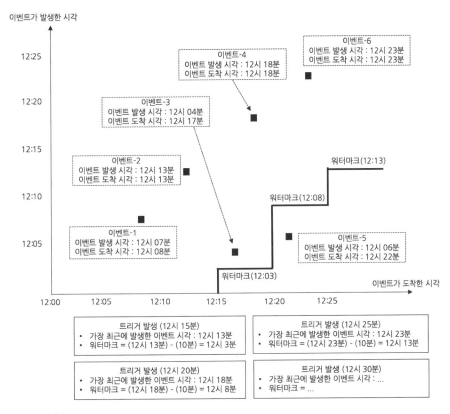

그림 7-1 워터마크

그림 7-1은 이벤트가 발생한 시각과 도착한 시간을 각각 세로축과 가로축으로 삼고 특정 시간 사이에 발생한 이벤트들을 좌표축상에 사각형의 점으로 나타낸 것입니다.

아직 워터마크 API를 살펴보기 전이지만 일단 이 그림에서 윈도우 크기는 10분, 실행 주기는 5분, 그리고 워터마크를 위한 최대 지연 시간은 10분으로 설정한 것임을 기억해 두시기 바랍니다.

그림 아래쪽에는 "트리거 발생"이라고 표시된 네모 상자가 보이는데, 이는 윈도우 연산의 트리거가 발생하는 시점의 정보를 보여주는 것으로 위 그림에서는 5분 간격으로 트리거가 실행되고 있음을 알 수 있습니다.

워터마크의 기본 동작 방식은 트리거가 실행될 때마다 유효한 이벤트를 판별할 수 있는 기준 시간을 정해놓고 다음 트리거가 발생할 때까지는 해당 시간을 기준으로 이벤트의 유효성을 판별해서 유효하지 않은 이벤트의 경우 최종 결과에 반영하지 않고 버리는 것입니다.

이때 유효성을 판별하는 기준 시각은 해당 트리거가 발생하기 전에 인입된 모든 이벤트 중에 가장 마지막 발생된 이벤트의 발생 시각에서 사용자가 미리 지정해 둔 유효 기간을 뺀 것으로 결정됩니다. 예를 들어, 12시 15분에 동작한 트리거의 경우 그 이전에 인입된 이벤트 중에 가장 최근에 생성된 이벤트 시각인 12시 13분에서 10분을 뺀 값을 워터마크로 설정하고 있는데, 이는 사용자가 10분이라는 시간을 유효 기간으로 입력했기 때문입니다. 나머지 트리거들도 이와 동일한 방법에 의해 12시 20분에 동작한 트리거에서는 워터마크가 12시 08분으로 변경되고 12시 25분에 발생된 트리거에서는 12시 13분으로 변경되고 있음을 알 수 있습니다.

이렇게 설정한 워터마크 값은 새롭게 인입되는 이벤트들의 유효성을 판별하는 용도로 사용됩니다. 예를 들어, 이벤트-3번의 경우 12시 04분에 발생해서 13분이 지난 12시 17분에 도착했지만 해당 이벤트가 도착했을 당시의 워터마크가 12시 03분으로 설정돼 있어 이벤트-3번이 발생한 12시 04분보다 낮기 때문에 유효한 로그로 인정되어 최종 결과에 포함됩니다. 하지만 다섯 번째 이벤트인 이벤트-5의 경우는 12시 6분에 발생해서 12시 22분에 도착했는데 그 시점의 워터마크 값이 12시 08분으로 이벤트-5의 생성 시각보다 높은 위치에 있기 때문에 이벤트-5는 유효하지 않은 것으로 취급되어 최종 결과에서 제외됩니다.

결국 이와 같은 방식으로 워터마크를 설정하면 일정 시간이 지난 후에는 더 이상 새로운 이벤트를 받아들일 수 없는 시점이 되고 이때는 더 이상 해당 윈도우에 포함된 데이터에 변화가 발생하지 않을 것이므로 해당 데이터를 메모리에서 제거할 수 있게 됩니다. 따라서 워터마크를 설정한 경우 윈도우의 데이터는 생성되는 즉시 결과에 반영되지 않고 변경 가능한 임시 상태를 유지하고 있다가 워터마크에 의해 더 이상 변경 불가능한 상태가 됐을 때 비로소 최종 결과에 반영됩니다.

예를 들어, 위 예제의 경우 10분 간격 윈도우를 사용했기 때문에 12:00 ~ 12:10이라는 윈도우가 존재하는데, 이 윈도우에 새로운 데이터가 유입될 수 있는 시각은 워터마크가 12시 10분보다 작을 때까지가 됩니다(즉, 워터마크로 설정된 시각보다 이전 시각에 발생된 이벤트는 모두 버려지므로 워터마크가 12시 10분보다 높아지면 12시 10분 이전의 데이터는 더 이상 변경될 수 없습니다). 따라서 예제의 경우 12시 25분에 발생된 트리거에서 워터마크가 12시 13분으로 설정됐고 이 시점부터는 12시부터 12시 10분 사이의 윈도우에 더 이상 새로운 데이터가 유입되지 않음을 보장할 수 있으므로 이때 비로소 해당 윈도우의 값을 최종 결과에 추가하게 됩니다.

다음은 기존 윈도우 연산에 워터마크 설정을 추가하는 코드입니다.(WatermarkSample.scala) 코드를 통해 알 수 있듯이 워터마크를 설정하는 부분만 제외하면 기존 윈도우과 동일하며, 연산을 수행하기 전에 withWatermark() 메서드를 이용해 java.sql.Timestamp 타입의 필드를 지정하고 워터마크를 지정할 시간 크기를 지정하면 됩니다.(지면 관계상 본문에서는 스칼라 예제만 살펴볼 것입니다. 다른 언어의 코드는 예제 프로젝트를 참고하기 바랍니다.)

```scala
import org.apache.spark.sql.SparkSession
import org.apache.spark.sql.streaming.OutputMode
import org.apache.spark.sql.functions._
import spark.implicits._

val spark = SparkSession.builder() ... (생략)
val lines = spark
  .readStream
  .format("socket")
  .option("host", "localhost")
  .option("port", 9999)
  .option("includeTimestamp", false)
  .load()
  .select('value as "words", current_timestamp as "timestamp")

val words = lines.select(explode(split('words, " ")).as("word"), 'timestamp)

// wartermark!
val wordCount = words.withWatermark("timestamp", "10 minutes").groupBy(window('timestamp, "10 minutes", "5 minutes"), 'word).count

val query = wordCount.writeStream
  .outputMode(OutputMode.Append()) // 반드시 Append 모드 사용
  .format("console")
  .option("truncate", false)
  .start()

// step6
query.awaitTermination()
```

지금까지 워터마크 기능과 코드 작성 방법을 살펴봤습니다. 마지막으로 워터마크 사용 시 지켜야 할 몇 가지 사항이 있으므로 이 부분도 마저 살펴보겠습니다.

1) 워터마크 사용 시 저장 모드는 반드시 추가(Append) 모드 또는 수정(Update) 모드를 사용해야 합니다(단, 스파크 2.1.0 버전 이하를 사용할 경우 추가(Append) 모드만 사용 가능합니다. 저장 모드에 대한 자세한 내용은 이후의 절에서 살펴보겠습니다).

2) 워터마크에서 사용한 타임스탬프 칼럼은 집계 함수에서 사용되는 것과 동일한 칼럼이어야 합니다. 예제의 경우는 워터마크와 집계 groupBy() 메서드 내부에서 모두 "timestamp"라는 이름의 칼럼을 사용하고 있습니다.

3) 워터마크 메서드는 반드시 집계 메서드보다 앞쪽에 나와야 합니다. 예를 들어, words.withWartermark(...).groupBy가 아닌 words.groupBy(...).count(...).withWartermark와 같이 사용할 수 없다는 의미입니다.

4) 워터마크는 특정 시각을 기준으로 데이터를 잘라내는 역할을 합니다. 즉 워터마크를 설정할 경우 워터마크보다 높은, 즉 워터마크로 설정된 시각 이후에 생성된 이벤트는 정상 처리되지만 워터마크로 설정된 시각 이전에 발생된 이벤트는 버려집니다. 하지만 스파크 공식 가이드 문서에는 워터마크 설정 시간이 긴 경우(예를 들어 2시간) 포함시켜야 하는 데이터는 반드시 포함됨이 보장되지만 버려져야 하는 데이터에 대해서는 일부 결과에 포함되는 것이 발생할 수 있다는 내용이 적혀 있습니다. 따라서 워터마크를 설정할 때 지나치게 긴 시간을 설정하지 않도록 주의해야 합니다. 하지만 워터마크를 길게(예를 들어 몇 시간 정도) 설정할 경우 실시간 스트리밍 처리 결과가 그만큼 늦게 출력되므로 일반적인 경우라면 수초에서 수분 이내로 짧게 설정할 가능성이 더 높을 것입니다. 만약 특별한 이유로 긴 워터마크 시간을 설정해야 한다면 이 부분을 감안해서 처리해야 합니다.

7.4.4 조인 연산

스트럭처 스트리밍이 처음 소개됐을 때는 기본 연산이나 집계 연산은 비교적 자유로운 편이었으나 조인 연산에 대해서는 여러가지 전제 조건이 붙어 있어 제한적으로만 사용할 수 있었습니다. 하지만 스파크 2.3부터는 이러한 부분이 대폭 개선되어 기존보다 더 다양한 방식의 조인을 수행할 수 있게 됐는데 이번 절에서는 사용 가능한 조인 방식과 유의할 점을 정리해 보겠습니다(이번 절에서는 편의상 데이터프레임과 데이터셋을 모두 데이터셋이라고 부르겠습니다).

- 스트림(Stream) 데이터셋 간의 조인: 스파크 2.3부터는 스트림 데이터셋 간의 조인을 지원합니다. 예를 들어 온라인 쇼핑몰에서 상품 조회 로그와 구매 로그를 실시간으로 수집하면서 물건을 검색만 하고 구매는 하지 않은 사용자와 실제로 구매까지 진행한 사용자를 구분하는 작업과 같은 것이 가능하다는 의미입니다. 하지만 실제로 상품을 조회하는 행위와 상품을 구매하는 행위는 동시에 일어나는 것이 아니기 때문에 단순히 특정 배치 내에서 두 로그를 조인하려고 시도할 경우 매칭되는 데이터가 거의 없을 확률이 높습니다. 따라서 스트림 데이터셋에 대한 조인을 제대로 수행하려면 상품 조회와 같은 선행 이벤트의 로그를 버리지 않고 잘 보관하는 것이 매우 중요합니다. 하지만 상식적으로 생각해 봐도 언제 발생할지 알 수 없는 후행 이벤트 로그를 기다리기 위해 선행 이벤트 로그를 마냥 보관하고 있을 수만은 없기 때문에 기존 로그에 대한 보관 기한을 설정하는 것 또한 빼놓을 수 없을 것입니다. 스트럭처 스트리밍은 이와 같은 로그 보관 주기를 설정할 수 있는 방법을 제공함으로써 스트림 데이터셋에 대한 조인 연산을 지원하고 있습니다. 다음은 두 스트림 데이터셋의 조인 유형별 처리 방법 및 유의 사항입니다.

  - 내부조인(inner join): 스트림 데이터셋 간의 내부 조인의 경우 반드시 지켜야 하는 특별한 제약이 없어서 일반 데이터셋 간의 조인을 수행할 때처럼 조인 연산을 수행할 수 있습니다. 하지만 그렇다고 하더라도 데이터를 무한정 보관하는 것은 대부분의 경우에 있어서 불가능한 일이기 때문에 어느 시점이 지나면 더 이상 오래된 데이터를 조인을 위한 비교 대상에 포함시키지 않을 수 있도록 오래된 데이터를 삭제하는 기준을 정해둘 필요가 있습니다. 단, 이러한 작업은 대부분 시간 값을 이용해서 처리해야 하기 때문에 해당 데이터셋에 워터마크 등을 적용할 수 있는 날짜 타입의 칼럼을 가지고 있어야 합니다.

1) 조인에 참여하는 모든 데이터셋에 워터마크를 설정합니다.

2) 조인 조건에 1)에서 워터마크 설정에 사용한 시간 칼럼 간의 조인 조건을 포함합니다. 예를 들어 A 데이터셋의 시간 칼럼이 a, B 데이터셋의 시간 칼럼이 b라고 한다면 expr("a < b + interval 30 minutes")와 같이 두 칼럼 간의 조인 조건을 지정합니다.

- 외부조인(outer join): 외부 조인의 경우 내부 조인과 동일한 방법으로 조인 조건을 설정합니다. 하지만 내부 조인은 시간 칼럼에 대한 조인 조건 설정을 생략할 수 있는 데 반해 외부 조인을 사용할 경우 반드시 이 조건들을 설정해야 한다는 점에서 차이가 있습니다.

- 유의사항: 스트리밍 데이터셋에서 워터마크를 사용할 경우 이벤트가 발생하는 즉시 데이터가 처리되어 그 결과가 출력되는 것이 아니라 워터마크 설정 시간 만큼의 지연이 발생할 수 있습니다. 특히 워터마크는 잠시 대기 상태에 있다가 일정 시간이 경과하면 자동으로 동작하는 타이머의 개념이 아니라 새로운 이벤트가 발생할 때 값을 갱신하고 필요한 처리를 수행하는 방식입니다. 따라서 일정 시간 동안 새로운 이벤트가 생성되지 않으면 워터마크 값도 변경되지 않고 데이터의 출력도 덩달아 지연되는 문제가 발생할 수 있습니다. 이러한 워터마크의 특성은 조인 연산에도 그대로 반영되므로 데이터의 성격에 따라 조인 연산을 적절히 선택해서 사용해야 합니다.

■ Stream 데이터셋과 일반 데이터셋과의 조인: 스트림 데이터셋과 일반 데이터셋은 예외적으로 조인이 불가능한 몇 가지 경우를 제외하면 일반 데이터셋의 조인과 동일합니다. 어떤 경우에 조인이 가능하고 또 어떤 경우에 불가능한지는 스파크 공식 가이드 문서(https://goo.gl/qAXUMK)에 도표로 자세히 정리돼 있으며 아래와 같은 규칙을 따릅니다.

- 스트림 데이터셋과 일반 데이터셋 간의 조인은 내부 조인의 경우 별다른 제약 없이 가능합니다. 하지만 외부 조인의 경우 항상 스트림 데이터셋을 기준으로 하는 외부 조인만 가능합니다. 예를 들어 왼쪽 데이터셋이 스트림 형식이고 오른쪽 데이터셋이 일반 데이터 셋일때 왼쪽 데이터셋을 기준으로 하는 왼쪽 외부 조인(Left Outer Join)만 가능하고 오른쪽 외부 조인(Right Outer Join)과 완전 외부 조인(Full Outer Join)은 불가능합니다.

- 스트림 데이터셋과 또 다른 스트림 데이터셋간의 조인은 조인 유형에 따라 상황이 다릅니다. 즉 상황에 따라 특별한 조건을 설정할 수도 있고 안 할 수도 있는데 일단 설정한다고 하면 이벤트 타임 칼럼에 워터마크를 설정하고 동일 칼럼에 유효한 시간 범위를 지정하는 방법을 사용합니다(많이 어색한 표현이지만 잠시 동안만 방금 얘기한 조건 설정 방법을 "스트리밍 조인 제약 조건 설정"이라고 부르도록 하겠습니다). 이를 조인 유형별로 살펴보면 내부 조인일 경우는 선택적으로 "스트리밍 조인 제약 조건 설정"을 하면 되고 왼쪽 또는 오른쪽 외부 조인일 경우 기준이 되는 쪽 테이블은 선택적, 상대편 테이블은 필수적으로 "스트리밍 조인 제약 조건 설정"을 해야 합니다. 마지막으로 완전 외부 조인의 경우는 조건 설정과 무관하게 사용이 불가합니다.

7.4.5 스트리밍 중복 데이터 제거

지금까지 스트림 데이터셋에 관한 조인 연산에 대해 알아봤습니다. 일반적인 고정 크기의 데이터셋에 대한 조인 연산은 시간이 오래 걸리긴 해도 컴퓨팅 자원만 충분하다면 시도해 볼만한 일이었지만 지속적으로 변화하는 스트림 데이터셋을 대상으로 하는 조인 연산은 워터마크와 같은 기능의 도움 없이는 생각해 보기 어려운 일이었을 것입니다.

그런데 스트림 데이터셋 처리에서 조인만큼이나 난해한 연산이 있는데 그건 바로 이번 절에서 살펴보고자 하는 중복 제거(Streaming Deduplication) 연산입니다. 왜냐하면 방금 인입된 데이터가 과거에 이미 인입됐던 것과 동일한 것인지 확인하려면 과거 데이터를 모두 보관하고 있어야 하는데 이 경우 조인과 마찬가지로 데이터 저장 공간과 비교 연산의 속도 문제가 발생하기 때문입니다. 따라서 스파크에서는 이 경우에도 워터마크를 지정해 중복 제거를 위한 과거 데이터를 얼마 동안 보관할지 지정할 수 있도록 지원하고 있습니다. 다음은 이름을 나타내는 "name"과 나이를 나타내는 "age", 그리고 이벤트 발생 시각을 나타내는 "timestamp"라는 칼럼을 가지고 있는 "df"라는 스트림 데이터셋에 중복 제거 연산을 적용해 "name"과 "age" 칼럼 값의 중복을 제거하는 코드입니다.

```
df.withWatermark("timestamp", "5 minutes")
  .dropDuplicates("name", "age")
```

설명은 장황했지만 실제 코드로 작성할 부분은 앞에서 살펴본 워터마크를 설정하고 dropDuplicates 메서드를 이용해 중복을 제거하고자 하는 칼럼을 나열하는 것이 전부입니다(칼럼은 원하는 수만큼 콤마(,)로 분리해서 지정할 수 있습니다). 이때 워터마크는 필수 사항은 아니라서 생략할 수는 있지만 그 경우 name과 age 값 상태값은 배치가 종료될 때까지 지속적으로 쌓이며 저장됩니다. 따라서 일반적인 경우라면 지나치게 많은 상태값이 누적되지 않도록 적절한 기간을 설정해서 사용하는 것이 바람직할 것입니다.

7.4.6 스트리밍 쿼리

앞 절에서는 스트리밍 데이터를 변형하고 가공하는 방법을 살펴봤습니다. 하지만 데이터 처리 연산을 적용하는 것은 앞으로 처리할 작업에 대한 준비를 마친 것일 뿐 실제 애플리케이션이 동작하기 위해서는 DataStreamWriter를 이용한 쿼리 작업이 필요합니다. 지금부터는 실제 작업을 실행하고 그 결과로 생성된 데이터셋/데이터프레임을 저장하는 방법을 알아보겠습니다.

7.4.6.1 DataStreamWriter

DataStreamWriter는 데이터셋의 writeStream() 메서드를 통해 생성할 수 있으며, 데이터를 저장할 대상, 저장 모드, 쿼리명, 트리거 주기, 체크포인트 위치 등을 설정하는 용도로 사용됩니다.

다음은 단어 수 세기 예제의 처리 결과를 화면에 출력하기 위한 용도로 작성했던 코드입니다. 자세히 살펴보면 일반 데이터프레임의 write 메서드를 사용했을 경우와 비슷해 보이지만 기존에 없던 OutputMode와 start()라는 메서드가 추가된 것을 볼 수 있을 것입니다. 지금은 차이가 있다는 점만 이해하고 각각에 대한 내용은 이후의 절에서 다시 살펴보겠습니다.

```
val query = wordCount
    .writeStream
    .outputMode(OutputMode.Complete)
    .format("console")
    .start()
```

7.4.6.2 스트리밍 쿼리

조금 전에 살펴본 DataStreamWriter 클래스는 스트리밍 애플리케이션을 시작하기 위한 start() 메서드를 제공합니다. 이 메서드는 RDD나 데이터셋의 액션 연산처럼 실제 작업을 시작하는 용도로 사용되며, 이 메서드를 호출하기 전까지는 애플리케이션이 실행되지 않으므로 데이터 처리와 관련된 코드를 작성한 후에는 반드시 start() 메서드를 호출해야 합니다.

start() 메서드를 실행하면 현재 실행 중인 쿼리에 대한 모니터링 및 관리를 수행할 수 있는 StreamingQuery 타입의 객체를 돌려주는데, 이를 이용해 수행 중인 쿼리의 이름이나 id 조회, 쿼리 중지, 소스와 싱크(sink)의 상태 정보 조회 등의 관리를 수행할 수 있습니다(쿼리라는 이름을 사용했지만 실질적으로 스트리밍 처리 실행과 관련된 매니저 또는 핸들러와 같은 역할을 하는 객체로 생각해도 좋습니다).

다음은 단어 수 세기 예제에서 작업을 실행한 후 스레드가 중지되는 것을 방지하기 위해 사용했던 코드의 일부분입니다. 예제를 통해서도 알 수 있는 것처럼 StreamingQuery의 awaitTermination() 메서드로 스트리밍 실행과 관련된 동작을 제어할 수 있습니다.

```
val query = wordCount.writeStream
        .writeStream
        ...
        .start()

query.awaitTermination()
```

7.4.6.3 저장 모드

DataStreamWriter는 결과 데이터셋을 저장할 수 있는 세 가지 옵션을 제공합니다. 그중 첫째는 스파크의 기본 모드인 추가(Append) 모드로서 기존에 처리된 결과를 제외한 새롭게 추가된 데이터만 싱크(sink)[3]로 전달하는 방법입니다. 그런데 이 경우 출력되는 데이터 관점에서 생각해 보면 항

---

3 처리 결과를 전달할 목적지(예: 파일, 콘솔 등)

상 새로운 출력 데이터가 생성되는 것만 가능할 뿐 기존에 출력된 데이터가 다시 수정되는 일은 발생할 수 없을 것입니다. 따라서 추가 모드를 사용하는 경우에는 기존 데이터의 수정이 발생할 가능성이 전혀 없다는 것이 전제돼야 하며 이런 이유로 집계 연산과 같이 시간이 흐름에 따라 데이터가 계속 수정되는(증가 혹은 감소) 경우 추가 모드를 사용할 수 없습니다. 하지만 집계 연산을 사용하더라도 워터마크를 적용해 일정 시간 동안만 데이터를 유지하는 경우에는 예외적으로 추가 모드 사용이 가능한데 이 경우 워터마크를 기준으로 더는 데이터 변경이 불가능한 시점이 돼야만 비로소 집계 결과가 출력된다는 제약이 따릅니다.

두 번째 출력 모드는 완전(complete) 모드로서 데이터프레임이 가지고 있는 전체 데이터를 모두 다 출력하는 방식입니다. 완전 모드의 경우 앞에서 살펴본 추가 모드와 다르게 항상 모든 데이터를 출력해야 하기 때문에 데이터 건수를 최대한 줄일 수 있도록 집계 연산이 적용된 경우에만 사용이 가능합니다.

마지막으로 세 번째 출력 모드는 수정(Update) 모드로서 마지막 출력이 발생된 시점부터 다음 출력이 발생하는 시점 동안 변경된 데이터만 출력하는 모드입니다. 수정 모드의 경우 변경된 데이터만 출력되기 때문에 한번에 출력되는 양이 많지 않고 한번 출력했던 데이터를 다시 수정하는 것도 가능하기 때문에 대부분의 경우에 사용할 수 있지만 조인 연산을 사용하는 경우에는 사용할 수 없습니다 (조인 연산을 사용한 경우 오직 추가 모드만 가능합니다).

이상으로 세 가지 출력 모드에 대해 간략히 살펴봤는데 쿼리 유형별로 사용 가능한 좀 더 정확한 출력 모드는 스파크 공식 문서(https://goo.gl/qAXUMK)를 통해 찾아볼 수 있습니다.

다음은 단어 수 세기 예제에서 사용한 저장 모드 예제입니다. 이 예제는 단어별 노출 빈도를 계산하기 위해 groupBy()와 count() 집계 함수를 사용했으므로 저장 모드로 완전 모드를 사용하고 있음을 알 수 있습니다.

```
val query = wordCount.writeStream
    .outputMode(OutputMode.Complete)
    .format("console")
    .start()
```

7.4.6.4 싱크(Sink)

스트럭처 스트리밍의 처리 결과는 파일, 콘솔, 메모리, 카프카 등에 저장될 수 있으며 필요한 경우 ForEachWriter라는 방식을 사용해 원하는 대로 커스터마이징을 수행할 수도 있습니다.

파일을 사용할 경우 파일을 생성할 디렉터리를 지정해야 하는데, 이 책을 쓰고 있는 시점의 최신 버전인 2.3.0 버전의 경우 저장 모드로 추가 모드만 사용할 수 있습니다.

이에 비해 또 다른 싱크인 콘솔과 메모리의 경우 저장 모드로 추가 및 완전 모드를 사용할 수 있지만 (콘솔의 경우는 수정 모드도 가능합니다) 안정성 면에서 데이터의 유실 또는 중복이 발생할 가능성이 있기 때문에 주의해서 사용해야 합니다.

그 밖의 나머지 싱크로는 카프카 토픽을 이용하는 것과 foreach 메서드를 이용하는 방법이 있는데 카프카의 경우 사용하려는 브로커 서버의 정보와 토픽 정보를 전달하면 되고 foreach의 경우 ForeachWriter 추상 클래스를 상속받아 콜백 함수에 필요한 처리 로직을 구현하면 됩니다.

다음은 ForeachWriter의 동작 방식을 확인해 보기 위한 간단한 예제입니다.(스칼라 예제이지만 다른 언어의 경우도 동일한 방법을 사용합니다.)

```scala
val query = wordCount
    .writeStream
    .outputMode(OutputMode.Complete)
    .foreach(new ForeachWriter[Row] {
      def open(partitionId: Long, version: Long): Boolean = {
        println(s"partitionId:${partitionId}, version:${version}")
        true
      }

      def process(record: Row) = {
        println("process:" + record.mkString(", "))
      }

      def close(errorOrNull: Throwable): Unit = {
        println("close")
      }
    }).start()
```

ForeachWriter를 사용할 경우 open(), process(), close()라는 세 개의 메서드를 구현해야 합니다. 단, ForeachWriter 객체는 드라이버가 아닌 익스큐터에서 실행되므로 메서드의 내용을 구현할 때 익스큐터에서의 동작을 가정하고 작성해야 합니다.

각 메서드의 내용을 살펴보면 먼저 open() 메서드의 경우 익스큐터 상에서 처음 호출되는 메서드이며, 초기화와 관련된 내용을 처리하는 역할을 합니다. 만약 open() 메서드가 아닌 ForeachWriter의 본문, 즉 ForeachWriter 객체의 생성자 본문에 초기화 코드를 작성할 경우 해당 코드는 익스큐터가 아닌 드라이버에서 실행됩니다.

두 번째 메서드인 process()는 데이터 처리 또는 저장과 관련된 본격적인 코드를 작성하는 곳으로, open() 메서드가 true를 반환했을 경우에만 호출됩니다.

마지막으로 close()의 경우 가장 마지막에 호출되며, 이곳에서는 주로 사용한 자원을 반납하는 등의 작업을 수행할 수 있습니다.

7.4.6.5 트리거

스트리밍 쿼리에 사용되는 사용되는 또 다른 중요한 옵션으로 트리거(Triggers)가 있습니다. 트리거는 데이터를 쿼리 및 출력하는 주기를 설정하는 것인데 기존에는 일정 시간마다 주기적으로 동작하는 마이크로 배치(Micro-Batch) 방식만 사용할 수 있었던 것이 스파크 2.3.0부터 마이크로 배치 방식과 지속적(Continuous) 처리 방식을 선택해서 사용할 수 있게 됐습니다.

다음은 마이크로 배치 유형별로 트리거를 설정하는 방법입니다.

1. 고정 길이 마이크로 배치: 배치가 수행될 주기를 직접 지정하는 방식입니다. 이 경우 실제 배치 수행시간은 사용자가 설정한 시간보다 더 작거나 커질 수 있는데 작을 경우 다음 배치 수행시간이 올 때까지 대기하지만 더 커졌을 경우 다음 배치 주기를 기다리지 않고 이전 배치가 종료되자마자 바로 다음 배치를 시작합니다(단, 만약 새로운 데이터가 없다면 배치도 동작하지 않습니다). 다음은 10초 단위로 배치 주기를 설정하는 코드입니다. 스칼라 코드지만 다른 언어를 사용하는 경우도 같습니다.

   ```
   // df는 데이터프레임
   import scala.concurrent.duration._
   df.writeStream.trigger(Trigger.ProcessingTime(10.seconds))
   ```

2. 1회(One-time) 마이크로 배치: 데이터를 모아서 한번 실행하고 바로 종료하는 방식입니다. 위 예제 코드의 설정 부분을 아래와 같이 수정하면 됩니다.

   ```
   // df는 데이터프레임
   df2.writeStream.trigger(Trigger.Once())
   ```

3. 미지정: 별도의 트리거 설정을 하지 않는 방식으로 기본값에 해당합니다. 이 경우 배치는 이전 배치가 종료되는 대로 곧바로 이어서 다음 배치를 수행하게 됩니다.

4. 지속적 처리: 이름을 통해 알 수 있듯이 이 방식은 주기적으로 시작과 종료를 반복하는 "배치" 방식이 아니라 한번 시작되면 장기간 수행되면서 새로운 데이터가 인입될 때마다 즉시 결과를 생성하는 방식입니다. 앞에서 살펴본 1 ~ 3번 방식이 모두 일종의 버퍼를 두고 데이터를 모아서 한번에 처리하는 방식이었다면 이 방식은 데이터를 쌓아 두지 않고 생성되는 즉시 처리함으로써 기존보다 훨씬 바른 응답속도를 얻을 수 있다는 장점이 있습니다. 하지만 데이터를 처리하는 특성 때문에 집계 연산 등이 사용된 경우에는 사용할 수 없고 map, flatMap 등의 비집계 연산인 경우에만 사용할 수 있습니다. 또한 이 방식은 현재 최신 버전인 2.3.0에서 아직 안정화 기능이 아니기 때문에 사용 가능한 데이터 소스와 싱크에도 제한이 있습니다(스파크 공식 문서에 따르면 소스로는 카프카와 Rate, 싱크로는 카프카와 메모리, 콘솔 싱크만을 사용할 수 있습니다).

다음은 지속적 처리를 설정하는 코드입니다.

```
df2.writeStream.trigger(Trigger.Continuous(1000))
```

설명은 장황하게 했지만 코드를 작성할 때는 다른 트리거 설정과 동일하게 Trigger 클래스의 메서드를 호출하면 되는 것을 볼 수 있습니다. 단, 이때 Continuous 안의 숫자는 배치 주기가 아니라 장애 복구를 위한 중간 데이터 저장 기능인 체크 포인트 주기를 의미하는 것입니다.

7.4.6.6 체크포인트

스트림 성격을 지닌 데이터를 처리하는 시스템의 경우 무중단으로 운영되는 경우가 많습니다. 하지만 아무리 무중단으로 운영하는 시스템이라고 하더라도 예상하지 못한 장애나 시스템 개편 등의 사유로 작업을 중단해야 하는 일은 얼마든지 발생할 수 있습니다. 따라서 스트림 형식의 데이터를 처리할 때는 시스템이 중단되지 않게 하는 것보다 중단이 됐다가 다시 시작하더라도 전체 데이터 관점에서 중복이나 유실이 없도록 처리하는 것이 더욱 중요하다고 볼 수 있습니다.

스트럭처 스트리밍은 위와 같은 작업 재시작 상황에서도 전체 데이터 관점에서 중복이나 유실이 발생되지 않도록 주기적으로 작업의 상태(원본 데이터의 위치, 계산 및 집계 결과 등)를 파일 시스템에 저장하는 방법을 사용합니다. 이때 저장 위치는 사용자가 직접 지정할 수 있는데 보통 접근성이 좋고 안정적인 하둡 파일 시스템을 사용합니다.

스파크에서는 이와 같이 중간 상태 정보를 저장해 두는 방법을 체크포인트라고 부르며 스트럭처 스트리밍의 경우 쓰기 옵션 중 하나로 .option("checkpointLocation", "⟨path⟩")와 같이 설정할 수 있습니다(여기서 쓰기 옵션이라고 한 부분은 데이터셋의 df.writeStream.option("checkpointLocation ", "…")처럼 데이터셋의writeStream메서드 호출 결과인 DataStreamWriter의 option 메서드를 이용해서 지정한다는 의미입니다)

체크포인트를 지정하는 것은 저장 포맷(싱크)에 따라 필수 사항이 될 수도 있고 선택 사항이 될 수도 있는데 memory, console, foreach의 경우 생략이 가능하고 그 밖의 파일 싱크 등을 사용할 경우에는 반드시 명시적으로 지정해야 합니다. 만약 임시 디렉터리를 사용할 수 없는 싱크를 사용하면서 체크포인트 설정을 하지 않았을 경우 "checkpointLocation must be specified…"와 같은 오류가 발생하므로 이때는 이 값을 명시적으로 지정하면 됩니다(단, 로컬 환경에서 콘솔(console) 싱크 등을 이용한 테스트를 수행할 경우 환경 설정 상황에 따라 하둡 파일 시스템에 임시 디렉터리 생성을 시도할 수 있으므로 원하지 않을 경우 명시적으로 저장 경로를 지정하는 것도 좋은 방법입니다).

7.4.6.7 모니터링

배치 방식으로 동작하는 애플리케이션의 경우 애플리케이션이 동작하는 시점에만 모니터링을 수행하면 되지만 스트리밍 데이터를 처리하는 애플리케이션의 경우 상시적인 모니터링이 필요한 경우가 대부분입니다. 스트럭처 스트리밍에서는 다양한 방법을 통해 동작 중인 애플리케이션의 상태를 확인할 수 있도록 지원하는데, 이번 절에서는 모니터링을 위한 코드를 작성할 때 사용할 수 있는 두 가지 방법을 알아보겠습니다.

StreamingQuery

앞서 스트리밍 애플리케이션을 실행하기 위해서는 DataStreamWriter의 start 메서드를 호출해야 한다는 것을 살펴봤습니다. strart 메서드는 내부적으로 스트리밍 잡을 시작한 후에 StreamingQuery 타입의 객체를 리턴하는데 이 객체를 이용하면 진행 중인 작업의 진행 상황을 확인할 수 있습니다. 다음은 카프카 소스로부터 데이터를 읽어서 콘솔에 출력하는 애플리케이션에서 작업 상태를 모니터링하는 예제의 일부분입니다.

[예제 7-12] StreamingQuery를 이용한 모니터링(MonitoringSample.scala)

```scala
object MonitoringSample {

  def run(spark: SparkSession) {

    val df = spark
      .readStream
      .format("kafka")
      ...
      .load

    val query = df.writeStream.format("console").start()

    // StreamingQuery를 이용한 모니터링
    monitor(query)

    query.awaitTermination()
  }

  def monitor(query: StreamingQuery) {
    new Thread(new Runnable {
      def run() {
```

```
        while (true) {
          println("query.lastProgress:" + query.lastProgress)
          println("query.explain(true)" + query.explain(true))
          // 추가적인 모니터링...
          Thread.sleep(5 * 1000)
        }
      }
    }).start
  }
}
```

[결과]

```
-----------------------------------------
Batch: 0
-----------------------------------------

+----+----------+-----+---------+------+-------------------+-------------+
| key|     value|topic|partition|offset|          timestamp|timestampType|
+----+----------+-----+---------+------+-------------------+-------------+
|null|[61 61 61]| test|        0|     0|2018-03-17 10:04:...|            0|
+----+----------+-----+---------+------+-------------------+-------------+

...
query.lastProgress:{
  "id" : "d435a30a-22ff-4848-93e9-0b7040458387",

  (중간 생략)...

  "sources" : [ {
    "description" : "KafkaSource[Subscribe[test]]",
    "startOffset" : {
      "test" : {
        "0" : 3
      }
    },
    "endOffset" : {
      "test" : {
        "0" : 3
      }
    },

(중간 생략)...

== Parsed Logical Plan ==
```

```
WriteToDataSourceV2 org.apache.spark.sql.execution.streaming.sources.MicroBatchWriter@2a2daefa
+- LogicalRDD [key#28, value#29, topic#30, partition#31, offset#32L, timestamp#33,
timestampType#34], true

== Analyzed Logical Plan ==
(이하 생략) ...
```

실행 결과를 통해 알 수 있듯이 현재 실행 중인 잡(쿼리)의 다양한 정보뿐 아니라 실행계획 등도 확인할 수 있음을 알 수 있습니다. 예제에서는 단순히 설명을 위한 목적으로 별도의 스레드를 통해 모니터링을 수행했지만 실제 코드에서는 액터 모델 등 다양한 방법을 사용해 모니터링을 수행할 수 있을 것입니다.

StreamingQueryListener를 이용한 모니터링

실행 중인 작업의 상태를 모니터링하는 데 사용할 수 있는 유용한 또 다른 방법은 스파크가 제공하는 StreamingQueryListener를 이용하는 것입니다. 말로 설명하는 것보다는 코드를 통해 보는 것이 훨씬 이해하기 쉽기 때문에 간단한 예제를 하나 살펴보겠습니다.

[예제 7-13] StreamingQueryListener를 이용한 모니터링(SimpleListener.scala)

```scala
class SimpleListener extends StreamingQueryListener {

  override def onQueryStarted(queryStarted: QueryStartedEvent): Unit = {
    println("onQueryStarted: " + queryStarted.runId)
  }

  override def onQueryProgress(queryProgress: QueryProgressEvent): Unit = {
    println("onQueryProgress:" + queryProgress.progress.prettyJson)
  }

  override def onQueryTerminated(queryTerminated: QueryTerminatedEvent): Unit = {
    println("onQueryTerminated: " + queryTerminated.runId)
  }
}
```

위 코드는 스트리밍 작업의 상태를 모니터링하기 위해 스파크가 제공하는 StreamingQueryListener를 상속받아 생성한 클래스입니다. 재정의된 메서드 이름을 통해 짐작할 수 있듯이 작업 상태가 변경될 때마다 위 리스너의 특정 메서드가 호출되는 콜백 방식으로 동작하며 onQueryStarted

와 onQueryTerminated는 각각 쿼리의 시작과 종료 시점에 호출되며 onQueryProgress는 마이크로 배치가 트리거될 때마다 호출됩니다.

리스너를 작성한 후에는 스트리밍 배치에 사용될 수 있도록 아래와 같은 방법으로 등록하면 추가로 필요한 작업은 없습니다.

```
// 리스너 등록
spark.streams.addListener(new SimpleListener())
```

그러면 실제로 쿼리를 실행해 보고 어떤 결과가 나오는지 확인해 보겠습니다.

[실행]

```
val spark = SparkSession ...
// 리스너 등록
spark.streams.addListener(new SimpleListener())
val df = spark.readStream...
val query = df.writeStream.format("console").start()
query.awaitTermination(1000 * 3)
// 쿼리 종료
query.stop
```

[결과]

```
onQueryStarted: 7dd75746-b8d4-4de5-91f8-c98059d704a4
-------------------------------------------
Batch: 0
-------------------------------------------
+----+---------+-----+---------+------+-----------------+-------------+
| key|    value|topic|partition|offset|        timestamp|timestampType|
+----+---------+-----+---------+------+-----------------+-------------+

(중간 생략) ...
onQueryProgress:{
  "id" : "8f9767a9-356c-41a2-925a-a06960d7efd7",

(중간 생략) ...

onQueryTerminated: 7dd75746-b8d4-4de5-91f8-c98059d704a4
```

리스너를 통해 쿼리의 시작과 종료, 실행 상태를 모니터링할 수 있음을 알 수 있습니다.

리스너를 사용하는 방식은 여러 쿼리에 재사용이 가능하고 각 콜백함수 내부에서 원하는 모니터링 관련 코드를 자체적으로 작성하기에 편리한 반면 StreamingQuery에서 제공하는 쿼리 실행 계획과 같은 일부 정보는 확인할 수 없으므로 상황에 따라 적절한 방법을 선택해서 사용하면 됩니다.

7.4.6.8 카프카 연동

6장에서 스파크 스트리밍 API를 이용해 카프카와 연동하는 방법을 살펴봤습니다. 이번 장에서는 동일한 작업을 스트럭처 스트리밍 API를 통해 구현해 보고 스파크 스트리밍 API를 사용할 때와 어떤 차이가 있는지 확인해 보겠습니다.

의존성 설정

DStream으로 대표되는 스파크 스트리밍은 RDD를 기반으로 하지만 스트럭처 스트리밍은 데이터셋(데이터프레임)을 사용합니다. 데이터셋은 RDD와는 다른 데이터 소스(DataSource)라는 클래스를 사용하므로 스트럭처 스트리밍 API로 카프카와 연동하려면 별도의 의존성 정보를 설정해야 합니다.

```
<dependency>
  <groupId>org.apache.spark</groupId>
  <artifactId>spark-sql-kafka-0-10_2.11</artifactId>
  <version>2.3.0</version>
</dependency>
```

(스파크 스트리밍은 spark-streaming-kafak..로 시작하고 스트럭처 스트리밍은 spark-sql-kafka..로 시작합니다)

스트리밍 코드 작성

스파크 스트리밍 API의 경우 스트리밍 컨텍스트(StreamingContext)와 DStream 등 스트리밍 코드 작성을 위한 별도의 API를 사용했지만 스트럭처 스트리밍의 경우 5장에서 다룬 스파크세션(SparkSession), 데이터셋(Dataset), 데이터프레임(DataFrame) API를 동일하게 사용합니다.

또한 데이터를 읽고 처리하는 방식도 기존 데이터셋과 동일해서 단순히 카프카 데이터 소스에 필요한 설정 정보만 지정하면 됩니다. 다음은 6장에서 했던 것처럼 카프카 토픽에서 데이터를 읽고 콘솔에 출력하는 간단한 예제입니다.

데이터프레임의 경우 언어별 코드 작성 형태가 거의 유사하기 때문에 지면 관계상 본문에는 스칼라 예제만 보여드립니다. 자바와 파이썬의 경우 제공되는 예제 프로젝트를 참고해 주시기 바랍니다. 단, 파이썬의 경우 6장 스파크 스트리밍 카프카 예제를 실행했을 때와 마찬가지로 pyspark 셸에서 의존성 정보를 명시적으로 지정해서 사용해야 합니다.

1. 스파크 세션 생성

가장 먼저 해야 할 일은 스파크 세션을 생성하는 것입니다. 앞절에서도 언급했듯이 데이터셋과 데이터프레임은 스트리밍 처리와 배치 처리를 동일한 API를 사용해서 처리하기 때문에 일반적인 데이터셋을 사용할 때와 동일하게 스파크세션을 가장 먼저 생성합니다.

```scala
val spark = SparkSession
    .builder()
    .appName("KafkaSample")
    .master("local[*]")
    .getOrCreate()
```

2. 입력 데이터셋(데이터프레임) 생성

스파크 세션이 생성되면 이를 이용해 데이터셋을 생성합니다. 이것도 역시 일반 데이터셋을 사용할 때와 크게 다르지 않습니다. 다음은 test1과 test2라는 토픽을 읽어오는 데이터셋을 생성하는 코드입니다.

```scala
// streaming 모드일 때는 writeStream, batch 모드일 때는 read
spark
.readStream
.format("kafka")
.option("kafka.bootstrap.servers", "localhost:9092")
.option("subscribe", "test1,test2")
... 또 다른 옵션 설정 ...
.load()
```

스트럭처 스트리밍은 동일한 카프카 연동 API로 배치 방식과 스트리밍 방식을 함께 지원합니다. 따라서 위 코드에서 readStream 대신에 read를 사용하면 일반 데이터셋에서 파일이나 데이터베이스의 데이터를 읽어오듯이 카프카로부터 데이터를 읽어서 배치 작업을 수행할 수 있습니다. 예제의 경우 스트리밍 처리를 살펴보고자 하는 것이므로 readStream 메서드를 사용했습니다.

다음으로 보이는 것은 다양한 옵션들인데 카프카의 브로커 서버 정보와 토픽 정보 등이 포함돼 있음을 알 수 있습니다. 이 밖에도 다양한 옵션을 지정할 수 있는데 각 옵션의 자세한 사용법은 잠시 후에 살펴볼 코드 본문에 정리해 뒀습니다.

3. 데이터 처리

데이터프레임을 생성했다면 원하는 처리를 수행합니다. 이 부분 역시 기존 데이터셋과 같아서 데이터셋이 제공하는 다양한 연산을 사용하면 됩니다. 이번 예제는 6장에서 했던 것과 같이 토픽의 데이터를 읽어서 바로 출력하는 것이므로 다음과 같이 처리했습니다.

```
df.select(col("value").cast("string"))
```

예제를 보면 "value"라는 이름의 칼럼을 읽어서 String 타입으로 형변환하고 있음을 알 수 있습니다. 그 이유는 스트럭처 스트리밍 API로 카프카 토픽을 읽으면 아래와 같은 칼럼을 가진 데이터프레임이 생성되기 때문입니다.

[결과] 카프카 토픽으로부터 생성되는 데이터셋의 스키마

```
root
 |-- key: binary (nullable = true)
 |-- value: binary (nullable = true)
 |-- topic: string (nullable = true)
 |-- partition: integer (nullable = true)
 |-- offset: long (nullable = true)
 |-- timestamp: timestamp (nullable = true)
 |-- timestampType: integer (nullable = true)
```

위 스키마에서 key와 value는 각각 카프카 토픽에 저장된 키와 값을 의미하고 topic과 partition, offset, timestamp, timestampType 등도 각각 이름 그대로의 카프카 설정에 해당하는 값을 의미합니다. 그런데 자세히 보면 값에 해당하는 key와 value의 타입이 binary인 것을 알 수 있습니다. 이는 바이트 배열을 의미하는 것으로 스칼라 언어의 경우 Array[Byte] 타입을 의미합니다. 따라서 형변환을 수행하지 않고 데이터셋을 그대로 읽을 경우 아래와 같은 결과가 출력됩니다.

[결과] 형변환 이전의 데이터셋 출력

```
-------------------------------------------
Batch: 0
-------------------------------------------

+----+-----------------+-----+---------+------+--------------------+-------------+
| key|            value|topic|partition|offset|           timestamp|timestampType|
+----+-----------------+-----+---------+------+--------------------+-------------+
|null|               []|test1|        0|     0|2018-03-17 11:47:...|            0|
|null|    [54 65 73 74]|test1|        0|     1|2018-03-17 11:48:...|            0|
|null|[48 65 6C 6C 6F 2...|test1|        0|     2|2018-03-17 11:48:...|            0|
(이하 생략) ...
```

이처럼 스트럭처 스트리밍은 key와 value를 항상 바이트 배열 타입으로만 처리하기 때문에 데이터를 처리할 때 위 예제와 같이 적절한 형변환 처리가 필요합니다.

4. 쿼리 실행 및 결과 처리

여기까지 실행했다면 쿼리 실행을 위한 대부분의 준비가 끝난 상태입니다. 이제 쿼리를 실행하고 그 결과를 원하는 방법으로 저장하면 됩니다. 이때 결과를 전달할 싱크(Sink)는 앞절에서 살펴본 파일, 메모리, 콘솔 등 스트럭처 스트리밍 API에서 사용 가능한 다양한 싱크를 사용할 수 있습니다. 만약 기본 싱크 외에 다른 카프카 토픽을 싱크로 사용하고 싶다면 토픽을 읽을 때와 마찬가지로 브로커 정보와 결과를 저장할 토픽 정보를 지정하면 됩니다. 다음은 카프카에서 읽어온 데이터를 콘솔에 출력하는 코드입니다.

```
df.writeStream
.format("console")
.trigger(Trigger.Continuous(1))
.start()
```

이 부분은 카프카 API와 상관이 없는 부분이라 기존에 살펴본 스트럭처 스트리밍 코드와 특별히 다를 바 없음을 알 수 있습니다.

지금까지 스트럭처 스트리밍을 이용한 카프카 연동 방법을 살펴봤습니다. 다음은 방금 살펴본 코드의 전체 내용으로 카프카 연동 시 사용 가능한 다양한 옵션에 대한 정보를 추가한 것입니다. 코드가 길어 보이지만 앞에서 설명한 내용 외에 옵션만 더 추가된 것이므로 쉽게 이해할 수 있을 것입니다.

[예제 7-14] 스트럭처 스트리밍 API를 이용한 카프카 연동(Kafka.scala)

```
import org.apache.spark.sql.DataFrame
import org.apache.spark.sql.SparkSession
import org.apache.spark.sql.streaming.StreamingQuery

object KafkaSample {

  def main(args: Array[String]): Unit = {

    val spark = SparkSession
      .builder()
      .appName("KafkaSample")
      .master("local[*]")
      .getOrCreate()

    val df1 = load(spark)
    val df2 = process(df1)
    val query = writeToConsole(df2)

    query.awaitTermination()
  }

  def load(spark: SparkSession): DataFrame = {

    spark
    // streaming 모드일 때는 writeStream, batch 모드일 때는 write
    .readStream
    .format("kafka")
```

```
// 브로커 서버 정보, 필수
.option("kafka.bootstrap.servers", "localhost:9092")

// 토픽 지정, 필수(assign, subscribe, subscribePattern 중
// 하나만 선택해서 사용)
.option("subscribe", "test1,test2")
//.option("assign", """{ "test1":[0,1]}, "test2":[0,1]}""")
//.option("subscribePattern", "tes*")

// 패치 시작 오프셋 지정, earliest나 latest
// 또는 {topic1:{partition:offset, partition:offset...}, topic2:{...}}
// 형태로 지정 가능
// 파티션별 옵셋을 지정할 경우 -2는 earliest, -1은 latest를 의미
// streaming/batch 모드를 사용 가능하며 batch 모드일 경우 latest는 사용 불가
// 기본값은 streaming 모드에서는 latest, batch 모드에서는 earliest
.option("startingOffsets", "earliest")

// 패치 종료 오프셋 지정, earliest 또는
// {topic1:{partition:offset, partition:offset...}, topic2:{...}}
// 형태로 지정 가능
// 파티션별 옵셋을 지정할 경우 -1은 latest를 의미
// batch 모드에서만 사용 가능하며 기본값은 latest
//.option("endingOffsets", "latest")

// 브로커 서버 장애 등으로 데이터 유실이 예상될 경우 배치 작업을
// 실패 처리할 것인지 여부
// streaming 모드에서만 사용 가능하며 기본값은 true(단, 데이터 유실
// 가능성만 판단하므로 실제 데이터 유실은 발생하지 않을 수 있음)
.option("failOnDataLoss", "false")

// polling 타임아웃. streaming과 batch 모두 모두 사용 가능하며 기본값은 512ms
.option("kafkaConsumer.pollTimeoutMs", 512)

// 패치에 실패할 경우 몇 번을 더 재시도해볼 것인지에 대한 설정.
// streaming, batch 모드 모두 사용 가능하며 기본값은 3회
.option("fetchOffset.numRetries", 3)

// fetchOffset.numRetries 옵션에 따른 재시도 수행 시 시간 간격.
// streaming, batch 모드 모두 사용 가능하며 기본값은 10ms
.option("fetchOffset.retryIntervalMs", 10)
```

```scala
    // 한 번에 가져올 오프셋의 크기. 토픽에 대해 지정하며 파티션이
    // 여러 개일 경우 각 파티션별로 적절히 할당됨.
    // streaming, batch 모드 모두 사용 가능하며 기본값은 없음.
    .option("maxOffsetsPerTrigger", 20)

    // 데이터프레임 생성!
    .load()
}


def process(df: DataFrame): DataFrame = {
  // 원하는 연산을 수행( map, filter, groupBy ...)
  df.select(col("value").cast("string"))
}


// 콘솔에 출력
def writeToConsole(df: DataFrame): StreamingQuery = {
  df.writeStream
    .format("console")
    .trigger(Trigger.Continuous(10))
    .start()
}


// 스트리밍 모드로 카프카 토픽에 저장
def writeToKafkaStreamingMode(df: DataFrame): StreamingQuery = {
  df.writeStream // streaming 모드일 때는 writeStream, batch 모드일 때는 write
    .format("kafka")
    .option("kafka.bootstrap.servers", "localhost:9092")
    .option("topic", "topic3")
    .start()
}


// 배치 모드로 카프카 토픽에 저장
def writeToKafkaBatchMode(df: DataFrame) {
  df.write // batch 모드일 때는 write
    .format("kafka")
    .option("kafka.bootstrap.servers", "localhost:9092")
    .option("topic", "topic3")
    .save
  }
}
```

[결과]

```
-------------------------------------------
Batch: 0
-------------------------------------------
+-------------+
|        value|
+-------------+
|         Test|
|Hello, World!|
|        Value|
+-------------+
(이하 생략) ...
```

지금까지 스트럭처 스트리밍 API를 이용한 카프카 연동 방법을 살펴봤습니다. 6장에서 다룬 스파크 스트리밍 API를 이용해서도 같은 결과를 얻을 수 있는 예제를 작성해 본 적이 있는데 아마도 코드를 작성하는 방법에 있어서만큼은 스트럭처 스트리밍을 사용할 때가 조금 더 쉽게 느껴지지 않았을까 하는 생각이 듭니다.

스트럭처 스트리밍과 스파크 스트리밍 중에서 어떤 API를 선택할지는 각 프로젝트의 상황에 따라 다를 수 있습니다. 이는 RDD와 데이터셋, 데이터프레임을 선택하는 것과도 같은 문제로 실제 프로젝트에서는 다양한 협업 시스템과 라이브러리, 시스템 구현 목적과 주요 레거시 시스템 등 다양한 변수가 있기 때문에 무조건 일괄적으로 어떤 것이 더 낫다라고 결정할 수는 없습니다. 따라서 "새롭고 유행하는 것" 또는 "기존에 잘 사용해 오던 것"에 대한 선입관들을 배제하고 각각의 특징을 잘 알아본 후에 필요한 곳에 최적의 API를 사용할 줄 아는 능력을 기르는 것이 중요할 것입니다.

7.5 정리

지금까지 지금까지 스파크 2.0에서 새롭게 도입된 스트럭처 스트리밍에 대해 살펴봤습니다. 스트럭처 스트리밍은 데이터의 수신과 상태 변경에 대한 처리를 프레임워크 차원에서 처리해 줌으로써 스트리밍 데이터 처리에 대한 기존 아이디어를 획기적으로 전환한 것이라고 할 수 있습니다.

스트럭처 스트리밍 API는 2.2.0 버전 이후부터 안정화 버전이 제공되고 있으며 데이터프레임을 기반으로 개발됐기 때문에 스트리밍 처리를 위한 특별한 학습이 필요없고 기능이나 성능 면에서도 (데이터프레임의 발전과 더불어) 향후 지속적인 발전을 기대할 수 있는 API입니다.

08
MLlib

MLlib는 스파크에서 제공하는 머신러닝을 위한 라이브러리입니다.

불과 몇 년 전까지만 해도 하둡으로 대표되는 빅데이터 작업은 데이터의 총합이나 평균, 분산 등과 같은 단순 통계량의 측정만을 목표로 삼는 경우가 많았습니다. 하지만 최근에는 빅데이터를 이용한 머신러닝이나 딥러닝의 성공적인 적용 사례가 점차 늘어가면서 그 인기가 전에 비해 날로 높아져가고 있는 추세입니다.

이러한 머신러닝의 인기는 하둡으로 대표되던 빅데이터 시장에서 스파크의 존재를 부각시키는 효과도 가져왔습니다. 메모리를 기반으로 동작하는 스파크가 머신러닝 알고리즘을 수행하는 데 있어서 하둡에 비해 월등히 뛰어난 성능을 보여줬기 때문입니다. 실제로 스파크는 머신러닝 수행을 위한 다양한 API를 포함하고 있으며, R이나 파이썬을 기반으로 하는 기존 데이터 처리 도구와의 연동도 지속적으로 확장해가고 있습니다.

이번 장에서는 스파크 MLlib가 제공하는 다양한 기능을 전반적으로 살펴보겠습니다. 하지만 머신러닝의 이론과 그 수학적 배경에 대해서는 그 자체만으로도 책 여러 권 분량에 해당하기 때문에 이 책에서는 MLlib가 제공하는 주요 API와 그 API를 사용해 프로그램을 작성하는 방법에 초점을 맞추고 살펴보겠습니다.

8.1 개요

머신러닝에 대한 정의는 수많은 웹 문서와 관련 책을 통해 찾아볼 수 있습니다. 이 가운데 대부분의 정의에 포함된 공통적인 내용들을 요약해 보면 기계, 즉 컴퓨터를 이용해 어떤 주어진 문제를 해결할 때 사람이 개별 문제를 해결하는 데 필요한 프로그램을 일일이 작성하지 않더라도 기계 스스로 데이터를 이용해 문제를 해결할 수 있는 알고리즘을 만드는 것이라고 할 수 있습니다.

이러한 머신러닝의 대상이 되는 문제들은 그 성격에 따라 "회귀", "분류", "그룹화", "추천" 등으로 나눌 수 있으며, 각 영역마다 문제 해결을 위한 다양한 알고리즘과 통계적 기법이 사용되고 있습니다.

다음 절에서는 스파크 MLlib API를 사용하기에 앞서 기본적인 머신러닝 용어의 개념과 간단한 예제를 살펴보겠습니다.

8.2 관측과 특성

머신러닝에서 특성(feature)이라는 용어는 관측(Observation) 데이터의 속성을 나타내는 용도로 사용됩니다. 하지만 동일한 데이터라고 하더라도 데이터를 바라보는 관점이나 머신러닝의 목표에 따라 최종적으로 사용되는 특성은 달라질 수 있습니다.

실제로 원본 데이터를 변환하고 가공해서 머신러닝에 사용할 특성을 추출해 내는 과정은 머신러닝을 수행하는 첫 단계이자 전체 작업의 성패를 결정할 수도 있는 핵심 활동 중 하나라고 할 수 있습니다. 일반적으로 성공적인 특성 추출을 위해서는 머신러닝뿐 아니라 업무 도메인에 대한 지식도 필요합니다. 또한 대용량 비정형 데이터를 다뤄야 하는 경우가 많기 때문에 실제 작업을 수행할 때도 상당한 시간과 노력이 필요한 경우가 대부분입니다.

이처럼 원본 데이터로부터 특성을 추출하는 과정은 데이터의 변환, 필터링, 정규화, 특성 간 상관 관계 분석 등 다양한 작업을 포함할 수 있습니다. 스파크 MLlib에서는 이러한 특성 추출 작업을 더욱 편리하게 수행할 수 있는 다양한 특성 추출 및 변환, 선택 알고리즘과 유틸리티 함수를 제공합니다. 이 책에서는 이 가운데 일부 알고리즘에 대해 다룰 예정인데, 이 책에서 다루지 않는 나머지 알고리즘에 대해서는 스파크 공식 문서 또는 API를 통해 확인할 수 있습니다.

8.3 레이블

머신러닝을 수행하는 방법 중에는 입력에 대한 올바른 출력 값을 알고 있는 데이터셋을 가지고 입력과 그에 따른 출력값을 함께 학습하게 한 뒤 아직 답이 알려지지 않은 새로운 입력값에 대한 출력값을 찾게 하는 방법이 있습니다.

소위 지도학습 방식이라고 불리는 이러한 머신러닝 방법에서는 훈련을 위해 주어지는 데이터 셋에 각 관측 데이터에 대한 올바른 출력값을 알려주는 레이블(Label)이라는 값이 포함됩니다. 예를 들어, 어느 회사의 내년도 매출액을 예측하기 위해 과거의 매출 데이터를 머신러닝의 학습 데이터로 사용한다고 하면 과거 데이터에 포함돼 있는 매출액 속성이 바로 레이블에 해당한다고 할 수 있습니다.

레이블의 유형은 관측 데이터셋과 수행하는 머신러닝 종류에 따라 달라질 수 있으며, 관측 대상의 속성 중 일부가 될 수도 있고 별도로 정의하는 값이 될 수도 있습니다.

스파크에서는 레이블을 포함한 데이터셋을 다루기 위해 LabeledPoint라는 데이터 타입을 사용하는데 이에 대해서는 이후의 장에서 자세히 알아보겠습니다.

8.4 연속형 데이터와 이산형 데이터

머신러닝에 사용되는 데이터는 연속형(Continuous data)과 이산형(Discrete data)으로 나눌 수 있습니다. 연속형 데이터는 그 이름에서 알 수 있듯이 무게나 온도, 습도와 같이 연속적인 값을 가지는 데이터를 의미하며, 이산형 데이터는 나이나 성별, 사과의 개수 등과 같이 불연속적인 값을 가지는 데이터를 의미합니다.

일반적인 경우 연속형 데이터는 실수값을, 이산형 데이터는 정수나 문자 값을 갖게 되는데, 스파크 MLlib에서 제공하는 API를 사용할 때는 입력 및 출력 데이터 모두 double 타입의 데이터만 사용할 수 있습니다. 이 경우 double 타입으로 변환할 수 없는 문자열 특성 등이 문제가 될 수 있는데 스파크에서는 이 경우에 사용할 수 있는 다양한 알고리즘을 구현한 API를 제공하고 있습니다.

8.5 알고리즘과 모델

머신러닝과 관련된 문서를 읽다 보면 알고리즘과 모델이라는 용어가 혼용되는 경우를 종종 볼 수 있습니다. 하지만 앞으로 이어질 내용을 위해 엄밀한 의미에서 정의하자면 모델이란 알고리즘의 산출물로서 알고리즘에 데이터를 적용해서 만들어낸 결과물이라고 할 수 있습니다. 즉, 머신러닝에서 학습이란 알고리즘에 데이터를 적용하는 과정을 의미하는 것이며, 그 결과물로 얻어지는 것은 특정 결괏값이 아닌 모델인 셈입니다.

서두에서 머신러닝의 정의를 살펴보면서 "기계 스스로 데이터를 이용해 문제를 해결할 수 있는 알고리즘을 만드는 것"이라고 했는데 그 구체적인 산출물이 바로 모델이라고 할 수 있습니다. 이러한 알고리즘이나 모델은 프로그램 상에서 클래스 또는 객체로 구현됩니다. 예를 들어, 스파크 MLlib는 로지스틱 회귀 알고리즘을 위한 LogisticRegression이라는 클래스를 제공하며, 이 클래스의 fit() 메서드에 훈련 데이터를 넣고 실행함으로써 LogisticRegressionModel 클래스 타입의 객체를 얻을 수 있습니다.

일반적으로 알고리즘에서 모델을 만드는 과정, 즉 학습 과정은 복잡한 계산 작업을 포함하기 때문에 다수의 컴퓨팅 자원과 시간을 필요로 합니다. 하지만 그 결과로 생성된 모델은 일종의 수학 함수와 같은 수식이라서 한번 만들어진 뒤에는 해당 수식에 값을 입력하기만 하면 원하는 결과를 빠른 시간에 얻을 수 있습니다. 이렇게 생성된 모델은 외부 저장소에 저장될 수도 있고 이미 생성된 모델을 불러와 사용할 수도 있기 때문에 입력 데이터만 바꿔가면서 반복해서 사용할 수 있습니다.

스파크 MLlib에서는 머신러닝 수행을 위한 다양한 알고리즘과 모델 클래스를 제공하며, 이러한 알고리즘과 모델 클래스를 디스크 등 외부 저장소에 저장하고 불러오는 기능도 제공합니다.

8.6 파라메트릭 알고리즘

머신러닝의 궁극적인 목적은 입력 데이터로부터 원하는 결괏값, 즉 출력 데이터를 얻어내는 것입니다. 이를 위해 다양한 알고리즘을 사용할 수 있는데, 문제를 풀어가는 방식에 따라 파라메트릭(Parametric) 방식과 넌파라메트릭(Nonparametric) 방식의 알고리즘으로 나눌 수 있습니다.

파라메트릭 알고리즘은 고정된 개수의 파라미터, 즉 계수를 사용하는 것으로 입력과 출력 사이의 관계를 특성 값에 관한 수학적 함수 또는 수식으로 가정하고, 이 수식의 결과가 실제 결괏값에 가깝도록 계수를 조정하는 방법을 사용합니다.

예를 들어, 출력값이 Y이고 입력 특성이 X라면 Y와 X 사이에 Y = a0 + a1*X + e와 같은 관계가 있다고 가정하고 실제 값과 예측 값 사이의 오차를 나타내는 손실함수(Loss Function) 또는 비용함수(Cost Function)를 정의해서 이 함수 값을 최소화하는 최적의 a0와 a1 계수를 찾아내는 방식을 생각해 볼 수 있습니다. 대표적인 알고리즘으로 선형회귀(Linear Regression)나 로지스틱회귀

(Logistic Regression) 알고리즘 등이 이에 속한다고 할 수 있으며, 상대적으로 적은 데이터를 사용해서 예측을 수행할 수 있다는 특징이 있습니다.

이에 반해 넌파라메트릭 알고리즘은 입력과 출력 사이의 가설을 세우지 않고 머신러닝의 수행 결과를 그대로 사용하는 방식으로 서포티드 벡터머신(SVM) 알고리즘이나 나이브 베이즈(Naive Bayes) 알고리즘 등을 예로 들 수 있습니다.

8.7 지도학습과 비지도학습

지도학습(Supervised Learning)과 비지도학습(Unsupervised Learing)은 머신러닝 알고리즘을 분류하는 또 다른 기준으로 입력 데이터의 타입 또는 예측을 수행하는 방식에 따라 알고리즘을 구분하는 방법입니다.

지도학습의 경우 훈련 데이터에 레이블, 즉 정답에 관한 정보가 포함되며 알고리즘은 입력과 출력에 대한 가설과 정답 정보를 이용해 오차를 계산하고 이를 통해 입력과 출력 사이의 관계를 유추하게 됩니다. 대표적으로 회귀(regression)와 분류(classification) 알고리즘을 들 수 있으며, 이 경우 훈련용으로 사용하는 모든 데이터에 레이블 정보를 추가해야 합니다.

비지도 학습은 특성과 레이블 간의 인과 관계를 모르거나 특별히 지정하지 않고 컴퓨터의 처리에 맡기는 것으로 군집(Clustering) 알고리즘 등을 예로 들수 있습니다.

8.8 훈련 데이터와 테스트 데이터

지도 학습 알고리즘을 사용하는 머신러닝에서 사용되는 데이터는 크게 훈련용 데이터(training data)와 테스트 데이터(test data)로 나눌 수 있습니다. 훈련용 데이터는 앞에서 설명한 모델을 생성하는 용도로 사용되는 데이터를 말하며, 테스트 데이터는 생성된 모델의 성능을 측정하는 용도로 사용됩니다.

일반적으로 학습 단계에서 사용한 데이터와 테스트에 사용하는 데이터는 명확히 구분해서 사용하는 것이 좋으며, 경우에 따라 교차검증[1] 등 더욱 고도화된 기법을 사용해서 효율을 높일 수 있습니다.

---

1 https://en.wikipedia.org/wiki/Cross-validation_(statistics)

8.9 MLlib API

스파크 MLlib에서 제공되는 API는 spark.mllib 패키지를 사용하는 RDD 기반 API와 spark.ml 패키지를 사용하는 데이터프레임 기반 API로 나눌 수 있습니다. 이 가운데 RDD를 사용하는 API의 경우 더 이상 신규 기능 추가 등의 변경은 없고 기존 버전에 대한 버그 수정 정도만 지원하다가 이르면 차기 버전인 스파크 3.0부터 완전히 제외될 예정입니다.

따라서 스파크 2.0 이후부터는 가급적 spark.ml 패키지에 속한 데이터프레임 기반 API를 사용하는 것이 좋으며, 이 책에서도 데이터프레임을 기반으로 하는 API를 위주로 설명하겠습니다.

다음은 스파크 MLlib 공식 문서에서 제공하는 MLlib의 주요 기능입니다.

1. **머신러닝 알고리즘**: 분류(classification), 회귀(regression), 클러스터링(clustering), 협업 필터링(collaborative filtering) 등 자주 사용되는 주요 알고리즘을 제공합니다.

2. **특성 추출, 변환, 선택**: 특성을 추출하고 변환하고 선택하는 데 유용한 API를 제공합니다.

3. **파이프라인(Pipeline)**: 여러 종류의 머신러닝 알고리즘을 순차적으로 수행할 수 있는 파이프라인 API를 제공합니다.

4. **저장**: 알고리즘, 모델, 파이프라인에 대한 저장 및 불러오기 기능을 제공합니다.

5. **유틸리티**: 선형대수, 통계, 데이터 처리 등의 유용한 함수를 제공합니다.

8.10 의존성 설정

스파크 MLlib를 사용할 경우 다른 스파크 모듈과 마찬가지로 스파크 MLlib를 사용하기 위한 의존성 설정이 필요합니다. 다음은 메이븐을 사용하는 경우 의존성 설정을 위한 정보입니다.

```
<dependency>
    <groupId>org.apache.spark</groupId>
    <artifactId>spark-mllib_2.11</artifactId>
    <version>2.3.0</version>
</dependency>
```

파이썬의 경우 NumPy 1.4 이후 버전이 설치돼 있어야 하는데 이 책에서는 이미 anaconda 버전을 설치했으므로 관련 라이브러리가 설치돼 있을 것입니다.

스파크는 선형대수 라이브러리인 breeze[2]를 사용하는데, 이 라이브러리는 처리 속도 향상을 위해 netlib-java[3]에 의존성을 가지고 있습니다. netlib-java는 네이티브 바이너리를 사용하므로 각자 운영체제에 맞는 버전을 설치해야 하며, 기본 스파크 배포본에는 포함돼 있지 않습니다.

스파크 MLlib 코드를 실행하다 보면 시작하는 부분에서 "Failed to load implementation from: com.github.fommil.netlib.NativeSystemBLAS"와 같은 경고 문구를 볼 수 있으며, 이 부분이 이와 관련된 내용입니다.

만약 netlib-java를 설치하고자 한다면 https://github.com/fommil/netlib-java에서 설치 방법을 찾아 볼 수 있으며, 설치가 완료된 후에는 아래와 같이 프락시 설정을 위한 의존성 정보를 추가하면 됩니다.

```
<repositories>
    <repository>
        <id>sonatype-snapshots</id>
        <url>https://oss.sonatype.org/content/repositories/snapshots/</url>
        <releases>
            <enabled>false</enabled>
        </releases>
        <snapshots>
            <enabled>true</enabled>
        </snapshots>
    </repository>
</repositories>
<dependency>
    <groupId>com.github.fommil.netlib</groupId>
    <artifactId>all</artifactId>
    <version>1.1.2</version>
    <type>pom</type>
</dependency>
```

단 breeze 라이브러리는 이미 스파크에 포함돼 있기 때문에 별도로 의존성을 지정할 필요가 없으며, 잘못된 버전을 사용할 경우 오히려 오류가 발생할 수 있으므로 유의해야 합니다.

8.11 벡터와 LabeledPoint

스파크 MLlib는 Vector와 LabeledPoint, Matrix 등 다른 스파크 모듈에서 사용하지 않던 새로운 데이터 타입을 사용합니다. 이번 절에서는 비교적 자주 사용되는 벡터(Vector)와 LabeledPoint에 대해 알아보겠습니다.

---

2 http://www.scalanlp.org
3 https://github.com/fommil/netlib-java

8.11.1 벡터

벡터는 프로그램 상에서 double 타입의 값들을 포함하는 컬렉션으로 구현되며 벡터에 포함된 각 데이터는 정의된 순서에 따라 0부터 시작하는 정수형 인덱스를 부여받습니다.

스파크 MLlib에서 Vector는 org.apache.spark.ml.linalg 패키지에 정의된 트레이트[4]이기 때문에 직접 인스턴스를 만들 수는 없습니다. 따라서 Vector 인스턴스를 만들기 위해서는 값에 대한 정보만 가지고 있는 DenseVector 클래스나 값과 값에 대한 인덱스 정보를 모두 가지고 있는 SparseVector 클래스 중 하나를 선택해서 해당 클래스의 인스턴스를 생성해야 합니다.

벡터를 생성할 때는 Vectors 클래스가 제공하는 팩토리 메서드인 dense()나 sparse()를 사용하면 되며, dense() 메서드의 경우 DenseVector를, sparse() 메서드의 경우 SparseVector를 생성합니다.

스파크에서 제공하는 대부분의 API는 DenseVector나 SparseVector를 구분하지 않고 Vector 타입으로 사용하도록 정의돼 있기 때문에 어떤 타입의 벡터를 생성하든 상관이 없지만 데이터에 0 값이 다수 포함돼 있을 경우 sparse() 메서드를 사용하는 것이 좋습니다.

다음은 간단한 벡터 생성 예제입니다.

[예제 8-1] 벡터의 생성(VectorSample.scala) – 스칼라

```scala
import org.apache.spark.ml.linalg.Vectors
val v1 = Vectors.dense(0.1, 0.0, 0.2, 0.3);
val v2 = Vectors.dense(Array(0.1, 0.0, 0.2, 0.3))
val v3 = Vectors.sparse(4, Seq((0, 0.1), (2, 0.2), (3, 0.3)))
val v4 = Vectors.sparse(4, Array(0, 2, 3), Array(0.1, 0.2, 0.3))


println(v1.toArray.mkString(", "))
println(v3.toArray.mkString(", "))
```

[결과]

```
0.1, 0.0, 0.2, 0.3
0.1, 0.0, 0.2, 0.3
```

---

4   자바의 인터페이스와 유사하며 직접 인스턴스를 생성할 수 없습니다.

[예제 8-2] 벡터의 생성(VectorSample.java) – 자바

```java
import org.apache.spark.ml.linalg.Vector;
import org.apache.spark.ml.linalg.Vectors;
import scala.Tuple2;
import java.util.Arrays;
import java.util.Arrays;
import java.util.stream.Collectors;

Vector v1 = Vectors.dense(0.1, 0.0, 0.2, 0.3);
Vector v2 = Vectors.dense(new double[]{0.1, 0.0, 0.2, 0.3});
Vector v3 = Vectors.sparse(4, Arrays.asList(new Tuple2(0, 0.1), new Tuple2(2, 0.2), new
Tuple2(3, 0.3)));
Vector v4 = Vectors.sparse(4, new int[]{0, 2, 3}, new double[]{0.1, 0.2, 0.3});

System.out.println(Arrays.stream(v1.toArray())
        .mapToObj(String::valueOf).collect(Collectors.joining(", ")));
System.out.println(Arrays.stream(v3.toArray())
        .mapToObj(String::valueOf).collect(Collectors.joining(", ")));
```

[결과]
```
0.1, 0.0, 0.2, 0.3
0.1, 0.0, 0.2, 0.3
```

[예제 8-3] 벡터의 생성(vector_sample.py) – 파이썬

```python
import numpy as np
import scipy.sparse as sps
from pyspark.mllib.linalg import Vectors

# dense vector
v1 = np.array([0.1, 0.0, 0.2, 0.3])
v2 = Vectors.dense([0.1, 0.0, 0.2, 0.3])
v3 = [0.1, 0.0, 0.2, 0.3]

# sparse vector
v3 = Vectors.sparse(4, [(0, 0.1), (2, 0.2), (3, 0.3)])
v4 = Vectors.sparse(4, [0, 2, 3], [0.1, 0.2, 0.3])
v5 = sps.csc_matrix((np.array([0.1, 0.2, 0.3]), np.array([0, 2, 3]), np.array([0, 3])), shape =
(4, 1))

print(v1)
print(v3.toArray())
print(v5)
```

[결과]

```
[ 0.1  0.   0.2  0.3]
[ 0.1  0.   0.2  0.3]
  (0, 0) 0.1
  (2, 0) 0.2
  (3, 0) 0.3
```

예제를 통해 알 수 있듯이 dense() 메서드를 사용할 경우 벡터에 포함할 데이터를 직접 인자로 전달하거나 배열(Array)을 사용해 한번에 전달합니다. 이에 반해 sparse() 메서드의 경우 데이터 상에서의 위치와 값을 나타내는 튜플의 배열을 만들어 전달하거나 벡터의 크기와 데이터의 위치, 그리고 실제 값을 나타내는 3개의 인자를 각각 따로 지정해서 전달하는 방법을 사용합니다.

파이썬의 경우 조금 달라지는데 DenseVector를 생성할 때 스칼라와 마찬가지로 Vectors 팩토리 메서드를 사용할 수도 있지만 NumPy의 배열 또는 파이썬의 배열을 그대로 사용할 수도 있습니다. 또한 SparseVector의 경우 Vectors를 사용하거나 SciPy의 csc_matrix로 칼럼이 1개인 행렬을 만들어서 사용할 수도 있습니다.

8.11.2 LabeledPoint

LabeledPoint는 8.3절에서 설명했던 레이블(Label)을 사용하는 경우를 위한 벡터로서 특성 값들을 담고 있는 벡터와 레이블 정보로 구성됩니다.

레이블에는 double 타입의 값만 할당할 수 있으며, 만약 로지스틱 회귀와 같은 이진 분류 알고리즘을 사용할 경우 0(negative) 또는 1(positive)로 설정합니다. 만약 둘 이상의 다중 분류 알고리즘을 적용한다면 0, 1, 2...와 같이 사용할 수 있습니다.

다음은 LabeledPoint에 대한 예제입니다.

[예제 8-4] LabeledPoint 생성(VectorSample.scala) – 스칼라

```scala
import org.apache.spark.ml.feature.LabeledPoint
import org.apache.spark.ml.linalg.Vectors

val v1 = Vectors.dense(0.1, 0.0, 0.2, 0.3);
val v5 = LabeledPoint(1.0, v1)

println(s"label:${v5.label}, features:${v5.features}")
```

[결과]

```
label:1.0, features:[0.1,0.0,0.2,0.3]
```

[예제 8-5] LabeledPoint 생성(VectorSample.java) – 자바

```java
import org.apache.spark.ml.feature.LabeledPoint;
import org.apache.spark.ml.linalg.Vector;
import org.apache.spark.ml.linalg.Vectors;
import org.apache.spark.rdd.RDD;
import scala.Tuple2;
import java.util.Arrays;
import java.util.stream.Collectors;
Vector v1 = Vectors.dense(0.1, 0.0, 0.2, 0.3);
LabeledPoint v5 = new LabeledPoint(1.0, v1);
System.out.println("label:" + v5.label() + ", features:" + v5.features());
```

[결과]

```
label:1.0, features:[0.1,0.0,0.2,0.3]
```

[예제 8-6] LabeledPoint 생성(vector_sample.py) – 파이썬

```python
import numpy as np
from pyspark.mllib.linalg import Vectors
from pyspark.mllib.regression import LabeledPoint

v1 = np.array([0.1, 0.0, 0.2, 0.3])
v6 = LabeledPoint(1.0, v1)
print("label:%s, features:%s" % (v6.label, v6.features))
```

[결과]

```
label:1.0, features:[0.1,0.0,0.2,0.3]
```

LabeledPoint의 첫 번째 인자는 레이블 값을 나타내고, 두 번째 인자를 속성 벡터를 나타내는데, 이때 벡터의 유형은 DenseVector 또는 SparseVector 둘 다 사용 가능합니다.

 머신러닝에 사용되는 데이터는 다수의 특성을 가지고 있는 경우가 일반적입니다. 이 경우 관찰 데이터가 모든 특성에 대한 값을 빠짐없이 포함하고 있는 경우가 흔하지 않기 때문에 실전에서는 DenseVector보다는 SparseVector를 사용하는 경우가 더 많습니다.

다행히도 스파크에서는 특정 포맷을 가진 텍스트 파일로부터 SparseVector를 손쉽게 생성할 수 있는 유틸리티 함수를 제공합니다. 그 덕분에 파일을 읽고 SparseVector를 생성하는 번거로운 과정을 한 번의 메서드 호출로 끝낼 수 있습니다.

다음은 파일로부터 SparseVector를 생성하는 예제입니다.

[예제 8-7] 파일을 이용한 SparseVector 생성(VectorSample.scala) – 스칼라

```scala
import org.apache.spark.ml.feature.LabeledPoint
import org.apache.spark.ml.linalg.Vectors
import org.apache.spark.mllib.util.MLUtils

val path = "file:///Users/beginspark/Apps/spark/data/mllib/sample_libsvm_data.txt"
val v6 = MLUtils.loadLibSVMFile(spark.sparkContext, path)
val lp1 = v6.first
println(s"label:${lp1.label}, features:${lp1.features}")
```

[결과]

```
label:0.0, features:(692,[127,128,129,130,131,154,...
```

[예제 8-8] 파일을 이용한 SparseVector 생성(VectorSample.java) – 자바

```java
import org.apache.spark.ml.feature.LabeledPoint;
import org.apache.spark.ml.linalg.Vector;
import org.apache.spark.ml.linalg.Vectors;
import org.apache.spark.mllib.util.MLUtils;
import org.apache.spark.rdd.RDD;

String path = "file:///Users/beginspark/Apps/spark/data/mllib/sample_libsvm_data.txt";
RDD<org.apache.spark.mllib.regression.LabeledPoint> v6
        = MLUtils.loadLibSVMFile(spark.sparkContext(), path);
org.apache.spark.mllib.regression.LabeledPoint lp1 = v6.first();
System.out.println("label:" + lp1.label() + ", features:" + lp1.features());
```

[결과]

```
label:0.0, features:(692,[127,128,129,130,131,154,...
```

[예제 8-9] 파일을 이용한 SparseVector 생성(vector_sample.py) – 파이썬

```python
import numpy as np
import scipy.sparse as sps
from pyspark.mllib.linalg import Vectors
from pyspark.mllib.regression import LabeledPoint
```

```
from pyspark.mllib.util import MLUtils
from pyspark.sql import SparkSession

path = "file:///Users/beginspark/Apps/spark/data/mllib/sample_libsvm_data.txt"
v7 = MLUtils.loadLibSVMFile(spark.sparkContext, path)
lp1 = v7.first()
print("label:%s, features:%s" % (lp1.label, lp1.features))
```

[결과]

```
(0.0,(692,[127,128,129,130,131,154,155,156,157,158,159 ...
```

예제에 사용된 데이터는 스파크 홈 아래의 data/mllib 디렉터리에 있는 "sample_libsvm_data.txt" 파일입니다. 파일의 내용을 보면 아래와 같이 맨 첫 열에 레이블을 시작으로 label index1:value1 index2:value2 ...와 같은 형식을 사용하고 있음을 알 수 있습니다.

```
$ head sample_libsvm_data.txt
0 128:51 129:159 130:253 131:159 132:50 155:48 156:238 157:252 ...
```

위 파일에 따르면 첫 번째 관찰 데이터의 레이블은 0이고, 128번째 위치의 값은 51, 129번째 위치의 값은 159와 같습니다. 이때 주의할 점은 값이 존재하는 위치를 표시할 때 0이 아닌 1부터 시작해야 한다는 점입니다. 즉, "0 1:51 3:159"와 같이 입력하면 레이블은 0.0이 되고, SparseVector의 내용은 Vectors.sparse(3, Array(0, 2), Array(51.0, 159.0))으로 생성한 것과 같아집니다.

8.12 파이프라인

머신러닝은 데이터 수집부터 가공, 특성 추출, 알고리즘 적용 및 모델 생성, 평가, 배포 및 활용에 이르는 일련의 작업을 반복하며 수행됩니다. 이런 방식은 머신러닝만의 특징은 아니고 하둡이나 스파크를 활용한 일반적인 빅데이터 처리 과정에서 흔히 접할 수 있는 처리 방법입니다.

파이프라인은 여러 종류의 알고리즘을 순차적으로 실행할 수 있게 지원하는 고차원 API이며, 파이프라인 API를 이용해 머신러닝을 위한 워크플로우를 생성할 수 있습니다. 다음은 파이프라인 API를 사용하기 위해 알아둬야 하는 주요 항목들입니다.

- 데이터프레임: 파이프라인은 RDD가 아닌 데이터프레임을 사용합니다. 데이터프레임은 다양한 유형의 데이터를 포함할 수 있으며, 다양하고 강력한 데이터 처리 API를 제공하므로 특성의 가공이나 변형을 더욱 쉽게 처리할 수 있다는 장점이 있습니다. 데이터프레임에 대한 상세한 내용은 이 책의 5장에서 다루고 있습니다.

- 트랜스포머(Transformer): 스파크 MLlib에서 트랜스포머란 org.apache.spark.ml 패키지에 선언된 추상 클래스인 Transformer 클래스를 상속하는 클래스들을 의미하며, 데이터프레임을 변형해 새로운 데이터프레임을 생성하는 용도로 사용됩니다. 모든 트랜스포머 클래스들은 데이터프레임 변환을 위한 transform() 메서드를 가지고 있는데 주로 기존 데이터프레임에 새로운 칼럼을 추가하는 방식으로 데이터프레임을 변형합니다. 한 가지 알아둘 점은 머신러닝 알고리즘의 수행 결과로 생성되는 "모델(Model)" 역시 입력 데이터프레임에 새로운 필드를 추가하는 방식으로 동작하므로 트랜스포머에 속한다는 것입니다.

- 평가자(Estimator): 스파크 MLlib에서 평가자란 org.apache.spark.ml 패키지에 선언된 Estimator 추상 클래스를 상속하는 클래스를 의미하며, 데이터프레임에 알고리즘을 적용해 새로운 트랜스포머를 생성하는 역할을 합니다. 모든 평가자 클래스는 트랜스포머를 생성하는 fit() 메서드를 가지며, 모델을 생성하는 머신러닝 알고리즘 역시 트랜스포머를 생성하는 역할을 수행하므로 평가자로 분류할 수 있습니다.

- 파이프라인(Pipeline): 파이프라인은 org.apache.spark.ml 패키지에 속한 클래스로서 여러 알고리즘을 순차적으로 실행할 수 있는 워크플로우를 생성하는 평가자입니다. 하나의 파이프라인은 여러 개의 파이프라인 스테이지(PipelineStage)로 구성되며, 등록된 파이프라인 스테이지들은 우선순위에 따라 순차적으로 실행됩니다. 모든 트랜스포머와 평가자 클래스는 파이프라인 클래스의 하위 클래스이기 때문에 파이프라인은 다수의 트랜스포머와 평가자의 선형 조합으로 구성된다고 할 수 있습니다.

- ParamMap: ParamMap은 평가자나 트랜스포머에 파라미터를 전달하기 위한 목적으로 사용되는 클래스입니다. 만약 하나의 파이프라인에 동일한 타입의 평가자나 트랜스포머의 인스턴스가 여러 개 등록돼 있다면 해당 인스턴스를 직접 지정해서 값을 전달할 수도 있습니다. 예를 들어, e1, e2라는 두 개의 평가자가 있고 각 maxIter() 함수에 각각 10과 20을 전달하고 싶다면 트랜스포머의 transform() 메서드에 ParamMap(e1.maxIter -> 10, e2.maxIter -> 20)과 같이 전달할 수 있습니다.

다음은 키와 몸무게, 나이 정보를 이용해 성별을 구분하는 예제를 파이프라인 API로 구현해 본 것입니다. 이 예제는 파이프라인 API를 사용하는 방법을 살펴보기 위해 가상의 데이터를 만들어 작성한 것이므로 데이터 내용이나 결괏값에 대해서는 의미를 두지 않아도 됩니다.

[예제 8-10] 파이프라인 API를 이용한 회귀 - 스칼라(PipelineSample.scala)

```scala
import org.apache.spark.ml.{Pipeline, PipelineModel}
import org.apache.spark.ml.classification.{LogisticRegression, LogisticRegressionModel}
import org.apache.spark.ml.feature.VectorAssembler
import org.apache.spark.sql.SparkSession

object PipelineSample {

  def main(args: Array[String]) {

    val spark = SparkSession
      .builder()
      .appName("PipelineSample")
```

```scala
  .master("local[*]")
  .getOrCreate()

// 훈련용 데이터(키, 몸무게, 나이, 성별)
val training = spark.createDataFrame(Seq(
  (161.0, 69.87, 29, 1.0),
  (176.78, 74.35, 34, 1.0),
  (159.23, 58.32, 29, 0.0))).toDF("height", "weight", "age", "gender")

// 테스트용 데이터
val test = spark.createDataFrame(Seq(
  (169.4, 75.3, 42),
  (185.1, 85.0, 37),
  (161.6, 61.2, 28))).toDF("height", "weight", "age")

training.show(false)

val assembler = new VectorAssembler()
  .setInputCols(Array("height", "weight", "age"))
  .setOutputCol("features")

// training 데이터에 features 칼럼 추가
val assembled_training = assembler.transform(training)

assembled_training.show(false)

// 모델 생성 알고리즘(로지스틱 회귀 평가자)
val lr = new LogisticRegression()
  .setMaxIter(10)
  .setRegParam(0.01)
  .setLabelCol("gender")

// 모델 생성
val model = lr.fit(assembled_training)

// 예측값 생성
model.transform(assembled_training).show()

// 파이프라인
val pipeline = new Pipeline().setStages(Array(assembler, lr))

// 파이프라인 모델 생성
val pipelineModel = pipeline.fit(training)
```

```
// 파이프라인 모델을 이용한 예측값 생성
pipelineModel.transform(training).show()

val path1 = "/Users/beginspark/Temp/regression-model"
val path2 = "/Users/beginspark/Temp/pipelinemodel"

// 모델 저장
model.write.overwrite().save(path1)
pipelineModel.write.overwrite().save(path2)

// 저장된 모델 불러오기
val loadedModel = LogisticRegressionModel.load(path1)
val loadedPipelineModel = PipelineModel.load(path2)

spark.stop

  }
}
```

[예제 8-11] 파이프라인 API를 이용한 회귀 – 자바(PipelineSample.java)

```
import org.apache.spark.ml.Pipeline;
import org.apache.spark.ml.PipelineModel;
import org.apache.spark.ml.PipelineStage;
import org.apache.spark.ml.classification.LogisticRegression;
import org.apache.spark.ml.classification.LogisticRegressionModel;
import org.apache.spark.ml.feature.VectorAssembler;
import org.apache.spark.sql.Dataset;
import org.apache.spark.sql.Row;
import org.apache.spark.sql.RowFactory;
import org.apache.spark.sql.SparkSession;
import org.apache.spark.sql.types.DataTypes;
import org.apache.spark.sql.types.StructField;
import org.apache.spark.sql.types.StructType;

import java.util.Arrays;
import java.util.List;

public class PipelineSample {

  public static void main(String[] args) throws Exception {
```

```
SparkSession spark = SparkSession.builder()
        .appName("PipelineSample")
        .master("local[*]")
        .getOrCreate();

StructField sf1 = DataTypes.createStructField("height", DataTypes.DoubleType, true);
StructField sf2 = DataTypes.createStructField("weight", DataTypes.DoubleType, true);
StructField sf3 = DataTypes.createStructField("age", DataTypes.IntegerType, true);
StructField sf4 = DataTypes.createStructField("label", DataTypes.DoubleType, true);
StructType schema1 = DataTypes.createStructType(Arrays.asList(sf1, sf2, sf3, sf4));

List<Row> rows1 = Arrays.asList(RowFactory.create(161.0, 69.87, 29, 1.0),
        RowFactory.create(176.78, 74.35, 34, 1.0),
        RowFactory.create(159.23, 58.32, 29, 0.0));

// 훈련용 데이터(키, 몸무게, 나이, 성별)
Dataset<Row> training = spark.createDataFrame(rows1, schema1);

training.cache();

List<Row> rows2 = Arrays.asList(RowFactory.create(169.4, 75.3, 42),
        RowFactory.create(185.1, 85.0, 37),
        RowFactory.create(161.6, 61.2, 28));

StructType schema2 = DataTypes.createStructType(Arrays.asList(sf1, sf2, sf3));

// 테스트용 데이터
Dataset<Row> test = spark.createDataFrame(rows2, schema2);

training.show(false);

VectorAssembler assembler = new VectorAssembler();
assembler.setInputCols(new String[]{"height", "weight", "age"});
assembler.setOutputCol("features");

Dataset<Row> assembled_training = assembler.transform(training);

assembled_training.show(false);

// 모델 생성 알고리즘(로지스틱 회귀 평가자)
LogisticRegression lr = new LogisticRegression();
lr.setMaxIter(10).setRegParam(0.01);
```

```java
// 모델 생성
LogisticRegressionModel model = lr.fit(assembled_training);

// 예측값 생성
model.transform(assembled_training).show();

// 파이프라인
Pipeline pipeline = new Pipeline();
pipeline.setStages(new PipelineStage[]{assembler, lr});

// 파이프라인 모델 생성
PipelineModel pipelineModel = pipeline.fit(training);

// 파이프라인 모델을 이용한 예측값 생성
pipelineModel.transform(training).show();

String path1 = "/Users/beginspark/Temp/regression-model";
String path2 = "/Users/beginspark/Temp/pipelinemodel";

// 모델 저장
model.write().overwrite().save(path1);
pipelineModel.write().overwrite().save(path2);

// 저장된 모델 불러오기
LogisticRegressionModel loadedModel = LogisticRegressionModel.load(path1);
PipelineModel loadedPipelineModel = PipelineModel.load(path2);

        spark.stop();
    }
}
```

[예제 8-11] 파이프라인 API를 이용한 회귀 – 파이썬(pipeline_sample.py)

```python
from pyspark.ml.classification import LogisticRegression
from pyspark.ml.classification import LogisticRegressionModel
from pyspark.ml.feature import VectorAssembler
from pyspark.ml.pipeline import Pipeline
from pyspark.ml.pipeline import PipelineModel
from pyspark.sql import SparkSession

spark = SparkSession \
    .builder \
```

```
    .appName("pipeline_sample") \
    .master("local") \
    .config("spark.sql.warehouse.dir", "file:///Users/beginspark/Temp/") \
    .getOrCreate()

# 훈련용 데이터(키, 몸무게, 나이, 성별)
training = spark.createDataFrame([
    (161.0, 69.87, 29, 1.0),
    (176.78, 74.35, 34, 1.0),
    (159.23, 58.32, 29, 0.0)]).toDF("height", "weight", "age", "gender")

training.cache()

# 테스트용 데이터
test = spark.createDataFrame([
    (169.4, 75.3, 42),
    (185.1, 85.0, 37),
    (161.6, 61.2, 28)]).toDF("height", "weight", "age")

training.show(truncate=False)

assembler = VectorAssembler(inputCols=["height", "weight", "age"], outputCol="features")

# training 데이터에 features 칼럼 추가
assembled_training = assembler.transform(training)

assembled_training.show(False) --> assembled_training.show(truncate=False)

# 모델 생성 알고리즘(로지스틱 회귀 평가자)
lr = LogisticRegression(maxIter=10, regParam=0.01, labelCol="gender")

# 모델 생성
model = lr.fit(assembled_training)

# 예측값 생성
model.transform(assembled_training).show()

# 파이프라인
pipeline = Pipeline(stages=[assembler, lr])

# 파이프라인 모델 생성
pipelineModel = pipeline.fit(training)
```

```
# 파이프라인 모델을 이용한 예측값 생성
pipelineModel.transform(training).show()

path1 = "/Users/beginspark/Temp/regression-model"
path2 = "/Users/beginspark/Temp/pipelinemodel"

# 모델 저장
model.write.overwrite().save(path1)
pipelineModel.write.overwrite().save(path2)

# 저장된 모델 불러오기
loadedModel = LogisticRegressionModel.load(path1)
loadedPipelineModel = PipelineModel.load(path2)

spark.stop
```

가장 먼저 해야 할 일은 데이터프레임을 만들기 위한 스파크세션을 생성하는 것입니다. 그리고 그다음으로 훈련을 위한 데이터셋과 테스트를 위한 데이터셋을 각각 데이터프레임으로 생성하고 훈련용 데이터프레임의 내용을 아래와 같이 출력해 보았습니다. (코드 설명은 스칼라 코드를 기준으로 진행하지만 다른 언어의 경우도 내용은 동일합니다.)

```
training.show(false)

+------+------+---+------+
|height|weight|age|gender|
+------+------+---+------+
|161.0 |69.87 |29 |1.0   |
|176.78|74.35 |34 |1.0   |
|159.23|58.32 |29 |0.0   |
+------+------+---+------+
```

훈련용 데이터인 training 데이터셋에는 모두 4개의 칼럼이 있는데, 이 가운데 height와 weight, age 칼럼은 예측을 위한 특성으로 사용하고, gender는 레이블로 사용할 것입니다(여기서는 키와 몸무게, 나이로부터 성별을 알아낸다고 가정하기 때문입니다).

따라서 특성에 속하는 3개 칼럼 값을 가진 벡터를 준비해야 하는데, 예제에서는 아래와 같이 스파크에서 제공하는 VectorAssembler 트랜스포머를 사용했습니다.

```
val assembler = new VectorAssembler()
    .setInputCols(Array("height", "weight", "age"))
    .setOutputCol("features")
```

VectorAssembler 트랜스포머는 스파크에서 제공하는 특성 변환 알고리즘 중 하나로, setInputCols() 메서드로 지정한 칼럼의 값을 포함하는 벡터를 생성하고, 이 벡터를 가진 새로운 칼럼을 setOutputCol()에 지정한 이름으로 추가하는 역할을 수행합니다. 스파크 MLlib에서는 이 밖에도 다양한 특성 처리 알고리즘을 제공하며, 이에 대해서는 이후 절에서 좀 더 알아보겠습니다.

VectorAssembler는 트랜스포머이기 때문에 transform() 메서드를 사용해 호출할 수 있습니다. 다음은 VectorAssembler를 적용한 후의 training 데이터셋의 내용입니다.

```
assembled_training.show(false)
+------+-----+---+------+------------------+
|height|weight|age|gender|features          |
+------+-----+---+------+------------------+
|161.0 |69.87 |29 |1.0   |[161.0,69.87,29.0] |
|176.78|74.35 |34 |1.0   |[176.78,74.35,34.0]|
|159.23|58.32 |29 |0.0   |[159.23,58.32,29.0]|
+------+-----+---+------+------------------+
```

features 필드가 추가됐고 내부에 height, weight, age라는 세 칼럼의 값이 포함된 것을 알 수 있습니다.

특성 벡터가 준비됐다면 다음으로 성별 분류 모델을 만들기 위한 알고리즘을 준비해야 합니다. 예제에서는 대표적인 이진 분류 알고리즘인 로지스틱 회귀 알고리즘을 선택했습니다.

```
val lr = new LogisticRegression()
    .setMaxIter(10)
    .setRegParam(0.01)
    .setLabelCol("gender")
```

LogisticRegression 클래스의 setMaxIter(), setRegParam() 등은 알고리즘의 반복 실행 횟수와 L1, L2 정규화를 위한 파라미터를 등록하는 부분으로, 파이프라인 API를 사용할 경우 알고리즘이나 파라미터의 종류와 무관하게 일관되면서도 간편한 방식으로 필요한 파라미터를 지정할 수 있습니다.

알고리즘이 준비되면 데이터를 적합시켜 모델을 생성할 차례입니다. 예제에서 사용한 Logistic Regression은 파이프라인 API 관점에서는 평가자(Estimator)에 해당되므로 fit() 메서드에 이전 단계에서 준비해 둔 훈련 데이터를 전달해서 모델을 생성했습니다.

```
val model = lr.fit(assembled_training)
```

모델이 생성된 후에는 테스트 데이터를 이용해 예측을 수행합니다. 앞 절에서도 언급했듯이 모델은 트랜스포머에 해당하므로 transform() 메서드를 사용해 기존 데이터셋을 변형하는 방법을 통해[5] 예측을 수행할 수 있습니다. 다음은 예측을 수행한 후 데이터셋의 내용입니다.

```
+------+------+---+------+------------------+------------------+------------------+------+
|height|weight|age|gender|          features|     rawPrediction|
probability|prediction|
+------+------+---+------+------------------+------------------+------------------+------+
| 161.0| 69.87| 29|   1.0| [161.0,69.87,29.0]|[-2.4890615171055...|[0.07662857486628...|   1.0|
|176.78| 74.35| 34|   1.0|[176.78,74.35,34.0]|[-1.5515034131417...|[0.17486923465734...|   1.0|
|159.23| 58.32| 29|   0.0|[159.23,58.32,29.0]|[2.48077740707284...|[0.92278320971457...|   0.0|
+------+------+---+------+------------------+------------------+------------------+------+
```

예측을 수행한 결과로 rawPrediction부터 prediction까지 3개의 칼럼이 추가된 것을 확인할 수 있습니다.

일단 이것으로 파이프라인 API를 이용해 모델을 만들고 예측을 수행하는 부분까지 알아봤습니다.

이제 마지막 단계로 위에서 사용한 트랜스포머와 평가자를 하나의 파이프라인으로 묶어서 간단한 워크플로우를 구성해 볼 차례입니다.

```scala
// 파이프라인
val pipeline = new Pipeline().setStages(Array(assembler, lr))

// 파이프라인 모델 생성
val pipelineModel = pipeline.fit(training)

// 파이프라인 모델을 이용한 예측값 생성
pipelineModel.transform(training).show()
```

파이프라인 구성은 간단합니다. 먼저 위에서 생성한 VectorAssembler와 LogisticRegression Model 인스턴스를 Pipeline 클래스의 setStages() 메서드를 이용해 조합하고 Pipeline 클래스의 fit() 메서드를 호출해서 PipelineModel을 생성합니다. 그리고 모델이 만들어진 후에는 생성된 모델을 이용해 예측을 수행하면 됩니다. 물론 이때 입력 데이터는 파이프라인 내부에서 특성 추출 과정을 거치게 될 것이므로 맨 처음 생성했던 training 데이터셋을 특별한 수정 없이 그대로 전달하면 됩니다.

---

5 예제에서는 새로운 칼럼을 추가함으로써 기존 데이터셋을 변형했습니다.

예제의 가장 아래 부분은 이렇게 생성된 모델을 외부 저장소에 저장하고 불러오는 방법에 대한 것입니다. 파이프라인 API의 모든 모델은 예제에서 보는 것과 같이 저장해서 사용할 수 있기 때문에 한 번 생성된 모델은 위와 같은 방법으로 재사용할 수 있습니다.

8.13 알고리즘

스파크는 특성 추출, 변환, 선택을 위한 다양한 알고리즘을 제공합니다. 특별히 어떤 알고리즘이 더 중요하다고는 할 수 없지만 이 책에서 모든 알고리즘을 다 다룰 수는 없기 때문에 사용법을 익히는 관점에서 일부 알고리즘에 대한 예제를 다뤄 볼 것입니다. 책에서 다루지 않는 내용 역시 실무에서 유용하게 사용될 수 있으며, 상세한 내용은 특성 추출, 변환, 선택에 관한 문서[6]를 통해 확인할 수 있습니다.

8.13.1 Tokenizer

Tokenizer는 공백 문자를 기준으로 입력 문자열을 개별 단어의 배열로 변환하고 이 배열을 값으로 하는 새로운 칼럼을 생성하는 트랜스포머입니다. 문자열을 기반으로 하는 특성 처리에 자주 사용되며 문자열 구분자로 공백이 아닌 정규식을 사용하고자 할 경우 RegexTokenizer를 대신 사용할 수 있습니다.

[예제 8-12] Tokenizer – 스칼라(TokenizerSample.scala)

```scala
import org.apache.spark.ml.feature.Tokenizer
import org.apache.spark.sql.SparkSession

val data = Seq("Tokenization is the process", "Refer to the Tokenizer").map(Tuple1(_))
val inputDF = spark.createDataFrame(data).toDF("input")
val tokenizer = new Tokenizer().setInputCol("input").setOutputCol("output")
val outputDF = tokenizer.transform(inputDF)
outputDF.printSchema()
outputDF.show(false)
```

---

6 http://spark.apache.org/docs/latest/ml-features.html

[예제 8-13] Tokenizer – 자바(TokenizerSample.java)

```java
import org.apache.spark.ml.feature.Tokenizer;
import org.apache.spark.sql.Dataset;
import org.apache.spark.sql.Row;
import org.apache.spark.sql.RowFactory;
import org.apache.spark.sql.SparkSession;
import org.apache.spark.sql.types.DataTypes;
import org.apache.spark.sql.types.StructField;
import org.apache.spark.sql.types.StructType;

import java.util.Arrays;

// 스파크 세션 생성...

StructField sf1 = DataTypes.createStructField("input", DataTypes.StringType, true);
StructType st1 = DataTypes.createStructType(Arrays.asList(sf1));
Row r1 = RowFactory.create("Tokenization is the process");
Row r2 = RowFactory.create("Refer to the Tokenizer");

Dataset<Row> inputDF = spark.createDataFrame(Arrays.asList(r1, r2), st1);
Tokenizer tokenizer = new Tokenizer().setInputCol("input").setOutputCol("output");
Dataset<Row> outputDF = tokenizer.transform(inputDF);
outputDF.printSchema();
outputDF.show(false);
```

[예제 8-13] Tokenizer – 파이썬(tokenizer_sample.py)

```python
from pyspark.ml.feature import Tokenizer
from pyspark.sql import SparkSession

# 스파크 세션 생성 ...
spark = SparkSession ...

data = [(0, "Tokenization is the process"), (1, "Refer to the Tokenizer")]
inputDF = spark.createDataFrame(data).toDF("id", "input")
tokenizer = Tokenizer(inputCol="input", outputCol="output")
outputDF = tokenizer.transform(inputDF)
outputDF.printSchema()
outputDF.show()
```

[결과]

```
root
 |-- input: string (nullable = true)
 |-- output: array (nullable = true)
 |    |-- element: string (containsNull = true)


+------------------------+--------------------------------+
|input                   |output                          |
+------------------------+--------------------------------+
|Tokenization is the process|[tokenization, is, the, process]|
|Refer to the Tokenizer     |[refer, to, the, tokenizer]     |
+------------------------+--------------------------------+
```

예제에서 Tokenizer의 입력으로 input 칼럼을 지정하고 새롭게 생기는 칼럼의 이름을 output으로 명명했습니다. 그 결과, input 칼럼의 문자열을 분리한 결과에 해당하는 output이라는 새로운 칼럼이 생긴 것을 확인할 수 있습니다.

8.13.2 TF-IDF

TF-IDF(Term Frequency – Inverse Document Frequency)는 여러 문서 집합에서 특정 단어가 특정 문서 내에서 가지는 중요도를 수치화한 통계적 수치입니다. 문서 내에서 단어의 출현 빈도를 나타내는 TF(단어 빈도)와 문서군 내에서 출현 빈도를 나타내는 IDF(문서 빈도, 빈도가 높을수록 점수가 낮아짐)의 조합으로 결정되며, 문서 내에서 출현 빈도가 높은 단어일수록 높은 점수를 부여하되 특정 문서가 아닌 모든 문서에서 동일한 현상이 나타나면 흔하게 사용되는 중요하지 않은 단어로 간주해서 가중치를 낮춰주는 방법을 사용합니다.

스파크 MLlib에서 TF-IDF 알고리즘은 TF 처리를 담당하는 부분과 IDF 처리를 담당하는 부분을 각각 따로 구현해서 TF 처리에 해당하는 부분은 트랜스포머 클래스로, IDF에 해당하는 부분은 평가자 클래스로 제공하고 있습니다. 따라서 상황에 따라 원하는 TF 알고리즘을 선택해서 사용하는 것도 가능합니다. 다음은 TF 트랜스포머로 HashingTF 클래스를 사용한 스칼라 예제입니다. (HashingTF 외에 org.apache.spark.ml.feature.CountVectorizer 클래스를 TF 용도로 사용할 수도 있습니다.)

[예제 8-13] TF-IDF – 스칼라(TfIDFSample.scala)

```
import org.apache.spark.ml.feature.{HashingTF, IDF, Tokenizer}
import org.apache.spark.sql.SparkSession
```

```scala
val df1 = spark.createDataFrame(Seq(
    (0, "a a a b b c"),
    (0, "a b c"),
    (1, "a c a a d"))).toDF("label", "sentence")

val tokenizer = new Tokenizer().setInputCol("sentence").setOutputCol("words")

// 각 문장을 단어로 분리
val df2 = tokenizer.transform(df1)

val hashingTF = new HashingTF()
    .setInputCol("words").setOutputCol("TF-Features").setNumFeatures(20)
val df3 = hashingTF.transform(df2)

val idf = new IDF().setInputCol("TF-Features").setOutputCol("Final-Features")
val idfModel = idf.fit(df3)

val rescaledData = idfModel.transform(df3)
rescaledData.select("words", "TF-Features", "Final-Features").show(false)
```

[예제 8-13] TF-IDF - 자바(TfIDFSample.java)

```java
import org.apache.spark.ml.feature.IDF;
import org.apache.spark.ml.feature.IDFModel;
import org.apache.spark.ml.feature.Tokenizer;
import org.apache.spark.ml.feature.HashingTF;
import org.apache.spark.sql.Dataset;
import org.apache.spark.sql.Row;
import org.apache.spark.sql.RowFactory;
import org.apache.spark.sql.SparkSession;
import org.apache.spark.sql.types.DataTypes;
import org.apache.spark.sql.types.StructField;
import org.apache.spark.sql.types.StructType;

import java.util.Arrays;

// 스파크세션 생성
SparkSession spark = SparkSession.builder()...

StructField sf1 = DataTypes.createStructField("label", DataTypes.IntegerType, true);
StructField sf2 = DataTypes.createStructField("sentence", DataTypes.StringType, true);
StructType st1 = DataTypes.createStructType(Arrays.asList(sf1, sf2));
```

```java
Row r1 = RowFactory.create(0, "a a a b b c");
Row r2 = RowFactory.create(0, "a b c");
Row r3 = RowFactory.create(1, "a c a a d");

Dataset<Row> df1 = spark.createDataFrame(Arrays.asList(r1, r2, r3), st1);

Tokenizer tokenizer = new Tokenizer().setInputCol("sentence").setOutputCol("words");
// 각 문장을 단어로 분리
Dataset<Row> df2 = tokenizer.transform(df1);

HashingTF hashingTF = new HashingTF()
        .setInputCol("words").setOutputCol("TF-Features").setNumFeatures(20);

Dataset<Row> df3 = hashingTF.transform(df2);

IDF idf = new IDF().setInputCol("TF-Features").setOutputCol("Final-Features");
IDFModel idfModel = idf.fit(df3);

Dataset<Row> rescaledData = idfModel.transform(df3);
rescaledData.select("words", "TF-Features", "Final-Features").show(false);
```

[예제 8-13] TF-IDF - 파이썬(tf_idf_sample.py)

```python
from pyspark.ml.feature import Tokenizer
from pyspark.ml.feature import HashingTF
from pyspark.ml.feature import IDF
from pyspark.sql import SparkSession

# 스파크세션 생성
spark = SparkSession ...

df1 = spark.createDataFrame([
    (0, "a a a b b c"),
    (0, "a b c"),
    (1, "a c a a d")]).toDF("label", "sentence")

tokenizer = Tokenizer(inputCol="sentence", outputCol="words")

# 각 문장을 단어로 분리
df2 = tokenizer.transform(df1)

hashingTF = HashingTF(inputCol="words", outputCol="TF-Features", numFeatures=20)
```

```
df3 = hashingTF.transform(df2)

idf = IDF(inputCol="TF-Features", outputCol="Final-Features")
idfModel = idf.fit(df3)

rescaledData = idfModel.transform(df3)
rescaledData.select("words", "TF-Features", "Final-Features").show()
```

[결과]

```
+------------------+----------------------+----------------------------------------------+
|words             |TF-Features           |Final-Features                                |
+------------------+----------------------+----------------------------------------------+
|[a, a, a, b, b, c]|(20,[1,2,10],[2.0,1.0,3.0])|(20,[1,2,10],[0.5753641449035617,0.0,0.0]) |
|[a, b, c]         |(20,[1,2,10],[1.0,1.0,1.0])|(20,[1,2,10],[0.28768207245178085,0.0,0.0])|
|[a, c, a, a, d]   |(20,[2,10,14],[1.0,3.0,1.0])|(20,[2,10,14],[0.0,0.0,0.6931471805599453])|
+------------------+----------------------+----------------------------------------------+
```

예제에서는 "a a a b b c", "a b c", "a c a a d"라는 세 개의 문장을 이용해 각 문장 내에서 단어의 TF-IDF 값을 계산해봤습니다.

먼저 Tokenizer로 각 문장을 개별 단어로 분리한 뒤 HashingTF 트랜스포머를 이용해 TF 값을 계산합니다. setInputCol()과 setOutputCol()은 Tokenizer에서 사용했던 것과 같은 입력 칼럼과 생성될 칼럼의 이름을 나타내며, setNumFeatures()는 특성의 개수로 특성 벡터의 크기에 해당하며 해시 처리를 위한 모듈러 연산의 기준이 됩니다.

HashingTF의 결과가 반영된 데이터셋은 다시 IDF 평가자에 의해 처리되어 IDFModel을 생성된 모델을 이용해 최종적인 TF-IDF 값을 구할 수 있습니다.

최종 결과를 보면 모든 문서에서 가장 높은 빈도수를 가진 "a" 문자가 TF-Features에서 높은 점수를 받았다가 Final-Features에서 재조정된 것을 확인할 수 있습니다(결과에서 맨앞 숫자는 벡터의 크기, 두번째 나오는 배열은 값의 위치(index), 마지막 배열은 값을 의미합니다).

8.13.3 StringIndexer, IndexToString

StringIndexer는 문자열 칼럼에 대응하는 숫자형 칼럼을 생성하는 평가자입니다. 문자열 레이블 칼럼에 적용하며 해당 칼럼의 모든 문자열에 노출 빈도에 따른 인덱스를 부여해서 숫자로 된 새로운 레이블 칼럼을 생성합니다. StringIndexer는 트랜스포머가 아닌 평가자로서 fit() 메서드를 이용해 StringIndexerModel을 생성하며, 이 모델을 이용해 문자열 인코딩을 수행할 수 있습니다.

IndexToString은 StringIndexer의 인코딩 결과를 원래 문자열로 되돌려주는 트랜스포머로서 예측이 끝난 최종 데이터셋에서 원래의 문자열 레이블을 복원하는 용도로 주로 사용됩니다.

[예제 8-14] StringIndexer – 스칼라(StringIndexerSample.scala)

```scala
import org.apache.spark.ml.feature.{IndexToString, StringIndexer}
import org.apache.spark.sql.SparkSession

val df1 = spark.createDataFrame(Seq(
      (0, "red"),
      (1, "blue"),
      (2, "green"),
      (3, "yellow"))).toDF("id", "color")

val strignIndexer = new StringIndexer()
      .setInputCol("color")
      .setOutputCol("colorIndex")
      .fit(df1)

val df2 = strignIndexer.transform(df1)
df2.show(false)

val indexToString = new IndexToString()
      .setInputCol("colorIndex")
      .setOutputCol("originalColor")

val df3 = indexToString.transform(df2)
df3.show(false)
```

[예제 8-14] StringIndexer – 자바(StringIndexerSample.java)

```java
import org.apache.spark.ml.feature.IndexToString;
import org.apache.spark.ml.feature.StringIndexer;
import org.apache.spark.ml.feature.StringIndexerModel;
import org.apache.spark.sql.Dataset;
import org.apache.spark.sql.Row;
import org.apache.spark.sql.RowFactory;
import org.apache.spark.sql.SparkSession;
import org.apache.spark.sql.types.DataTypes;
import org.apache.spark.sql.types.StructField;
import org.apache.spark.sql.types.StructType;
```

```java
import java.util.Arrays;

import org.apache.spark.sql.types.StructField;
import org.apache.spark.sql.types.StructType;

SparkSession spark = SparkSession.builder()
        .appName("StringIndexerSample")
        .master("local[*]")
        .getOrCreate();

StructField sf1 = DataTypes.createStructField("id", DataTypes.IntegerType, true);
StructField sf2 = DataTypes.createStructField("color", DataTypes.StringType, true);
StructType st1 = DataTypes.createStructType(Arrays.asList(sf1, sf2));

Row r1 = RowFactory.create(0, "red");
Row r2 = RowFactory.create(1, "blue");
Row r3 = RowFactory.create(2, "green");
Row r4 = RowFactory.create(3, "yellow");

Dataset<Row> df1 = spark.createDataFrame(Arrays.asList(r1, r2, r3, r4), st1);

StringIndexerModel strignIndexer = new StringIndexer()
        .setInputCol("color")
        .setOutputCol("colorIndex")
        .fit(df1);

Dataset<Row> df2 = strignIndexer.transform(df1);

df2.show(false);

IndexToString indexToString = new IndexToString()
        .setInputCol("colorIndex")
        .setOutputCol("originalColor");

Dataset<Row> df3 = indexToString.transform(df2);
df3.show(false);
```

[예제 8-14] StringIndexer – 파이썬(stringindexer_sample.py)

```python
from pyspark.ml.feature import IndexToString
from pyspark.ml.feature import StringIndexer
from pyspark.sql import SparkSession
```

```
spark = SparkSession \
    .builder \
    .appName("stringindexer_sample") \
    .master("local") \
    .config("spark.sql.warehouse.dir", "file:///Users/beginspark/Temp/") \
    .getOrCreate()

df1 = spark.createDataFrame([
    (0, "red"),
    (1, "blue"),
    (2, "green"),
    (3, "yellow")]).toDF("id", "color")

strignIndexer = StringIndexer(inputCol="color", outputCol="colorIndex").fit(df1)

df2 = strignIndexer.transform(df1)

df2.show()

indexToString = IndexToString(inputCol="colorIndex", outputCol="originalColor")

df3 = indexToString.transform(df2)
df3.show()
```

[결과]

```
+---+------+----------+
|id |color |colorIndex|
+---+------+----------+
|0  |red   |1.0       |
|1  |blue  |2.0       |
|2  |green |3.0       |
|3  |yellow|0.0       |
+---+------+----------+

+---+------+----------+-------------+
|id |color |colorIndex|originalColor|
+---+------+----------+-------------+
|0  |red   |1.0       |red          |
|1  |blue  |2.0       |blue         |
|2  |green |3.0       |green        |
|3  |yellow|0.0       |yellow       |
+---+------+----------+-------------+
```

위 예제는 red, blue, green, yellow라는 4개의 값을 가진 칼럼에 StringIndexer를 적용해 숫자로 변환한 후 이 값을 다시 원래의 문자열로 복원하고 있습니다. StringIndexer를 사용하면 예제와 같이 범주형 특성을 보이는 문자열을 double 형 칼럼으로 변환하는 데 유용하게 사용할 수 있습니다.

8.14 회귀와 분류

8.14.1 회귀

통계학이나 머신러닝 분야에서 회귀분석의 목적은 변수 간의 관계를 찾는 것입니다. 이를 위해 먼저 변수 간의 관계에 대한 가설을 세운 뒤 이미 확보한 데이터와 최적화 알고리즘을 사용해 데이터셋에서 변수 간의 관계를 설명할 수 있는 최적화된 모델을 만들게 됩니다.

이때 사용 가능한 최적화 알고리즘에는 다양한 종류가 있는데 스파크에서 제공하는 것으로는 선형 회귀(Linear regression), 일반화 선형 회귀(Generalized linear regression), 의사결정 트리 회귀(Decision tree regression), 랜덤 포레스트 회귀(Random forest regression), 그레이디언트 부스티드 트리 회귀(Gradient-boosted tree regression), 생존 회귀(Survival regression), 등위 회귀(Isotonic regression) 등이 있습니다.

다음은 스파크에서 제공하는 주요 회귀 알고리즘과 연관 클래스 및 하이퍼 파라미터를 간단히 요약한 것입니다.

선형 회귀(Linear regression)

선형 회귀는 관측 대상이 가지고 있는 어떤 특성이 그 대상이 가지고 있는 또 다른 특성과 일종의 선형 관계를 가진다는 가정하에 예측을 수행하는 분석 방법입니다. 예를 들어, 특정 지역 학생들의 키와 나이, 성별을 보고 몸무게를 예측한다고 할 때 몸무게(Y_i) = 키(X_{1i}) + 나이(X_{2i}) + 성별(X_{3i}) + 오차(i)의 형태로 특성 간의 관계식을 세우고 예측을 수행할 수 있습니다. 이때 i로 표현된 오차는 선형 회귀식에 의해 예측한 값과 실제값의 차이를 나타내는 이론상의 값으로 (수식만으로는 설명할 수 없는) 실제 관측값과 예측값과의 차이는 잔차(residual)[7]로 표현합니다. 선형 회귀의 목적은 이러한 오차의 크기를 표현하는 손실 함수(loss function)를 기반으로 오차를 최소화하는 선형 관계

---

7 https://goo.gl/pB9EuD

를 찾아내는 것으로, 스파크의 경우 정규화를 위한 elastic net 파라미터[8]를 이용해 L1[9], L2[10] 정규화를 혼합 적용할 수 있습니다. 스파크 MLlib에서 선형 회귀를 위한 클래스는 평가자(Estimator)의 일종인 LinearRegression 클래스이며, fit() 메서드를 통해 LinearRegressionModel을 생성할 수 있습니다. 다음은 LinearRegression 클래스에서 사용하는 주요 파라미터입니다.

- elasticNetParam: L1, L2 정규화를 선택하기 위한 파라미터. 더블(double) 형 값을 사용할 수 있고 0.0일 경우 L2, 1.0일 경우 L1 패널티가 적용되며, 0과 1 사이의 값을 지정할 경우 L1, L2가 혼합 적용됨. 기본값은 0.0(L2).

- maxIter: 최대 반복 횟수. 기본값은 100

- regParam: L1, L2 정규화를 위한 파라미터. 더블(double) 형 값을 사용할 수 있고, 기본값은 0.0이며, 직접 지정할 경우 0 이상의 값을 지정해야 함.

- solver: 학습률 최적화 알고리즘 선택을 위한 파라미터, "l-bfgs"[11], "normal", "auto" 중에서 선택할 수 있으며, 기본값은 "auto"

일반화 선형 회귀(Generalized linear regression)

선형 회귀(linear regression)의 경우 잔차(residual)의 분포가 정규 분포를 따르는 경우, 즉 종속 변수가 정규분포를 따르는 경우에 사용합니다. 일반화 선형 회귀는 이를 일반화한 모델로서 오차의 분포가 정규 분포를 따르지 않는 경우에도 적용할 수 있는 회귀 분석 방법입니다. 스파크의 경우 일반화 선형 회귀를 위한 GeneralizedLinearRegression 클래스를 제공하며, family 하이퍼 파라미터를 통해 오류 또는 종속 변수의 분포를 지정할 수 있습니다. 다음은 Generalized LinearRegression 클래스에서 사용하는 주요 파라미터 정보입니다.

- famiy: 종속 변수 또는 오류의 확률 분포. "gaussian", "binomial", "poisson", "gamma", "tweedie" 중에서 지정할 수 있으며, 기본값은 "gaussian".

- link: 회귀에서 사용할 선형 함수. family에서 지정한 확률 분포에 따라 아래와 같은 함수를 지정할 수 있음.
  - gaussian: "identity", "log", "inverse"
  - binomial: "logit", "probit", "cloglog"
  - poisson: "log", "identity", "sqrt"
  - gamma: "inverse", "identity", "log"
  - tweedie: 0(Log), 1(Identity), −1(Inverse), 0.5(Sqrt)

---

8 https://en.wikipedia.org/wiki/Elastic_net_regularization
9 Lasso(라쏘), https://goo.gl/l8fQzs
10 Ridge(리지), Tikhomov(티코노프), https://goo.gl/5YdPx4
11 https://goo.gl/isyO1T

- maxIter: 최대 반복 횟수. 기본값은 100

- regParam: L1, L2 정규화를 위한 파라미터. 더블(double) 형의 값을 사용할 수 있고 기본값은 0.0이며 직접 지정할 경우 0 이상의 값을 지정해야 함.

- solver: 학습률 최적화 알고리즘 선택을 위한 파라미터. "l-bfgs"[12], "normal", "auto" 중에서 선택할 수 있으며, 기본값은 "auto"

의사결정 트리 회귀(Decision tree regression)

의사결정 트리 알고리즘은 관측 대상의 특성 값을 기준으로 반복적인 분기를 수행해 그 결과로 루트 노드(root node)로부터 더 이상 분기가 수행되지 않는 리프 노드(leaf node)까지 트리를 구성하고 이를 이용해 예측 또는 분류를 수행하는 분석 방법입니다. 회귀뿐 아니라 분류 문제 영역에서도 활용될 수 있으며, 여러 개의 트리를 조합해서 사용하는 앙상블(ensemble) 형태로 응용되기도 합니다. 전형적인 if-else 형태의 논리와 유사하기 때문에 이해하거나 설명하기가 쉽고 카테고리형 데이터나 연속형 데이터 모두에 적합한 데다 특성에 대한 별도의 정량화(scaling) 과정이 필요하지 않다는 장점도 있습니다. 스파크 MLlib에서는 의사결정 트리 회귀를 수행하기 위해 DecisionTreeRegressor 클래스를 제공하며, 다른 회귀 클래스들과 동일하게 다양한 파라미터들을 사용할 수 있습니다. 다음은 DecisionTreeRegressor 클래스에서 사용할 수 있는 주요 파라미터 정보입니다.

- impurity: 노드 분기 시 사용할 불순도(Gini impurity) 또는 엔트로피(Entropy) 측정 방법. 회귀에서는 엔트로피에 해당하는 "variance"만 지정 가능

- maxBins: 각 노드에서 수행할 분기의 최대 개수. 2보다 큰 값을 사용하되 카테고리형 특성의 경우 카테고리 개수를 넘지 않도록 지정. 기본값은 32.

- maxDepth: 트리 최대 깊이. 기본값은 5.

- minInfoGain: 특정 노드에서 분기를 수행할지 여부를 판단하기 위한 최소 정보이득(Information Gain). 기본값은 0.0.

- minInstancesPerNode: 특정 노드에서 분기를 수행할지 여부를 판단하기 위한 최소 인스턴스 수. 분할 이후 생성된 자식(Child) 노드에서 이보다 작은 크기의 인스턴스를 포함하게 될 경우 분기가 수행되지 않음. 기본값은 1.

---

12 https://goo.gl/isyO1T

랜덤 포레스트 회귀(Random forest regression)

랜덤 포레스트는 다수의 의사결정 트리를 결합한 의사결정 트리의 앙상블입니다. 의사결정 트리가 이해하기 쉽고 다양한 분석에 활용할 수 있다는 장점이 있지만 학습에 사용하는 데이터에 따라 그 결과가 크게 달라지고 오버피팅으로 인해 예측의 정확도가 다른 알고리즘에 비해 상대적으로 높지 못하다는 단점을 극복하기 위한 용도로 사용됩니다. 스파크의 랜덤 포레스트 알고리즘은 기존 의사 결정 트리 구현체를 사용해 구현된 것으로, 의사결정 트리와 같이 연속형 데이터나 카테고리 형 데 이터 모두에 사용할 수 있으며 별도의 정량화 과정도 필요하지 않습니다.

랜덤 포레스트 알고리즘의 동작 방식은 입력된 데이터로부터 임의의 서브 데이터 셋을 추출하고 이 를 다수의 의사결정 트리에 적용한 뒤 각 트리로부터 생성된 결과들을 취합해서 최종 결과를 생성하 는 방법을 사용합니다. 따라서 각 의사결정 트리는 병렬로 수행될 수 있으며, 단일 의사결정 트리의 결괏값을 사용할 때 발생할 수 있는 오차를 줄이는 효과를 얻을 수 있습니다.

스파크 MLlib에서는 랜덤 포레스트 회귀를 위한 RandomForestRegressor 클래스를 제공합니 다. 아래는 RandomForestRegressor에서 사용 가능한 주요 파라미터에 관한 내용으로 대부분 DecisionTreeRegressor에서 사용한 것과 동일한 파라미터를 사용하되 일부 트리의 개수나 샘플링 비율을 지정하기 위한 파라미터를 추가로 사용할 수 있음을 알 수 있습니다.

- featureSubsetStrategy: 각 트리 노드에서 분기를 결정할 때 고려할 특성의 수. "auto", "all", "onethird", "sqrt", "log2", "n" 중에서 선택 가능

- impurity: 노드 분기 시 사용할 불순도(Gini impurity) 또는 엔트로피(Entropy) 측정 방법. 회귀에서는 엔트로피에 해당하는 "variance"만 지정 가능

- maxBins: 각 노드에서 수행할 분기의 최대 개수. 2보다 큰 값을 사용하되 카테고리형 특성의 경우 카테고리 개수를 넘지 않도록 지정해야 함. 기본값은 32.

- maxDepth: 트리 최대 깊이. 기본값은 5.

- minInfoGain: 특정 노드에서 분기를 수행할지 여부를 판단하기 위한 최소 정보이득(Information Gain). 기본값은 0.0.

- minInstancesPerNode: 특정 노드에서 분기를 수행할지 여부를 판단하기 위한 최소 인스턴스 수. 분할 이후 생성된 자식 (Child) 노드에서 이보다 작은 크기의 인스턴스를 포함하게 될 경우 분기가 수행되지 않음. 기본값은 1.

- numTrees: 사용할 트리의 개수. 기본값은 20.

- subsamplingRate: 각 트리에서 사용할 훈련 데이터의 비율. 0에서 1 사이의 값으로 지정하며 기본값은 1.0.

그레이디언트 부스티드 트리 회귀(Gradient-boosted tree regression)

그레이디언트 부스티드 트리(GBT) 역시 랜덤 포레스트와 마찬가지로 의사결정 트리 앙상블입니다. 랜덤 포레스트와 다른 점은 각 의사결정 트리를 병렬로 처리하지 않고 순차적으로 처리한다는 것으로 각 트리는 지정한 순서에 따라 순차적 반복적으로 학습을 수행하면서 매 반복마다 지정한 손실 함수(loss function)를 이용해 이전 단계의 오류를 수정하는 형태로 결과를 개선해 갈 수 있습니다. 하지만 순차적 반복 학습의 결과로 보다 높은 정확도를 얻게 되는 장점이 있는 반면 순차적 처리로 인해 처리 시간이 오래 걸리게 되는 단점도 있습니다.

스파크 MLlib에서는 Stochastic Gradient Boosting[13]을 구현한 GBTRegressor 클래스를 제공하고 있으며 사용 가능한 파라미터는 RandomForestRegressor 클래스와 비슷하게 DecisionTreeRegressor에서 사용했던 대부분의 파라미터를 사용합니다. 다음은 GBTRegressor에서 사용하는 주요 파라미터입니다.

- impurity: 노드 분기 시 사용할 불순도(Gini impurity) 또는 엔트로피(Entropy) 측정 방법. 회귀에서는 엔트로피에 해당하는 "variance"만 지정 가능

- lossType: GBT에서 사용할 손실 함수. "squared", "absolute" 중에서 지정할 수 있으며 기본값은 "squared".

- maxBins: 각 노드에서 수행할 분기의 최대 개수. 2보다 큰 값을 사용하되 카테고리형 특성의 경우 카테고리 개수를 넘지 않도록 지정해야 함. 기본값은 32.

- maxDepth: 트리 최대 깊이. 기본값은 5.

- maxIter, stepSize: 최대 반복 주기와 학습 주기(learning rate). 기본값은 0.1.

- minInfoGain: 특정 노드에서 분기를 수행할지 여부를 판단하기 위한 최소 정보이득(Information Gain). 기본값은 0.0.

- minInstancesPerNode: 특정 노드에서 분기를 수행할지 여부를 판단하기 위한 최소 인스턴스 수. 분할 이후 생성된 자식(Child) 노드에서 이보다 작은 크기의 인스턴스를 포함하게 될 경우 분기가 수행되지 않음. 기본값은 1.

- subsamplingRate: 각 트리에서 사용할 훈련 데이터의 비율. 0에서 1 사이의 값으로 지정하며 기본값은 1.0.

이번 절에서는 스파크의 선형회귀 알고리즘(LinearRegression)을 사용해 서울시 학생들의 키, 나이, 성별에 따른 몸무게를 예측하는 예제를 작성해 보겠습니다(이 예는 스파크 MLlib API의 사용법에 초점을 둔 예제로서 데이터의 선형성이나 오차항의 정규성, 등분산성, 특성 간의 독립성 등은 고려하지 않았으며, 분석 결과 자체에는 큰 의미를 두지 않아도 됩니다).

---

13 https://goo.gl/viTyMB

회귀분석을 위한 첫 단계는 데이터를 수집하는 것입니다. 최근 머신러닝의 인기로 인해 데이터를 얻을 수 있는 곳은 점점 더 다양해지는 추세인데 이번 예제에서는 서울특별시에서 제공하는 "서울 열린 데이터 광장" 서비스를 사용해 보겠습니다.

먼저 데이터를 내려받기 위해 서울 열린 데이터 광장 홈페이지(http://data.seoul.go.kr)에 접속한 뒤 상단의 검색 창에 "서울시 학생 체격 현황"이라고 입력하고 돋보기 모양의 버튼을 눌러 검색을 수행합니다.

그림 8-1 서울 열린데이터 광장

잠시 후 검색 결과가 나타나면 데이터셋이라는 항목이 보이고 방금 조회한 데이터의 제목이 화면에 표시될 것입니다. 이때 제목 문자열 바로 위쪽을 보면 "SHEET", "CHART", "OPEN API"라는 버튼들이 있는데 이 가운데 "SHEET" 버튼을 선택해 상세 페이지로 이동합니다.

페이지가 전환되면 데이터 조회 화면이 나타나고 이 화면에서 "기간" 조건을 2001년부터 2016년으로 설정하고 "자료검색" 버튼을 눌러 조회를 수행합니다. 그리고 최종적으로 한번 더 기다렸다가 결과가 나오면 "CSV" 버튼을 눌러 파일을 다운로드합니다(방금 설명한 내용은 책을 쓰고 있는 시점의 홈페이지를 기준으로 설명한 것이기 때문에 실제 독자분들이 보는 화면은 이와 다를 수 있습니다. 만약 화면 및 사용법이 달라졌더라도 해당 자료는 계속해서 제공되고 있을 가능성이 있으므로 동일한 제목으로 자료 검색을 수행해 보시기 바랍니다).

검색이 완료된 후에는 데이터를 내려받아야 하는데, 예제에서는 가장 간단한 텍스트 형태로 내려받기 위해 상단 우측의 "자료받기" 버튼 중 오른쪽 두 번째에 위치한 흰색 종이 모양의 버튼을 선택해 임의의 위치에 파일을 내려받겠습니다. (위 그림에서 프린터 모양의 아이콘 바로 왼쪽에 있는 것이 텍스트 파일 다운로드 버튼입니다.)

다운로드가 끝나면 파일을 읽어서 내용을 확인해 볼 차례입니다. 스파크는 csv 파일로부터 데이터프레임을 생성하는 DataFrameReader 클래스를 제공하고 있으므로 이를 이용해 데이터프레임을 생성하고 스키마 정보를 확인합니다.

```
// 데이터 제공처 : 서울시 학생 체격 현황(키, 몸무게) 통계 http://data.seoul.go.kr/dataList/
datasetView.do?infId=10648&srvType=S&serviceKind=2

val df1 = spark.read.option("header", "false")
  .option("sep", "\t")
  .option("inferSchema", true)
  .csv("/Users/beginspark/Temp/Octagon.txt")

df1.printSchema()
df1.show(5)
```

[결과]

```
root
 |-- _c0: string (nullable = true)
 |-- _c1: string (nullable = true)
 |-- _c2: string (nullable = true)
 |-- _c3: string (nullable = true)
 |-- _c4: string (nullable = true)
 |-- _c5: string (nullable = true)
 |-- _c6: string (nullable = true)
 |-- _c7: string (nullable = true)
 |-- _c8: string (nullable = true)
 |-- _c9: string (nullable = true)
 |-- _c10: string (nullable = true)
 |-- _c11: string (nullable = true)
 |-- _c12: string (nullable = true)
 |-- _c13: string (nullable = true)


+----+---+------+------+-----+-----+------+---
|_c0 |_c1|_c2   |_c3   |_c4  |_c5  |_c6   |...
+----+---+------+------+-----+-----+------+---
|기간  |구분 |초등학교 |초등학교  |초등학교 |초등학교 |   ...
|기간  |구분 |키     |키     |몸무게 |몸무게 |키 ...
|기간  |구분 |남자    |여자    |남자   |여자   |남자 ...
|2001 |구분 |149.6 |150.0 |44.4 |41.7 |...
```

직접 코드를 수행해 본 분들은 아시겠지만 위 결과 중 df1.show(5)의 수행 결과는 본문에 옮겨 싣기에는 길이가 너무 길어서 결과의 일부분을 생략하고 수록했습니다. 실제 코드상에서는 모두 _c0부터 _c13까지 모두 14개의 칼럼이 조회될 것입니다.

내용을 보면 첫 3개 행은 일종의 헤더에 해당하는 값으로 구성돼 있고 4행부터 시작해서 실제 사용할 데이터가 기록돼 있음을 알 수 있습니다. 이 예제의 경우 헤더 값은 사용할 필요가 없으므로 헤더에 해당하는 3개 행은 제거하고 시작하겠습니다.

```
// Header 제거
val df2 = df1.where(df1("_c0") =!= "기간")
df2.show(30, false)
```

[결과]

```
+----+---+-----+-----+----+----+-----+-----+----+----+-----+-----+----+----+
|_c0 |_c1|_c2  |_c3  |_c4 |_c5 |_c6  |_c7  |_c8 |_c9 |_c10 |_c11 |_c12|_c13|
+----+---+-----+-----+----+----+-----+-----+----+----+-----+-----+----+----+
|2001|구분 |149.6|150.0|44.4|41.7|168.9|158.9|60.3|51.7|173.8|160.4|68.5|55.9|
|2002|구분 |149.3|150.7|46.1|44.1|169.2|159.8|63.5|53.9|173.7|161.9|68.4|56.0|
|2003|구분 |150.0|151.2|45.0|44.1|168.6|159.2|60.4|53.0|174.4|160.9|68.4|54.8|
+----+---+-----+-----+----+----+-----+-----+----+----+-----+-----+----+----+
only showing top 3 rows
```

원하지 않는 행을 제거하는 방법은 다양하게 생각해 볼 수 있지만 예제에서는 헤더 행의 첫 칼럼이 "기간"이라는 문자열 값을 가지는 것에 착안해서 헤더행을 제외했습니다.

헤더를 제거한 후에는 위 데이터를 가공해서 예측에 사용할 형태로 만드는 작업이 필요합니다. 이 예제에서는 키와 나이, 성별에 따른 몸무게 정보를 예측하는 것이 목표이므로 기존 데이터를 재배열해서 "연도", "키", "몸무게", "학년", "성별" 형태로 다시 가공하겠습니다.

```
spark.udf.register("toDouble", (v: String) => {
  v.replaceAll("[^0-9.]", "").toDouble
})

// cache
df2.cache()

// 초등학교 남 키, 몸무게
val df3 = df2.select('_c0.as("year"),
  callUDF("toDouble", '_c2).as("height"),
  callUDF("toDouble", '_c4).as("weight"))
  .withColumn("grade", lit("elementary"))
  .withColumn("gender", lit("man"))

// 초등학교 여 키, 몸무게
val df4 = df2.select('_c0.as("year"),
```

```scala
    callUDF("toDouble", '_c3).as("height"),
    callUDF("toDouble", '_c5).as("weight"))
    .withColumn("grade", lit("elementary"))
    .withColumn("gender", lit("woman"))

// 중학교 남 키, 몸무게
val df5 = df2.select('_c0.as("year"),
    callUDF("toDouble", '_c6).as("height"),
    callUDF("toDouble", '_c8).as("weight"))
    .withColumn("grade", lit("middle"))
    .withColumn("gender", lit("man"))

// 중학교 여 키, 몸무게
val df6 = df2.select('_c0.as("year"),
    callUDF("toDouble", '_c7).as("height"),
    callUDF("toDouble", '_c9).as("weight"))
    .withColumn("grade", lit("middle"))
    .withColumn("gender", lit("woman"))

// 고등학교 남 키, 몸무게
val df7 = df2.select('_c0.as("year"),
    callUDF("toDouble", '_c10).as("height"),
    callUDF("toDouble", '_c12).as("weight"))
    .withColumn("grade", lit("high"))
    .withColumn("gender", lit("man"))

// 고등학교 여 키, 몸무게
val df8 = df2.select('_c0.as("year"),
    callUDF("toDouble", '_c11).as("height"),
    callUDF("toDouble", '_c13).as("weight"))
    .withColumn("grade", lit("high"))
    .withColumn("gender", lit("woman"))

val df9 = df3.union(df4).union(df5).union(df6).union(df7).union(df8)

// 연도, 키, 몸무게, 학년, 성별
df9.show(5, false)
df9.printSchema()
```

[결과]

```
+----+------+------+---------+------+
|year|height|weight|grade    |gender|
+----+------+------+---------+------+
```

```
|2001|149.6 |44.4  |elementary|man   |
|2002|149.3 |46.1  |elementary|man   |
|2003|150.0 |45.0  |elementary|man   |
|2004|149.8 |45.3  |elementary|man   |
|2005|150.8 |46.1  |elementary|man   |
+----+------+------+----------+------+
only showing top 5 rows
```

코드가 다소 길어 보이지만 그렇게 복잡한 작업을 수행한 것은 아닙니다. 우선 전체 데이터가 모두 포함된 데이터프레임으로부터 연도별, 학년별, 성별 데이터 프레임을 각각 만들어 낸 뒤 이 데이터 프레임을 다시 하나의 데이터프레임으로 병합해서 원하는 데이터프레임을 생성했습니다.

그 과정에서 문자열을 double 타입으로 바꾸기 위한 udf를 사용했는데, 그 이유는 원본 데이터의 숫자값에 공백 문자가 섞여 있을 경우 문자열을 double 값으로 제대로 변환하지 못하는 문제를 해결하기 위해서입니다. 나머지 as()나 lit(), withColumn() 메서드는 칼럼의 별칭을 지정하고 새로운 칼럼을 추가하는 역할을 수행하는 것인데, 혹 이 부분이 이해되지 않을 경우 5장 스파크 SQL을 다시 참고하시기 바랍니다.

이제 머신러닝에 사용할 데이터가 준비됐으니 특성을 추출하고 학습용 데이터셋과 테스트용 데이터셋을 준비할 차례입니다. 하지만 그 전에 해결해야 하는 것이 있는데 바로 문자열로 된 칼럼의 값을 double 형태로 바꿔주는 것입니다. 따라서 앞에서 살펴본 StringIndexer 변환자를 이용해 문자열 칼럼을 double로 바꿔 보겠습니다.

```
// 문자열 칼럼을 double로 변환
val gradeIndexer = new StringIndexer()
  .setInputCol("grade")
  .setOutputCol("gradecode")

val genderIndexer = new StringIndexer()
  .setInputCol("gender")
  .setOutputCol("gendercode")

val df10 = gradeIndexer.fit(df9).transform(df9)
val df11 = genderIndexer.fit(df10).transform(df10)

df11.show(false)
```

[결과]

```
+----+------+------+----------+------+---------+----------+
|year|height|weight|grade     |gender|gradecode|gendercode|
```

```
+----+------+------+----------+------+---------+---------+
|2001|149.6 |44.4  |elementary|man   |2.0      |1.0      |
|2002|149.3 |46.1  |elementary|man   |2.0      |1.0      |
|2003|150.0 |45.0  |elementary|man   |2.0      |1.0      |
+----+------+------+----------+------+---------+---------+
only showing top 3 rows
```

StringIndexer를 사용한 결과, 성별과 학년을 나타내는 문자열 칼럼에 대응하는 숫자형 칼럼이 생성된 것을 확인할 수 있습니다.

이제 모든 데이터가 준비됐으므로 키와 학년, 성별 칼럼을 묶어 특성 벡터를 생성하고 학습용과 테스트용 데이터를 준비하겠습니다.

```
val assembler = new VectorAssembler()
  .setInputCols(Array("height", "gradecode", "gendercode"))
  .setOutputCol("features")

val df12 = assembler.transform(df11)

val Array(train, test) = df12.randomSplit(Array(0.7, 0.3))
```

VectorAssembler는 지정한 칼럼값 벡터를 만들고 이 벡터를 가진 새로운 칼럼을 생성합니다. 예제에서는 이 칼럼을 features라는 이름으로 생성했습니다.

그다음에는 LinearRegression 평가자 인스턴스를 만든 후 필요한 속성을 지정하고 fit() 메서드를 이용해 모델을 생성합니다.

```
val lr = new LinearRegression()
  .setMaxIter(5)
  .setRegParam(0.3)
  .setLabelCol("weight")
  .setFeaturesCol("features")

val model = lr.fit(train)
```

model의 summary() 메서드는 LinearRegressionTrainingSummary 객체를 반환하는데, 이를 이용해 방금 생성된 모델의 R2 값 등 모델의 상세 내용을 확인할 수 있습니다. 그럼 summary() 메서드를 이용해 방금 생성한 모델의 결정계수를 확인해 보겠습니다.

```
println("결정계수(R2):" + model.summary.r2)
```

[결과]

결정계수(R2):0.9808938362544958

다음 단계는 생성된 모델을 이용해 실제 예측을 수행해 볼 차례입니다. 예제에서는 미리 테스트용
데이터를 준비해뒀으므로 이를 이용해 예측을 수행합니다.

```
val d13 = model.setPredictionCol("predic_weight").transform(test)
d13.cache()

d13.select("weight", "predic_weight").show(5, false)
```

[결과]

```
+------+-----------------+
|weight|predic_weight    |
+------+-----------------+
|45.3  |44.95466648089965|
|47.7  |46.683915466810475|
|47.3  |46.87605424302279|
|47.0  |46.77998485491662|
|44.1  |44.75531115821826|
+------+-----------------+
```

예측이 끝난 후에는 결과에 대한 평가를 진행해야 합니다. 스파크는 아래와 같이 회귀 모델 평가를
위한 RegressionEvaluator 클래스를 제공하고 있어서 이전 버전에 비해 손쉽게 예측 결과에 대한
평가를 수행할 수 있습니다. RegressionEvaluator는 다양한 평가 매트릭을 제공하는데, 아래 예제
와 같이 setMetricName() 메서드를 이용해 원하는 매트릭을 지정할 수 있습니다.

```
val evaluator = new RegressionEvaluator()
evaluator.setLabelCol("weight").setPredictionCol("predic_weight")

// root mean squared error
val rmse = evaluator.evaluate(d13)
// mean squared error
val mse = evaluator.setMetricName("mse").evaluate(d13)
// R2 metric
val r2 = evaluator.setMetricName("r2").evaluate(d13)
// mean absolute error
val mae = evaluator.setMetricName("mae").evaluate(d13)

println(s"rmse:${rmse}, mse:${mse}, r2:${r2}, mae:${mae}")
```

[결과]

```
rmse:0.9687763706846845,
mse:0.9385276563969892,
r2:0.9851770669553023,
mae:0.7570639082214577
```

마지막으로 지금까지 작성한 예제에서 StringIndexer와 모델의 메서드를 직접 호출하던 부분을 파이프라인으로 대체할 수 있습니다. 다음은 StringIndexer 생성 시점 이후의 코드를 파이프라인 방식으로 바꾼 코드입니다.

```
// 파이프라인
val pipeline = new Pipeline().setStages(Array(gradeIndexer, genderIndexer, assembler, lr))
val Array(training2, test2) = df9.randomSplit(Array(0.7, 0.3))
// 파이프라인 모델 생성
val pipelineModel = pipeline.fit(training2)
// 파이프라인 모델을 이용한 예측값 생성
pipelineModel.transform(test2)
    .select("weight", "prediction").show(5, false)
```

파이프라인은 주어진 순서에 따라 트랜스포머와 평가자를 알아서 적용하므로 문자열 데이터가 포함된 상태인 df9 데이터프레임에서 훈련용 데이터와 테스트 데이터를 준비해서 사용할 수 있습니다.

다음은 지금까지 수행한 내용을 스칼라 언어로 구현한 코드입니다. (지면 관계상 모든 언어의 소스 코드를 본문에 싣지는 않았습니다. 자바 및 파이썬 언어로 구현된 코드는 예제 프로젝트를 참고해 주시기 바랍니다.)

[예제 8-15] 선형 회귀 예제(RegressionSample.scala)

```
import org.apache.spark.ml.Pipeline
import org.apache.spark.ml.evaluation.RegressionEvaluator
import org.apache.spark.ml.feature.{StringIndexer, VectorAssembler}
import org.apache.spark.ml.regression.LinearRegression
import org.apache.spark.sql.SparkSession

object RegressionSample {

  def main(args: Array[String]) {

val spark = SparkSession
.builder()
.appName("RegressionSample")
```

```
.master("local[*]")
.getOrCreate()

  import org.apache.spark.sql.functions._
  import spark.implicits._

  // 데이터 제공처: 서울시 학생 체격 현황(키, 몸무게) 통계 (http://data.seoul.go.kr/openinf/
linkview.jsp?infId=OA-12381&tMenu=11)
  val df1 = spark.read.option("header", "false")
    .option("sep", "\t")
    .option("inferSchema", true)
    .csv("/Users/beginspark/Temp/report.txt

  df1.printSchema()
  df1.show(5, false)

  // Header 제거
  val df2 = df1.where(df1("_c0") =!= "기간")
  df2.show(3, false)

  spark.udf.register("toDouble", (v: String) => {
    v.replaceAll("[^0-9.]", "").toDouble
  })

  // cache
  df2.cache()

  // 초등학교 남 키, 몸무게
  val df3 = df2.select('_c0.as("year"),
    callUDF("toDouble", '_c2).as("height"),
    callUDF("toDouble", '_c4).as("weight"))
    .withColumn("grade", lit("elementary"))
    .withColumn("gender", lit("man"))

  // 초등학교 여 키, 몸무게
  val df4 = df2.select('_c0.as("year"),
    callUDF("toDouble", '_c3).as("height"),
    callUDF("toDouble", '_c5).as("weight"))
    .withColumn("grade", lit("elementary"))
    .withColumn("gender", lit("woman"))
```

```scala
// 중학교 남 키, 몸무게
val df5 = df2.select('_c0.as("year"),
  callUDF("toDouble", '_c6).as("height"),
  callUDF("toDouble", '_c8).as("weight"))
  .withColumn("grade", lit("middle"))
  .withColumn("gender", lit("man"))

// 중학교 여 키, 몸무게
val df6 = df2.select('_c0.as("year"),
  callUDF("toDouble", '_c7).as("height"),
  callUDF("toDouble", '_c9).as("weight"))
  .withColumn("grade", lit("middle"))
  .withColumn("gender", lit("woman"))

// 고등학교 남 키, 몸무게
val df7 = df2.select('_c0.as("year"),
  callUDF("toDouble", '_c10).as("height"),
  callUDF("toDouble", '_c12).as("weight"))
  .withColumn("grade", lit("high"))
  .withColumn("gender", lit("man"))

// 고등학교 여 키, 몸무게
val df8 = df2.select('_c0.as("year"),
  callUDF("toDouble", '_c11).as("height"),
  callUDF("toDouble", '_c13).as("weight"))
  .withColumn("grade", lit("high"))
  .withColumn("gender", lit("woman"))

val df9 = df3.union(df4).union(df5).union(df6).union(df7).union(df8)

// 연도, 키, 몸무게, 학년, 성별
df9.show(5, false)
df9.printSchema()

// 문자열 칼럼을 double로 변환
val gradeIndexer = new StringIndexer()
  .setInputCol("grade")
  .setOutputCol("gradecode")

val genderIndexer = new StringIndexer()
  .setInputCol("gender")
  .setOutputCol("gendercode")
```

```
val df10 = gradeIndexer.fit(df9).transform(df9)
val df11 = genderIndexer.fit(df10).transform(df10)

df11.show(3, false)

val assembler = new VectorAssembler()
  .setInputCols(Array("height", "gradecode", "gendercode"))
  .setOutputCol("features")

val df12 = assembler.transform(df11)

df12.show(false)

val Array(training, test) = df12.randomSplit(Array(0.7, 0.3))

val lr = new LinearRegression()
  .setMaxIter(5)
  .setRegParam(0.3)
  .setLabelCol("weight")
  .setFeaturesCol("features")

val model = lr.fit(training)

println("결정계수(R2):" + model.summary.r2)

val d13 = model.setPredictionCol("predic_weight").transform(test)
d13.cache()

d13.select("weight", "predic_weight").show(5, false)

val evaluator = new RegressionEvaluator()
evaluator.setLabelCol("weight").setPredictionCol("predic_weight")

// root mean squared error
val rmse = evaluator.evaluate(d13)
// mean squared error
val mse = evaluator.setMetricName("mse").evaluate(d13)
// R2 metric
val r2 = evaluator.setMetricName("r2").evaluate(d13)
// mean absolute error
val mae = evaluator.setMetricName("mae").evaluate(d13)
```

```
    println(s"rmse:${rmse}, mse:${mse}, r2:${r2}, mae:${mae}")

    // 파이프라인
    val pipeline = new Pipeline().setStages(Array(gradeIndexer, genderIndexer, assembler, lr))
    val Array(training2, test2) = df9.randomSplit(Array(0.7, 0.3))
    // 파이프라인 모델 생성
    val pipelineModel = pipeline.fit(training2)
    // 파이프라인 모델을 이용한 예측값 생성
    pipelineModel.transform(test2)
      .select("weight", "prediction").show(5, false)
  }
}
```

8.14.2 분류

회귀의 목적이 연속적인 데이터에 대한 값을 예측하는 것이었다면 분류는 특정 데이터를 사전에 정해진 기준에 따라 몇 개의 카테고리로 분류하는 것을 목적으로 합니다. 군집(Clustering)과는 달리 레이블에 해당하는 카테고리 정보가 포함된 입력 데이터를 사용하므로 지도학습 방법에 속합니다.

스파크에서는 로지스틱 회귀(Logistic regression), 의사결정 트리(Decision tree), 랜덤 포레스트(Random forest), 그레이디언트 부스티드 트리(Gradient-boosted tree), 다중 퍼셉트론(Multilayer perceptron), 선형 SVM(Linear Support Vector Machine), One-vs-Rest, 나이브 베이즈(Naive Bayes) 등 다양한 분류 알고리즘을 제공합니다.

다음은 스파크에서 제공하는 주요 분류 알고리즘과 연관 클래스 및 하이퍼 파라미터를 간단히 요약한 것입니다.

로지스틱 회귀(Logistic regression)

로지스틱 회귀는 지도학습에 속하는 대표적인 분류 알고리즘으로 선형 회귀와 비슷하게 종속 변수와 입력 변수 간의 관계를 유추하는 것을 목적으로 하지만 찾고자 하는 종속 변수가 실수와 같은 연속형 변수가 아닌 "참 또는 거짓", "0 또는 1"과 같은 카테고리형 특성을 띠기 때문에 회귀보다는 분류 알고리즘에 속한다고 할 수 있습니다. 로지스틱 회귀는 앞에서 살펴본 정규 분포를 따르지 않은 회귀 분석, 즉 일반화 선형 회귀(Generalized linear regression)의 특수한 경우에 속하며 데이터가 특정 클래스에 속할 확률을 예측하는 방식으로 분류를 수행합니다. 이때 독립 변수가 취할 수 있는 전체 값의 영역에서 종속 변수의 값을 0과 1 사이의 값으로 돌려주는 로지스틱(시그

모이드) 함수[14]를 사용한다는 이유로 로지스틱 회귀라는 명칭으로 불립니다. 스파크 MLlib에서는 LogisticRegression 클래스를 이용해 로지스틱 회귀를 수행하는데 이때 종속 변수의 확률 분포에 따라 family 파라미터를 다르게 지정할 수 있습니다. 다음은 LogisticRegression 클래스에서 사용하는 주요 파라미터입니다.

- elasticNetParam: L1, L2 정규화를 선택하기 위한 파라미터. 더블(double) 형 값을 사용할 수 있고 0.0일 경우 L2, 1.0일 경우 L1 패널티가 적용되며, 0과 1 사이의 값을 지정할 경우 L1, L2가 혼합 적용됨. 기본값은 0.0(L2).

- family: 종속 변수의 분포를 나타내는 값. 이항 분포를 따르는 종속 변수에 대한 이항 로지스틱 회귀를 수행할 경우 "binomial"을 지정하고 소프트맥스 함수[15]를 이용한 다클래스 분류를 수행할 경우 "multinomial"을 지정함. 기본값은 "auto".

- maxIter: 최대 반복 횟수. 기본값은 100.

- regParam: L1, L2 정규화를 위한 정규화 파라미터. 더블(double) 형 값을 사용할 수 있고 기본값은 0.0이며, 직접 지정할 경우 0 이상의 값을 지정해야 함.

- threshold, thresholds: 이항 또는 다항 분류에서 사용하는 특정 값이 특정 클래스에 속하는지를 판별하는 데 사용할 임계치.

의사결정 트리(Decision tree)

앞서 회귀 문제를 다루는 과정에서 의사결정 트리 알고리즘을 회귀 문제에 적용하기 위한 DecisionTreeRegressor 클래스의 사용법을 살펴봤습니다. 잘 알려진 것처럼 의사결정 트리는 회귀 문제뿐 아니라 분류 문제에도 적용될 수 있는데 스파크에서는 DecisionTreeClassifier 클래스를 이용해 의사결정 트리 알고리즘을 이용한 분류를 지원합니다. DecisionTreeClassifier 클래스 역시 의사결정 트리 알고리즘 수행을 위한 파라미터를 사용하는데 대부분 DecisionTreeClassifier와 동일하며 추가적으로 threshold, thresholds 파라미터를 사용할 수 있습니다.

랜덤포레스트(Random forest), 그레이디언트 부스티드 트리(Gradient-boosted tree)

랜덤 포레스트와 그레이디언트 부스티드 알고리즘 역시 분류 문제에 사용할 수 있습니다. 스파크에서 제공하는 클래스는 RandomForestClassifier와 GBTClassifier로 사용 가능한 파라미터는 회귀에 사용한 RandomForestRegressor와 GBTRegressor와 같으며 RandomForestClassifier의 경우 threshold 값을 추가로 지정할 수 있습니다.

---

14 https://goo.gl/vKQkXU
15 https://goo.gl/p0fJYW

다층 퍼셉트론 분류자(Multilayer perceptron classifier)

다층 퍼셉트론[16]은 뉴런을 통한 뇌의 학습 기능을 모델링한 것으로 단층 신경망 모델의 단점을 보완하기 위해 입력층과 출력층 사이에 여러 개의 은닉층(Hidden layer)을 도입한 모델입니다. 다층 퍼셉트론은 입력 층과 출력 층, 그리고 입력 층과 출력 층 사이에 놓인 은닉층으로 구성되며, 각 층에는 데이터를 입력받고 결과를 출력하는 노드가 존재합니다. 입력 층에 위치한 노드는 관측 데이터의 입력 특성에 대응되는 것으로 그다음 위치한 은닉층의 노드와 가중치를 갖는 연결선에 의해 연결되고 그 은닉층은 다시 그다음 은닉층이나 출력층에 있는 노드와 가중치를 갖는 연결선에 의해 연결됩니다. 이 같은 방법으로 맨 앞의 입력층에 놓인 노드로부터 시작해 맨 마지막 출력층 노드까지 연결되는 경로가 생겨나게 되는데 이를 이용해 입력층에 있는 노드로부터 출력층에 있는 노드까지 연결된 경로를 따라 진행하면서 최종 출력 값을 계산하게 됩니다.[17]

입력층을 제외한 각 층의 노드들은 이전 단계의 노드를 병합해서 자신의 값을 결정하는데, 이때 바이어스(bias)와 활성화 함수, 각 연결선의 가중치를 활용해서 값을 계산합니다. 따라서 각 층의 예측치와 실제 값 사이의 오차를 최소화할 수 있도록 연결선의 가중치와 바이어스를 조정하는 것이 필요한데 이때 소위 역전파법(Backpropagation)[18]이라고 알려진 방법을 사용해 예측 오류를 네트워크에 피드백하는 방법을 통해 가중치를 계산하게 됩니다. 최종 단계인 출력 층에 위치한 노드는 최종 분류 결과를 산출하는 역할을 수행하며, 따라서 출력층의 노드 수는 분류하고자 하는 클래스의 수와 일치합니다.

스파크 MLlib에서 다층 퍼셉트론 분류를 사용하려면 MultilayerPerceptronClassifier 클래스를 사용해야 합니다. 다음은 MultilayerPerceptronClassifier 클래스에서 사용하는 주요 파라미터입니다.

- layers: 입력 크기와 출력 크기를 포함한 레이어 크기.

- maxIter: 최대 반복 횟수. 기본값은 100.

- stepSize: 가중치 결정을 위한 경사 강하법[19] 적용 시 사용할 단계(step)의 크기.

- featurescol: 특성 벡터 정보를 포함한 칼럼명. Predictor 클래스에 정의된 속성으로 기본값은 "features".

- labelCol: 레이블 칼럼명. Predictor 클래스에 정의된 속성으로 기본값은 "label".

---

16 https://goo.gl/0azsXX
17 https://goo.gl/JrVyl5
18 https://goo.gl/ccB18n
19 https://goo.gl/sm5HaJ

One-vs-Rest classifier

One-vs-Rest는 다중 클래스 분류에 사용되는 분류 방법 중 하나로 전체 데이터를 다수의 이항 분류로 나누어 분류하는 방법입니다. 예를 들어, 총 n개의 클래스를 가진 데이터셋이 있다면 이 데이터셋을 특정 클래스에 속하는 데이터와 나머지 n-1개의 클래스에 속하는 데이터로 분류하는 n개의 이진 분류자(classifier)를 생성해서 n번의 분류를 수행하는 방식입니다. 스파크 MLlib에서는 이와 같은 분류 알고리즘을 위한 OneVsRest 클래스를 제공하고 있으며, classifier 파라미터를 이용해 아래와 같이 분류에 사용할 이항 분류자를 지정할 수 있습니다.

```
val classifier = new LogisticRegression()
val ovr = new OneVsRest().setClassifier(classifier)
```

나이브 베이즈(Naive Bayes)

나이브베이즈 알고리즘은 조건부 확률에 관한 베이즈 이론에 기초한 것으로 독립 변수에 해당하는 각 특성들이 서로 독립이라는 가정하에 분류를 수행하는 방법입니다. 스파크 MLlib는 나이브 베이즈 분류를 위한 NaiveBayes 클래스를 제공하며, 파라미터를 통해 다항 나이브 베이즈(multinomial naive Bayes)[20] 모델과 베르누이 나이브 베이즈(Bernoulli naive Bayes)[21] 모델을 선택해서 사용할 수 있습니다. 다음은 NaiveBayes에서 사용하는 주요 파라미터입니다.

- modelType: 나이브 베이즈에서 사용하는 특성 분포. 다항분포를 위한 "multinomial"과 베르누이 분포를 위한 "bernoulli"를 지정할 수 있으며, 기본값은 "multinomial".
- smoothing: 정규화를 위한 파라미터. 기본값은 1.0.

이번 절에서는 대표적인 분류 알고리즘인 의사결정 트리 알고리즘을 이용해 서울시 주요 도시도로의 교통 흐름을 "원활" 또는 "지연"으로 분류하는 모델을 구현해 보겠습니다(이전 예제와 마찬가지로 API 사용법에 초점을 두고 작성하는 예제이므로 결과 데이터에 큰 의미를 두지 않아도 됩니다).

8.14.2.1 데이터프레임 생성

가장 먼저 할 일은 분석할 데이터를 수집하고 데이터프레임을 생성하는 것입니다. 이를 위해 이 책의 다른 예제와 마찬가지로 서울시에서 제공하는 "서울 열린 데이터 광장" 홈페이지를 이용해 보겠습니다.

---

20   https://goo.gl/bGzi9z
21   https://goo.gl/bkWBvh

먼저 데이터를 내려받기 위해 "서울 열린데이터 광장"(http://data.seoul.go.kr/index.jsp)에 접속합니다. 상단의 검색 창에 "서울시 도시고속도로 월간 소통 통계"라고 입력한 후 검색합니다.

검색 결과가 나타나면 "SHEET"와 "Open API"라는 두 개의 버튼을 볼 수 있는데 이 중에서 "SHEET" 버튼을 선택해 서울시에서 제공하는 상세 페이지로 이동합니다. 상세 페이지에서는 다양한 타입의 데이터 파일을 내려받을 수 있도록 "XLS", "CSV", "JSON" 버튼을 제공하는데, 이 가운데 "CSV" 버튼을 선택해 원하는 경로에 내려받습니다. 다운로드가 완료되면 작업상 편의를 위해 파일명을 영문으로 바꾸는 것이 좋습니다. 필자의 경우 간단하게 data2.csv라고 변환했습니다.

파일이 준비됐으니 파일을 읽어서 내용을 확인해 볼 차례입니다. 스파크는 csv 파일로부터 데이터 프레임을 생성하는 DataFrameReader 클래스를 제공하고 있으므로 이를 이용해 데이터프레임을 생성하고 스키마 정보를 확인합니다. 이때 칼럼명이 한글로 돼 있으므로 이 부분도 영문으로 변경합니다.

```
val d1 = spark.read.option("header", "true").option("sep", ",").option("inferSchema", true).
option("mode", "DROPMALFORMED").csv("/Users/beginspark/Temp/data2.csv")

// 칼럼명을 영문으로 변경
val d2 = d1.toDF("year", "month", "road", "avr_traffic_month", "avr_velo_month", "mon", "tue",
"wed", "thu", "fri", "sat", "sun")

// data 확인
d2.printSchema()

root
 |-- year: integer (nullable = true)
 |-- month: integer (nullable = true)
 |-- road: string (nullable = true)
 |-- avr_traffic_month: integer (nullable = true)
 |-- avr_velo_month: double (nullable = true)
 |-- mon: double (nullable = true)
 |-- tue: double (nullable = true)
 |-- wed: double (nullable = true)
 |-- thu: double (nullable = true)
 |-- fri: double (nullable = true)
 |-- sat: double (nullable = true)
 |-- sun: double (nullable = true)
```

옵션으로 지정한 header 항목은 파일의 첫 행이 제목을 나타내는지 여부를 지정하는 것으로, 이 파일의 경우 첫 행에 제목이 있으므로 true로 설정했습니다. 세 번째 옵션인 "inferSchema" 부분은 파일을 읽어 데이터프레임을 생성할 때 각 칼럼의 데이터 타입을 자동으로 유추할 것인지를 물어보는 것인데 예제처럼 true로 설정하면 스파크가 파일의 일부분을 읽어서 적절한 데이터 타입을 결정해서 할당하게 됩니다. 실제로 예제의 데이터프레임 스키마 정보를 보면 mon, tue 칼럼 등이 문자열이 아닌 double 타입으로 선언돼 있음을 확인할 수 있습니다. 만약 true가 아닌 false로 설정할 경우 double 타입이 아닌 문자열 칼럼이 생성될 수 있고, 이 경우 벡터로 만드는 과정에서 다시 double 타입으로 변환해야 하는 불편이 따를 수 있습니다.

8.14.2.2 데이터 정제

데이터프레임이 생성되면 데이터의 내용을 검증하고 머신러닝을 위해 필요한 사전 작업을 진행할 차례입니다. 우선 분류 특성으로 사용해야 할 주요 칼럼에 null 값이 포함돼 있는지 확인해 보고, 있다면 대상에서 제외하도록 처리하겠습니다(이번 예제에서는 csv 파일을 읽는 과정에서 "DROPMALFORMED" 옵션을 사용했기 때문에 이 과정을 생략할 수 있습니다).

```
val d3 = d2.where("avr_velo_month is not null")
```

원본 데이터에는 월간 고속도로별 평균 속도가 포함돼 있습니다. 이번 예제에서는 전체 기간에 대한 고속도로별 평균 속도를 구한 뒤 이 값과 월간 평균 속도를 비교해서 월간 평균 속도가 전체 평균 속도보다 빠를 경우 "원활", 그렇지 않을 경우 "지연"으로 분류하겠습니다.

이를 위해 먼저 전체 기간에 대한 도로별 평균 속도를 구해 보겠습니다.

```
val d4 = d3.groupBy("road").agg(round(avg("avr_velo_month"), 1).as("avr_velo_total"))
```

그다음으로는 기존 월 평균 속도와 비교를 위해 방금 구한 평균 속도를 기존 데이터프레임에 새로운 칼럼으로 추가하겠습니다. 이때 데이터를 추가하려면 데이터프레임의 join() 메서드를 사용하면 간단히 처리할 수 있습니다.

```
val d5 = d3.join(d4, Seq("road"))
```

데이터프레임에 두 개의 데이터가 생성됐으므로 이제 레이블을 위한 칼럼을 생성할 차례입니다. 예제에서는 앞에서 설명한 대로 월간과 전체 속도를 비교해서 레이블을 할당할 것입니다. 이를 위해서는 스파크 SQL에서 제공하는 UDF 함수를 이용해 처리할 수 있습니다.

```
// Label(혼잡:1.0, 원활:0.0)
spark.udf.register("label", ((avr_month: Double, avr_total: Double) => if ((avr_month - avr_
total) >= 0) 1.0 else 0.0))

val d6 = d5.withColumn("label", callUDF("label", $"avr_velo_month", $"avr_velo_total"))
```

이제 레이블 칼럼이 추가됐습니다. 실제로 어떻게 추가됐는지 확인해 보겠습니다.

```
d6.select("road", "avr_velo_month", "avr_velo_total", "label").show(5, false)
```

```
+------------+--------------+--------------+-----+
|road        |avr_velo_month|avr_velo_total|label|
+------------+--------------+--------------+-----+
|동부간선도로|52.5          |54.9          |0.0  |
|내부순환로  |60.3          |63.4          |0.0  |
|분당수서로  |59.2          |61.3          |0.0  |
|경부고속도로|42.3          |44.7          |0.0  |
|올림픽대로  |56.6          |59.0          |0.0  |
+------------+--------------+--------------+-----+
```

레이블 칼럼이 추가된 것을 확인할 수 있습니다. 이번에는 각 레이블별 몇 건씩 데이터가 할당됐는 지 확인해 보겠습니다.

```
d6.groupBy("label").count().show(false)
```

```
+-----+-----+
|label|count|
+-----+-----+
|0.0  |136  |
|1.0  |132  |
+-----+-----+
```

혼잡이 132건, 원활이 136건 있는 것을 확인할 수 있습니다.

8.14.2.3 훈련 및 테스트 데이터 생성

기본적인 데이터가 준비되면 훈련 데이터와 테스트 데이터로 분리합니다.

```
val Array(train, test) = d6.randomSplit(Array(0.7, 0.3))
```

8.14.2.4 파이프라인 생성

이번 단계에서는 데이터 처리를 위한 파이프라인을 구성할 차례입니다. 먼저 한글로 돼 있는 road 칼럼을 대체하기 위한 double 타입 칼럼을 준비합니다. 이를 위해 이전의 회귀 예제에서 다뤘던 StringIndexer를 사용할 수 있습니다.

```
val indexer = new StringIndexer().setInputCol("road").setOutputCol("roadcode")
```

그다음으로는 특성 칼럼을 만들기 위한 VectorAssembler를 설정합니다.

```
val assembler = new VectorAssembler()
  .setInputCols(Array("roadcode", "avr_traffic_month", "avr_velo_month", "mon", "tue", "wed",
"thu", "fri", "sat", "sun"))
  .setOutputCol("features")
```

마지막으로 분류 모델을 생성할 DecisionTreeClassfier 인스턴스를 생성하고 필요한 설정을 맞춘 뒤 파이프라인을 생성합니다.

```
val dt = new DecisionTreeClassifier()

  .setLabelCol("label")
  .setFeaturesCol("features")

val pipeline = new Pipeline().setStages(Array(indexer, assembler, dt))
```

8.14.2.5 모델 생성 및 예측

```
val model = pipeline.fit(train)
val predict = model.transform(test)
predict.select("label", "probability", "prediction").show(false)
+-----+----------------------------------------+----------+
|label|probability                             |prediction|
+-----+----------------------------------------+----------+
|1.0  |[0.0,1.0]                               |1.0       |
|1.0  |[0.1111111111111111,0.8888888888888888]|1.0       |
|1.0  |[0.0,1.0]                               |1.0       |
+-----+----------------------------------------+----------+
```

8.14.2.6. 모델 평가

예측을 마친 후에는 모델을 평가할 차례입니다. 이번 예제에서도 이전 회귀 예제에서 했던 것처럼 스파크가 제공하는 평가용 클래스를 직접 사용할 수 있습니다.

```scala
val evaluator = new BinaryClassificationEvaluator()
  .setLabelCol("label")
  .setMetricName("areaUnderROC")
println(evaluator.evaluate(predict))
```

[결과]

0.786984126984127

```scala
val treeModel = model.stages(2).asInstanceOf[DecisionTreeClassificationModel]
println("Learned classification tree model:\n" + treeModel.toDebugString)
```

[결과]

```
Learned classification tree model:
DecisionTreeClassificationModel (uid=dtc_17c9e0516c6f) of depth 5 with 29 nodes
  If (feature 4 <= 65.15)
   If (feature 0 in {4.0,5.0,6.0,8.0})
    If (feature 3 <= 66.25)
     If (feature 1 <= 81.2)
      If (feature 6 <= 64.35)
       Predict: 0.0
 ... 이하 생략
```

다음은 지금까지 수행한 내용을 스칼라 언어로 구현한 코드입니다. (지면 관계상 모든 언어의 소스 코드를 본문에 싣지는 않았습니다. 자바 및 파이썬 언어로 구현된 코드는 예제 프로젝트를 참고해 주시기 바랍니다.)

[예제 8-16] 의사결정 트리를 이용한 분류 구현(ClassificationSample.scala)

```scala
import org.apache.spark.ml.Pipeline
import org.apache.spark.ml.classification.{DecisionTreeClassificationModel,
DecisionTreeClassifier}
import org.apache.spark.ml.evaluation.BinaryClassificationEvaluator
import org.apache.spark.ml.feature.{StringIndexer, VectorAssembler}
import org.apache.spark.sql.SparkSession

object ClassficationSample {
```

```
def main(args: Array[String]) {

  val spark = SparkSession
    .builder()
    .appName("ClassficationSample")
    .master("local[*]")
    .getOrCreate()

  import org.apache.spark.sql.functions._
  import spark.implicits._

  // Label(혼잡:1.0, 원활:0.0)
  spark.udf.register("label", ((avr_month: Double, avr_total: Double) => if ((avr_month - avr_
total) >= 0) 1.0 else 0.0))

  // 원본 데이터
  // http://data.seoul.go.kr/dataList/datasetView.do?infId=OA-2604&srvType=S&serviceKind=1&cur
rentPageNo=1
  // 서울시 도시고속도로 월간 소통 통계

  // load
  val d1 = spark.read.option("header", "true").option("sep", ",").option("inferSchema", true).
option("mode", "DROPMALFORMED").csv("/Users/beginspark/Temp/data2.csv")
  val d2 = d1.toDF("year", "month", "road", "avr_traffic_month", "avr_velo_month", "mon",
"tue", "wed", "thu", "fri", "sat", "sun")

  // data 확인
  d2.printSchema()

  // null 값 제거
  val d3 = d2.where("avr_velo_month is not null")

  // 도로별 평균 속도
  val d4 = d3.groupBy("road").agg(round(avg("avr_velo_month"), 1).as("avr_velo_total"))
  val d5 = d3.join(d4, Seq("road"))

  // label 부여
  val d6 = d5.withColumn("label", callUDF("label", $"avr_velo_month", $"avr_velo_total"))
  d6.select("road", "avr_velo_month", "avr_velo_total", "label").show(5, false)
  d6.groupBy("label").count().show(false)

  val Array(train, test) = d6.randomSplit(Array(0.7, 0.3))
```

```scala
val indexer = new StringIndexer().setInputCol("road").setOutputCol("roadcode")

val assembler = new VectorAssembler()
  .setInputCols(Array("roadcode", "avr_traffic_month", "avr_velo_month", "mon", "tue",
"wed", "thu", "fri", "sat", "sun"))
  .setOutputCol("features")

val dt = new DecisionTreeClassifier()
  .setLabelCol("label")
  .setFeaturesCol("features")

val pipeline = new Pipeline().setStages(Array(indexer, assembler, dt))

val model = pipeline.fit(train)

val predict = model.transform(test)

predict.select("label", "probability", "prediction").show(3, false)

// areaUnderROC, areaUnderPR
val evaluator = new BinaryClassificationEvaluator()
  .setLabelCol("label")
  .setMetricName("areaUnderROC")

println(evaluator.evaluate(predict))

val treeModel = model.stages(2).asInstanceOf[DecisionTreeClassificationModel]
println("Learned classification tree model:\n" + treeModel.toDebugString)
  }
}
```

8.15 클러스터링

클러스터링(Clustering)은 레이블을 사용하는 지도학습과는 달리 데이터 간의 유사도만을 이용해 각 데이터를 유사 그룹으로 분류하는 방법입니다. 스파크에서는 K-평균(K-means) 외에 LDA(Latent Dirichlet allocation), Bisecting K-평균(Bisecting K-means), 가우시안 혼합 모델(GMM, Gaussian Mixture Model) 알고리즘을 제공합니다.

다음은 스파크에서 제공하는 주요 클러스터링 알고리즘과 연관 클래스 및 파라미터를 간단히 요약한 것입니다.

K-평균(K-means)

K-평균 알고리즘은 대표적인 클러스터링 알고리즘의 하나로, 주어진 데이터셋을 유사도에 따른 K개의 클러스터로 분류합니다. 이때 유사도는 클러스터 중심으로부터 각 점(데이터)에 이르는 거리를 이용하는데 최초에는 임의의 점을 선택해 클러스터의 중심으로 지정하고 이를 기반으로 클러스터를 생성합니다. 이렇게 클러스터가 생성된 후에는 클러스터에 속한 값들의 평균을 계산하고, 이를 이용해 해당 클러스터의 중심을 다시 설정한 뒤 새로운 중심에 맞춰 클러스터를 다시 설정합니다. 이런 식으로 클러스터 중심을 변경하고 클러스터를 수정하는 작업을 반복 수행하다가 더 이상 중심점이 움직이지 않을 때까지 진행하게 됩니다. 스파크 MLlib에서는 K-평균 알고리즘을 위한 KMeans 클래스를 제공하는데, 이때 병렬 처리 방식에서 좀 더 개선된 k-means++를 선택할 수 있는 파라미터도 함께 제공합니다. 다음은 K-평균 알고리즘에서 사용하는 주요 파라미터입니다.

- k: 생성할 클러스터의 수.

- maxIter: 최대 반복 횟수. 기본값은 100.

- featurescol: 특성 벡터 정보를 포함한 칼럼명. Predictor 클래스에 정의된 속성으로 기본값은 "features".

- labelCol: 레이블 칼럼명. Predictor 클래스에 정의된 속성으로 기본값은 "label".

가우시안 혼합 모델(Gaussian Mixture Model)

가우시안 혼합 모델은 전체 데이터셋을 다수의 가우시안 분포 합으로 분류하는 방법입니다. GaussianMixture 클래스를 사용할 수 있으며, k 파라미터로 지정한 수만큼의 클러스터를 생성합니다.

이번 절에서는 K-means 알고리즘을 이용한 간단한 클러스터링 예제를 구현해 보겠습니다.

8.15.1.1 데이터프레임 생성

가장 먼저 할 일은 데이터를 준비하는 것입니다. 이번 예제도 다른 예제와 같이 서울시에서 제공하는 "서울 열린 데이터 광장" 홈페이지를 이용해 보겠습니다.

먼저 데이터를 내려받기 위해 "서울 열린데이터 광장"(http://data.seoul.go.kr/index.jsp) 페이지에 접속합니다. 그리고 상단의 검색 창에 "서울시 공공와이파이 위치정보 (영어)"라고 입력한 후 검색합니다.

검색 결과가 나타나면 "SHEET"와 "Open API", "LOD"라는 세 개의 버튼을 볼 수 있는데 이 중에서 "SHEET" 버튼을 선택해 서울시에서 제공하는 상세 페이지로 이동합니다. 상세 페이지에서는 다양한 타입의 데이터 파일을 내려받을 수 있도록 "XLS", "CSV", "JSON" 버튼을 제공하는데 이 가운데 "CSV" 버튼을 선택해 원하는 경로에 내려받습니다. 다운로드가 완료되면 작업상 편의를 위해 파일명을 영문으로 바꾸는 것이 좋습니다. 필자의 경우 간단하게 data3.csv라고 변환했습니다.

파일이 준비되면 스키마 정보를 확인한 후 일부 한글로 된 칼럼명을 영문으로 변경합니다.

```
val d1 = spark.read.option("header", "true").option("sep", ",").option("inferSchema", true).
option("mode", "DROPMALFORMED").csv("/Users/beginspark/Temp/data3.csv")

d1.printSchema()

root
 |-- "번호": string (nullable = true)
 |-- 명칭: string (nullable = true)
 |-- 행정시: string (nullable = true)
 |-- 행정구: string (nullable = true)
 |-- 행정동: string (nullable = true)
 |-- WGS84 X 좌표정보: double (nullable = true)
 |-- WGS84 Y 좌표정보: double (nullable = true)
 |-- b_code: string (nullable = true)
 |-- h_code: string (nullable = true)
 |-- utmk_x: string (nullable = true)
 |-- utmk_y: string (nullable = true)
 |-- wtm_x: string (nullable = true)
 |-- wtm_y: string (nullable = true)

val d2 = d1.toDF("number", "name", "SI", "GOO", "DONG", "x", "y", "b_code", "h_code", "utmk_x",
"utmk_y", "wtm_x", "wtm_y")
```

8.15.1.2 특성 추출

다음으로 진행할 단계는 특성 추출입니다. 데이터에는 시, 구, 동 정보가 모두 포함돼 있지만 좀 더 알아보기 쉽게 구 정보만으로 지역명 칼럼을 생성하겠습니다.

```
val d3 = d2.select('GOO.as("loc"), 'x, 'y)
d3.show(5, false)
```

```
+---------+----------+----------+
|loc      |x         |y         |
+---------+----------+----------+
|Seocho-gu|127.024926|37.492079 |
|Seocho-gu|127.0125098|37.48358141|
|Seocho-gu|127.012494|37.483645 |
|Seocho-gu|127.015339|37.49594696|
|Seocho-gu|127.0221703|37.50270072|
+---------+----------+----------+
```

지역명 구분에 사용할 필드가 준비되면 해당 문자열에 대응하는 double 형 칼럼과 특성 칼럼 생성에 사용할 StringIndexer와 VectorAssembler를 준비합니다.

```
val indexer = new StringIndexer().setInputCol("loc").setOutputCol("loccode")

val assembler = new VectorAssembler()
  .setInputCols(Array("loccode", "x", "y"))
  .setOutputCol("features")
```

8.15.1.3 파이프라인 모델 생성

다음 단계는 위에서 선언한 트랜스포머 및 평가자를 활용해 파이프라인을 구성하고 파이프라인 모델을 생성할 차례입니다.

```
val pipeline = new Pipeline().setStages(Array(indexer, assembler, kmeans))

val model = pipeline.fit(d3)
```

8.15.1.4 분류 실행 및 결과 확인

모델이 준비되면 실제 데이터를 이용해 분류를 수행하고 결과를 확인합니다.

```
val d4 = model.transform(d3)

d4.groupBy("prediction").agg(collect_set("loc").as("loc")).orderBy("prediction").show(100, false)
```

데이터프레임의 groupBy() 메서드를 이용하면 각 클러스터별로 어떤 지역들이 같은 클러스터로 분류됐는지 확인해 볼 수 있습니다.

```
+----------+-----------------------------------------------------------------------+
|prediction|loc                                                                    |
+----------+-----------------------------------------------------------------------+
|0         |[Gangseo-gu, Jongno-gu, Eunpyeong-gu, Gangbuk-gu, Yongsan-gu]          |
|1         |[Geumcheon-gu, Gwacheon-si, Songpa-gu, Gwanak-gu, Dobong-gu, Jungnang-gu, Gangdong-gu]|
|2         |[Yangcheon-gu, Dongdaemun-gu, Seodaemun-gu, Yeongdeungpo-gu]           |
|3         |[Seongbuk-gu, Seongdong-gu, Seocho-gu, Dongjak-gu, Mapo-gu, Guro-gu]   |
|4         |[Jung-gu, Nowon-gu, Gangnam-gu, Gwangjin-gu]                           |
+----------+-----------------------------------------------------------------------+
```

0번 클러스터에 강서구, 동대문구, 종로구 등이, 1번 클러스터에는 금천구, 도봉구, 강동구 등이 포함된 것을 확인할 수 있습니다.

마지막으로 파이프라인 모델의 stages() 메서드를 이용하면 아래와 같이 원래 모델의 정보를 찾아서 해당 모델 인스턴스가 제공하는 WSSSE(Within Set Sum of Squared Errors) 값과 각 클러스터의 정보 등을 확인할 수 있습니다.

```
val WSSSE = model.stages(2).asInstanceOf[KMeansModel].computeCost(d4)
println(s"Within Set Sum of Squared Errors = $WSSSE")

// Shows the result.
println("Cluster Centers: ")
model.stages(2).asInstanceOf[KMeansModel].clusterCenters.foreach(println)
```

다음은 지금까지 수행한 내용을 스칼라 언어로 구현한 코드입니다. (지면 관계상 모든 언어의 소스 코드를 본문에 싣지는 않았습니다. 자바 및 파이썬 언어로 구현된 코드는 예제 프로젝트를 참고해 주시기 바랍니다.)

[예제 8-16] K-means를 이용한 클러스터링 예제(ClusteringSample.scala)

```
import org.apache.spark.ml.clustering.KMeans
import org.apache.spark.sql.SparkSession
import org.apache.spark.ml.feature.VectorAssembler
import org.apache.spark.ml.feature.StringIndexer
import org.apache.spark.ml.Pipeline
import org.apache.spark.ml.clustering.KMeansModel

object ClusteringSample {

  def main(args: Array[String]) {
```

```
val spark = SparkSession
  .builder()
  .appName("ClusteringSample")
  .master("local[*]")
  .getOrCreate()

import spark.implicits._
import org.apache.spark.sql.functions._

// 원본 데이터
// http://data.seoul.go.kr/openinf/sheetview.jsp?infId=OA-13061&tMenu=11
// 서울시 공공와이파이 위치정보(영어)
val d1 = spark.read.option("header", "true")
  .option("sep", ",")
  .option("inferSchema", true)
  .option("mode", "DROPMALFORMED")
  .csv("/Users/beginspark/Temp/data3.csv")
d1.printSchema()

val d2 = d1.toDF("number", "name", "SI", "GOO", "DONG", "x", "y", "b_code", "h_code", "utmk_
x", "utmk_y", "wtm_x", "wtm_y")

val d3 = d2.select(concat_ws("-", 'GOO).as("loc"), 'x, 'y)

d3.show(5, false)

val indexer = new StringIndexer().setInputCol("loc").setOutputCol("loccode")

val assembler = new VectorAssembler()
  .setInputCols(Array("loccode", "x", "y"))
  .setOutputCol("features")

val kmeans = new KMeans().setK(5).setSeed(1L).setFeaturesCol("features")

val pipeline = new Pipeline().setStages(Array(indexer, assembler, kmeans))

val model = pipeline.fit(d3)

val d4 = model.transform(d3)
```

```
d4.groupBy("prediction").agg(collect_set("loc").as("loc"))
  .orderBy("prediction").show(100, false)

val WSSSE = model.stages(2).asInstanceOf[KMeansModel].computeCost(d4)
println(s"Within Set Sum of Squared Errors = $WSSSE")

// Shows the result.
println("Cluster Centers: ")
model.stages(2).asInstanceOf[KMeansModel].clusterCenters.foreach(println)

  }
}
```

8.16 협업 필터링

협업 필터링은 사용자의 선호도를 바탕으로 유사한 성향을 가진 사용자 정보를 식별하고 이를 근거로 사용자의 관심사를 예측하는 기법입니다. 사용자가 관심 있어 할 만한 상품이나 음악 등을 추천하는 추천 시스템에 많이 사용되고 있으며, 실생활에서 접할 수 있는 다양한 응용 사례가 있는 분야이기도 합니다.

협업 필터링은 사용자와 상품 간 추천 정보를 나타내는 커다란 희박행렬(Sparse Matrix)에서 비어 있는 값을 찾아내는 과정으로 설명할 수 있는데, 스파크에서는 이에 관한 알고리즘 중에서 가장 인기 있는 ALS(alternating least squares)[22] 알고리즘을 기반으로 한 방법을 사용하고 있습니다. 다음은 협업 필터링에 사용할 수 있는 주요 파라미터입니다.

- rank: 모델의 잠재요소(latent factors)의 숫자로 특징 벡터의 계수[23]를 의미합니다(기본값 10).

- maxIter: 반복 실행 횟수입니다(기본값 10).

- regParam: ALS에서 사용할 정규화 파라미터입니다(기본값 10).

- implicitPrefs: 명시적 또는 암시적 피드백 사용 여부(기본값 fase(명시적))

- alpha: 암시적 ALS의 신뢰도 계산을 위한 상수값(기본값 1.0)

- numBlocks: 병렬 처리를 위한 기본 파티션 수(기본값 10)

22 http://dl.acm.org/citation.cfm?id=1608614
23 https://en.wikipedia.org/wiki/Rank_(linear_algebra)

협업 필터링 애플리케이션 구현은 상품에 대한 사용자 선호도를 나타내기 위한 Rank를 사용하는 부분과 ALS 알고리즘을 사용하는 부분, 모델 평가를 위한 RegressionEvaluator를 사용하는 부분을 제외하면 기존에 살펴본 회귀, 분류, 클러스터링 예제의 작성 방법과 크게 다르지 않습니다.

다음은 스파크 공식 문서에서 볼 수 있는 협업 필터링 애플리케이션 예제입니다.

[예제 8-17] 협업 필터링 예제[24]

```
// sample 데이터 파일을 읽고 데이터프레임을 생성
val ratings = spark.read.textFile("<SPARK_HOME>/data/mllib/als/sample_movielens_ratings.txt")
  .map(parseRating)
  .toDF()
```

위 코드는 스파크 샘플 데이터를 이용해 데이터프레임을 생성하는 예제입니다. 파일을 읽은 다음 paseRating() 함수를 이용해 "userId", "movieId", "rating", "timestamp"라는 4개 칼럼으로 된 데이터프레임을 생성합니다.

데이터가 준비되면 기존과 같은 방법으로 훈련용 데이터와 테스트 데이터를 분리한 다음 아래와 같이 ALS 알고리즘을 이용해 모델을 생성합니다.

```
val als = new ALS()
  .setMaxIter(5)
  .setRegParam(0.01)
  .setUserCol("userId")
  .setItemCol("movieId")
  .setRatingCol("rating")
val model = als.fit(training)
```

모델이 생성된 후에는 추천을 위한 예측을 실시하고 회귀 예제에서 사용했던 RegressionEvaluator를 이용해 모델에 대한 평가를 진행할 수 있습니다.

8.17 정리

이번 장에서는 스파크의 머신러닝 하위 모듈인 MLlib에 대해 살펴봤습니다. 비록 머신러닝과 스파크 알고리즘을 구현한 클래스에 대해서는 깊이 있게 다루지 못했지만 스파크가 하둡의 대체 라이브

---

24 출처: http://spark.apache.org/docs/latest/ml-collaborative-filtering.html

러리로서의 역할만이 아니라 머신러닝 등 데이터 분석 분야에서도 활용할 수 있는 다양한 방법을 제공하고 있음을 확인할 수 있는 계기가 됐기를 바랍니다.

실제로 스파크는 이 책에서 다룬 것 외에도 회귀와 분류, 클러스터링, 추천 등 각 분야에서 다양한 종류의 머신러닝 알고리즘을 제공하고 있으며, 특성 추출과 선택, 모델 평가에 있어서도 다양한 유틸리티와 알고리즘을 제공하고 있습니다.

특히 스파크 2.0에서 제공하는 파이프라인 API를 이용하면 머신러닝을 위한 워크플로우 구축은 물론이고 크로스 검증(Cross-Validation)과 같은 모델 선택(튜닝) 과정을 더욱 수월하게 진행할 수 있으므로 이 책을 통해 스파크 MLlib API 활용에 대한 대한 감을 잡은 이후에는 이 책에서 미처 다루지 못한 내용들도 스파크 공식 문서와 API를 참고해서 활용해 보실 것을 권해 드립니다.

09

SparkR

9.1 개요

R[1]은 통계 분석과 그래픽스를 위한 개발환경이자 언어입니다. 오픈소스로 배포되어 무료로 사용할 수 있으며, 강력하고 다양한 데이터 분석 기능을 제공함으로써 통계 분석뿐 아니라 머신러닝을 위한 목적으로도 널리 사용되고 있습니다.

스파크R(SparkR)은 통계 및 데이터마이닝에 널리 사용되는 R과 스파크의 연동을 지원하는 스파크 서브모듈로서 R 패키지의 형태로 사용할 수 있습니다.

R은 통계 분석 및 머신러닝 등에 필요한 유용한 기능을 다수 포함하고 있지만 클러스터가 아닌 단일 서버에서 동작하는 구조 때문에 한 대의 서버가 감당하기 어려운 대용량 데이터를 직접 다루지 못한다는 한계가 있었습니다. 따라서 대용량 데이터 분석을 위해 R을 사용할 때는 먼저 하둡이나 스파크 등을 이용해 필요한 선처리 작업을 수행한 후 그 결과를 가지고 R에서 분석을 수행하는 경우가 많았습니다. 하지만 스파크R을 사용할 경우 R 스크립트에서 스파크의 데이터프레임을 직접 사용할 수 있기 때문에 대용량 데이터를 로드해서 가공하고 그 결과를 R 스크립트를 이용해 직접 처리하는 것까지 모두 하나의 R 프로그램에서 처리하는 것이 가능해졌습니다.

---

1 https://www.r-project.org/

이번 장에서는 스파크R이 제공하는 기능과 스파크R을 이용해 데이터를 처리하는 방법을 알아보겠습니다.

9.2 R 설치 및 실행

스파크R은 R 패키지로 설치하며, R 셸 또는 RStudio에서 사용할 수 있습니다. 만약 R이 설치돼 있지 않다면 R[2]과 RStudio[3] 홈페이지에서 각자 개발 환경에 맞는 버전을 선택해서 설치해야 합니다. 필자의 경우 개발 환경으로 맥 OS X을 사용하기 때문에 아래와 같이 home brew를 이용해 설치했습니다.

```
$ /usr/bin/ruby -e "$(curl -fsSL https://raw.githubusercontent.com/Homebrew/install/master/install)"
$ brew tap brewsci/science
$ brew install r
```

설치가 끝나면 스파크가 설치된 경로를 "SPARK_HOME"이라는 이름의 시스템 환경변수로 등록하고 R을 실행합니다. 만약 RStudio를 사용하거나 환경변수를 등록할 수 없는 상황이라면 아래 '시스템 환경변수 등록'과 같은 방법으로 코드상에서 직접 처리할 수도 있습니다.

```
$ r
R version 3.3.2 (2016-10-31) -- "Sincere Pumpkin Patch"
Copyright (C) 2016 The R Foundation for Statistical Computing
Platform: x86_64-apple-darwin15.6.0 (64-bit)
... 중간 생략
>
# 시스템 환경변수 등록
> if (nchar(Sys.getenv("SPARK_HOME")) < 1) {
  Sys.setenv(SPARK_HOME = "/Users/beginspark/Apps/spark")
}
```

환경변수 설정이 끝나면 아래와 같이 스파크R 라이브러리를 불러오기 한 후 스파크 세션을 생성합니다.

---

2 https://cloud.r-project.org/index.html
3 https://www.rstudio.com/

```
# SparkR 라이브러리 로드
> library(SparkR, lib.loc = c(file.path(Sys.getenv("SPARK_HOME"), "R", "lib")))

다음의 패키지를 부착합니다: 'SparkR'
The following objects are masked from 'package:stats': ... (이하 생략)

// 스파크세션 생성
> sparkR.session(master = "local[*]", sparkConfig = list(spark.driver.memory = "1g"))
Spark package found in SPARK_HOME: /Users/beginspark/Apps/spark
Launching java with spark-submit command /Users/beginspark/Apps/spark/bin/spark-submit
--driver-memory "1g" sparkr-shell
... (이하 생략)
```

예제에서 sparkR.session() 메서드를 호출하는 부분이 새로운 스파크 세션을 생성하는 부분이며 이때 마스터 정보를 포함해서 스파크 실행과 관련된 추가 정보를 설정할 수 있습니다.

다음은 sparkConfig를 사용해 설정할 수 있는 속성 목록입니다.

- spak.master: 클러스터 마스터 정보를 설정합니다.

- spark.yarn.keytab, spark.yarn.principal: yarn 사용 시 KDC 인증을 위한 정보를 설정합니다.

- spark.driver.memory: 드라이버 메모리 크기를 설정합니다.

- spark.driver.extraClassPath, spark.driver.extraJavaOptions, spark.driver.extraLibraryPath: 드라이버를 위한 클래스 패스와 자바 옵션 등을 설정합니다.

스파크R을 사용하는 또 다른 방법은 스파크 홈 bin 디렉터리 아래에 있는 sparkR 스크립트를 실행하는 것입니다. 물론 이 경우 R이 미리 설치돼 있어야 합니다. sparkR 스크립트를 사용할 경우 스파크 셸과 유사하게 spark라는 이름으로 미리 생성된 스파크세션을 제공받을 수 있습니다.

다음은 스파크R 스크립트를 실행한 경우의 화면입니다.

```
$ ./sparkR

R version 3.3.2 (2016-10-31) -- "Sincere Pumpkin Patch"
Copyright (C) 2016 The R Foundation for Statistical Computing
Platform: x86_64-apple-darwin15.6.0 (64-bit)
...
Welcome to
    ____              __
   / __/__  ___ ____/ /__
  _\ \/ _ \/ _ `/ __/  '_/
```

```
/__/ .__/\_,_/_/ /_/\_\   version 2.3.0
  /_/


SparkSession available as 'spark'.
>
```

9.3 데이터프레임

스파크R에서는 스파크SQL에서 다뤘던 스파크 데이터프레임을 사용할 수 있습니다. 단, 스파크의 데이터프레임은 같은 이름을 가진 R의 데이터프레임과는 다른 것이므로 이를 혼동하지 않도록 유의해야 합니다. 이 책에서는 두 가지 데이터프레임을 구분하기 위해 스파크 데이터프레임과 R데이터프레임이라는 용어를 사용하겠습니다.

스파크 데이터프레임은 스파크에서 사용하는 분산 데이터 모델로서 복잡한 데이터 처리에 유용하게 사용할 수 있는 다양한 연산을 제공합니다. 따라서 R에서 plyr 패키지를 통해 해결하던 많은 문제들을 스파크 데이터프레임을 이용해 분산 방식으로도 처리할 수 있습니다. 실제로 스파크R에서 제공하는 많은 함수는 dplyr 패키지에서 제공하는 함수와 같거나 유사한 이름을 가지고 있습니다.

스파크R은 R에서 스파크에 접근하기 위한 일종의 프런트엔드(Front-end) 역할을 담당하기 때문에 스파크R에서 사용하는 연산들이 스파크 데이터프레임 API의 내용을 크게 벗어나지는 않습니다. 하지만 코드를 작성할 때는 R스크립트 문법을 따라야 하고 일부 연산의 경우 스파크 데이터프레임과 R데이터프레임 또는 R의 함수를 혼용하는 경우도 있으므로 유의해야 합니다.

지금부터 데이터프레임을 생성하는 방법과 데이터프레임이 제공하는 주요 연산에 대해 알아보겠습니다.

9.4 데이터프레임 생성

스파크 데이터프레임을 생성할 때는 R데이터프레임을 사용하거나 read.df() 함수를 이용해 외부 파일로부터 생성할 수 있습니다. 또 하이브(Hive)와 연동하는 경우 기존 하이브 테이블을 사용하는 방법도 있는데 이 부분에 대해서는 이후에 하이브 연동을 다루는 절에서 살펴보겠습니다.

9.4.1 R데이터프레임으로부터 생성

as.DataFrame 또는 createDataFrame 함수를 이용하면 R데이터프레임으로부터 스파크 데이터프레임을 생성할 수 있습니다.

다음은 R데이터프레임으로부터 스파크 데이터 프레임을 생성하는 예제입니다.

[예제 9-1] as.DataFrame을 이용한 스파크 데이터프레임 생성

```
> df1 <- data.frame(c1=c("a", "b", "c"), c2=c(1, 2, 3))
> head(df1)
  c1 c2
1  a  1
2  b  2
3  c  3

> df2 <- as.DataFrame(df1)
> showDF(df2)
+---+---+
| c1| c2|
+---+---+
|  a|1.0|
|  b|2.0|
|  c|3.0|
+---+---+
```

예제에서는 df1이라는 R데이터프레임을 만든 후 as.DataFrame()을 이용해 스파크 데이터프레임으로 변환하고 있습니다. 이때 head()와 showDF()는 데이터프레임의 내용을 조회하는 함수로서 showDF()의 경우 스파크 데이터프레임의 show() 메서드와 같은 동작을 수행하며 스파크 데이터프레임이 아닌 R데이터프레임을 인자로 사용하면 아래와 같이 오류가 발생합니다. 따라서 위 예제의 경우 df2의 내용이 정상적으로 출력된 것으로 보아 스파크 데이터프레임으로 잘 변환된 것을 확인할 수 있습니다.

[예제 9-2] showDF에서 R데이터프레임 사용

```
> showDF(df1)
Error in (function (classes, fdef, mtable)  :
  unable to find an inherited method for function 'showDF' for signature '"data.frame"'
```

R의 경우 기본으로 제공하는 데이터프레임이 있는데 이 경우에도 스파크 데이터프레임으로 변환해서 사용하는 것이 가능합니다.

[예제 9-3] R 기본 데이터프레임 사용

```
# 데이터프레임 여부 확인
> class(mtcars)
[1] "data.frame"

> head(mtcars)
                   mpg cyl disp  hp drat    wt  qsec vs am gear carb
Mazda RX4         21.0   6  160 110 3.90 2.620 16.46  0  1    4    4
Mazda RX4 Wag     21.0   6  160 110 3.90 2.875 17.02  0  1    4    4
Datsun 710        22.8   4  108  93 3.85 2.320 18.61  1  1    4    1
Hornet 4 Drive    21.4   6  258 110 3.08 3.215 19.44  1  0    3    1
Hornet Sportabout 18.7   8  360 175 3.15 3.440 17.02  0  0    3    2
Valiant           18.1   6  225 105 2.76 3.460 20.22  1  0    3    1

# 스파크 데이터프레임으로 변환
> df <- createDataFrame(mtcars)

> showDF(df, 5, FALSE)
+----+---+-----+-----+----+-----+-----+---+---+----+----+
|mpg |cyl|disp |hp   |drat|wt   |qsec |vs |am |gear|carb|
+----+---+-----+-----+----+-----+-----+---+---+----+----+
|21.0|6.0|160.0|110.0|3.9 |2.62 |16.46|0.0|1.0|4.0 |4.0 |
|21.0|6.0|160.0|110.0|3.9 |2.875|17.02|0.0|1.0|4.0 |4.0 |
|22.8|4.0|108.0|93.0 |3.85|2.32 |18.61|1.0|1.0|4.0 |1.0 |
|21.4|6.0|258.0|110.0|3.08|3.215|19.44|1.0|0.0|3.0 |1.0 |
|18.7|8.0|360.0|175.0|3.15|3.44 |17.02|0.0|0.0|3.0 |2.0 |
+----+---+-----+-----+----+-----+-----+---+---+----+----+
only showing top 5 rows
```

mtcars는 R에서 제공하는 기본 데이터프레임으로 차종별 연비, 실린더 수, 배기량 등을 제공합니다. 이번 예제에서는 as.DataFrame() 대신 createDataFrame() 함수를 사용했고, 예상했던 대로 스파크 데이터프레임으로 변환된 것을 확인할 수 있습니다.

당연한 이야기지만 R에서 제공하는 기본 데이터 중에 R데이터프레임 형식이 아닌 데이터인 경우는 스파크 데이터프레임으로 변환할 수 없으므로 유의해야 합니다. 예를 들어, 타임시리즈 유형인 AirPassengers를 데이터프레임으로 변환하려고 하면 다음과 같은 오류가 발생합니다.

```
> head(AirPassengers)
[1] 112 118 132 129 121 135
> class(AirPassengers)
[1] "ts"
> df <- createDataFrame(AirPassengers)
Error in f(x, ...) : unexpected type: ts
```

지금까지 R데이터프레임을 스파크 데이터프레임으로 변환하는 방법을 알아봤습니다. 이번에는 외부 파일을 이용해 스파크 데이터프레임을 직접 생성하는 방법을 알아보겠습니다.

9.4.2 파일로부터 생성

외부 파일로부터 데이터프레임을 생성하려면 read.df() 함수를 이용합니다. 다음은 스파크 API 문서에서 제공하는 read.df() 함수의 사용법입니다.

```
## Default S3 method:
read.df(path = NULL, source = NULL, schema = NULL, na.strings = "NA", ...)
```

첫 번째 인자인 path에는 파일의 경로를 지정하며, source는 text, csv, json과 같은 파일의 타입을 지정하는 용도로 사용됩니다. 세 번째 인자인 schema는 생성되는 데이터프레임의 스키마 정보를 지정하는 부분인데 structType(structField("칼럼명", "칼럼타입"), structField("칼럼명", "칼럼타입")...)과 같은 형태로 지정할 수 있습니다.

스키마를 지정할 때 유의할 점은 R데이터 타입이 아닌 스파크 데이터 타입을 사용해야 한다는 것입니다. 만약 기존 R데이터셋을 사용한다면 아래와 같은 매핑 기준에 따라 스파크 데이터 타입으로 변환해서 사용할 수 있습니다.

표 9–1 R과 스파크 데이터 타입 매핑

R	Spark	R	Spark
byte	byte	character	string
integer	integer	binary	binary
float	float	raw	binary

double	double	logical	boolean
numeric	double	POSIXct	timestamp
POSIXlt	timestamp	Date	date
array	array	list	array
env	map		

다음은 스파크 설치 디렉터리에 있는 예제 데이터 파일을 이용해 스파크 데이터프레임을 생성해 본 예제입니다. 예제에서 사용한 파일은 스파크 홈 아래의 examples 디렉터리에서 찾을 수 있습니다.

[예제 9-4] 파일을 이용한 데이터프레임 생성

```
> file_path <- "<SPARK_HOME>/examples/src/main/resources/users.parquet"
> df <- read.df(path = file_path, source="parquet")
> showDF(df)
+------+--------------+----------------+
|  name|favorite_color|favorite_numbers|
+------+--------------+----------------+
|Alyssa|          null|   [3, 9, 15, 20]|
|   Ben|           red|              []|
+------+--------------+----------------+
```

위 예제에서는 read.df()를 이용해 파일을 읽어오면서 두 번째 인자로 파일의 타입 정보를 전달하고 있습니다. 하지만 파케이와 같이 자주 사용되는 타입의 경우 해당 타입을 위한 read.parquet() 와 같은 전용 함수가 제공되고 있으므로 이 함수를 이용해 좀 더 간편하게 데이터프레임을 생성할 수 있습니다.

```
> file_path = <SPARK_HOME>/examples/src/main/resources/users.parquet
> df <- read.parquet(file_path)
```

스파크에는 파케이 파일 외에도 read.jdbc(), read.json(), read.ml(), read.orc(), read.parquet(), read.text() 등의 함수도 제공하고 있습니다.

9.5   데이터프레임 연산

스파크R을 이용하면 스파크가 제공하는 다양한 연산을 사용할 수 있습니다. 다만 코드를 작성할 때의 문법적인 부분은 R 스크립트 문법을 따르기 때문에 스파크 SQL에서 사용하던 것과 다를 수 있습니다.

다음은 스파크R에서 데이터프레임이 제공하는 주요 연산입니다. 각 연산을 분류하는 표준 분류 기준이 따로 있는 것은 아니지만 편의상 연산의 목적에 따라 몇 가지 그룹으로 분류해서 살펴보겠습니다.

9.5.1 조회 및 기본 연산

9.5.1.1 head()

데이터프레임의 첫 n개의 행 데이터를 R데이터프레임 형식으로 돌려줍니다. head(df, 3)과 같이 조회할 행의 크기를 지정할 수 있으며, 지정하지 않을 경우 첫 6개 행을 사용합니다.

[예제 9-5] head()를 이용한 데이터프레임 조회

```
> rdf <- data.frame(c1=c("a", "b", "c"), c2=c(1, 2, 3))
> df <- as.DataFrame(rdf)
> head(df)
  c1 c2
1  a  1
2  b  2
3  c  3
```

9.5.1.2 showDF()

데이터프레임의 내용을 화면에 출력합니다. 스파크SQL API와 유사하게 출력할 행의 크기와 칼럼 값을 잘라서 보여줄 것인지를 파라미터를 통해 지정할 수 있습니다.

다음은 head()와 showDF()의 출력 결과입니다.

[예제 9-6] showDF()를 이용한 데이터프레임 조회

```
> rdf <- data.frame(c1=c("a", "b", "c"), c2=c(1, 2, 3))
> df <- as.DataFrame(rdf)
> head(df)
  c1 c2
1  a  1
2  b  2
3  c  3

> showDF(df)
+---+---+
```

```
| c1| c2|
+---+---+
|  a|1.0|
|  b|2.0|
|  c|3.0|
+---+---+
```

9.5.1.3 select()

select()는 데이터프레임의 내용을 조회할 때 사용합니다. 첫 번째 인자로 데이터프레임을 지정하고 두 번째 이후부터는 조회할 칼럼을 지정하면 됩니다. 칼럼을 지정하는 방법은 "col1", "col2"와 같이 문자열로 칼럼의 이름을 나열하거나 df$col1, df$col2와 같이 칼럼을 지정해도 됩니다. 또한 여러 개의 칼럼을 지정할 때 c("col1", "col2")와 같이 벡터 또는 리스트로 묶어서 사용할 수 있습니다. 만약 모든 칼럼을 조회한다면 "*"를 사용하면 됩니다.

다음은 데이터프레임에서 일부 칼럼과 전체 칼럼을 조회하는 예제입니다.

[예제 9-7] select()를 이용한 데이터프레임 조회

```
> df1 <- as.DataFrame(data.frame(c1=c("a", "b", "c"), c2=c(1, 2, 3), c3=c(4, 5, 6)))

> head(select(df1, "c1", "c2"))
  c1 c2
1  a  1
2  b  2
3  c  3

> head(select(df1, "*"))
  c1 c2 c3
1  a  1  4
2  b  2  5
3  c  3  6
```

9.5.1.4 selectExpr()

selectExpr()을 사용하면 SQL문과 같은 문법을 사용해 칼럼을 조회할 수 있습니다. 다음은 selectExpr()로 칼럼 정보를 조회하는 예제입니다.

[예제 9-8] selectExpr()을 이용한 데이터프레임 조회

```
> df1 <- as.DataFrame(data.frame(c1=c("a", "b", "c"), c2=c(1, 2, 3), c3=c(4, 5, 6)))
> head(selectExpr(df1, "(c2 * c3) as c5"))
  c5
1  4
2 10
3 18
```

9.5.1.5 first()

데이터프레임의 첫 번째 행을 반환합니다.

[예제 9-9] first()을 이용한 첫 행 조회

```
> rdf <- data.frame(c1=c("a", "b", "c"), c2=c(1, 2, 3))
> df <- as.DataFrame(rdf)
> first(df)
  c1 c2
1  a  1
```

9.5.1.6 filter()

filter()는 첫 번째 인자로 전달된 데이터프레임에서 두 번째 인자로 지정된 조건을 만족하는 데이터만 조회할 때 사용합니다.

[예제 9-10] filter()의 사용

```
> df1 <- as.DataFrame(data.frame(c1=c("a", "b", "c"), c2=c(1, 2, 3), c3=c(4, 5, 6)))
> head(filter(df1, df1$c2 > 2))
  c1 c2 c3
1  c  3  6
```

9.5.1.7 subset()

subset()은 스파크 데이터프레임의 부분집합으로 구성된 새로운 스파크 데이터프레임을 돌려주는 함수입니다. 다음은 subset() 함수의 인자 목록입니다.

```
subset(x, subset, select, drop = F, ...)
```

첫 번째 인자인 x는 부분 집합을 생성할 스파크 데이터프레임입니다. 두 번째 인자인 subset()은 각 행에 적용될 조건식으로 filter() 함수에 사용했던 것과 같은 방법으로 조건식을 지정할 수 있습니다. 세 번째 인자인 select는 결과 데이터프레임에 포함할 칼럼을 지정하는 부분으로 이곳에 지정한 칼럼만 새로운 데이터프레임에 포함됩니다. 마지막 인자인 drop은 T(TRUE)로 설정할 경우 결과 데이터셋의 칼럼이 한 개이면 칼럼이 리턴되고 그렇지 않은 경우 데이터프레임이 리턴됩니다.

다음은 filter() 함수 예제에서 사용했던 데이터프레임에 subset() 함수를 적용해 부분집합을 구하는 예제입니다.

[예제 9–11] subset()을 이용한 부분집합 구하기

```
# 데이터프레임 생성
> df1 <- as.DataFrame(data.frame(c1=c("a", "b", "c"), c2=c(1, 2, 3), c3=c(4, 5, 6)))
> showDF(df1)
+---+---+---+
| c1| c2| c3|
+---+---+---+
|  a|1.0|4.0|
|  b|2.0|5.0|
|  c|3.0|6.0|
+---+---+---+

# 부분집합 생성
> rst <- subset(df1, df1$c2 > 2, c("c1", "c2"))
> showDF(rst)
+---+---+
| c1| c2|
+---+---+
|  c|3.0|
+---+---+
```

9.5.1.8 collect()

collect()는 데이터프레임에 포함된 모든 데이터를 모아서 R데이터프레임으로 돌려줍니다. 이는 스파크 데이터프레임을 R데이터프레임으로 변환하는 것과 같은 효과를 가져옵니다. 다음은 read.df() 함수를 이용해 생성한 스파크 데이터프레임에 collect() 함수를 적용해 R데이터프레임을 생성하는 예제입니다.

[예제 9-12] collect()의 사용

```
> file_path = <SPARK_HOME>/examples/src/main/resources/users.parquet
> df <- read.parquet(file_path)
> head(collect(df))

    name favorite_color favorite_numbers
1 Alyssa          <NA>        3, 9, 15, 20
2    Ben           red                NULL
```

9.5.1.9 arrange(), orderBy()

arrange() 함수는 특정 칼럼을 기준으로 정렬을 수행합니다. 이때 불리언(boolean) 타입의 decreasing 인수를 이용해 정렬 방향을 지정할 수 있습니다.

[예제 9-13] arrange()의 사용

```
> df <- createDataFrame(data.frame(c1=c(1, 8, 7, 6 ,0, 5)))

# 정렬되지 않은 상태
> showDF(df)
+---+
| c1|
+---+
|1.0|
|8.0|
|7.0|
|6.0|
|0.0|
|5.0|
+---+
# arrange 적용 후
> showDF(arrange(df, df$c1))
+---+
| c1|
+---+
|0.0|
|1.0|
|5.0|
|6.0|
|7.0|
|8.0|
+---+
```

9.5.1.10 printSchema(), columns(), colnames()

printSchema()는 데이터프레임의 스키마 정보를 보여줍니다. 만약 칼럼명 정보만 확인하거나 칼럼명을 바꾸고 싶다면 columns() 또는 colnames() 함수를 사용할 수 있습니다. 다음은 R의 기본 데이터셋인 mtcars 데이터셋으로부터 생성한 데이터프레임의 스키마와 칼럼 정보를 확인해 보는 예제입니다.

[예제 9-14] 데이터프레임 스키마와 칼럼 정보 조회

```
# 데이터프레임 생성
> df <- createDataFrame(mtcars)

# 스키마 정보 조회
> printSchema(df)
root
 |-- mpg: double (nullable = true)
 |-- cyl: double (nullable = true)
 |-- disp: double (nullable = true)
 |-- hp: double (nullable = true)
 |-- drat: double (nullable = true)
 |-- wt: double (nullable = true)
 |-- qsec: double (nullable = true)
 |-- vs: double (nullable = true)
 |-- am: double (nullable = true)
 |-- gear: double (nullable = true)
 |-- carb: double (nullable = true)

# 칼럼 정보 조회
> columns(df)
 [1] "mpg"  "cyl"  "disp" "hp"   "drat" "wt"   "qsec" "vs"   "am"   "gear" "carb"
> colnames(df)
 [1] "mpg"  "cyl"  "disp" "hp"   "drat" "wt"   "qsec" "vs"   "am"   "gear" "carb"
```

9.5.2 그룹 및 집계 연산

9.5.2.1 agg()

agg()는 합계 등 집계 데이터를 구하는 용도로 사용됩니다. agg()는 다음과 같은 두 가지 방법으로 사용할 수 있습니다.

```
df2 <- agg(df, <column> = <aggFunction>)
df2 <- agg(df, newColName = aggFunction(column))
```

첫 번째는 df라는 데이터프레임에서 〈column〉 칼럼에 〈aggFuction〉을 적용하라는 의미입니다.
이와 다르게 두 번째의 경우 aggFunction(column)의 결괏값으로 새로운 칼럼인 newColName
을 생성하게 됩니다.

다음은 agg()를 이용해 칼럼 합계를 구하는 간단한 예제입니다.

[예제 9-15] agg()를 이용한 칼럼 합계 구하기

```
# 데이터프레임 생성
> rdf <- data.frame(c1=c("a", "b", "c", "a", "a", "b"), v=c(1, 1, 1, 1, 1, 1))
> df <- createDataFrame(rdf)
> showDF(df)
+---+---+
| c1|  v|
+---+---+
|  a|1.0|
|  b|1.0|
|  c|1.0|
|  a|1.0|
|  a|1.0|
|  b|1.0|
+---+---+

# v 칼럼의 합계 계산
> result <- agg(df, v = "sum")
> showDF(result)
+------+
|sum(v)|
+------+
|   6.0|
+------+

# v 칼럼에 sum 함수를 적용한 결과로 새로운 칼럼 생성
> result <- agg(df, new_col = sum(df$v))
> showDF(result)
+-------+
|new_col|
+-------+
|    6.0|
+-------+
```

9.5.2.2 groupBy()

방금 전 agg() 함수는 전체 데이터를 대상으로 집계 함수를 적용했습니다. groupBy()를 이용하면 특정 칼럼을 기준으로 합계, 총 개수 등 집계를 수행할 수 있습니다. 다음은 groupBy()를 이용해 집계 함수를 적용할 그룹을 생성한 뒤 agg() 함수를 이용해 각 그룹별로 집계 함수를 적용하는 예제입니다.

[예제 9-16] groupBy()의 사용

```
# 데이터프레임 생성
> c1 = c("a", "b", "c", "a", "a", "b")
> c2 = c("P1", "P2", "P1", "P1", "P2", "P2")
> c3 = c(10, 5, 5, 10, 10, 0)
> c4 = c(10, 20, 90, 50, 0, 100)
> df <- createDataFrame(data.frame(c1, c2, c3, c4))


> showDF(df)
+---+---+----+-----+
| c1| c2|  c3|   c4|
+---+---+----+-----+
|  a| P1|10.0| 10.0|
|  b| P2| 5.0| 20.0|
|  c| P1| 5.0| 90.0|
|  a| P1|10.0| 50.0|
|  a| P2|10.0|  0.0|
|  b| P2| 0.0|100.0|
+---+---+----+-----+


# groupBy() 함수로 집계함수를 적용할 그룹(GroupedData)을 생성
> g <- groupBy(df, "c1", "c2")

# 생성된 그룹 데이터를 agg()에 전달해 각 그룹별 집계 결과를 생성
> rst <- agg(g, c3="sum", c4="max")
> showDF(rst)
+---+---+-------+-------+
| c1| c2|sum(c3)|max(c4)|
+---+---+-------+-------+
|  b| P2|    5.0|  100.0|
|  c| P1|    5.0|   90.0|
|  a| P1|   20.0|   50.0|
|  a| P2|   10.0|    0.0|
+---+---+-------+-------+
```

위 예제의 경우 각 칼럼별로 sum()과 max() 함수를 따로 적용했지만 집계 함수를 하나만 사용할 경우는 아래와 같이 좀 더 간단하게 사용할 수 있습니다.

```
> rst = sum(g)
> showDF(rst)
+---+---+-------+-------+
| c1| c2|sum(c3)|sum(c4)|
+---+---+-------+-------+
|  b| P2|    5.0|  120.0|
|  c| P1|    5.0|   90.0|
|  a| P1|   20.0|   60.0|
|  a| P2|   10.0|    0.0|
+---+---+-------+-------+
```

9.5.2.3 집계 함수(agg_funcs)

스파크가 제공하는 다양한 집계 함수를 이용하면 원하는 기준을 정해서 생성한 그룹이나 원래의 데이터프레임을 대상으로 다양한 집계를 수행할 수 있습니다. 다음은 스파크R에서 사용 가능한 주요 집계 함수입니다. 사용 가능한 전체 함수에 대한 내용은 스파크R API 문서를 통해 확인할 수 있습니다.

9.5.2.3.1 avg(), mean(), max(), min(), sum(), count()

평균(avg, mean), 최대(max), 최소(min), 합계(sum), 총 건수(count) 등을 반환합니다. 다음은 간단한 집계 함수를 적용한 예제입니다.

[예제 9-17] 집계 함수의 사용

```
# 집계를 수행할 데이터프레임의 내용
> showDF(df)
+---+---+----+-----+
| c1| c2|  c3|   c4|
+---+---+----+-----+
|  a| P1|10.0| 10.0|
|  b| P2| 5.0| 20.0|
|  c| P1| 5.0| 90.0|
|  a| P1|10.0| 50.0|
|  a| P2|10.0|  0.0|
|  b| P2| 0.0|100.0|
+---+---+----+-----+
```

```
# c1 칼럼을 기준으로 그룹 생성
> g <- groupBy(df, "c1")

# 그룹별 평균
> showDF(avg(g))
+---+-------+-------+
| c1|avg(c3)|avg(c4)|
+---+-------+-------+
|  c|    5.0|   90.0|
|  b|    2.5|   60.0|
|  a|   10.0|   20.0|
+---+-------+-------+

# 그룹별 최솟값
> showDF(min(g))
+---+-------+-------+
| c1|min(c3)|min(c4)|
+---+-------+-------+
|  c|    5.0|   90.0|
|  b|    0.0|   20.0|
|  a|   10.0|    0.0|
+---+-------+-------+
```

9.5.2.3.2 countDistinct(), sumDistinct()

countDistinct()와 sumDistinct()는 중복을 제외한 건수와 합계를 계산할 때 사용합니다. 다음은 countDistinct() 함수를 사용해 중복을 제외한 건수를 확인하는 예제입니다. 이번 예제에 사용한 데이터프레임은 바로 이전 예제에서 사용했던 것과 동일한 데이터프레임입니다.

[예제 9-18] 중복을 제거한 데이터 수 조회

```
# 전체 데이터 건수: 6
> showDF(select(df, count(df$c3)))
+---------+
|count(c3)|
+---------+
|        6|
+---------+

# 중복을 제외한 건수: 3
> showDF(select(df, countDistinct(df$c1)))
```

```
+-----------------+
|count(DISTINCT c1)|
+-----------------+
|                3|
+-----------------
```

9.5.2.3.3 var(), sd(), skewness(), kurtosis()

위 함수는 데이터프레임을 대상으로 표본 분산(var), 표본 표준 편차(sd), 왜도(skewness), 첨도 (kurtosis)를 구할 수 있는 함수입니다. 다음은 이전 예제에서 사용했던 것과 동일한 데이터를 대상으로 위 함수를 적용해 본 예제입니다.

[예제 9-19] 통계 함수의 적용

```
> showDF(select(df, var(df$c3)))
+-----------------+
|       var_samp(c3)|
+-----------------+
|16.666666666666664|
+-----------------+

> showDF(select(df, skewness(df$c3)))
+-----------------+
|       skewness(c3)|
+-----------------+
|-0.6260990336999411|
+-----------------+
```

9.5.3 칼럼 연산

스파크R은 칼럼 데이터에 직접 적용할 수 있는 다양한 함수를 제공합니다. 함수별 사용법은 인자의 타입이나 수, 그룹 단위 적용 가능 여부 등에서 차이가 있지만 대부분 비슷한 방법으로 사용할 수 있습니다.

9.5.3.1 날짜, 문자열, 수학 관련 함수

날짜 및 문자열, 수학 관련 함수는 사용법이 간단하면서도 데이터 처리에 가장 자주 사용되는 함수입니다. 스파크R은 스파크 데이터프레임에서 제공하던 다양한 데이터 처리 및 변환 함수를 R 스크립트 코드를 작성할 때도 사용할 수 있도록 다양한 함수를 제공합니다.

다음은 칼럼에 적용할 수 있는 날짜, 문자열, 수학 관련 주요 함수입니다. 사용 가능한 전체 함수 목록과 개별 함수의 상세한 사용법은 스파크R API 문서를 통해 확인할 수 있습니다.

- date_add(), date_sub(), datediff(), add_months(): 날짜를 더하거나 빼는 연산을 수행합니다.

- date_format(), to_date(): 문자열 칼럼을 날짜 타입 칼럼으로 변경합니다.

- dayofmonth(), dayofyear(), weekofyear(): 문자열 또는 날짜(Date) 및 타임스탬프 타입으로 된 칼럼을 대상으로 사용하며, 해당 날짜가 한 달, 1년, 1주일 중 몇 번째에 해당하는지 위치를 정수값으로 돌려줍니다.

- concat(), concat_ws(): 여러 개의 문자열을 하나로 합쳐줍니다. concat_ws의 경우 구분자로 사용할 문자를 지정할 수 있습니다.

- format_number(), format_string(): 문자열이나 숫자의 출력 포맷을 지정합니다.

- upper(), lower(), lpad(), rpad(), ltrim(): 문자열의 대소문자 변환, 문자열 좌, 우측 패딩 방식 지정, 공백 문자를 삭제하는 등의 연산을 수행할 수 있습니다.

- substring(), replace(), regexp_replace(): 문자열 자르기, 교체, 정규식 치환 등의 연산을 수행할 수 있습니다.

- startsWith(), endsWith(): 칼럼의 값이 특정 문자열로 시작하거나 끝나는지 여부를 확인할 수 있습니다.

- ceil(), floor(), round(): 올림, 내림, 반올림 연산을 수행합니다.

- log(), sign(), sqrt(), corr(), cov(): 로그, 부호 함수, 제곱근, 상관 계수, 공분산 함수를 적용합니다.

칼럼에 함수를 적용하는 방법은 지금까지의 다른 예제를 통해 본 것과 크게 다르지 않습니다. 다음은 문자열 칼럼에 substr() 함수를 적용해 그 결과를 새로운 칼럼에 할당하는 예제입니다.

[예제 9-20] 칼럼 연산자의 사용

```
> df <- as.DataFrame(data.frame(c1=c("abcdef", "12345")))
> head(df)
      c1
1 abcdef
2  12345

# substr() 적용
> df$c2 <- substr(df$c1, 1, 2)

> head(df)
      c1 c2
1 abcdef ab
2  12345 12
```

9.5.3.2 alias()

칼럼에 별칭을 부여할 때는 alias() 함수를 사용합니다. 다음은 예제 9-20에서 사용했던 데이터프레임의 c2 칼럼을 대상으로 sum() 함수를 적용한 후 자동 할당되는 칼럼명을 변경하는 예제입니다.

[예제 9-21] alias()의 활용

```
# sum(df$c2)를 sumOfC2로 변경
> df <- select(df, alias(sum(df$c2), "sumOfC2"))
> showDF(df)
+-------+
|sumOfC2|
+-------+
|   12.0|
+-------+
```

9.5.3.3 cast()

칼럼 타입을 변경할 때는 cast() 함수를 사용합니다. 아래와 같이 칼럼명과 변경하고자 하는 타입명을 지정해서 변환을 수행할 수 있습니다.

```
cast(df$column_name, "변경 후 타입")
```

9.5.3.4 ifelse()

칼럼값의 조건에 따라 다른 값을 가지기 위해서는 ifelse() 함수를 사용하거나 when()과 otherwise() 함수를 조합해서 사용할 수 있습니다. 다음은 두 함수를 이용해 5보다 큰 값을 가진 칼럼에 "gt"를, 5보다 작은 값을 가진 칼럼에 "lt"를 부여하는 예제입니다.

[예제 9-22] 조건문의 적용

```
> df <- createDataFrame(data.frame(c1=c(1, 8, 7, 6 ,0, 5)))
> col_if <- ifelse(df$c1 > 5.0, "gt", "lt")
> col_when_other <- otherwise(when(df$c1 > 5.0, "gt"), "lt")
> showDF(select(df, df$c1, alias(col_if, "ifelse"), alias(col_when_other, "when-other")))
+---+------+----------+
| c1|ifelse|when-other|
+---+------+----------+
|1.0|    lt|        lt|
|8.0|    gt|        gt|
|7.0|    gt|        gt|
|6.0|    gt|        gt|
```

```
|0.0|   1t|      1t|
|5.0|   1t|      1t|
+---+-----+---------+
```

9.5.4 집합 연산

9.5.4.1 union(), intersect(), except()

스파크R에서는 데이터셋 API에서 제공하던 집합 연산을 동일하게 제공합니다. 대표적인 것으로 합집합을 위한 union(), 차집합을 위한 except(), 교집합을 위한 intersect() 함수가 있습니다. 다음은 간단한 데이터 프레임을 이용해 집합 연산의 결과를 확인해 보는 예제입니다.

[예제 9-23] 합집합, 교집합, 차집합

```
> df1 <- createDataFrame(data.frame(c1=c("a", "b", "c"), c2=c(1, 3, 5)))
> df2 <- createDataFrame(data.frame(c1=c("a", "b", "c"), c2=c(2, 4, 5)))
> showDF(union(df1, df2))
+---+---+
| c1| c2|
+---+---+
|  a|1.0|
|  b|3.0|
|  c|5.0|
|  a|2.0|
|  b|4.0|
|  c|5.0|
+---+---+
> showDF(intersect(df1, df2))
+---+---+
| c1| c2|
+---+---+
|  c|5.0|
+---+---+
> showDF(except(df1, df2))
+---+---+
| c1| c2|
+---+---+
|  b|3.0|
|  a|1.0|
+---+---+
```

예제에 사용된 두 데이터프레임은 c1 칼럼은 동일하고 c2 칼럼만 차이가 있습니다. 이때 insersect()와 except() 함수를 적용한 결과를 보면 두 함수가 전체 칼럼의 값이 일치하는 경우에만 같은 것으로 간주하고 있음을 알 수 있습니다.

9.5.4.2 join(), merge()

데이터프레임 간의 조인 연산은 join() 함수를 통해 수행할 수 있습니다. 스파크R은 데이터셋 API 에서 제공하는 것과 동일한 수준의 조인 연산을 지원합니다. 다음은 join() 함수를 이용한 간단한 조인 연산의 예제입니다.

[예제 9-24] 다양한 조인 연산

```
> df1 <- createDataFrame(data.frame(c1=c("a", "b", "c"), c2=c(1, 2, 3)))
> df2 <- createDataFrame(data.frame(c1=c("a", "b", "d", "e"), c2=c(1, 2, 3, 4)))
> showDF( join(df1, df2, df1$c1 == df2$c1) )
+---+---+---+---+
| c1| c2| c1| c2|
+---+---+---+---+
|  b|2.0|  b|2.0|
|  a|1.0|  a|1.0|
+---+---+---+---+
> showDF( join(df1, df2, df1$c1 == df2$c1, "left_outer") )
+---+---+----+----+
| c1| c2|  c1|  c2|
+---+---+----+----+
|  c|3.0|null|null|
|  b|2.0|   b| 2.0|
|  a|1.0|   a| 1.0|
+---+---+----+----+
> showDF( join(df1, df2, df1$c1 == df2$c1, "fullouter") )
+----+----+----+----+
|  c1|  c2|  c1|  c2|
+----+----+----+----+
|null|null|   e| 4.0|
|null|null|   d| 3.0|
|   c| 3.0|null|null|
|   b| 2.0|   b| 2.0|
|   a| 1.0|   a| 1.0|
+----+----+----+----+
```

조인 함수의 첫 두 인수에는 조인을 수행할 대상 데이터프레임을 지정합니다. 세 번째 인수인 표현식은 조인을 수행할 조건을 지정하며, 마지막 인자는 조인 방식을 지정합니다. 사용 가능한 조인 방식은 'inner', 'cross', 'outer', 'full', 'full_outer', 'left', 'left_outer', 'right', 'right_outer', 'left_semi', or 'left_anti'이며, 첫 번째 예제처럼 아무것도 지정하지 않을 경우 inner 방식을 사용합니다.

추가로 기존 R에서 사용하던 방식을 더 선호한다면 join() 함수 대신 merge() 함수를 사용할 수도 있습니다. 다음은 merge() 함수의 인자 목록입니다.

```
merge(x, y, by = intersect(names(x), names(y)), by.x = by, by.y = by,
                    all = FALSE, all.x = all,
                    all.y = all, sort = TRUE, suffixes = c("_x", "_y"), ...)
```

merge() 함수를 사용할 경우 x, y에 병합할 데이터프레임을 지정하고 by.x와 by.y에 조인을 수행할 칼럼을 지정합니다. 나머지 all, all.x, all.y 옵션은 조인 방식을 지정하는 것으로, all 옵션을 FALSE로 지정할 경우 양쪽 데이터프레임 모두에 값이 있어야 하는 inner 조인을 수행하고, TRUE로 지정할 경우 all.x, all.y의 값에 따라 outer 조인 방식을 사용하게 됩니다. 스파크의 join() 함수가 상대적으로 더 사용하기 편리하지만 R의 merge() 함수를 더 선호한다면 스파크R API에서 좀 더 상세한 사용법을 제공하고 있으므로 참고하기 바랍니다.

9.5.5 dapply(), dapplyCollect()

dapply()를 이용하면 데이터프레임의 파티션 단위로 사용자 정의 함수를 적용할 수 있습니다. 다음은 dapply()의 정의입니다.

```
dapply(x, func, schema)
```

x는 스파크 데이터프레임을 의미합니다. func는 각 데이터프레임 파티션에 적용될 함수로서 각 파티션에 해당하는 R 데이터프레임을 나타내는 변수 하나를 인수로 사용하고 R 데이터프레임을 돌려주는 함수입니다. 이때 func의 입력과 출력, 그리고 func 내부에서 사용되는 함수가 R의 데이터프레임과 R 함수라는 점에 유의해야 합니다. 마지막 인수인 schema는 함수의 출력인 스파크 데이터프레임의 스키마를 나타냅니다.

다음은 dapply()를 이용해 특정 칼럼의 값을 두 배로 만드는 사용자 정의 함수를 적용하는 예제입니다.

[예제 9-25] dapply()를 이용한 사용자 정의 함수의 사용

```
# 원본 데이터프레임
> c1 = c("a", "b", "c", "a", "a", "b")
> c2 = c(1, 2, 3, 1, 3, 1)
> c3 = c(4, 5, 6, 1, 2, 3)
> df <- createDataFrame(data.frame(c1, c2, c3))
> head(df)
  c1 c2 c3
1  a  1  4
2  b  2  5
3  c  3  6
4  a  1  1
5  a  3  2
6  b  1  3

# 스키마 정의
> schema <- structType(structField("n1", "double"), structField("n2", "double"))

# 사용자 정의 함수의 정의 및 dapply()로 적용
> df1 <- dapply(df, function(x) { y <- cbind(x$c2, x$c2 * 2) }, schema)
> head(df1)
  n1 n2
1  1  2
2  2  4
3  3  6
4  1  2
5  3  6
6  1  2
```

원본 데이터프레임에 있던 c2 칼럼과 c2 칼럼에 2를 곱한 값으로 새로운 n1, n2 칼럼이 생성된 것을 확인할 수 있습니다.

dapplyCollect()는 dapply()와 동일한 동작을 수행합니다. 하지만 dapply()와는 다르게 함수를 적용한 모든 결괏값을 한번에 모두 돌려줍니다. dapplyCollect()를 사용할 경우 출력 데이터프레임의 타입이 R데이터프레임이라 스키마 정보는 지정하지 않아도 되지만 결괏값이 매우 클 경우 오류가 발생하므로 주의해야 합니다.

9.5.6 gapply(), gapplyCollect()

gapply()는 사용자 정의 함수를 그룹 단위로 적용할 수 있는 방법을 제공합니다. 데이터프레임의 파티션 단위로 사용자 정의 함수를 적용하는 dapply()와 유사한 동작을 수행하지만 파라미터로 지정한 그룹키에 의해 생성된 그룹 단위로 사용자 정의 함수를 적용한다는 점에서 차이점이 있습니다. 다음은 스파크 API 문서를 통해 찾아 본 gapply()의 정의입니다.

```
gapply(x, cols, func, schema)
```

위 정의에서 x는 스파크 데이터프레임을 의미하며 cols는 그룹키로 지정할 칼럼입니다. func는 그룹키와 R데이터프레임을 입력 인자로 받아서 R 데이터프레임을 돌려주는 함수이며, schema에는 결과값인 스파크 데이터프레임의 스키마 정보를 지정해야 합니다.

다음은 c1 칼럼의 문자열을 그룹키로 지정한 후 gapply 정보를 사용해 각 문자열에 대응하는 c2 칼럼의 합계를 구하는 예제입니다.

[예제 9-26] gapply()를 이용한 사용자 정의 함수의 사용

```
# 데이터프레임 생성
> df <- as.DataFrame(data.frame(c1=c("a", "b", "c", "a", "a", "b"), c2=c(1, 2, 3, 1, 3, 1),
c3=c(4, 5, 6, 1, 2, 3)))

> head(df)
  c1 c2 c3
1  a  1  4
2  b  2  5
3  c  3  6
4  a  1  1
5  a  3  2
6  b  1  3

# 스키마 정의
> schema <- structType(structField("c1", "string"), structField("sumOfC2", "double"))

# 사용자 정의 함수 생성 및 gapply()의 사용
> result <- gapply(df, "c1", function(key, x) { y <- cbind(key, sum(x$c3))}, schema)

> head(result)
  c1 sumOfC2
1  c       6
2  b       8
3  a       7
```

gapplyCollect()는 gapply()와 같은 동작을 수행하지만 함수의 적용 결과 전체를 한번에 돌려준다는 점에서 차이가 있습니다. gapplyCollect()를 사용할 경우 출력 데이터프레임의 타입이 R데이터프레임이라 스키마 정보는 지정하지 않아도 되지만 결괏값이 매우 클 경우 오류가 발생하므로 주의해야 합니다.

9.5.7 spark.lapply()

spark.lapply()는 R의 lapply()와 유사하게 지정한 함수를 대상 리스트(list)에 적용하기 위한 용도로 사용할 수 있습니다. spark.lapply()에 사용되는 사용자 정의 함수는 인자 한개를 인자로 전달받아 동작하며 실제 계산은 스파크를 통한 분산 방식으로 적용됩니다.

spark.lapply()의 수행 결과는 하나의 서버에서 처리 가능한 용량을 넘지 않도록 유의해야 합니다.

[예제 9-27] list에 사용자 정의 함수 적용

```
> x1 <- list(k1 = c(1, 3, 5), k2 = c(2, 4, 8))
> x2 <- spark.lapply(x1, function(x) { x * 2 })

> head(x2)
$k1
[1]  2  6 10

$k2
[1]  4  8 16
```

9.5.8 createOrReplaceTempView()

스파크R에서도 스파크 SQL에서 사용하던 것과 유사한 방법으로 createOrReplaceTempView()를 이용해 데이터프레임을 등록하고 SQL을 사용해서 조회할 수 있습니다.

[예제 9-28] SQL 문을 이용한 데이터프레임 조회

```
# 데이터프레임 생성
> df <- as.DataFrame(data.frame(c1=c("a", "b", "c", "a", "a", "b"), c2=c(1, 2, 3, 1, 3, 1),
c3=c(4, 5, 6, 1, 2, 3)))

# view 등록
> createOrReplaceTempView(df, "tempView")
```

```
# 조회
> result <- sql("select c1, c2 from tempView where c2 > 2.0")
> head(result)
  c1 c2
1  c  3
2  a  3
```

9.5.9 write()

생성된 데이터프레임은 write() 함수를 이용해 저장할 수 있습니다. 다음은 write() API의 정의입니다.

```
write.df(df, path, source = NULL, mode = "error", ...)
```

df와 path()는 각각 저장하려는 데이터프레임과 경로를 나타내고, source는 "text", "parquet" 같은 데이터소스의 이름을 의미합니다. mode 속성은 sparkSQL에서 사용한 것과 같이 기존에 동일한 파일이 존재할 때 처리 방식에 대한 옵션을 설정하며 'append', 'overwrite', 'error', 'ignore' 중 하나를 사용할 수 있습니다.

text나 파케이와 같이 자주 사용되는 타입의 경우 write.df() 대신 사용할 수 있는 write.jdbc(), write.json(), write.ml(), write.orc(), write.text(), write.parquet() 함수가 있으므로 저장하려는 파일 타입에 맞는 것을 선택해서 사용하는 것이 더 편리합니다.

9.6 하이브 연동

스파크R을 사용할 때 R과 하이브를 연동해서 사용하는 것도 가능합니다. 우선 하이브와의 연동을 위해 spark 세션을 생성할 때 enableHiveSupport 속성을 True로 설정해서 아래와 같이 연동할 수 있습니다.

```
# 스파크세션 생성
sparkR.session(enableHiveSupport = TRUE)

# 데이터프레임 생성
c1 = c("note", "bag", "note")
c2 = c(1500, 35000, 10000)
df <- createDataFrame(data.frame(c1, c2))
showDF(df)
```

```
# 하이브테이블로 저장
saveAsTable(df, "prod", mode = "overwrite")

# 저장된 테이블 조회
results <- sql("FROM prod SELECT c1, c2")
showDF(results)
```

9.7 머신러닝

스파크R은 내부적으로 스파크 MLlib를 기반으로 한 머신러닝 기능을 제공합니다. 현재 버전 (2.3.0)에서 사용 가능한 알고리즘에 제한이 있기는 하지만 새로운 버전이 발표될 때마다 지속적으로 사용 가능한 알고리즘을 추가해 가고 있습니다.

머신러닝에 관한 주제는 8장 MLlib에서도 다루고 있기 때문에 이번 장에서는 간단하게 스파크R API 문서에 소개된 glm 알고리즘 예제를 살펴보겠습니다. 아래는 R의 아이리스(iris) 데이터셋을 glm 알고리즘에 적용하는 예제입니다. 이 책에서 소개하지 않은 전체 머신러닝 알고리즘 목록은 스파크R 문서[4]를 통해 확인하실 수 있습니다.

[예제 9-29] glm 알고리즘 적용

```
# 데이터프레임 생성
df <- createDataFrame(iris)

> printSchema(df)
root
 |-- Sepal_Length: double (nullable = true)
 |-- Sepal_Width: double (nullable = true)
 |-- Petal_Length: double (nullable = true)
 |-- Petal_Width: double (nullable = true)
 |-- Species: string (nullable = true)
```

가장 먼저 해야 할 일은 머신러닝에 사용할 데이터를 준비하는 것으로 예제에서는 통계 및 기계학습을 위한 학습 용도로 널리 활용되고 있는 아이리스(iris) 데이터셋을 사용했습니다. 위 코드는 스파크 데이터프레임을 생성하는 부분으로 createDataframe() 함수를 이용해 스파크 데이터프레임을 생성하고 printSchema() 함수를 이용해 생성된 데이터프레임의 스키마 정보를 조회하고 있습니다.

---

4 http://spark.apache.org/docs/latest/sparkr.html

잘 알려진 것처럼 아이리스 데이터는 R에서 기본 제공되는 데이터셋이며 붓꽃(iris)의 종에 따른 꽃 받침(Sepal)과 꽃잎(Petal)에 관한 데이터를 포함하고 있습니다. 이번 예제에서는 꽃받침의 넓이에 따른 꽃잎의 넓이를 예측의 목표로 삼아보겠습니다.

일단 데이터가 준비됐으니 모델 생성에 사용할 데이터와 테스트에 사용할 데이터를 분리해 보겠습니다. 데이터를 분리하는 방법에는 여러 가지 전략을 사용할 수 있겠지만 이번 예제에서는 간단하게 스파크가 제공하는 randomSplit() 함수를 사용할 것입니다. 다음은 randomSplit() 함수를 이용해 iris 데이터를 학습용과 테스트용으로 분리하는 코드입니다.

```
> dflist = randomSplit(df, c(0.7, 0.3))
> training <- dflist[[1]]
> test <- dflist[[2]]
> count(training)
[1] 113
> count(test)
[1] 37
```

randomSplit()는 R의 리스트 타입으로 결과를 돌려줍니다. 그래서 위 코드에서는 각 리스트에 포함된 데이터셋을 각각 training과 test 변수에 나누어 할당한 뒤 각 데이터 크기를 확인해 봤습니다.

다음 단계는 훈련용 데이터를 이용해 모델을 생성하는 단계입니다. 다음은 스파크R의 glm API를 사용해 모델을 생성하는 방법입니다.

```
> model <- spark.glm(training, Petal_Width ~ Sepal_Width, family = "gaussian")
```

스파크R에서 내부적으로 스파크 MLlib를 사용한다고 했지만 기존 R의 포뮬라(Fomulas)를 그대로 사용하고 있음을 볼 수 있습니다. 이는 스파크R에서 포뮬라를 MLlib의 트랜스포머로 변환해 주기 때문이며, 따라서 이 과정을 MLlib에서 트랜스포메이션을 이용해 모델을 생성하는 단계로 생각할 수 있습니다. 만약 스파크 MLlib와 트랜스포메이션에 대한 내용을 잘 모르고 있다면 8장의 내용을 참고하기 바랍니다.

이렇게 생성된 모델은 summary() 함수를 이용해 세부 내용을 확인할 수 있습니다.

```
> summary(model)

Deviance Residuals:
(Note: These are approximate quantiles with relative error <= 0.01)
     Min       1Q    Median       3Q       Max
-1.13963  -0.56100  -0.08009   0.49014   1.68175
```

```
Coefficients:
            Estimate  Std. Error  t value   Pr(>|t|)
(Intercept)  3.34651    0.47307   7.0741  1.4263e-10
Sepal_Width -0.70229    0.15265  -4.6006  1.1252e-05

(Dispersion parameter for gaussian family taken to be 0.4861429)

    Null deviance: 64.251  on 112  degrees of freedom
Residual deviance: 53.962  on 111  degrees of freedom
AIC: 243.2

Number of Fisher Scoring iterations: 1
```

모델까지 준비되면 다음 단계로 예측을 수행할 차례입니다. 앞에서 생성한 모델을 이용해 준비해둔 테스트 데이터를 대상으로 예측을 수행하고 결과를 확인합니다.

```
> fitted <- predict(model, test)
> showDF(fitted, 5, FALSE)
+------------+-----------+------------+-----------+-------+-----+------------------+
|Sepal_Length|Sepal_Width|Petal_Length|Petal_Width|Species|label|prediction        |
+------------+-----------+------------+-----------+-------+-----+------------------+
|4.4         |3.0        |1.3         |0.2        |setosa |0.2  |1.2506203275694827|
|4.7         |3.2        |1.3         |0.2        |setosa |0.2  |1.114454145979566 |
|4.7         |3.2        |1.6         |0.2        |setosa |0.2  |1.114454145979566 |
|4.8         |3.0        |1.4         |0.1        |setosa |0.1  |1.2506203275694827|
|4.8         |3.0        |1.4         |0.3        |setosa |0.3  |1.2506203275694827|
+------------+-----------+------------+-----------+-------+-----+------------------+
only showing top 5 rows
```

마지막으로, 이렇게 생성된 모델은 write.ml("〈저장경로〉")와 같이 외부 파일 시스템에 저장할 수 있으며, 저장된 모델은 다시 read.ml("〈저장경로〉")와 같은 방법으로 불러와서 사용할 수 있습니다.

9.8 정리

스파크R은 R에서 스파크의 대용량 분산 데이터 처리 기능을 사용할 수 있도록 연동해 주는 스파크 서브 모듈입니다. R은 뛰어난 데이터 및 그래픽 처리 기능을 가지고 있음에도 한 대의 서버에서 적재 가능한 크기의 데이터만 다룰 수 있다는 한계가 있었습니다. 하지만 스파크와의 연동을 통해 대용량 데이터 처리는 물론 스파크의 다양한 데이터 처리 함수도 추가로 사용할 수 있다는 장점을 갖게 됐습니다. 또한 스파크R 머신러닝의 경우 현재는 일부 알고리즘만 제한적으로 지원하고 있지만 꾸준한 개편을 통해 사용 가능한 알고리즘을 늘려가고 있는 추세입니다.

물론 실제로 스파크R을 사용해 보면 두 가지를 각각 따로 사용하는 것에 비해 무조건 편리하다고만 할 수 없는 부분도 있습니다. 하지만 R의 강력한 데이터 처리 기능에 스파크의 다양한 분산 처리 능력을 잘 조합하면 서로의 부족한 부분을 보완하는 최상의 R데이터 처리 환경을 구성할 수 있을 것입니다.

10
GraphX

GraphX는 대용량 데이터에 대한 분산 및 병렬 그래프 처리를 지원하는 스파크 서브 모듈입니다.

그래프라고 하면 데이터 시각화에서 사용하는 차트나 어떤 함수의 결괏값을 좌표상에 표시한 것을 떠올리는 분들도 있겠지만 이번 장에서 다루게 될 그래프는 꼭짓점(Vertex)과 꼭짓점들을 연결하는 선(Edge)들의 집합으로 구성된 데이터 구조를 의미합니다.

다음은 가장 기본적인 그래프의 구조를 그림으로 표현한 것입니다.

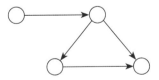

그림 10-1 기본적인 그래프

그림 10-1을 통해 알 수 있는 것은 하나의 그래프가 꼭짓점과 그 꼭짓점들 사이를 잇는 연결선으로 구성된다는 점입니다. 이때 만약 꼭짓점이 객체를 표현한다면 연결선은 객체 간의 관계를 표현한다고 할 수 있습니다.

사실 이런 구조는 일상 생활에서도 흔히 접할 수 있는 것이라서 심하게 낯설거나 이해하기 어려운 개념은 아닙니다. 하지만 우리가 매일 겪는 대부분의 프로그래밍 과정에서는 그래프보다 리스트나 맵, 그리드 같은 자료 구조를 더 자주 다루기 때문에 그래프를 처리한다는 것은 상대적으로 낯설게 느껴지는 것 또한 사실입니다.

그럼에도 우리 주변에는 그래프로 표현했을 때 훨씬 더 자연스러운 데이터들이 많습니다. 예를 들어, 사람들 사이의 관계라든가 시내 교통망, 국가 간 교류 현황 등을 나타내는 데이터는 전통적인 그리드 구조보다는 그래프 구조를 사용하는 편이 훨씬 더 자연스러운 표현이 가능할 것입니다.

이러한 이유로 그래프 처리에 대한 연구는 오래전부터 진행돼 왔고, 그 결과 구글의 페이지랭크(PageRank)[1]나 프레겔(Pregel)[2], 아파치의 지라프(Giraph)[3]와 같은 알고리즘과 오픈소스 라이브러리들이 생겨났습니다.

스파크 GraphX는 이들에 비해 상대적으로 최근에 등장한 그래프 처리 라이브러리로서 페이지랭크나 프레겔과 같은 기존 주요 알고리즘에 대한 구현을 제공하고 있으며, 다른 라이브러리와는 다르게 데이터를 읽고 가공하는 선처리 단계부터 그래프를 이용한 데이터 분석 단계까지 스파크가 제공하는 강력한 분산 데이터 처리 기능을 함께 사용할 수 있다는 장점을 가지고 있습니다.

이번 장에서는 스파크 GraphX가 제공하는 그래프 연산과 주요 알고리즘에 대한 내용을 알아보겠습니다.

10.1 주요 용어

10.1.1 유방향 그래프

그래프에서 꼭짓점과 꼭짓점 사이를 잇는 연결선은 두 꼭짓점 사이의 관계를 나타냅니다. 이때 해당 관계가 어느 쪽 꼭짓점에서 시작해서 어느 쪽 꼭짓점을 향하는지 방향 정보를 표현할 수 있다면 그

---

1 https://goo.gl/sZCMVe
2 https://goo.gl/PqLGWg
3 https://goo.gl/uZqOFp

그래프를 가리켜 유방향 그래프라고 합니다. 이에 반해 무방향 그래프란 단순히 두 꼭짓점 사이의 관계만 표현할 수 있는 그래프로서 그 관계가 어느 방향을 향해 성립하는지는 표현할 수 없습니다.

10.1.2 유방향 멀티 그래프

경우에 따라서는 두 꼭짓점 간에 하나 이상의 관계가 성립되는 경우도 있습니다. 예를 들어, 친구이자 연인이며 감시자의 관계를 갖는 두 개의 꼭짓점을 생각해 볼 수 있습니다. 이때 그래프는 두 꼭짓점 사이에 하나 이상의 연결선을 갖게 되는데 이렇게 두 정점 사이에 여러 개의 연결선, 즉 여러 개의 변을 가지는 그래프를 멀티그래프라고 합니다.

유방향 멀티그래프란 유방향 그래프이면서 멀티 그래프의 속성을 갖는 그래프를 의미합니다.

10.1.3 속성 그래프

속성 그래프란 그래프의 각 꼭짓점과 연결선이 연관된 속성을 가지고 있는 유방향 멀티 그래프입니다. GraphX에서 다루는 그래프 역시 속성 그래프이기 때문에 각 꼭짓점과 연결선은 각자의 속성을 가질 수 있습니다.

이처럼 속성을 가진 유방향 멀티 그래프라는 특성을 이용하면 우리가 다루는 많은 데이터를 그래프 형태로 표현할 수 있습니다. 예를 들어, 가족 간의 관계를 그래프로 표현한다면 각 가족 구성원을 꼭짓점으로, 그들 간의 관계는 선으로 표현할 수 있습니다. 이때 각 가족 구성원의 특징은 꼭짓점의 속성에 할당하고 가족 간의 관계는 선의 방향 정보와 선의 속성을 이용해 표현합니다.

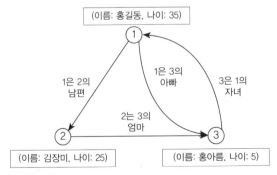

그림 10-2 속성 그래프

10.2 데이터 타입

스파크의 다른 서브 모듈과 마찬가지로 GraphX 역시 그래프를 다루기 위한 특별한 데이터 타입을 정의하고 있습니다. 다음은 GraphX에서 사용하는 주요 데이터 타입입니다.

10.2.1 RDD

데이터프레임 등장 이후 대부분의 스파크 모듈은 데이터프레임을 주요 데이터 타입으로 사용하고 있습니다. 하지만 GraphX의 경우 다른 모듈과는 다르게 RDD를 기반으로 동작합니다. 또한 다른 모듈들이 스칼라와 자바, 파이썬 언어를 지원하는 것에 비해 스칼라 언어만을 사용할 수 있다는 점도 차이가 있습니다.

10.2.2 VertextID

하나의 그래프를 구성하는 모든 꼭짓점은 자신을 식별할 수 있는 고유 값인 ID를 가집니다. 코드상에서 ID는 VertextID라는 타입의 값을 사용하는데, 이 타입은 스칼라의 Long 타입과 같은 것으로 실제 코드를 작성할 때 VertextID 타입의 값이 필요한 곳에 Long 타입의 값을 사용할 수 있습니다.

10.2.3 꼭짓점

GraphX에서 꼭짓점은 ID와 속성으로 구성된 튜플(Tuple)로 표현합니다. 이때 ID는 VertexID 타입의 값을 사용해야 하지만 속성으로는 어떤 타입의 값을 사용해도 상관없습니다. 예를 들어, ID가 3이고 속성 값이 ("성탄절", "20171225")인 꼭짓점이라면 (3, ("성탄절", "20171225"))와 같이 표현할 수 있습니다.

10.2.4 선(Edge)

꼭짓점을 잇는 선은 org.apache.spark.grpahx.Edge라는 클래스를 이용해 표현합니다. 다음은 API 문서에서 찾아본 Edge 클래스의 선언부입니다.

```
case class Edge[ED](srcId: VertexId = 0, dstId: VertexId = 0, attr: ED = null.asInstanceOf[ED])
extends Serializable with Product
```

위 정의에서 srcId와 dstId는 둘 다 VertexId 타입으로 각각 시작점과 도착점의 Id를 의미합니다. 즉, 꼭짓점 간의 관계를 화살표로 표현한다면 ID 값이 srcId인 꼭짓점으로부터 dstId인 꼭짓점으로 화살표가 그려진다고 생각하면 됩니다. 세 번째 인자인 attr은 선의 속성에 해당하는 것인데 꼭짓점의 속성과 마찬가지로 어떤 타입의 값이든 사용 가능합니다. 일반적으로 GraphX에서는 선의 속성값에 대한 타입을 표기할 때 ED라는 문자를 자주 사용합니다.

10.2.5 EdgeTriplet

EdgeTriplet은 꼭짓점과 연결선 정보를 한번에 확인할 수 있도록 모아놓은 데이터 타입입니다. EdgeTriplet을 사용하면 꼭짓점과 연결선의 속성값을 포함해서 서로간의 방향 정보도 알 수 있기 때문에 연산에 적용할 경우 매우 유용하게 사용할 수 있습니다. 다음은 EdgeTriplet의 정의입니다.

```
class EdgeTriplet[VD, ED] extends Edge[ED]
```

정의를 통해 알 수 있듯이 EdgeTriplet은 Edge 클래스에 대한 확장 클래스입니다. VD와 ED라는 두 개의 타입 파라미터를 가지는데, 각각 꼭짓점의 속성 타입과 선의 속성 타입을 의미합니다. 다음은 EdgeTriplet의 주요 속성값입니다.

- attr: 선의 속성

- dstAttr: 목적지 꼭짓점의 속성

- dstId: 목적지 꼭짓점 Id

- srcAttr: 소스(시작점) 꼭짓점 속성

- srcId: 소스(시작점) 꼭짓점 Id

10.2.6 VertexRDD

GraphX는 그래프를 구성하는 꼭짓점과 선들을 각 RDD로 관리합니다. 즉, GraphX에서 그래프란 꼭짓점으로 구성된 RDD와 선으로 구성된 RDD의 조합이라고 할 수 있습니다.[4] 이 가운데 VertexRDD는 꼭짓점으로 구성된 RDD를 의미하는데, 일반적인 RDD 타입을 그대로 사용할 수도 있지만 그래프 처리에 특화된 최적화 기능을 추가하기 위해 VertextRDD라는 타입을 별도로 정의하고 있습니다.

---

4 좀 더 자세히 설명하면 성능 향상을 위해 내부적으로 사용하는 RDD가 하나 더 있습니다.

다음은 VertextRDD의 정의의 일부분으로, 설명상 중요하지 않은 부분은 "..."으로 생략했습니다.

```
abstract class VertexRDD[VD](...) extends RDD[(VertexId, VD)](sc, deps) {
  ...
```

위 정의에서 VD는 꼭짓점의 속성값이 가지는 타입을 의미합니다. 속성 그래프에서 속성에 대한 타입은 특별한 제약이 없기 때문에 임의의 문자로 표현할 수 있는데, 보통은 위에서 보는 것처럼 "VD"라는 문자를 사용합니다.

두 번째로 "extends RDD[(VertextID, VD)]"라는 부분에서 (VertexID, VD)라는 표현을 볼 수 있는데, 이는 꼭짓점 ID와 속성값의 튜플, 즉 꼭짓점을 의미하는 것으로 VertexRDD가 꼭짓점으로 구성된 RDD인 RDD[(VertextID, VD)]를 확장한 것임을 알려줍니다.

그래프 연산 중에는 기존 그래프를 자르거나 변형해서 새로운 모양의 그래프를 생성하는 것들이 많은데, 이때 일반 RDD를 사용하게 되면 성능상의 문제가 발생할 수 있으므로 그래프 전용 연산을 수행할 목적이라면 꼭짓점 또는 연결선들에 대한 RDD를 직접 사용하지 말고 VertexRDD를 사용해야 합니다.

10.2.7 EdgeRDD

EdgeRDD는 그래프 내의 연결선을 나타내는 Edge들로 구성된 RDD입니다. Edge 인스턴스에 대한 RDD이기 때문에 RDD[Edge[ED]]와 같이 표현하는 것도 가능하겠지만 VertextRDD와 같은 성능상의 이유로 RDD[Edge[ED]]를 확장한 새로운 클래스를 사용합니다. 다음은 EdgeRDD의 정의입니다.

```
abstract class EdgeRDD[ED] extends RDD[Edge[ED]]
```

EdgeRDD의 경우도 그래프 연산을 위한 최적화 기능을 제공하고 있으므로 단순히 Graph를 생성할 목적이 아니라 그래프 연산을 수행할 목적이라면 RDD[Edge[ED]] 대신 EdgeRDD를 사용해야 합니다.

10.2.8 Graph

org.apache.spark.graphx.Graph는 그래프에 대한 추상 데이터 모델로서 다양한 그래프 처리 연산을 제공하고 내부적으로는 VerextRDD, EdgeRDD와 더불어 데이터 파티셔닝 및 분산 처리를 위한 라우팅 테이블을 관리합니다. 다음은 Graph 생성 시 사용하는 apply() 메서드의 선언부입니다.

```
def apply[VD: ClassTag, ED: ClassTag](
    vertices: VertexRDD[VD],
    edges: EdgeRDD[ED]): GraphImpl[VD, ED] = { ...
```

위 정의에서 vertices와 edges는 각각 꼭짓점과 연결선의 RDD를 나타냅니다. 즉, 꼭짓점의 RDD와 연결선의 RDD를 이용해 그래프를 생성할 수 있음을 확인할 수 있습니다. 그래프를 생성하는 방법에는 이 밖에도 몇 가지가 더 있는데, 이에 관해서는 관련 내용을 다룰 때 좀 더 살펴보겠습니다.

지금까지 GpaphX에서 사용하는 주요 데이터 타입에 대해 알아봤습니다. 이후의 절에서는 실제로 그래프를 생성하고 그래프가 제공하는 다양한 연산에는 어떤 것들이 있는지 알아보겠습니다.

IDE 등에서 GraphX를 이용한 코드를 작성하기 위해서는 관련 의존성 정보를 추가해야 합니다. 다음은 메이븐을 사용하는 경우 추가해야 할 의존성 정보입니다.

```
<dependency>
    <groupId>org.apache.spark</groupId>
    <artifactId>spark-graphx_2.11</artifactId>
    <version>2.3.0</version>
</dependency>
```

10.3 그래프 생성

그래프를 생성하는 방법은 크게 전용 빌더를 이용하는 방법과 기존에 만들어진 꼭짓점 및 연결선 RDD를 이용하는 방법으로 구분해 볼 수 있습니다.

이 가운데 RDD를 이용하는 방법은 이미 만들어진 꼭짓점 및 연결선 RDD를 Graph 클래스에서 제공하는 메서드의 인자로 전달해서 생성하는 것으로 이와 관련된 메서드에는 apply(), fromEdges(), fromEdgeTuples()가 있습니다.

다음은 방금 언급한 세 가지 메서드를 이용해 그래프를 생성하는 방법에 관한 예제입니다.

[예제 10-1] RDD를 사용한 그래프 생성(GraphCreationSample.scala)

```
// sc는 이미 생성된 SparkContext를 의미
val vertices = sc.parallelize(Seq((1L, "P1"),
    (2L, "P2"),
    (3L, "P3"),
    (4L, "P4"),
```

```
  (5L, "P5")))

val edges = sc.parallelize(Seq(
  Edge(1L, 2L, "1 to 2"),
  Edge(1L, 4L, "1 to 4"),
  Edge(3L, 2L, "3 to 2"),
  Edge(4L, 3L, "4 to 3")))

val rowEdges = sc.parallelize(Seq(
  (1L, 2L),
  (1L, 4L),
  (3L, 2L),
  (4L, 3L)))

val g1 = Graph(vertices, edges, "X")
val g2 = Graph.fromEdges(edges, "X")
val g3 = Graph.fromEdgeTuples(rowEdges, "X", Some(PartitionStrategy.RandomVertexCut))

println("g1.triplets:" + g1.triplets.collect.mkString(", "))
println("g2.triplets:" + g2.triplets.collect.mkString(", "))
println("g3.triplets:" + g3.triplets.collect.mkString(", "))
```

[결과]

```
g1.triplets:((1,P1),(2,P2),1 to 2), ((1,P1),(4,P4),1 to 4), ((3,P3),(2,P2),3 to 2),
((4,P4),(3,P3),4 to 3)

g2.triplets:((1,X),(2,X),1 to 2), ((1,X),(4,X),1 to 4), ((3,X),(2,X),3 to 2), ((4,X),(3,X),4 to
3)

g3.triplets:((1,X),(2,X),1), ((1,X),(4,X),1), ((4,X),(3,X),1), ((3,X),(2,X),1)
```

g1 그래프는 Graph의 apply()[5] 메서드를 사용한 것으로, 미리 생성해 둔 꼭짓점과 연결선 RDD를 이용해 생성한 것입니다. 두 번째 그래프인 g2의 경우 꼭짓점에 대한 정보 없이 연결선 RDD만을 이용해 생성한 것으로 이 경우 꼭짓점이 자동으로 생성되기는 하지만 꼭짓점의 속성은 기본값으로 자동 설정됩니다.

---

5   https://goo.gl/MOvkmw

마지막 g3 그래프는 g2와 같이 연결선에 대한 정보만으로 그래프를 생성하는 방법인데, Edge 클래스 대신 꼭짓점에 관한 튜플을 이용했다는 점에서 차이가 있습니다. 한 가지 특이한 점은 fromEdgeTuples의 세 번째 인자값으로 PartitionStrategy를 지정하고 있다는 점인데, 이 인자는 그래프 연결선 데이터에 대한 파티션 정책을 결정하기 위한 것으로 동일한 Edge를 동일한 파티션 에 두어 중복을 방지하기 위한 목적으로 사용됩니다. 다음은 사용 가능한 PartitionStrategy의 종류 입니다.

- RandomVertexCut: Edge에 포함된 두 꼭짓점 Id로 튜플을 만들고 이 튜플의 해시값을 이용해 파티셔닝을 수행합니다. 소 스 꼭짓점과 목적지 꼭짓점이 같은 Edge라면 같은 파티션에 위치합니다.

- CanonicalRandomVertexCut: Edge에 포함된 두 꼭짓점 Id로 튜플을 만들고 이 튜플의 해시값을 이용해 파티셔닝을 수 행합니다. 튜플을 생성할 때 소스와 목적지 정보를 고려하지 않고 항상 크기가 작은 것부터 큰 것 순서로 튜플을 생성하기 때문에 Edge에 포함된 두 개의 꼭짓점이 같다면 관계의 방향에 상관없이 동일한 파티션에 위치합니다.

- EdgePartition1D: 소스 꼭짓점의 Id만을 이용해 파티셔닝을 수행합니다. 소스 꼭짓점이 같은 Edge는 같은 파티션에 위치 합니다.

- EdgePartition2D: 두 꼭짓점의 Id 값을 기반으로 희박 인접 행렬(sparse edge adjacency matrix)을 구성해서 파티셔닝 을 수행합니다.

10.4 그래프 연산

이번 절에서는 GraphX가 제공하는 다양한 그래프 연산에 대해 알아보겠습니다. 다음은 이번 절에 서 사용할 샘플 그래프입니다.

```scala
// sc는 기 생성된 SparkContext
val vertices = sc.parallelize(Seq((1L, "P1"),
  (2L, "P2"),
  (3L, "P3"),
  (4L, "P4"),
  (5L, "P5")))

val edges = sc.parallelize(Seq(
  Edge(1L, 2L, "1 to 2"),
  Edge(1L, 4L, "1 to 4"),
  Edge(3L, 2L, "3 to 2"),
  Edge(4L, 3L, "4 to 3")))

val g1 = Graph(vertices, edges, "X")
```

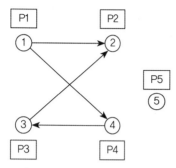

그림 10-3 샘플 그래프-1

10.4.1 numEdges, numVertices

numEdges()와 numVertices()는 그래프의 연결선 수와 꼭짓점 수를 돌려줍니다.

[예제 10-2] 꼭짓점과 연결선 수 확인(GraphOpSample.scala)

```
println(g1.numVertices, g1.numEdges)
```

[결과]

```
(5,4)
```

10.4.2 inDegrees, outDegrees, degrees

inDegrees는 각 꼭짓점으로 들어오는 연결선의 수, outDegrees는 꼭짓점으로부터 나가는 연결선의 수, degrees는 들어오거나 나가는 모든 연결선의 수를 속성값으로 하는 VertexRDD를 돌려줍니다.

[예제 10-3] inDegrees, outDegrees, degrees(GraphOpSample.scala)

```
println(g1.inDegrees.collect.mkString(", "))
println(g1.outDegrees.collect.mkString(", "))
println(g1.degrees.collect.mkString(", "))
```

[결과]

```
(3,1), (4,1), (2,2)
(3,1), (4,1), (1,2)
(3,2), (4,2), (1,2), (2,2)
```

10.4.3 vertices, edges, triplets

vertices, edges, triplets는 각각 그래프에 포함된 꼭짓점과 연결선, 그리고 꼭짓점과 연결선 정보를
모두 포함하는 EdgeTriplet 정보를 돌려줍니다. 이때 꼭짓점의 경우 VertexRDD를 사용하며, 연결
선의 경우 EdgeRDD, 트리플릿의 경우 RDD[EdgeTriplet] 타입을 사용합니다. 다음은 위 메서드
를 사용해 그래프 내부의 정보를 확인한 결과입니다. 가장 마지막의 triplets의 경우 RDD 타입의 값
을 돌려주므로 RDD의 기본 연산인 filter()를 사용해 목적지 꼭짓점이 "P2"인 것만 출력했습니다.

[예제 10-4] vertices, edges, triplets(GraphOpSample.scala)

```
println(g1.vertices.collect.mkString(", "))
println(g1.edges.collect.mkString(", "))
println(g1.triplets.filter(_.dstAttr == "P2").collect.mkString(", "))
```

[결과]

```
(3,P3), (4,P4), (1,P1), (5,P5), (2,P2)
Edge(1,2,1 to 2), Edge(1,4,1 to 4), Edge(3,2,3 to 2), Edge(4,3,4 to 3)
((1,P1),(2,P2),1 to 2), ((3,P3),(2,P2),3 to 2)
```

10.4.4 mapVertices(), mapEdges(), mapTriplets()

mapVertices(), mapEdges(), mapTriplets()는 RDD와 같은 map() 트랜스폼 연산을 제공합니
다. 연산의 수행 결과는 새로운 Graph가 되며, Edge와 EdgeTriplet의 경우 파티션 단위로도 처리
가 가능합니다. 다음은 그래프의 맵 메서드에 대한 간단한 예제입니다.

[예제 10-5] tranform 연산자(GraphOpSample.scala)

```
val g2 = g1.mapVertices((id, props) => id + "=>" + props)
val g3 = g1.mapEdges((e) => e.dstId + " to " + e.srcId)
val g4 = g1.mapTriplets((t) => t.dstId + " to " + t.srcId)
println(g2.vertices.collect.mkString(", "))
println(g3.edges.collect.mkString(", "))
println(g4.triplets.collect().mkString(", "))

val mapPartition = (id: PartitionID, it: Iterator[Edge[String]]) => {
  it.map(e => e.dstId + " to " + e.srcId)
}

val g5 = g1.mapEdges(mapPartition)
println(g5.edges.collect.mkString(", "))
```

[결과]

```
// g2
(3,3=>P3), (4,4=>P4), (1,1=>P1), (5,5=>P5), (2,2=>P2)

// g3
Edge(1,2,2 to 1), Edge(1,4,4 to 1), Edge(3,2,2 to 3), Edge(4,3,3 to 4)

// g4
((1,P1),(2,P2),2 to 1), ((1,P1),(4,P4),4 to 1), ((3,P3),(2,P2),2 to 3), ((4,P4),(3,P3),3 to 4)

// g5
Edge(1,2,2 to 1), Edge(1,4,4 to 1), Edge(3,2,2 to 3), Edge(4,3,3 to 4)
```

첫 번째 연산의 결과인 g2는 꼭짓점에 대한 map() 연산의 수행 결과로 생성됐으며, 기존 "P1", "P2"와 같은 속성이 "3=>P3", "4=>P4"와 같은 형태로 변환됐습니다. 마지막의 g5는 파티션 단위 map() 연산을 수행한 결과로서, 동일 파티션에 속하는 Edge들을 Iterator 형태로 전달받아 한 번에 처리하고 있음을 알 수 있습니다(g3에 적용한 mapEdges 연산도 내부적으로는 이 방식으로 변환되어 수행됩니다). 단, GraphX에서는 대용량 그래프의 분산 처리를 위해 Edge가 아닌 꼭짓점 정보를 여러 파티션에 분할해서 저장하는 방법을 사용하기 때문에 Edge와 EdgeTriplet의 경우 파티션 단위로 처리가 가능하지만 mapVertices의 경우 파티션 단위로 처리할 수 없음에 유의해야 합니다.

10.4.5 reverse()

reverse() 연산은 Edge의 srcId와 dstId 값을 반대로 바꿔주는 연산으로, 기존 그래프와 역방향 순회를 통한 계산을 수행할 때 유용하게 사용할 수 있습니다. 다음은 g1 그래프에 reverse() 연산을 적용한 예제입니다.

[예제 10-6] reverse 연산자(GraphOpSample.scala)

```
println(g1.reverse.edges.collect.mkString(", "))
```

[결과]

```
Edge(2,1,1 to 2), Edge(4,1,1 to 4), Edge(2,3,3 to 2), Edge(3,4,4 to 3)
```

원래 g1 그래프에는 2번에서 1번으로 향하는 Edge나 2번에서 3번으로 향하는 Edge가 없었지만 reverse() 연산을 통해 생성된 새로운 그래프에서는 2번에서 1번으로, 2번에서 3번으로 향하는 Edge가 생성된 것을 확인할 수 있습니다. 단 이 경우에도 Edge의 속성값은 변경되지 않고 남아 있는 점에 유의해야 합니다.

10.4.6 subgraph()

subgraph()는 EdgeTriplet과 꼭짓점에 관한 조건식을 전달해서 조건식을 만족하는 꼭짓점과 Edge만으로 구성된 새로운 그래프를 생성합니다. 다음은 subgraph()를 사용해 g1 그래프에서 꼭짓점의 속성값을 기준으로 원하는 요소만을 추려내어 새로운 그래프를 생성하는 예제입니다.

[예제 10-7] subgraph() 연산자(GraphOpSample.scala)

```
val fn1 = (e: EdgeTriplet[String, String]) => e.dstAttr == "P2"
val fn2 = (id: VertexId, props: String) => props != "P4"

val g6 = g1.subgraph(epred = fn1)
val g7 = g1.subgraph(vpred = fn2)
println(g6.triplets.collect.mkString(", "))
println(g7.triplets.collect.mkString(", "))
```

[결과]
```
// g6
((1,P1),(2,P2),1 to 2), ((3,P3),(2,P2),3 to 2)

// g7
((1,P1),(2,P2),1 to 2), ((3,P3),(2,P2),3 to 2)
```

g6 그래프는 g1 그래프에서 목적지 꼭짓점의 속성값이 "P2"인 것만 필터링해서 생성한 그래프입니다. 마찬가지로 g7의 경우 꼭짓점의 속성값이 "P4"인 4번 꼭짓점과 관련이 없는 요소만으로 구성된 새로운 그래프입니다.

스파크 문법에 익숙하지 않은 독자분들께서는 subgraph()를 호출할 때 subgraph(fn1)과 같이 바로 호출하지 않고 subgraph(epred = fn1)과 같이 호출한 것이 이상하다고 느껴질 수 있는데, 그 이유는 아래와 같은 subgraph() 메서드의 정의에서 찾을 수 있습니다.

```
def subgraph(
    epred: EdgeTriplet[VD, ED] => Boolean = (x => true),
    vpred: (VertexId, VD) => Boolean = ((v, d) => true))
  : Graph[VD, ED]
```

위 코드를 보면 subgraph() 메서드는 epred와 vpred라는 두 개의 고계함수 인자를 취하고 있음을 알 수 있습니다. 하지만 좀 전의 예제에서는 둘 중 하나의 인자값만 지정해서 사용했는데, 그것이 가능했던 이유는 두 인자가 모두 기본값을 할당받고 있는 상태이기 때문입니다. 예를 들어, epred 인자의 경우 이름은 epred이고 타입은 EdgeTriplet[VD, ED] => Boolean이며 기본값은 (x=) true)가 됩니다.

이처럼 스칼라에서는 메서드의 인자에 미리 기본값을 할당해 두고 메서드 호출 시 해당 인자값을 생략할 수 있는 문법적 장치를 제공하고 있기 때문에 둘 중 하나의 인자만 지정해서 메서드를 호출할 수 있었던 것입니다. 다만 둘 중 하나의 인자만 지정할 경우 의미를 명확히 하기 위해 epred = ...과 같은 형태로 인자명을 지정해서 전달한 것입니다.

10.4.7 mask()

mask() 연산은 subgraph()와 같이 전체 그래프 요소 중에서 원하는 요소만으로 구성된 새로운 서브 그래프를 생성하는 연산입니다. subgraph()와 다른 점은 명시적으로 필터링 조건을 지정하는 대신 다른 그래프를 인자로 전달해서 필터링을 수행한다는 차이점이 있습니다.

다음은 g1 그래프에서 4번 꼭짓점을 사용하지 않는 요소만으로 구성된 g7 그래프를 만들고 이 그래프를 이용해 다시 g1 그래프에 mask() 연산을 수행한 예제입니다.

[예제 10–8] mask() 연산자(GraphOpSample.scala)

```scala
val fn2 = (id: VertexId, props: String) => props != "P4"
val g7 = g1.subgraph(vpred = fn2)
println(g7.triplets.collect.mkString(", "))


val g8 = g1.mask(g7)
println(g8.triplets.collect.mkString(", "))
```

 [결과]

```
// g7
((1,P1),(2,P2),1 to 2), ((3,P3),(2,P2),3 to 2)
// g8
((1,P1),(2,P2),1 to 2), ((3,P3),(2,P2),3 to 2)
```

10.4.8 groupEdges()

groupEdges() 연산은 그래프 내의 동일한 Edge들이 존재할 경우 이를 하나로 병합하는 역할을 수행합니다. 다음은 하나의 그래프에 동일한 Edge를 만든 후 groupEdges() 연산으로 이를 병합해서 하나의 Edge로 생성하는 예제입니다.

[예제 10-9] groupEdges 연산자(GraphOpSample.scala)

```scala
val edges2 = sc.parallelize(Seq(
  Edge(1L, 2L, 1),
  Edge(2L, 1L, 1),
  Edge(1L, 2L, 1)))

val g9 = Graph.fromEdges(edges2, 1)

val g10 = g9.groupEdges((e1, e2) => e1 + e2)
println(g10.edges.collect.mkString(", "))

val g11 = g9.partitionBy(PartitionStrategy.RandomVertexCut).groupEdges((e1, e2) => e1 + e2)
println("g11", g11.edges.collect.mkString(", "))

[결과]
// g10
Edge(1,2,1), Edge(2,1,1), Edge(1,2,1)

// g11
Edge(1,2,2), Edge(2,1,1)
```

위 예제에서 g9 그래프는 Graph 클래스의 fromEdges() 메서드를 이용해 생성한 그래프입니다. 예제에서는 모든 꼭짓점과 Edge에 1이라는 속성값을 할당했으므로 꼭짓점 1, 2는 모두 1이라는 값을 갖게 됩니다.

이렇게 생성된 g9 그래프는 모두 세 개의 Edge를 가지는데, 그중 두 개는 1에서 2로 향하는 것이고 나머지 하나는 반대 방향인 2에서 1로 향하는 것입니다. 그래프가 생성됐으므로 중복된 Edge를 하나로 병합하기 위해 groupEdges() 메서드를 사용했고, 그 결과 g10 그래프가 생성됐습니다.

하지만 g10 그래프의 Edge를 살펴보면 원래 그래프였던 g9과 동일한 3개의 Edge를 그대로 가지고 있음을 알 수 있는데 그 이유는 그래프가 생성되는 시점에는 자동으로 파티션 처리가 일어나지 않아서 동일한 Edge가 같은 파티션에 위치하지 않기 때문입니다. 따라서 groupEdges() 메서드를 사용하기 위해 partitionBy() 메서드를 먼저 호출해서 동일한 Edge가 같은 파티션에 위치할 수 있도록 처리했고 그 결과 g11처럼 정상적으로 두 개의 Edge가 병합된 것을 확인할 수 있었습니다.

이처럼 groupEdges()를 실행할 때는 반드시 사전에 partitionBy() 메서드를 이용해 Edge에 관한 파티션 처리를 실행해야 한다는 점을 꼭 기억해 둬야 합니다.

10.4.9 joinVertices(), outerJoinVertices()

joinVertices()와 outerJoinVertices()를 사용하면 꼭짓점의 Id 값으로 외부 RDD와 조인을 수행할 수 있습니다. 이때 외부 RDD는 VertextId 타입의 ID와 값의 튜플을 포함하고 있어야 합니다.

다음은 간단한 조인을 수행하는 예제입니다.

[예제 10-10] 조인 연산자(GraphOpSample.scala)

```
val rdd1 = sc.parallelize(Seq((1L, "AA"), (2L, "BB"), (3L, "CC")))
val g12 = g1.joinVertices(rdd1)((id, vd, u) => u + "-" + vd)
val g13 = g1.outerJoinVertices(rdd1)((id, vd, u) => u.getOrElse("XX") + "-" + vd)
println(g12.vertices.collect.mkString(", "))
println(g13.vertices.collect.mkString(", "))
```

[결과]

```
// g12
(3,CC-P3), (4,P4), (1,AA-P1), (5,P5), (2,BB-P2)

// g13
(3,CC-P3), (4,XX-P4), (1,AA-P1), (5,XX-P5), (2,BB-P2)
```

rdd1은 vertexId 값이 1L, 2L, 3L인 세 개의 데이터를 포함하고 있습니다. 이 rdd와 g1 그래프를 조인한 결과 동일한 ID를 가진 1번, 2번, 3번 꼭짓점에 대해 조인이 수행된 것을 알 수 있습니다.

g13의 경우 outerJoinVertices()를 수행한 것으로 일치하는 키가 없을 경우 기본값인 "XX"를 사용해서 조인이 수행된 것을 확인할 수 있습니다.

10.4.10 collectNeighborIds(), collectNeighbors()

그래프 연산에서 특정 꼭짓점과 연결돼 있는 다른 꼭짓점의 정보를 취합하는 것은 매우 중요합니다. collectNeighborIds()와 collectNeighbors() 메서드를 이용하면 각 꼭짓점에 연결된 모든 꼭짓점의 속성을 하나의 컬렉션을 통해 확인할 수 있습니다. 다음은 g1 그래프를 대상으로 각 꼭짓점에 연결된 모든 꼭짓점의 속성을 확인해 보는 예제입니다.

[예제 10-11] 연관 꼭짓점의 정보 확인(GraphOpSample.scala)

```
val vrdd1 = g1.collectNeighborIds(EdgeDirection.In)
val vrdd2 = g1.collectNeighbors(EdgeDirection.In)
```

```
vrdd1.collect.foreach(v => println(v._1 + ":" + v._2.mkString(", ")))
vrdd2.collect.foreach(v => println(v._1 + ":" + v._2.mkString(", ")))
```

[결과]
```
// vrdd1
3:4
4:1
1:
5:
2:1, 3

// vrdd2
3:(4,P4)
4:(1,P1)
1:
5:
2:(1,P1), (3,P3)
```

collectNeighborIds()와 collectNeighbors() 메서드의 리턴 타입은 VertexRDD입니다. 이때 메서드의 인자로 사용되는 EdgeDirection은 Edge 방향을 의미하는 것으로 예제처럼 In으로 설정할 경우 각 꼭짓점으로 들어오는 방향의 Edge를 따라서 정보를 취합합니다. g1 그래프의 경우 1번과 5번 꼭짓점은 다른 꼭짓점으로부터 들어오는 방향의 Edge를 가지고 있지 않기 때문에 아무런 정보가 출력되지 않았고 다른 꼭짓점들은 연결된 꼭짓점들의 정보가 취합돼 있음을 확인할 수 있습니다.

10.4.11 aggregateMessages()

aggregateMessage()는 graph 데이터를 처리할 때 가장 중요한 연산 중 하나로 각 꼭짓점은 다른 꼭짓점에게 처리를 위한 메시지를 전달하고 동시에 다른 꼭짓점으로부터 전달받은 메시지를 취합해서 처리하는 방식으로 동작합니다.

이러한 동작 방식은 마치 하둡의 맵리듀스 방식과 비슷한데, 맵에서 처리한 데이터를 각 리듀서에게 전달하는 과정을 메시지 전송 과정에 비유할 수 있으며, 리듀서에서 데이터를 취합해서 처리하는 과정은 메시지를 취합해 처리하는 과정에 비유할 수 있습니다.

아래는 간단한 그래프를 대상으로 aggregateMessages()를 수행하는 예제입니다. 예제에서는 메서드의 동작 방식을 설명하기 위한 목적으로 단순한 그래프를 사용했지만 실제 업무에서는 대용량 그래프를 대상으로 같은 동작을 수행하게 될 것입니다.

[예제 10-12] aggregateMessages(GraphOpSample.scala)

```scala
val edges3 = sc.parallelize(Seq(
  Edge(1L, 5L, 1),
  Edge(2L, 5L, 1),
  Edge(3L, 5L, 1),
  Edge(4L, 1L, 1),
  Edge(5L, 1L, 1),
  Edge(2L, 3L, 1)
))

val g14 = Graph.fromEdges(edges3, 1)

val sendMsg = (e: EdgeContext[Int, Int, Int]) => {
  e.sendToDst(e.attr)
}

val mergeMsg = (msg1: Int, msg2: Int) => {
  msg1 + msg2
}

val vrdd3 = g14.aggregateMessages(sendMsg, mergeMsg)
vrdd3.collect.foreach(v => println(v._1 + ":" + v._2))
```

[결과]

```
3:1
1:2
5:3
```

g14 그래프는 모두 6개의 꼭짓점으로 구성돼 있습니다. aggregateMessages() 메서드는 모두 두 개의 인자를 사용하는데, 첫 번째는 각 꼭짓점들이 처리할 메시지를 전송할 때 사용하는 sendMsg() 함수이고 두 번째는 전달받은 메시지를 취합해서 병합하는 mergeMsg() 함수입니다.

sendMsg() 함수는 EdgeContext 타입의 변수를 인자로 사용합니다. EdgeContext는 EdgeTriplet처럼 하나의 Edge와 그 Edge에 연관된 두 개의 꼭짓점 정보를 모두 포함하고 있으며, 추가로 메시지를 전달할 수 있는 sendToDst()와 sendToSrc() 메시지를 가지고 있습니다. 따라서 sendMsg() 함수는 EdgeContext의 sendToDst() 또는 sendToSrc()를 사용해 원하는 메시지를 자신의 소스 꼭짓점과 목적지 꼭짓점에 전달할 수 있습니다.

mergeMsg() 함수는 맵리듀스 프레임워크의 리듀서처럼 자신에게 전달된 메시지를 하나씩 병합해서 처리하는데, 메시지를 전달받지 않은 꼭짓점은 최종 결과에 포함되지 않습니다. 예제의 경우 1번과 3번, 5번 꼭짓점만 메시지를 전달받았기 때문에 최종 결과에 1, 3, 5의 값만 표시된 것을 알 수 있습니다. 또한 총 세 개의 꼭짓점으로부터 메시지를 전달받은 5번 꼭짓점은 mergeMsg() 함수의 적용 결과인 3을 가지고 두 개의 메시지를 전달받은 1번 꼭짓점은 2의 값을 가지고 있는 것도 확인할 수 있습니다.

10.4.12 pregel()

pregel()은 aggregateMessages()와 더불어 그래프 데이터 처리를 위한 핵심 메서드 중 하나로서 BSP(Bulk Synchronous Parallel)[6] 모델을 기반으로 한 대용량 병렬 처리 기능을 제공합니다. GraphX의 pregel() 구현 방식은 구글의 표준과는 다른 변형된 모델로서 메시지 전달 방식에서의 제약을 통해 GraphX에 필요한 추가적인 최적화를 제공합니다.

pregel()은 대부분의 그래프 데이터 처리에서 자주 활용되는 병렬 반복 처리를 수행하며, 슈퍼스텝이라고 하는 단계를 반복 수행하는 과정을 통해 최종적인 결과를 도출합니다. 슈퍼스텝 내부에서는 이전 절에서 살펴본 aggregateMessages()와 유사한 동작이 수행되는데, 메시지를 전달하고 병합하는 동작을 실행하기 전에 각 꼭짓점의 초깃값을 이전 단계의 슈퍼스텝 값을 이용해 변경한다는 점에서 차이가 있습니다. 다음은 방금 설명한 pregel() 메서드의 처리 순서를 간단히 정리해 본 것입니다.

1. 각 꼭짓점의 속성을 초기화. 최초 실행 시에는 pregel() 메서드에서 전달해 준 값을 참조하며, 두 번째 반복(Iteration) 이후부터는 이전 단계의 처리 결과를 참조함.

2. 각 꼭짓점마다 다른 꼭짓점에게 필요한 메시지를 전달하고 자신에게 전달된 메시지를 병합(aggregateMessages()와 유사한 방식)

3. pregel() 메서드에서 정의한 반복 횟수를 초과하거나 더 이상 메시지를 전달받은 꼭짓점이 없을 때 반복을 종료하고 최종 결과 그래프를 반환

pregel() 메서드는 커링[7] 방식으로 두 개의 인자 리스트를 사용하며, 그 정의는 다음과 같습니다.

```
def pregel[A]
  (initialMsg: A,
```

---

6 https://goo.gl/JTuQ3C
7 https://goo.gl/mFS9dQ

```
  maxIter: Int = Int.MaxValue,
  activeDir: EdgeDirection = EdgeDirection.Out)
 (vprog: (VertexId, VD, A) => VD,
  sendMsg: EdgeTriplet[VD, ED] => Iterator[(VertexId, A)],
  mergeMsg: (A, A) => A)
```

위 정의에서 첫 번째 인자 리스트는 pregel() 메서드의 실행과 관련된 설정값을 지정하는 용도로 사용됩니다. 예를 들어, initialMsg는 첫 슈퍼스텝 실행 시 각 꼭짓점에 전달되는 메시지이며, maxIter는 최대 반복 회수를 제한하는 용도로 사용됩니다. 두 번째 인자 리스트는 각 꼭짓점에서 수행할 함수를 지정하는 것으로 vprog 함수는 각 꼭짓점의 초기값을 결정하고 sendMsg와 mergeMsg 함수는 메시지를 전달하고 병합하는 용도로 사용됩니다. 이와 관련된 각 인자에 대한 정의는 API 문서를 통해 더 자세히 확인할 수 있습니다.

아래는 pregel() 메서드를 이용해 각 꼭짓점의 속성값이 다음과 같은 기준을 만족하도록 변경하는 예제입니다.

- 꼭짓점은 정수(Int) 형 속성을 가짐

- Edge의 속성은 소스 꼭짓점의 속성과 목적지 꼭짓점의 속성값 차이와 같음. 예를 들어, Edge의 속성값이 5이고 소스 꼭짓점의 속성값이 10이라면 목적지 꼭짓점의 속성값은 5가 돼야 함.

[예제 10-13] pregel() 예제(PregelSample.scala)

```
val edges = sc.parallelize(Seq(
  Edge(1L, 2L, 10),
  Edge(1L, 4L, 6),
  Edge(3L, 2L, 7),
  Edge(4L, 3L, -3)))

val g1 = Graph.fromEdges(edges, 0)
println("Before: " + g1.triplets.collect.mkString(", "))

val vprog = (id: VertexId, value: Int, message: Int) => {
  value + message
}

val sendMsg = (triplet: EdgeTriplet[Int, Int]) => {
  val diff = triplet.srcAttr - triplet.dstAttr - triplet.attr
  Math.signum(diff) match {
    case 0 => Iterator.empty
    case 1.0f => Iterator((triplet.srcId, -1))
```

```
    case -1.0f => Iterator((triplet.srcId, 1))
  }
}

def merge(msg1: Int, msg2: Int): Int = {
  msg1 + msg2
}

val g2 = g1.pregel(0)(vprog, sendMsg, merge)
println("After: " + g2.triplets.collect.mkString(", "))
```

[결과]

```
Before: ((1,0),(2,0),10), ((1,0),(4,0),6), ((3,0),(2,0),7), ((4,0),(3,0),-3)
After: ((1,10),(2,0),10), ((1,10),(4,4),6), ((3,7),(2,0),7), ((4,4),(3,7),-3)
```

예제에서 그래프 g1은 모두 4개의 꼭짓점과 Edge를 가지고 있습니다. 각 꼭짓점은 최초 0의 값을 가지고 있으며, 각 Edge는 두 꼭짓점의 차이가 각각 10, 6, 7, -3과 같아야 함을 보여줍니다.

각 꼭짓점에서 실행되는 함수는 이전 단계에서 전달받은 메시지와 자기 자신의 값을 더해 새로운 값으로 갱신하는 역할을 수행하는데, 위 예제에서는 g1.pregel(0)(vprog, sendMsg, merge)과 같이 선언됐으므로 최초 실행되는 슈퍼스텝에서는 모든 꼭짓점이 0의 값을 가지고 시작하게 됩니다. 실제로 "[Before]"로 시작하는 g1 그래프의 출력 내용을 보면 네 개의 꼭짓점이 모두 0의 속성을 가지고 있는 것을 볼 수 있습니다.

vprog() 함수 바로 아래에는 sendMsg 함수가 선언돼 있는데 이 함수는 메시지 전송과 반복 실행을 제어하는 용도로 사용됩니다. 예제에서는 각 꼭짓점 간의 값의 차이와 Edge의 속성 값을 비교해 소스 꼭짓점의 값을 1만큼 증가시키거나 1만큼 감소시키는 역할을 하며, 목푯값에 도달할 경우에는 메시지를 전달하지 않음으로써 더 이상 반복이 진행되지 않게 하는 역할도 수행합니다.

마지막 인자인 merge() 함수는 각 꼭짓점에 전달된 두 개의 정수를 병합하는 것으로서 예제에서는 sendMsg()를 통해 전달된 값을 더해 중간 결과를 생성하는 역할을 수행합니다.

이렇게 세 개의 함수를 이용해 pregel() 함수를 실행해 보면 그 결과로 아래와 같이 각 꼭짓점의 속성이 Edge 속성에 정의한 기준에 맞춰 조정된 것을 확인할 수 있습니다.

```
After: ((1,10),(2,0),10), ((1,10),(4,4),6), ((3,7),(2,0),7), ((4,4),(3,7),-3)
```

예를 들어, 1번 꼭짓점과 2번 꼭짓점의 경우 최초에는 둘 다 0의 값을 가지고 있었지만 pregel() 수행 후에는 1과 2의 속성값 차이가 Edge의 속성 값인 10과 같아졌고 4번 꼭짓점과 3번 꼭짓점도 Edge의 설정에 맞게 −3 차이가 나는 4와 7로 설정된 것을 확인할 수 있습니다.

10.5 VertextRDD, EdgeRDD 연산

VertexRDD와 EdgeRDD는 GraphX의 데이터 타입을 소개하는 과정에서 살펴본 적이 있습니다. 각 RDD를 소개하는 절에서도 이미 언급했듯이 위 두 RDD는 기존 스파크 RDD의 확장 버전으로 성능상의 이슈로 인해 추가적인 클래스를 정의해서 사용했습니다. 따라서 두 RDD가 제공하는 기능들은 기존 RDD가 제공하는 연산과 상당 부분 유사한 것들을 제공하기 때문에 스파크의 기본 RDD를 잘 다룰 줄 안다면 API만 참고해서 얼마든지 사용 가능한 것들이 대부분입니다.

이번 절에서는 스파크 공식 가이드에서 제공하는 문서를 기준으로 두 RDD가 제공하는 연산의 종류와 사용법에 대해서 간단히 알아보겠습니다. 이번 절에서 사용하는 예제는 VertexRDD와 EdgeRDD의 전반적인 사용법을 소개하기 위한 것이므로 많은 내용을 다루지 않지만 기본적인 RDD 연산에 익숙하다면 실제 사용 과정에서 스파크의 API 문서를 참고해서 사용하는 데 큰 무리가 따르지 않을 것입니다.

먼저 vertexRDD를 얻기 위해 간단한 그래프를 생성합니다.

```
val vertices = sc.parallelize(List((1L, 10), (2L, 20), (3L, 30)))
val edges = sc.parallelize(List(Edge(1L, 2L, 1), Edge(2L, 3L, 2), Edge(3L, 1L, 3)))
val graph = Graph(vertices, edges)
```

graph는 3개의 꼭짓점과 연결선을 가지고 있으며, 각 꼭짓점과 연결선은 정수값을 속성으로 가지고 있습니다. 그래프가 생성됐으므로 위 그래프의 vertexRDD를 vertexRDD라는 변수에 할당합니다. 다음은 vertexRDD의 내용을 출력해 본 결과입니다.

```
val vertexRDD = graph.vertices
println(vertexRDD.collect.mkString(", "))

(3,30), (1,10), (2,20)
```

테스트를 위한 VertexRDD가 준비됐으므로 이제 본격적으로 VertextRDD의 메서드를 살펴볼 차례입니다. 가장 먼저 살펴볼 것은 mapValues()와 filter()입니다.(관련 예제는 VertextRDDSample. scala 입니다.)

```
val g1 = vertexRDD.mapValues(_ * 10)
val g2 = vertexRDD.filter(_._2 > 20)

println(g1.collect.mkString(", "))
println(g2.collect.mkString(", "))
```

[결과]

```
(3,300), (1,100), (2,200)
(3,30)
```

mapValues()는 각 꼭짓점의 속성값을 변형할 수 있는 메서드입니다. 예제에서는 기존 속성값에 10을 곱해서 새로운 RDD를 생성했습니다. 두 번째 예문의 filter() 메서드는 속성 값의 크기가 20을 초과하는 꼭짓점만으로 구성된 새로운 RDD를 생성한 것으로 인자로 mapValues()와 달리 VertextId와 속성값의 튜플을 입력으로 하는 함수를 사용하기 때문에 _._2와 같이 사용했습니다.

다음으로 살펴볼 것은 다른 RDD와의 연동을 수행하는 minus(), diff(), join() 메서드입니다. 실제 결과를 알아보기 위해 먼저 조인에 사용할 RDD를 만들고 예제를 실행해 보겠습니다.

```
val otherVertexRDD: RDD[(VertexId, Int)] = sc.parallelize(List((1L, 10), (2L, 700)))
val g3 = vertexRDD.minus(otherVertexRDD)
val g4 = vertexRDD.diff(otherVertexRDD)
val g5 = vertexRDD.leftJoin(otherVertexRDD)((id, lvalue, rvalue) => {
  (lvalue, rvalue.getOrElse(-1))
})
val g6 = vertexRDD.innerJoin(otherVertexRDD)((id, lvalue, rvalue) => {
  (lvalue, rvalue)
})

println(g3.collect.mkString(", "))
println(g4.collect.mkString(", "))
println(g5.collect.mkString(", "))
println(g6.collect.mkString(", "))
```

[결과]

```
// g3
(3,30)

// g4
(2,700)

// g5
```

```
(3,(30,-1)), (1,(10,10)), (2,(20,700))

// g6
(1,(10,10)), (2,(20,700))
```

minus()는 기존 RDD에서 인자로 전달된 RDD와 꼭짓점ID가 중복되지 않는 꼭짓점만으로 구성된 새로운 RDD를 생성하며, diff()는 기존 RDD와 인자로 전달된 RDD 양쪽에 동일한 꼭짓점ID가 존재하되 그 속성값은 다른 꼭짓점으로 구성된 RDD를 생성합니다. 조인 연산의 경우 두 RDD에서 꼭짓점 ID를 키로 해서 조인을 수행하며, outter 조인에 속하는 leftJoin에서는 매칭되지 않는 ID 값에 대해 Option 타입을 사용한 기본값을 설정할 수 있음을 알 수 있습니다.

다음은 마지막 메서드로 aggregateUsingIndex()를 살펴보겠습니다. 이해를 돕기 위해 새로운 RDD를 하나 더 생성하고 aggregateUsingIndex()를 실행한 후 결과를 살펴보겠습니다.

```
val otherVertexRDD2: RDD[(VertexId, Int)] = sc.parallelize(List((1L, 10), (2L, 10), (2L, 10),
(5L, 10), (3L, 10)))

val g7 = vertexRDD.aggregateUsingIndex(otherVertexRDD2, (a: Int, b: Int) => a + b)
```

[결과]
```
(3,10), (1,10), (2,20)
```

실행 결과를 보면 인자로 전달한 otherVertextRDD2의 집계 결과라는 것을 알 수 있습니다. 하지만 특이한 것은 모든 꼭짓점에 대해 집계가 수행된 것이 아니라 1, 2, 3번 꼭짓점에 대해서만 집계가 수행됐다는 점입니다. 그 이유는 aggregateUsingIndex() 메서드가 두 RDD에 공통된 인덱스가 있는 꼭짓점에 대해서만 집계를 수행하기 때문으로 위 예제처럼 인자로 전달된 RDD를 대상으로 집계 연산(aggregate)을 수행하고 그 결과로 새로운 RDD를 생성해서 돌려줍니다.

지금까지 VertextRDD가 제공하는 몇 가지 연산에 대해 살펴봤습니다. 이번에는 EdgeRDD가 제공하는 연산에 대해 간략하게 알아보겠습니다.(관련 예제는 EdgeRDDSample.scala 입니다.)

가장 먼저 할 일은 그래프를 생성하는 것입니다. 이번에는 꼭짓점이 세 개인 작은 그래프를 생성해 보겠습니다.

```
val vertices = sc.parallelize(List((1L, 10), (2L, 20), (3L, 30)))
val edges = sc.parallelize(List(Edge(1L, 2L, 1), Edge(3L, 4L, 2)))
val graph = Graph(vertices, edges)
```

다음으로는 EdgeRDD 테스트를 위해 그래프의 edges 값을 edgeRDD 변수에 할당합니다.

```
val edgeRDD = graph.edges
```

먼저 간단한 메서드로 VertexRDD에서 사용했던 mapValues() 메서드를 사용해 보겠습니다.

```
val g1 = edgeRDD.mapValues(_.attr * 10)
println(g1.collect.mkString(", "))
```

[결과]

```
Edge(1,2,10), Edge(3,4,20)
```

기존 Edge 속성에 Edge에 10을 곱해서 새로운 RDD를 생성했습니다. 예상대로 10배씩 늘어난 것을 확인할 수 있습니다.

다음으로는 역시 VertexRDD에서 했던 것과 유사한 방법으로 조인 연산을 수행해 보겠습니다.

```
val edge2 = sc.parallelize(List(Edge(1L, 2L, 5), Edge(2L, 1L, 5)))
val edgeRDD2 = Graph.fromEdges(edge2, 1).edges
val g2 = edgeRDD.innerJoin(edgeRDD2)((v1, v2, e1, e2) => {
  e1 * e2
})
println(g2.collect.mkString(", "))
```

[결과]

```
Edge(1,2,5)
```

innerJoin()을 수행했기 때문에 edgeRDD와 edgeRDD2에서 꼭짓점 속성이 일치하는 1번과 2번이 있는 Edge에 대해서만 결과가 출력된 것을 알 수 있습니다.

이상으로 간략하게 VertexRDD와 EdgeRDD의 연산에 대해 알아봤습니다. VertexRDD와 EdgeRDD는 각각 RDD[(VertextID, VD)]와 RDD[Edge[ED]]를 확장한 것으로, 연산의 내용이 기본 RDD와 크게 다르지 않으므로 관련 API 문서를 참고해서 꼭짓점과 Edge에 대한 map(), flatMap() 등의 연산을 수행할 수 있습니다. 하지만 기본 RDD를 사용하는 것과 코드 작성 방법이나 결과가 비슷하더라도 꼭짓점과 Edge 정보에 관한 분산 처리 방법에 차이가 있으므로 해당 연산을 수행할 때는 반드시 기본 RDD가 아닌 VertexRDD 또는 EdgeRDD를 사용해야 한다는 점에 유의해야 합니다.

10.6 그래프 알고리즘

GraphX는 자주 사용되는 주요 그래프 알고리즘에 대한 구현을 제공합니다. 물론 이런 기능들은 지금까지 살펴본 그래프 연산 API를 이용해 자체적으로 구현할 수도 있겠지만 스파크에서 미리 구현해 둔 API를 사용하면 좀 더 정확하고 빠른 속도로 원하는 작업을 수행할 수 있습니다. 다음은 스파크 2.3.0 버전에서 사용 가능한 그래프 알고리즘입니다.

- PageRank: 구글에서 웹 페이지의 중요도를 평가하기 위해 적용한 것으로 알려지면서 널리 알려진 너무나 유명한 알고리즘입니다. 그래프 관점에서 보면 그래프 내에서 각 꼭짓점의 중요도를 평가하는 알고리즘으로 설명할 수 있으며, 스파크에서는 PageRank 알고리즘에 대한 동적 구현과 정적 구현을 각각 제공합니다.

- Connected Components: Connected Components 알고리즘은 그래프내에서 각 꼭짓점에 연결된 꼭짓점들을 찾아서 요약해 주는 알고리즘입니다. 예를 들어, 10억 개의 꼭짓점으로 구성된 그래프에서 임의의 꼭짓점 V1이 있다고 할 때 그 V1 꼭짓점에 연결된 꼭짓점들 중에는 가장 작은 ID 값을 가진 꼭짓점이 반드시 존재할 것입니다. 이때 그 꼭짓점을 V2라고 하면 Connected Components 알고리즘의 수행 결과는 (V1, V2)라는 값이 됩니다. 즉, 이와 같이 특정 꼭짓점에 연결된 가장 작은 꼭짓점을 찾는 방법을 이용해 각 꼭짓점들의 연결 상태 또는 각 꼭짓점들이 속하는 클러스터 정보를 확인할 수 있습니다.

- Triangle Counting: Triangle Counting은 그래프에서 각 꼭짓점에 몇 개의 삼각형에 속하는지 알려줍니다. 예를 들어, 어떤 그래프에 Edge(1, 2), Edge(2, 3), Edge(3, 1), Edge(3, 4), Edge(4, 5), Edge(5, 3)과 같은 연결 관계가 있다고 하면 꼭짓점 1, 2, 4, 5는 각각 1개의 삼각형에 속하고 꼭짓점 3은 2개의 삼각형에 속한다고 할 수 있습니다. 따라서 이 경우 Triangle Counting의 값은 (1, 1), (2, 1), (4, 1), (5, 1), (3, 2)가 됩니다.

이상으로 GraphX가 제공하는 알고리즘에 대해 알아봤습니다. 위 알고리즘들을 실제로 구현하는 것은 결코 쉬운 일이 아니지만 스파크가 제공하는 메서드를 사용하면 graph.pageRank(0.0001)나 graph.connectedComponents()와 같이 간단한 메서드 호출만으로 원하는 결과를 얻을 수 있습니다. 따라서 알고리즘의 동작 방법이나 사용법만 이해하고 있다면 실제 코드 작성은 스파크의 가이드 문서나 API를 참고해서 간단하게 할 수 있을 것입니다. 현재는 몇 종류의 알고리즘만 제공되지만 향후 새로운 알고리즘 구현이 추가될 수 있으므로 잘 알려진 알고리즘을 구현해야 한다면 미리 제공되는 스파크의 알고리즘 API가 없는지 먼저 검토해 보는 것도 좋은 방안이 될 것입니다.

10.7 정리

이번 장에서는 스파크가 제공하는 그래프 처리 모듈인 GraphX에 대해 살펴봤습니다. 사실 그래프 처리와 관련된 내용은 머신러닝만큼이나 방대한 내용을 포함하고 있으며, 스파크 GraphX에 대한 내용만 정리한 책도 이미 여러 권 출간된 상태입니다.

서두에서도 언급했지만 그래프 분야에서 스파크는 상대적으로 최근에 등장한 라이브러리입니다. 또한 그래프 처리 분야에서는 오직 그래프 분야만을 전문적으로 담당하는 훌륭한 라이브러리들이 이미 사용되고 있는 것 또한 사실입니다.

하지만 스파크R과 마찬가지로 스파크 GrpahX 역시 다른 전문 라이브러리에서는 제공할 수 없는 강력한 분산 처리 기능을 함께 사용할 수 있다는 점에서 그 효용성을 찾아볼 수 있습니다. 실제로 머신러닝은 물론이고 그래프 처리에 있어서도 원본 데이터를 수집하고 가공하고 다듬는 과정은 결코 적지 않은 노력과 시간을 필요로 하기 때문입니다.

따라서 스파크의 강력한 분산 데이터 처리 능력과 GraphX를 적절히 결합해 기존에 사용하던 다른 라이브러리와의 통합을 시도한다면 현재 처리하고 있는 데이터 처리 업무의 효율성을 높이는 데 더욱 큰 도움을 얻을 수 있을 것입니다.

부록
스칼라란?

스칼라는 JVM을 기반으로 하는 함수형 언어입니다. 스칼라 언어에 관심이 있거나 스칼라로 작성한 코드와 자바로 작성한 코드를 비교해 본 적이 있는 독자분들이라면 스칼라의 명료한 듯 간결하면서도 어떤 면에서는 암호처럼 보이는 코드에 깊은 인상을 받으셨을 것입니다.

이번 부록의 목표는 스칼라 언어를 소개하기 위한 것은 아닙니다. 단지 스칼라를 처음 접하는 독자분들이 스칼라로 작성된 스파크 애플리케이션 코드를 읽고 이해하는 데 필요한 기본적인 문법을 설명하는 데 목적을 두고 있습니다. 따라서 스칼라의 문법 중에서 스파크 애플리케이션을 작성하는 데 자주 활용되는 항목에 중점을 두고 살펴보겠습니다.

스칼라 설치

스칼라는 JVM 위에서 동작합니다. 따라서 스칼라를 사용하기 위해서는 먼저 자바를 설치하고 스칼라 공식 홈페이지[1]에서 운영체제에 맞는 스칼라 버전을 내려받아 설치해야 합니다. 만약 아직 자바와 스칼라 설치를 진행하기 전이라면 1장의 내용을 참고해서 설치를 완료해 주시기 바랍니다.

---

1 https://www.scala-lang.org

스칼라 셸

대부분의 스칼라 서적이나 스파크 서적을 보면 이클립스나 인텔리제이와 같은 IDE 대신 스칼라 셸에서 작업한 내용을 복사해서 사용하고 있습니다. 스칼라 셸은 스칼라와 함께 설치되는 것으로 스칼라의 bin 디렉터리 아래에 실행 파일이 있습니다. 실제로 bin 디렉터리에서 아무런 파라미터 없이 scala라고 입력하면 스칼라 셸이 실행되는 것을 볼 수 있습니다.

다음은 스칼라 셸을 실행했을 때의 모습입니다.

```
$ scala
Welcome to Scala 2.11.8 (Java HotSpot(TM) 64-Bit Server VM, Java 1.8.0_91).
Type in expressions for evaluation. Or try :help.
scala>
```

스칼라셸은 우리에게 익숙한 리눅스나 윈도우 셸처럼 명령어를 입력하면 그 즉시 명령을 실행하고 결과를 알려줍니다. 보통 셸이라고 부르지만 정확하게는 REPL[2] 방식으로 동작하므로 스칼라 REPL이라고 부르기도 합니다.

스칼라 셸을 실행하면 scala>라는 프롬프트가 나타나는데 이 상태에서 1이라고 입력하면 다음과 같은 결과를 볼 수 있습니다.

```
scala> 1
res0: Int = 1
```

이것은 1이라는 값이 res0라는 변수에 할당됐고, 그 타입은 Int이며 값은 1이라는 의미입니다. 스칼라 셸은 변수명이 없는 입력값에 대해 자동으로 할당되는 변수명을 붙여 주기 때문에 계속해서 1, 2 등을 입력하면 그때마다 변수가 할당되는 것을 확인할 수 있습니다.

```
scala> 2
res1: Int = 2

scala> 3
res2: Int = 3

scala> 3
res3: Int = 3
```

---

2 https://en.wikipedia.org/wiki/Read%E2%80%93eval%E2%80%93print_loop

이처럼 예제 코드 중에 간혹 마주치게 되는 scala〉 프롬프트 아래에 출력된 값들은 방금 입력한 변수의 이름과 내용을 콘솔에 출력한 결과라고 생각하시면 됩니다.

변수 타입과 변수 선언

스칼라에서 변수를 선언할 때는 다음과 같은 두 가지 방법을 사용할 수 있습니다.

첫 번째는 var 키워드를 사용하는 것으로 다음과 같이 선언합니다.

```
var a = 1
```

두 번째는 val 키워드를 사용하는 것으로 다음과 같이 선언합니다.

```
val a = 1
```

var를 사용하는 것과 val을 사용하는 것의 차이는 선언된 변수가 불변인지 여부에 따른 것입니다. 예를 들어, var a = 1로 선언한 변수에는 a = 2와 같이 다른 값을 할당할 수 있지만 val a = 1과 같이 선언한 경우에는 a에 다른 값을 넣을 수 없습니다.

이처럼 변경 불가능한 변수를 사용함으로써 얻을 수 있는 가장 큰 장점은 한번 선언된 변수는 어느 지점에서 참조해도 항상 같은 값을 가짐을 보장받기 때문에 전체 코드 흐름을 살펴보지 않고도 자신 있게 이 값을 사용할 수 있다는 것입니다. 물론 이렇게 매번 새로운 변수를 생성하면 객체가 여러 개 생성되어 문제가 된다고 생각할 수 있지만 스칼라에서는 이 부분에 대한 별도의 최적화 방법을 내장하고 있어서 불변 변수의 사용에 대한 부분은 대부분의 경우에 문제가 되지 않습니다.

변수 선언과 관련해서 알아둬야 할 또 다른 유의점은 변수 선언 시 경우에 따라 타입을 생략할 수 있다는 것입니다. 단, 이 말은 변수 타입을 생략하는 것이 가능하다는 뜻이지 자바스크립트나 파이썬처럼 변수 타입 선언 자체를 할 수 없다는 뜻은 아닙니다. 다만 다른 사람이 작성한 코드를 읽을 때 어떤 경우에는 변수 타입이 명시돼 있고 또 어떤 경우에는 생략돼 있을 수 있으므로 이런 방법 자체가 가능하다는 사실은 알아둘 필요가 있습니다. 다음은 변수 이름과 타입 정보를 모두 명확히 지정해서 변수를 선언한 예제입니다.

```
val a:Int = 0
```

변수 선언 시 타입을 생략하는 것은 자유롭게 결정할 수 있지만 상황에 따라 타입 정보를 반드시 알려주는 것이 코드를 이해하는 데 도움이 된다고 판단된다면 타입 정보를 명확하게 표시해주는 것이 좋습니다. 하지만 a = 1과 같이 누가 보더라도 그 결과가 자명한 경우는 간결성을 위해 타입 정보를 생략하고 변수 이름만 선언하는 것이 일반적인 방법입니다.

이렇게 변수의 타입을 생략할 수 있다는 특징 때문에 스칼라의 변수 타입은 변수의 왼쪽이 아닌 오른쪽에 선언됩니다. 즉, Int a = 0이 아닌 a:Int = 0이 됩니다. 이렇게 하는 이유는 변수의 타입이 생략됐을 때 발생 가능한 혼란을 피하기 위해서입니다.

마지막으로 스칼라의 기본 변수 타입은 모두 클래스입니다. 자바의 경우 int나 double, long 같은 기본형 타입과 Integer, Double, Long 같은 래퍼(Wrapper) 클래스가 따로 있지만 스칼라는 모든 타입이 클래스입니다.

다음은 스칼라에서 제공하는 기본형 타입입니다.

```
Byte, Short, Int, Long, Float, Double, Char, Boolean, String
```

자바 개발자의 경우 위 타입이 자바의 기본형 래퍼 클래스와 완전히 동일하다고 생각할 수 있지만 정수를 표현하는 타입의 경우 Integer가 아닌 Int를 사용한다는 점에 유의해야 합니다.

Range와 형변환

스칼라에는 Range 타입이 있습니다. 1 to 10, 1 to 10 by 2와 같은 방법으로 사용하며, 첫 숫자와 마지막 숫자는 모두 결과에 포함됩니다.

```
scala> 1 to 10
res4: scala.collection.immutable.Range.Inclusive = Range(1, 2, 3, 4, 5, 6, 7, 8, 9, 10)
```

Range 타입에서 주의할 점은 이 결과가 마치 리스트나 배열인 것처럼 보이지만 실제로는 그렇지 않다는 것입니다. 실제로 Range로부터 리스트를 생성하려면 아래와 같이 변형해야 합니다.

```
scala> (1 to 10).toList
res5: List[Int] = List(1, 2, 3, 4, 5, 6, 7, 8, 9, 10)
```

또 하나 눈여겨볼 것은 방금 사용한 toList라는 메서드가 Range뿐 아니라 다른 클래스에서도 형변환용으로 자주 제공되는 메서드 형태라는 것입니다. 예를 들어, Int와 Double 간의 형 변환을 수행할 때 다음과 같은 방법을 사용할 수 있습니다.

```
scala> 1.toDouble
res7: Double = 1.0
```

```
scala> 1.0.toInt
res8: Int = 1
```

스칼라는 기본형 타입이 없고 모든 것이 클래스이기 때문에 1과 1.0 역시 클래스입니다. 따라서
1.toDouble은 1에 있는 toDouble 메서드를 호출한 것임을 기억해 두시기 바랍니다.

클래스, 객체, 컴패니언 오브젝트

스칼라는 함수형 언어이면서 동시에 자바와 같은 OOP 성격을 그대로 가지고 있습니다. 따라서 스
칼라에도 클래스와 객체가 존재하는데 구체적인 선언 및 사용법에는 차이가 있습니다.

먼저 스칼라의 클래스는 class A {...}와 같은 class 키워드로 선언합니다. 또한 자바 클래스와 같이
인스턴스를 생성하는 용도로 사용할 수 있고 상속을 통한 확장도 가능합니다. 그뿐만 아니라 클래스
내부의 변수와 메서드에 public, private과 같은 접근 제한자를 설정할 수도 있습니다.

이처럼 기본적인 부분에서는 스칼라 클래스와 자바 클래스가 공통점을 가지고 있지만 다음과 같은
부분에서는 기존 자바 클래스와 차이점을 갖습니다.

1. 스칼라에서는 static 키워드를 사용할 수 없기 때문에 클래스 내부에 정적 멤버나 함수를 선언할 수 없다.

2. 내부 변수에 대한 setter와 getter 메서드를 자동으로 생성한다.

3. 클래스 본문이 생성자가 된다.

4. 기본 생성자 인자는 클래스명 다음에 기술한다.

먼저 1번의 경우 스칼라에서는 static 키워드를 사용하지 않기 때문에 클래스에 속하는 static 변수
와 같은 것들은 사용할 수 없다는 의미입니다. 그 대신 스칼라에서는 비슷한 용도로 사용할 수 있는
컴패니언 오브젝트(Companion Object)라는 것을 제공함으로써 static이 필요한 경우를 대신할
수 있습니다.

컴패니언 오브젝트는 동일한 파일에 정의된 클래스와 이름이 똑같은 오브젝트를 가리키는데, 이때
오브젝트란 new 키워드를 사용해서 생성하는 객체를 의미하는 것이 아니라 object라는 별도의 키
워드를 이용해 정의한 객체를 가리킵니다. 즉, 클래스를 만들기 위해 Class A {...}와 같이 선언하듯
이 컴패니언 오브젝트를 만들기 위해 object A {...}와 같이 선언해서 새로운 객체를 생성할 수 있다
는 것입니다.

스칼라에서 object 키워드로 선언한 오브젝트는 싱글턴 객체가 됩니다. 따라서 컴패니언 오브젝트
는 해당 클래스를 위한 싱글턴 객체가 되고 특별히 다른 객체와는 달리 서로의 private 영역에 접근
가능하므로 기존 static이 활용되던 곳에 컴패니언 객체를 사용할 수 있습니다.

자바의 경우 객체를 생성하기 위해서는 반드시 new 키워드를 사용해야 하지만 스칼라의 경우 object 키워드로 선언한 객체는 new 키워드를 이용한 객체 생성 코드를 사용하지 않고도 마치 static처럼 사용 가능하므로 이를 혼동하지 않아야 합니다.

특히 자바의 경우 클래스를 선언하지 않고 객체만 만드는 것은 절대 있을 수 없지만 스칼라의 경우 클래스 선언은 하지 않고 object 키워드로 객체만 만들 수도 있으므로 스칼라 코드에서 object로 선언된 코드를 봤다고 하더라도 그에 해당하는 클래스 선언은 없을 수도 있음을 알아둬야 합니다. 또한 이렇게 클래스 선언을 하지 않고 만든 오브젝트는 단순 객체일 뿐 클래스와 같은 타입(type)으로는 사용할 수 없으므로 object MyObj{...}와 같은 오브젝트를 선언했다고 해서 val o:MyObj와 같이 변수의 타입으로 오브젝트를 사용하는 것은 불가능합니다.

스칼라 클래스의 또 다른 특징은 2번에서 설명한 것과 같이 소위 말하는 getter와 setter 메서드가 자동으로 생성된다는 점입니다. 실제로 스칼라 코드를 접하다 보면 어떤 인스턴스에 값을 설정할 때 obj.setA("...")와 같이 하지 않고 obj.a = "..."와 같이 사용하는 경우가 많은데, 이는 필드에 직접 접근한다는 의미가 아니고 내부적으로 자동 생성된 setter 메서드를 사용한다는 의미입니다.

다음으로 3번 항목은 클래스 선언과 관련된 것으로 자바에서는 클래스와 이름이 같은 메서드를 생성자라는 것으로 따로 정의해서 사용하지만 스칼라에서는 메서드 선언 부분을 제외한 클래스 본문 전체가 생성자 메서드의 본문처럼 실행된다는 의미입니다.

마지막으로 4번 항목은 클래스의 기본 생성자에 필요한 인자는 class A(name:String, age:Int)와 같이 클래스 이름 옆에 괄호를 이용해 지정할 수 있다는 것입니다.

다음은 MyClass 라는 클래스와 그 컴패니언 오브젝트를 정의하는 예제입니다. 예제에서 MyClass(name: String)로 선언한 부분은 생성자의 초기화 변수로 name이라는 문자열이 사용됨을 의미합니다.

```
// 클래스의 선언
class MyClass private(var name: String) {
  def sayHello(): Unit = {
    MyClass.sayHello()
  }
}

// 컴패니언 객체 선언
object MyClass {
```

```scala
  def sayHello(): Unit = {
    println("Hello" + new MyClass("sungmin").name)
  }
}
```

트레이트와 상속

트레이트는 자바의 인터페이스나 추상 클래스와 유사한 역할을 수행합니다. 이전 절에서도 설명했지만 스파크는 객체지향 언어와 함수형 언어의 특징을 모두 가지고 있기 때문에 클래스 간의 상속을 포함해서 인터페이스 역할을 하는 트레이트를 상속하는 것 또한 가능합니다.

하지만 스칼라의 트레이트는 자바의 인터페이스와는 다른 특성을 가지고 있는데, 첫 번째는 다중 상속이 가능하다는 것이고 두 번째는 내부에 변수와 메서드는 물론 추상 메서드에 대한 정의도 가능하다는 것입니다.

결국 자바에 비유하자면 다중 상속이 허용되는 추상 클래스인 셈인데, 이 경우 동일한 메서드를 가진 클래스들을 동시에 상속하면서 발생할 수 있는 문제를 해결하기 위해 자바와는 다른 문법적 장치를 포함하고 있습니다.

다음은 트레이트의 정의와 상속을 보여주는 예제입니다.

```scala
trait A {
  def hello() = println("hello, A")
}

trait B extends A {
  override def hello() = println("hello, B")
}

class C extends A with B

object Test {
  def main(args: Array[String]): Unit = {
    val obj = new C()
    obj.hello()
  }
}
```

예제는 두 개의 트레이트와 이 두 트레이트를 동시에 상속받은 클래스, 그리고 이 클래스를 이용해 트레이트로부터 상속받은 메서드를 호출하는 코드로 이뤄져 있습니다.

먼저 트레이트를 정의하는 부분을 살펴보면 "trait" 키워드로 선언하고 내부에 hello()라는 메서드를 선언하고 있음을 볼 수 있습니다. 이처럼 트레이트는 메서드를 정의할 수 있을 뿐만 아니라 하위 트레이트나 클래스에서 사용할 수 있는 변수도 선언할 수 있습니다.

예제의 경우 A와 B라는 두 개의 트레이트를 정의했는데 특이한 점은 트레이트 B가 A를 상속받으며 내부에 override라는 키워드로 부모 트레이트의 메서드를 재정의하고 있다는 점입니다. 이는 스칼라가 다중 상속을 허용하기 때문에 동일한 메서드를 가진 여러 클래스를 상속받았을 때 발생하는 에러를 피하기 위한 것으로, 예제와 같이 override를 통해 부모 트레이트의 메서드를 재정의하면 다른 클래스에 이 두 트레이트를 동시에 상속받아도 문제가 되지 않습니다.

실제로 예제의 경우 C 클래스가 A와 B라는 두 개의 트레이트를 동시에 상속받고 있는데 이 경우 hello() 메서드를 호출하면 B의 메서드가 호출됩니다. (이때 "extends A with B"는 다중 상속을 위한 스칼라 문법에 따른 것으로 여러 개의 트레이트를 상속받을 경우 첫 번째 트레이트는 extends 키워드를 쓰고 그 이후부터는 with 키워드를 사용하는 것입니다.)

이 같은 방법으로 여러 개의 트레이트를 동시에 쌓아 트레이트에서 정의한 다양한 함수를 사용하는 것을 보통 "트레이트 쌓기"라는 용어로 부릅니다. 트레이트 쌓기를 이용하면 다중 상속으로 인한 문제나 인터페이스, 추상 클래스의 분리로 인한 불편함 없이 자유롭게 기능을 확장하고 사용할 수 있습니다.

apply

스칼라 언어를 사용하다 보면 무의식적으로 자주 사용하는 것이 바로 apply 함수입니다. apply는 그 이름에 특별한 약속이 있는 것으로, 예를 들어 apply2와 같은 이름으로 바꾸면 동작하지 않습니다.

apply를 자주 볼 수 있는 곳은 객체를 생성하는 구문입니다. 예를 들어, 아래처럼 List(1, 2, 3)과 같은 구문을 생각해 볼 수 있습니다.

```
scala> List(1, 2, 3)
res9: List[Int] = List(1, 2, 3)
```

같은 코드를 반복해서 쓰다 보면 원래 그럴 것이라고 생각하고 사용할 수도 있지만 위 구문에서 List 는 객체명이며 메서드는 아니므로 사실은 이상한 구문입니다. 예를 들어, class A {...}라고 선언해 놓고 객체를 만들 때 new 키워드도 없이 그냥 A("..")라고 선언한 것과 같습니다.

이 구문이 동작 가능한 이유는 스칼라에서 객체 이름 뒤에 괄호를 넣고 인자값을 넣으면 이것을 해 당 객체의 apply라는 메서드 호출로 변환해 주기 때문입니다. 또한 클래스의 경우도 해당 클래스의 컴패니언 객체가 가진 apply 메서드가 호출됩니다.

apply를 사용하는 이유는 매번 메서드 이름을 적는 것을 피하기 위한 경우가 대부분이며, 그 덕분 에 매번 new A(...) 또는 a.method(..)와 같은 형태로 호출하지 않아도 A(..) 또는 a(...)와 같은 간결한 형태로 코드를 작성할 수 있습니다.

튜플과 옵션, 케이스클래스

스칼라를 사용하다가 자바로 코드를 작성할 때 가장 아쉬움을 느끼는 부분이 바로 튜플(Tuple)과 옵션(Option), 케이스 클래스(Case Class) 그리고 잠시 후에 살펴볼 패턴 매치의 부재입니다.

튜플은 N개의 데이터 쌍을 저장하는 자료 구조로서 파이썬에서도 같은 개념의 자료구조를 제공하 고 있습니다. 스칼라에서 튜플을 생성할 때는 (1, 2)와 같이 간단히 생성할 수 있으며 길이의 제한이 있긴 하지만 (1, 2, 3)과 같이 다수의 데이터를 쉽게 묶어서 전달하거나 전달받을 수 있다는 장점이 있습니다.

```
// 튜플 생성
val t1 = (1, 2)
val t2 = ("a", 1, "c")
// 튜플내용 참조
val n1 = t1._2
val n2 = t2._3
```

옵션 역시 튜플과 비슷하게 여러 개의 값을 담을 수 있는 자료구조로서 주로 값이 있을 수도 있고 없 을 수도 있는 경우에 사용합니다. 옵션을 사용하면 값이 있거나 없거나 상관없이 널(null) 값을 사 용하지 않고 공통된 타입인 Option을 사용할 수 있다는 장점이 있습니다.

```
// Option
val o1 = Option("a")
o1.getOrElse("x")
```

마지막으로 케이스 클래스는 잠시 후에 살펴볼 패턴 매치를 위해 최적화된 특별한 클래스로서 case class 키워드를 사용해서 생성하며 컴패니언 객체와 객체 생성을 위한 apply() 메서드, 패턴 매치를 위한 unapply() 메서드가 자동으로 생성됩니다. (이 밖에도 hashCode(), copy(), equals(), toString() 메서드 등도 자동 생성됩니다). 다음은 두 개의 속성을 가진 케이스 클래스를 선언하고 이를 이용해 새로운 객체를 만드는 방법입니다.

```
// case class 선언
case class Person(name:String, age:Int)
// 새로운 객체 생성
var papa = Person("papa", 100)
```

패턴 매치

패턴 매치는 스칼라에서 가장 자주 사용되는 구문 중 하나이며, 코드의 가독성과 간결성을 높여주는 중요 문법 중 하나라고 할 수 있습니다. 다음은 패턴 매치에 관련된 몇 가지 예제입니다.

```
val a = "a"
val b = 1
val c = (a, b)
val d = List(1, 3, 5)

case class Person (age:Int, name:String)
val p1 = Person(30, "hongil-dong")
```

먼저 서로 다른 타입을 가진 변수 5개를 선언합니다. 맨 마지막에 선언한 Person은 케이스 클래스로서 변수 p1에 Person 클래스의 인스턴스가 저장돼 있습니다. 이제 패턴 매치로 어떤 것을 할 수 있는지 보겠습니다. 먼저 문자열 a에 대한 패턴 매치입니다.

```
a match {
  case "a" => println("a!")
  case _ => println("err")
}
```

패턴 매치 문법은 위 예제에서 보는 바와 같이

```
(매치할 변수) match {
  case (...) => ...
  case (...) => ...
}
```

와 같은 형태를 띱니다. 다른 언어의 문법에 비유하자면 매치할 변수를 선언해 두고 if(…) else if(..)를 선언한 것과 같습니다.

위 예제에서는 문자열을 가진 a라는 변수에 대해 패턴 매치를 시도했고, 그 값이 "a"이면 "a!"를 출력하고 아니면 "err"을 출력합니다. 여기서 눈여겨봐야 하는 부분은 a 값에 따라 분기를 수행할 때 if(a == "a")와 같이 하지 않고 그냥 "a"라고만 선언했다는 것입니다.

패턴 매치에서는 기본형 변수에 대한 매칭 조건을 판단할 때 위 예제처럼 변수에 접근하지 않고 매칭해야 할 기본형(여기서는 문자열) 값을 바로 사용할 수 있기 때문에 코드를 훨씬 간결하게 작성할 수 있다는 특징이 있습니다. 또한 두 번째 case 문에 있는 _는 첫 번째 문자열을 제외한 모든 값에 대응되는 것으로, "a" 값이 아닌 모든 값을 매칭할 때 간편하게 사용할 수 있습니다.

가장 기본적인 패턴 매칭을 살펴봤으니 이번에는 조금 복잡한 형태를 살펴보겠습니다.

```
b match {
  case v if v ==1 => println("b!")
  case _ => println("err")
}
```

이번에는 숫자형 값을 가진 b 변수에 대한 패턴 매치를 수행했습니다. 그런데 아까와는 다르게 if 문을 추가해서 조건을 명시하고 있습니다. 이것은 패턴 매치의 또 다른 방법으로, 만약 매칭된 값에 if 절을 이용해 추가 조건을 지정하고 싶다면 위와 같이 처리할 수 있음을 보여줍니다(사실 위 예제의 경우 v if v ==1이라고 한 부분은 case 1 => …라고 쓴 것과 같습니다).

세 번째는 기본형이 아닌 튜플을 사용하는 경우입니다. 이 경우에는 (c1, c2)와 같이 튜플 형식으로 변수를 정의해 두면 c1과 c2에 해당 값이 매칭되는 형태입니다.

```
c match {
  case (c1, c2) => println("c1:" + c1)
}
```

마찬가지로 리스트의 경우도 아래와 같이 선언하면 각 위치에 해당하는 값이 변수에 할당됩니다. 즉, 예제의 경우 e1은 1, e2는 3, e3는 5가 됩니다. (이때 ::는 메서드이며, e1::e2::e3은 e1, e2, e3 요소를 이어붙여서 리스트를 만들어 가는 구문의 일부입니다).

```
d match {
  case e1::e2::xs => println(e1)
}
```

[결과]

```
a!
b!
c1:a
1
```

마지막으로 케이스 클래스의 경우는 다음과 같이 클래스 형태를 그대로 사용해서 속성 정보를 매칭할 수 있습니다.

```
p1 match {
  case Person(age, name) => println(age, name)
}
```

[결과]

```
(30,hongil-dong)
```

패키지 객체

스칼라에는 패키지에 변수나 클래스 등을 선언할 수 있는 패키지 객체(Package Object)라는 개념이 있습니다. 이는 자바를 비롯해 대부분의 언어에서 패키지가 단순한 네임스페이스의 역할만 하는 것과는 차이가 있습니다. 패키지 객체를 이용하면 Common과 같은 클래스를 정의하지 않고도 동일 패키지에서 사용하는 변수나 메서드 등을 공유할 수 있습니다.

패키지 객체의 이름은 실제 사용하는 패키지와 같으며, package 키워드를 사용해 정의합니다.

스파크에서도 패키지 객체를 자주 찾아볼 수 있는데 대표적으로 DataFrame 타입을 정의하고 있는 스파크 SQL의 sql 패키지 객체[3]를 예로 들 수 있습니다.

다음은 sql 패키지 객체의 실제 코드 중 일부입니다.

```
package org.apache.spark
// 중간 생략...
package object sql {
  // 생략...
  type Strategy = SparkStrategy
  type DataFrame = Dataset[Row]
}
```

3　https://goo.gl/ep05fF

sql 패키지 객체는 org.apache.spark 패키지에 위치하고 있으며, 클래스명은 패키지명과 같은 sql입니다. 즉, 이렇게 선언한 경우 해당 객체가 org.apache.spark.sql 패키지의 패키지 객체가 됩니다.

type

type은 새로운 타입을 선언하는 키워드입니다. 이렇게 선언된 타입은 실제로 변수나 메서드의 타입으로 사용될 수 있습니다. 스파크의 DataFrame이나 VertextId 역시 type 키워드를 이용해 선언한 타입입니다.

다음은 방금 전 살펴본 org.apache.spark 패키지 객체에 선언돼 있는 DataFrame 타입의 예입니다.

```
package object sql {
  ...
  type DataFrame = Dataset[Row]
}
```

임포트

스칼라에서 다른 클래스의 변수나 메서드 등을 사용하기 위해서는 자바와 마찬가지로 import 문을 사용해야 합니다. 하지만 정적 임포트(static import)를 위한 구문을 따로 가지고 있는 자바와 달리 스칼라에는 static 키워드를 사용하지 않고 단순히 _를 사용해서 표기합니다. 즉, a.b.c 패키지에 있는 A라는 클래스를 정적 임포트할 경우 import a.b.c._와 같이 표기하면 됩니다.

함수와 메서드

스칼라는 자바와 같은 OOP형 언어이면서 동시에 함수형 언어의 성격을 가지고 있습니다. 따라서 다른 함수형 언어와 마찬가지로 함수를 일반 변수와 같이 다룰 수 있다는 특징이 있습니다.

다음은 간단한 함수 사용 예제입니다.

```
object Sample {

  def main(args: Array[String]): Unit = {

    val f1 = (name: String) => "Hello, " + name

    def m1(f: (String) => String): String => String = {
      // 함수를 리턴
      f
    }

    val greet = m1(f1)

    println(greet("World!!"))
  }
}
```

이 코드를 실행하면 Hello, World!!가 출력됩니다. 다소 복잡해 보일지 모르지만 자세히 보면 함수를 몇 번 주고받은 것 외에 특별한 것은 없습니다.

먼저 f1은 name이라는 문자열을 인수로 받고 "Hello" + name이라는 문자열을 만들어 리턴하는 간단한 함수입니다. 스칼라에서는 메서드를 선언할 때 def라는 키워드를 사용하고, 변수를 선언할 때 val이라는 키워드를 사용하므로 위에서 선언한 f1은 변수에 해당합니다. 이것이 스칼라 함수의 첫 번째 특징을 보여주는 것으로, 스칼라의 함수는 f1과 같이 변수에 할당할 수 있습니다.

일단 코드를 좀 더 살펴보면 m1이라는 메서드에서 m1(f:(String) => String)과 같이 선언된 것을 볼 수 있는데, 이는 메서드의 인자로 이름이 f이고 타입이 (String) => String인 변수를 사용한다는 의미입니다. 이때 (String) => String이 곧 함수를 의미하는 것으로, 문자열을 입력으로 받아 문자열을 리턴하는 함수라는 것을 표현합니다. 즉, m1은 함수를 인자로 받아 함수를 리턴하는 메서드라는 의미입니다. 왜냐하면 함수의 리턴 타입 역시 String => String 형태의 함수를 의미하기 때문입니다.

결국 greet이라는 변수는 m1 메서드에 f1이라는 함수를 전달하고, 그 결과 m1 메서드가 f를 그대로 리턴했으니 greet 변수에는 f1 함수가 전달되는 셈입니다. 따라서 마지막 줄에서 greet("World!!")와 같이 사용함으로써 f1("World!!")이 호출되어 "Hello, World!!"가 출력된 것입니다.

제네릭

제네릭은 클래스의 타입 파라미터를 지정하는 구문으로, 자바에서는 ArrayList⟨T⟩와 같이 ⟨ ⟩ 기호를 사용해서 표기합니다. 스칼라에도 자바와 같은 제네릭 개념이 있는데, 표기법은 자바와 다른 [ ] 기호를 사용합니다.

일반적으로 제네릭의 사용은 사용 가능한 타입을 제한하는 용도로 많이 사용되는데 스칼라의 경우 자바에 비해 훨씬 복잡하고 정교한 타입 시스템을 사용하므로 단순히 ⟨ ⟩ 기호를 [ ] 기호로 바꾸는 것 외에 많은 부분에서 차이가 있습니다.

제네릭이나 스칼라의 타입 시스템에 관한 부분은 부록에서 다루기에 한계가 있기 때문에 자세한 내용을 설명하지는 않지만 스칼라나 스파크의 소스코드를 제대로 분석하고자 한다면 스칼라의 타입 시스템을 이해해 두면 큰 도움이 될 것입니다.

암묵적 변환과 타입 클래스 패턴

스칼라의 암묵적 변환은 자바나 파이썬 등에서는 찾아볼 수 없는 스칼라의 특별한 문법입니다. 암묵적 변환 방법의 사용에 대해서는 이견이 있을 수 있으나 스파크에서는 이 문법이 매우 많은 부분에서 사용되므로 잘 알아두면 도움될 수 있습니다.

아래는 암묵적 변환을 보여주는 대표적인 코드로서 실행하면 "Hello, Sungmin"이 호출됩니다. 이 코드가 특별한 이유는 sayHello() 메서드에 인자값으로 Person 객체를 전달해야 하는데 문자열을 전달하고 있기 때문입니다.

```
object Sample {

  def main(args: Array[String]): Unit = {

    case class Person(name:String)

    implicit def stringToPerson(name:String) : Person = Person(name)

    def sayHello(p:Person): Unit = {
      println("Hello, " + p.name)
    }

    sayHello("Sungmin!")
  }
}
```

이것이 가능한 이유는 바로 스칼라의 암묵적 변환 때문인데 implicit으로 선언된 stringTo Person()이라는 메서드가 스칼라 컴파일러에 의해 자동으로 호출됐기 때문입니다. 즉, sayHello("Sungmin")이라고 호출했을 때 정상적인 경우라면 오류를 발생시키고 종료돼야 하지만 스칼라에서는 implicit으로 선언된 메서드 중에 문자열을 Person으로 변환할 수 있는 메서드가 호출 가능한 범주 내에 선언돼 있는지를 조사해 봐서, 있다면 그 메서드를 먼저 호출해 문자열을 Person으로 바꾸고 그 결과로 sayHello()를 호출합니다. 물론 이때 implicit 메서드를 사용할 수 있는 구체적인 조건들이 있지만 여기서는 이런 방식의 호출이 가능하다는 것 정도만 이해하고 있어도 됩니다.

암묵적 호출의 또 다른 형태는 좀 더 당황스러운 코드를 만들어 내기도 합니다.

```scala
object Sample {

  def main(args: Array[String]): Unit = {

    case class Person(name: String)

    implicit class myClass(name: String) {
      def toPerson: Person = {
        Person(name)
      }
    }

    def sayHello(p: Person): Unit = {
      println("Hello, " + p.name)
    }

    sayHello("Sungmin!".toPerson)
  }
}
```

위 코드 역시 실행하면 "Hello, Sungmin!"이 출력됩니다. 그런데 이번에는 sayHello() 메서드를 호출하면서 "Sungmin!".toPerson과 같이 문자열에는 없는 toPerson이라는 메서드를 호출하고 있습니다.

실제로 이 메서드는 String이 아닌 myClass라는 클래스에 정의된 메서드로서 이 역시 스칼라 컴파일러에 의해 암묵적으로 호출된 것입니다.

이 경우는 myClass 앞에 implicit이라는 키워드가 표시돼 있는 것이 중요한데 스칼라 컴파일러는 특정 객체에서 그 객체에 존재하지 않는 메서드가 호출됐을 때 암묵적으로 호출 가능한 메서드가 있는지 찾아보고 있다면 그것을 호출해 주는 역할을 수행하기 때문입니다.

이처럼 원래 클래스에는 없는 메서드를 암묵적 변환 방법을 사용해서 타입별로 다르게 구현하여 추가하는 방법을 흔히 타입 클래스 패턴이라고 하며, 특히 스파크SQL에서 이와 같은 형태를 자주 목격할 수 있습니다.

예를 들어, 스파크SQL에서 튜플의 시퀀스를 데이터셋 등으로 변환하거나 칼럼명을 나타내는 문자열을 칼럼 객체로 변환할 때 spark.implicits._와 같은 방법을 사용하는데, 이는 SparkSession.implicits 클래스에 정의된 암묵적 변환 요소들을 임포트함으로써 원래의 Seq나 Tuple, List, String 등에는 없는 메서드를 마치 해당 클래스에 있는 것처럼 사용하기 위함입니다. 따라서 만약 암묵적 변환을 사용하지 않았다면 매번 변환을 위한 코드를 일일이 적어야 했을 것입니다.

사실 암묵적 변환은 단순히 코드를 간결하게 해 주는 것 말고도 스칼라의 타입 시스템 및 제네릭과 연동되어 스칼라의 정교한 타입 시스템을 제어하는 곳에도 응용되고 있습니다. 지금 당장 스칼라 코드를 작성하지 않더라도 스칼라의 함수적 특징과 타입 시스템에 대해 알아두는 것은 스파크를 비롯한 여러 부분에서 크게 도움될 것입니다.

정리

이번 장에서는 스칼라의 문법적인 요소에 대해 간략하게 살펴봤습니다. 사실 스칼라의 방대한 문법에 비해 방금 살펴본 내용은 극히 작은 일부분만을 다룬 것으로 전체 문법을 살펴보지 않고 스칼라 코드를 이해하는 것은 결코 쉬운 일이 아닙니다.

하지만 최근 함수형 언어의 인기와 더불어 자바스크립트의 ES2015, 자바 8, 스위프트, 코틀린에 이르기까지 다양한 언어가 함수형 개념을 담기 위해 변화하고 있으며, 비교적 새로운 문법이라고 소개되는 것들도 스칼라와 유사한 것들을 많이 찾아 볼 수 있습니다.

물론 스칼라가 다른 모든 언어 중에서 가장 훌륭한 언어라고는 말할 수 없겠지만 적어도 스칼라에 포함된 문법적 요소를 이해하고 그것들을 코드로 자유롭게 표현할 수 있는 수준이라면 다른 새로운 언어를 익힐 때 크게 당황하지 않고 적응할 수 있을 것입니다.

그 이유는 단순히 문법이 비슷해서는 아니고 스칼라를 배우는 과정이 그만큼 기존의 틀과 사고의 방식을 많이 깰 것을 요구하기 때문입니다. 개인별로 기간의 차이는 있겠지만 이미 익숙해져 버린 언어와 사고 방식을 버리고 스칼라와 같은 파격적인 언어를 익히는 과정은 기존의 틀을 깨고 열린 마음으로 새로운 시각을 갖는 데 큰 도움이 되기 때문입니다.

실제로 스칼라로 만든 코드를 현업에 사용할 일이 없다고 하더라도 좀 더 유연한 상상력과 사고력을 기르기 위해 스칼라를 배워보는 것도 결코 의미 없는 일은 아닐 것입니다.

ㄱ - ㅂ